世界史图书馆　　［英］约翰·基根——著
　　　　　　　　张质文——译

THE FIRST WORLD WAR
一战史

北京大学出版社
PEKING UNIVERSITY PRESS

著作权合同登记号 图字：01-2011-5276

图书在版编目（CIP）数据

一战史 /（英）约翰·基根著；张质文译. —北京：北京大学出版社，2018.10
（世界史图书馆）
ISBN 978-7-301-29799-5

Ⅰ.①一… Ⅱ.①约… ②张… Ⅲ.①第一次世界大战 – 史料 Ⅳ.①K143

中国版本图书馆 CIP 数据核字（2018）第 192853 号

Copyright: ©1998 BY JOHN KEEGAN
This edition arranged with AITKEN ALEXANDER ASSOCIATES through
BIG APPLE AGENCY, INC., LABUAN MALAYSIA.
Simplified Chinese edition copyright: 2014 PEKING UNIVERSITY PRESS
All rights reserved.

书　　　名	一战史 YIZHANSHI
著作责任者	[英]约翰·基根（John Keegan）著　张质文译
责任编辑	张晗　赵阳
标准书号	ISBN 978-7-301-29799-5
出版发行	北京大学出版社
地　　　址	北京市海淀区成府路 205 号　100871
网　　　址	http://www.pup.cn　新浪微博 @ 北京大学出版社
电子邮箱	编辑部 wsz@pup.cn　总编室 zpup@pup.cn
电　　　话	邮购部 010–62752015　发行部 010–62750672 编辑部 010–62755910
印　刷　者	北京中科印刷有限公司
经　销　者	新华书店
	730 毫米 ×1020 毫米　16 开　27.5 印张　450 千字 2018 年 10 月第 1 版　2023 年 10 月第 4 次印刷
定　　　价	98.00 元

未经许可，不得以任何方式复制或抄袭本书之部分或全部内容。
版权所有，侵权必究
举报电话：010–62752024　电子邮箱：fd@pup.cn
图书如有印装质量问题，请与出版部联系，电话：010–62756370

献给基尔明顿（Kilmington）
于1914—1918年的大战中逝去的人们

目 录

致 谢 /1

第一章　欧洲的一场悲剧 /1
　　和睦的欧洲 /7
　　士兵的欧洲 /13

第二章　战争计划 /19

第三章　1914年的危机 /39

第四章　边境线和马恩河上的战役 /59
　　边境之战 /77
　　桑布尔河战役 /81
　　蒙斯战役 /84
　　大撤退 /86
　　马恩河战役 /96
　　亨奇中校的使命 /102
　　第一次伊普尔战役 /109

第五章　东线的胜利与失败 /119
　　加利西亚和塞尔维亚 /131
　　伦贝格战役 /134
　　东线的战争 /139
　　华沙战役 /141
　　加利西亚和喀尔巴阡山的冬季战役 /144

第六章　僵持 /151
　　西线的战争策略 /161
　　1915年的西线战役 /165

第七章　西线以外的战争 /175

德属殖民地的战争 /176
巡洋舰之战 /182
南部和东部的战争 /188
加利波利 /201
塞尔维亚和萨洛尼卡 /216

第八章　大战之年 /223

海上的战争 /224
三条前沿上的进攻 /239
　1. 凡尔登攻势 /242
　2. 索姆攻势 /248
　3. 更大范围内的战争和布鲁西洛夫攻势 /260

第九章　军队的动摇 /269

参战方的情绪 /276
法国的兵变 /280
俄国的叛乱 /289
意大利前线的骚动 /297
美国、潜艇和帕斯尚尔战役 /303
康布雷战役 /320

第十章　美国与大决战 /323

战争在东线的继续 /328
西线的战争危机 /339
帝国的崩塌 /359

注释 /371
参考书目 /393
索　引 /401

致 谢

我在成长过程中与那些曾参加第一次世界大战的男人和在家中等待他们消息的女人为伴。我的父亲和他的两个兄弟,以及我的岳父,都参战并且得以幸存。父亲和岳父深藏心底的战争经历让我第一次领略到战争的本质。第一次大战造成了大量的"老姑娘",我的姑姑是其中的一员,她对我说,关于那些东西的某种焦虑一直会持续到她生命的尽头。我从他们,以及这些年中曾与我交谈过的、直接或间接卷入这场战争悲剧的老兵身上获取了撰写本书的灵感。

我写下的文句中弥漫着个人的回忆。它的基本内容则来自多年的阅读。我要感谢桑霍斯特皇家军事学院(Royal Military Academy Sandhurst)的图书馆管理员和工作人员、参谋学院(Staff College)、美国军事学院(United States Military Academy, West Point)、瓦萨尔学院(Vassar College)和《每日电讯报》(The Daily Telegraph),从它们那里,我获得了最有价值的书籍。我尤其感谢西点军校历史系的主任罗伯特·道蒂(Robert Doughty)上校,以及他的副官理查德·福克纳(Richard Faulkner)少校。1997年我在瓦萨尔学院担任戴尔玛斯客座教授(Delmas Visiting Professor)时,福克纳少校允许我使用宏伟的西点军校图书馆。我还要对伦敦图书馆的管理员和员工,以及"西线协会"(Western Front Association)的主席托尼·诺耶斯(Tony Noyes)表示谢意。

在这本书诞生的过程中,我从哈钦森出版公司的编辑安东尼·惠托姆(Anthony Whittome)、克诺夫出版公司的编辑阿什贝尔·格瑞姆(Ashbel Greem)、图片编辑安妮-玛利亚·埃利希(Anne-Marie Ehrlich)、地图绘制员艾伦·吉利兰(Alan Gilliland)、《每日电讯报》的图片编辑,以及一如既往地,我的代理人安东尼·希尔(Anthony Sheil)处受惠良多。林赛·伍德(Lindsey Wood)录入文稿,核对参考文献,修正文中前后不一的错误,并处理了所有与出版相关的难题。与从前一样,她证明自己是一位无可匹敌的秘书。

在其他提供了各种各样帮助的人中,我要感谢《每日电讯报》的编辑查尔斯·穆尔（Charles Moore）的宽容，感谢我的同事罗伯特·福克斯（Robert Fox）、蒂姆·布彻（Tim Butcher）、特雷西·詹宁斯（Tracy Jennings）、露西·戈登-克拉克（Lucy Gordon-Clarke）和沙伦·马丁（Sharon Martin）的协助。我尤其亏欠《每日电讯报》的所有者康拉德·布莱克（Conrad Black）一份特殊的人情。

基尔明顿的朋友霍诺尔·梅德拉姆（Honor Medlam）、迈克尔和内丝塔·格雷（Michael and Nesta Grey）、米克·劳埃德（Mick Lloyd）和埃里克·库姆斯（Eric Coombs）使我有可能写作这本书。与从前一样，我要把爱和感激献给我的孩子和女婿，露西和布鲁克斯·纽马克（Lucy and Brooks Newmark）、托马斯（Thomas）、马修（Matthew）和罗斯（Rose），以及我亲爱的妻子苏姗妮（Susanne）。

约翰·基根

基尔明顿庄园

1998年7月23日

第一章

欧洲的一场悲剧

第一次世界大战是一场令人悲伤又并非必然的冲突。它不是不可避免,在第一次军事冲突发生之前的充满危机的五个星期里,如果谨慎小心,并且人们心中共有的善意能够发出声音,导致战争爆发的一连串事件可以在任何一刻终止;它令人悲伤,因为第一次冲突最终带走了1000万人的生命,使更多人的情感备受折磨,摧毁了欧洲大陆仁慈而乐观的文化,而且在四年之后枪炮声终于沉默的时候,留下一份政治敌意与种族仇恨的遗产——如此剧烈,以致不提及它们,就无从解释第二次世界大战的进程。二战是一战的直接产物,造成了5倍于一战的人员伤亡,以及无法衡量的、更加巨大的物质损失。1922年9月18日,阿道夫·希特勒向战败的德国政府提出挑战,而十七年以后,他把这变成现实:"200万德国人不能白白牺牲……不,我们绝不原谅,我们需要——复仇!"[1]

他所宣扬的"复仇"的遗迹遍布被他践踏的欧洲大陆——见于曾被他自己挑起的轰炸夷为平地的德国城市中心,这些城市如今已经得到重建;同样也见于曾被他摧毁的列宁格勒、斯大林格勒、华沙、鹿特丹、伦敦的城市中心。如今已被遗弃的大西洋壁垒是他"复仇"欲望的遗迹,它们是为了在海湾阻挡敌人而建造,但却终归徒劳无功。这样的遗迹还有奥斯维辛日渐腐朽的临时营房,以及被遗忘在索比堡(Sobibor)、贝尔塞克(Belzec)和特雷布林卡(Treblinka)的灭绝集中营。波兰灰烬中的一只童鞋,一段锈迹斑驳的铁丝网,毒气室遗址附近残存的骨灰,这些是二战的遗迹,同样也是一战的。[2]它们的先辈是那些把战壕纵横的田野弄得七零八落、在潮湿的早晨使法国的空气中充满锈蚀味道的铁丝网,是游客在篱笆下发现的发霉的皮绑腿,是生锈的铜徽章或纽扣、已经腐蚀的弹夹或带着凹痕的弹片,也是索姆浸透鲜血的土地上耕作的农民今日仍能发现的无名尸体。"我立刻停下工作。我非常尊重你们牺牲的英国人。"——正如令人不忍寓目、描绘1945年在贝尔森(Belsen)被埋入万人坑的尸体的影像,可以在1915年第二次香槟战役后法国士兵堆积同袍尸体的模糊的镜头中追根溯源一样。一战宣告了大规模杀伤的到来,而二战则把它带到冷酷的顶峰。

还有更加正式的纪念物。法国或英国的社区很少有不纪念第二次世界大战死者的东西。在英格兰西部的一个村庄里，岔路口的葬礼十字架底部刻着一串死者的名单。然而，这是后来才刻上去的。十字架本身却是用于纪念那些没能从一战战场上返回的年轻人，而他们的人数是二战中死亡人数的 2 倍。1914 年的 200 人口中，W．格雷（W. Gray）、A．拉帕姆（A.Lapham）、W．牛顿（W. Newton）、A．诺里斯（A. Norris）、C．佩恩（C. Penn）、L．佩恩（L. Penn）和 W．J．怀特（W. J. White），或许这个村庄每四个军役年龄的年轻人中就有一个没能从前线返回。他们的姓氏早在 16 世纪就已经出现在教堂的登记簿中，今日仍存在于村庄里。从这不难看出，大战带来了自诺曼征服前盎格鲁－萨克森时代人们定居于此以来空前的伤心之事。令人欣慰的是，从那以后再也未曾有过。纪念十字架是教堂以外村庄唯一拥有的公共纪念物。在每个村庄，在每个郡的市镇，以及在索尔兹伯里（Salisbury）的教区大教堂里都有类似的东西，而刻上的名字以倍数增加。在法国的每一所大教堂里也都可以看到同类的纪念物，在这些教堂里会看到碑上铭刻着如下字句：" 献给神的荣耀，并纪念大英帝国死于大战中的 100 万人，他们中的多数长眠于法国。"

毫无疑问，在村镇附近会有为了本地的死者而树立的纪念物，同样的东西也会见于周围的每个城镇和村庄。法国在大战中损失了将近 200 万人，每九个开赴战场的人中就有两个死去。蔚蓝的地平线上，向着东方的德国前线端起刺刀的勇敢的法国战士雕像是他们的象征。刻写在底座上的名单之长令人心碎，更令人心碎的是同样的姓氏多次出现，表明一个家庭不止一个，而是几个成员丧生。大多数大战参战国的市镇和城市中都有刻着类似名单的石碑。我发觉，最令人黯然神伤的是矗立在威尼斯泻湖湖畔穆拉诺（Murano）大教堂旁边、内敛的古典风格纪念碑，碑上刻着一排又一排第 1 骑兵师小伙子们的名字。他们来自波河谷地，死于严酷的尤利安阿尔卑斯山（Julian Alps）高地。在维也纳的教堂，我曾被同样的感情所触动。在那里，冷酷的石碑令人回想起历史上哈布斯堡王朝的军队所经历的牺牲。而今，这一切却几乎已被历史遗忘。[3]

德国人因为德国军队的声名受累于纳粹政权的暴行，没有办法合宜地哀悼他们死于二战的 400 万生灵；因为很多人死在他国的土地上，他们发现为因为一战的死者而感到的痛苦安排一种合适的、象征性的表达方式同样困难。如果这种困难不是感情上的，也受限于物质条件。布尔什维克革命使他们无法接近东方战场，而西方战场的主人最多也不过是勉强允许他们取回并掩埋尸体。无论在心理还是土地上，法国人和比利时人都没有什么地方为德国人建立战争公墓。

当英法就士兵的永久安葬达成谅解——这些花园般的墓地在20世纪20年代沿大战的西线星罗棋布，惊人地美丽——德国人却不得不在晦暗的角落里挖掘万人坑以埋葬他们的死者。只有在东普鲁士，史诗般的坦能堡（Tannenberg）战役发生的地方，他们得以为战死的士兵建立一座胜利者的陵墓。在本土，远离德国的年轻人战死的前线，他们以大大小小教堂中纪念碑的形式寄托哀思。他们主要从朴素的鼎盛时期哥特建筑艺术中汲取灵感，常用的主题是格鲁内瓦尔德（Grunewald）的"基督受难图"（Crucifixion）或霍尔拜因（Holbein）的"坟墓中的基督"（Christ in the Tomb）。[4]

格鲁内瓦尔德和霍尔拜因笔下的基督形象是孤零零地在最后的挣扎中流血、受难与死亡的躯体。这个形象恰好是大战中普通士兵的象征，超过一半在西线阵亡的士兵被丢弃在战场的荒野中，在东线可能更多。无名尸体的数量如此巨大，以致刚一停战，一位曾担任随军牧师的英国国教牧师便首先提出，最恰当地纪念所有这些无法辨认的战死者的方式是掘出其中的一位，并把他重新安葬在荣耀之地。选定的死者被带到西敏寺，并安置在入口处，上方铭刻着："他们把他安葬于诸王之中，因为他尽善于神与家园。"同一天，也就是1918年11月11日停火两周年的日子里，一个法国的无名士兵被安葬在巴黎凯旋门下。后来其他许多战胜国也在首都重新安葬了无名的士兵。[5]然而，当1924年战败的德国尝试为战死者建立国家纪念碑时，揭幕式却在政治抗议中陷入混乱。艾伯特（Ebert）总统在战争中失去了两个儿子，他的演讲之后，本该是两分钟默哀，但却被支持或反对战争的喊声打断。其后，揭幕式演变为一场持续整天的暴乱。[6]战败的痛苦持续分裂着德国，直到九年后希特勒的到来。就任总理不久，纳粹文人就把希特勒——"无名下士"——描绘为"无名士兵"的代表，而魏玛共和国无法给他们应有的荣誉。不久，作为德国元首的希特勒就在演说中称自己为"大战中的无名士兵"。他种下了将会带走其他400万德国人生命的战争种子。[7]

战争的仇恨易结难解。到1914年年底，也就是大战爆发四个月后，2000万法国男性——其中1000万处于军役年龄——中有30万人战死，60万负伤。到战争结束时，将近200万人死亡，其中大部分是步兵，它是法国军队的主力，减员率是征兵数的22%。伤亡最惨重的是最年轻的年龄组：1912—1915年入伍士兵的伤亡达到27%—30%。这些年轻人中的许多还没有结婚。不管怎样，到1918年，在法国有63万名战争寡妇，以及大量被剥夺了婚姻机会的更年轻的女性。1921年，20到39岁之间人群的性别比例为男子占45%，女子占55%。而且，在战争中伤残的500万人中,数以十万计被列为"重度伤残"(grands mutiles),意指那些失去四肢或是眼睛的士兵。或许最深重的痛苦由那些脸部受伤而致毁容的受害者承担,他们中的一些变得如此骇人,只得在农村建立隔离居住区,供他们休养。[8]

德国战争一代经历的苦难与此不相上下。"1892—1895年龄组在战争爆发时正值19—22岁之间,人口数量减少了35%—37%。"总的来说,1870—1899年间出生的1600万人在战争期间有13%以每年465600人的速度丧生。同大多数军队一样,军官队伍遭受了最惨重的伤亡,阵亡人数为23%——常备军中为25%——而士兵阵亡率为14%。幸存的德国"重度伤残"者中,44657人失去一条腿,20877人失去一只手臂,136人失去双臂,1264人失去双腿。另外还有2547人因战争致盲,一小部分人头部受重伤,其中大部分后来死去。总计有205.7万名德国人死于战争或在战后因伤致死。[9]

尽管德国是有统计死亡人数最多的国家——俄国和土耳其的死亡人数仍未精确统计过——但从比例上来看却并非情况最严重的。情况最严重的是塞尔维亚。塞尔维亚的战前人口为500万,其中12.5万士兵战死或死亡,其他65万名平民死于贫病交加。这造成了高达15%的人口损失。与之相比,英国、法国、德国约为2%—3%。[10]

即使这些死亡率相对较低,但也留下了可怕的心灵创伤,因为它降临在社会男性中最年轻、最有活力的那部分人身上。当战争逐渐隐退到历史深处,人们逐渐习于谴责对"失去的一代"的哀悼,视之为创造出来的神话。人口学家证明,人口的自然增长很快就可以弥补战争造成的损失;而一些铁石心肠的历史学家则坚持说,这些损失只有一部分家庭感觉得到。他们论辩说,即使在最坏的情况下,也只有20%参战的士兵死亡;而占人口总数比例更低些,为10%或者更少。对大多数人而言,战争不过是生活的一个片段,对常态的一次偏离,一旦枪声停止,社会很快就会恢复如初。

这是一种自大自满的判断。与1939—1945的大战相比,一战的物质损失确实更小。在这一过程中,没有欧洲的大城市像二战中德国所有的大城市那样遭到空中轰炸,被严重破坏甚至摧毁。一战是一场发生在乡下的战争,无论在东线还是西线都是如此。战场很快便成为农田或草场,而且除了凡尔登(Verdun)附近,毁于炮击的村庄很快得以重建。战争对于欧洲的文化遗产也没有造成难以修复的损害:伊普尔(Ypres)的中世纪纺织品市场(Cloth Hall)今日依然矗立,一如

1914—1918年战火以前；阿拉斯（Arras）的市镇广场、鲁昂（Rouen）的大教堂也是这样。而在1914年一次非典型的汪达尔行动中被烧毁的鲁汶（Louvain）大学图书馆的收藏，也在战后一点一点地恢复。

尤其重要的是，交战者并未对卷入其中的平民施以蓄意的伤害和暴行，而这是二战的典型特征。除了在塞尔维亚以及开始阶段的比利时，人们并未被强迫放弃自己的家园、土地和非军事性的职业；除了在土耳其亚美尼亚，也没有人遭到种族灭绝；而且，尽管奥斯曼政府对其亚美尼亚属民的政策如此骇人，但有组织的、致其死亡的强迫迁徙更适合归因于奥斯曼帝国政策的历史，而非大战本身。不像二战那样，一战中没有系统的种族取代，没有蓄意的饥饿，没有对财产的剥夺，也几乎没有屠杀和暴行。与国家宣传机器极力证明的相反，除了战场上的残酷，它是一场很奇怪的文明战争。

然而它确实对文明造成了伤害，对欧洲启蒙运动理性而自由的文明造成了伤害。更加严重的是，这种伤害是永久性的。而且，全世界的文明都因此遭到了损失。尽管战前欧洲各国对于大陆之外的世界大部分地区的行为都是帝国主义的，但却都对宪政、法治以及代议政府等原则抱有敬意。战后的欧洲很快放弃了对这些原则的信心。它们在1917年以后的俄国、1922年以后的意大利、1933年以后的德国丧失殆尽，而在由战后的移民创建或扩大的中南欧政权中，任何时候都只是不合时宜的存在。战后的十五年里，极权主义——这个词汇意味着一种抗拒1789年君主政体衰退以来便激发着欧洲政治的自由主义与宪政主义的体系——几乎在所有地方发展起来。极权主义是战争以其他方式所作的政治延续。它使追随它的选民大众一致化、军事化，普遍地剥夺选民的选举权，激发他们最低层次的政治本能，并边缘化和恐吓一切内部反对者。大战结束不到二十年，欧洲又一次被一场新战争的恐惧所包围，这起因于旧世界漫长的19世纪和平中闻所未闻的军阀们更加咄咄逼人的行动和野心，而在对于结局的希望处于最低点时，一战曾被称为"结束一切战争的战争"。伤害也在于重整军备的洪流中那些一战中仅曾作为雏形而为人所知，但却使二战成为一场更大灾难的武器：坦克、轰炸机、潜艇。

1939年到来的二战毫无疑问是一战的结果，而且在很大程度上是它的延续。它的环境，德语民族对于自身在其他民族中地位的不满，是与一战相同的；它的直接原因，一个德语统治者与斯拉夫邻居的争吵，也是与一战相同的。相关人物尽管担任不同的职位，但也与一战相同：1939年的法军总司令甘末林（Gamelin）曾是1918年协约国最高司令官福煦（Foch）的重要参谋；1939年的海军大臣丘吉尔（Churchill）在 1914 年已曾担任该职；"第三帝国的第一士兵"希特勒，在 1914 年 8 月曾是德皇威廉第一批志愿兵中的一员。战场也是相同的：1940 年 5 月德国装甲兵轻而易举地跨过 1914—1918 年间凡尔登不可逾越的默兹河（Meuse）；阿拉斯曾是部分英国远征军在西线经历的最糟糕战壕战的焦点，在 1940 年则上演了英国军队仅有的一次成功反击；华沙（Warsaw）以西一条狭窄的水道布楚拉河（Bzura）对于 1939 年和 1915 年的东线行动同样至关重要。1939 年出征的军人中很多与 1914 年是同一批人，那时他们更年轻、级别更低，相信"在树叶落下以前"就能胜利返回家乡。然而，这些幸存者或许承认，这次是不同的。在 1939 年，对战争及其威胁的恐惧更深，对它的真相也知道得更加清楚。与之相比，1914 年的战争犹如晴天霹雳降临到对它几乎一无所知的人们头上，他们甚至曾怀疑战争是否会再次困扰他们的大陆。

和睦的欧洲

1914 年夏天的欧洲享有一种和平的丰饶，它深深地依赖于国际汇兑和合作，以致相信不可能出现一场大规模战争的观点成为共识。1910 年，一本分析普遍的国际经济依赖的著作《大幻想》(*The Great Illusion*) 畅销各地。作者诺曼·安吉尔（Norman Angell）论证：所有有识之士都认识到，战争将导致国际信贷的中断，这要么会阻止战争的爆发，要么会使它提前结束。这引起了那个年代工商业社会的热烈共鸣。1873 年奥地利银行业的一次失败引发了二十年萧条，但在 19 世纪的最后几年中，因为原材料以及工业产品价格的下降，这一萧条已经结束，工业生产再次开始扩张。新种类的产品——电器、化工染料、内燃机交通工具——诱惑着消费者；新的廉价原材料来源被发现；首先是在南非发现了新的贵金属矿藏，这滋养了信贷的发展。人口出现增长，1880—1910 年间奥匈帝国的人口增长了 35%，德国是 43%，英国是 26%，俄国则超过 50%，这极大地扩展了国内市场。1880—1910 年间有 2600 万人离开欧洲前往美洲和澳大利亚，移民增加了那里的产品需求；在非洲和亚洲的殖民帝国的巨大扩张，无论是正式的还是非正式的，把数以百万计的居民作为原材料的供应者和制成品的消费者卷入国际市场。交通业出现二次革命，1893 年蒸汽船的载重量首次超过帆船，极大地加速和扩大了越洋贸易的运转；而东欧和俄国铁路网的扩展（西欧和美国差不多完成于 1870 年）——在 1890 年到 1913 年从 3.1 万公里增长到 7.1 万公里——使这片盛产谷物、矿产、石油和木材的地区加入国际经济的整体中。毫不令人惊讶，到世纪之初，银行业者的信心恢复，以黄金为基础的资本自由流动，大部分在20世纪前十年中以每年350万英镑的速度从欧洲流向美洲和亚洲，而且海外投资的收益成为英国、法国、德国、荷兰和比利时的个人和法人收入的重要元素；欧洲最小国家之一的比利时在1914年是世界第六大经济体，这要归因于它很早就经历了工业革命，但也是因为银行、贸易商行和工业企业的活跃。

俄国的铁路、南非的黄金和钻石矿藏、印度的纺织工厂、非洲和马来的橡胶种植园、南美的畜牧场、澳大利亚的绵羊养殖、加拿大的麦田和庞大的美国经济——它到1913年已经是世界上规模最大的，提供了全世界三分之一的工业产出——的几乎每一个部门，都以快得不能再快的速度吞噬欧洲资本。欧洲资本大部分通过伦敦流出。在1890年，英国中央银行的黄金储备为2400万英镑，法兰西银行为9500万英镑，德国国家银行为4000万英镑，而美国联邦储备则为1.42亿英镑。尽管英国央行的黄金储备规模相对较小，然而它与英国遍及世界的私人银行、贴现行、保险和贸易公司、产权和物产交易所的联系使它成为所有发达国家买、卖、借贷的主要中介。它的优势地位使诺曼·安吉尔提出的信条变得如此具有说服力。这种信条认为，对于顺畅的日常借贷平衡的任何干扰不仅会摧毁对于货币机制的信心——世界依赖这种货币机制生存——而且会摧毁系统本身。而平衡则由这种联系所掌控。

1912年1月，就"银行业对于国际关系的影响"这一题目，安吉尔对伦敦银行业者协会论证道：

> 商业上的相互依赖，是银行业特有的标志，没有其他任何行业，即使贸易，可以与之相提并论。一方的利息和偿付能力与多方的利息和偿付能力相关联；必须对相互义务的适当履行充满信心，否则整个系统都将崩溃。这样的事实有利于证明，美德终究不是建基于自我牺牲，而是文明的利己主义；它也有利于更清楚、更全面地理解我们彼此联系的纽带。而这一理解上的深入与创建下述意识相关：我们必须不断进步，以建立更有效率的人类合作、一个更好的社会——不仅仅是建立群体之间的联系，而是建立所有人之间的联系。

曾任《金融时报》编辑的W. R. 劳森（W.R.Lawson）在这次演说结尾观察到："很明显，诺曼·安吉尔先生几乎完全掌控了这次会议。"[11]

不仅仅是银行家——其中许多顶尖的是德国人——把国家之间的相互依赖视为20世纪初世界生活必需的、而且注定越来越重要的条件，这一观点的接受范围远超于此，这在很大程度上有其纯粹的现实基础。交通通信的革命，铁路、电报、使用邮票支付的邮资，需要国际合作来为旅行和通信的新技术以及官僚机构服务。1865年建立了国际电报联盟，1875年建立了万国邮政联盟。1865年，为促进铁路技术的标准一致化而召开国际协商会议，这对于促使东西欧之间的铁轨标准化为时略晚，俄国已经采用了宽轨。这使得1914年和1941年的入侵者难以利用其铁路，但在和平时期，却只能阻碍商业交通的运转。国际气象组织出现于1873年，是为了交换世界各地气象活动的信息而成立，这对于海运而言至关重要。国际无线电联盟为新发明的无线电分配独立波长。所有这些都是国家组织，在成员国中的运作得到条约或者法规的支持。商业世界也同时建立了自己不可或缺的国际协会：1890年为海关税则，1883年为专利与商标，1895年为工业、文学、艺术产权，1913年为商业数据而建立了各自的国际协会；一所负责收集、出版农产品生产和市场数据的农业协会于1905年建立。同时，特定行业和职业也建立起自己的国际团体：国际商业协会建立于1880年，精算师大会建立于1895年，会计协会建立于1911年，国际电工技术委员会建立于1906年，国际海事委员会建立于1897年，波罗的海与白海航运公会（使海运契约标准化）建立于1905年。1875年组建了国际度量衡局，第一个国际著作权公约则在19世纪80年代签订。

没有这些团体，买与卖、征集与分配、保险与贴现、借出与借入的网络在伦敦城的方寸之地不可能这样连结起来。然而，国际化不可能仅仅是商业上的。它也是智识、慈善、宗教上的。自罗马帝国崩溃以来唯一保存下来的真正跨国宗教，天主教，以罗马为中心，其主教辖区遍及世界。然而，1914年仲夏在位、心甘情愿的"梵蒂冈之囚"教皇庇护十世（Pope Pius X）是所有神学现代化趋势彻头彻尾的反对者，并且他正像怀疑新教徒一样，对自己的所有自由派教民都持怀疑态度。新教徒自身也不断分裂，有路德派、加尔文派、再洗礼派以及各种各样的独立派别。虽然如此，其中一些派别至少在传教方面实现了合作。联合了几个新教教会的中国内地会（China Inland Mission）建立于1865年。1910年在爱丁堡召开的世界宣教会议使传教的范围更广，1907年大学中的基督徒在东京发起了国际基督教运动。不过在欧洲却少有这种情况，新教徒间的唯一团体是1846年为对抗天主教而建立的福音同盟会（Evangelical Alliance）。

因此，教义上的分歧把基督徒之间的共同参与变成一种偶尔才发生的精神事业。基督教大众信仰发现慈善是一种比较容易的感情表达方式;而在1914年,基督教在欧洲占压倒性的优势,对教义的遵循也很严格。反对奴隶制是早期白人世界的一项议题,就是以基督教为根基的。1841年,英国、法国、俄国、奥地利和普鲁士签署条约,把奴隶贸易视为海盗行为。此前英国已经通过皇家海军在西非海岸的反猎奴巡逻有力地强化了这一政策。1889年,在布鲁塞尔签署的另一项条约扩大了它的条款。具有讽刺意味的是,比利时国王掌管着一个在刚果的野蛮的奴隶帝国。尽管如此,跨洋奴隶贸易在此时被国际合作所终结。为卖淫而买卖妇女儿童,"白人奴隶",同样也引发了国际行动,或者至少是愤慨。1877年在日内瓦召开了国际废娼联合会(International Abolitionist Federation)代表会议,1899年和1904年又召开了两次讨论会,1910年则召开了正式会议,继而九个国家签署法令,把这种买卖视为犯罪,并按照发生地的国内法进行惩处。

劳工的处境同样也得到慈善关怀。在一个大规模移民的时代,对于那些试图在遥远的土地上建立新生活的人们,政府既无能力也没有意愿管理他们的福利事业。然而,试图限制工作时长和禁止雇佣童工的冲动却对19世纪许多欧洲国家的国内立法产生了重大影响,它受到下述国际力量的推动。到1914年,许多欧洲国家签订双边协议以保护工人获得社会保险和工业赔偿的权利,同时女工和童工也受到限制。协议的大部分意在保护境内的移民工人。典型的一项协议是1904年法国和意大利签订的,保证互惠的保险便利以及把己方公民置于各自劳动法的保护之下。它们最好被看作国家对于国际工人运动的回应,尤其是对卡尔·马克思1864年于伦敦建立的第一国际和1889年于巴黎建立的第二国际的回应。正是它们对于社会主义运动的宣传迫使各国政府,尤其是1871年以后德国俾斯麦政府为了自我保护而颁布劳工福利法案。

另外,陈旧一些的自我保护措施在阻止疾病传染的国际共识中得到体现,通常手段是对于远距离贸易船只以及近东移民的检疫,二者被视为欧洲传染病病毒的主要来源。酒类和药品的销售也被置于国际控制之下;1912年在海牙召开了有十二个国家参与的鸦片会议,不可避免地,这次会议未能达成目的,但它却是各国政府日益增长的集体行动意愿的证据。各国在打击海盗上取得了成功。尽管常常由于被判定为政治问题而失败,但它们在遣返罪犯方面也会合作。尽管所有国家普遍认同绝对主权原则,但自由主义国家之间存在对于支持暴君统治的强烈反对。无论如何,不干涉别国内政这一原则被限制在基督教世界之内。奥斯曼帝国中少数民族的遭遇激起国际干涉,正如1827年在希腊、1860年在黎巴嫩发生的那样。之后还有几次。1900年，清帝国与围攻在京使馆的义和团串谋，导致了一场全面的国际联合远征，队伍中包括了英国水兵、俄国哥萨克士兵、法国殖民地步兵、意大利贝尔萨格里（Bersaglieri）步兵，以及德国和奥匈军队的分遣队，还有日本士兵和美国海军陆战队。

联合行动获得成功，这说明只要愿意，欧洲是可以行动一致的。在思维与感情方面当然也是如此。欧洲有教养的阶层拥有诸多文化上的共同点，尤其体现在对于意大利和佛兰德斯文艺复兴，对于莫扎特、贝多芬的音乐，对于大歌剧，对于中世纪建筑以及古典主义，对于彼此现代文学的激赏当中。托尔斯泰的影响力遍及全欧洲，欧洲当代和近代的其他作家也是。雨果、巴尔扎克、左拉、狄更斯、曼佐尼、莎士比亚、歌德、莫里哀和但丁，至少他们的名字已为欧洲的每个中学生所熟知，而且在法国、德国和意大利，人们普遍地在外语课上讲授他们的作品。尽管对于拉丁语、希腊语统治高中校园的反对日益增长，荷马、修昔底德、恺撒和李维的作品仍是所有学校的指定教材，而对于经典著作的学习仍然是普遍的。尽管黑格尔和尼采造成了19世纪的思想动荡，通过教授亚里士多德和柏拉图的信条，甚至存在着一种哲学的和谐一致；古典的根基甚至比基督教更加稳定。欧洲的大学毕业生分享着同一个思想与知识的整体，尽管在人口总数中微不足道，但他们在观点上的共同性维持着某种清晰可辨的单一欧洲文化。

不断增加的欧洲"文化旅行者"（cultural tourist）因此而受益。普通人很少旅行；海员、赶着牲畜穿越边境群山追逐水草的牧人、为农活迁徙各地的流动工人、厨师和侍者、巡回演出的音乐家、商贩、技师、外贸代理商，这些是1914年以前在欧洲定居的人群中唯一可能遇到的外来者。富裕的旅游者则是例外。在18世纪，旅行是富人们的消遣。到20世纪初，拜铁路革命和旅馆业的兴盛所赐，旅行也成为中产阶级的娱乐；旅馆业也因此愈加繁荣。对国外旅游者而言必不可少的卡尔·贝德克尔旅游指南（Karl Baedeker' Guides）在1900年出版了第13版罗马指南、第9版东阿尔卑斯指南和第7版斯堪的纳维亚指南。大多数旅游者都是一成不变、缺乏冒险精神的。最受欢迎的旅游地点是威尼斯和佛罗伦萨、罗马、莱茵河畔的城堡，还有"光明之城"巴黎；但是每年也有许多人涌入中欧的温泉浴场——卡尔斯巴德（Carlsbad）和玛丽恩巴德（Marienbad），涌入法国、意大利的里维埃拉（Rivieras）和阿尔卑斯山。一些旅行者探索更远的地方。牛津和剑桥的学生及其导师已经开始了在20世纪成为传统的"希腊访古"（Hellenic Tour）；贝德克尔奥地利指南包括了波斯尼亚部分，开始于萨拉热窝："……庭园中不计其数的尖塔和小屋使小镇显得美妙如画……河堤上的大街里住的主要是奥地利人和其他移民,大部分土耳其人和塞尔维亚人把房子建造在山坡上……所谓的'大宅'(Konak)是奥地利指挥官的住所。游客可以进入花园里参观。"[12]

1914年萨拉热窝最重要的访问者是弗朗茨·斐迪南(Franz Ferdinand),奥地利帝国的皇储。当然,他是在本国领土内旅行,不过欧洲王室的成员是非常国际化的旅行者,他们彼此间的熟识是国与国之间最重要的纽带之一。即使在欧洲上层社会中,跨国联姻也不常见,但在王室中,它仍是对外关系的工具。维多利亚女王的后代与欧洲大陆上大多数新教王室联姻;她的一个外孙女,埃纳(Ena),打破了宗教的障碍,成为西班牙的王后。在1914年,维多利亚的孙辈拥有英国以及德国的王位;她儿媳的家族,丹麦的索恩德堡－格吕克斯堡家族(Sonderburg-Glucksburgs),也被归入俄国皇后、希腊和挪威国王家族的成员中。概括地说,所有的欧洲皇室都有表亲的关系;甚至对于皇权持最为傲慢态度的奥地利哈布斯堡家族,偶尔也会和外来者通婚;而且,除了法国和瑞士以外的所有欧洲国家都实行君主制,这确实造成了一种相当紧密的国家联系网络。象征性关系从他们出生之日起就错综复杂。德国皇帝是英国第1龙骑兵团的上校和皇家海军上将;他的表兄弟乔治五世,是普鲁士第1近卫龙骑兵团的上校。奥地利帝国皇帝是英国第1龙骑兵近卫团的上校,而厕身奥地利军队的外国上校则有瑞典、比利时、意大利、西班牙、巴伐利亚、符腾堡、萨克森和黑山的国王以及俄国沙皇。

然而,在外交事务中,象征性关系并没有多少实际效力,皇室之间的表亲关系或婚姻纽带也是一样。19世纪的欧洲并未为国与国之间的合作或外交调节创造出切实有效的工具。拿破仑无意之中缔造的"欧洲协调"(Concert of Europe)已经烟消云散;以对抗革命为目的的三帝同盟(League of the Three Emperors)也是如此。说1914年的欧洲大陆弥漫着赤裸裸的民族主义已是老生常谈,但事实确实是这样。天主教会久已丧失了泛欧洲的权威性;世俗的泛基督教主义在1804年随着神圣罗马帝国一起崩溃。人们试图通过制定一部国际法来弥补缺失。但在它的最主要原则中保留了一种软弱的观念,即除自身利益外,每个国家的主权事实上不受任何束缚。这种观念确立于1648年的《威斯特伐利亚条约》。各国同意对依照自身利益行事加以限制的唯一区域不在陆地上,而在海洋中。1856年,列强在巴黎达成协议,海洋的中立性得到尊重,而在那里的私人武装活动被视为非法。1864年的第一次日内瓦公约确立了医护人员和伤者的豁免权,1868在圣彼得堡达成协议,对武器的破坏性加以限制。然而,日内瓦条约是关于普遍的人道主义，而圣彼得堡宣言并不禁止发展原子武器或高爆榴弹。

因此，1899年沙皇尼古拉二世决定召开国际会议，目的不仅在于加强对军备的限制，而且试图建立国际法庭，以仲裁来解决国与国之间的争端，这成为一项创举。历史学家在沙皇邀请列强到海牙的号召中看出他承认了俄国军队的虚弱。尖刻的批评者则说，在那时，俄国的老对手德国和奥地利也一样。许多怀抱美好意愿的人想法与此不同。沙皇警告说，"不断加速的军备竞赛""正在把武装的和平转变为把所有民族压垮的负担，而且，如果继续下去，将导致它所试图避免的巨大灾难"，这种军备竞赛意味着建立更庞大的军队、建造更凶猛的火炮和更巨大的战舰。沙皇的警告引发了人们的共鸣。多少是因为顺从这种民意，1899年的海牙会议达成共识限制军备，尤其是禁止空中轰炸，并且建立国际法庭。

士兵的欧洲

国际法庭条款的缺陷在于它的召开是自愿的。"最伟大之处，"一位美国代表写道，"在于仲裁法庭……应该被所有国家视为一种对于促进和平的真诚渴望，（以及）使形形色色的人民从压迫所有人的、战争可能随时爆发的恐惧中解脱出来。"一位德国代表则现实地注意到，法庭的"自愿性"使它对于任何国家"毫无强制力，无论是在道德上还是在其他方面"。[13]世纪之交欧洲形势的实景取决于德国人，而不是美国人。必须承认，确实存在着对战争的抽象恐惧，但它与现代战争将采取何种形式一样模糊不清。到目前为止，对于不敢面对战争后果的恐惧更加强烈，在所有大国的政治领导层中尤其如此。每个国家，英国、法国、德国、俄国、奥匈，都感觉受到这样或那样的威胁。三个欧洲大帝国，德国、奥地利和俄国，受到了少数民族分裂的威胁；尤其是在奥匈帝国，德语人群和马扎尔人居于统治地位，但在人口数量上却不及斯拉夫人。三个国家都受到扩大民主的要求的困扰——在俄国尚未有任何民主可言——而当民族主义与民主冲动相结合，问题更加尖锐。因为男性人口享有完全的选举权，民主对于英法而言并不是问题。困扰它们的是另外一种类型的帝国负担，即对非洲、印度、阿拉伯、东南亚、美洲和太平洋上庞大海外殖民地的管理。它们是民族自豪感的来源，但也在欧洲邻居中激起好斗的嫉妒心理。两国中亚的领地相邻，英国相信俄国对印度怀有野心；这种执念可能存在错误，但却始终存在。德国人对于缺少殖民地深感不满，他们试图扩大在非洲和太平洋取得的少量殖民地，并时刻准备就尚未被置于欧洲统治之下的地区进行争夺，尤其是与法国。

19　　在一片由少数强国——其中的两个，英国和法国，统治着世界上其他部分的很大一块——控制大量臣属民族的大陆上，各国之间不可避免地充满了怀疑与竞争。德国1900年的决定挑起了最恶劣的竞争，它颁布了《第二舰队法》(Second Naval Law)，其目的是建立足以在战争中和英国皇家海军较量的舰队。虽然德国的商船队已经是世界上第二大的，英国恰当地把该法案的颁布视为对其在海洋持续世纪之久的控制的不正当威胁，并据此做出回应；到1906年，在建造现代战舰的竞赛中胜过德国是英国的公共政策中最重要、最受欢迎的因素。在大陆列强之间存在强烈、补充性的军事竞赛，4000万人口的法国决定与6000万人口的德国在兵员数量上一较高下，把这一点表现得淋漓尽致。法国1913年的《三年制兵役法》(Three Year Law)延长了征召士兵服役的期限，该法案希望至少在短期内实现这一目标。还有其他竞争，尤其是英法在1900年面对德国的咄咄逼人彼此结盟，然而它们仍在就非洲的殖民利益而争吵。

　　所有这些争端的一致特征是，没有任何一起像1899年在海牙所建议的那样，呈交国际仲裁。当发生可能引发潜在冲突的事件，如法德之间的第一、第二次摩洛哥危机(1905、1911年，引发了德国对于法国影响在北非扩张的怨恨)，以及两次巴尔干战争(1912、1913年，战争的结果不利于德奥同盟)，列强并未援引海牙条款诉诸国际仲裁，而是通过传统方式，以缔结临时的国际条约解决问题。和平，至少暂时地，是单独事件的结果；没有一例求助于海牙会议所指引的道路——超国家的和平调节。

20　　20世纪开始的几年，国际(主要是指欧洲)政策并非由对于避免冲突的万全之策的研究来指引，而是取决于多年来对于军事优势安全的追求。正如沙皇1899年在海牙意味深长地警告的，保持和平的方法变成了组建不断膨胀的陆海军，得到更多、火力更猛烈的大炮，建造更坚固、更宽阔的防御工事带。然而，不久前在1904—1905年间的日俄战争中，重型火炮对于旅顺港石头水泥工事的攻击取得了胜利，这使欧洲先进的军事思想家相信，大炮取得了决定性的优势，他们理智地认为，防御工事已经跟不上时代了。人们相信，力量已经发生了转移，从静止的防御转移到了移动进攻，尤其是在机动野战炮的支持下，部署大量步兵快速通过战场。欧洲军队所执著的思维中仍有骑兵的一席之地；在1914年以前，德国在其战斗序列中增加了13个猎骑兵团(Jäger zu Pferde)，而法国、奥地利和俄国也增加了骑兵部队。无论如何，将军们依靠大量的步兵去赢得胜利，这些步兵装备着自动来复枪，接受密集队形的训练，最重要的是，被教导忍受惨重的伤亡，直到接到命令。[14] 在布尔战争中的图盖拉河（Tugela）和摩德河（Modderer）、在日俄战争中的中国东北、在巴尔干战争中的恰塔尔贾（Chatalja），改进后的防御工事使进攻方遭受了巨大损失，引人注目，但却被忽视。这些是由装备了来复枪的士兵据守的、匆匆建造的战壕和土木工事。欧洲的军事理论家认为，只要有得到正确领导和激励的足够数量的步兵，没有任何战壕构成的战线能够阻挡他们。

因此，造就士兵这一行当作为 20 世纪初期欧洲伟大事业之一繁荣起来。因为实行征兵制和预备兵役制度的普鲁士在 1866 年战胜奥地利，在 1877 年战胜法国，所有领先的欧洲国家（被海洋围绕并且被世界上最强大的海军所保卫的英国是个例外）都把一种行为视为必需，即在青年人刚刚成年时把他们送去接受军事训练，然后，把他们作为预备役军人保留在国家部署中，直到行将步入老年。结果是造就了大量现役部队和潜在的士兵。德国是所有国家的典范，它的军队中应召入伍的士兵在完全成年的最初两年穿着制服，被有效地关在兵营里。兵营由远在他处的军官指挥，由近在咫尺的军士们负责管理。服役期满后的第一个五年里，他们被要求每年返回所在部队的预备役单位中接受训练。然后，到了 39 岁时，被召入第二级预备役中，即所谓"乡土防卫队"（Landwehr），到 45 岁，被召入第三级预备役，"乡土突击队"（Landsturm）。法国、奥地利和俄国也有同类的制度。其效果是在欧洲的文明社会内部保留了一个由数以百万计曾经肩扛来复枪、列队行军、忍受军士们斥骂并学会服从命令的壮年人所组成的附加的、潜在的、和平时期隐形的军事社会。

同样，在欧洲的平民地理区划的表象之下，也潜藏着一种附加的、按照军和师辖区划分的军事地理区划。法兰西第一共和国创建了 90 个行政省以取代领土面积大致相当的旧式皇家省份，其中大多数以地方河流命名——瓦兹（Oise）、索姆（Somme）、埃纳（Aisne）、马恩（Marne）、默兹（Meuse），这些名字因为一战而变得令人悲伤。法国同样也被划分为 20 个军区，每个军区由 4 或 5 个省组成。在和平时期，每个军区是一个现役军的防区，而在战时则是相等的若干预备役师的来源；第 21 军驻扎在法属北非。由 60 万名士兵组成的 42 个现役师，可以与另外 25 个预备役师以及附属部队一起动员，投入战场，使总的战争力量超过 300 万人。从第 1 军辖区（诺尔省 [Nord] 和加莱海峡省 [Pas-de-Calais]）到第 18 军辖区（朗德 [Landes] 和比利牛斯 [Pyrenees]），法国的军事地理在每个层面复制了平民地理。德国也是一样，它划分为21个军区，尽管其人口规模更大，征召更多士兵，预备部队也更多。[15]东普鲁士的第一军区在和平时期是第1、第2步兵师的驻扎地，而在战时则成为第1预备役军和另外大量"乡土防卫队""乡土突击队"的驻地，这些部队用于对抗俄国，保卫东普鲁士的心脏地带。俄国的军事区划与德国相似；奥匈帝国也是这样，它由大公国、王国、公国和侯爵领地构成的多语言的万花筒制造了欧洲最复杂的军队，包括了匈牙利轻骑兵、蒂罗尔（Tyrolean）来复枪手，以及穿戴从奥斯曼领主军队继承的土耳其毡帽和宽松裤子的波斯尼亚步兵。[16]

无论欧洲军队的组成元素是何等多种多样——这种多样性体现在诸如戴头巾、穿编织马甲的法国阿尔及利亚步兵，穿土耳其长袍、戴羊羔皮帽子的俄国哥萨克兵，以及身着短裙、毛皮袋和紧身上衣的苏格兰高地士兵的身上——但在组织上都具有核心的一致性。这取决于战斗的核心组织——师。师是拿破仑军事革命的成果，一般包括12个步兵营和12个炮兵连，1.2万只步枪和72门炮。在进攻中，它的攻击火力令人生畏。在一分钟的行动中，一个师可以发射12万发轻武器弹药——如果它的24挺机枪也加入其中的话，将会更多——和1000发炮弹，这是此前战争史上任何一位指挥官都无法想象的强大火力。在1914年，欧洲大陆上有超过200个师，或是已经满员，或是随时可以组建。理论上，部署了足以在厮杀的几分钟内彻底摧毁彼此的火力。对于进攻火力的普遍信任有其道理，能够有效地把可能的火力付诸实践的一方将会取得优势。

没有被理解的一点是，只有按照及时、准确的方式进行指挥，火力才能发挥效用。这需要通讯。除非得到观察员校正落点、命令改换目标、告知命中、终止失败的射击、协调步兵的行动与炮火支持，没有得到指挥的火力只是一种浪费。这种协同合作所需的通讯要求，如果无法做到瞬时完成，那么观察者与回应者之间的间隔应该尽可能最短。20世纪早期欧洲军队精心准备的装备中没有什么提供了这样的便利。它们的通讯手段在最坏的情况下是口头交流，在最好的情况下则是电话和电报。电话和电报有赖于脆弱的线路保持完整，但战斗一旦展开，线路很容易损坏，口信成了通讯不畅时唯一的依靠，而把指挥官置于对最初战事的滞后和彷徨不定之中。

无线电通信在理论上提供了解决之道，但实际上并非如此。当时的无线电器材所需要的能源又大又重，只有在战舰上才能发挥军事作用，对于野战指挥而言是很不实用的工具。尽管在战争初期，无线电扮演了小小的战略角色，但它在所有时候都被证明没有什么战术意义,直到最后都是这样。在海上也是一样,因为在战斗中与敌人距离很近,海军无法保证信号传输中的通讯安全。[17] 可以看出,这个萌芽状态的系统虽然有希望使交战者充分发挥其全部力量,但却因技术的落后而远未获得成功。

如果现代通讯使那些执意发动战争的人失望,它更使那些专职致力于保持和平的人陷入绝望! 1914 年 8 月战争爆发前,外交危机的悲剧就在于事件连续不断、日渐增多,超出了政治家和外交人员掌控、压制它们的能力。这场外交悲剧最终发酵为持续四年之久的战争悲剧。尽管他们可敬而且能干,七月危机中列强使馆和外交部的官员们身陷撰写日志、加密函件、收发电报当中。电话可能有潜力打破交流沟通的障碍,但似乎并未发挥出它们想象中的能力。无线电的潜力,可行却未被利用,毫无施展的余地。在事件中,欧洲各国仿佛在葬礼进行曲与彼此的对牛弹琴中前进,走向它们大陆及其文明的毁灭。

第二章

战争计划

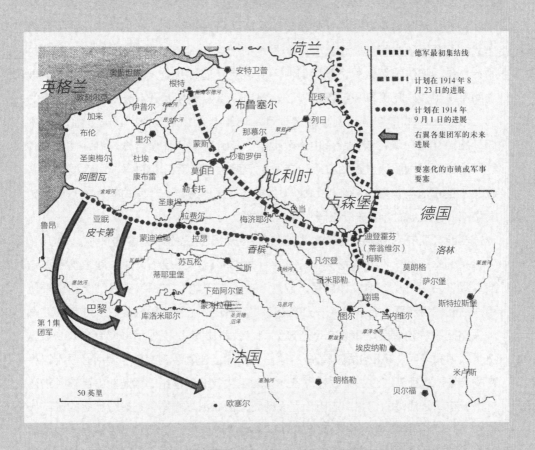

27 　　军队制订计划。亚历山大大帝制订了入侵波斯帝国的计划，目的是引诱大流士皇帝的军队交战，杀死或者捉住他。[1] 汉尼拔在第二次布匿战争中的计划是，从通往西班牙的短程航线运送迦太基军队，绕开罗马海军对于地中海的控制，穿越阿尔卑斯山——每个人都记得他的大象的故事——打到罗马军团的家乡去。1588年非利普二世战胜英格兰的计划是，无敌舰队沿海峡而上，把正在与荷兰叛乱者作战的军队运往肯特（Kent）登陆。马尔伯勒（Marlborough）1704年拯救荷兰的计划是，把法国军队引诱到莱茵河下游，使其远离基地，从而制造胜机。拿破仑的军事生涯中几乎每一年都要制订计划：1798年在埃及开辟针对其欧洲敌人的第二战场，1800年在意大利打败奥地利，1806年闪击普鲁士，1808年征服西班牙，1812年在一场持续的战争中击败俄国。1861年，美利坚合众国制订名为"蟒蛇"的计划，试图通过封锁海岸和夺取密西西比河绞杀叛乱的南方。1870年，拿破仑三世在他与普鲁士灾难性的战争中甚至制订了这样一个差劲的计划：进军德国南部，使该地的非普鲁士王国变成柏林的敌人。[2]

　　然而，所有计划都是当存在战争威胁或者开战后临时起意的产物。到1870年，尽管拿破仑三世并未意识到，军事计划的新时代开始了，即在理论上制订作战计划，在平时从容地设计出来，搁置一旁，当可能性变成事实的时候拿出来使用。这一发展有两个互相联系，却各自独立的根源。首先是开始于1830年代的欧洲铁路网络的建设。军事学家迅速领会到，铁路使军队的调动和补给可能10倍迅

28 捷于人力和马匹，将发生战争革命；他们也同样迅速领会到这样的调动必须制订严密的计划。远征者在过去会做好准备，认为古代或者中世纪的军队能够迅速行进得无影无踪只是浪漫的幻想。亚历山大大帝要么沿着海岸行军，与装载补给的船队保持在70英里的距离内，要么派遣使者，贿赂波斯官员，使他们出售粮食。如果需要在王国的伯爵领地内行军，查理曼会要求他们把牧草的三分之二供给军队。[3] 经历了一个灾难性的开端后，狮心王理查通过选择一条与补给舰队保持紧密联系的行军路线，确保了第三次十字军东征的补给。[4] 虽然如此，出现铁路之前的后勤总是存在碰运气的情况；同样，也存在灵活性，因为家畜和役畜在不需要的时候

可以寄存在路边，而且总是可以买到或者抢到活的动物来替代被吃掉或者累死的。而铁路却没有这样的灵活性。在农场里找不到火车头，在普法战争中，机车调度的失误导致一些空货车在卸货场里乱成一团，阻塞了沿线几英里的满载货车，这给法军上了永远无法忘记的一课。[5] 战时铁路需要像和平时期一样严格遵守时间表，甚至更加严格。19世纪的军事学家认识到，军事动员需要计划每月运载以千计乘客的线路，在数天内运送数百万人。因而，编制铁路运行计划表成为和平时期一项至关重要的任务。

军官们必须接受这一任务的训练；幸运的是适合这种训练的地方早就存在了，即参谋学院。在理论上制订作战计划的另一根源出现在这里。参谋学院，就像工商业学校一样，是19世纪的产物。拿破仑的手下从前辈和实践中学习本领。他们实用性的技巧促使其竞争者认识到，专门知识必须加以系统化。1810年，在建立柏林大学的同一天，普鲁士建立了一所培养参谋人员的军事学院。[6] 早些时候，普鲁士和其他国家都曾有过同样的学校，但所教授的参谋工作却被解释得非常褊狭：书记、制图、数据制表。这类学院的毕业生注定是下层僚属。迟至1854年，虽然英国建立的一所参谋学院已经有了五十五年，但开赴克里米亚的英军司令官仍以古老的方式，提名朋友和心腹担任管理者。[7] 到那时，在高瞻远瞩的赫尔穆特·冯·毛奇（Helmuth von Moltke）的影响下，普鲁士打算把它的参谋学校改造为一所真正的战争学校。未来的毕业生将被鼓励像将军那样思考，进行逼真的兵棋推演，在"参谋旅行训练"现场研究具体的军事可能性，并为国家战略难题撰写"解决方案"。在普鲁士1866年对奥地利、1870年对法国的辉煌胜利之后，这些国家中的现存机构或者急速现代化，或者建立新的"高级"机构。法国圣西尔军校（Ecole de Guerre）建立于1880年；巴黎一所高等军事研究中心（Centre for Higher Military Studies）——"元帅学校"，诞生于1908年。[8] 它的训练方法仿效普鲁士，通过兵棋推演和参谋旅行训练进行学习；翻译德国教科书，分析近期的军事历史；最优秀的毕业生通过竞争，被任命为总参谋部参谋，受指派安排动员计划表，撰写铁路部署时刻表，并为国家安全的各种可能性制订计划。这些计划从性质上看非常具有攻击性，在外交界却没有同等的设置，这很有讽刺意味。牛津大学的近代史教授职位设置于18世纪，目的是培养未来的外交官，但1914年的英国外交部仍然从荣誉随员中挑选新进，即父亲是大使朋友的年轻人，他们与跟随拉格伦勋爵（Lord Raglan）开赴克里米亚的心腹们并无二致。

因此，外交仍然是一门在使节之间传授的艺术。它是一门关于善意的教育。

1914年以前的欧洲外交官是大陆上真正国际化的阶层，彼此视若知己，以法语为共同语言。尽管各自献身于国家利益，但他们共同秉持着是避免战争的信念。

例如，在爱德华·格雷爵士（Sir Edward Grey）的带领下，法国、俄国、奥地利和意大利的大使们试图解决1913年的巴尔干危机，他们各自代表着危险而又敏锐的国家竞争者。然而他们对于彼此的正直和谨慎满怀信心，拥有对于职业操守的共同标准，并且把避免大规模冲突的愿望置于所有事务的首位。欧洲因第一次世界大战而遭到破坏，但这并非……旧式外交的过错……而应该归因于其他非外交的影响和利益取得了对事务的控制权。[9]

哈罗德·尼克松（Harold Nicolson）及其父亲就是这样的老派外交家。他所列举的非外交利益自然而然地包括了职业军人。虽然后者并不比他们的外交同僚更加好战，但他们却在完全相反的社会思潮中接受训练：如何在一场国际危机中保证军事优势，而不是如何解决它。塑造其观点的是参谋学院的教学大纲，而决定大纲的则是动员、集中、部署军队的需要，它受制于铁路的运输能力。尽管泰勒（A.J.P.Taylor）把一战爆发的特点归纳为"按时刻表发生的战争"（war by timetable）失之轻率，因为如果政治家们有足够的善意，拒绝职业军人的建议，他们可以在任何时刻避免战争，但这种归纳在更深层有些道理。制定时间表对于1870年普鲁士战胜法国的贡献如此显而易见，不可避免地主导了其后的欧洲军事思想。德国人所说的动员日（M-Tag）成了一个敏感点。从它开始，毫无弹性的深思熟虑规定了多少军队可以按照什么样的速度输送到选定的边境地区，何种数量的补给可以随之而至，以及在接下来的日子里可以在多宽的前线部署军队抵抗敌军。

联立方程计算出敌方进行反击的能力。因而，参谋人员呈交给政治家的初始战争计划具有数学性的刻板。1914年7月，法军总参谋长霞飞（Joffre），感觉自己有责任警告政府的最高军事委员会（Superior War Council）：根据自然法则，对于宣布总动员的任何一天拖延都将导致25英里的国土沦于敌手；气象学家使用"锋"（front）这个词来描绘移动的高、低压带，实际上，这种想象来自于大战中所使用的战略，并且反过来为我们研究战争爆发之前的军事心态提供了有用的真知灼见。[10]

1904年所有的欧洲军队都有酝酿已久的军事计划，值得注意的是大多数都缺乏弹性。没有一个是与今天所谓的"国家安全政策"整合在一起的，后者由政治家、外交家、情报主管和后勤人员在机密会议中制订，并致力于服务国家的重大利益，因为这样的国家领导观念在那时还不存在。军事计划是最严格概念上的军事机密，只有制订者才能知晓，在和平时期几乎不告诉政府的文职领袖，不同的部门之间常常不通声息。[11] 例如，1915年，意大利的海军司令直到战争爆发那天才知道陆军与奥地利开战的决定；反过来，1914年7月，奥地利的参谋长没有把对于俄国宣战可能性的军事判断告诉外交部长，因而使后者备受惊吓。[12] 只有在英国，1902年建立的帝国防务委员会（Committee of Imperial Defence）包括了政治家、文职官员、外交官和军事指挥官、情报官员，军事计划是在公开会议上讨论的；然而，即使在帝国防务委员会，起主导作用的仍是陆军，因为历史悠久的纳尔逊后继者皇家海军有自己打赢第二次特拉法加战役（Trafalgar），赢得任何战争的计划，因而对于委员会的深思熟虑庄严地保持冷淡。[13] 在德国，军队和皇帝在1889年，在制订军事计划时成功地把陆军部（War Ministry）和国会排挤在外，军事计划由总参谋部独占；海军的指挥官们只是有所零星的了解，甚至总理贝特曼·霍尔维格（Bethmann Hollweg）也直到1912年12月才得知核心的战争计划，尽管该计划在1905年就开始准备。

然而这个因设计者而得名的"施里芬计划"（Schlieffen Plan），是20世纪前十年里所有国家撰写的政府文件中最重要的一个，因为它在战场所带来的东西、它所激起和打碎的希望，直到今天仍在发挥着影响。也许会有人论证说它已经被证明是最近一百年来最重要的官方文件，但纸面计划对于事件发展的影响不应该被夸大。计划并不决定结果。特定行动计划引发的事件经常扩展到计划之外，从本质上说不可预测，并远远超出发动者的预期。"施里芬计划"也是如此。绝不是它促生了第一次世界大战；战争是1914年6月和7月许多人执行和未执行决定的结果，而不是德国总参谋部的一群或某一个军官事先设计的结果。也不是它的失

施里芬（AKG）

败——因为它失败了——决定了接下来发生的事情；它是一项在短期战争中赢得胜利的计划。如果交战各方在最初失败的军事冲突后做出停止的决定，后续的长期战争可能会避免。无论如何，"施里芬计划"选择了开战地点，并设计了德国军队在那座舞台上的行动，一旦这一计划在危机的压力下被采纳，战争的焦点所在便取决于它，而计划内在的缺陷就已经决定了战争扩大的可能性，以及因此而来的战争延长的可能性。该计划天生具有危险的不确定性：它计划夺取快速胜利的不确定性，以及如果未能取得预期目标而导致的更大的不确定性。

"施里芬计划"是一个出类拔萃的备用计划。施里芬在1891年被任命为德军总参谋长，并立即开始在理论上考虑如何在普遍的政治氛围中最好地保卫自己国家。从他的前任，伟大的老毛奇和瓦德西（Waldersee）那里继承的计划的起点是应对德国被法俄夹在中间的险境。法国因1870年战败和丧失阿尔萨斯－洛林而导致难以缓解的敌意，而俄国则是法国的长期盟友。在最坏的情况下，这预示了一场两线战争。老毛奇和瓦德西都认为战胜法国的可能性不大，因为法国处于一系列昂贵现代化的堡垒保护之下，他们因此断言德国军队在西线将处于守势，利用莱茵河作为障碍抵挡法军的进攻，而把主要力量部署在东线；然而，即使在东线，它的目标也仅限于在俄国前线领土建立一条防线；为争取在（俄属）波兰王国的胜利"追求进入俄国内部"，毛奇在1879年写道："对我们是毫无益处的。"毛奇牢记拿破仑进军莫斯科的巨大灾难。[14]

不得不说，施里芬也是如此；但他作为毛奇参谋教育体系培养的学生，理解了它的纪律，却并未理解其灵感。毛奇坚持军事分析的精确，但也总是不辞辛劳地调整其战略思想以适应国家的外交精神。他和俾斯麦不管在政策上有何不同，都彼此开诚布公。施里芬对外交事务不感兴趣，他相信力量第一。由于年轻的德国皇帝缺乏判断力，抛弃了俾斯麦1890年与俄国签订的"再保险"条约（"reinsurance" treaty），施里芬接任总参谋长后，得以充分发挥他的成见。[15]"再保险"条约规定，除非德国进攻法国，俄国将对德国保持中立；除非俄国进攻德国的盟友奥匈帝国，德国将对俄国保持中立。施里芬开始沉迷于棋盘推演。他能确认的东西不多：比德国弱小但被堡垒保护的法国，比德国弱小但被广阔的空间保护的俄国；一个弱小的奥地利盟友，对俄国持有敌意，因此可以用于分散敌人的注意力，甚至作为平衡的砝码；非常弱小的意大利，德国和奥地利的盟友，可以不必考虑；可以被忽视的英国，因为施里芬对海上力量漠不关心，他甚至轻视德国海军，尽管它是德国皇帝的心头爱，并在其统治期间日甚一日。[16]

考虑到力量的相对性，而且只考虑它们的影响，施里芬逐步制订出一个计划，使用八分之七的德国军事力量，在战争的偶然性中，以压倒性的力量进攻法国，达成全胜或一无所得的结果。如果失败，将把他的皇帝置于险境。然而，施里芬从未考虑过失败。1892年8月，他已经决定在西线竭尽全力，而不是毛奇和瓦德西构想的东线。1894年，他提出摧毁法德边境的法国要塞的计划。1897年，他接受了德国重炮无法摧毁边境要塞的事实，开始说服自己"进攻不能因破坏比利时和卢森堡的中立而退缩"，换句话说，他想通过侧翼包抄使法国要塞丧失作用。他撰写于1899年和1904年之间的计划在兵棋推演和参谋旅行考察中接受了检验，该计划设想三分之二的陆军通过卢森堡和比利时南端推进。最后，在完成于1905年12月——他从服役了十四年的最高军事岗位退休前夕——的所谓"大备忘录"（Great Memorandum）中，他把稳健置之度外。比利时的中立由英国、法国和普鲁士共同担保，不受任何侵犯，但却将遭到大规模破坏。几乎全部的德国军队停驻在起于瑞士边境的战线，几乎延伸到北海，他们将在大规模行军中首先穿越比利时，外翼经过布鲁塞尔北部，然后穿过佛兰德斯平原，在动员后的第二十二天抵达法国边境。在第三十一天，德国军队将沿索姆河和默兹河前进，在那里，右翼转而向南，从西面包围巴黎，并开始把法国军队赶往从阿尔萨斯－洛林来的左翼部队。这是一次大规模的半圆状钳形攻势，周长达400英里，两翼距离200英里，对法国军队进攻夹击。在不可阻挡的压力面前，法军将被钉在决战的战场，在静态中作战并被歼灭。到第四十二天，西线的战争将会胜利，胜利的德国军队通过铁路返回德国，到达东线，并在那里对俄国军队实施毁灭性的打击。[17]

施里芬不断对他的计划修修补补，甚至在退休后也是如此，直到他1912年去世。他没有其他的消遣，没有嗜好。担任总参谋长时，他往往工作到午夜，然后通过为自己的女儿们诵读军事史来放松。军事史是他仅次于撰写军事计划的爱好。在担任总参谋长之前，他是总参谋部的军事史专家，但却是完全从技术的角度研究历史。是地图上军队的部署而不是士兵的心灵，也不是把他们投入战争的政府理性激发了他的兴趣。[18] 他沉迷于坎尼之战，汉尼拔在公元前216年的这场战役中包围了罗马军团。汉尼拔压倒性的胜利是他1905年"大备忘录"的重要灵感。他在坎尼战役中认识到将才的精髓：不受政治、后勤、技术或战斗心理的玷污。在枪骑近卫队（Lancers of Guard）中作为年轻军官的实践似乎并未留下印迹；在1866年和1870年战争中他已经担任参谋的职务。1884年，他成为专业的军事史家；1891年以后，他完全沉迷于地图作业中。他冷淡、尖刻，对自己的智力感到自负,当任职期限达到前所未有的长度时他更加超然物外,到职业生涯的末期,至少他自己已经把战争简化为一种纯粹抽象的东西,这儿部署这么多兵力,而那儿部署那么多。"大备忘录"的一个选段读来颇有风味:

> 如果可能,德国陆军将通过右翼的包抄赢得战斗。因此,这一翼被构建得越强大越好。为此,陆军的八个军和五个骑兵师将分五路从列日(Liège)以南穿越默兹河,并向布鲁塞尔-那慕尔(Brussels-Namur)方向前进;第九个军(第18军)将在列日以北越过默兹河后与它们会合。后者将不得不在于伊(Huy)要塞的控制范围内渡过默兹河,必须使这一要塞丧失作用。

令人奇怪的是,施里芬沉迷于部队的运动,但对扩大其规模,以便保证其压倒敌人的能力丝毫不感兴趣。正如霍尔格·赫维希(Holger Herwig)最近论证的那样,在德国将领(Generalität)中弥漫着一种恐惧,害怕扩大规模将导致军

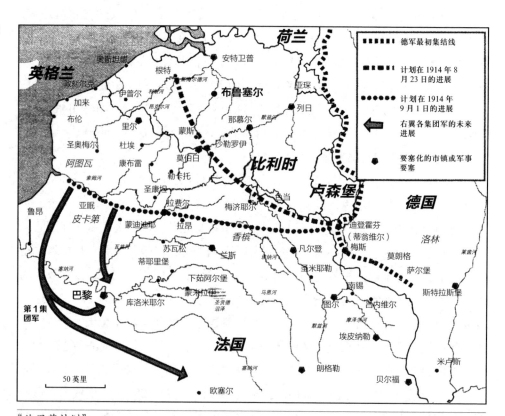

"施里芬计划"

队被来自大城市的社会主义者腐化,德军由远离政治的农村小伙子构成。[19] 尽管在1905年,他要求组建33个新的步兵营,那是因为根据他的计算,这个数字可以使他的计划避免因兵力不足而失败的危险。在那个阶段,他不需要更多了,尽管德国巨大而且仍在扩张的人口规模可以很容易地满足需求。他为自己设计并相信能够解决的难题是:如何利用可得资源赢得一场短期战争。他的野心是复制伟大的冯·毛奇1866年对奥地利和1870年对法国那样的胜利,那两场战争分别用了六个星期和七个星期。总而言之,他希望避免"精疲力竭"的战争。"消耗的战略,"他写道,"如果花费数以亿计的财富维持数以百万的军队,不会起到作用。"[20]

他活得不够长久,没能像希特勒那样发现,精彩的侵略计划如果有瑕疵,就好像一种不可抗拒的反应法则般必然引起消耗战。然而,施里芬在他那个时代所限定的环境中,正确地从数字上限制了他所设计的进攻范围。希特勒的计划失败则是因为,在西线旋风般的胜利后,他说服自己在东线广阔的空间可以重复这样的胜利。施里芬在这样的空间面前退缩了。他认识到,一支依靠双脚和马匹行军的军队将在西伯利亚草原无边无际的广阔空间中耗尽所有动力。因此他在佛兰德斯和巴黎大区(Ile-de-France)的地图旁度过不眠之夜,这里有一个军,那里从侧翼进军,一条架有桥梁的河流,一座隐蔽的堡垒。他在午夜吹毛求疵地进行调整校正,目标不是应对法国军队数量的德国兵力,而是比利时和法国的道路网络能够承担的数量。这样的计算是参谋学院训练的基础:学员被发给从准备好的表格到地图的一些东西,表格中给出行军队列的长度——例如,一个军是29英里——就能够求出多少部队能够以何种速度挤过给定区域。因为一天内急行军的极限是32英里,这也就是在单行道路上行军一天的距离;但是29英里长的行军队列的尾部在当天结束时仍将靠近或停留在行军的出发点处。如果有两条平行的道路,尾部就能走完一半的距离,如果有四条道路,则可以走完四分之三,诸如此类。理想情况下,一个军中的单位不是排成纵队行军,而是齐头并进,使所有人在当天结束时都能行进32英里;在实践中,正如施里芬在他的一项修正中承认的,平行的道路在最好的情况下也只分开一两英里。然而,因为他的大迂回(wheeling movement)要求大约30个军在300英里的锋面上扫荡前进,每个军只有10英里的锋面行军,也就是说最多只有7条平行的道路可以使用。这样不足以使纵队的尾部在当天末赶上先头部队。这个缺陷本身就很严重;更加严重的是,它绝对不允许在迂回的半径内增加任何部队。它们无法配合行动,仅仅是因为没有空间了。[21]

因此,施里芬只计算现有兵力的决定是正确的;计划来自于数学上的现实。正如他在最后的修正中认识到的，任何在道路上增加兵力的尝试，甚至只使用现有数量，都将造成毫无益处的交通堵塞："毫无必要的大量部队将在后方组建。"[22] 对德国而言不幸的是，"施里芬计划"并非仅仅来源于数学上的现实。它最终的源泉是一种愿望思维。施里芬梦想着重复1870年的伟大胜利，不是像那时一样发生在法德边境，而是在法国内部，因为他认识到，法国人不太可能第二次"送大礼"般鲁莽地一头扎进德国的领土。然而法国是一座"大堡垒"，像他一次又一次强调的那样，无论在边境还是内部都堡垒林立，尤其是巴黎，它是一座被现代化的堡垒所围绕的城市。尽管比利时也堡垒化了，但它提供了一条绕开法国边境堡垒的道路，因为它的军队过于弱小，在任何时候都不可能抵挡德国的力量；但经过比利时到达巴黎不仅延长了行军路线，也使前进的锋面变窄。对于道路网络，以及为右翼的军寻找能够从佛兰德斯快速集结到巴黎大区和巴黎，到达决定性战场的走廊的痴迷就根源于此，右翼的行动自动员之日起不能超过六个星期；超过这个期限，俄国人将会从其广阔的空间出现，淹没留在东线保卫通往柏林道路的少量部队。

梦想是旋风般的快速行动；数学计算则警示了一场即将消亡的雷雨。甚至在1905年的"大备忘录"中，施里芬也考虑到了他的恐惧。"因此，"他写道，"尽可能地加快德国右翼的前进是至关重要的。"而且，"部队指挥官必须始终保持警惕，并正确地分配行军路线"；此时他承认，训练有素的军队适中的行军速度是每天20英里。[23] 加速或者改变道路的命令很少能改变这一点。然后他提到众所周知的"进攻力量的削弱"。"现役军（在和平时期就已存在的部队）必须保持完整，并且不能被用于承担保卫交通区、攻击要塞或包围堡垒诸般职责"[24]，尽管同时"运输军队必需的铁路必须得到保卫"，而且必须占领比利时和法国西北的大城市和人口众多的省份。[25] 这些任务是消耗战斗部队力量的海绵。然后他列出了预防的方面："如果英国人登陆并向前推进，德国军队将会停下来……击败英国人，然后继续针对法国人的行动。"计划并未为这样的耽搁留出时间上的余地。然后，在稍晚一些的修正中，他提到存在1870年战败后备受轻视的法国人找到了新的战斗意志的危险："由于他们被灌输了进攻精神，我们必须假定（他们军队中）未遭到攻击的一部分会发动进攻。"[26] 这带来了消耗战的凶兆，预示着以铁与血展开长期战争。下述任何一种情况都将带来危险："面对大迂回，敌人坚守阵地，就像在攻城战斗中一样，前线的每个军咬住敌人，一块又一块阵地，夜以继日，前进，攻坚，前进。"如果德国军队能够避免"远东的战争（1904—1905年的日俄战争）中出现的停顿",实现了这样的前进,法国人也可能后撤回"大堡垒"——"法国必然被认为是一座大堡垒"[27];"如果法国放弃瓦兹河(Oise)和埃纳河(Aisne),退到马恩河、塞纳河等等之后……这将是一场没有终点的战争"[28]。

这不是"大备忘录"中唯一表现出绝望的评论。还有其他。施里芬在决定性的一点上渴望更多的军队,通过比利时和法国北部的大迂回的右翼:"必须征集更多的军队……必须建立八个军的陆军……我们一直夸耀我们的人口密度,夸耀我们可以使用的巨大人力;……但这些民众现在被训练、武装,已经提供了他们所能供应的最大数量的人力……最需要这八个军的是右翼,或者把它们置于其后。"施里芬强烈要求从预备役,即后备军(Ersatz)和本土防卫队(Landwehr,超龄的预备役军人)中组建这八个军,这将相当于德国陆军兵力整整四分之一的补充。尽管如此,他明显与其同袍有同感,害怕通过征召不可靠分子扩大军队的规模。评语的绝望情绪越来越强烈:"(八个军中的)多少部队能够被运送(到达右翼)依赖于铁路的能力……需要(它们)来完成对巴黎的包围……它们进军以及攻击的方式标示在地图三上。"[29]

细心的读者可以在这一点上发现"大备忘录"崩溃了:地图三并未显示新加入的军如何向巴黎前进或包围巴黎——施里芬所谓法国"大堡垒"的战略要点。这些军凭空出现,没有任何指示表明它们如何到达巴黎及其外围。"铁路的能力"与此无关;"施里芬计划"中的铁路只能把攻击部队运送到德国与比利时、法国边境。之后就是沿着公路网前进,以及依靠步兵沉重的步伐衡量前进的速度。施里芬估计每天只能前进12英里。在1914年8月和9月的危机中,德国、法国和英国的部队都超过了这一速度,有时是连续多天如此——格洛斯特团(Gloucestershire Regiment)第1营在从蒙斯(Mons)到马恩(Marne)的大撤退中,从8月24日到9月5日间平均每天前进16.5英里,在8月27、28日两天分别行进23英里和21英里——但施里芬的平均值离合格标准并不太远。[30] 在1914年8月18日和9月5日之间,冯·克卢克(von Kluck)的部队在大迂回的外翼每天行军13英里多一点儿,共前进了260英里。[31] 对施里芬解决其计划中的问题所需要的"八个新的军"而言,要到达决定性的战场,他们事实上不仅需要行进得更快、更远(这已经不太可能),而且要在已经存在的那些军占据的道路上做到这一切(这是绝不可能的)。

因此,不必惊讶于在"大备忘录"的字里行间发现作者承认"我们太弱小",以致无法把计划执行到底,而且,在稍晚写的修正中,"在如此广阔的战线上,我们还是需要比到目前为止所估算的更强大的军队"。[32] 施里芬走进了逻辑的死胡同。铁路将使大迂回的军队就位；比利时和法国的道路使它们得以在动员后的第六个星期到达巴黎外围；但是除非得到八个军——20万人——的协助，它们无法达到足够强大，赢得决定性战役的胜利，但却又没有空间容纳这20万人。他赢得闪电般胜利的计划在本质上存在缺陷。

尽管如此，这个计划被存档备用。1866年和1870年胜利者的侄子小毛奇在1906年继任总参谋长后，开始对这个计划修修补补。施里芬自己已经在这么做了，准确地说直到1913年1月4日去世前夕，他始终在这样做。二者都没能解决计划内在的困难。许多人指责小毛奇把计划弄得更加复杂，他通过相应削减"施里芬计划"中庞大的右翼，加强了德国计划部署的左翼；这并非关键所在。毛奇的参谋人员毫无疑问缩减了部队在前线部署地点上下火车所需要的时间，在一些区域缩短了至少两天，在其他区域则是四天。[33] 这同样也非关键；铁路可以依靠计划加快运行速度，但在铁路无法到达的地方要依靠公路，后者则无法依靠计划加速。最精细的计算也会被这里毫无弹性的、每天前进12英里的平均数束手束脚。毛奇和总参谋部的应对方法是对它置之不理。"施里芬计划"被闲置在文件柜中，直到1914年被抽出来并付诸实施，带来灾难性的后果。

但1914年被搁置于文件夹中的法国战争计划——第17号计划，恰恰建议实施施里芬认为法国人不会去做的事情，给德国"送大礼"。它计划轻率地越过法德共同边境，开进洛林并向莱茵河进军。根据施里芬的判断，这对法国而言是最为不利的。因为正如法国从1880年代开始花费时间和大量金钱改进、扩建保卫领土的堡垒一样，德国也是这样做的。阿尔萨斯、洛林诸省在1871年并入德国，法国人在此前的两个世纪里在此大力构筑防御工事。阿尔萨斯－洛林是"帝国"的领土，直接接受柏林的管理，在德意志帝国政府时期，摩泽尔（Moselle）河畔的梅斯（Metz）和蒂永维尔（Thionville）、莱茵河畔的斯特拉斯堡（Strassburg）的堡垒都经历了昂贵的现代化。这些城市是从法国通往德国的大门。施里芬估计法国最高指挥部将不敢计划进攻它们。

在"大备忘录"处于准备阶段的时候，施里芬的推测是准确的。完成于1898年的法国第14号计划断言在与德国发生战争的情况下，法国将在共同边境上采取守势。因为数量上的悬殊，由法国发动进攻被认为是不可能的。没有什么变化的4000万法国人口无法与已经多达5000万，且仍在快速增长的德国人口相抗衡。另外，法国最高统帅部对德国在危机时期通过征召预备役军人快速扩大军队的能力感到畏惧，这项能力已经得到了证明。法国的预备役体系在1870年已经失败。1898年的法国将军不相信这个体系在未来能够变得更好。第14号计划没有为各不相干的预备役单位分派任何角色，1903年的第15号计划中则分派了次要的角色。

预备役的难题在20世纪第一个十年始终折磨法国的军事思维。当德国将领绞尽脑汁想解决如何以可能的最快速度把大量军队运送到选定的行动地点的难题时，法国却在为如何找到充足的士兵而苦闷。1905年的兵役法案（Conscription Law）没有任何豁免地强制所有法国年轻人服两年兵役，以扩大"现役"或和平时期军队规模的方式稍缓时艰；该法案确实使法国和平时期的军队规模超过了德国计划部署到比利时的部队。它再次带来了预备役的问题。当前线扩大时，和平时期规模足以压倒共同边境上德军的军队仍然需要快速吸收预备役。1907年的第15号计划第二稿允许法国军队针对比利时南部进行集结；两年后的第16号计划扩大了该集结的规模，尽管新的集结有赖于吸纳预备役部队，而最高统帅部仍不知该怎样谨慎地获得它们。到1911年，对于德国穿越比利时、得到庞大预备役加强的大规模进攻的恐惧变得日益急切，一位新任的法军参谋长维克多·米歇尔（Victor Michel），提出了一项与第14号到第17号计划分道扬镳的建议：所有可能的预备役部队都与现役部队混合在一起，所有军队都将被动员，沿从瑞士到北海的整个法国边境进行部署。[34]

尽管米歇尔自己可能并不知道，他的计划可谓"施里芬计划"的真实映照；他甚至提议攻入比利时北部，这恰好与施里芬的"强大的右翼"狭路相逢；无从猜测结果如何，但绝不会比迥然不同的法国1914年战争计划产生的结果更坏。不幸的是，米歇尔是位不合群的军人，是一位"共和主义的"将军，不为同僚所喜。他很快就被新的右翼政府剥夺职务。1913年4月生效的第17号计划与他的方案背道而驰。预备役与现役部队的混合被束之高阁。一直到北海的部署被削弱，只留下左翼的法军第5集团军，从比利时南部应对德军穿过比利时北部进军的危险。最重要的是，在共同边境上的行动被设计为进攻性的。"无论情况如何，"第17号计划主张，"总司令的意图是以所有部队前进攻击德军。"这意味着攻入洛林，正是施里芬怀疑法军不会去做的"送大礼"。[35]

第17号计划是米歇尔的继任者约瑟夫·霞飞的创见，采用这一方案并非毫无理由。理由之一是情报部门始终无法确定德国人真的会采取穿越比利时北部这样战略上存疑、外交上将遭谴责的冒险行动；考虑到当代所有国家都对战争计划严守机密，想得到这样的情报并不容易，但这时也要归咎于法国第二局（情报局）

目光短浅，拒绝确认情报的蛛丝马迹。[36] 另一个理由则是德国针对法国 1905 年两年兵役法的反应所引起的焦虑；1911—1913 年，德国通过了它的兵役法案，大大增加了和平时期的军队规模。[37] 这些措施，以及德国已知的动员预备役单位的能力，使在任何一方能够使用预备役力量之前最大可能地使用和平时期的军队成为法国人的第一选择。这意味着进攻，进攻他们很容易找到而德国人不得不防守的一点，即穿越法德共同边境。另外，作为对德国 1911—1913 年征兵法案的回应，法国颁布了另一项法案，把服役期限延长为三年；1913 年的这项三年法案（Three-Year Law）尽管无法缩小德国相对法国日益增长的军队规模优势，确实扩大了法国和平时期军队的规模，这自然而然削减了预备役的规模，因此加强了在战争中立刻采取攻势的论调。采用第 17 号计划的最后一个理由，在于法国及其盟友间关系的发展。自 1905 年起，英法总参谋部之间频繁地举行秘密会议。到 1911 年已经形成了坚定的共识，在德国破坏保证比利时中立的 1839 年英法普三国条约的情况下，一支英国远征军将在法国左翼登陆。如果该共识没能解决"比利时难题"的话，至少使其得到缓解。这两个国家还希望得到更多：如果遭到德国的威胁，希望比利时能够允许二者之一或二者共同进入其领土。二者都被比利时总参谋部断然拒绝——对法国的拒绝是它采取第 17 号计划的一个补充理由——但法国可以因为比利时提供支持的承诺感到安慰。尽管两个国家并未签订任何正式条约，法国将军们获悉，"当（他们的）参谋人员就某些事务达成一致，行动将随之而来"。[38]

法国将军们相信，在对德战争开始时，为了使俄国提供法国所需的帮助，必须采取第 17 号计划的攻势。确然如此，因为"法俄两国的专家们"——二者确实结为盟友——"并非常常能够敲定一项计划"。[39] 俄国的战略困境与法国的有同有异。像法国一样，它在危机中利用预备力量的速度也要慢于德国。因此，它最初的行动也要依靠现役部队发起。法国的问题只不过是无法确定满意的计划，以便把预备役和和平时期的军队整合在一起，与法国不同的是，俄国加强军队的困难更多是地理上而非组织上的。拖延前线部署的是，俄国内部各大人口中心之间距离遥远，而且它们与德国边境也过于遥远。然而这样的距离对于俄国而言也是一种优势，因为在战争危境中，空间也就是时间。在动员的危机中，俄国并不感到急迫。在召集军队时最初丧失一些领土是可以接受的，而法国却承担不起。法国非常清楚这一点。因此，第 17 号计划在某种意义上是有道理的：它设计挑起的大战将在东线赢得时间；另一个方面，法国感觉有必要在一开始就向俄国证明，这是一次生死之争，也促生了第 17 号计划。危机规模越大、来得越快，法国的危险也就越大,其后对俄国的威胁也就越大,因而俄国快速进军帮助法国的必要性也就越大。

然而俄国素来以拖拖拉拉而闻名,这让法国将军们深感气愤。与英国正相反——尽管它还不是一个正式的盟友,但却能激起法国的信心——俄国将军们偷偷摸摸,常常效率低下,这已经够糟糕了;更糟糕的是俄国逃避义务。"尽管法国持续地给予压力,1911年以前的俄国除了语焉不详的动员之日后二十天进攻外,不肯承诺任何东西。在1910年末,当圣彼得堡从俄属波兰撤出一些部队,并且沙皇和德国皇帝在波茨坦(Potsdam)举行会晤,这样的最低期待也发生了动摇。"彻底感到惊恐的霞飞在1910年8月召集了新的参谋谈判,赢得俄国陆军大臣苏霍姆利诺夫(Sukhomlinov)的保证,俄国军队将会"在第十六天采取一些进攻行动,以期牵制最少五或六个可能部署在西线的德国军"。这项保证仍然只是口头的。法国没有任何俄国将履行诺言的纸面担保,甚至真的对俄国想要做什么没有任何明确的影响。[40]

不应该把一切怪罪到俄国头上。这个世纪的前十年对它而言是麻烦的十年,国内的革命,在远东的对日战争中被日本击败。战争使国家陷于贫困,在混乱中使其军队败北。1906—1909年是"施里芬计划"可能发挥作用的年代,在这些年里,俄国最多希望在发生冲突时采取战略防守,一种对法国没有任何帮助的姿态。到1909年,俄国已经恢复过来,足以写下一份动员计划——第18号(Mobilisation Schedule Number 18),它至少已经包括了一项进攻的条款,尽管该条款是在完成预备役力量集结的停顿,以及确定最主要的威胁是来自于德国还是奥地利之后。在1910年6月,俄国参谋人员变得更为积极一些。第19号动员计划承认德国是主要敌人;该计划仍将俄属波兰的大部分弃于敌手。这种前景让长期与奥地利人交战的西部区域的指挥官火冒三丈。在行动上可行的、根据俄国对东南欧的传统义务应该去做的、由于与法国的同盟需要去做的,将军们之间关于这些东西相对分量的争论继之而起。解决方法是一种妥协,以第19号计划的修正方案A和修正方案G为人所知,A方案集中力量于奥地利,G方案则主要对抗德国。[41]

如果法国人知道了修正方案A,一定会更加恐惧。对法国人而言幸运的是,在俄国总参谋部完成了第19号计划两个修正方案的同一个月,即1912年8月,他们终于榨出了俄军总参谋长芝林斯基(Zhilinsky)的承诺:自动员日"十五天之后",他的军队将以至少8万人进攻德国人,这是俄军和平时期军事力量的一半。[42]在1913年9月的俄法军事协约第三条中,这一点被明确下来,是"在动员后的第十五天"而非"动员后的第十五天之后"。对这一俄国人忽然全心全意地对待盟友的情况有多种不同解释。其中之一是到1913年，俄国军队已经大体上从败于日本之手的混乱中恢复过来；一项新的军费计划，苏霍姆利诺夫的"大计划"（Great Programme），在四年期限内承诺积极改进和切实扩张军队规模。第二点，有意见认为，是因为情报的误导。在1913年，俄国"在恰当之处有一位间谍"，奥地利上校阿尔弗雷德·雷德尔（Alfred Redl），此人向俄国出售奥地利军队动员的计划，该计划看起来使修正案A中预料的危险最小化了。"第三种解释是（法国）盟友的重要性……如果法国轻易地败于德国，俄国人没有什么信心对抗德国和奥匈帝国蜂拥而至的联军……俄国和法国同生共死……而俄国应该竭尽全力履行其义务，甚至在动员后第十五天发动进攻。"最后，有意见认为，俄国将军们突然对采取进攻而非自私自利但却安全的防守战争将会带来的危险视而不见。然而，在这方面，俄国与法、德的区别仅仅在于决心赌一把的时间较晚而已。[43]

如果说1906年到1914年的俄国因为支吾搪塞和拖延耽搁让法国备感恐慌，奥地利也让其盟友德国深有同感。德奥两国在1866年战争中为敌，那场战争确立了德国在中欧的领袖地位，两国在1882年消弭了纷争。然而，它们签订的同盟条约并不包括军事条款。德国首相俾斯麦明智地躲过了卷入奥地利各式各样国内外困境的危险，其中包括了与奥斯曼土耳其长久以来的积怨，最近被掩盖起来的、因丧失威尼斯而与意大利的争吵，以及塞尔维亚和罗马尼亚对哈布斯堡领土中这两个少数民族聚集地区的构想，它们在那里的势力强大而且不断增长。然而两国总参谋部非正式地探究各自的战略；奥地利获悉，在发生两线战争的情况下，德国意图对法采取守势而进攻俄国；德国则心满意足地获知奥地利将进攻俄属波兰。事情到此为止。施里芬上任后，奥地利参谋部门发现他"沉默寡言"而且"不好接近"。[44] 直到1909年1月他退休以后，才开始了富有成效的磋商。

德国总参谋长小毛奇知道了他想要的东西。"施里芬计划"仍在搁置中。它需要奥地利尽可能最大规模、最快地针对俄属波兰进行部署。不管怎样，谈判起于他的奥地利对应者康拉德·冯·赫岑多夫（Conrald von Hotzendorf），然后在一场不仅与俄国，而且包括其被保护人塞尔维亚的两线战争上响起警钟。还有其他的担心。意大利不是个可靠的盟友，罗马尼亚也不是。康拉德看见一张彼此相连且难以预测的网，其中任何一个环节都不利于奥地利。最坏的可能是塞尔维亚挑起一场针对奥地利的战争，在这场战争中，当把哈布斯堡军事力量的重心部署在多瑙河以南而非波兰北部，俄国可能卷入，这将把其军事部署的方向变成一个错误。他建议的解决之道是在动员之时把部队分为三个部分：由 10 个师构成的巴尔干最小集群（Minimalgruppe Balkan）针对塞尔维亚进行部署，30 个师的 A 集团（A-Staffel）对应波兰战场，而 12 个师的 B 集团则作为"机动"（"swing"）的力量，在二者之一需要的时候投入战场。

这项计划并未给毛奇提供什么，1 月 20 日他写信提出修改建议。为打消奥地利对于意大利和罗马尼亚不忠实的恐惧，他保证西线战事将在俄国全面动员之前结束，而德国那时将派遣强大的军队开赴西线；但他并未给出时间表，这一缺漏让康拉德忧虑不已，因为他必须制订自己的两线战争计划。1 月 26 日他警告毛奇，在动员后的五十天之前，德国不能指望巴尔干最小集群开赴波兰。德国能否保证在四十天之内提供支持？如果不能，他最好在波兰采取守势而倾尽全力进攻，摧毁塞尔维亚。摧毁塞尔维亚是康拉德真正渴望的东西；如同许多讲德语的奥地利人，他憎恨这个小小的斯拉夫王国，不仅是因为它没有对奥地利在巴尔干的非正式统治权给予适当的尊重，也是因为它吸引着哈布斯堡帝国内部心怀不满的塞尔维亚人。赢得对塞尔维亚的胜利看起来是解决奥地利与其他斯拉夫少数民族间广泛存在的问题的最保险方式。

毛奇在一些方面做出保证，但对另一些问题避而不谈。法国不可能阻挡德国超过四个星期——而"施里芬计划"中则估计为六个星期，奥地利并不了解这一计划的细节——所以对奥地利而言，进攻俄属波兰既是非常安全的，也是绝对必要的；而且，即使奥地利在一场塞尔维亚战争中泥足深陷，德国也不会背叛它；至于塞尔维亚，"奥地利的问题会自然而然地解决"。康拉德评论道："确实如此。不过如果被困于塞尔维亚无法脱身，我该怎么办？"[45] 因为奥地利的兵力比塞尔维亚多 60 到 100 个师，传统认为，只需半数于此的优势即可赢得一场胜利，人们可能认为康拉德颇为胆怯。即使他只派出巴尔干最小集群，塞尔维亚人也不可能击败他。毛奇首要考虑的问题是如何使俄国也两线作战——波兰西线，德国在那里暂时会比较虚弱；波兰南线，他希望奥地利在那里能强大一些——他掩盖了任何康拉德的支吾搪塞所引起的激怒，而且几乎是立即回信保证与奥地利一起发动进攻："在奥地利发动攻势的同时，我会毫不犹豫地发动进攻来进行支持。"[46] 这是个既不应该做出也不可能实现的承诺。"施里芬计划"毫无疑问地规定，当进行大规模的西线战役时，德军留在东普鲁士的部分应该进行防御。他显然是善意地做出这一承诺，无论如何，1909年3月19日做出承诺的这封信在接下来的数年间保证了这两个盟友之间的理解。康拉德因为好战而在1910年11月去职，当他在一年之后官复原职时发现，这一问题仍然未有定论。1914年5月，康拉德和毛奇在度假胜地卡尔斯巴德（Carlsbad）举行最后一次战前会议，德国总参谋长回应奥地利要求德国承诺在东线增加军队时，模糊不清地保证："我会尽力而为。我们对法国并没有什么优势。"[47] 搁置中的"施里芬计划"在法国北部勾画出一条"强大右翼"的轨迹，所坚持的东西恰与此相反；但它指望着奥地利更坚定的意志和俄国更虚弱的力量。

施里芬没有考虑到的是英国会参与其中。他的"大备忘录"略微提到了这种可能；他在1906年2月的一条附录中讨论了它的重要性，但推测英国人最多也就是在安特卫普或德国北海沿岸登陆。他并不担心英国人会为了阻止德国通过比利时进军而在某一点加入法国的战线。因为作为1904年4月英法协约（entente cordiale）成果的军事对话直到1905年12月才开始，而"大备忘录"在这个月完成，他无从预测英国人可能这样做。另外，尽管已经开始与法国进行讨论，英国人仍然举棋不定，不知道如果把军队派遣到大陆应该做些什么。确实存在进行两栖行动的可能性，皇家海军支持这一方案，以便迫使德国公海舰队（German High Seas Fleet）与之交战。[48] 从另一方面来说，这是一种"分散的战略"。普遍的军事气氛要求在决定性一点上的"集中的战略"。这个决定性一点的战争中的进攻者将是德国，它将是法国某地，后来确实如此。英国逐渐同意了法国的建议，派出远征军。1906年4月，帝国防务委员会起草方案，直接向低地国家派遣军队。因为比利时不愿意英国军队进入，而且法国无法制订让人信服的战争计划，其后的五年毫无进展。1911年，霞飞就任法国总参谋长，亨利·威尔逊（Henry Wilson）任英国军事行动的指挥官，一切发生了改变。霞飞令人敬畏，威尔逊充满活力。当他们11月首次在巴黎会面，霞飞披露了第17号计划的概要。[49] 因为用于海军的花销以及英国人持续反对征兵，使它在本土只能维持六个师的部队，英国远征军的规模不会很大。尽管如此，8月，威尔逊已经向帝国防务委员会概述了如何最好地进行部署。通过迫使德国抽调力量对付它，这六个师针对德国右翼的行动有可能打破平衡。"德国从决定性一点调走的军队越多，"威尔逊论证道，"对法国以及我们就越是有利。"他进一步研究计划的细节，如何利用海军的积极协助最快、最有效地把部队运送通过海峡，海军支援完成快速行动后，便得以集中力量诱使德国舰队进行决战。虽然如此，英国保持谨慎。尽管是一个热心的法国支持者，但直到 1914 年 8 月，关于远征军将在何处参战，威尔逊拒绝给出任何暗示。只是在 1912 年 11 月，法国从外交部长爱德华·格雷那里榨出了类似共同行动的某种承诺。[50] 这封信如下："如果任何一方政府有重大理由预计将发生第三方力量的无故攻击，或者威胁到普遍和平的情况，它应该立即与另一方政府进行协商，讨论双方政府是否应该行动以阻止侵略并保卫和平。并且，如果这样，协商它们应该共同采取何种措施。如果这些措施涉及共同行动，总参谋部的计划应当立即得到考虑，然后双方政府决定在何种程度上实施它。"因为日渐消退的经济实力和不断增长的德国海军力量所带来的危险，光荣孤立的原则仍然使英国对于把自己和一个盟友捆绑在一起感到犹豫。

当然，英国享有大陆国家所没有的进行选择的奢侈权利，随心所欲地决定"最大程度或是最小程度地卷入战争"；培根对于海军强国优越之处的总结在 20 世纪仍然像在 16 世纪一样正确。法国和德国，俄国和奥地利，无法从海洋的保护中获益。它们最多不过由河流和山脉分隔，最坏时除了地图上的线条没有任何实质性的界线，它们的安全在于其军队。这把它们陷于严酷、共同的困境，与六十年后把拥有核各国捆绑在一起的东西相类似。"使用它们或失去它们"成为导弹战略势在必行；因为如果导弹在一场危机中不使用，就有可能成为敌方首轮攻击后的残骸：一支军队如果不尽可能早地发动攻击，就有可能在动员中被摧毁；甚至如果完成动员但是其后未能发动进攻，它也将暴露底牌，并丧失战争计划煞费苦心图谋实现的优势。这一危险对于德国而言更为尖锐：如果它未能让部队在下车地点跳下运载军队的火车时立即发动攻击，东西线力量的不平衡划分将毫无意义地泄露，更为严重的是针对比利时的集结将会暴露。"施里芬计划"将不再是秘密，法国将获得时间避开第 17 号计划的危险，俄国将获得以压倒性力量侵入东普鲁士的动力，而奥地利将背负不愿意以及可能无法避免地保证中欧安全的负担。

如果欧洲列强之间存在永久性地进行谈判的媒介，或许可以剥去各国备用战争计划危险的瞬时性；六十年之后，核战争计划的自杀性冒险促使超级大国通过召集常规高峰会议和在莫斯科、华盛顿间安装"热线"来寻找这样的媒介，尽管超级大国之间是因为意识形态而分裂，而这在欧洲的国王和皇帝之间并无对应之物。1914 年以前，技术上无法提供经常和即时性的通讯手段，但比这更重要的是缺乏寻求权宜之计的气氛。不仅执着于旧日政府节奏的外交界缺乏这种气氛，即使政府内部也是如此。英国帝国防务委员会集中了各部门主管、外交家和政治家，是个特例，但仍不完美；皇家海军自恃资历，保留着自己的顾问班子。法国军队在更加权宜性的最高军事委员会（Superior War Council）中的行动与此类似。在由宫廷政府领导的德国、俄国和奥地利，君主在名义和实质上都是最高指挥，军事系统的每个组织都直接向他负责，通讯受到隐秘和嫉妒的困扰。这种系统灾难性地在德国实现了其极端形式，在那里，

> 没有任何政府程序来修正……集中于皇帝一人之手的（对计划和政策）的评估。差不多有50人可以直接向他报告，但他们彼此之间却没有任何程序进行讨论或协调，或者分享各自拥有的重要而分散的信息。没有为此而存在的确定或经常的会议。甚至关于战争计划的信息也是最高机密，并只告知有必要了解的人；总参谋部、陆军部、军事内阁（Military Cabinet）、海军部、海军总参谋部和外交部彼此并不分享信息。[51]

这就像六十年后美国战略空军（United States Strategic Air Command）享有独自撰写针对苏联的核战争计划的自由，而不知会国务院、海军或陆军，并使美国总统在做决定时需要在政府内部各处搜集计划的细节。一位民选的总统，从老练政治家的竞争中产生，或许无论如何会为系统建立秩序；而一位世袭产生的君主，在1904年以后对于战争的细节越来越不感兴趣，就不太可能这样做了。[52] 现实中的德国皇帝就是这样；在1914年的危机中，当他是终止无情的"施里芬计划"的唯一人选时，他发现自己并不理解这一台本应由他控制的机器，他备感恐慌，任由一纸文书为事件做出决定。

第三章

1914 年的危机

<u>55</u>　　秘密制订的军事计划使得在1914年的欧洲氛围中，任何没能通过明智的外交手段解决的危机都将导致全面的战争。以明智的外交手段化解危机早有先例，尤其引人注目地体现在解决列强争夺非洲的争吵和1912—1913年间巴尔干战争所引起的不安中。然而，这些危机仅仅涉及国家利益，而与国家的荣誉、声望无关。奥匈帝国在欧洲列强中对于国家荣誉最为敏感，因为它是列强中最虚弱的一个。1914年6月，对其王位继承人的刺杀戳中了它的痛处，刺客认为自己属于该国最具颠覆性的外国邻居。奥匈帝国是一个拥有五种主要宗教和一打不同语言的政体，因为对于种族颠覆的恐惧而备受折磨。最主要的颠覆因素来自塞尔维亚，它是一个好斗而又发展缓慢、国内暴力纷争不断的基督教王国，在经历了几个世纪的反叛后从穆斯林奥斯曼帝国赢得独立。独立后的塞尔维亚并未涵盖所有塞尔维亚人。因为历史原因，大量少数民族成为奥地利属民。那些民族主义者憎恨哈布斯堡人的统治，几乎就如同他们获得自由的兄弟曾经憎恨被奥斯曼人统治那样。他们之中最极端的分子时刻准备着杀戮。正是这些人中的一个对于哈布斯堡王朝继承者的暗杀挑起了1914年夏天的致命危机。

　　1914年哈布斯堡军队的夏季演习在波斯尼亚举行，这里曾是奥斯曼土耳其帝国的省，于1878年被奥地利占领，并于1908年成为帝国的一部分。弗朗茨·斐迪南——弗朗茨·约瑟夫（Franz Josef）皇帝的侄子和军队的总监察长（Inspector General），在6月25日到波斯尼亚进行视察。在6月27日演习结束后，他与妻子乘车于次日上午到达该省首府萨拉热窝，进行公务访问。选择这个日子令人不快：6月28日是塞尔维亚人1389年败于土耳其人的周年纪念日，<u>56</u> 塞尔维亚人称这一天为Vidov Dan，他们认为这一天是遭受外来压迫苦难的漫长历史的开始。[1] 奥斯曼土耳其退出后，在塞尔维亚民主主义分子眼中看来，压迫者的角色由哈布斯堡人担当了，行省当局收到警告说，王储的访问是不受欢迎的，并且可能很危险。斐迪南无视了这一警告；在那个时代里，对大人物的威胁司空见惯，一位沙皇、一位奥地利皇后、一位美国总统曾被狂热分子或疯子刺杀。在这个案例中，一个刺杀小组准备好了，包括五个塞尔维亚青年和一位波斯尼亚

穆斯林，后者是共谋者为了化装而招募来的，所有人都装备了炸弹和手枪。[2] 在去往总督宅邸的路上，一名恐怖分子向大公夫妇的汽车投掷了一颗炸弹，但炸弹反弹到了后面一辆汽车的下面，炸伤一位军官。皇室的一群人继续前进。然而，四十五分钟之后，在途中去探视伤员时，大公夫妇的司机转错了一个弯，在掉头时停顿了片刻。这使汽车正好面对一位未被发现的共谋者——加夫里若·普林西普（Gavrilo Princip），他带着一支左轮手枪，走上前，开火。大公的妻子立刻死去，而大公在十分钟后去世。普林西普被当场逮捕。[3]

调查结果显示，尽管这些恐怖分子是奥地利属民，但他们是在塞尔维亚接受武装，并由塞尔维亚民族主义组织偷运越过奥地利边境的。奥地利调查人员认为他们属于"民族自卫组织"（Narodna Odbrana），它建立于1908年，目的是反抗波斯尼亚并入奥地利帝国；坚信波斯尼亚历史性地属于塞尔维亚人是民族主义者纲领的信条。但事实上该为此负责的是秘密组织"团结或死亡"（Union or Death），一般称为"黑手会"。这一误解并不重要，因为二者的成员互有交叉，而且波斯尼亚的"民族自卫组织"为黑手会提供帮助。[4] 后一组织更为凶险，因为它以"塞尔维亚人地区的统一"为目标，并要求新入会者立下决死的誓言。更加重要的是，它由代号"神牛"（Apis）的塞尔维亚上校领导，主管总参谋部的情报部门。[5]

塞尔维亚政府对这一阴谋到底知道多少从未确定；情报世界总是晦暗难明，古今如一，但那时普遍地是穿着制服的军人参与其中，正如德雷福斯（Dreyfus）事件所揭示的那样。"神牛"，更恰当地说是德拉古廷·迪米特里耶维奇（Dragutin Dimitrijevic）上校，是战士，也是革命者，也有可能过着双重生活。他参与了1903年无情推翻奥布雷诺维奇王朝（Obrenovic dynasty）的行动。不论事实如何，到7月2日，刺杀小组中的三个成员供认不讳；这揭示出，他们是从一所塞尔维亚军工厂获得武器，并在塞尔维亚边防军的帮助下越过国境。这样的信息足够使奥地利更加确认本已根深柢固的信念——塞尔维亚对它怀有怨恨；同样也激起它惩罚这个小王国扰乱帝国内部秩序的固有愿望。

斯拉夫人问题是帝国在少数民族方面大量困难中影响最大的一个，在这些困难中，塞尔维亚难题是活跃且日益严重的威胁。波兰人的问题通过与德国、俄国共同瓜分波兰古代王国而得到缓解，捷克人的问题因为其城市严重德意志化而缓解，克罗地亚人的问题则因为天主教而缓解，但似乎除了武力，没有什么能够缓解塞尔维亚人的问题。他们的东正教信仰使其为既虔诚又民族主义的少数民族，而俄国出于东正教监护者的立场确定无疑会对它提供保护；对土耳其统治的长期游击战抵抗使他们坚忍不拔、自力更生，但在奥地利眼中，这就是诡计多端、不可信任；而贫穷则使他们勇于战斗。塞尔维亚王国极其好斗。他们以自己的努力在1813年赢得独立，在1812—1813年的巴尔干战争中赢得了荣誉和领土。民族的新生激起了一个"大塞尔维亚"的信念：国家强大而且充当波斯尼亚和克罗地亚境内塞尔维亚人的灯塔。奥地利不得不与之敌对，因为它不仅仅是塞尔维亚人，更是这些区域内众多少数民族中的一个，奥地利不能向其中任何一个让步。让步不但在战略上无法接受，帝国体系本身也承受不起，这一体系通过否认作为一种政治理念的民族独立的价值勉强得以维持。对一种民族独立让步很快就会导致对其他民族独立的让步，由此带来帝国本身的瓦解。

7月2日，谋刺成员的招供使塞尔维亚卷入弗朗茨·斐迪南遇刺事件的证据大白于天下，无论这些证据是否官方，都已经使帝国国内的很多人相信针对塞尔维亚的战争势在必行。碰巧，就在刺杀前的那个星期，奥匈帝国的外交部长贝希托尔德伯爵（Count Berchtold）正准备对塞尔维亚实施更强硬的外交措施。他的计划是说服德国帮助奥地利与保加利亚和土耳其结成同盟，它们是塞尔维亚在第二次巴尔干战争中的敌人，与它们结盟将使贝尔格莱德政府陷入四面楚歌：保加利亚和土耳其在东面，奥地利则在西面和北面包围它。刺杀使得贝希托尔德的外交节奏更为急迫。7月初，一名奥地利使节奉命携带文件前往柏林。7月4日，在他出发前夜，贝希托尔德对文件做了紧急修订。现在，备忘录使德国政府认识到，帝国与塞尔维亚的分歧"无法调和"，阐明了"（奥匈帝国）皇帝坚定不移地击破敌人企图套在帝国头上的罗网的迫在眉睫的……必要性"。一封附信中称，"萨拉热窝事件……是精心设计的结果，其蛛丝马迹可以追溯到贝尔格莱德"，并且坚持，"泛斯拉夫政策（塞尔维亚是'大塞尔维亚'的鼓吹者）的轴心必须根除，使其不再成为巴尔干地区的有力因素"。[6] 贝希托尔德口头授权使节霍约斯伯爵（Count Hoyos）警告德国，维也纳将要求贝尔格莱德就其未来的行为做出保证，如果遭到拒绝，将展开军事行动。于是，在刺杀后的六天里，奥地利表明了自己的立场。剩下的就是看德国皇帝及其政府是否会支持他们，没有德国的支持，奥地利不敢采取行动。

奥地利可能不敢；当回溯这段历史，像下面这样猜测是很有诱惑力的：如果奥地利立刻愤怒地进行攻击，宣示王朝式的怒气和对于塞尔维亚罪行的义愤之情，欧洲可能会允许它在没有外部干涉的情况下采取积极行动。强大的斯拉夫兄弟俄国对塞尔维亚饱含柔情，但情感不等同于重要的利益，而且它没有开战的动机。保加利亚也是斯拉夫国家，但因为俄国没有介入战争援救它，在1913年战败受辱。另外，塞尔维亚即使在未开化的巴尔干也是异端，在欧洲文明国家的眼中更加不堪。塞尔维亚军官1903年"亚洲式的"行为到处激起反感，他们不仅杀死了国王和王后，还把他们的尸体从王宫的窗户扔出，大卸八块。意大利对于"大塞尔维亚"渴望得到的亚得利亚海岸同样垂涎三尺，肯定不会妨碍它三国同盟（Triple Alliance）的伙伴惩罚贝尔格莱德。尽管法国向塞尔维亚提供武器，但却有心无力，无法给它进一步的帮助。英国从未涉足巴尔干。因此，如果奥地利没有寻求德国的支持立刻行动，有可能，或许很有可能，塞尔维亚发现在战略上孤立无援，开始时在道德上也得不到支持，因而不得不屈从于奥地利的最后通牒。正是奥地利不愿意采取单边行动，把一场局部危机转变为整个欧洲的危机。而奥地利的不情愿很大程度上需要以思想上对战争进行预防的气氛来解释，这是数十年来为可能发生的战争而制订的计划灌输到欧洲各国政府心中的。

　　一般认为，各国关系的连锁反应、彼此之间敌对的协议和互助条约是把"协约国"（法、俄、英）和"同盟国"（德国、奥匈帝国）带入1914年冲突的机制：如果俄国遭到德国的进攻，法国将作为俄国一方参战，反之亦然；如果判定两国的重大利益遭到威胁，英国将向法国提供援助；如果三者中的任何一个遭到其他两个国家的进攻，德国、奥匈帝国和意大利（三国同盟）将一同参战。毋庸置疑，这完全合乎法律。然而，萨拉热窝事件后使奥地利奔向柏林寻求指导和帮助的并非条约，没有任何条约适用于这种情况，而是对于单独采取行动可能导致的军事后果的预期促使它这样做。最坏的情况是俄国在交界处威胁奥地利，以警告它终止针对塞尔维亚的行动；那时奥地利将向德国寻求支持；而这种支持将冒着把法国拉入危机当中，以平衡德国对俄国压力的危险；法国和俄国的联合又将制造激活三国同盟的条件（无论意大利是否参与）；那时，一场全面的欧洲战争呼之欲出。简言之，是对于设想中的军事反应的计算，对于一项军事预防措施将导致的下一项措施的揣测，促使奥地利从一开始就向三国同盟寻求安慰，而不是三国同盟本身使得军事事件迫在眉睫。

　　计算潜在后果的并非贝希托尔德，这个因为塞尔维亚的公开侮辱而忽然壮起胆来的、温文尔雅的慢性子人物现在如此胆大，以致把塞尔维亚国家和塞尔维亚人的民族主义等同起来；也不是长期以来主张对塞尔维亚开战的总参谋长康拉德·冯·赫岑多夫，他不屑于做出区分。谨小慎微的人是1914年在位第六十六

康拉德·冯·赫岑多夫（RHPL）

年的老皇帝弗朗茨·约瑟夫，以及匈牙利的首相蒂萨伯爵（Count Tisza）。皇帝有很多理由反对战争，但最终是因为战争将带来改变，而他正确地把改变视为其帝国脆弱的稳定的敌人。蒂萨同样惧怕战争可能带来的改变，因为匈牙利人虽然在人口上较少，却在帝国内与奥地利人平分权力，这也需要帝国的体系保持原样。一场不成功的战争可能导致对斯拉夫的人让步，有可能使"三分天下"取代"奥地利—匈牙利"的"二元世界"。一场斯拉夫人为胜利做出贡献的战争，同样可能带来"三分天下"的后果。正是这两个人的谨慎，使得立即对塞尔维亚采取行动的强烈欲望触礁了，皇帝是缺乏热情，蒂萨则是暗怀私心。7月2日，皇帝坚持贝希托尔德在与蒂萨磋商之前不得采取行动。蒂萨在同一天告诉贝希托尔德，皇帝需要时间考虑匈牙利人的反对意见。贝希托尔德单独迅速行动的渴望受挫，因此走出了决定性的一步，以消除另外两人中第一位的恐惧——皇帝担心在一场遭到敌对战争计划冲击的危机中孤立无援——寻求德国将会并肩作战的保证。

随着贝希托尔德的密使霍约斯伯爵在7月5日抵达柏林，轮到德国人一方计算战争计划的意义。贝希托尔德的备忘录在同一天由奥地利大使呈交德国皇帝。在午餐时，威廉二世（Wilhelm II）授权他告诉弗朗茨·约瑟夫皇帝，奥地利可以"依赖德国的全力相助"。[7] 这既像是指与保加利亚的联盟，又像是指对塞尔维亚的行动；俄国干预的可能性得到了讨论，但却被忽视了。大使接下来与皇帝的首相和军事顾问的讨论中也是如此。陆军部长冯·法金汉（von Falkenhayn）将军询问是否应该进行战争准备，被告知不需要。首相贝特曼·霍尔维格被他的外交部单独告知，英国不会卷入一场巴尔干危机，而如果到了紧要关头，俄国也不会。第二天，7月6日，星期一，在向一些军官重复了他自己的判断，即俄国和法国不会卷入，因此不需要预防措施后，皇帝登上快艇霍亨索伦号，前往挪威海湾进行一年一度的巡游。他将会离开几周。帝国的总参谋长和海军大臣此前已经离开，他并未留下命令召他们回来。

然而，皇帝对奥地利大使和德国官员都强调一点，即应该由奥地利人制订明确的方案，以决定自己要做什么。奥地利式的"吊儿郎当"（Schlamperei）——既推诿又拖拉——常常让坚决的德国人感到恼火。年轻的德国皇帝是急迫的民族主义的产物，对于他所做的一切都急不可耐，对奥地利的老皇帝深感不耐烦，后者觉得时间可以解决一切难题。因此，1914年7月的第一个星期发生了二者态度的一个奇怪逆转。奥地利空前绝后地表现得很匆忙，而德国则去休假了。然而，从根本上说，事情一如往昔。德国皇帝在霍亨索伦号快艇上的派对办得精力十足，他举行划船比赛，听取军事史的授课。而面临下定决心压力的奥地利人却踌躇不决。[8]

帝国大臣会议（Imperial Council of Ministers）直到7月7日星期二才举行，这已经是刺杀之后的第十天，刺客坦白之后的第五天。贝希托尔德感觉到奥地利的正当性与时间流逝得同样迅速，提议采取军事行动。在1909年和1912年，奥地利近年来已经两次针对塞尔维亚进行军事动员，俄国均未做出回应，而且德国保证把它置于一个更为强势的地位。蒂萨拒绝。他坚持在采取军事措施之前向塞尔维亚发出开列若干要求的照会，这些要求都不会使塞尔维亚因感到屈辱而拒绝接受。只有它们遭到拒绝，他才会同意发出走向战争的最后通牒。他的对手——三个德国—奥地利人、一个波兰人和一个克罗地亚人——与他进行争论，但他是匈牙利的首相，等同于半个帝国，不可战胜。蒂萨赢得让步，贝希托尔德将不会向皇帝呈交提案，直到他撰写完自己的反对意见。这还需要一天时间。因此，直到7月9日星期四，没法做出任何决定。

弗朗茨·约瑟夫于是同意发出任何最后通牒之前都需要先发出照会，一如蒂萨所愿。贝希托尔德很不愿意听到这个消息。他的立场逐渐强硬，变得接近康拉德陆军元帅，后者从一开始就渴望一场战争。他持续施加压力，以致到7月12日，蒂萨同意提交一份照会，如果有必要，接下来将发出最后通牒，而非另外一份限定时间答复的照会。这一区别的重要性并非该文件中使用什么词汇能暗示出来的：照会并不能像最后通牒那样传达至高无上的力量。到7月14日星期二，蒂萨和贝希托尔德再次会面的时候，匈牙利首相在最后通牒的问题上获胜，但也被迫让步，同意了最短的照会答复时限：发出后四十八小时。照会的条款和它最后在部长会议上讨论批准的日期也拟定了。

这一日期是7月19日星期六，这是刺杀行动后的第二十一天。更糟糕的是，贝希托尔德告诉蒂萨，在那之后的另外一周里不会递交照会。他这样做并非没有理由。法国总统雷蒙德·庞加莱（Raymond Poincarè）将在 7 月 16 日前往俄国进行国事访问，据信直到 7 月 25 日星期日才会启程回国。俄国和法国分别是塞尔维亚的保护者和主要盟友，当它们保持亲密联系的时候发出给塞尔维亚的照会可能促成它们之间的外交和战略密谋。把争端局部化并孤立塞尔维亚的希望——客观地说，已经因为拖延而大大缩小，贝希托尔德主观上必然已经意识到这一点——因此会被削弱。这是因进一步拖延采取措施而向柏林做出的解释；贝希托尔德规劝德国，柏林可以百分之百地"确定……[维也纳]并没有迟疑或不确定的想法"。

奥地利的照会最终在 7 月 19 日星期日通过批准，吸取了蒂萨的部分反对意见。他从一开始就反对提出任何可能增加帝国内斯拉夫人数量的要求，因此，它不包含任何吞并或者瓜分的威胁，尽管瓜分是康拉德的渴望。如果塞尔维亚满足了奥地利照会上的所有要求，它将会保持完整。另一方面，照会要求塞尔维亚就其未来的行为作出保证，这满足了贝希托尔德的愿望。为此，照会的首要之务是塞尔维亚政府在其报纸头版宣布对于分裂帝国任何领土的宣传为有罪，塞尔维亚国王还需要在当天向军队发布的命令中重复一次。然后开列了 10 点要求，其中 5 点用于详细阐述对于宣传或者颠覆行为的禁令，而最后一点则要求提供其他诸点得到颁布的信息。上述任何一点都不会引发对于塞尔维亚主权的任何侵犯。第 5、6、7、8 点侵犯了塞尔维亚的主权，除了要求逮捕、讯问和惩罚与刺杀有关的塞尔维亚官员外，它们还要求奥匈帝国官员进入塞尔维亚领土参与必要的程序。简而言之，奥地利不信任塞尔维亚警察独自处理这项罪行，因而将进行监督。答复照会的时限是照会递交后的四十八小时之内。递交将发生在贝希托尔德获悉法国总统离开俄国的那一天，7 月 23 日星期四。文件将于下午 6 点（当地时间）到达贝尔格莱德，在 7 月 25 日星期六到期。

那时是刺杀以后的第二十五天，塞尔维亚政府得到警告说照会已经上路了。尽管如此，塞尔维亚首相尼古拉斯·帕希奇（Nicholas Pašić）决定离开首都到乡下去，甚至在听说奥地利大使已经把文件带到外交部以后，仍然继续他的旅程。只是在当天晚上才决定启程返回首都，直到 7 月 24 日星期五上午 10 点才会晤各大臣以考虑如何答复。俄国、德国、英国政府已经得到了文件的副本，法国也是，尽管它的总统和外长此时仍在海上，文件由巴黎的代理者接收。然而，在贝尔格莱德，英国公使患了病；俄国公使刚刚去世，而他的继任者还未任命；法国公使因为紧张而体力不支，他的替代者刚刚抵达。塞尔维亚政府在此关头丧失了听取老练的外交建议的机会，而此时这种建议是至关重要的。贝尔格莱德是个偏远的小城市，而贝尔格莱德政府尽管已经在巴尔干战事中经受过"急就章"式外交的历练，仍然没有准备好处理可能把所有强国卷入其中的危机。而且，在帕希奇缺席的情况下，塞尔维亚大臣们研读照会后备感惊恐。他回来以后，尽管有了一些勇敢的、初步的对战争的讨论，气氛很快转向默认照会的要求。从英国外交部长爱德华·格雷爵士和巴黎来的消息都建议尽最大可能接受奥地利照会的要求。到第二天早上，7月25日星期六，贝尔格莱德的英法两国代表都向国内报告，除了奥地利帝国的官员进入塞尔维亚领土监督调查这一条件以外，贝尔格莱德将会接受奥地利的要求。

然而，在这样的关键时刻，塞尔维亚也还未下定决心。因此，直至刺杀行动后的第二十七天，看起来奥地利仍可能达成如果一开始就作为主权国家行使其权力，采取针对塞尔维亚的行动而已经达成的结果。纵然塞尔维亚人允许奥地利官员参与在其领土上进行的司法程序（如果不考虑声誉问题），也没有任何其他国家的关键利益受到威胁。这对于塞尔维亚是一种耻辱，也是对主权观念的破坏，这种观念被欧洲各国用于指导它们自身之间的关系。然而，考虑到塞尔维亚在欧洲共同体中的半无赖（semi-rogue）地位，这不太可能成为它们的原则问题。因此，甚至7月25日星期六的中午，奥地利照会答复时限到期五个小时之前，萨拉热窝的罪行仍然只是奥匈帝国和塞尔维亚之间的问题，从外交角度看不过如此。

在外交舞台上的的确确如此。然而在真实世界中，刺杀发生后流逝的三个星期零六天已足以使恐惧恶化，凶兆成形，并使列强大致勾勒出自己的立场。星期五下午，当塞尔维亚大臣们正准备屈服，格雷预见到塞尔维亚可能踌躇不决，已经向德国和奥地利大使——利希诺夫斯基亲王（Prince Lichnowsky）和门斯道夫伯爵（Count Mensdorff），提议放宽时间界限。他还提出了调停的问题。奥地利表达得很清楚，拒绝对于它与塞尔维亚交涉的一切的干涉。虽然认识到这一点，格雷仍然提议如果俄国开始动员的话，德国与法国、意大利一起充当奥地利与俄国之间的调停者。外交界认为俄国动员是可能的发展趋势。尽管俄国动员并非是想引发其他军队的同样做法，更不是想引起战争，但它可能会使各方的姿态都更为强硬。无论如何，当晚门斯道夫返回英国外交部向官员们保证——格雷离开去赴周末的垂钓——照会并非最后通牒，如果到达最后时限而奥地利尚未得到满意的答复，也并非一定宣战。

当晚和星期六的大部分时间是等着看塞尔维亚人会如何做出反应。尽管很勉强,并偶尔突然表现得好战,7月25日早上他们仍然愿意屈服。然而,在下午,据其大使告知,沙皇行宫的气氛非常强烈地亲塞尔维亚。尽管还没有准备好宣布动员,沙皇在11点宣布初步的"备战阶段"(Period Preparatory to War)。这一消息使塞尔维亚大臣们的一切决定发生了逆转。在早上除了最微小的保留,他们已经同意接受奥地利的全部十项要求。现在他们则有勇气对其中的六条提出附加条件,并干脆地拒绝了最重要的一条,即允许奥地利官员进入塞尔维亚领土参与刺杀行动的调查。在接下来急匆匆的几个小时里,对于照会的答复一遍又一遍重新起草,用墨水删除段落,修改词句。就像在珍珠港前夜日本驻华盛顿大使馆发生的那样,打字员已经无法应付紧张不安的反复修订。完成的文件是一份非外交规范的重写本,充满了修改和后来添加的东西。无论如何,在还剩下一刻钟的时候,答复终于完成,首相尼古拉斯·帕希奇亲自把它送到奥地利特使那里。收到后不到一个小时,奥地利公使馆全体成员登上列车,离开贝尔格莱德,开往奥地利边界。

接下来的两天是一个令人奇怪的中断,星期日和星期一,也就是7月26、27日。塞尔维亚动员了它规模很小的军队,俄国召回了西部各军事区部队里最年轻的预备役军人;奥地利政府拒绝了塞尔维亚的答复,维也纳因此出现了大众狂热的景象,德国也是如此,包括柏林。然而在周日,德国皇帝还在海上游弋未返,而法兰西号(La France)上的庞加莱和外交部长维维安尼(Viviani)直到当晚才收到催促他们返回的信号。同时有许多对话,但却是反思或展望性的,而非具有决定性或与交战相关。贝特曼·霍尔维格指示伦敦和巴黎的大使们发出警告,称俄国正在采取的军事行动具有威胁性。圣彼得堡的德国大使受命宣称,除非终止这些措施,否则德国将被迫动员,这"将意味着战争"。贝特曼·霍尔维格从驻俄大使的答复中得知,英国和法国正试图约束俄国,而俄国外交部长萨佐诺夫(Sazonov)正在调整立场。德国皇帝和奥地利政府也获知了这一消息。英国外交部根据自己的消息来源开展工作,感觉存在俄国默许联合王国、法国、德国和意大利调停的希望。简单来说,这次危机——和1909、1913年的危机一样——可能会通过谈判解决的感觉传播开来。

这一希望的问题在于,政治家与外交家们对于抽象的战争计划一旦被触发后将如何运作而一无所知,充满误解。只有驻圣彼得堡的英国大使乔治·布坎南爵士(George Buchanan)和驻柏林的法国大使朱尔·康邦(Jules Cambon),充分理解到一个国家宣布针对另一国进行动员的触发效应,以及一旦开始部署,形势将不可挽回。[9] 像布坎南向外交部报告的那样，他已经警告俄国人，俄国的动员将促使德国宣战，而非相应地宣布动员。康邦也得出了同样的结论。然而，他们只不过是远离祖国的大使而已，在只能循规蹈矩并且间接传达信息的时代里，他们的声音缺乏分量，更糟糕的是，无法传达出急迫性。只有那些在决定现场的人，在沙皇、德国皇帝的身边，在巴黎、维也纳、伦敦，才得到聆听。另外，这些人尽管人数不多——在各个首都里的少量大臣、官员和军人——但却并不平等地分享信息，对那些共同分享的信息也持有各不相同的理解方式，在各国首都内部对于已经理解的内容也并未达成一致意见。信息断断续续地到达，有时太多，有时太少，但总是不完整。无法像在现代的危机处理中心那样在它们之间建立联系，展示它们。即使能够这样做，也未必一定能把1914年的危机处理得更好些。现代通讯系统可能会使试图通过它获取信息的人不堪重负，无暇深思；在1914年，问题则是信息不足，使人们在填补已经获得的事实之间的空白时浪费时间。在所有危机中，时间常常是解决问题所欠缺的元素。最好的补充是各方暂时停止行动的共识。

今天，存在提交计划以便协商暂时停止行动的机制：地区安全理事会、联合国。这在1914年并不存在。任何暂停都不得不由怀有善意的人们进行安排。英国外交大臣格雷就是这样的人。他提议在7月26日星期日召开四方会谈，并试图在星期一进行召集。如果这是唯一发出的提议，他或许可以获得成功，但其他各方也在行动，因而转移了注意力。星期一，俄国人提出与奥地利直接进行对话，以缓和它对塞尔维亚人的要求；他们还提议在贝尔格莱德的各大国使节从反方向施加压力，以削弱塞尔维亚人的抵抗。除了分心，还有蓄意添加的混淆。德国外交部的高级官员戈特利布·冯·雅戈（Gottlieb von Jagow）向英国和法国大使口头保证，德国渴望保持和平，但与更大范围的调停相比，德国倾向于俄国和奥地利的直接对话；同时，德国对于推动奥地利与俄国对话没有做任何努力。它的目标是使俄国的动员延期，并维持使英国和法国行动迟缓的外交程序，法国在周一下午同意参加格雷提议的四方会谈。最后，还有蓄意的破坏。当维也纳的贝希托尔德听说了格雷召开会议的建议，他在同一个周一告诉德国大使说，他打算"在明天，最迟在后天，正式宣战，以消灭任何调停企图的基础"。[10]

结果，奥匈帝国在7月28日星期二向塞尔维亚宣战。是贝希托尔德，而非康拉德感到急不可耐。此前在塞尔维亚和奥地利军队之间已经发生了交火，其实是奥地利对过于靠近其边境的塞尔维亚人的单方面行动，但贝希托尔德选择视之为一种战争行为。战争，一如在暗杀发生之后的几天里他曾有条件获得的，一场直截了当、不会因为更大范围的冲突而复杂化的进攻，正是贝希托尔德现在所希望的。月余的拖延已经使事情变得复杂，但他寄望于在他对塞尔维亚报仇雪恨的时候，外交手段可以延阻其他国家做出不可挽回的决定。

当发现本国的战争计划黯淡了快速解决之道仅余的前景，他采取行动的冲动愈发强烈。[11] 康拉德警告说，他把军队一分为三的方法——"最小集群"（the "minimal"）在巴尔干前线集中，主要兵力集中于波兰对抗俄国，而"机动"（"swing"）的集团则用于加强二者之一 ——阻碍了对于塞尔维亚的快速进攻，除非能够保证俄国不会动员。尽管塞尔维亚军队规模很小，只有 16 个弱小的师，它仍在数量上压倒了奥地利的"最小集群"；因此，如果要对塞尔维亚速战速决，谨慎原则上要投入"机动"部分的兵力。然而，如果"机动"的兵力投入南方，那么北部与波兰接壤的边境就危险地暴露了。因此，一切取决于俄国将要做些什么。

俄国已经做了不少。在前一个星期六，当它对于塞尔维亚抱有强烈同情的消息使贝尔格莱德政府备受鼓舞，改变主意，拒绝了奥地利的照会时，俄国挑起了"备战阶段"。在这种情况下只是使俄国欧洲部分的常备军进入战备状态，这一程序只是预防措施，并非蓄意激起其他国家的动员。德国与之相应的是"战争危险状态"（Kriegsgefahrzustand），在法国则是 La couverture，意指边界之后的掩蔽行动。鉴于塞尔维亚开始动员，以及奥地利的动员单独针对塞尔维亚，俄国在同一天进行局部动员的措施无可指摘。法国被告知这些措施，法俄协约要求俄国在动员之前与其盟友进行磋商，驻俄国宫廷的德国军事代表通知柏林，"（他的）印象是，针对奥地利进行动员的一切都准备好了"[12]。实际上发生的事情更多。在"备战阶段"的掩护下，进行动员的命令已经下达至基辅、敖德萨（Odessa）、莫斯科和喀山（Kazan）等军事区——俄国欧洲的一半——并在 7 月 27 日星期一下达到高加索、土耳其斯坦、鄂木斯克和伊尔库茨克。

因此，到被后续的发展证明为最后的和平一周的开始，俄国军队的半数——尽管并非驻扎在毗邻德国的军区，即波兰、白俄罗斯和波罗的海诸省的军区——即将进入战备状态。法国得到通知，并对此表示支持；其实，法国陆军部长梅希米（Messimy）和总参谋长霞飞正力劝俄国进入最高战备状态。[13] 俄国的将军们不需要任何怂恿。在他们看来，自己的责任就是为最坏的可能做出最坏的打算，1914 年 7 月所有国家的将军们都以同样的方式看待责任。对俄国最坏的结果将会是这样的：为了阻止奥地利对塞尔维亚发动战争，他们的准备措施促成了德国的全面动员；如果他们已经开始的局部动员引起了奥地利的全面动员，这就将变成现实。他们很有理由相信奥地利的全面动员将带来德国同样的行动。因此，在7月28日星期二，俄国总参谋长亚努什科维奇（Janushkevich）及其军需总监，以及动员和运输的负责人达成共识，必须以正式宣布动员取代"备战阶段"。[14] 他们私下里承认，全面战争很可能无法避免这一系列事件：俄国针对奥地利的局部动员，等于奥地利的全面动员，等于德国的全面动员，等于战争赤裸裸地摆在眼前。无论如何，他们决定在公开场合只宣布局部动员，然而却准备了局部动员和全面动员这两份命令，同时呈递给沙皇签署。

萨佐诺夫在星期二早上得知奥地利对塞尔维亚宣战的消息，并在下午与法国外交部长帕莱奥洛格（Paleologue）交换了意见，研究大战起源的伟大历史学家阿尔贝蒂尼（Albertini）作出结论说，帕莱奥洛格"此时必然已经［对局部动员的决定］表示支持，并保证法国将会同心协力"。萨佐诺夫试图减轻宣布动员必然引发的恐慌，他把消息电告维也纳、巴黎、伦敦和罗马（然而不包括柏林），并且要求通知德国政府，"强调俄国方面没有任何攻击德国的意图"[15]。无论如何，当晚亚努什科维奇通知所有军区，"7月30日将是宣布全面动员的第一天"。第二天，在与萨佐诺夫会面后，他觐见沙皇，确保沙皇同时在全面动员和局部动员的命令上签字。[16] 下午，动员部门的负责人得到了相关大臣们的签字——内政大臣是一位虔诚的东正教徒，在签字前画了一个十字——在晚上，军需总监在圣彼得堡中央电报局把命令打印成文，准备下发。

这一全面动员的命令"可能是帝制俄国历史上……最重要的，它实质上粉碎了避免欧洲大战的任何前景"[17]。它也并非不可避免。萨佐诺夫加强了对于军人的支持，似乎是因为听说7月29日夜奥地利炮艇从多瑙河上炮击贝尔格莱德。这次攻击令人困扰，但并不严重；卡莱梅格丹（Kalimegdan）是土耳其人在多瑙河和萨瓦河（Save）交汇处建造的堡垒，是贝尔格莱德制高点，除了最重型的炮火，它无视一切，直到今天仍然完好无损。在更大范围的前线，俄国的安全并未受到奥地利动员的威胁。奥地利与塞尔维亚的战争的确阻碍了它在别处进行一场更大规模的战争。塞尔维亚军队规模虽小，但甚至依照维也纳的计算，也需要奥地利把可能军事力量的一半投入作战，更不用说塞尔维亚军队的作战能力已经得到了证明。"最小集群"和"机动"的力量总共有28个奥地利师，留守的20个师数量上不足以发动对俄属波兰的进攻。另外，塞尔维亚腹地是对作战行动来说很困难的区域，多山，大部分缺乏道路而又森林茂密，因此可能极大地拖延寻求速战速决的入侵者：德国、奥地利和保加利亚在1915年从几个方向猛攻塞尔维亚，花费了两个月才结束行动，证明确实如此。[18]

所以，在自身安全并无风险、普遍和平并未受到威胁，也不必抛弃塞尔维亚的情况下，在7月29日，俄国在其国土腹地陷入局部动员之中。全面动员，如果包括与德国接壤的军事区，将意味着全面战争。这一可怕的预期正在欧洲的所有首都里成形。最害怕其他国家进行军备的人——亚努什科维奇、毛奇、康拉德、霞飞——自己正依赖于此，唯恐落入下风。那些最恐惧战争的人正挣扎着寻求权宜之计。德国首相贝特曼·霍尔维格是其中之一；他已经指示德国驻圣彼得堡大使警告萨佐诺夫，"俄国的动员措施将迫使我们开始动员，那时一场欧洲战争将很难避免"。[19]德国皇帝是另一个这样做的人。7月29日下午，他以英语致电自己的表兄弟，俄国沙皇，劝说他"努力缓解仍将加重的困难"。在回信中，沙皇感伤地建议，"正确的方法是把奥匈帝国的难题交付给海牙国际会议"，直到1915年，他才计划再次与自己这个无力的发明打交道。[20]当夜，皇帝第二次致电沙皇。"非常有可能，"他建议道，"俄国保持一名奥地利—塞尔维亚之争的观众的身份，而不必把欧洲卷入它所曾目睹的最可怕的战争当中。"在结尾，他再次把自己描绘为一名调停者。一接到这封信，沙皇立刻打电话给陆军大臣，下令取消全面动员；最终的命令仍然只是局部的动员。他的介入恰到好处，在7月29日晚上9点30，俄国军需总监正在圣彼得堡中央电报局监督打字员把命令敲到电报用纸上面。[21]

这次撤销本应带来寻求和平所需要的间歇。第二天一大早，7月30日星期四，尽管拒绝透露它是否会加入一次欧洲大战，英国仍在寻求安排一次调停，法国仍未采取任何实质性的预防措施，奥地利军队独自向塞尔维亚进军，德国没有动员任何军队。虽然如此，德国军队的领导者仍处于极度焦虑的状态。对于陆军大臣法金汉将军而言，俄国局部动员的后果与全面动员并无差异；它使俄国开始扰乱"施里芬计划"在时间上的脆弱平衡。他希望立刻开始动员，贝特曼·霍尔维格并不这么想。他仍然希望贝希托尔德直接与俄国人进行交涉，并成功劝说他们接受把对塞尔维亚的进攻视为一场局部战争。帝国参谋长毛奇不那么好战，但希望最少能宣布进入与俄国的准备相应的"战争危险状态"。为了达到目的，他挤进了贝特曼在1点钟与法金汉和海军大臣蒂尔皮茨（Tirpitz）上将举行的会议。他未能如愿以偿；但他对随后得知的消息大感惊恐，决定无论如何，必须立即进行全面动员。总参谋部的奥地利联络官向他描绘了奥地利军队的当前部署，他立刻理解到，如果发生战争，这将使德国东部前线令人绝望地暴露出来。"他需要40个（在奥属波兰的）奥匈帝国的师准备好进攻；而他得到的却是25个进行防御的师。"[22] 他立刻向奥地利军事专员表达了他的极度警告；当夜，他致电在维也纳的康拉德，以一国总参谋长的身份致电另一国总参谋长，"坚定地反对俄国的动员。奥匈帝国必须得到保护，立刻针对俄国进行动员。德国将会动员"。

在这个问题上，甚至是在军国主义的德国，毛奇的所作所为也是大大越权了。他的干预更应受指摘的地方在于，此时首相和皇帝仍在试图劝说奥地利对塞尔维亚的战争局部化，并限制其目标；流行的说法是"止于贝尔格莱德"。当贝希托尔德在次日早上，7月31日星期五，看到电报时不出意外地表示惊讶："真是奇怪！到底是谁在管理政府，毛奇还是贝特曼？"虽然如此，他还是受到影响。他告诉康拉德："我曾经觉得德国人在打退堂鼓，但现在来自最可靠的军方的声明打消了我的顾虑。"当天上午稍晚些时候，他安排把全面动员的命令呈交弗朗茨·约瑟夫皇帝。[23] 很快，命令在当天下午返回并立刻发布。

这项通告可能会确凿无疑地使沙皇在7月29日晚间重新考虑撤销全面动员。事实上，这件事确实被思量再三。7月30日整天，萨佐诺夫、苏霍姆利诺夫和亚努什科维奇——外交大臣、陆军大臣和总参谋长——忧惧不已，使沙皇虽备感烦扰。此时沙皇正在波罗的海的宅邸畅泳、打网球，为他患有血友病的儿子流血受伤而担忧，坚信和平的希望，相信他的表亲德国皇帝怀有最善良的意愿。沙皇虽为人善良，却令人愤慨地回避责任，整个早上回避争论；当天下午，萨佐诺夫乘车前往彼得夏宫（Peterhof）当面质询。萨佐诺夫异常激动。他在当天早些时候会晤的法国大使帕莱奥洛格对于阻止他使危机升级无所作为，毫无帮助。帕莱奥洛格是一位令人不快的爱国主义者，看起来已经屈从于战争不可避免的信念，他唯一想要的东西就是当战争来临时，俄国将会加入其中。[24] 萨佐诺夫从不想要战争，但他的性格易于激动，容易受到影响，并且因为将军们警告正在丧失优势而变得紧张。另外，他对俄国对巴尔干的控制极其敏感，生怕怀有敌意的力量控制博斯普鲁斯海峡（Bosphorus），它是俄国从黑海进入地中海以及更广大世界的出口。7月30日星期四，下午3点到4点之间，他向沙皇重复了自己的焦虑，沙皇脸色苍白而又紧张，偶尔流露出并不常见的烦躁。他派往德国皇帝处的私人代表塔季特谢夫（Tatistchev）当时在场，他观察到，在某一时刻，"是的，确实很难做出决定"。沙皇用一种粗暴、不快的声音回答道："我会做出决定的。"[25] 他很快就做出了决定。萨佐诺夫离开接见室，打电话给亚努什科维奇，告知了全面动员的命令。他的最后一句话是："现在你可以把电话摔碎了。"亚努什科维奇此前曾威胁说,如果他第二次接到全面动员的命令,他会把电话摔碎,让别人找不到他,直到动员进展到另一次撤销的命令再也没办法发挥作用。

这一时刻已经到来。当晚,宣布动员的海报贴满圣彼得堡的街道,在俄国的所有城市也是如此。预备役军人将在第二天,也就是 7 月 31 日星期五向所属兵站报道。因为从未得到适当澄清的原因,这些所有人都有必要知道的信息直到那天很晚的时候才正式通知了伦敦和巴黎;英国大使拖延了打电报的时间,帕莱奥洛格的电报令人费解地耽搁了。德国人得到通知要顺利得多。他们在星期五早上获知这一消息。上午 10 点 20 收到驻圣彼得堡大使普塔莱斯(Pourtalès)的电报,"动员的第一天,7 月 31 日"[26]。这正是毛奇的好消息。他现在得到了必要的许可,以便采取必不可少的预防措施。这也是贝特曼·霍尔维格的坏消息。直到收到电报的那一刻,他仍然抱有希望,奥地利会被说服直接与俄国进行交涉,而俄国则会被说服把对塞尔维亚的战争视为局部的、有限的。此刻他不得不接受那些看起来不可避免的东西。奥地利进行全面动员的消息在 12 点 30 到达。半小时后,德国宣布进入"战争危险状态"。

"战争危险状态"是一项并不会导致动员的国内措施。虽然如此,随着奥地利和俄国的动员,德国人的结论是,除非俄国的全面动员被撤销,德国必须也进行动员。为达到这一目的,一份最后通牒很快在 7 月 30 日下午 3 点过后送往圣彼得堡,另一份则送往巴黎。两份通牒中都载明的重要句子是:"除非立即停止针对我们自身以及奥匈帝国的一切战争措施,否则 [德国] 将随之动员。"给俄国的一份要求,在十二小时内,"明确保证达成这一效果";而在给法国的一份中则警告说"动员不可避免地意味着战争",并要求法国"在十八小时内"宣布在"俄德战争中"保持中立。[27]

三十四天以前发生的萨拉热窝谋杀所引发的危机,至此在 7 月 31 日下午走到了关键时刻。但它真正持续的时间要短得多。从 6 月 28 日的谋杀到奥地利的法律调查做出结论,以及 7 月 2 日密谋者坦白,花费了五天时间。紧随其后的那段时间里,奥地利可能决定单边行动,而且展开行动不大可能激起塞尔维亚的保护者俄国的干涉。但奥地利却寻求德国保证提供支持,如果算在 7 月 5 日的话,距离谋杀已经过去了八天。接下来是十九天的中断,奥地利等待法国总统在 7 月 23 日结束他的访问。因此,危机的开端应该算在 7 月 24 日奥地利发出"附带时间限制的照会"(四十八小时)。是在它超过时限的 7 月 25 日星期六,谋杀发生后的第二十八天，外交上的对抗急剧转变为军事上的危机。这是一场参与者未曾预期到的危机。奥地利只是想要惩罚塞尔维亚（尽管它缺乏单独行动的胆量）。德国希望一场外交上的胜利，以使它的盟友在欧洲各国眼中更为强大；它并不希望战争。俄国毫无疑问不希望战争，但同样也没能预测到对塞尔维亚的支持加剧了战争的危险。到 7 月 30 日，谋杀发生后第三十三天，奥地利已经与塞尔维亚开战，但对它没造成什么损害，已经宣布全面动员，但并非针对俄国。俄国已经宣布局部动员，但并未针对任何人。尽管德国的总参谋长希望自行动员，但皇帝和首相仍然相信可以劝说奥地利和俄国进行谈判，以解除它们的动员。法国没有动员，但日益担心德国将针对它进行动员。英国直到 7 月 25 日星期六才意识到真正的危险，仍然希望俄国会容忍奥地利对塞尔维亚的惩罚，但它下定决心不会坐视法国的困境。

因此，是 7 月 31 日发生的事情，俄国全面动员的消息传播开以及德国对法国和俄国的最后通牒，制造了战争或和平的问题。次日，8 月 1 日，谋杀后第三十五天，德国将陷入针对俄国的动员——正如德国对法国的最后通牒所说的，使"战争不可避免"——除非德国撤销它对俄国的最后通牒，而这与它作为一个强国的地位相冲突；或者俄国接受通牒，而这也与它的地位不相容。按照 1892 年的法俄协约，德国的动员要求法俄两国同时动员，而且，如果任何一国遭到德国的进攻，两国将共同与之交战。按照 7 月 31 日德国提出的时限——俄国在十二小时内答复，法国则是十八小时——这对潜在战友几乎已经携起手来。但仍有一丝希望。严格理解的话，1892 年的法俄协约要求在两国与德国开战之前，德国确实已经向其中之一进攻。德国只不过是动员而已，甚至当德国宣战，除非军事行动紧随其后，也不会使条约发生效力。虽然如此，德国已经警告法国，它的动员也就意味着针对俄国的战争，而在 20 世纪早期，列强之间战争爆发却没有交战将导致名誉扫地。任何有理智的人都会预测，德国要求俄国接受最后通牒的十二小时将是最后和平的十二小时。对法国来说，并非是精确的十二个小时。德国驻巴黎大使威廉·舍恩男爵（Wilhelm Freiherr Schoen）在 7 月 31 日星期五下午 6 点到法国外交部传达关于给俄国的最后通牒的信息，他并不清楚时限的起止时间——午夜到第二天中午——但确切的时限在那时并不重要了。战争只有半日之遥。[28]

到 7 月 31 日，法国军方的确是这么认为的。真实或者夸大的消息甚至使霞飞——"沉着的代名词"，也深感焦虑。就像亚努什科维奇在 7 月 29 日、毛奇在 7 月 30 日一样，霞飞对于被敌人占得先机深感恐惧。他预感当他自己的士兵还在兵营里的时候，德国军队已经偷偷地前进，当他的预备役士兵还待在家里，德国的却已经在兵站装备起来。7月31日星期五下午，他向陆军部长梅希米提交了一份简短的便签，它比其他任何文件都更好地象征着那种在时代的军界占统治地位的思想状态：

> 政府绝对有必要认识到，从今晚开始，征召预备役以及发布指导掩蔽行动（covering operations）的命令每耽搁二十四小时，都将导致我们的集结点向后撤15—25英里；换句话说，放弃那么大面积的国土。总司令绝不能承担这样的责任。[29]

当晚，他正式要求总统立即下令开始全面动员。第二天早上内阁讨论了他的陈述，当天下午4点宣布将在8月2日开始动员。

法国曾希望在德国宣布动员以后再发布动员的命令，以避免表现出任何挑衅的姿态。实际上，尽管法国的动员开始在德国之前，却并未造成这样的印象，因为二者的间隔不过是一个小时。另外，两个小时之后，德国驻圣彼得堡大使向萨佐诺夫宣布对俄国宣战。这一时刻在当地时间8月1日星期六晚上7点之后很快降临。交战在一片高涨的情绪中发生。有彼此的反唇相讥，有互相谴责，有悲叹，有拥抱，也有泪水。大使"拖着沉重的步伐"[30]离开了萨佐诺夫的办公室。

然而事情并非已成定局。沙皇接到德国皇帝的电报，请求他不要侵犯德国边境，沙皇仍然怀抱战争可以避免的希望。同时，德皇坚信如果法国没有遭到攻击，英国将会保持中立，并且命令毛奇撤销"施里芬计划"，命令军队向东进军。毛奇目瞪口呆，解释说重订计划将耗费一年时间，但他仍被命令取消入侵卢森堡，而这是"施里芬计划"的前提。[31]在伦敦，8月1日星期六，法国大使保罗·康邦（Paul Cambon）因为英国人拒绝说明其立场而深感绝望。在危机中，英国自始至终持各方的直接对话将解决难题的观点。作为一个置身事外的国家，它与各国都没有条约的束缚，对包括法国在内的各国隐藏其真实意图。现在法国需要它们之间的共识，英国的意向举足轻重。英国是否会坦承它对法国的支持？以及，如果这样的话，关于什么问题、什么时间宣布？英国人自己也不知道。从8月1日到8月2日星期六，内阁就采取什么样的做法展开讨论。保证比利时中立的1839年条约将会迫使它采取行动，但比利时的中立仍未受到破坏。英国将不会向法国、德国提供确定的答案，德国在7月29日要求英国明确其立场。英国已经采取了军备措施；舰队已然部署到战争位置，法国甚至已经得到保证，皇家海军将会保护其海峡沿岸；但内阁不会走得更远。然后，在8月2日，德国发出了最后通牒，这次是针对比利时的，要求在针对法国的行动中使用其领土，并且威胁如果遭到拒绝，将视比利时为敌人。最后通牒将在24小时后，8月3日星期三过期。德国也决定在那一天对法国宣战，声称法国飞机侵犯了其领土。德国对比利时最后通牒时限期满被证明是不可挽回的事件，它使英国内阁最终下定决心，成为战争的原因之一。8月4日星期二，英国向德国发出最后通牒，要求后者终止针对比利时的、已经开始的军事行动，通牒在午夜12点过期。该通牒没有得到回复。午夜12点，英国和法国、俄国一起，与德国进入战争状态。

第一次世界大战仍未完全开始。奥地利成功地把对俄宣战拖延到8月5日，并且直到一周后仍未与英国、法国开战。这两个国家在8月12日不得不宣布与奥地利进入敌对状态，从而使后者下定决心。奥匈帝国和德国在三国同盟中的盟友意大利遵守条约中的严格条款，宣布保持中立。而引发危机的塞尔维亚人被遗忘了。直到十四个月之后，战争才降临他们小小的王国。

第四章

边境线和马恩河上的战役

81　　政治家心中对于即将来临的战争充满不幸的预感，然而宣战却在交战各国的首都普遍受到热情的欢迎。群众涌上街头，喧嚷，庆祝，高唱爱国歌曲。驻圣彼得堡的法国大使莫里斯·帕莱奥洛格挤进冬宫广场（Winter Palace Square），发现"庞大的人群带着旗帜、横幅、圣像和沙皇的肖像聚集在那里。当沙皇出现在阳台上，整个人群立刻跪倒在地，唱起国歌。对这数以千计此刻跪倒在地的人来说，沙皇就是上帝指定的统治者，人民的军事、政治和宗教领袖，他们身心的绝对主人"[1]。这一天是8月2日。在8月1日，类似的人群也曾聚集在德国巴伐利亚王国首都慕尼黑的奥登广场（Odeonsplatz），倾听宣布动员的消息。阿道夫·希特勒说："我曾因为那一时刻的热情而陶醉，并且……无力地跪倒在地上，全心全意地感谢上天恩允我生活在这样的时代中。我对承认这一切并不感到羞愧。"[2]在柏林，德皇出现在皇宫的阳台上，身着原野灰色制服，对喧嚣的人群发表演说："对德国生死攸关的时刻已经来临。嫉妒的人到处逼迫我们诉诸正义的防卫。我们被迫持剑在手……现在，我命令你们到教堂去，跪倒在上帝面前，祈祷他帮助我们勇敢的军队。"在柏林大教堂，德皇的牧师引导进行了一次巨大规模的圣会，朗诵《诗篇》第130篇，而在奥拉宁大街（Oranienstrasse）的犹太会堂，拉比主持了对胜利的祈祷。[3]

　　8月5日在伦敦有同样的景象。而在巴黎，动员的部队离开城市向巴黎东站（Gare de l'Est）和巴黎北站（Gare du Nord）进军，引来了巨大的人群。"早上6点"，一位步兵军官报告：

82　　没有任何征兆，火车喘着气缓缓驶出车站，此刻，非常自然地，就像闷烧的火苗忽然升腾为翱翔的火焰，数以千计的人群齐声唱起《马赛曲》，汇合成为震耳欲聋的呼声。所有人都在车窗的边上站着，挥舞他们的平顶军帽。人们从轨道上、码头上和临近的火车上挥手致意……人群聚集在每一个车站，每一个关卡的后面，以及路边的每一个窗口旁。到处都可以听见"法兰西万岁！军队万岁！"的呼声，人们到处挥舞手帕和帽子。女人们向我们的车队送出飞吻，在车上堆满鲜花。小伙子则大喊："再会！后会有期！"[4]

对这些呼喊的小伙子中的大部分人来说，用不了多久，他们也将受到召唤。还没被征召的预备役军人已经在打点自己的事情；在大多数军队里，规定报到日的前一天是"自由日"，用来向家人和雇主道别。研究法国史的伟大历史学家理查德·科布（Richard Cobb）写道："可以听到完全陌生的人用奇异的方式对人讲话，就像巴黎人根本变成了从爱丽丝（的仙境）里面出来的人物一样：打牌，唱'星期之歌'，或者按照一种新的历法计算日子。'你是哪天？'而且，在另外一位回答之前说：'我是第一天。'（就好像建议说：'别在那天去。'）'我是第九天。'（'运气不好，你错过好玩的了，那会儿就结束了。'）'我是第三天，所以用不着等太长时间。''我是第十一天。'（'那样的话你不可能赶上打柏林了。'）"[5] 一位德国预备役的候补军官更平实地描述了这一过程是如何把个人聚集在一起的。他在安特卫普出差，文件指示他必须，

> 在动员的第二天向最近的野战炮兵团报到……我在 8 月 3 日到达不来梅（Bremen），我的家人都要急疯了。他们以为比利时人已经把我抓起来枪毙了……在 8 月 4 日，我作为一名预备役军人向军队报到，被告知现在隶属于第 18 预备野战炮兵团，这个团建立于汉堡附近的贝伦菲尔德（Behrenfeld），大概 75 英里（远）。我们集合的建筑不允许亲属靠近。我抓住一次机会把消息告诉一个小男孩，这样我的家里人就知道了……亲属也不能到站台上，只有红十字会的人给我们送雪茄、香烟和糖果。在兵车上，我很高兴见到了在赛艇和网球俱乐部认识的老朋友……在 8 月 6 日，我发了一套原野灰色的制服，我以前还从没穿过。颜色是灰绿色的，钉着暗色的纽扣，头盔上包着灰色的布，这样它的装饰在太阳底下就不会闪光了，而马靴是棕色的，非常沉重……所有的士兵和大部分军官都是预备军人，但指挥的军官是常备军里的……大多数军士是常备军。马匹也是预备役的。马的主人——运动员、商人和农民——必须定期把马登记，这样军队就总是知道马匹在哪里。[6]

和人一样，在 8 月的第一个星期里，成千上万的马匹在欧洲各处集合。甚至规模非常小的英国军队也召集了 16.5 万匹马，用于充当骑兵的坐骑、牵引火炮以及作为团的运货工具。奥地利的军队动员了 60 万匹，德国 71.5 万匹，而拥有

近卫军先锋营离开柏林,1914年8月(ETA)

24个骑兵师的俄国动员了超过100万匹马。[7] 1914年的军队仍然保持了拿破仑式的对于马匹的依赖;参谋官按照1∶3计算马和人之间的比例关系。第12勃兰登堡掷弹兵团的预备役军官瓦尔特·布勒姆(Walter Bloem)在斯图加特进行动员的时候,给他的两匹马准备的行李和给他自己准备的一样多:"我的皮箱,我棕色的行军背包,还有两箱子马具……贴上了特别的红色标签。'战争行李。紧急。'"他把行李通过火车提前发往法国边境的梅斯(Metz)。

火车满载着1914年开赴战场的所有人的记忆。德国总参谋部的铁路部门规划了动员期间1.1万列火车的运行,8月2日到18日之间,仅仅莱茵河上的霍亨索伦大桥就有不少于2150列54节的列车驶过。[8] 法国主要的铁路公司,北方铁路公司(Nord)、东方铁路公司(Est)、西方铁路公司(Ouset)、PLM、POM,从1912年5月开始就计划为动员集中7000列火车。其中许多已经被转移到战争开始前部队登车的中心。

从默伦(Melun)来到巴黎的旅客讲述的东西非同寻常,是关于空置不动的列车的,这些列车没有发动机,而且常常来源混杂,来自不同公司的车厢被连在一起,客车与有守卫的货车混杂在一块儿,其中许多在侧面用粉笔做了记号……在从塞纳马恩省(Seine-et-Marne)的中心到靠近里昂火车站的铁路侧道上停满一路。去巴黎北站的旅客记下的东西同样令人惊奇，数百辆列车静悄悄地停靠在克雷（Creil）附近的铁路侧线上，没有发动，死气沉沉。[9]

这些列车被闲置的时间并不长。用不了多久，它们就会装载着成千上万的年轻人上路，以每小时 10 或 20 英里的速度抵达紧挨着边境的卸载地点，而且行程经常伴随着漫长、不加解释的等待。经过长期的准备，许多前线的车站是沉睡的乡村小站，站台有四分之三英里长，与和平时期的涓涓细流般来往的人流很不相称。这些旅程的影像是 1914 年 8 月最初的两个星期传递给我们的所有影像中最为强烈的：车厢侧面潦草的粉笔字迹——"到巴黎去郊游""去往柏林"——年轻人的热切面孔在崭新的卡其色、原野灰色、蓝灰色、橄榄绿色、深蓝色的制服开领上方挤满了窗户。这些面孔在收获季节的阳光里兴高采烈，带着微笑，举起双手，做着鬼脸，发出无声的叫喊，沉浸于一种从日常琐事中解脱出来的模糊的假日情绪。所有地方的告别都好像去休假似的，与窄底裙、高束腰的妻子、情人一起，手牵着手沿着街道走向目的地，男人走在队伍的最外侧。开赴战场的德国人来复枪口上缠满鲜花，或者把鲜花挂在他们紧身上衣的第一个扣子上；法国军队挤作一团，挤过人头涌涌的街道，被巨大的背包压得弯下了腰。8 月第一个星期里巴黎的一张照片捕捉了这样的景象，一名中士在自己的小队前倒退着行进，而士兵们身体前倾，他仿佛管弦乐队的指挥一样指挥他们在鹅卵石地面上的步伐节奏，他们努力尽快启程，回应军队的召唤。[10]仿佛有一支无形的乐队正在演奏"桑布尔河和默兹河"（Sambre-et-Meuse）或是"出征曲"（le chant du depart）。俄国军队在团圣像前阅兵，接受神甫的祝福；奥地利军队则大声宣誓效忠于弗朗茨·约瑟夫，他是摇摇欲坠的多民族帝国团结的象征。在所有国家，动员都引发剧变，把公民社会转变为军队国家。英国军队一如既往，已经为战争做好了一切准备；一旦征召了预备役人员，就做好了部署的准备。"我们发现军营里住满了后备军人，其中许多还穿着平民的服装，而每辆火车都使更多的人聚集在这里。"科尔切斯特（Colchester）第 1 来复枪旅的乐手 H.V. 索耶（H.V.Sawyer）如是写道。"给他们提供制服、靴子和装备进行得很快，但有些情况不那么容易。我尤其记得有一个人，他一定有 18 英石重……离开好工作和舒服的家，重新穿上粗糙的制服和沉重的靴子，这对后备兵来说是件难事。"[11]

军乐队的肖（Shaw）把平时用的工具打包，通过铁路送回家。"原来我根本用不着费那种劲儿。但我不知道我是这辈子最后一次把那件可爱的、深绿色的、

法国步兵开赴前线（ND-Viollet）

检阅时穿的紧身短上衣包裹起来。"[12] 在巴黎，第11轻骑兵团的爱德华·斯皮尔斯（Edward Spears）中尉是从英国军队中交换到法军的，他换上了卡其布的制服，"'你看起来真是好笑，看起来像是一只满身灰尘的金丝雀'，法国军政部最昏暗入口处的女看门人这样评论我。这令人沮丧，但人们已经习惯了，长期以来法国人认为穿着硬领衬衫、打着领带[英国军官的军服是开领的紧身衣]参加战争体现了一种轻浮的态度，这与严重的情势很不协调"[13]。作为布尔战争的结果，英国已经决定开始服装方面的革命，而法国人却无法做到这一点。尽管进行了很多试验和争论，但它在1914年战时的服饰很像1870年的，几乎就像拿破仑时代的。重骑兵戴着黄铜的头盔，装饰着马鬃制成的帽饰，轻骑兵穿着带有挂剑圈的短上衣和猩红色的裤子；一些重骑兵还穿着沉重的胸甲，从滑铁卢那时起就未曾改变过。非洲军（Armée d'Afrique）的轻骑兵穿着蓝色紧身衣，阿尔及利亚骑兵（Spahis）披着红色的斗篷，轻步兵（Zouaves）穿着臃肿的红色短裤和土耳其背心。因为人数众多，最显眼的还是法国本土的军队。他们身着长长的、里外都是蓝色的厚外套，双腿被包裹在紫红色的裤子里，裤腿收进齐小腿长的靴子。[14] 所有这些都是沉重的羊毛制品；这些重量令人窒息的古董军服将被证明是1914年秋天烈日之下的战争中一项额外的折磨。

奥地利骑兵穿着和法国人一样陈旧的制服参战；只有步兵换上了灰色的军服。俄国人令人意外地摩登。他们的军服是一种宽大的橄榄绿色套衫，这是仿照运动员的紧身衣制作的；但仍有充满异国情调的例外，尤其是轻骑兵戴的俄国羊皮帽子。只有德国像英国一样发生了彻底的改变。德国军队的制服是原野灰色的。然而，出于对传统的尊重，每个兵种都装备了用于阅兵的迷彩服。枪骑兵穿的是双排扣的长矛紧身衣，轻骑兵则穿带有挂剑圈的原野灰色军服，而胸甲骑兵、龙骑兵和步兵则保留了他们锥形尖顶的头盔，用原野灰色的套子进行伪装。几乎所有的军队里都用颜色不同的臂章、穗带和饰带区分不同的团；奥地利人一丝不苟地区分渐变的十种红色，包括茜草红、樱桃红、玫瑰红、深紫红、胭脂红、龙虾红、猩红和酒红；至于臂章，则包括了6种绿色和3种黄色。弗朗茨·约瑟夫的匈牙利团的裤子上带着有穗带的花结，而波斯尼亚－黑塞哥维那步兵穿戴红色的土耳其毡帽和穿着巴尔干人的宽大裤子。英国人，瓦尔特·布勒姆上尉在第一次见到时描述他们"穿着灰棕色的高尔夫球装"，除了苏格兰低地人和高地人，英国士兵统一穿着卡其布的制服。[15]苏格兰士兵保留了格子呢裙、毛皮袋和短裙。

无论如何穿着，所有军队中的步兵都因为沉重的装备而备受折磨：一支来复枪有10磅重，刺刀、挖战壕的工具、装有100发或者更多子弹的弹药袋、水瓶、装着备用袜子和衬衫的包裹、装着应急干粮和急救药物的背袋；这些是常用装备。英国人在获得了布尔战争中穿越南非草原的经验后，采用了"科学的"斯莱德－华莱士（Slade-Wallace）帆布背带，以便使重量尽可能平衡地分布在身体各部分；即使如此，仍然使肩膀和腰部备感劳累。德国人依靠皮革制品，把没有经过鞣制的生皮制成的硬背包盖在大衣的下面，因此既防水又隐蔽。法国人把所有东西堆成金字塔状的"战场背囊"，最上面放着每个人的行军锅；在那个8月晚些时候的法国前线，这些行军锅反射的光使隆美尔（Rommel）中尉得以从高高的谷仓上辨认法国士兵，向他们射击。[16]俄国人把携带的大衣和其他所有的东西，卷成大香肠的形状，肩扛手抬。不论是用什么样的方法，没有任何步兵的行军负重少于60磅；而且还必须穿着坚硬、笨重、钉着鞋钉的靴子，拖着沉重的脚步一英里一英里地走完每天预期的20英里路。英国人、法国人、德国人的"骰子桶"（dice-box）、半筒靴（brodequins）、布吕歇尔靴（Blucers），一直让人遭罪，直到它被磨破，露出脚的轮廓。

1914年8月，对于被部署开始行军的骑兵和步兵来说，在集结地点下火车之后，马蹄和人的脚都与火车一样重要。对于德国人来说，下火车预示着向西、向南行军的日子，在那些日子里，士兵的双脚流出鲜血，战马磨破了蹄铁。松了的钉子会发出警告的叮当声，告诫这名骑兵如果希望第二天跟上队伍的话，必须找到一个钉马蹄铁的铁匠；而同样的声音对于一个驾驭炮车的老兵来说，就意味着他那6匹拉车的牲口可能走不下去了。在1914年，一个步兵师里面有5000匹马，而在一个骑兵师里会有更多。如果想按时走完预想的20英里的话，所有这些马都必须钉好蹄铁，保持健康。步兵喂养马匹；得到侦察报告后，一旦遇到敌人，他们便使用轻武器在火炮掩护下开火。在行军过程中，一个步兵师要挤满14英里的道路，而马匹的耐力对于步兵在行军竞赛中抢占先机非常重要。马匹要拉着野战厨房，以便在行军中提供食物，正如它们还要拉着炮兵旅的弹药车。[17]

一名俄国预备兵（Novosti）

行军竞赛从三个方向展开。法国人是从1870年边境后面的火车卸载地色当（Sedan）、蒙梅迪（Montmedy）、图尔（Toul）、南希（Nancy）和贝尔福（Belford）向东北方向前进。英国远征军8月14日在布伦（Boulogne）登陆，它的前进方向则是向着东南方的勒卡托（Le Cateau），恰是沿着比利时边境南面前进。这些都是距离较短的行军。对德国人而言，计划中的行军非常漫长，先是向西，然后转向南，向着沙隆（Chalons）、埃佩尔奈（Eperney）、贡比涅（Compeigne）、阿布维尔（Abbeville）和巴黎前进。冯·克卢克将军在右翼的第1集团军面临着一场从卸载地点亚琛（Aachen）到法国首都的200英里远的行军。

然而，对于德国军队而言，在到达巴黎之前，列日（Liège）、那慕尔（Namur）以及其他比利时河流上的要塞使穿越比利时进入法国变得困难重重。比利时国土狭小，却不成比例地富庶，它把从很早开始的工业革命和殖民刚果获得的财富大量投入要塞的建设中，以便保护自己的中立地位。位于列日和那慕尔的要塞是为了守卫默兹河而建，是整个欧洲最为现代化的。它们在1888—1892年间，根据亨利·布里亚蒙特（Henri Brialmont）将军的设计建造，可以抵御那时存在的最强大火炮的攻击，即210毫米（8.4英寸）口径的火炮。每座要塞都由独立的防御工事构成，这些工事排列成周长25英里的环状，与城市本身保持足够的距离，以免城市遭到攻击，并可以为彼此提供火力保护。在列日，整个工程的12座堡垒中分布着400门6英寸或更小口径的火炮，每座堡垒都有钢筋混凝土和装甲板的保护。4万人的卫戍部队提供了炮手，以及在面临入侵危险时的"间隙部队"（interval troop），后者负责在堡垒之间挖掘战壕并牵制试图从堡垒空隙处潜入的敌方步兵。

施里芬及其总参谋部的继任者都对比利时要塞的力量颇为警惕。它们确实非常坚固、隐蔽、设备齐全，被30英尺深的壕沟环绕。以步兵发动攻击必败无疑。必须用准确、迅速的炮火摧毁厚厚的防御，因为受阻于默兹河必将危及"施里芬计划"的顺畅进展。到 1906 年施里芬退休时，还没有足够强大的火力摧毁这些工事。到 1909 年，克虏伯制造出了 420 毫米（16.8 英寸）口径的榴弹炮的原型机，这种炮足以穿透比利时的钢筋混凝土。同时，奥地利的斯柯达公司（Skoda）也在研制 305 毫米（12.2 英寸）口径的型号，并将在次年完成，它的优势在于拆解为炮管、炮架和底座后，可以用三马达驱动的货车在公路上运输。克虏伯榴弹炮最初必须通过铁路运输，并在特别建造的铁路支线的终点处嵌入水泥平台上才能开动。到可通过公路运输的型号成熟后，奥地利向德国出借了一些 305 毫米的火炮；到 1914 年 8 月，只有 5 门铁路运输的克虏伯大炮和 2 门新型公路运输的大炮制造完成。[18]

然而夺取列日，不但必要而且紧急，德军计划从第 2 集团军分出一支特遣队完成这一任务。这支部队由奥托·冯·埃米希（Otto von Emmich）将军指挥，它的起点线是在亚琛和欧本（Eupen）之间，在荷兰和卢森堡之间的比利时国土走廊的北面；尽管卢森堡是个中立的独立国家，但它将在埃米希将军的进攻开始数天后淹没在德国的大行军中。分配给这一行动的时限是四十八小时。德国人希望，要么比利时对其中立国土遭受的侵略忍气吞声，要么它的抵抗不值一提。

这两种期待都被证明是错误的。比利时国王继承王位时的宣誓词中有一条款规定，他有义务保卫国土，而宪法第 68 条任命他为战时统帅；他也是宪法规定的内阁会议的主席，因此是政府的领袖，拥有民主政体国家不多见的行政权力。比

奥地利山地炮手操作 70 毫米 M8 榴弹炮（TRH）

利时国王阿尔贝一世（Albert I）是一个对责任无比忠诚的人。理智、坚定而且高尚，无论私生活还是对于公众的领导都堪称典范。他对于1904年德国皇帝对自己的叔父、年迈的利奥波德二世（Leopold II）的恐吓一清二楚："你们不得不做出选择，要么站在我们这边，要么与我们为敌。"他自己1913年在波茨坦也受到了同样的待遇，他的随员被警告"战争不可避免"，而"弱者的当务之急是站到强者的一边"。[19] 阿尔贝下定决心拒绝这样做，他正确地理解到，比利时保持中立的权力必须以避免献身于任何外国来加以平衡。[20] 这就是为什么1912年比利时政府断然拒绝英国政府在德国发动侵略时提供援助的提议；接受这样的提议将会损害比利时享有的对其独立的国际保障。

然而，英国的提议，以及心知肚明法国政府只是因为外交上的微妙考虑才没有模仿英国，还是产生了影响，迫使比利时的参谋人员面对国防的现实。英国和法国的干涉，尽管是出于防御的需要，但是善意的。无论短期还是长期，都不会对比利时的独立造成危害。相反，德国不仅仅是借道比利时为更大规模的侵略先发制人，而且很有可能为了德国的战争征用比利时的资源，并因为长期的敌对状态而要求比利时臣服于德国的军政府。因此，自1911年起，

> 比利时的政治和军事领袖对政策进行了重要的重新评估。有三个问题让布鲁塞尔尤其感到担心：如何制定一种战略以使比利时受到的破坏最小，如何保证保护国不会违反比利时的意志迫使其参战，如何保证受到邀请提供保护的力量将会离开。经过持续数月的大量讨论，答案慢慢浮出水面。军事方面，比利时总参谋部决定反抗任何侵犯比利时的行为；同时，他们希望把所有战斗限制在小区域内，可能是比利时卢森堡省。简而言之，比利时将会反抗，而且争取其领土完整和中立地位不受损害。[21]

知易行难。比利时直到1912年才在战略检讨之后实行义务兵役制，而且在1914年之前未曾发挥什么作用。它的军队在整个欧洲是最老式的。骑兵仍然穿着19世纪早期的制服：深红色的裤子、毛皮高顶帽或波兰枪骑兵的帽子。步兵穿着深蓝色的裤子，戴有沿平顶的筒状军帽、带羽饰的软帽或是掷弹兵的熊皮帽子。寥寥无几的机关枪就像很多游客拍摄的照片中的佛兰德斯运奶车那样，是由成群的狗拉着的。大部分火炮被分配到列日和那慕尔的堡垒以及安特卫普的老式防御工事中。军队的数量还比不上公民卫队（Garde Civique），后者头戴高顶礼帽，

是三十年战争中的城镇民兵的后裔。比利时士兵爱国,而且将证明自己尤其勇敢,但他们把战争限制在东部一角以保全国家的能力非常虚妄。

然而在最初,他们为实现总参谋部的战略做出了勇敢的一击。8月2日星期日晚,德国递交最后通牒,毫无根据地指责法国意图侵害比利时的领土,并宣称德国有权力先发制人地这样做,通牒的时限是十二小时。阿尔贝国王,作为国务会议的主席,在两个小时后考虑了这一通牒。会议一直持续到次日清晨。众人意见不一。总参谋长安托南·德塞利耶(Antonin de Selliers)将军承认军队的弱点,并提议撤退到布鲁塞尔外围的费尔普河(Velpe)。副总参谋长德里克尔(de Ryckel)将军提议对德国进行骚扰式的进攻:"把他们赶回他们自己的地方。"这一幻想和德塞利耶的失败主义同样遭到了拒绝。国王最为关心的事情是除非法国和英国重申对于比利时独立的尊重,否则不能向两国寻求帮助。它们确定无疑会提供援助。最后确定了一个折中的办法。除非它的领土遭到实质上的破坏,比利时不会向法国和英国求助,但同时对德国的最后通牒也加以拒绝。比利时的回复,按照阿尔贝蒂尼的描述,是"整个危机中产生的最为高贵的文件",结尾处表示决心"竭尽全力用一切手段抵制对于[比利时]权利的一切侵犯"。[22]

8月3日早上7点,答复被送至德国公使馆,刚过中午,被送至柏林。德国人相信,比利时要做的无非是显示一下力量,只要证明自己的中立便会乖乖让路。当夜,德国皇帝向阿尔贝——他是霍亨索伦-锡格玛林根(Hohenzollern-Sigmaringen)家族的成员,因此与德国皇帝是远亲——发出私人请求,重提他"最友善的意图",并且宣称"时间的紧迫性",作为即将开始的侵略的理由。[23] 接到这一请求后,阿尔贝国王在那令人烦恼的两天里第一次愤怒失控:"他把我当做什么人?"他立即下令摧毁列日附近默兹河上的桥梁,以及卢森堡边境的铁路桥梁和隧道。[24] 他还向列日要塞的司令——热拉尔·勒曼(Gérard Leman)将军下达命令,"和你的部队坚守受命保卫的位置直到最后一刻"。

勒曼曾任国王的军事教师,他是一位在19世纪传统中长期服役的职业军人。他在比利时军事学院整整度过了三十个年头。他极富荣誉感,尽管已经年迈,仍然充满了勇气和不屈不挠的责任感。他受命坚守的默兹河是一条汹涌的河流。"桑布尔河和默兹河"是法国军队的传统进行曲,因为这两条河流在1792年构成了革命军抵御敌人的屏障。在列日,默兹河在一条深达450英尺的峡谷中奔腾。当它得到坚固的防御时,它是不可逾越的。埃米希很快就会发现这一点。他的指挥部在8月4日早上进入比利时,前锋部队散发传单,声称德国没有侵略意图。他们很快就遭到骑兵和自行车部队的火力攻击，守军出人意料地表现出阻止德军前进的决心。在向列日前进的过程中，德军发现无论城市上方还是下方的桥梁都被炸毁了——尽管他们已经发出警告，拆除将被视为"敌对行为"。德国仿佛受到了威胁一样做出回应。关于1870年普鲁士人进入巴黎时遭到非正规军的"自由射击"的记忆深刻，而且又因为官方的非难而愈发牢不可破。尽管在1813—1814年间反抗拿破仑，争取普鲁士解放的战争中的"自由射手"（Freischütze）被给予英雄般的地位，但在德国官方的解释中，国际法意味着实施有效占领的军队有权力把平民的反抗视为叛乱，并以即刻处决和集体报复惩罚反抗者。[25] 下面的讨论将会揭示，在1914年的比利时并没有任何游击队员（Franc-Tireur）存在。这是一个非军事化的国家，无论精神上还是物质上都没有准备战争；坚定不移的政府尽管下决心用它并不充裕的手段合法自卫，但从一开始就急迫地表示希望阻止其公民徒劳无益而又危险地反抗德国的侵略。它张贴公告，避免"任何镇压行为的借口，使无辜人民免遭流血、抢掠或屠杀"[26]。政府还建议平民向当局上缴武器；在一些地方，国民警卫（Civic Guard）把这些警告看得非常严重，以致把它所持有的政府武器存到了地方市政大厅。[27]

不抵抗并不能使侵略者平静下来。几乎从第一个小时开始，平民被杀害，村庄被烧毁，中立报纸上刊载的暴行遭到了德国政府的激烈否认，但却很快被证实。

准备迎击入侵者的比利时步兵，鲁汶，1914年8月20日（ETA）

牧师也遭到杀害，这或许是因为德国军官记起了天主教布列塔尼在1793年法国大革命期间对于军队的反抗。"比利时的强暴"与军事目的无关，对德国造成了难以估量的损害，尤其是在美国，当屠杀和文化破坏的报道传到此地，德国皇帝及其政府立即声名狼藉。德国军队的名誉也被玷污。8月4日，埃米希第一天进攻默兹河堡垒，在沃斯奇村（Warsage）有6人被杀，白蒂斯村（Battice）被大火烧成灰烬。"我们在比利时的前进非常野蛮，"毛奇在8月5日写道，"但我们是为生存而战，任何阻挡者都必须承担后果。"[28] 情况越来越严重。最开始的三个星期，在比利时的小村庄出现对平民的大规模屠杀，即在昂代恩（Andenne）、塞耶斯（Seilles）、塔明斯（Tamines）和迪南（Dinant）。在昂代恩有211人被杀，在塔明斯是384人，在迪南是612人。死者中除了男子，还有儿童和妇女，而屠杀是有组织的；在塔明斯，人质被聚集到广场上，由行刑队枪决，幸存者则用刺刀杀死。行刑队并非像希特勒大屠杀中的"行动队"那样是特别招募的刽子手，而只是普通的德国士兵。真的，这些在昂代恩犯下谋杀罪行的是普鲁士军队中最著名的团——步兵近卫团——的预备军人。[29]

这些暴行中最恶劣的一起开始于8月25日的鲁汶（Louvain）。这座规模很小的大学城，"比利时的牛津"，是一座佛兰德斯哥特式和文艺复兴建筑、绘画、手稿、书籍的宝库。因为误解了一次己方军队的夜间行动，超过1万名占领军据称陷入恐慌，开始大喊"狙击手"，然后向可能是游击队员活动的街道和建筑物放火。经过三天的纵火和抢掠，藏书23万册的图书馆化为灰烬，1100座其他建筑被摧毁，209名平民被杀，4.2万名居民被强制撤离。[30] 世界范围对于德国反"文化"战争的谴责，在德国本土引起轩然大波。德国专业学者和知识分子把战争描绘为一场野蛮人、市侩、堕落者对于高尚的德国文明的进攻，他们站在唤起爱国热情的最前列。8月11日，柏林皇家图书馆馆长冯·哈纳克（von Harnack）教授警告说："蒙古俄罗斯的文明无法经受18世纪的光芒，在19世纪更是这样，而在20世纪，它挣脱了束缚，成了我们的威胁。"[31] "光"（light）是德国人非常珍视的观念。莱辛（Lessing）、康德（Kant）和歌德（Goethe）——歌德在临终之际要求的是"更多的光"——的启蒙是德国进入欧洲精神世界的通行证。启蒙是19世纪德国对于哲学、古典音乐和历史学做出巨大贡献的灵感。对于德国而言，是文化破坏者深深地伤害了有教养的德国人。更加难以承受的是来自世界伟大学识和研究中心的厌恶；美国和欧洲的大学都谴责这起暴行，并在二十五个国家成立了委员会筹集金钱和书籍，以重建鲁汶的图书馆。[32] 德国的学者、作家以"对于文化界的呼吁"进行回应，卓越的科学家如马克斯·普朗克（Max Planck）和威廉·伦琴（Wilhelm Röntgen）签上了自己的名字，这项呼吁"支持关于游击队的假设以及进行报复的权力，并且宣称如果没有德国士兵，德国文化早已付之东流"。[33]

这项呼吁无人理睬。破坏已是既成事实。讽刺的是，它是后续前来的侵略者第17、18预备师造成的。这两个师滞留在本土石勒苏益格－荷尔斯泰因（Schleswig-Holstein）三个星期，以防备假定的英国对北海海岸进行的两栖攻击。[34] 在远离现场的地方，这两个师被充分地灌输了关于游击队的新闻宣传，以及比利时军队守卫默兹河堡垒完全出人意料地坚韧的客观报道。事后很难衡量二者中哪一个更使德国人恼火。可能是后者：虚构的屋顶上和篱笆墙后面的游击队令人恐慌；比利时人实实在在进行抵抗的事实不仅打碎了他们不会抵抗的虚构信念，而且阻碍了德国在向西推进的最关键点上顺利展开。

埃米希的特遣部队由第11、14、24、28、38和48旅组成，它们是从原来所属的师中抽调出来的，与从常备军中抽调出来的第2、4、9骑兵师和五个精锐猎兵营（Elite Jäger，轻步兵）一起，于8月4日越过比利时边境。这支部队沿着今日的亚琛－布鲁塞尔国际高速公路，径直向西面20英里的列日前进。特遣队各部携带着两组210毫米（8.4英寸）口径的榴弹炮，在奥地利和克虏伯的怪兽投入战场以前，它的火力最为凶猛。8月5日上午，新任使馆军事随员的布林克曼（Brinckman）上尉出现在列日，要求勒曼将军投降。[35] 他遭到驱逐。德军随即对东面的要塞进行炮击。然而，当步骑兵试图向前推进，却发现困难重重。因为桥已经被炸掉，第34旅不得不通过浮桥渡过默兹河。要塞的驻军持续还击，而匆匆挖掘的战壕则驻守着第3师的"间隙部队"，每当德军的前卫部队试图穿越战线，都会遭到他们勇敢的抵抗。8月5日至6日夜间，德军的伤亡持续增加。最严重的伤亡是在巴雄要塞（Fort Barchon），在那里，进攻的士兵"逐渐接近，一排又一排，几乎是肩并着肩，直到我们把他们打倒，堆成堆，死人和伤者堆积成路障，让人作呕"[36]。这个夜晚混乱而又痛苦的战斗预示着在那些地方——维米（Vimy）、凡尔登（Verdun）和蒂耶普瓦尔（Thiepval）即将发生的事情。

然而，德军曾有机会通过正确的指挥赢得胜利，从而不必面对西线的铁丝网和无穷无尽的战壕。8月6日早晨，埃里希·鲁登道夫（Erich Ludendorff）将军——第2集团军和埃米希指挥部间的联络官，在一片混乱中发现第14旅的指挥官战死了。他立刻接替了这一职位，并下令组织野战榴弹炮对攻击点提供火力支持,鲁登道夫把指挥所从已经脱离了部队的奎德布瓦村(Queue-de-Bois)挪到一个制高点,从那里他可以越过默兹河和两座已经被炸毁的桥梁,观察列日本身。无论是比利时人还是已经与鲁登道夫失去联络的德国上级指挥部都不知道,一支6000人的德国部队已经深入防御圈的内部。占据了有利位置的鲁登道夫派出一支打着休战旗帜的小队,要求勒曼投降,但再次遭到拒绝;随后一支突击部队在勒曼指挥部的门口被歼灭。[37] 不过,鲁登道夫大胆的攻击促使勒曼离开城市,躲到西侧外围的隆辛要塞(Fort Loncin)。勒曼还决定把步兵——第3师及其支援部队第15旅派回布鲁塞尔外围盖特河(River Gatte)畔的野战部队中,因为他认为它们面对五个德国军会陷入灭顶之灾。他对德国军队数量的计算是错误的。这些德国旅只不过代表了其所属的五个不同的军而已。然而,长期来看,他的决定是正确的,因为他解放了六分之一的比利时军队用于保卫安特卫普,阿尔贝国王已经选择那里作为比利时最后抵抗的支撑点。

随之而来的是一时的均势。鲁登道夫已经进入防御圈的内部,但却无力迫使对方屈服。埃米希控制的大部分地区都在外围。勒曼下定决心继续抵抗,直到要塞被摧毁,迄今为止它们仍然完好无损。阿尔贝求助于法国政府,但后者只答应派出索尔代(Sordet)的骑兵军,而且那时只是为了侦察。原本期望英国人会向比利时派出六个师的远征军,但他们现在决定把其中的两个师留在本土。霞飞拒绝军队大规模向北扩展,因为那将削弱他计划中向莱茵河发动的进攻;事实上他希望阿尔贝让从布鲁塞尔撤下来的军队远离安特卫普,加入他的左翼。当时的形势是:法国军队正向洛林集结,德国的主力军并未穿过比利时,也未穿过法国的边境,英国军队仍在动员,比利时军队集中在其国土的中心,而在列日,一支规模不大的德国进攻部队被少量保卫边境通道的比利时要塞驻军牵制得动弹不得,这些通道将在未来的军事活动中易手。

鲁登道夫打破了均势。此人体格雄伟,个性坚强,无论在精神还是肉体上都无所畏惧,对上级的青睐也漠然置之,不招人喜

佩戴大铁十字勋章的鲁登道夫(RHPL)

欢，感觉迟钝——他在后来的战争中失去了两个继子，但即使这样也没有动摇他执行上级命令的决心。8月7日早上，鲁登道夫决定把第14旅冒险投入列日城市的中心，运气可能并不站在他的一边。他获得了成功，而后驱车来到旧城堡的门前，用剑柄的圆头重重地敲开了门。[38] 卫戍部队的投降使他控制了城市。他的大胆出击赢得了对桥梁的控制，他决定尽可能快地赶回亚琛，敦促第2集团军毕其功于一役。

他不在时，埃米希的特遣部队击败了巴雄和依伏葛涅（Evegnée）要塞的抵抗，尽管更多是依靠运气而非从容不迫的削弱。后面这种情况要等到巨型榴弹炮的到来才会出现，它们是由冯·比洛（von Bülow）将军在鲁登道夫的坚持下于8月10日派出的。[39] 第一门可通过公路运输的克虏伯420因为比利时人的爆破活动而绕路，最终在8月12日到达可以对旁蒂赛（Pontisse）要塞进行炮击的范围之内。安置就位后，炮击开始了。当大炮通过电控开火，炮手们戴着防护帽，匍匐在300码外。"六十秒过去后——这是炮弹横穿4000米弹道所需要的时间——每个人都在聆听炮兵连指挥官的电话报告，他的观察点位于炮击目标要塞1500米处，能够近距离观察冲天而起的硝烟、泥土和火光所形成的圆柱体。"[40] 第一发炮弹使用延时引信，直到穿过要塞的保护层才会爆炸，它落点不够远。六分钟之后射出了第二发，然后还有五发，随着射角的不断校正，每一发都更接近目标。爆炸的落点逐渐无情地接近，警告已然吓了的守军，灭顶之灾即将到来。第八发炮弹正中目标，然后当晚大炮沉寂下来。第二天早晨，它和另一门在埃森（Essen）完成了任务的大炮一起，重新开始炮击。距离确定后，很快，2000磅的炮弹"剥去装甲板和混凝土，炸裂拱顶，使空气中充满了棕色的烟雾"。[41] 到12点30，旁蒂赛要塞已成了一片废墟，守军丧失了战斗力而投降。然后炮火转向恩堡（Embourg），它于17点30投降；绍丰泰恩（Chaudfontaine）要塞因为弹药库爆炸，在9点钟被摧毁。8月14日，轮到了利尔丝（Liers）要塞，它在9点40陷落；而弗莱龙（Fleron）要塞陷落是在9点45。最后，在8月15日，大炮被用于削弱波恩赛勒斯（Boncelles）要塞，7点30，以及兰丁（Lantin）要塞，12点30，现在已经有一门大炮被安置在列日的主要广场上。其后，炮火转向隆辛要塞，勒曼将军在九天前把他的指挥部迁移到这里。在一百四十分钟的炮击后，弹药库被击穿，要塞毁于随之而来的爆炸。

执行占领行动的德军先头部队发现了"一片微缩的高山景观，到处都是残骸，就像山涧里的鹅卵石一样……重型火炮和弹药被扔得到处都是；炮塔已经被炸飞了……落到了它的圆顶上面；它现在看起来就像是一只巨大的、四脚朝天的乌龟"。德军在废墟当中发现了昏迷的勒曼将军。他和埃米希将军在若干年以前的演习中相识，他对后者说："我请求你作证，我被发现时不省人事。"[42]

8月16日，最后两个要塞，奥洛涅（Hollogne）和夫莱马尔（Flémalle），没有再加抵抗便宣告投降。此后，克虏伯和斯柯达大炮离开炮位，转向那慕尔的要塞群。它们在8月21日抵达那慕尔，经过三天的炮击，在8月24日重复了在列日的胜利。在这两场"陆地上的海战"中，比任何一艘无畏舰所装备的都更为强大的火炮击破了无法通过策略攻陷的装甲，三百年来人们坚信以要塞抵御敌军的前进，而不配备机动的支援部队进行主动参与，这种信念就此走向尾声。这种信念自始至终都是有局限的。18世纪要塞时代最重要的将领之一利涅亲王（Prince de Ligne）曾写道："我见到的、读过的越多，就越发相信最好的要塞是军队，最好的壁垒就是人的壁垒。"[43] 莫伯日（Maubeuge）、普热梅希尔（Przemysl）、伦贝格（Lemberg）和凡尔登的要塞将成为1914、1915和1916年的严酷战争的焦点，但它们只不过是发生两军遭遇的固定点，而发生在它们周围的决定性战役却是由流动的军队和移动的武器展开。人的壁垒，而不是钢铁或水泥，将会构成第一次世界大战的前线。

甚至在埃米希的特遣部队把列日和那慕尔炮击得七零八落时，也未能打断这样一道人的壁垒的形成，这道壁垒一直向南延伸，直至默兹河渡口。如果说德国计划中有关埃米希的部分很大胆，法国的计划在不同的维度上更加如此，不亚于轻率地发动进攻越过1871年边界，进入被兼并的阿尔萨斯-洛林。"不论情况如何，"第17号计划宣称，"总参谋部决心集结所有力量前进，向德军发起进攻。"[44] 法国希望德军像1870年那样，部署在从卢森堡到瑞士的德法共同边界上。霞飞计划把他的五个集团军分为两组，第5和第3集团军在左翼，第2和第1集团军在右翼，第4集团军在后面略作梯次编队，以填补二者之间的空隙。在法国人的计算中，这里的地势和要塞将使德军的任何推进举步维艰。

德国人很快实施了一种全然不同的计划，这项计划使法国的部署无的放矢、危险异常，但第17号计划并非忽忽之谋。它对于法国东部的军事地理，无论是自然的还是人为的，都曾深思熟虑。德国在1871年的兼并剥夺了法国的"自然"疆界，包括斯特拉斯堡和牟罗兹（Mulhouse）之间的莱茵河。虽然如此，法国仍保留了地理上的优势，包括凡尔登和图尔（Toul）之间的默兹高地（Côtes de Meuse），以及更南部南锡和埃皮纳勒（Epinal）的孚日山脉（Vosges）

的山峰。[45] 其间没有被要塞化的通路称作"沙尔姆的突破口"（Trouee de Charmes），法国视之为陷阱，希望能够引诱德军。两侧的支撑点——默兹高地和孚日山脉——有完备的公路和铁路转运点，堡垒坚固，在任何情况下都能为两个集团军群提供可靠的出发阵地，发动向摩泽尔河和莱茵河谷地的进攻。第5、第3和第2、第1军团分别进行突击，是第17号计划的精华所在。

然而，在任何一路开始行动之前，霞飞发动了一次初步攻击，与埃米希进入比利时的意图相似，这是为了其后的大规模进攻开辟道路。8月7日，驻扎在贝桑松（Besançon）的博诺（Bonneau）将军的第7军，向阿尔萨斯的牟罗兹推进。法国人希望以此发动乡村，反抗德军。博诺对此颇不情愿，在行动中也磨磨蹭蹭。他在通往牟罗兹15英里的路上用了整整两天时间，在德军发动反击后不到二十四个小时就被赶了出来。更糟糕的是，他撤往贝尔福（Belfort），那里是整个普法战争中唯一持续抵抗德军的要塞。这一耻辱，无论是真实的还是象征性的，都使霞飞勃然大怒。他把博诺和随同的第8骑兵师指挥官奥比耶（Aubier）当场解职。这是更大规模清洗的预兆。霞飞毫不姑息。1913年的演习之后，他撤掉了两位不称职的将军，以及7名在动员和"掩蔽"时期表现迟缓、无法胜任的师级指挥官。[46] 到8月底，他还撤掉一位集团军指挥官，以及21位军指挥官中的3位、103位师级指挥官中的31位。在9月，他把另外38位师指挥官撤职，在10月是11位，在11月则是12位。[47] 其他人则被从现役师调往乡土防卫部队，或者被降级。在一些师，将军们只有一个月来展示自己，有时候更短。被不恰当地指定为第41师师长的叙佩比（Superbie）、巴塔伊（Bataille）将军，分别只任职了五个星期和十天。巴塔伊的继任者博尔杰（Bolgert）仅任职九天就被降级到预备师中任职，但他一定会为自己并未就此无影无踪而感到幸运。大多数人就没有这么幸运了。和平时期各步兵师的48名指挥官中只有7人在1915年1月仍然在职。其中一位，第3殖民地师的拉费尼（Raffenet）战死；另一位，第20师的博埃（Boë）身受重伤。有一些人被提拔到军的指挥岗位，如德利尼（Deligny）、阿什（Hache）、安贝尔（Humbert）；还有贝当（Pétain），他在战争开始的时候还只是一位准将。其他人则一去不返了。"我在这方面下定决心，"后来霞飞写道，"我把那些不称职的将领处理掉，而用那些更年轻、更有活力的年轻人代替他们。"他是对的。法国将领的年龄太大了——在1903年，他们的平均年龄是61岁，而德国则是54岁——而年轻一些的又往往不称其职。[48] 无可否认，霞飞的做法不足为训。他严重超重，甚至在1914年危机最严重时，也不允许别人打断他的午餐。尽管如此，但他具有精明、冷静、善于判断人的品质，这些才能陪伴法国军队度过危机深化后即将到来的战争。

边境之战

动员的混乱之后，是奇怪的风平浪静的幕间休息，以及大量军队向集合地的移动。无论法国还是德国的师团史家都记录下从下火车到开始行动之间一周甚至十天的间歇。这段时间被用于分发储备物资，急匆匆地训练以及通过步行把军队调往前线。双方都有资历很深的军官，其他人也曾经阅读过他们的历史，因而对于彼此的初步行动都能做出较为明确的判断。他们模仿四十四年前普法战争初期的做法，所不同的是现在更有效率。另外，与那时相比，军用列车看起来很像，马、人和枪支的长队看起来很像，法国方面的制服看起来很像，甚至双方的武器看起来也和从前的很相似，速射火炮和自动步枪的革命性威力尚未显示出来。

法国最高统帅部选择的战斗前线的大部分也几乎是和从前完全相同的。确实，在1830年，在法国与卢森堡边界的交汇点以北没有任何战事，而在1914年，法国第3、第4和第5集团军部署在从那里一直到比利时的地区。然而在洛林，第1集团军的士兵发现自己正沿着祖父在拿破仑三世（Napoleon III）的指挥下所走过的同一条道路前进。进攻的出发线远远靠西，这是1871年战败的代价，从那时起因为被德国占领领土，出发线而发生了改变。然而前进的道路是相同的；目标也是相同的：萨尔河（Saar）一线，萨尔布吕肯（Saarbrucken）以及通往莱茵河的道路上远方的乡村。这些被列入霞飞8月8日的第1号总则（General Introduction No.1）当中。[49]

洛林攻势开始于8月14日，迪巴伊（Dubail）的第1集团军越过边境，向萨尔堡（Saarebourg）前进，德卡斯泰尔诺（de Castelanu）的第2集团军则在其左翼梯次前进。博诺在牟罗兹遭受的挫败似乎已经被忘记了。法军像解放者和征服者一样前进，鼓乐齐鸣，彩旗招展。法军高层似乎一点儿也没有想过德军也有在失去的诸省——对他们来说，那是"德意志的土地"——赢得胜利的计划。它的情报低估了德国的力量，并判断德军将会采取守势。事实上，八个，而非六个军组成的由巴伐利亚王储鲁普雷希特（Crown Prince Rupprecht of Bavaria）和前陆军部长冯·约西亚斯（von Josias）将军指挥的德国第6、第7集团军，正在准备趁法军急于求成的时候施以重击。

他们并没有等得太久。四天来，德国军队一直后退，虽然略加还击，但对法军前进的抵抗并不激烈，法国军队已经深入德国25英里。法军缴获了一面德军的团旗，并把它送给身在维特里勒弗朗索瓦（Virty-le-Francois）的霞飞，他在那里建立了自己的总指挥部（General Headquarters, GQG）。先是萨兰堡（Chateau-Salins），接着是迪约兹（Dieuze），最后在8月18日占领了萨尔堡，这些地方自17世纪路易十四（Louis XIV）与哈布斯堡的战争以来都属于法国。然后，前线陷入僵持。法国步兵发现德军的抵抗变得猛烈起来。阿尔萨斯规模较小的集团军一直在第1集团军的右翼前进，在次日重新占领了牟罗兹，但因为在它和迪巴伊的位置之间有一个巨大的缺口，其成功毫无用处。这并不是唯一的缺口。第1集团军和第2集团军的联系并不紧密；萨尔河河谷西侧，迪巴伊和德卡斯泰尔诺根本就没有任何行动上的联系。迪巴伊意识到这一弱点，在8月20日计划以发动进攻进行弥补，他不但试图重建联系，而且希望为卡诺（Conneau）的骑兵军（第2、第6和第10师）开辟道路，让它进入敌军后方的开阔地，并收缩其侧翼；但当他在8月19、20日之间的夜晚发起进攻时，德军还是在准备发动他们计划中的反击。[50]

鲁普雷希特和黑林根（Heeringen）的集团军被暂时性地归属于一个参谋部，它由克拉夫特·冯·德尔门辛根（Krafft von Delmensingen）将军领导。于是，当法国第2和第1集团军只能通过零星的电话联系安排协同行动时，德国第6、7

带有前车和乘员的法国75毫米野战炮（RHPL）

集团军像一个整体那样作战。这就是指挥新潮流的前景所在——使部队的编制在现存的通讯系统许可的条件下达到最大。在8月20日，它的价值很快得到了证明。迪巴伊的夜间攻势刚一开始就被遏制。法军败退之后，德国的八个军在全线立刻同时向法国的六个军发动进攻。在萨尔堡逼近萨尔河的法国第8军被击溃；它的火炮被德军更为强大的炮火压制，炮火掩护下的德国步兵逐一夺取法军的阵地。

猛烈的炮火对第2集团军造成了更严重的损失，在8月20日破晓时分，它的整条战线遭到集中的火力打击。第15、16军在随之而来的步兵攻击下放弃阵地，只有在最左翼的第20军坚守阵地。第20军守卫国土，由才华横溢、意志坚定的费迪南·福煦（Ferdinand Foch）将军指挥。福煦的士兵仍在坚守，德卡斯泰尔诺却已经命令集团军其他部队放弃联络，撤退到默尔特河（Meurthe）对岸，它们在六天前从这里出发。第2集团军的两翼现在被紧紧地包围了，这可能会对整个法国军队造成不可挽回的灾难，并且彻底丧失与第1集团军的联系，因此迪巴伊也被强令撤离战斗。到8月23日，他的部队也返回默尔特河准备保卫这条河流，围绕福煦在南锡大库罗讷（Grand Couronné de Nancy）的高地建立的坚固据点进行防守。两个法国集团军在这里挖掘战壕，等待德军进攻。"施里芬计划"正确地预见到反击法军进攻洛林时将取得胜利，警告说其后切不可试图发动此类进攻。然而，事实证明，赢取胜利的诱惑太大，难以拒绝。冯·毛奇屈服于鲁普雷希特和德尔门辛根的要求，认可了他们重新进攻的要求。8月25日和9月7日之间，他们对默尔特河沿线法军出乎意料的坚固防守发动进攻。[51]

法军辽阔前沿阵地上右翼部队得到恢复的意义尚需时日才能显现出来。其他地方，灾难在继续。第1和第2集团军以北是第3和第4集团军，霞飞给它们的任务是穿越阿登高地（Ardennes）的森林地区，向比利时南部的阿尔隆（Arlon）和讷沙托（Neufchateau）方向攻击。它们的攻击前沿宽25英里，需要穿越的森林则有8英里。两个方面的因素与霞飞的指示针锋相对。首先是阿登高地的地形——茂密的丛林、陡峭的山坡和潮湿的河谷——干扰了军队的行动，把行军限制在很少的几条路线上。其次是德国军队，乌腾堡公爵（Duke of Württemberg）指挥的第4集团军和德国王储指挥的第5集团军受命向东攻击，恰好与前进的法军狭路相逢，双方的兵力对等，都是八个军。霞飞的司令部对双方的兵力对等一无所知。法军的主要侦察部队，索尔代的骑兵军在8月6日和15日之间对阿登地区做了侦察，但却没有发现敌军的存在。骑兵们卸下马鞍骑行——法国骑兵有在行军时不下马的恶习——但对敌人毫无察觉。总指挥部在8

月22日向第4集团军的德朗格勒（de Langle）和第3集团军的吕费（Ruffey）保证说："不必担心遭遇强烈的抵抗。"[52]法国飞行员在前几个星期里一直强化这一完全错误的判断。[53]

德军比法军更好地掌握了形势。德国飞行员报告在第4集团军前沿存在大规模的敌军行动，尽管他们观察到的是朗勒扎克（Lanrezac）第5集团军的部队向北、向默兹河方向的行进，但对于情报的错误解读却使德军误打误撞地蒙对了霞飞的真实意图。[54]在8月20日，德国王储的部队仍驻扎在原来的位置，它的重型火力正在炮击法军前沿蒙梅迪（Montmedy）和隆维（Longwy）的要塞——二者都已经破败不堪，缺乏保护——但到了8月22日上午，它和第4集团军都开始前进。[55]第4集团军尤其担心侧翼受到包抄，它的指挥部向左翼的各师下达命令，要求它们特别注意与友军保持联络。[56]

事实上，是法国人而非德国人，冒着被分割的危险。他们采用"雁列式"编队，呈阶梯状沿着稍微偏东的方向自北向南前进，因而所有师的左翼都暴露出来。如果德军迎头痛击，法军各个梯次存在着逐一分离，从而导致第4和第3集团军全面溃败的危险。这就是8月22日所发生的事情。实际上，是第3集团军首先溃败了。它在破晓时分开拔，前锋部队遇到德军出乎意料的抵抗，而且，当突如其来的炮火压制了它的支援火力，步兵们仓皇逃走。集团军其余的部队，因为中部出现缺口，不得不停止前进并全力固守阵地。因此，第4集团军除了在中部有所进展，在南部失去了支援，寸步难行。中部的部队是殖民地师，法国军队里真正常备的部分，由白人士兵的团组成，在和平时期，它们守卫着分布在北非、西非和印度支那的帝国领土。它们的士兵坚忍不拔，经验丰富。这次战斗将是他们的绝唱。这些士兵以本土征召而来、从未见过血的士兵难以匹敌的果决奋力向前，很快就深入数量远为庞大的德军当中。在仅仅600码宽的战线上，它的六个营前赴后继，一次又一次穿过茂密的树林，发起肉搏，但被来复枪和机关枪的集中火力击退。到8月22日傍晚，第3殖民地师的1.5万人中，死伤已经达到1.1万人，这是所有法国部队在边境之战中遭受的最大伤亡。[57]它事实上的覆没葬送了第4集团军前进的努力，正如第5师的溃败终止了第3集团军向南的攻击。

第17号计划在吉维（Givet）和凡尔登之间25英里宽的一条至关重要的前沿阵地上难以为继。最初，霞飞不相信这一结果。8月23日上午，他向德朗格勒·德卡里（de Langle de Cary）发出指令："只有……[敌人的]三个师在

[你]前面。因此你必须立即继续攻击。"[58]德朗格勒·德卡里遵照命令做出了尝试，但是当天他的部队被赶回到更靠后的位置。第3集团军和新近组建的洛林集团军的行动也同样遭到挫败。8月24日，第4集团军撤退到默兹河之后，受到它的保护，很快第3集团军也是一样。同时莫努里（Maunoury）的洛林集团军大部撤退到亚眠（Amiens），在那里，一个新的集团军，即第6集团军将依靠预备役师的补充建立起来。

桑布尔河战役

到战争第三个星期的结尾，在法国边境的两个防区，阿尔萨斯－洛林和阿登高地，德国赢得了重大的胜利。场景即将转向唯一尚未发生重大行动的防区，法国与比利时的边境。如果德军希望施里芬在六个星期内赢得胜利的梦想变为现实，这里是必须成功的地方。对列日的占领为此打下基础。比利时军队随后向安特卫普战壕环绕的营地撤退，让开了道路。到8月24日，那慕尔显然即将陷落，为舞台清扫最后的主要障碍。最重要的是，尽管德国入侵比利时东部带来沉重的压力，法国最高统帅部仍然对于即将来临的危险顽固地视而不见。部署在国境线最北面的第5集团军指挥官朗勒扎克开始向总指挥部发出警告（他甚至在宣战之前就曾这样做），他害怕德军进入比利时包抄他的左翼（北面）。霞飞的心思全部集中在自己攻入德国的计划上面，没有把这些担心放在心上。迟至8月14日，朗勒扎克把他的担忧带到位于马恩河畔巴黎以东的维特里勒弗朗索瓦的总指挥部，并且他很快就能听到枪炮的声音，霞飞继续坚持德军不会在默兹河以北的比利时境内部署任何重要的军事力量。

在其后的六天里，霞飞开始重新考虑，先是发布命令指示朗勒扎克的第5集团军进入默兹河和桑布尔河之间的三角地带，以此作为一种预防措施；然后命令朗勒扎克与英国远征军一起实施针对德国战线左翼的行动，德军在比利时的力量强大，已然不容忽视。[59]至此，与冯·克卢克、冯·比洛和冯·豪森（von Hausen）分别指挥的集团军的战斗——法军在桑布尔河，英军在蒙斯（Mons）——迫在眉睫。开始阶段是军事理论家所说的"遭遇战"，这种战斗的性质更多地取决于参与其中的部队，而非上级下达的命令。命令实际上妨碍了交战。朗勒扎克在一次参谋会议上告诉下属各军，第5集团军的命令是坚守桑布尔河南岸的高地。[60]他担心如果把士兵投入到守卫沙勒罗瓦（Charleroi）和那慕尔之间稠密、几乎没有工业化的建筑和村社——博里纳日（Borinage）——战线的话，他们可能会陷入小规模的街巷战，从而使他丧失对部队的控制。尽管理由并不相同，德军也从冯·比洛那里接到了类似的命令，他负责协调第1、第3以及他自己的第2集团军的行动。毛奇在8月20日警告比洛，他的前方出现了强大的法国军队，而英军则在他的右翼，但位置无法确定。因此，他只有在第2、第3集团军能形成钳形攻势的时候才可以行军渡过桑布尔河。于是，8月21日上午，比洛通过无线电告诉冯·豪森，他将让第2集团军停止前进，这意味着第3集团军也要停止前进。

然后，在底层发生的事件主导了形势的走向。除非宽阔异常，河流总是很难守卫的。曲流造成孤立的小块地区，牵制了兵力，而且使临近部队责任区划不明确。桥梁是个特别的难题：边界处的桥梁归哪个区域防守？建筑物和植被使问题愈发复杂，它们阻挡视野，而且在发生局部紧急状况，需要迅速增援的时候，妨碍部队沿着河流顺利地横向运动。长久以来的经验告诉士兵们，在远处保卫河流比在近处更加容易；如果需要保卫近处河岸的话，在它后面比在水边更加容易。[61] 这些真理将在8月21日展开的桑布尔河战役中再一次得到证明。

朗勒扎克的观念极其正统，他只派出警戒部队保卫桥梁，第5集团军的主体在高地上待命，它可以从那里出击，驱赶渡河的德军或者跨过大桥发动对比利时的进攻。然而守卫桥梁的部队发现自己陷入两难，例如，在沙勒罗瓦和那慕尔之间的欧韦勒（Auvelais），他们处于远方河岸的俯瞰之下，因而要求渡河或者后撤。然而团指挥官受制于朗勒扎克的指示，拒绝了这一要求，反而派出更多的部队进行援助。增援部队发现了比它受命守卫的桥梁更多的桥。当它正在进行部署的时候，德军第2集团军的巡逻部队在对岸出现，发觉了这一机会，并向军指挥部请求渡河。消息到达的时候，鲁登道夫碰巧造访这支近卫军（Imperial Guard）部队。他再次展示了十五天前在列日展示过的主动性，个人承担了这一冒险的责任。第2近卫师开始进攻，发现了一处没有设防的桥梁——在法军以为只有唯一一座桥的区域里，有八座桥——并建立了据点。在欧韦勒西边的泰尔尼（Tergné），德军第19师的巡逻部队发现了另一座没有设防的桥梁，未加请示便渡河了。师的指挥官抓住时机，派出一整个团后续渡河，并赶走了法国守军。因此，到8月21日下午，桑布尔河两个巨大的曲流都已经落入德国人之手，沿河前线被打开了一个4英里宽的缺口。

这些结果体现了遭遇战的特点，并且很大程度上要归因于德国前沿部队和它们的指挥官。如果朗勒扎克坚持最初的计划，坚守桑布尔河南面的高地，仍然可能挽回局势。令人费解的是，他现在默许下属的第3和第10军的指挥官发动反击，试图夺回桑布尔河已经失守的曲流。他们在8月22日进行了尝试，但被击退，损失惨重。

法国步兵进行了一次勇敢的展示，他们向前穿越比利时的甜菜地，挥舞着旗帜，军号演奏出"冲锋"的音符。当队列靠近了德军的战线……来复枪和机关枪从墙壁、山冈和房子的窗户后面迅猛地射出致命的子弹。在它面前，进攻退却了。奔跑，跌倒，爬行，法国人竭尽全力寻找掩蔽，进攻以德国近卫军对于战场毫无争议的控制而告终。[62]

那天晚上，两个军回到朗勒扎克最初和优先选择的高地位置上，除了更多的伤亡以外，它们当天的英勇奋战一无所获。伤亡很重。参战的团中，在开始的时候大概均有2500人，第24团损失了800人，来自瑟堡（Cherbourg）的第25团损失了1200人，第25团（卡昂，Caen）损失了1000人，第49团（波尔多，Bordeaux）损失了700人，第74团（鲁昂，Rouen）损失了800人，第129团（勒阿弗尔，le Havre）损失了650人。[63] 战略上的后果更加严重。9个法国师被3个德国师击败，被迫后退了7英里，与默兹河上第4集团军的联系被切断，与在蒙斯的英国远征军的联系还未建立；索尔代的骑兵师通过第5集团军的阵地撤回，它的任务——在德军对桑布尔河沿岸的法军发动进攻之前发现他们——已经彻底失败，士兵和马匹都精疲力竭。8月23日，情况没有好转。尽管法国第5集团军的一部分试图恢复攻势，但是德国人取得了进展，尤其是在右翼。在这里，尽管芒然（Mangin）将军组织了一场反击——从那时起，他就是法军最为勇猛的战士——但是大量德军越过了桑布尔河和默兹河汇流处河水构成的障碍。午夜前一个小时，朗勒扎克作出结论，自己战败了，他电告霞飞，因为"德军在默兹河威胁到我的右翼……吉维受到威胁，那慕尔沦陷……我不得不决定在明天实施集团军的撤退"[64]。

蒙斯战役

朗勒扎克没有提到他左翼的情况，尽管他的英国盟友同样也在 8 月 23 日整天陷入与德国人的战斗中，他们在保卫河流屏障——蒙斯－孔代运河（Mons-Conde Canal）——方面比他自己的部队在桑布尔河所做的高效得多。包括了一个骑兵师和四个步兵师的英国远征军在十一天以前开始在勒阿弗尔、布伦（Boulogne）和鲁昂登陆，并在 22 日抵达运河。到 8 月 23 日上午，它们被部署在 20 英里宽的前沿阵地，第 2 军在西，道格拉斯·黑格（Douglas Haig）将军指挥的第 1 军在东，冯·克卢克将军麾下 14 个军之强的第 1 集团军从北面全力压制而来。英国远征军的指挥官约翰·弗伦奇（John French）爵士曾希望与朗勒扎克齐头并进，进入比利时。朗勒扎克在桑布尔河战败的消息使这变得不可能，但当需要援助的消息在 8 月 22 日午夜前从法国第 5 集团军指挥部传来，他应允坚守运河二十四个小时。这一要求证明了法军对于德军进攻的性质是何等缺乏理解，这事实上是要求对冯·克卢克的侧翼发动进攻；冯·克卢克的侧翼已经越过了第 5 集团军和英国远征军所处的位置。有那么一刻，英国人在决定性的一点上被塑造为无论概念上还是实质上对抗"施里芬计划"的角色——据说施里芬的遗言是，"保持右翼的强大"。

英国远征军胜任了这个任务。英国是欧洲唯一所有军队均为常备军的国家，组成这支军队的职业士兵经过帝国中的小规模战争的磨炼，变得足够冷酷，能够适应战斗的现实。他们中的许多人曾参加过十五年前的布尔战争，在那场战争中与挖掘战壕守卫阵地的神枪手作战，从他们那里领会到自动来复枪的威力，而且学会了深挖战壕来对付它。与日本人交战的俄国老兵对战壕印象深刻。英国兵是西欧唯一对此铭记于心的士兵。接到守卫蒙斯－孔代运河的命令后，他们立刻挖战壕，到 8 月 23 日上午，他们在整个运河沿线置身于壕沟当中。在一片矿区的中心，运河提供了绝佳的防御阵地，矿区建筑和村社提供了坚固的支撑点，矿石堆则成为校准攻击前进敌军的支援炮火的观测点。[65]

以六个师对四个师，占据数量优势的德国军队对将会横扫队列的枪林弹雨准备不足。"德国人感觉是在与看不见的敌人作战"，敌人躲在刚刚从壕沟里翻起来的泥土后面，这些壕沟比缺乏经验的法国人和业余的比利时士兵所能想到的挖得更深。[66] 在图盖拉河（Tugela）、莫德河（Modder），在斯皮温山（Spion Kop），布尔人让英国步兵领会到攻击熟练来复枪手守卫的深层土木工事的代价，而在 8

月 23 日，英国人发现了自己给别人上这一课的机会。带有 10 发弹夹的英国李－恩菲尔德（Lee-Enfield）来复枪比德国人的毛瑟来复枪（Mauser）更为先进，而英国人也是更好的射手。"每分钟 15 发"是一句标语，但它也是大多数英国步兵都能达到的标准，这是因为英军对于射击技能提供额外奖励，而且在士兵的闲暇时间免费发给子弹来比赛赢取奖章。[67] 第 12 勃兰登堡掷弹兵团的一名德国军官是最早经受远距离、准确射击的来复枪火力洗礼的人之一。"在 [我们连位置的] 前面，是一片非常长的、平坦的、看起来像沼泽地似的草地。它的左面被分散的建筑和小屋分割开来，而在右边则有窄窄的一道树林伸展进来。在远端，大概正前方 1500 码，是更多分散的建筑物。在远近建筑的中间，有一些牛，在安静地吃草。"[68] 这牧歌般的平静只是幻觉。第二天，布勒姆（Bolem）上尉发现英国人是如何"把每一间房子、每一堵墙都变成一座小小的堡垒；这种经验毫无疑问是老兵们从一打殖民地战争中得来的"[69]。在蒙斯的早晨，当他和他的连队走进空旷的草地，空荡远景中的危险忽然变成了现实。"我们离开树林的边缘，几乎就在同时，齐射而来的子弹尖啸着从鼻尖擦过，击中了身后的树木。我身边传出五六声惨叫，我的五六个灰制服的小伙子倒在草丛中⋯⋯开火的地方似乎很远，在左边⋯⋯我们好像在阅兵场上行进⋯⋯前面远处传来急剧的锤击声，停顿了一下，然后是更加快速的锤击声——是机关枪！"[70]

与勃兰登堡掷弹兵团作战的是王后私人皇家西肯特团（Queen's Own Royal West Kent Regiment）第 1 营的士兵，造成杀伤的并非该营配备的两挺机关枪，而是他们的来复枪。到这一天结束的时候，布勒姆的团已被"完全粉碎"。许多人与自己的指挥官失去了联系，满脸羞愧地、带着各种借口直到当天晚上才重新归队；500 人死伤，包括他所属营的四个连的三个指挥官。布勒姆幸运地毫发无损。其他许多部队的情况也是一样，因为每个英国营都坚守阵地，而包括使用 60 磅炮弹的第 48 和第 108 重炮兵连在内的支援炮火在整个行动中提供了稳定的火力支援。包括死伤和失踪在内的英国损失人数为 1600 人，而德军的伤亡从未被彻底地揭示出来，肯定接近 5000 人；来自不来梅的第 75 步兵团，在进攻皇家苏格兰团（Royal Scots）和国王皇家来复枪队（King's Royal Rifle Corps）时损失了 381 名士兵，却没有获得任何进展。

当晚，冯・克卢克的部队精疲力竭地在遭受了挫败的地方——运河北岸——入睡，他们当天的工作是渡过运河，在次日从头再来；他们只建立了一个立足点。英国人同样疲惫不堪，准备后撤到运河以南一点的位置。他们因为打了漂亮的一仗而兴奋不已。德国官方史学家的判断是，"蒙斯战役以失败而告终，因为英国人"不会让它成功[71]，英国士兵期望在接下来的一天里坚持保卫盟友的左翼。然而，正当他们撤退到夜间阵地的时候，新的命令到来了。他们要撤退。

8月23日深夜，英军与法国第5集团军的联络官爱德华·斯皮尔斯（Edward Spears）中尉带着警讯来到约翰·弗伦奇的司令部。朗勒扎克将军已经向霞飞提出警告，因为德国人在桑布尔河的胜利，他将下令第5集团军在次日向南撤退。弗伦奇在几个小时之前刚刚宣布，"我将坚守……现在占领的阵地"，并且将会"在当晚以一切可能的手段"加强阵地，他被迫认识到，当友军试图后撤时，他也必须撤退。[72] 8月24日上午，英国远征军开始了总撤退。霞飞在9点35向陆军部通报不得不全线撤退的原因。

> 在北面，我们在桑布尔河和默兹河之间行动的军队以及英国远征军似乎遭受了挫败，我尚不清楚程度如何，但已经迫使它撤退……人必须面对现实……部队在战场上并未展示出我们希望的进攻能力……因此，我们被迫依靠防守，利用我们的要塞和巨大的地形障碍，以便丧失尽量少的土地。我们的目标必须是持久的，拖垮敌人，当时机到来时再继续进攻。[73]

大撤退

111   大撤退开始了，它在接下来的十四天里使法军和它左翼的英国远征军返回巴黎市郊。GQG，霞飞在维特里勒弗朗索瓦的总指挥部在8月21日被放弃，先是在奥布河畔巴尔（Bar-sur-Aube），然后于9月5日在赛纳河畔沙蒂永（Chatillon-sur-Seine）重建，巴黎就在塞纳河畔。然而霞飞发出的急件，尽管对于陆军部长梅希米来说一定令人悲伤，但仍是战争中最伟大的文献之一。它寥寥数语勾勒出恢复力量，甚至赢得最终胜利的计划的概要。以凡尔登为首的伟大要塞，仍在法国人手中。从东面保卫法国抗击德军的地理形势，孚日山脉和塞纳河水道，仍未受到侵犯。不明智地从和平投入一场狂躁进攻的法军的士气，在战争中幸存下来。只要军队在撤往首都的过程中保持团结，就会保有反击的希望。每前进一英里，德军与莱茵河及其对岸补给基地的联系就愈发衰弱，而法军的补给线则不断缩短，不断加强。"未来的行动，"霞飞在他的第2号总则中写道，"其目标在于重组数量足以重新发动进攻的左翼。这包括第4、第5集团军和英国远征军，以及从东线抽调而来的有生力量,而其他部队将尽可能长久地牵制敌人。"[74]

霞飞为"新的进攻部队"(包括莫努里将军指挥的第 6 集团军和福煦将军指挥的第 9 集团军)指定的位置是亚眠附近的索姆河(Somme)一线,位于蒙斯西南 75 英里。因此,霞飞已经预见到在他的新部署允许重新进攻以前会出现漫长的撤退。他对法军的现状持一种严峻的现实主义评估。甚至在法军经受了最严重挫败的洛林,30 英里已是它到当时为止最长距离的撤退。即将到来的撤退现实将比霞飞的任何预期都远为糟糕。尽管经历了穿越比利时的十二天的战斗和行军,德军右翼的步兵仍然生气勃勃。他们受到已经赢得的胜利的鼓舞,在行军的日子里愈发坚强,因最终胜利即将来临的预期而精神高昂,他们乐于忘记疼痛的双脚,斜倚在战壕中,如果长途行军会打败法国军队,他们将斗志昂扬地出发。"这种狂热而持久的激情,"布勒姆所在营的指挥官在蒙斯战役后的第七天告诉他,"是绝对必要的……要用尽全力不惜代价地振作精神。必须明确,我们绝不能让敌人有喘息之机,直到我们在整条战线上彻底打败他们。告诉他们,流汗不流血。"布勒姆的勃兰登堡小伙子们不需要鼓舞。尽管"脚跟、脚底和脚趾像着火一样疼痛……整块皮肤被磨破",他们日复一日在 20 世纪里最酷热夏天的阳光灼烤下保持步伐。[75]例如,在他们前方,撤退中的英国格洛斯特团第 1 营创造了十三天行进 244 英里的纪录,其间只休息了一次(8 月 29 日),并在 8 月 27 日和 28 日连续两天行军超过 20 英里。[76]德国人也同样经历了英国人和法国人忍受的一切。

双方都是一边行军,一边战斗,法国人和英国人是为了延阻德国人的前进,或是为了逃离危险,德国人则是为了击破所遭遇的一切抵抗。8 月 26 日,英国第 1 军被迫在朗德勒西(Landrecies)和马鲁瓦耶(Maroilles)投入战斗,但因为它在蒙斯战役中受到的损失不大,很容易就脱离了战斗并继续撤退;第 2 军却因为在蒙斯战役中损失惨重,被迫在同一天于勒卡托投入一场更大规模的作战以便脱身。指挥第 2 军的史密斯·多里恩(Smith Dorrien)将军辖下有三个步兵师,并得到骑兵师的支援。他疲惫的士兵在 8 月 26 日上午遭到德国三个步兵师和三个骑兵师的攻击,德军还在当天得到另外两个师的加强,总的兵力是 8∶4。兵力上的悬殊使德国人有机会把英军的战线搅个底朝天,那天的进展确实如此。前线沿着勒卡托和康布雷(Cambrai)之间的古罗马道路展开,三年零三个月之后,英军将会在这里第一次以坦克发起大规模的进攻,这种战争武器当时仍未问世,甚至未曾出现在想象中。最初,英军在野战炮的轰鸣声中一如既往地依靠准确而又迅猛的火力坚守防线。在下午,随着敌人的数量不断增加,侧翼开始崩溃,各部队溃散,炮手在敌方火力的猛烈打击之下丧生。当夜幕降临,第2军的正面开始溃散。它之所以幸存,部分是因为德军犯下错误,但是索尔代骑兵军的介入也不可忽视,骑步军在勒卡托挽回了大部分因未能发现德军穿越比利时而丧失的名誉;还有受到轻视的一个法国地方防卫师(French Territorial divisions),它的超龄预备役士兵在康布雷外围勇敢战斗,延迟德国第2军的到来。到黄昏时,英国第2军在战斗中死伤及失踪的士兵达到8000人——超过了在滑铁卢战役中威灵顿军队的损失——集合起残存的力量悄悄溜走,继续撤退。[77] 尽管为了保护大炮做出了绝望的努力,第2军仍然丧失了38门大炮,这是一个师一半的火力。在皇家炮兵第122炮兵连的阵地上,一名勇敢的军官和他的士兵努力抢救装备,却只换来"一片惊人的景象:一阵短暂的疯狂中马匹飞驰,跌倒,然后四门大炮被遗弃,一些前车散落各处,地平线上的一辆车辕杆指向天空,到处都是死去的人和马"[78]。

勒卡托之战那天,霞飞与英国远征军的指挥官约翰·弗伦奇在圣康坦(St Quentin)会面,列席的还有朗勒扎克和德阿马德(d'Amade)将军,后者是法国本土防卫部队(Territorial Group)的指挥官,它刚刚在英国远征军的左翼打了出人意料漂亮的一仗。会议并不愉快。朗勒扎克和弗伦奇自从十天以前初次相遇起就相处得不好,霞飞则刚刚对第5集团军司令——他长期以来的门徒——的能力产生怀疑。会议在一处昏暗的私人房屋举行,气氛沉重。弗伦奇否认曾接到过霞飞为未来反击而发出的第2号总则。他能谈到的一切就是自己的困难,以及暗示朗勒扎克未能给他提供支援。朗勒扎克的态度暗示着英国远征军更多地是一种令人尴尬的存在,而非一种帮助。语言也存在困难。法国人不讲英语,弗伦奇几乎不讲法语;副参谋长亨利·威尔逊(Henry Wilson)负责翻译。还有个人方面的差异。霞飞和朗勒扎克身材高大、沉重,穿着金色纽扣的深蓝军装,看起来像是车站的站长;狡猾的威尔逊和暴躁的弗伦奇身着马裤呢裤子和闪闪发光的马靴,看起来像是捕猎狐狸的猎人。英国远征军的指挥官是一位陆军元帅,这也让法国人备感疑惑。在法国军队中,"元帅"(Maréchal)一词并非军阶,而是一种授予胜利者的"国家的尊称"。共和国的军人中最高的军阶只不过是将官,对于有名无实的上级颇不信服,他的成功是在与南非的农民作战中获得的。

会议没能达成任何明确的决议,而且,当会议结束的时候,朗勒扎克拒绝与弗伦奇共进午餐。[79] 然而,霞飞接受了邀请,在他返回总指挥部时,下定决心让朗勒扎克挺起腰杆。他意识到英国人需要喘息之机,因为他很清楚,存在这样的风险:如果英国远征军被击败,他们可能会脱离战斗,并向海峡的港口进军,以策万全。因此他下令朗勒扎克停止次日即8月27日的撤退，并向德国第2集团军发动反击，这支部队紧跟朗勒扎克向巴黎前进的足迹。朗勒扎克抱怨但服从命令。他的指示是第5集团军沿瓦兹河（Oise）上游展开部队，比洛麾下各师只有穿过这里才能到达目标。第10和第3两个军向北进行防御，第18军向西面瓦兹河转而向南的地方进攻，这条河流在巴黎以北与塞纳河汇合。第四个军，由意志坚定的弗朗谢·德埃斯普雷（Franchet d'Esperey）指挥的第1军，作为预备队驻守在第5集团军的两翼构成的直角后面。法国人所称的吉斯（Guise）和德国人所称的圣康坦战役于8月29日上午在浓雾中展开。帝国近卫军和普拉滕贝格（Plattenburg）的第10军出发时斗志昂扬，它们的指挥官相信在到达35英里之外的埃纳河（Aisne）之前不会遭遇法国人的认真抵抗。它们对第10和第3军的坚强抵抗大吃一惊，这使它们伤亡惨重。近卫军的指挥官普拉滕贝格，有一个儿子战死；而德国皇帝的次子艾特尔·弗里德里希亲王（Prince Eitel Friedrich），一度不得不在德国最优秀的第1近卫步兵团（1st Foot Guards）身先士卒，敲着鼓引导它前进。[80]

无论如何，在白天，近卫军和第10军的汉诺威士兵前进了大约3英里，当夜幕降临，他们准备巩固占领的土地。就在那一刻，战役的性质发生了变化。弗朗谢·德埃斯普雷在刚过中午的时候接到命令投入战斗进行支援，他把这之间的时间用于安置炮兵的位置，以便达到最好的火力效果，他是自作主张这样做的。各团紧随飘扬的军旗和乐队齐鸣的铜管前进，德埃斯普雷骑着一匹栗色的军马走在最前面，第1军的火炮在头顶轰鸣，他率领士兵发起反击。他的战果激励了第3、第10军加入其中，当天黑以后，上午丢失的村庄已经被夺回，而且法军占领了打算在次日重新发起进攻的阵地。因为命令只不过是坚守阵地，所以他的成功更让人惊讶，而德马斯·拉特里（de Mas Latrie）的第18军也通过向圣康坦进攻减轻了英国人的压力。8月29日他的前线战果令人失望，而他很快会被解除指挥权。相反，德埃斯普雷因吉斯之战而声名鹊起。英国仰慕者把这个魔术师称为"拼命的弗朗基"，他很快就会接替朗勒扎克指挥第5集团军。这是很公允的奖励，因为他突如其来的介入阻止了德国人的行进轨迹，并为己方调整位置以发动反攻赢得了一天半的额外时间，霞飞仍然坚定不移地希望发动反攻。

现在，他是否能够这样做取决于德国军队的行动，而非他自己的部队。如果德军坚持向西南方向前进，打算越过巴黎向右进军，霞飞组织大批进攻部队打击其侧翼的计划可能会因为距离和后勤方面的困难而失败。另一方面，如果他们被迫向东南，把巴黎留在左翼，则会像施里芬在另一种场合下曾经说的，给法国人"送大礼"。从"大备忘录"中可以看出，施里芬担心任何一个决定都可能会对法国人有利。越过巴黎向右进军会把德军的外侧一翼暴露出来，遭受从巴黎堡垒化的区域出击的强大驻军的攻击；而越过巴黎向左将会在外翼的军队和它应该与之保持相对静止的军队之间制造一个裂口，因为那时巴黎将像一个防波堤般，分开德军攻击的浪潮，在战线中打开缺口，把德军较虚弱的一侧暴露给驻军，使它有机会选择从巴黎相对的一侧发动进攻。这个"巴黎的难题"使施里芬认为，"我们的力量不足以在这一方向继续行动"。[81] 施里芬在研究中认识到的这一构想中的缺陷，现在德军总参谋部在战场上碰到了，当部队正在向南挺进，参谋们却在为其最终目标而踌躇。

抉择上的困难在总参谋部——在战争时期，它变成了最高指挥部，Oberste Heersleitung（简称OHL）——8月17日从柏林迁往莱茵河上的科布伦茨（Coblenz，它的下一个位置是卢森堡，最终停留在比利时的度假小镇斯帕[Spa]）后很快就显露出来。毛奇允许第2集团军的冯·比洛监督第1和第3集团军的决定在迁往科布伦茨后很快就产生了不幸的后果。这个决定在行动初期对比利时的征服具有至高无上的意义，是可以理解的。比洛为保持右翼各集团军之间的相互支援而备感焦虑，因而使豪森和第3集团军在朗勒扎克于8月24日撤离桑布尔河时丧失了衔尾穷追的机会。然后，当战线推进到索姆河，毛奇又因为担心抵抗俄军、保卫东普鲁士的第8集团军的窘境，妨害了他对于西线更大规模、更加关键的行动的控制。毛奇把攻占那慕尔看做更加经济地使用兵力的机会，决定不让因此而节约出来的部队归队，而是穿过德国，开赴东线。[82]

尽管新近被任命为第8集团军参谋长的鲁登道夫在8月28日告诉最高指挥部，不需要得到近卫军预备队和第11军的加强，它们仍然被派给了第8集团军。同时，正在挺进的部队被进一步削弱，第3预备军被派往牵制守卫安特卫普战壕的比利时军队，第4预备军驻守布鲁塞尔，第7预备军则包围桑布尔河上的莫伯日，一座巨大的法军要塞在那里勇敢地坚守在敌人的后方。火线上少了五个军——西线军队的七分之一——确实减轻了毛奇在后勤方面的困难，这一困难随着军队不断远离德国，并在前往巴黎拥挤的道路上越来越聚在一起而日益增长。然而，在决定性的一点上聚集优势军队是赢得胜利的关键，而毛奇对军队的分散使优势越来越不可能形成。此外，在8月27日，他命令外侧的部队，冯·克卢克的第1集团军、冯·比洛的第2集团军扇形散开，进一步减小了集中优势兵力的可能性。

第 1 集团军将越过巴黎西侧，第 2 集团军则直接以要塞化的巴黎为目标，第 3 集团军将通过巴黎东侧，而第 4、第 5 集团军仍在与坚守下默兹河的法军战斗，它们将向西推进以便与前者汇合。第 6 和第 7 集团军正在开始战争中首次进攻的法军前线上展开行动，它们试图接近并渡过摩泽尔河。

在巴黎西侧的行军是被施里芬视为德国军队"过于弱小"而无法完成的策略。如果做出这种尝试，可能会证明确实如此，但毛奇指令的可信性并未被付诸检验。在命令发布后的第二天，8 月 28 日，冯·克卢克自作主张改变行军路线，向东南方向移动，巴黎城内英国远征军的威胁似乎因为勒卡托之战消失殆尽，以及通过打击侧翼最终使第 5 集团军丧失战斗力的渴望成为他这样做的理由。尽管 8 月 27 日的命令非常精确地命令克卢克向巴黎西侧运动，毛奇默许了克卢克的行动，并在 9 月 2 日走得更远。在通过无线电从卢森堡的总参谋部发往第 1、第 2 集团军的一份通告中，他宣称"向南－东方向追击法军是最高指挥部的意图，把他们与巴黎分割开 [原文为斜体]。第 1 集团军将以梯队形式跟随第 2 集团军，并掩护各集团军的右翼"。这与其说是决定该如何行动，不如说是接受现实。第 2 集团军已经停止前进，以便从战斗和长距离行军中恢复，因此与它梯次编队的第 1 集团军也将停下来。同时，法国第 5 集团军已经撤向东面，因此躲过了侧翼遭受攻击的危险，也在这个过程中远离了巴黎。英国远征军并未丧失战斗力，而不过是隐蔽在乡村，躲过了德国骑兵的侦查，一如战役开始阶段在比利时前进的德国军队没有被法国人发现一样，巴黎内部和周围不断聚集的、霞飞的新进攻部队同样也没有被敌人发现。[83]

同时，军队在夏末骄阳的酷热中每天跋涉 15 英里和 20 英里。"我们很快就翻越我们和马恩河河谷之间的最后一座山脊，"布勒姆写道，"又是一个灼热、令人筋疲力尽的日子。我们在燃烧般的阳光下翻山越岭。在左侧，我们听到比洛部队的炮声，看起来我们又快和他们接触上了。"行军中有快速的行动，位于前卫和后卫部队之间的交火，简短、激烈的小规模战斗，比如 9 月 1 日在内利（Néry），英国第 1 骑兵旅和皇家骑炮兵 L 炮兵连阻止了德国第 4 骑兵师一个上午。L 炮兵连的炮手因为在劣势兵力下与敌军战斗赢得了 3 枚维多利亚十字勋章，根据德国历史学家的记载，这场战斗中"德国骑兵明显处于下风"[84]。当部队越过支流众多的巴黎盆地水网，无数的桥梁被炸毁或重建；当侦察兵冲进警戒部队或是撤退队伍的尾部被追击者赶上，便导致无数次在障碍物前因互相争夺而拖延行军，无数次相互炮击，无数次突然爆发的短暂的来复枪射击。然而，对于双方的绝大多数人来说，8月的最后一个星期和9月的第一个星期都是长途行军的严酷考验，始于日出之前，止于薄暮时分。第4龙骑近卫团（4th Dragoon Guards）的一名骑兵，本·克劳汀（Ben Clouting）记录他所在的团9月1日早上4点30被叫醒，2日早上2点被叫醒，3日和5日是4点20，6日是5点。为了节省马力，他们常常在马旁步行，他记得"它们很快就低下头，再也不像平时那样摇动脊背……站着就睡着了，四肢屈曲。当它们蹒跚向前……彻底丧失了平衡，向前栽倒，跌破了膝盖上的皮"。对于人，"最大的负担……比任何身体上的不适，甚至饥饿都更严重的是……疲劳。疼痛可以忍受，食物可以索取，但对于休息的渴望没有尽头……我不止一次跌下马背，而且看到别人也是如此，慢慢地向前倾斜，用一种茫然的、很不清醒的方式抓住马的脖子。任何一次停顿都会使人立刻睡着"[85]。

步兵没有机会骑马，他们大批大批地落到行军队列的后面，这些掉队的士兵，"以坚定的意志……三五成群地蹒跚前行……[他们]绝望地试图与自己的团保持联系……食物来自后勤部队（Army Service Corps）的配给站，只不过是成箱的饼干[和]牛肉罐头……非常偶尔的情况下，会有粉笔标明给某个特定的团提供补给，但通常我们都是自己动手，把能找到的东西装进每个口袋"[86]。霞飞在8月30日视察法国军队，经过"撤退的队列……他们红色的裤子已经褪色成了浅砖色，外套已经磨损撕裂，鞋子上沾满了泥土，眼窝深陷，因疲惫和忧郁而黯然无光，胡须多日未刮。二十天的行军似乎让士兵们老了好几岁"。英国人和法国人尽管每天行军的路程很长，至少还是沿着补给线后撤。而德国人则是在沿着补给线前进，经常缺乏食物，尽管就和英国人一样，比起补给，他们更需要的是休息。一位法国目击者在9月3日注意到，当一支侵略部队到达晚间的营地时，"他们精疲力竭地倒下，茫然地喃喃自语，'40公里！40公里！'除了这个，他们什么也说不出了"[87]。

9月3日，冯·克卢克在贡比涅（Compiègne）路易十五（Louis XV）的城堡建立指挥部。他在那里接到了毛奇9月2日以无线电发来的通知，指示他的第1集团军与比洛的第2集团军梯次编队向东南方向前进，以切断法军与巴黎的联系。[88]克卢克决定按照字面意思进行理解，认为这意味着给了他转而向东继续前进，追击朗勒扎克的第5集团军，渡过马恩河并发起决定性的战役的自由，而毛奇本打算由默兹河方向西来的中央各集团军实施这样的战役。尽管毛奇和克卢克都没有意识到，德国的战略努力至此开始瓦解了。一位法国历史学家评论道："毛奇从不怎么相信指挥大规模部队的可能性……就像他的叔叔[老毛奇]一样，他相信给每一个军队指挥官留下行动的广泛自由是必要的。"[89]控制的松散在1870年并不碍事,那时战役的前线狭窄,部队从前进的主要路线分散开的机会也小得多。1914年小毛奇对宽阔得多的战线的松散管制,导致他的右翼部队先是在应该向西南方向行进的时候滑向南方,然后又转向东南,与行动计划为了达成胜利而主张的方向恰成直角。

此后的评论者指出,"施里芬计划"对于决定右翼采取什么样的路线无能为力,而辩护者则论证说克卢克对朗勒扎克紧追不舍是正确的。事实是他被牵着鼻子走。一旦渡过瓦兹河并向马恩河前进,他追击第5集团军的每一英里都正如霞飞所愿。随着形势发生变化,日子从8月到9月,霞飞希望作战的战线不断向南后退,从索姆河到瓦兹河再到马恩河,发动沉重一击的机会也日益成熟。克卢克把法军和他右侧的巴黎分开得越远,同时又未能完成使他得以开始从西侧包围朗勒扎克的关键性迂回,就给霞飞创造了越大的空间以部署他针对德军侧翼的"机动主攻部队"(mass of manveuvre)。这些部队和巴黎已有的守军一起,威胁着克卢克,比他现在有希望对敌人发起的进攻更为猛烈。

"机动主攻部队"的创建在8月25日霞飞的第2号总则中就已经初见端倪。他在那时称这支部队将由第7军、四个预备师,或许还有另一个现役军组成,它将由铁路运往西部。到9月1日,它包括了由第1和第3集团军抽调而来的第7和第6两个军,以及第55、56、61和62预备师,共同构成了第6集团军,由莫努里指挥;巴黎守军与其协同作战,包括第83、85、86、89和92本土防卫师,还有一个阿尔及利亚骑兵旅和一个海军燧发枪旅(fusiliers-marins)。[90] 它们共同构成了巴黎集

法国步兵团中的机枪部队(ND-Viollet)

团军,由加列尼将军全权指挥,他是一位法国帝国战争的老兵,在1914年已经65岁了,莫努里67岁;即使是在一场老将——毛奇66岁,霞飞62岁——的战争中,他们可能也显得年纪太大了,不具备充足的能力策划一场针对有史以来规模最大的野战部队的反击。然而莫努里和加列尼都是充满活力的人,加列尼尤其如此。退休的他在8月25日被召回,接替毫无作为的米歇尔(Michel)将军担任巴黎的军事总督(Military Governor of Paris),他立刻向陆军部长梅希米发出警告,敌人将在十二天内打到巴黎的大门口,发起围攻,而首都无力抵抗。他要求增援,而这只能从霞飞处获得,霞飞不愿抽调任何部队,他是拥有战时权力的最高指挥官,内阁甚至总统都无法对此施加影响。加列尼的要求激起了一场政府危机。梅希米发现自己因加列尼现在所警告的危险而遭受谴责,坚持宁愿解职,也不接受新的任命,因此导致内阁的总辞职。梅希米被坚韧寡言的米勒兰(Millerand)代替,他离开巴黎,作为一名预备役少校奔赴前线。[91]

无论军事挫折还是政治动荡都未能动摇霞飞的冷静。他坚持自己冗长午餐的习惯,丰富的正餐以及数小时的睡眠。但无论如何,他不像毛奇,后者隐居在位于卢森堡的远离行动现场的指挥部里,霞飞几乎每天都造访下属的指挥官和部队。他在8月26、28和29日会见朗勒扎克,在8月30日造访了第3和第4集团军的指挥官,在9月3日再次会见了朗勒扎克。英国人正在制造焦虑。弗伦奇被蒙斯之战的激烈震惊,勒卡托之战更是如此,他相信自己的军队需要休息几天才能再次加入战线当中。当撤退延长,他和其参谋人员开始考虑最终撤回基地,离开法国,只在英格兰得到休息和重新装备后再回来。他开始相信左右两翼的法国人没有发出警告就撤退,把他暴露在前进的德国人面前。他接着在八天较为轻松的行军中宣布撤回塞纳河以南,并把军需储备从英吉利海峡的鲁昂和勒阿弗尔迁往大西洋沿岸的圣纳泽尔(St Nazaire),甚至拉罗什(La Rochelle)。陆军大臣(Secretary of State for War)基奇纳(Kitchener)在一系列电报中要求他澄清,他没有回音,而是乘坐驱逐舰前往法国。把弗伦奇召往巴黎的英国大使馆,毫无疑义地告诉他,他的任务就是配合霞飞,即使他自己的部队承受极大的风险也是如此。[92]

这意味着到9月3日,聚集在巴黎西北和西部的"机动主攻部队"已经就位了:新建的第6集团军、巴黎驻军、英国远征军、第5集团军及其右侧的第9集团军,第9集团军也是新近组建的,由费迪南·福煦将军指挥。福煦原来是第20军的指挥官,是一颗冉冉上升的将星。朗勒扎克的将星在9月3日落下;霞飞当天驱车前往塞扎讷（Sézanne）指挥部，告诉他将被弗朗谢·德埃斯普雷取代。这是一次痛苦的会面。他们是朋友，而朗勒扎克曾是霞飞的门徒。现在他已不堪几乎独自面对危险的重负，他曾预见到德国穿越比利时发动进攻的危险。他们绕着第5集团军指挥部所在学校的操场漫步，而霞飞解释说他判断他的下属已经丧失了做出决定的力量。然后朗勒扎克离开，只有一个非现役军官陪着他，从此再也没有人看到他穿上制服。[93]

加列尼也是一颗升起的将星，此刻，他下令巴黎进入战时状态，使市民惊恐不安。9月2日，就像在1870年那样，政府迁往波尔多。霞飞已经在8月31日把首都编入军事区，他在此拥有全权。因此，军事总督根据宪法赋予的权威，指示准备摧毁埃菲尔铁塔（它是总参谋部无线电通讯的发射台），在塞纳河桥梁下面安置炸药，把所有对敌人有用的机车车辆送出巴黎的铁路系统，向驻守要塞的2924门大炮提供弹药，为火炮清理交火战场上的树木和房屋，并为此征召劳工。1914年的巴黎仍是一座要塞化的城市，被城墙和带状的堡垒所环绕。同样也是在加列尼的命令下，建立了堑壕交错的营地，临时兴建的防御工事伸展到周围的乡村，进一步巩固了令施里芬在制订计划时多年头痛不已的"巴黎的障碍"。

至此这一障碍完成它的工作了。9月3日，由克卢克的第1集团军代表的施里芬"强大的右翼"出现在巴黎以东40英里，并成一队列向南前进。法国第6集团军和巴黎守军在它的后方，英国远征军在其右翼，第5集团军在它正前方，而福煦的第9集团军威胁着它的左翼，并形成切入它与比洛的第2集团军之间空隙的威胁。巴黎的存在以及朗勒扎克避而不战的策略带来了这一结果。

同时，法国的铁路系统忙于把霞飞反攻所需的军队运往前线。巴黎为铁路网络中心，迅速把部队从日益稳定下来的东部运往关键点。到9月5日，除了索尔代的骑兵军和第45（阿尔及利亚）师，第6集团军还包括从阿尔萨斯来的第7军、从洛林来的第55、56预备师；第4军正从第4集团军赶来。最初作为福煦分遣队建立的第9集团军包括了从第4集团军来的第9、11军，第52、60预备师和第9骑兵师，以及从第3集团军来的第42、18师。因此，在巴黎堑壕交错的营地和马恩河之间，当以这条河流名字命名的战役开始的时候，霞飞部署了36个师，其中包括得到4个新旅加强的英国远征军，而对面的德国第1、第2、第3、第4和第5集团军总共不到30个师。施里芬"强大的右翼"现在在数量上被压倒了，这是毛奇控制下属的失败和霞飞拒绝被早期的挫败吓倒的结果。与这种不平等的力量对比同样重要的是，随着交通线加长，德军后勤方面明显的困难，以及随着法军退往国土中央，所得到的增援和补给难题的缓解。无论如何，马恩河战役开始时的环境暴露出德军指挥的失败。而法军的指挥能力是否足以在失败的虎口中夺取胜利，仍然有待观察。

马恩河战役

123 "在第三十五天，"德国皇帝9月4日欣喜若狂地对访问卢森堡指挥部的大臣代表团说，"我们正在围攻兰斯（Rheims），我们离巴黎30英里。"[94] 第三十五天对于1913年的德军总参谋部来说具有至关重要的意义。它是动员后第三十一天和第四十天的中点，前者是施里芬绘制的地图中德军枕兵城下进攻巴黎的日子，而第四十天则是他预测会发生决定性战役的时刻。[95] 战役的结果至关重要。施里芬及其继任者预测，有缺陷的俄国铁路系统确使直到第四十天沙皇才能聚集足够的军队从东线进攻。因此，在第三十五和四十天之间，将决定战争的结果。

在9月4日和5日，指挥官下达了发起战斗的命令。冯·毛奇在9月5日承认："敌人逃过了第1和第2集团军的合围，并且有一部分成功建立了与巴黎的联系。"[96] 因此第1和第2集团军将在巴黎外围进行防御，同时第3集团军向塞纳河上游前进，而第4、第5集团军向东南进攻，以便为第6和第7集团军渡过摩泽尔河并完成对敌人的包围打开道路。这与施里芬的计划恰恰相反；他的目标是第1和第2集团军把法军驱赶向左翼的部队。9月6日，霞飞颁布了第6号总则，精确地预见到毛奇将承认陷入困境，并提出了利用这一情况的方法。"有必要利用德国第1集团军位置的暴露，集结[对面的]盟国的力量与之对抗。"[97] 相应地，位于最外侧的第6集团军将穿过马恩河的支流乌尔克河（Ourcq），绕过德军侧翼，而英国远征军、第5集团军以及福煦的第9集团军将向北攻击前进；命令将于9月6日生效。猎人成了猎物。德军，而不是法军成了将被包围的目标。

125 命令和它的实现之间面临河流构成的障碍，障碍并非马恩河本身，而是它的众多支流。乌尔克河自北向南流淌，横亘在莫努里的第6集团军前进的路线上；而自东而西的大莫兰河和小莫兰河（Grand and the Petit Morins）穿过英国远征军和第6、9集团军的前线；后者的战术空间因构成河川系统一部分的圣贡德（St. Gond）沼泽而进一步受到限制。没有任何一条水道构成严重的障碍，然而，它们决定了交火的战线，并要求发起进攻前必须精心准备。后续的情况将证明，是德国人，而非法国人因此而受益，这要归功于关键时刻出现的一位拥有敏

第四章 边境线和马恩河上的战役

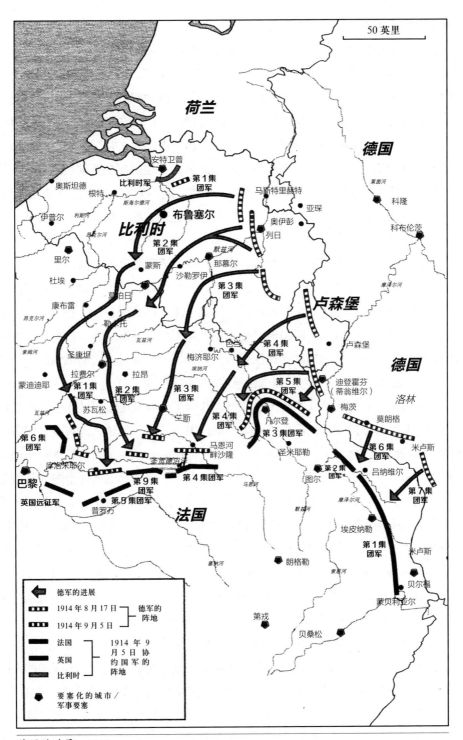

德军的进展，1914

捷战术思维的指挥官。这个人就是冯·格罗瑙（von Gronau）将军，他是一位炮兵军官，负责指挥第4预备军。到那时为止，他的部队并不起眼，并因为被不断抽调用于保卫第1集团军主力的侧翼而遭到削弱。然而，冯·格罗瑙将军仍对自己的责任非常警惕。他的军位于入侵德军队列最外的边缘处，因此不仅自身处于一个非常易受攻击的位置，同时也要在右侧保证整个进攻部署的安全。9月5日早上，当莫努里的第6集团军搜索前进，以便为次日占领攻击位置，附属骑兵师的报告中出现的不平静吸引了格罗瑙将军的注意力。巡逻队在整条前线上发现了前进的法国军队。因为第4预备军的位置与冯·克卢克的第1集团军的后部呈直角，这意味着敌人正试图到第1集团军的侧翼并实施包围。冯·格罗瑙的反应既迅速又大胆，他决定发起进攻。

9月5日，正当莫努里的前锋部队——第55、56预备师和摩洛哥师向乌尔克河齐头并进，它们忽然遭到来复枪、机关枪和大炮的攻击，那些德军占据了法国人本以为空无一人的地区。法军就地开始抵抗，激烈的交战持续一整天。当夜幕降临，冯·格罗瑙明智地判断出他已经为第1集团军免遭突然袭击赢得了所需的时间，撤离了战斗，他的部队退往法国人本打算在9月6日攻击的战线。在明亮的月光下，法军尾随而至，对德国人已经放弃的阵地发起攻击。

马恩河战役由此比霞飞的意图提前一天开始了，而且是按照敌人给出的条件开始的。由于冯·格罗瑙的自主行动为一场包围作战提供了诱人的机会、空虚的侧翼得到了掩护，而冯·克卢克得到了在危险加剧之前从中央向右翼进行迅速增援的必要警告。克卢克的反应坚决果断，精力充沛，这在此前他让他的部队跟着朗勒扎克亦步亦趋，一直向东的日子里前所未见。到9月6日早晨，他已经把第2军从马恩河南面调到了乌尔克河的西侧，在冯·格罗瑙阵地的北面建立了战线，而且他成功地在9月7日把第4军、9月8日把第3军、9月9日把第9军调往北部。现在是冯·克卢克从战略家们所谓的"内线"（interior lines）优势受益，在8月的最后一个星期和9月的第一个星期，霞飞曾拥有这样的优势，当时他从守卫阿尔萨斯和洛林的军队中把第6和第9集团军调到战斗前线。

这两种情况并不相同，这种不同至关重要。霞飞抽调兵力并未改变东部前线的战略形势，自从法军停止进攻并在默兹河和摩泽尔河后面找到了牢固的防守阵地，这一形势就稳定下来。相反，克卢克的后撤削弱了他的主攻方向，在那里，他的任务仍然是在赢得胜利希望的四十天的最后时刻里发起一场足以赢得胜利的决定性进攻；与此同时，法军也集结力量在同一地区发起反击。确实，在9月9

日,也就是第四十天,施里芬想象中赢得胜利的工具以及希望——第 1 集团军根本就不在马恩河,而是全部撤到了乌尔克河。它所面对的既不是大众想象中整个战役的目标巴黎,也不是法国军队的主力,而是莫努里派出的机动力量。在德军第 1 和第 2 集团军之间出现了一个巨大的缺口,宽达 35 英里,德国人对此置之不理的唯一理由就是相信对面的敌军,英国远征军,缺乏足够的力量并无意于进行穿插。[98]

英国远征军的高层确实让冯·毛奇、克卢克和比洛有理由作如是想,尽管它的士兵作战勇敢,迥然不同。约翰·弗伦奇,"小陆军元帅",身材矮壮、面色红润而又脾气暴躁,已经在英军的小规模战斗中证明自己是一位雄赳赳的骑兵指挥官。作为祖国有史以来卷入的最大规模战争中的陆军领导者,他越来越表现出神经紧张的倾向。在蒙斯的损失使他不安,在勒卡托更为严重的损失完全动摇了他的决心。除非得到休息和重新装备作为缓解,他担心英国远征军可能会被粉碎。他坚信朗勒扎克辜负了他,没有发出警告便从桑布尔河撤退,把英军扔到后面掩护,这进一步加剧了他的紧张。8 月还未结束,他开始憎恶朗勒扎克,并且不再信任法国将领。他对霞飞保留了个人的尊重,但就像他在 8 月 30 日告诉基奇纳的那样,"我对于法军将领把战役导向胜利的能力的信心正在迅速减退"。[99]接下来的几天中,他不断谈论把基地从海峡的港口移往布列塔尼(Brittany),谈论"至少十天内"不可能"让英国远征军进入前线的阵地",谈论要"用差不多八天的行军……与敌人拉开相当的距离",退到塞纳河后面。[100]基奇纳在 9 月 2 日造访巴黎以制止这种失败主义,但他仍然不愿意重新加入战斗。迟至 9 月 5 日,他已经很明白,英国远征军参加霞飞第 6 号总则制定的反攻对于赢得胜利至关重要,但依旧推诿搪塞。直到霞飞在危急关头抽时间造访了他的司令部,发出个人请求,才使他坚定了信心。弗伦奇是个情绪化的人。霞飞握紧他的手,并以"法兰西"的名义提出恳求,这使他热泪盈眶。他试着使用盟友的语言,但却张口结舌,没办法说清楚,于是对一个法语讲得比较好的参谋冲口而出:"该死的!我没法解释清楚!告诉他,我们所有人都将和我们的伙伴共进退。"[101]

困难仍然存在。英国远征军已经远远地落在了后方,无法立即与第 6 和第 5 集团军一起发起总攻。第 5 集团军的新任指挥官"拼命的弗朗基"得到了所有英国伙伴的仰慕,因为盟友明显缺乏合作精神而火冒三丈。第 6 集团军梯次前进,以支援第 5 集团军向德军后方的挺进,但却遭到克卢克逐渐增强的全力抵抗,在一次又一次攻击下开始动摇。这毫不令人吃惊。无论如何,一支临时组建部队的素质和数量都不足以抵抗克卢克的第 1 集团军，第 6 集团军有四个预备师，只有两个现役师，以及一些骑兵和现役的北非部队，而克卢克的部队除了预备役部队和骑兵外，还包括了八个现役师。与从东线调来的第 6 集团军相比，赶来参战的德军需要行军的距离也很短。莫努里的左翼在 9 月 9 日面对的第 9 军行军的路线最长，也不过 40 英里。德军参战时建制完整，精力充沛。早些时候到达的各军挫败了莫努里占领阵地的所有努力，并且持续不断地发动反击。第 45 师炮火的有力干预在一次危急时刻挽救了法国人，他的指挥官尼韦勒（Nivelle）上校在未来将成为法国军队的领导者；另一次危机的化解则是因为部分巴黎守军的抵达，他们乘坐征召而来的出租车赶赴战场，这成为未来传奇的一段插曲。无论如何，9 月 5 日和 8 日之间的乌尔克河战役处于克卢克的掌握之中，他自信地告诉属下，"明天的围歼将带来决定性的结果"。简而言之，"施里芬计划"可能将最终发挥作用。[102]

地形的问题阻止了这一切。克卢克部队对莫努里部队的咄咄逼人事实上扩大了当前被掩盖下来的它与第 2 集团军之间的缺口，这一缺口太大了，当前仅剩下没有参战的第 2 和第 9 骑兵师根本没法填补。另外，它们也没有足够的力量利用这一缺口在德军战线上造成的弱点，阻止敌军前进。弗伦奇信守他勉强许下的诺言，在 9 月 6 日全军出发，而且，尽管离霞飞指定的出发点还有 10 英里远，它很快就走完了这段路程，并带来了 8 月 21 日在法国组建的新元素，第 3 军。英国人在罗祖瓦（Rozoy）打了一场激烈的遭遇战，他们的介入引起了克卢克的警觉。更为警觉的是冯·比洛，他的第 2 集团军与法国第 5 集团军陷入整整一天的苦战，后者因为新任指挥官德埃斯普雷的领导而备受激励。9 月 7 日，比洛致电最高指挥部，警告说为安全考虑，他正在把小莫兰河后面、缺口以东的部队后撤 10 英里或者更多，英国远征军正在向这里进军。更糟糕的是，因为白天受到的压力，他被迫把右翼向北移动，因此进一步扩大了他的部队与克卢克部队之间的缺口，并且为协约国向马恩河的大规模进军让出了道路。

现在，德军的右翼被有效地分割成三个部分，克卢克的第 1 集团军在马恩河以北，它位于冯·比洛第 2 集团军的右翼，后者位于马恩河以南，但正穿越大小莫兰河水道向马恩河撤退，第 2 集团军的左翼与冯·豪森的第 3 集团军只有很松散的联系，第 3 集团军的阵地就在小莫兰河，位于这条河流起源的圣贡德沼泽中。整个地区"是一片有着大片开阔地的乡村；农业发达，树木与乡村星罗棋布，除了［南面］没有大面积的森林。大莫兰河、小莫兰河、马恩河、乌尔克河上游、韦勒河（Vesle）、埃纳河和艾莱特河（Ailette）几乎深如峡谷般的河谷自东而西横贯而过"。圣贡德沼泽是一个地形上的例外,"一片湿润的带状土地……自东向西[伸展]19英里,平均3英里宽……5条较窄的公路和3条小径自北向南穿过[沼泽],但其他地方是无法通行的。这里终归还是军事上的障碍"[103]。在9月6日,冯·比洛的左翼以及冯·豪森第3集团军的右翼嵌入沼泽的北缘,而福煦新组建的第9集团军的阵地则在沼泽的另一侧。霞飞下达给他的命令是保护第5集团军的侧翼,后者正发动战役,试图把冯·比洛赶到马恩河的对岸。福煦的性格决定,把这个命令解释为进攻。在他的中部和右翼坚守阵地时,他命令左翼,第42师在摩洛哥师和第9军一部分的支援下向前进攻。9月6日和7日,他们在沼泽西侧尽头附近英勇奋战,此时,第9集团军的其他部队和德国军队隔着沼泽湿漉漉的土地互相炮击。

沼泽之战就像东线的战争一样,有陷入僵持的危险。然后,冯·豪森异乎寻常的勇敢改变了一切。这位萨克森将军被描述为过于尊重他右侧的普鲁士人克卢克和比洛的意愿,也过于敬畏指挥他左侧军队的德国王储,以致在指挥自己的部队时无法果断地作出决定。9月7日,他发挥了自主性,他的决定同时与二者的判断相抵触。前两天进攻的猛烈已经磨光了敌人的警惕性,他说服自己发动一次出其不意的夜间进攻。在9月8日凌晨的月光下,第32、23萨克森预备师和第1、2近卫师前行穿过沼泽和东面更远处的干燥土地,用刺刀把法国人向后驱赶了3英里。这是一场动摇了福煦第9集团军信心的局部胜利,后者在白天又丢失了右翼的阵地,仅仅守住了左翼。

9月8日的行动促使福煦起草了如下信息:"我的中部在后退,我的右翼在撤退,情况好极了!我在进攻。"[104]这在此后的岁月里成了传奇。这条信息可能从未被发出。无论如何,这位将军的行动实践了这些话语的精神。在9月9日,利用从弗朗谢·德埃斯普雷那里借调来的加强力量,并带着对洛林来的第21军即将到来的期盼,福煦成功地填补了豪森的连续进攻在战线上打开的每一个缺口,并在当晚确确实实地在阵地的最右端组织了一次反攻。仅就坚守前沿而论,福煦获得了某种胜利。

在乌尔克河,9月9日同样也是危机的一天。克卢克的第1集团军现在是独立作战了,它与比洛的第2集团军之间被一个宽达40英里的缺口隔开,英国远征军几乎是不受任何抵抗地向马恩河推进,但第1集团军仍然令人敬畏地强大,仍在不懈进攻。它在战线上有四个军,仍在数量上压倒莫努里的第6集团军,自北而南与法军的侧翼相重叠,仍然保留一场赢得包围战的希望,从而扭转至关重要的右翼日渐危险的情势。他部署的重心在北部，冯·夸斯特（von Quast）的第9军在冯·阿尼姆（von Arnim）的第3军的支援下严阵以待，准备进攻法国第61预备师，侧翼包抄，攻入巴黎守军的后方。9月9日早上，冯·夸斯特发起进攻，最初只受到法国第1、3骑兵师微弱炮火的抵抗。当他的部队到达第61预备师的阵地，迫使法国步兵仓皇逃走，因此中午刚过，他们已经准备好搜索前进，进入毫无防守的地区。马恩河上的天平似乎再次倾向德国一方。

亨奇中校的使命

以上就是局部的实际情况。冯·夸斯特感觉不到前方存在任何抵抗，他的士兵因为胜利而欢欣鼓舞。区区30英里外的巴黎在向他们招手。通往法国首都的道路似乎畅通无阻，胜利就在眼前。然后，在下午2点钟，夸斯特收到从克卢克的司令部打来的电话。进攻将终止。他们收到了撤退的命令。第1集团军将会向北，朝着马恩河方向撤退，而且似乎不仅仅是第1集团军，整个右翼都如此。局部的现实被更大的现实所消解。大踏步进军，横扫比利时和法国北部，第四十天以前结束西线战事的决定性一击，这一切化为泡影。施里芬勾画的美景在战斗的灼热中灰飞烟灭。

发挥作用的不仅仅是战斗的灼热。一位冷静的军事技术人员评估，德国第1、2、3集团军的阵地不可能守住。这位技术人员是德军总参谋部的中级军官，陆军中校里夏德·亨奇（Richard Hentsch）。在和平时期，他是总参谋部作战处（Operations Section）的领导者，而在动员以来则担任最高指挥部情报处的领导。战后协约国的历史学家大感惊讶，一名级别如此低的军官居然被授予撤销施里芬伟大计划的权力。1917年，在亨奇的要求下，德国最高指挥部进行官方调查，以确认他在干预行为中的诚实正直。甚至在今天，授予他的权力范围看起来也过于宽广了，而且因为他是一个萨克森人，而非普鲁士军官，更加显得如此——这支军队由普鲁士人统治。另外，他是一名情报官，而非作战部队的军官，而他所在的总参谋部中，作战部门把情报部门视若仆役。虽然如此，亨奇是一位风头人物。他在军事学院就读时引人瞩目，无论同龄人还是前辈都对他评价甚高，他与毛奇和比洛关系密切。[105]因此，当最高指挥部和右翼部队之间的距离被拉大到150英里，他是二者之间最自然的联络人选。毛奇感到自己无法进行这种耗费时间的旅行。他认为以发送信号的方式来联络既不能满足需要，也不安全。他见多识广的情报官能够完美地填补这一空白。很不幸,除了口头指令,毛奇没有写下任何实质性的、能够使其全权代表的权威合法化的东西,而这种不幸仍将继续。[106]

亨奇在 9 月 8 日上午 11 点钟乘坐汽车从卢森堡出发。陪伴他的是两名上尉,克彭(Köppen)和科霍普(Kochip),他们连续访问了第 5、4 和 3 集团军的指挥部。他与各部讨论了其处境,并总结说可能除了第 3 集团军的右翼,它们都不需要从前线撤退;他还是向卢森堡发报称:"现状与前景完全有利于第 3 集团军。"[107] 傍晚,他到达第 2 集团军的指挥部,比洛暂时外出了。比洛回来后,他和自己的两个主要参谋人员与亨奇一伙人静下心来研究形势。讨论对于西线战役的结果将是决定的。比洛主导了讨论。他描述,他的部队面临着一个敌人可以用两种方法加以利用的困境,要么从侧翼包抄他自己的集团军,要么大规模集结攻击第 1 集团军的左翼。因为二者之间的空隙被法军和英军所控制,他们可以拥有行动的自主权,并据此造成"灾难性的"后果。比洛提议通过"主动向中部撤退集结"[108] 来避免这场灾难。这意味着从德军威胁巴黎的阵地后退,撤往马恩河对岸更加安全但却是防守性的战线。将近午夜,会议停留在对这一点的讨论。次日,也就是 9 月 9 日上午,将军本人并未出席,亨奇与比洛的参谋人员再次进行了磋商,并同意他拜访第 1 集团军的克卢克,提出撤退的建议,撤退将弥合危险的缺口。他立刻离开。当他还未走完通往第 1 集团军司令部的 50 英里路程,比洛决定按照他的下级达成的结论行动。他通知克卢克和豪森,"飞行员报告发现向马恩河前进的四列长长的纵队"(这名飞行员是贝特霍尔德[Berthold]中尉,而行军的队伍则是英国远征军),因此,"第 2 集团军将开始撤退"。[109]

随之而来的撤退有序但却急促。作为息息相关的不同部分,一旦第 2 集团军开始行动,第 1 和第 3 集团军就不得不与之配合。第 4、5 和 6 集团军也机械般地与之一起后退。在将近 250 英里的前线上,德国步兵转过身原路返回,他们在过去两周的激烈战斗中占领了这些土地。毛奇亲自下达了左翼撤退的命令。亨奇在 9 月 10 日下午 2 点终于返回最高指挥部,带回了关于前线形势的第一份全面描述,使毛奇在前两天从他和比洛那里得到的零星信息更为明晰,总参谋长决定必须亲自造访他的下级指挥官,这是他本应该首先要做的事情。9 月 11 日上午,毛奇由公路从卢森堡出发,首先到达第 5 集团军的指挥部,在那里会见了王储,然后是第 3 集团军,他发现豪森身患痢疾,然后去往第 4 集团军。他在那里收到比洛发

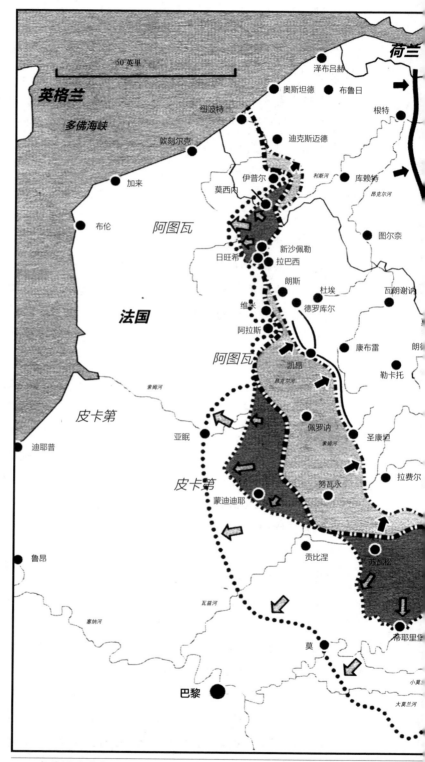

1914年德军的进展

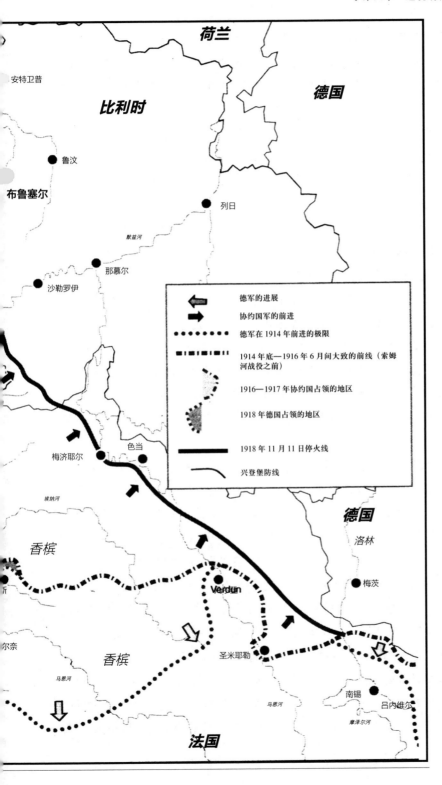

来的信息，提示第 3 集团军面临着新的危险——来自法军新的进攻。他决定第 4、5 集团军在撤退中必须紧跟第 3、2 和 1 集团军。他为这些部队指定的位置是马恩河以北附近的水系，即埃纳河及其支流。"将要抵达的那些战线，"他保证道，"将会被要塞化并据守。"[110]

这些是他对德国军队发布的最后的命令；9 月 14 日，他被解除了指挥权，被陆军大臣埃里希·冯·法金汉（Erich von Falkenhayn）将军取代。它们也是自总动员以来直到四年零两个月以后的休战协议之间最为关键的命令，因为对于埃纳河的"要塞化与据守"，成为战壕战的开端。德国第 1 和第 2 集团军于 9 月 14 日到达埃纳河。无论技术因素如何制约德军实行灵活机动的战术，以及 1914 年从铁路末端到达这里的漫长距离——机械化运输能力不足，使用电话和电报的通讯网络的僵化刻板——这些都无法限制德军挖掘战壕的能力。德军配备了整个欧洲最佳的野外工程部队——36 个营，而法军是 26 个营——而且在快速挖掘战壕方面受过更好的训练。[111] 到 1914 年，挖掘战壕的工具已经成为每一支军队装备的一部分。然而，当英国骑兵为规避战壕的训练而自豪，法国军队忽视"最为必要的掩蔽的概念"时，德国士兵从 1904 年以来就必须在演习中使用铁锹。"自 1906 年以来，[德军演习的]外国观察家注意到，德军的防御阵地常常包括了由交通壕连接的几重连续战壕，前面常常缠绕着带刺的铁丝网。"德军不仅注意到布尔战争和日俄战争中战壕的重要性，而且不像其他人，他们从中汲取了教训。[112]

因此，在 9 月第二个星期的末尾，当追击的法军和英军来到对方停止后撤的阵地时，他们发现自己的反攻被战壕所阻止。这些战壕在努瓦永（Noyon）和兰斯之间，沿着埃纳河对岸高地的山脊，以及它的支流韦勒河延绵伸展。战线继续向远处延伸，在凡尔登转向西南，沿着默尔特河（Meurthe），直到它消失于陡峭的孚日山脉，抵达巴塞尔附近的瑞士边境。然而，在兰斯另一侧对峙的部队——德国第 5、6 集团军和法国第 1、2 集团军——因为战斗以及被抽调部队用于加强西部的关键部分，已经虚弱得只能发动微不足道的行动。现在埃纳河成为关键的前沿，9 月 13 日和 27 日之间，一旦兵力许可，双方都在这里发动一系列攻势。协约国希望把敌军赶到更远的地方，而德国人希望坚守战线，甚至重新发起反击。开始阶段，协约国情况乐观。在向埃纳河行进的过程中，英国副总参谋长威尔逊与他的法军同僚贝特洛（Berthelot）讨论他们的军队多快可以到达比利时与德国的边境。他的看法是一个月，而贝特洛认为是三个星期。他们很快就会认识到，"野战"（open war）已经结束了。[113]

埃纳河水深而宽阔，只有靠桥梁才能渡过。战役开始时，仍有些桥梁没被破坏，而其他的只得临时搭建；在德军大炮的火力范围内，没有任何一座桥是安全的。在埃纳河对岸，地势从河谷陡然上升差不多 500 英尺，形成一道很长的断层，峭壁与密林间的凹陷犬牙交错。这样的地貌延续了差不多有 25 英里长，提供了绝佳的观测点和绝对优势的火力阵地，横贯其间的贵妇小道（Chemin des Dames）——这条小路是为了路易十五的女儿铺设的——为左右之间的交通提供了便利。[114] 一支英国部队，第 11 步兵旅第一个尝试发起进攻。它在韦尼泽（Venizel）发现了一座未被破坏的桥，并在 9 月 12 日设法在山脊上站住脚。此前，它已经在瓢泼大雨中行进了 30 英里。[115] 此后，困难不断增大。法国第 6 集团军在 9 月 13 日试图从侧面绕过贡比涅附近的贵妇小道山脊，但遭到德军的全面抵抗。英国远征军也被居高临下地阻止在贵妇小道中部，唯一的胜利是在右翼，在那里，法国第 5 集团军发现冯·克卢克和冯·比洛部队之间的空隙仍然存在，并抵达埃纳河北岸的贝里欧巴克（Berry-au-Bac）。

然而，空隙很快就被从莫伯日匆匆撤下来的部队所填补，在那里英勇奋战的法国守军终于在 9 月 8 日被迫交出了堡垒，此外还有从阿尔萨斯和洛林赶来，以便在第 1 和第 2 集团军之间组建新的德国第 7 集团军的部队。另外，因为德军狂热地挖掘战壕——第一批"战壕储备"在 9 月 14 日从德国到达现在的西部前线——敌军的战线每过一小时都变得更加牢固。[116] 而与此同时，法国征召预备力量的能力却受到需要守卫兰斯的妨碍，兰斯在 9 月 12 日被法军夺回，但却在此后日子里毁灭性的炮击中屈服；门外矗立着圣女贞德雕像的大教堂遭到破坏，这与一个月前对鲁汶的洗劫一样令侵略者名誉扫地。霞飞把可以使用的军队组建为新的第 2 集团军，配置在外围，由斗志昂扬的德卡斯泰尔诺将军指挥。最初，它是由从第 6、第 1 和从前的第 2 集团军中抽调出来的军组成，大部分是因为阿尔萨斯、洛林局势的稳定才得以脱身。

霞飞尚未完全成形的目标是在德军在贵妇小道不断加固的前沿阵地的后方进行部署，以便重新控制农业和工业都很发达的北部省份，这些地方在 8 月被占领。从 9 月 14 日起，弗伦奇命令他的部队一旦在埃纳河或以北占领阵地，就要挖掘战壕，而此时霞飞正在为这种新的策略寻找对策。9 月 17 日，他指示部队："使敌人时刻处于遭受进攻的威胁之下，以此阻止其脱离战斗并把部分部队从一点调往另一点。"[117] 三天前，新任德军总参谋长法金汉同样下达了发起反攻的命令，目的与此类似。两位指挥官都意识到现在西线战役的胜机在于交火前沿的北面，位于埃纳河与大海之间数百英里毫无守卫的地区。能够在不削弱战壕区守卫的情况下纠集部队再次展开行动的一方可能获得机会打击敌人的侧翼，从而赢得胜利。

这一地区有军队存在，即在安特卫普的战壕营地中坚定地守卫"民族堡垒"的比利时军，它在8月的第三个星期撤退到这里。作为总司令的阿尔贝国王敏锐地意识到对敌军的后方展开行动可能对侵略者的战略要点造成损失，并且在8月24日发动了从安特卫普向马利纳（Malines）方向的大规模突击。被德军最高指挥部留下来围困比利时人的阻击部队第3预备军和海军师力量强大，足以阻止他们的前进，并在第三天迫使其后退。9月9日，阿尔贝国王再一次尝试进攻，他的部队前进到远至距离要塞外围10英里的维尔福德（Vilvoorde），他们在这里被迫停了下来。[118] 9月27日还有另外一次同样战果丰硕的进攻尝试，这也是埃纳河上协约国军队和德国人之间积极作战的最后一天。其后，围攻安特卫普的德军得到加强，能够开始有目的地削弱要塞；此时，埃纳河和海洋之间地区战斗的特征是，先是协约国，然后是德国人，疯狂地寻找"暴露的侧翼"。

这一页将被称为"奔向海洋的赛跑"。它毫无疑问是"赛跑"，然而却并非为了海洋，而是为了先于敌方找到海洋与埃纳河阵地之间的空隙。整条战线都已经稳定下来，因此双方得以在迅速蔓延的战壕中节约使用军队，把它们派往北方。规模最大的是新组建的由德莫德海（de Maud'huy）将军指挥的法国第10集团军，它下辖第10、16两个军，从9月25日起，开始被部署到索姆河以远延绵广阔而又空旷的白垩土丘陵，这片丘陵在埃纳河河谷中陡峭的农村上方向北延伸。这支部队到达时恰值千钧一发之际，因为在那附近仅有的法国军队是一些分散的地方自卫队和骑兵。然而，当它开始部署，并试图在德军前线之后向东南推进，一支数量相当的德国军队与之对抗。它包括了三个军，第3军、近卫军和第1巴伐利亚预备军，这些部队将被组建为新的第6集团军，其中有的部队穿过埃纳河地区的乡村而来，另外一些则是通过铁路先到了比利时。[119] 法金汉的计划得到了比洛的赞同，即使用第6集团军向西面的海峡发动进攻，十一个德国骑兵师中的八个将横扫佛兰德斯海岸，而围攻安特卫普的部队将断然结束比利时人的抵抗。法金汉的意图是一场新的横穿法国北部的大规模进攻，使德军控制索姆河以北的所有土地，以此准备好向南面的巴黎进军，而其时出发的战线已经从侧翼绕过了埃纳河和瑞士之间的法国战壕守卫的区域。

法金汉的部分计划获得了成功。在安特卫普，到9月27日，冯·贝泽勒

(von Beseler)将军，一位受过训练的工程师，制订出一套打破坚固营地的三重防护的计划。已经瓦解了列日和那慕尔要塞的超重型火炮被攻城列车运来听从他的指挥，他先是炮击最外层最新修建的一重堡垒，然后在10月3日派遣步兵穿过炸开的缺口。英国人的介入暂时阻止了危机。10月4日，皇家海军师的一支先头部队乘坐火车到达安特卫普，他们于9月19日在敦刻尔克（Dunkirk）登陆，这段时间正在比利时西部游弋。[120] 渴望行动与光荣的海军大臣温斯顿·丘吉尔（Winston Churchill）也出现在其后赶来的部队中。皇家海军陆战队和水兵组成的这个师暂时阻止了贝泽勒的前进。然而，10月5日晚上，贝泽勒的士兵在失于守卫的一点穿过第二重堡垒并向第一重前进，这是一道1859年树立起来的老式棱堡构成的警戒圈。德国的大炮很快就开始粉碎它们陈旧的石造建筑，迫使皇家海军师以及残存的比利时陆军向伊瑟河（Yser）畔比利时的最西一角撤退。10月10日，英勇的比利时安特卫普守军司令德吉兹（Deguise）将军向一名德军上校交出了佩剑。他由一名中士和一名列兵陪伴，这已经是他麾下残存的全部驻军。[121]

法金汉计划中的另外两个要素遭到失败。10月1日到6日之间，担负着"粉碎"索姆河和佛兰德斯之间"敌人逐渐衰弱的抵抗"任务的第6集团军的进攻受到遏制，并被法国第10集团军击败；就在此时此地，作为霞飞代理人出现在关键前线的福煦发布了如下广为人知的命令："绝不后撤。所有人投入战斗。"[122] 最后，西欧空前绝后的大规模骑兵部队——由八个德国骑兵师组成——进行的大扫荡因法国第21军以及它的支援骑兵在里尔（Lille）以西的出现而遭到挫败。

第一次伊普尔战役

于是，到10月第二个星期的结尾，西线任何一方可能发动决定性突击的空隙只剩下比属佛兰德斯的狭窄走廊。这里有西欧最为沉闷的景象，湿漉漉的平原，没有篱笆的土地，草场与耕地交错，其下是数锹深的地下水层。村庄与农场之间的林地星星点点，一些高地隐藏在伊普尔（Ypres）古城墙的后面，远远看去模糊不清。然而对这里最普遍的印象是，除了偶尔出现的教堂尖塔外，不受任何干扰的广阔视野，令人忧郁，因而不适宜称为一种风景，以及令人极目远眺的朦胧地平线，除了本地充裕而频繁的雨水外一无所有。

10月8日和19日之间，组成英国远征军的五个军乘坐火车抵达的地方正是这里，它们沿公路出发去维持协约国的防御。在英国远征军北面，成功逃离了安特卫普的比利时军残余部队踏上了沿海岸去往纽波特（Nieuport）的道路，纽波特小镇位于伊瑟河的入海口；皇家海军师的大部分陆战队员和水兵已经出发去往奥斯坦德（Ostend），在那里，早些时候登陆的英国第7师坚守一座桥头堡，直到10月14日在伊瑟河附近与英国远征军的主力会合。[123] 伊瑟河狭窄却筑有围堤，构成了水涝的海岸地区主要的军事屏障，比利时人很快设置障碍，并制订了如果沿河防线被突破就放水淹没周围乡村的计划。尽管这是一支从安特卫普撤退而来的残损部队，但他们恢复得很快，而且他们在伊瑟河的抵抗将赢得盟友的钦佩和德国人的尊重。他们的六个师已经缩减至只有6万人，但却成功地防守了10英里极其平坦没有特色的地带，成功地守住阵地，直到丧失了另外2万名士兵后，阿尔贝国王在10月27日决定打开伊瑟河河口的水闸，放进海水淹没这一地区。洪水在纽波特和迪克斯迈德（Dixmude）之间制造了10英里长无法通过的区域。[124]

迪克斯迈德以南，从伊瑟河和伊普尔运河一线直到伊普尔外围的朗厄玛克（Langemarck）由一个旅的法国水兵负责防守，这支部队是信心坚定的现役海军燧发枪旅，然后由地方防卫队和骑兵部队接管。从朗厄玛克向南，抵达战场的英国远征军围绕伊普尔向帕斯尚尔（Passchendaele）高地低矮的山脊方向划出一道前线，再次转而向南，渡过利斯河（Lys），直抵拉巴西（La Bassée）运河。他们的战线长35英里，弗伦奇有六个步兵师，其中之一是预备役师；以及三个骑兵师，它们的火炮和机关枪都很少，对于执行防御任务的骑兵部队而言颇不相称。他唯一能够指望的增援是另一个步兵师，第8师，还有额外一些现役骑兵和志愿的义勇骑兵队，以及正从印度赶来途中的、四个步兵师和两个骑兵师组成的印度军队的先头部队。这些部队中英国部队和印度部队的比例是1∶3，尽管印度军队中有很多吃苦耐劳的廓尔喀士兵，但他们并不适合在欧洲冬天的气候中与德军作战。[125] 这些部队既缺乏火炮，又缺少高强度行动的经验，他们的到来并不能保证加强英国远征军的防御能力。

然而，在后来演变为第一次伊普尔战役的战斗开始阶段，印度部队无论进攻还是防御都勇敢而高效，弗伦奇仍然希望能在法国军队的协同下发动进攻，攻陷工业中心里尔，并从那里进军布鲁塞尔。[126] 福煦和他抱有相同的希望，他现在指挥着法军的北翼，并确信敌军无法调集力量坚守他相信当前仍然空空如也的沿海平原。他们都失望了，德军总参谋部的新任指挥官法金汉不仅补充了重新部署的第 6 集团军的十一个现役师，以及征服了安特卫普的贝泽勒的第 3 预备军，而且还通过战时征召组建了全新的部队，兵力达八个师。

这些部队属于从第 22 到 27 的七个*预备军，都是从先前没有经过军事训练的志愿者中征召而来。因为德国只需要征召 50% 兵役适龄年龄组的人员就足以满足和平时期的军队（法国需要征召 86%），它拥有 500 万 20—45 岁男子的人力储备，可供战时服役。[127] 其中最优秀的是为了学业而被免除兵役的学生。他们，以及准备进入大学的高中生、其他没有参军资格的年轻人以踊跃志愿参军作为对战争爆发的回应。当时刚刚拿到毕业证明、此后成为著名作家的恩斯特·荣格尔（Ernst Jünger）是第二类；住在慕尼黑的奥地利公民阿道夫·希特勒则是第三类。荣格尔在征兵办公室等待了三天以后，在第 44 预备师谋得一席之地。[128] 希特勒以私人名义向巴伐利亚国王写了一份请愿书，终于被编入第 6 巴伐利亚预备师。[129] 征到的新兵在中士们——大部分是被召回军队的中学教师——的指挥下接受了两个月的训练，然后出发去往前线。[130] 这十三个师中，有两个去往俄国，一个去往洛林前线，十个去了佛兰德斯。在 10 月的第三个星期，就是这些部队展开了对朗厄玛克和伊普尔之间英国远征军的进攻。

随之而来的战斗从 10 月初起就一直非常激烈，直到 11 月底，英法两军仍然试图绕过想象中的德军侧翼向前推进，这时，双方都意识到冬天即将来临，而它们都已精疲力竭。在地理上，战斗被一分为四：贝泽勒军在海岸地区对比利时军重新发起攻势，因为洪水而无所进展；福煦指挥的法国军队试图向伊普尔以北根特（Ghent）方向推进，深入比利时内部，这一过于乐观的目标因为德军的进攻而被遏制；英国远征军和德国志愿兵之间在伊普尔当地发生战斗；以及在南面，英国远征军的右翼面对德国第 6 集团军的现役军进行防御作战。后三个部分实际上合成了一场战役，战斗如此混乱，德军如此顽强。英军的幸存者会因为能够说参加了"第一次伊普尔战役"而感到心满意足，这样的战场荣誉标志着一场关键性的胜利以及旧式常备军的毁灭。

第 2 军在 10 月 10 日，第 3 军在 10 月 13 日从埃纳河分批赶到，英国远征军从伊普尔向东，朝着向远方绵延几近 5 英里的山脉推进。这些不太高的山丘的名字——帕斯尚尔、布鲁塞德（Broodseinde）、根卢瓦特（Gheluvelt）和莫西内（Messines）——以后还会被提起，这是它们第一次遭到进攻，但可知

---

* 原文如此。——译者注

在未来四年的战争中,它们的名字被不断提及,一次次的警钟在这里敲响。英军抵达后,与之交战的德国有生力量也相应到来,10 月 14 日是第 14 军,然后是第 7 和第 19 军,10 月 19 日则是第 8 军。英军在压力下后撤。由第 7 师和第 3 骑兵师组成的第 4 军被迫撤到伊普尔古代堡垒的附近。道格拉斯·黑格将军指挥的第 1 军的到来保证了伊普尔本身的安全,但这耗尽了军队可资利用的力量;帝国派出的援军,包括印度士兵,是唯一的指望,而他们此时仍然在路上。10 月 20 日,德军发起了从南面拉巴西运河到北面伊瑟河入海口的全线总攻,二十四个师对十九个师,而后者的数字中还包括六个被严重削弱的比利时师。较量实际上是在十四个德国步兵师和七个英国师,以及三个像步兵一样作战的英国骑兵师,另外还有一些防守海边英军和比利时部队之间河流防线的法国水兵、地方防卫队和骑兵之间展开的。

  英国军队依靠配备了快速来复枪火力的优势防守战线。在火炮方面,他们以超过 1∶2 的比例居于劣势,在重型火炮方面,是 1∶10。英军每个营装备了两挺机关枪,这与敌军相同。在射击术(musketry)——在英国远征军中仍然采用这种古雅的叫法——方面,他们一贯位居上风。英军的来复枪手接受每分钟瞄准射击 15 发子弹的训练,步兵和骑兵都是如此,他们轻而易举地压倒了德军的火力,后者以密集队形前进,成了几乎不可能射偏的靶子。[131] 英国人防守,德国人进攻,这或许可以解释 9、10 月间伊普尔周围双方伤亡异乎寻常的不对等——2.4 万名英军阵亡,而德军则有 5 万人——但事实并非如此。英国远征军的战壕,最多不过匆匆挖掘了 3 英尺深,最糟糕的情况下不过是田间沟渠而已,二者都常常积满了齐膝深的雨水或是地下水,而且尚未受到铁丝网的保护。在最潮湿的地方,防守者蜷曲在沙袋堆或是灌木丛构成的障碍物后面。因为没有结实的障碍物把敌人阻挡在远处,是密集射出的来复枪弹幕——使德国人时常误以为是机枪火力——粉碎了进攻,并驱使进攻的幸存者卧倒在地或匍匐爬回出发线的遮蔽物那里。"每一处灌木、篱笆或是残垣断壁的上面都漂浮着一缕细细的轻烟,"德国官方史家写道,"暴露出一挺倾泻子弹的机关枪。"——这是误解。[132] 这缕轻烟体现着一名英国士兵的射击技能。

  到 10 月底,大规模的德国进攻以巨大的代价失败了,德国志愿兵组成的各军尤其如此。在今日朗厄玛克的公墓上,穿过一道装饰着每一所德国大学徽章的大门,2.5 万名学生兵的尸体被安葬在一座万人冢当中。其他人则三五成群地躺在题献给义勇军施密特(Volunteer Schmidt)或是步兵布劳恩(Musketeer Braun)

的墓碑下面。对于他们最重要的祭奠是凯绥·珂勒惠支（Käthe Kollwitz）创作的表现哀悼死去儿子的父母的雕塑，她自己就是一位在1914被剥夺了孩子的母亲。[133]这些雕塑代表了数以千计因这一阶段"在伊普尔对无辜者的大屠杀"（Kindermord bei Ypern）而放弃战争很快结束、战争很廉价、战争很光荣之类信念的德国中产阶级，他们认识到消耗战、大规模死亡的现实，他们胜利的希望正在减退。

粉碎了这种幻想的是最普通的英国士兵，工人阶级的、长期服役的士兵，他们是每天只赚几个先令、出身低下而又缺乏教育的人。他们不像那些"离开教室和课桌［以便被］融入充满激情的大集体，为了［追求］非同寻常的生活，为了危险……［并且］像瘾君子那样被［战争］吸引"的德国敌人那样拥有神秘的爱国精神。[134]他们的爱国精神只是针对所属团的故乡，忠诚的对象首先是营房里的朋友。皇家燧发枪团的威廉·霍尔布鲁克（William Holbrook）下士在混战中与他的团失散了，他回忆道："过了一会儿，我遇见一些自己人和一个军官……我们刚到一起，正想着下一步怎么办，一个德国军官穿过灌木丛爬了过来，'我受伤了'——他的英语讲得非常棒……［我们的军官］对他说：'你们要是不发动这些血腥的进攻，你就不会受伤啦。'这让我们笑了起来！不管怎样，我们给他包扎，等在那里，又过了一小会儿，［我们的军官］被一颗流弹打死了，这下我们就没有军官了。你能听到的一切就是交火在继续，但我真不知道我他妈的在哪里。"霍尔布鲁克找到一位朋友，"他名叫卡伊尼奇（Cainici），是个住在伦敦的意大利人，是个地道的伦敦佬，我过去很喜欢他"。他跟他的朋友一起躲避炮轰，在朋友被击中后从他的膝盖里挖出了一块弹片，目送他向后方爬去，然后匍匐离开，以便"找个好点儿的地方"。他遇见一个奄奄一息的德国人，照顾他，看着他咽气，"用树叶和树枝把他掩盖起来，那是我在那儿唯一能找到的东西"。直到最后，他"能听出哪里在交火，［而且］知道［该去往］哪个方向，匍匐爬回去"，回到他的部队。[135]霍尔布鲁克口中的"伦敦佬"之类——皇家燧发枪团属于伦敦地区——象征着旧式英国远征军的精神，他们数以千计牺牲在伊普尔，并非为了某种自我牺牲的理想，而是因为这是对于他们的希望，以及无论如何，没有其他的选择。

10月31日，法金汉下令德军从占领的高地出发，沿着从梅嫩（Menin）通往伊普尔的道路两侧，在一个较窄的前沿恢复了进攻。进攻由特别集合的法贝克集群（Group Fabeck）发动，这支部队根据其指挥官的名字命名，混编了正规军和义勇军的部队，一共有六个师。士兵们穿过一条布满植被的地带向低地内部推进，在树木消失很久之后，英国人仍然把这里叫做"林地"——帕拉冈（Polygon）、什鲁斯伯里林地（Shrewsbury）和修女林地（Nuns），德军保证了各处，以及进攻开始的根卢瓦特高地的安全。他们的进攻被匆忙集中起来的、残破不全、精疲力竭的营组成的部队击退，包括伍斯特团（Worcesters）、格洛斯特团（Gloucestershires）、韦尔奇团（Welch）、女王团（Queen's）、第60来复枪团（60th Rifles）、忠诚兰开夏团（Loyals）、苏塞克斯团（Sussex）、北安普顿团（Northamptonshires）、戈登高地人团（Gordon Highlanders）、牛津郡和白金汉郡轻步兵团（Oxfordshire and Buckinghamshire Light Infantrymen），以及一些步行作战的皇家龙骑兵部队。德国史家说"敌人的后备部队过于强大"，而且说"英国人组建了两个新的师"。[136] 事实是，疲惫士兵组成的少量混编部队填补了战线上的空白，在李-恩菲尔德来复枪中装上新的弹夹并对着向前推进的原野灰色队伍不断发起"一分钟狂射"（mad minutes）。法国人请求福煦派来一些部队，加强了防守，但关键的地区由英国来复枪火力守卫。

德军在11月11日重新开始了进攻，按照他们的计算，这天是这场"死亡已经成了老朋友"的战役的第二十二天。[137] 突破点是在修女林地（Nonnenboschen），恰在梅嫩公路的北面，据伊普尔仅4英里。这座古代毛纺市镇宏伟的哥特建筑，纺织品市场、大教堂、商人织布工的住房，都已经在德军炮火的重压下化为废墟。边远的乡村也变得坑坑点点，寸草不生，在此后的许多年里，这一直成为它的特色。村庄和农场被炸毁，佛兰德斯贵族的小城堡早已没了屋顶，遭到遗弃；10月31日，一次对伊普尔两英里外荷格城堡（Hooge château）的直接打击杀死了英军第1、2师的许多参谋。[138] 荷格是普鲁士近卫军和德国第4师在11月11日协力进攻的目标，激烈的战斗持续一整天。由德国军队中的精锐，第1近卫步兵团发起的进攻被皇家工兵部队第5野战连的厨师和军官的仆人所遏制。其后牛津郡和白金汉郡轻步兵团第2营的一部分，数十名士兵，发起反击，并把第1和第3近卫步兵团赶回出发的地方。

伊普尔周围的战斗零星持续到11月22日，官方史家选定这一天作为第一次伊普尔战役结束的标志。英军的幸存者中，没有受伤的还不到派往法国的1.6万名远征军中的一半，此时，他们正在麻木地挖掘战壕、筑造围墙，以加强此前的五个星期里他们不顾一切地抵抗在敌人面前建立的防线。法国人也在挖掘战壕，以确保伊普尔城南北两面他们为之奋战的土地的安全。在最优势的情况下，战线向东延伸了 5 英里多一点；在其他地方则要近得多。相对于英军称之为"突出部"的新月形浅战壕，德国军队在所有地方都居高临下，占有优势。在即将来临的大部分攻防战斗中，英军都是这些战壕的保卫者。胜利的代价是无法计数的生命，既有法国人的也有英国人的。德国人，"他们的义勇军在佛兰德斯的平原上最后一次理解了生命和意志"，遭受的损失更加严重。[139] 至少 4.1 万名德国义勇军，"伊普尔的无辜者"，倒在了城墙的外面。

但他们只代表了边境之战、大撤退、马恩河战役、埃纳河战役、"奔向海洋的赛跑"，以及伊普尔之战本身全部死者的一部分。法国军队动员后的力量达 200 万人，到当时为止遭受了最大的损失。9 月，它的损失，包括死亡、受伤和失踪、被俘，超过 20 万人，在 10 月是 8 万人，在 11 月则有 7 万人；8 月份的损失从未正式披露，可能超过 16 万人。死亡人数总计达到异乎寻常的 30.6 万人，20—30 岁之间的死亡人数与正常情况相比上升了 10 倍；20 岁以下有 4.5 万人死亡，20—24 岁之间有 9.2 万人死亡，25—29 岁之间是 7 万人。[140] 30 岁年龄组中，死亡人数超过 8 万人。所有的死亡都降临在 2000 万的男性人口头上，尤其是 1000 万兵役年龄的男性人口。德国丧失了 24.1 万人，包括 20—24 岁年龄组的 9.9 万人，它的男性人口的总数是 3200 万。[141] 比利时的兵役人口为 180 万，死亡数为 3 万，这个数字在战争接下来的每一年中都令人毛骨悚然地再现。[142] 它死亡士兵的总

行动中的法国 75 毫米炮组，Varreddes，1914 年 9 月 13 日（Collective Viollet）

数与英国的相同，但不同之处在于英国的阵亡者几乎全部属于现役部队及其超期服役的志愿兵组成的预备役；除此之外的阵亡者数量很少，包括为数不多的地方防卫团的民兵，例如战役结束前抵达伊普尔的伦敦苏格兰团（London Scottish），以及拉合尔（Lahore）和密鲁特（Meerut）师中的印度兵。[143] 他们的伤亡很快就会增加，令人悲伤。因为印度人在即将到来的冬天守卫很长的战线，在1915年过去之前有些营的伤亡率达到100%，而1915年地方守卫部队的大量到达才使英国军队得以维持它的战争义务，并参与霞飞在西线阿图瓦（Artois）和香槟（Champagne）地区发动的进攻。[144]

1914年年底，当寒冬降临法国，无论对于协约国还是德国而言，进攻的前景都遥不可及。一条连续战壕构成的前线长达475英里，从北海一直延伸到中立的瑞士边境的群山。躲在其后的敌对双方同样因为人力的损失而精疲力竭，也同样没有储备来替换此前四个月里激烈而又缺乏节制的战斗中消耗的、在和平时期储存的军火弹药，双方蜷缩在一条狭窄、空阔的无人区两侧对峙。每一方都在寻求的实施机动，以便对敌人脆弱的侧翼施以决定性一击的空间已经消失了，因为侧翼本身已经被挖掘战壕、放水淹没所取代。正面进攻获取胜利的希望同样暂时消失了。法军8月在阿尔萨斯和洛林，英军9月在埃纳河，德军10月和11月在佛兰德斯的经验使甚至最为好战的指挥官相信，没有优势炮火支援的进攻无法获得成功，同时，炮兵部队缺少大炮，而且几乎没有弹药：在第一次伊普尔战役的尾声，英国炮兵被限制到每门火炮每天只能发射6发炮弹，几乎连打破对面战壕的胸墙也不够，而且完全不足以支援面对机关枪的步兵向前推进。[145] 某种和平主导了局势。

西线的战争回到了原点。在动员到前线恢复平静的四个月里，局势从没有行动的敌意发展为陷于僵持的敌意，其间穿插着紧锣密鼓的进攻。这让人强烈地感到1914年和1840年的战役之间存在相似性。二者都以法国进攻洛林，向莱茵河前进为开始。二者都继之以德国发动反击，并导致法国的惨败。二者的后续发展都是德军前进至巴黎外围，但面对法军抵抗的复苏，无法确保取得胜利。二者都以双方构筑战壕环绕的阵地为高潮，这些阵地过于坚固，无法通过突然的攻击来征服，而进攻者决定等待时机，直到防御方因压力而崩溃。相似之处到此为止了。在1870年，德军成功地围困巴黎，并驱使腹地的法国陆军陷入杂乱无章、各自为战的局部战斗。在1914年，法军安然躲过了在野战中被击败的危险，紧密联系在一起，迫使敌人放弃了对首都的包围，赢得一场轰动性的胜利，这决定了一场战壕战将会在国土的边缘而非国家的心脏地带展开。在1870年，德军在法国北部、中部和西部横行无阻。在1914年年底，法国军队仍然控制着九十个省中的七十七个，意志坚定，在物质方面潜力可观，而且得到一个大帝国和海上力量的支持，它下定决心在这场同盟战争的考验中坚持到底，直到侵略者被打败。这些条件保证了德国无法像四十三年以前那样重复一场迅速、轻松的胜利。

第五章

东线的胜利与失败

151 　"在军事行动中，时间就是一切。"威灵顿（Wellington）在1800年如是写道，诸如萨拉曼卡（Salamanca）和滑铁卢之战的胜利，尤其有赖于他对于时机的完美判断。[1] 时间问题也使施里芬感到烦恼：动员的时间、集中的时间、部署的时间、向关键性目标进军的时间。正是对于时间的计算使他和他生前计划的继承者把几乎所有可用的军队投入西线，而让东线等待对法国的胜利。俄国众所周知的弱点使施里芬和他的继承者毛奇相信，在沙皇的军队能够大量出现在德国东部边境以前，将会有四十天时间，因而他们确信自己将跑赢时间。

　　时间并非作战的唯一维度。空间也是具有战略意义的一维。在过去，俄国曾因此受益，1812年拿破仑的"大军"（Grand Army）远征莫斯科时发生的一切就是如此。但施里芬和总参谋部参谋们说服自己，20世纪第一个十年里东面的空间将有利于他们。沙俄帝国内部巨大的空间，尤其是动员预备役的人口中心之间距离遥远，加上这些人口中心之间以及它们与前线之间相对缺乏铁路的联系，让德国和奥地利的军事专家觉得，俄国对手们将花费数周来完成他们自己以天计算的动员表。[2]

　　似乎德国一侧的边境空间也是德国人可以利用的。德国、奥地利和俄国三个帝国之间领土的划分是一个世纪以前分割波兰的结果，表面看来在战争中对俄国有利，因为以华沙为中心的俄属波兰，在南面奥地利的喀尔巴阡山脉（Carpathian Mountains）和北面的东普鲁士之间形成巨大的突出部，威胁到德国西里西亚

152 （Silesia），其间没有任何像保护俄国心脏地带不受侵略的维斯图拉河（Vistula）和普利佩特河（Pripet）沼泽那样重要的水体障碍。然而，波兰突出部或许也可以被看做易受攻击的地区，而非为俄军提供进攻的良机，因为它的两翼都是易守难攻的地形。喀尔巴阡山脉不仅仅构成了防守的壁垒，而且也是一连串对抗从东北方向来的侵略者的出击门户，而东部普鲁士尽管总体上平坦，但任何前进的军队都将面对交错的湖泊和森林，使其构成部队之间无法保持秩序，通讯困难。马祖里（Masurian）湖区是活泼的玛祖卡舞曲的故乡，是一个由大体上与外部世界相隔绝的小社区构成的地区，只有沙土小径与外部相连，这使行军的速度慢如蜗牛。另外，过了马祖里湖区，一连串德国要塞保卫着东普鲁士人口密集的地区，维斯图拉河畔的托

伦（Thorn）、格鲁琼兹（Graudenz）和马林堡（Marienburg）等要塞，足以与奥地利喀尔巴阡山的克拉科夫（Cracow）、普热梅希尔和伦贝格（Lemberg，利沃夫[Lvov]）的要塞相提并论。[3] 俄国最高指挥部长久以来就认识到波兰突出部模糊不清的战略性质：如果敌人互相配合，在后方组织起钳形攻势，在那里大胆地发动威胁柏林的进攻同时也就担负风险。而且，俄国最高指挥部相应地限制这一地区可能给敌人发起反击提供便利的铁路和公路的建设。它谨慎地制订了两套西向战略：G 计划，保持强大的后备部队，以及 A 计划，把这支部队向前推进。

在法国的压力下，而且也出于真诚地希望和西方的盟友并肩与共同的德国敌人作战，俄国高层在 1914 年决意执行 A 计划。总之，五分之二的常备军驻扎在巨大的军事中心华沙周边，在这里，它针对东普鲁士和喀尔巴阡山的战略部署，以及从国内动员来的预备役增援都很容易达成。[4] 大众观点和情报都断言俄军西线的大部分军队将不得不向南，向着喀尔巴阡山前进，这是因为不像德国人，奥匈帝国可以指望发动一场一个方向的战争——塞尔维亚军队从一开始就不在考虑当中——所以把它的主要力量部署在东线。然而，考虑到德国在东线可以预想的虚弱，按照俄国参谋部门的计算，在战果累累地离开奥地利时，可以调集足够的力量在东普鲁士边境发动进攻，确保在柏林的后院引发一场危机。因为这一后院是德国军官团历史意义上的故乡，穿越马祖里地区朝向柯尼斯堡（Konigsberg）以及其他条顿骑士团生根发芽的大本营前进，必将在德国高层引发物质和精神上的严重焦虑。

德国从西线的大进军中剩下可以用来保卫普鲁士心脏地带的部队确实不多了。它的战争计划只把八个集团军中的一个分配给东部前线，即马克斯·冯·普里特维茨－加弗龙（Max von Prittwitz und Gaffron）将军指挥的第 8 集团军，他是普鲁士人中的普鲁士人，这支部队由第 1 军、第 17 军、第 20 军、第 1 预备军以及第 1 骑兵师组成，这些部队都以普鲁士为基地。第 1 军和第 1 预备军驻守在柯尼斯堡，这里是条顿骑士的宗座所在之地，第 17 军驻守在但泽（Danzig），第 20 军驻守在阿伦施泰因（Allenstein），第 1 骑兵师驻守在柯尼斯堡、因斯特堡（Insterburg）和德意志－埃劳（Deutsche-Eylau）。在动员时，大量预备役力量，后备军（Ersatz）和乡土防卫队的部队将加入第 8 集团军，它们是从青年和超龄的预备役人员中征召而来的，或许可以给第 8 集团军增加整整一个军的力量。这个集团军的士兵值得信赖，很多是从遭受威胁的地区参军入伍的，或者是这里的预备役军人，他们为保卫自己家乡不受任何侵略而作战时，将会坚韧而顽强。

然而，他们在数量上被俄国最高指挥部指定用于发动东普鲁士行动的部队压倒，俄国的军队是西北前线的第1和第2集团军。这些部队加起来是9个军，普里特维茨有4个，俄军还有7个骑兵师，包括2个帝国近卫师（Imperial Guard），而普里特维茨只有1个骑兵师。另外，指挥第1集团军的伦嫩坎普夫（Rennenkampf）和指挥第2集团军的萨姆索诺夫（Samsonov）都是经历了日俄战争的老将，他们那时都负责指挥一个师，而普里特维茨根本没有任何战争经验。俄国部队的编制非常庞大，它的师有16个营，而非12个营，有足够的大量士兵——无可否认地常常缺乏训练——来弥补人力的损失。[5] 尽管他们与德国相比在火炮方面比较弱，尤其是在重型火炮方面，但这并不说明他们在炮弹的供给上比对方更差；所有军队都很大程度上低估了现代战斗所需要的消耗，俄国人为每门炮配了700发炮弹，他们的情况并不比在马恩河作战的法国人差很多。[6] 另外，俄国的军火工业将会很成功地应对战争的需要。虽然如此，俄国的军队被一些很严重的缺陷所困扰。它的骑兵比例比其他军队都高，运载饲料造成了运输部门的很大负担，其本身素质低于德军，这是骑兵部队提供的价值所不能弥补的；需要40列火车来为一个骑兵师的4000名士兵和一个步兵师的1.6万名士兵提供补给。[7]

人的方面也存在不足。俄国团一级的军官显然比较贫穷，而且经常没受过什么教育；父母有能力支付费用的有抱负的年轻军官都去了参谋学院，而且无法再履行团一级的责任，但又并不必然变得能够胜任参谋工作。正如托尔斯泰令人难忘地在他对波罗底诺（Borodino）之战的描述中所说，俄国军官团混合了两个几乎彼此不认识的阶层，为数众多的连、营级指挥官从范围窄小的上层贵族傀儡那里接受命令。[8] 农民士兵勇敢、忠诚而且服从命令的素质，在过去补偿了上级的错误和疏忽，但当他们与来自没有文盲的国家——俄国与此距离遥远——的士兵面对面，俄国步兵的处境日益不利。他很容易因为挫折而士气低落，尤其当面对敌军优势炮火时，而且如果他感到被放弃或者遭到了背叛，会毫不羞耻地大批投降。[9] 沙皇、教会和国家的三位一体仍然有能力唤起蛮勇，但失败、酗酒，能够很快就腐蚀对于团的旗帜和圣像的忠诚。

尽管如此，俄军在8月中旬出发侵入普鲁士时仍然华丽煊赫，出征队伍包括第16步兵师的弗拉基米尔团（Vladimir）、苏兹达尔团（Suzdal）、乌格里奇团（Uglich）和喀山团（Kazan），第3近卫师的立陶宛团（Lithuanian）、沃利尼亚团（Volhynian）和掷弹兵团、近卫枪骑兵团、骠骑兵团，以及黑海的哥萨克骑兵团。团的歌手走在队列的最前面，而厨房则在后面滚滚向前。[10] 战争是一种令人流泪的痛苦，行进中的人很少明白他们为什么要向西前进，但团就是某种村庄，军官就是某种乡绅，而餐前祈祷和星期天弥撒的礼仪被保留下来，插入了痛饮伏特加和乡村幽会的机会——索尔仁尼琴（Solzhenitsyn）的《1914年8月》（*August 1914*）抓住了俄国动员时那让人无法忘怀的情绪——沙皇的士兵满怀信心地向炮火的威胁前进。[11]

他们可能感到信心十足。俄国兵力的巨大优势——98个已经动员的步兵师，37个骑兵师——可能使俄国最高指挥部大本营（Stavka）相信，俄军会获得对德国第8集团军的压倒性优势，甚至在分派部队去南面应对40个奥匈帝国师之后也是如此。[12]如果伦嫩坎普夫和萨姆索诺夫能够一致行动、待在一起的话，确实应该是这样。两个集团军的侧翼各自列成一线，面对西面的柯尼斯堡和北面的格鲁琼兹，它们本应在熟练的适当指挥下穿过这两座要塞化的城镇，完成钳形攻势，包围第8集团军，并确保要么消灭它，要么使其仓促逃往后方，从而为侵入西普鲁士和西里西亚深处打开门户。

地理条件在空间上阻碍了俄国联合进攻的顺利展开。不那么值得原谅的是，胆怯和无能也适时使进攻解体。简言之，俄军重复了此前拥有数量优势的军队常常会犯的错误，留克特拉（Leuctra）的斯巴达人，高加米拉（Gaugamela）的大流士，钱瑟勒斯维尔（Chancellorsville）的胡克（Hooker）都曾因为被各个击破而失败，也就是说，使弱势的敌人能够在一开始集中兵力打击己方的一部分，然后是另一部分，从而击败二者全部。地理条件如何有利于德军逐一击破对手是比较容易解释的。尽管东普鲁士确实给从俄国来的侵略者提供了相对平坦的前进道路，但哺育了安格拉普河（Angerapp）的一连串湖泊也构成了有效的障碍。有道路穿过这里，尤其是在勒岑（Lötzen），但此地在1914年被要塞化了。结果，第1和第2集团军内侧一翼面对了一道自北至南50英里长的水体障碍，因此有可能迫使二者分道扬镳。战略上看，较为简单的选择是从安格拉普河阵地的南北两侧通过，而不是强行穿过去。而这也是西北前线的指挥官芝林斯基（Y. Zhilinsky）将军指示伦嫩坎普夫和萨姆索诺夫去做的事情。[13]

他意识到了这样一种彼此分隔给德军提供的机会，而且注意到为他的两个集团军的侧翼提供保护。然而，他所采取的措施却放大了危险。他让伦嫩坎普夫加强在波罗的海沿岸的侧翼，而此地并没有危险存在，并且允许萨姆索诺夫派出部队保护他与华沙之间的联系，这里同样也并未受到威胁，同时还安排了第2集团军的一个军停留在把它与第1集团军分开的缺口处。这些部署分散了努力的方向，

1914—1918年的东线略图

使两个集团军都相当虚弱，无法执行主要的任务。[14] 开始部署时的优势是 19 个师对 9 个师，但伦嫩坎普夫和萨姆索诺夫实际上前往进行攻击时的部队却只有 16 个师。

更糟糕的是，两个集团军到达进攻发起线的时间相差了五天。第 1 集团军在 8 月 15 日跨过东普鲁士边界，考虑到此时法国和德国仍忙于完成在西线的集结，这是值得称赞的成就，但第 2 集团军直到 8 月 20 日才跨过边境。当二者在空间上被湖泊地区分开达 50 英里时，进军时间也相差三天，彼此都不可能在对方陷入麻烦时快速赶到，提供协助，无论是伦嫩坎普夫还是萨姆索诺夫都不知道，这种麻烦来源于他们前进的方式。

与俄国相比，德国在收集情报方面的优势使事情板上钉钉。尽管俄国人知道己方拥有数量上的优势，他们辨别敌军位置的手段却存在缺陷。俄国骑兵尽管数量庞大，却并未向敌军阵地深处穿插，而是在遭遇抵抗时选择下马组成射击线；而且，尽管拥有 244 架飞机的俄军空军部门是欧洲第二大，但空中侦察根本没有发现德军的行动。[15] 然而，德军第 2 航空营和以波森（Posen）和柯尼斯堡为基地的两艘飞艇早在俄军跨过边境之前一周的 8 月 9 日，就开始报告俄国行军队伍的兵力和前进方向。[16] 德国的飞机和飞艇在整个战役中将继续提供至关重要的信息。[17]

然而，决定性的是最开始时的情报。得知伦嫩坎普夫领先萨姆索诺夫几天的时间——当萨姆索诺夫因为通过乡村的田地和维斯图拉河的细小支流异常困难而落后于计划，时间差将进一步扩大——后，普里特维茨毫无顾忌地决定把第 8 集团军的大部分部署在马祖里湖的北面。当俄国人 8 月 17 日在斯塔鲁普仑（Stallupönen）开始试探性攻击，他们被击退。当他们的主力在三天以后大量抵达贡宾嫩（Gumbinnen），德国第 1 军竟然在夜幕的掩护下发起了进攻。指挥官冯·弗朗索瓦（von François）和许多德国军官一样，属于胡格诺教派，由表及里都咄咄逼人，他的士兵受到他的鼓舞。他们隶属于一些普鲁士最著名的团，第 1、第 3、第 4 掷弹兵团和第 33 燧发枪团，对发现的俄军发起了猛烈的进攻。然而，敌军准备了夜间战壕，并且加固了农场建筑和房屋。德国人越是努力向前，伤亡也就越多。俄国炮兵传统上是沙皇军队中训练最好的，占据了有利的阵地，近距离开火，大大增加了杀伤。使这场屠杀更加惨烈的是，德国第 2 师的炮兵错误但却有效地向己方的步兵开火。许多人分散撤退以逃生，而且尽管最终集合在一起，却由于太过惊慌失措，没法重新投入战斗。到午夜，第 1 军停止了进攻。它的友军第 17 军由著名的近卫轻骑兵冯·马肯森（von Mackensen）指挥，因为受到第 1 军早期战报的鼓舞，此时正在向东北方向俄军的侧翼发起进攻。他没有进行侦查,所以没有发现,在他的前方与在弗朗索瓦的前方一样,俄军挖掘了战壕。俄军从阵地向前进的德国步兵倾泻出毁灭性的火力,马肯森的部队同样也受到己方炮火的错误打击,终于崩溃,逃往后方。到下午晚些时候,第17军前沿的情况甚至比第1军更糟,贡宾嫩战役面临着从一个战术失败转变为战略灾难的危险。在第17军右翼,冯·贝洛(von Below)指挥的第1预备军对俄军的推进发起反击,以保护马肯森的侧翼。然而,在第8集团军的指挥部,即使是这一胜利的消息也无法阻止恐慌的萌芽。普里特维茨开始相信必须放弃东普鲁士,把他的所有部队撤过维斯图拉河。

在总参谋部,毛奇对第8集团军突然陷入困境的报告大感惊骇,这削弱了对于在西线赢得胜利的同时延缓东线危机这一可能性的信念的根基。至关重要的四十天刚刚过去了二十天,而施里芬的时间表在总参谋部的眼皮底下遇到了崩溃的危险。另外,在东普鲁士显而易见的灾难在总参谋部激起了个人的焦虑。德国军队的核心圈是从那里的小庄园萌芽繁盛的,而普里特维茨的惊慌失措不仅仅把一般国民,而且把军官的妻子、孩子和年老的侍从置于敌手。普里特维茨的参谋霍夫曼(Hoffman)和冯·瓦德西(von Waldersee)在8月21日多少成功地安抚了他的神经。然而毛奇已经丧失了对他的信心。他首先决定必须立即派遣一名第一流的行动指挥掌管东线。他选择了鲁登道夫,后者已经两次漂亮地在比利时解决了危机。他接着又决定把普里特维茨一并处理掉,认为他此前宣布撤过维斯图拉河的意图是意志动摇的表现——即使他后来重新考虑了也是一样。他晋升保罗·冯·贝内肯道夫－兴登堡(Paul von Beneckendorf und Hindenburg)代替他的位置,后者是一位退休军官,头脑虽不出众,却以性格稳健而著称。1866年,兴登堡作为第3近卫步兵团的一名中尉在克尼格雷茨(Königgrätz)负伤,并参加了普法战争。他自称是那些在北方的十字军东征中从异教徒手里夺取东普鲁士的条顿骑士的同族,他在总参谋部服役,最终指挥了一个军。他在1911年64岁的时候离开军队,但在战争爆发时申请重

身着奥地利制服的兴登堡(RHPL)

新接受任命。当接到毛奇的电话时，他已经离开军队太久了，不得不穿着原野灰色制服之前的老式蓝色军装报到。尽管他和鲁登道夫有众多差异，一个是著名的武士，另一个是中产阶级的技术专家，他们将会从一开始就像兴登堡所说的，在"快乐的婚姻"[18]中齐心协力。他们的特质，兴登堡与生俱来的威严和鲁登道夫坚决彻底的思维能力形成了完美的互补，使他们成为史上最高效的军事伙伴。

虽然如此，当两人在8月23日抵达第8集团军，是兴登堡在鲁登道夫身上寻求主动进取的精神。集团军的司令部在此前一天从马林堡迁到拉斯腾堡（Rastenburg），前者是条顿骑士团古时的辖区，后者则会在未来成为希特勒"狼穴"（Wolf's Lair）的所在地。8月24日，两位将军前往第20军与指挥朔尔茨（Scholtz）交换意见，他正与萨姆索诺夫的第2集团军对峙。第20军经历了在侧翼的长途行军，正在前往战场的路上，尚未投入战斗。朔尔茨感到紧张，预感大量敌人会向他发起进攻，又怀疑他的部队没有能力抵抗。他想要后撤。鲁登道夫毫不动摇地要求他必须坚守阵地。他将会得到援助，但如果撤退的话则否。他必须坚持作战。

发动增援的并非兴登堡或鲁登道夫，而是被替代的普里特维茨。从贡宾嫩的震惊中恢复过来后，他意识到尽管弗朗索瓦遭受了8000人的伤亡，却阻止了伦嫩坎普夫的攻势，因而意识到解放出来的部队可以用到其他地方。过去的军事演习——其中一些由施里芬本人实施——让普里特维茨那一代军官懂得，保卫东普鲁士边境的正确战略是在湖群的一侧击败一支俄国军队，然后利用南北向的铁路把军队运往湖群的另一面，重复这一过程。依靠非凡的道义勇气以及他的参谋马克斯·霍夫曼明智的建议，他判定伦嫩坎普夫的部队可以视作已经被击败，或者至少是被遏制住了，而且在兴登堡到达以前，他已经开始把第1和第17军调往南部前线迎击萨姆索诺夫。因此，鲁登道夫无需构想计划——尽管他已经和普里特维茨达成了相同的结论——而只需认可一项已经开始执行的计划。

在俄军一方，伦嫩坎普夫正确地感觉到他面前的德国军队在逐渐减少，但却推断弗朗索瓦和马肯森正在撤往波罗的海沿岸的柯尼斯堡要塞群。他并没有猜中，德军乘坐火车匆匆而去，只留下骑兵和乡土防卫队守卫此前由弗朗索瓦防守的阵地。他相信自己面临着从容围攻柯尼斯堡的重担，需要大量步兵和重型火炮的增援，调集这些都要求时间。当务之急，他和在西北前线指挥部的芝林斯基认为，是正在湖群以南奋力赶往前线投入作战的萨姆索诺夫承担的任务，萨姆索诺夫必须切断德军，以防止其穿过维斯图拉河下游逃脱。为确保达成必要的包围行动，

坦能堡战役之前以疏散队形前进的德国第147步兵团士兵。这个团是地方部队,稍后直属于兴登堡。(ETA)

他受命使其左翼离伦嫩坎普夫更远,后者此时正缓慢地以骑兵试探前进,并通过无线电传达围攻柯尼斯堡的命令。[19]

　　当后人提及这一系列战役,俄国无线电的不安全性成了坦能堡(Tannenberg)之役传奇的一部分。故事以最戏剧性的形式讲述,伦嫩坎普夫和萨姆索诺夫指挥部的无线电部门以明码发送关于两支部队行动和意图的细节报告,被德军窃听并据此做出行动,给俄军带来了致命的后果。实情没那么简单,也更加平常。俄军有大量信息以明码发送,但是德军同样也犯下这样的错误。俄国一方的原因并非一种奥勃洛莫夫式的懒惰(Oblomovian laziness)*,而是在分发密码本方面存在困难;德国一方的原因则是缺乏时间。德国发报员忙着赶时间,常常发送未加密的信息,觉得它们可能被监听者漏过,就像他们知道自己的监听员漏掉了很多俄国信息。"既没有空闲的工具也没有空闲操作员来仔细检查空荡荡的空气",而且也缺乏破译人员。[20]因此,1914年8月东普鲁士的天空中布满了双方都无法利用的信息。

---

* 奥勃洛莫夫是19世纪俄国作家冈察洛夫同名小说中的人物,常被作为懒惰、空想、缺乏勇气的性格的代表人物。——译者注

然而，在 8 月 25 日上午，兴登堡被突如其来的幸运击中。就在离开第 8 集团军之前，他收到一份完整的俄国第 1 集团军命令的副本，命令是关于前往围攻柯尼斯堡的，显示出俄国第 1 集团军将于 8 月 26 日停驻在距离该地一段路程的某处，那里恰好是在兴登堡计划发动的战役中该部队无法接受第 2 集团军援助的地方。[21] 确认消息后，他与冯·弗朗索瓦会晤，后者指挥的军刚刚斗志昂扬地出发前往萨姆索诺夫的侧翼。距离把萨姆索诺夫的部队和伦嫩坎普夫的部队分割开，这对他有利，现在时间也对他有利了，伦嫩坎普夫主动放慢了前进的步伐，如果他此前加快速度，可能第 1 集团军已经到了湖区后面可以向南推进接受萨姆索诺夫增援的阵地。

这时弗朗索瓦打断了计划的顺利展开，他难以驾驭的敢作敢当可能呈现为一种任性、不愿合作的形式。按照计划，他的第 1 军和第 17、20 军应该顺序投入针对萨姆索诺夫的战斗。但他声称自己正在等待火车运载的火炮，延缓了在 8 月 25 日发起的攻击，第二天仍然如此。鲁登道夫到前线为进攻加油鼓劲，带来了他特有的效果，但同时弗朗索瓦的迟疑获得了无心插柳的局面。因为在正面没受到有力的抵抗，萨姆索诺夫把他中央的部队朝着维斯图拉河向前推进，希望把德军钉死在那里，因此把侧翼拉长，不仅暴露给现在在他南面的弗朗索瓦，而且也暴露给马肯森和朔尔茨，他们正率领第 17、20 军从北面赶来。8 月 27 日，弗朗索瓦找回了他的顽强，指挥部队投入战斗。萨姆索诺夫无视后方的危险，继续向前推进。8 月 28 日，他的先头部队凶猛地击溃了前进中遇到的一支德国混编部队，几乎突入开阔的乡村地带，维斯图拉河就在前方。鲁登道夫被他冷漠外表掩饰下突如其来的神经紧张所影响，下令弗朗索瓦派出一个师去援助那些受损的部队。弗朗索瓦这一次创造性地没有执行命令，而是命令他的每一个营都以最快的速度向东前进。因为萨姆索诺夫部队的主力已经从不同的路线向西运动，弗朗索瓦没有受到什么抵抗。8 月 29 日，萨姆索诺夫的先头部队从俄国领土到达东普鲁士的威伦堡（Willenberg），与从另外一条路线赶来的德军遭遇。他们隶属于马肯森的第 17 军，在马祖里湖群南部的作战经验丰富，从前一天起就向南攻击前进。钳形攻势的两翼——第 1 军的第 151 瓦尔米亚步兵团（151st Ermland Infantry）和第 17 军的第 5 布吕歇尔轻骑兵团（5th Blucher Hussars）——之间建立接触，宣告萨姆索诺夫陷入了包围。[22]

"沸锅"（cauldron）式的战役是二战战斗中一个不断重现的特征，尤其是在东线，1941 年德军一次又一次地包围成千上万的俄国人。在一战中几乎没有出现过成功的包围战。这是坦能堡之战——兴登堡决定以此命名，作为对于1410年条顿骑士在1914年的战场上被斯拉夫人击败的复仇——如此非凡的原因之一。德国人俘获了9.2万名俄国战俘，此外还有5万名死伤。伤亡的数量已经大大超过了西线，但若以未来的战役的标准来衡量，就显得没那么突出了。俘虏的总数在战争任何可比较的阶段都很少被超过，甚至很少被接近。坦能堡之战成为德国人一战中杰出的胜利。它不但使普鲁士的心脏地带免于被敌人占领，而且避免了敌人深入西里西亚工业地区和柏林的危险，德国的宣传家日益选择把这些敌人描绘为"野蛮人"——这很不公平，因为许多俄军指挥官是波罗的海日耳曼人，与东普鲁士日耳曼人有着亲戚关系，而且使其士兵保持了很高的行为标准。[23] 坦能堡之战是一种释放，而且作为一种释放得到庆祝。战争结束后，在此参战各团的旗帜被展示在一座巨大的坦能堡纪念馆中，这座纪念馆以巨石阵为模型，兴登堡死于总统任上后被埋葬于此。1945年，当俄国人以无可阻挡之势再次出现在东普鲁士，他的棺椁被掘出，纪念馆被炸毁。坦能堡各团的军旗现在被悬挂在汉堡预备军官学校，而兴登堡的尸体最终被安置于帝国的王座所在之地——霍亨索伦城堡。[24]

坦能堡之役还有一重不同于象征意义的军事重要性，而且更加重大。它颠倒了德国战争计划的时间表。在这场胜利以前，德国人期待在西线赢得胜利，而在东线只是希望尽最大可能地坚守战线。在坦能堡之战以后，在东线发生灾难的威胁消失了，而西线的胜利却拖延了一个又一个星期。坦能堡之战暂时性地摧毁了俄国人。可怜的萨姆索诺夫被击垮，在围歼战中仅以身免。他并没有活多久。在与一些军官骑马逃回时，他反复地表达自己的绝望："皇帝信任我。我怎么有脸见他？"[25] 他找到方法独处片刻，饮弹自尽。后来他的尸体被找到了，安葬在家族的庄园里。与他的众多士兵相比，这是一个不错的结局，他们在普鲁士森林的灌木丛中默默死去，在最后的时刻无依无靠，他们的逝去无人知晓。他们的骸骨直到今天仍然掩埋在那里，家人只是因为希望的最终消失才确知他们死去的消息。坦能堡之役是沙皇军队长期痛苦的开端，这种痛苦在1917年他们的瓦解中达到顶峰。

然而，尽管指挥官无能，也缺乏战斗的工具，俄国人却保持了复原的能力，正如他们在1915年和1916年一次又一次表现出的一样。他们将在1914年展示这一点。尽管萨姆索诺夫的部队崩溃，伦嫩坎普夫拒绝在坦能堡的余波中接受失败。当兴登堡把第8集团军的全部主力转向他——现在得到从西线来的第9军和近卫预备军的加强——他机敏地指挥自己的部队。尽管第10集团军从后方赶来，现在是俄军的兵力居于劣势。兴登堡的目标第1集团军仍然只有9个师，面对着18个德国师，但在将被称为马祖里湖区战役、与马恩河战役同样在9月7日开始的战斗中，它逃脱了兴登堡以全部努力组织的一场包围。弗朗索瓦指挥了第一阶段，成功地在湖区心脏地带分割了勒岑的一些部队。其后，伦嫩坎普夫在湖区及以北且战且退，在两翼之间调动部队以应付紧迫的形势。9月13日，他回到了俄国境内，全军脱险，并把德军吸引到身后。到9月25日，阻滞战斗已经为他和第10集团军赢得了反击的时间和空间，他在当日发起进攻，把德军赶出阵地，收复了大部分失地，并在某些地方回到了8月的入侵中抵达的安格拉普河战线。

加利西亚和塞尔维亚

然而，因为只有一部分俄国军队参战，马祖里湖区反攻的顶点是战术性而非战略性的成功。大部分俄军被部署在波兰突出部的南大门，面对奥地利，后者的防线沿着喀尔巴阡山山脊，战略性的隘口穿山而过，自上而下通往匈牙利平原，通往多瑙河和奥地利的心脏。这是一条漫长的战线，从奥地利与俄国和中立的罗马尼亚交界处直到奥地利属波兰的克拉科夫（Cracow），长达300英里，被巨大的要塞群包围着，其中伦贝格（利沃夫）和普热梅希尔的要塞经过了现代化的改造。俄国的战争计划要求动员四个集团军集中在这一区域，第3、4、5、8集团军，在尼古拉·伊万诺夫（Nikolai Ivanov）将军的指挥下构成西南前线。它们一旦完成部署，就会尽快发动进攻。奥地利人也打算动员一完成就发起进攻。然而，由于在加利西亚和塞尔维亚两个前线优先次序的选择上犹豫不决，奥地利人在集中力量对抗俄国方面比他们应该做到的慢一些，而俄国人超乎德国和奥地利参谋人员的判断，更快一些；俄国的敌人没有充分考虑到五分之二的俄国常备军驻扎在波兰突出部，也没有充分考虑到俄国大本营会在总动员完成之前开始命令驻扎在波兰的军队向前推进。这是态度上的关键不同之处。日耳曼人的总参谋部最近一次参战是在四十年以前，他们无法设想在战争计划上规定的一切就绪之前开始大规模行动。而计划性不那么强的俄国人刚刚结束了日俄战争，也从此前数十年里中亚的边境战争中获得了经验，更加适应急就章似的行动。结果是，到8月底，俄国在奥地利前线已经有53个步兵师和18个骑兵师就位，而奥地利人只有37个步兵师和10个骑兵师与之对抗。另外，俄国部队的编制比奥地利的大；而当俄国遭受法国的压力，需要发起行动以使德国从西线向东线转移力量时，奥地利遭受的压力更大，他们需要发起行动以便减轻东普鲁士兵力处于劣势的德国第8集团军的压力。

然而，奥地利人首要的——如果不是理性的，就是情感上的——战争目标，仍然是惩罚因为卷入萨拉热窝的刺杀而促成了7月危机的塞尔维亚。理智地说，奥地利应该把全部力量前置于喀尔巴阡山与俄国交战，它是塞尔维亚人的保护者和斯拉夫长兄。但愤怒，以及数十年来的挑衅刺激，要求它击败贝尔格莱德政府，以及傲慢自大的卡拉格奥尔基维奇（Karageorgevic）王朝。奥地利总参谋长康拉德·冯·赫岑多夫一直准备一份单独对付塞尔维亚的计划，即"战争情势B"（War Case B）。然而，在1912—1913年间，与塞尔维亚之间的危机将会导致与俄国之间战争的可能性得到越来越多的考虑，"战争情势R"要求削减巴尔干方面的军队，用来加强加利西亚。[26] 总参谋部对三个集团的部署做了粗略的修补：在与俄国发生战争的情况下，A集团将开赴加利西亚，巴尔干集团将攻击塞尔维亚，而B集团将视俄国动员的速度加入二者之一。铁路计划部门相应地制订了计划。

到头来，奥地利人做得一塌糊涂。康拉德对于塞尔维亚的憎恶几乎达到病态，当动员开始的时候他宣称俄国的军事意图并不清楚，派遣B集团加入巴尔干集团是安全的，他也这样做了。当俄国试图攻入加利西亚时，他决定——也不得不如此——B集团必须向北进军，这不仅是奥地利的战略，也是它对于德国负有的庄严的责任；但因为它已经在向南的路上，而重新设定时间表将带来困难，他最终在8月1日允许B集团重新搭乘火车前往加利西亚前线，并参加对塞尔维亚的进攻。B集团得到的命令是进行"佯动"，吸引塞尔维亚军队远离奥地利入侵的主路线。

佯动这种想法揭示出奥地利人对于塞尔维亚人的军事素质所知无几。在维也纳，他们被看做愚钝的半野蛮人。塞尔维亚军官参加了刺杀和1903年对奥布雷诺维奇国王和王后尸体的破坏，以及巴尔干战争期间对于损毁尸体行为的广泛报道，使奥地利军队认为在巴尔干的作战不会比英法在非洲和亚洲的殖民作战中困难多少。诚然，塞尔维亚人参与了1912年成功击败土耳其人的战争，但土耳其人同样也是愚钝的野蛮人。尽管奥地利人知道塞尔维亚的地势不利于行军，高峻、布满森林的山脉被深深的河谷切断，公路很少，几乎没有铁路，但仍然期待一场轻而易举的胜利。

事实上，如果说塞尔维亚人因在作战时残忍而是野蛮人的话，他们在军事上一点也不愚钝。虽然他们的征兵系统通过不正规的手段，征召男性人口的比例比任何欧洲其他国家都高；而他们的士兵，从男孩到老人，天生喜欢战争，狂热地热爱国家。他们也节俭朴素，吃苦耐劳。他们的装备五花八门；但每个人都有武器，而一线部队持有大量从巴尔干战争中获得的现代化武器，有一百个连的火炮部队，每个步兵团有4挺机关枪。如果第三线的40—45岁，以及"被亲切地称作'叔叔们'的60—70岁的能干士兵"构成的预备役加入第一和第二线（poziv），塞尔维亚可以把40万人投入战场，几乎与奥地利B集团的第6、5、2集团军的人数一样多。[27]

无论如何，奥地利人在开始时占据优势，因为塞尔维亚的指挥官——"总督"（voivode，军事领袖）拉多米尔·普特尼克（Radomir Putnik）预料敌人将从北面穿过匈牙利的边境发起进攻，渡过多瑙河向贝尔格莱德前进。而康拉德的计划则是穿越波斯尼亚边境，从西面攻入德里纳河（Drina）和萨瓦河（Sava）包围的塞尔维亚领土的突出部。这样做有其道理，因为这一突出部是塞尔维亚为数不多的平坦地区。奥地利军队开始于8月12日的进攻最初进展顺利，这得益于他们从不同方向向同一目标发起进攻的能力，他们在南面渡过萨瓦河，在东面渡过德里纳河。如果普特尼克急于挥军前进，塞尔维亚军可能已经被包围，落入陷阱。这位谨慎的老将——"总督"这一尊称只给予曾赢得胜利的将军，就如普特尼克在与土耳其人的战争中惊人的所作所为那样——避免了这一风险。他在平原后面沿着瓦尔达尔河（Vardar）和更远处的高地组织起自己的主要防线。守军直到8月14日夜才抵达，在四十八小时内强行军60英里，一就位，就在近距离向进攻者倾泻出毁灭性的火力。奥地利指挥官波蒂奥雷克（Potiorek）向康拉德请求R和B计划中的"机动"部队第2集团军加入战斗，以缓解压力。尽管波蒂奥雷克的报告称战斗已达到"白热状态"，康拉德仍予以拒绝。[28]当战斗愈发激烈，他在8月16日再次发出请求，在8月17日第三次发出请求，终于获得批准，条件是"机动"部队前往加利西亚不会受到耽搁。此时已经有奥地利第5、6集团军和第2集团军的一部分，以及塞尔维亚的全部军队参加德里纳河和萨瓦河的战斗。塞尔维亚军在奥地利炮火的重压下一次又一次被击退，但总是重新投入进攻，并以他们的顽强逐渐压制了奥地利军队。8月19日，奥地利第5集团军的指挥官把部队撤过萨瓦河。第2集团军在离开赶往加利西亚加入A集团之前，在8月20日做了最后一次无效的干预，它本该在一开始就这样做。第6集团军从来就没有发挥多大的作用，它参加了总撤退。到8月24日，塞尔维亚人在领土全境赶走了敌人。

这并非1914年在塞尔维亚的战斗的结束。9月6日，塞尔维亚人乘胜追击，穿越边境进入奥地利领土。这一策略并不明智,当他们被迫撤退,在渡过萨瓦河时的伤亡达到 5000 人。然而,在这个月晚些时候,塞尔维亚人在波蒂奥雷克位于德里纳河的防线上找到一个漏洞,穿越边境进入波斯尼亚,急行军前往萨拉热窝,使那里看守监狱的军官惊慌失措,把加夫里若·普林西普及其同伙移交给波西米亚的特莱西恩施塔特(Theresienstadt)要塞。杀死大公的凶手 1918 年 4 月在那里死于肺结核。特莱西恩施塔特在二战中成为臭名昭著的"模范隔离区",用于安置年老、被赶出家园的德国犹太人,他们随后在"最后解决"(Final Solution)中被处死。塞尔维亚对东波斯尼亚的占领仅仅持续了四十天。9 月 6 日,波蒂奥雷克——弗朗茨·斐迪南曾来视察他在和平时期的控制能力——在重型火炮准备好后,以大为加强的力量发起全面进攻,并通过多方向的攻击,在塞尔维亚东北部把敌人从一条防线赶往另一条,直到摩拉瓦河(Morava)一线,这里距离波斯尼亚边境已经 80 英里。普特尼克再次下令全面脱离战斗并撤退,以度过恶劣的冬天,那时会有 3 英尺深的积雪覆盖山岭。12 月 2 日首都贝尔格莱德陷落,彼得(Peter)国王宣布解除士兵们的誓言,如果他们愿意,可以返回家乡而不必背负耻辱。[29] 他宣布自己会继续战斗,并身背来复枪,出现在前线。他的榜样或许标志着一个转折点。普特尼克相信奥地利人扩张过度,在 12 月 3 日发起一次新的进攻,突破了奥地利防线,在十二天的战斗中赶走了塞尔维亚领土上的全部敌人。在 11 月以来参加与塞尔维亚作战的 20 万名奥地利士兵中损失了 4 万人。Shvaba——塞尔维亚人轻蔑地给奥地利人和德国人起了这样一个绰号——直到 1915 年秋季才会再次努力去征服这个王国。那时,塞尔维亚的史诗将转向一个糟糕的方向。

伦贝格战役

无论如何,与奥地利在北部边境和俄属波兰的大规模战役相比,塞尔维亚作战不过是陪衬而已。那里的行动开始于一场遭遇战。奥地利和俄国在战前都有一旦完成部署就立即开始进攻的计划。双方都为了发动进攻开赴前线,但结果却不相同。康拉德的计划是加强左翼,并试图在华沙以南广阔的波兰平原上包围俄军的侧翼,同时在右翼的加利西亚东部进行"积极防御",在这里,他可以利用伦贝格和普热梅希尔的庞大要塞群作为支撑。俄国的计划同样是在加利西亚的西部包围敌军,而在东部的目标却要大得多。俄国一方在决策上存在分歧,西南前线的总参谋长阿列克谢耶夫(Alexeyev)支持在西部采取行动,而大本营的意见领袖达尼索夫（Danisov）支持在东部发动进攻。俄国人因而制订出一种"双重包围"计划，但尽管他们比奥地利人强大，却没有足够的力量在两个地区施加同样的压力。结果，加利西亚战役的开始阶段既混乱，又不是决定性的。

然而，自然环境有利于俄国人。地形很适合他们辛勤跋涉的大编制步兵部队和大量骑兵。划定了展开战斗的舞台边界的地理特征也有利于他们。奥地利阵地所在的喀尔巴阡山前坡构成了突出部，插入左面的维斯图拉河及其支流桑河（San）和右面的德涅斯特河（Dniester）之间。维斯图拉河流向北方，从左面围住奥地利人，而德涅斯特河流向东南，有利于俄国人从右侧发动对于喀尔巴阡突出部的任何冲击。因此，地理条件迫使奥地利人走进口袋，俄国人在两个方向占据优势，而不必去担心第三个方向。

对奥地利来说一项重要的不利因素是它的部分军队不可信赖。这是一件广受争议的事情，关于它的意见从战时到现在一直摇摆不定。在战时，同盟国的宣传人员大力宣传弗朗茨·约瑟夫麾下斯拉夫士兵的不满情绪，以及他们对于另一方的俄国人兄弟般的感情。一些斯拉夫部队，尤其是捷克人和奥地利塞尔维亚人随时准备投降被广泛宣传，而1918年年底奥地利军队的崩溃，被拿来确认同盟国宣传中关于帝国固有的不稳定性质这一事实。战后对此出现了修正，论证说奥地利士兵开小差是例外情况，并且奥地利军队作为整体来说一直保持"效忠皇帝"（Kaisertreu）；这样说是有道理的，因为没有任何奥地利的失败可以被归因于大规模的不忠行为。今天，意见似乎走向中间立场。这支有九个语族的军队中，44%是斯拉夫人（捷克人、斯洛伐克人、克罗地亚人、塞尔维亚人、斯洛文尼亚人、罗塞尼亚人[Ruthenian]、波兰人和波斯尼亚穆斯林），28%是日耳曼人，18%是匈牙利人，8%是罗马尼亚人，2%是意大利人。日耳曼人总是值得信赖的，即使其中一些人并非完全热情高涨；匈牙利人，非斯拉夫人，而且是特权的共享者，直到最后失败来到之前都是可靠的；天主教克罗地亚人始终忠于帝国，其中许多人一直如此；波兰人憎恨俄国人，不信任德国人，在哈布斯堡帝国的统治下享有巨大的选举和社会特权，效忠皇帝；波斯尼亚穆斯林被封闭在特殊的、半印度士兵的团里，也是可靠的；意大利人和其他斯拉夫人，尤其是捷克人和塞尔维亚人，迅速丧失了动员的热情。[30]一旦战争停滞，无法快速结束，军队对于他们而言成了"各民族的监狱"；而无处不在的日耳曼上级则担任监狱长。

这是一种令人不快的命运，在弗朗茨·约瑟夫的大部分统治时间里，这支军队是一个成功，甚至是广受欢迎的多民族组织。士兵以自己的语言接受指挥，免于遭受德国皇帝军队里野蛮的纪律约束，他们的制服可爱，吃得也很好，保存着从17世纪土耳其人围攻维也纳以及更久远的年代流传下来的传统，帝国军队不同的团——蒂罗尔来复枪团（Tyrolean Rifles）、匈牙利轻骑兵团（Hungarian Hussars）、达尔马提亚轻骑兵团（Dalmatian Light Horse）——是一个展示帝国多样性的万花筒，而且，年轻人三年的服役生活给他们提供了一段远离千篇一律的作坊或者犁头的愉快生活。每年的军演都是一次令人愉快的暑假。[31] 团的周年纪念日是充满欢乐的宴会，意味着乐队的演奏、斟满的酒杯，以及它的名誉团长——一位大公，一位亲王，也可能是皇帝自己——的造访。服役期满后回到家里会带来更多的庆祝，并作为成年人而被尊重。战争的现实是一种遥远的可能性。

在1914年8月的喀尔巴阡山前线，现实迅速而又残忍地降临。在第一次冲突中，奥地利人占据上风。他们在250英里的前线上从左到右部署了37个步兵师，编成第1、4、3集团军，在两翼都部署了分遣队，还有10个骑兵师在前方展开。俄国人在对面部署了第4、5、3和8集团军，由全部53个步兵师和18个骑兵师组成，以弧形向前推进。尽管俄军在数量上占据优势，但康拉德的第一击获得了成功。他的左翼在克拉斯尼克（Krasnik）攻入俄军右翼，恰恰是在8月23日渡过桑河发起攻击。[32] 奥地利军的先头部队是第1集团军，其中大部分是来自普雷斯堡（Pressburg，布拉迪斯拉发[Bratislava]）的斯洛伐克人和来自克拉科夫的波兰人；他们都信仰天主教，斯洛伐克人没有什么政治立场，波兰人则憎恨俄国，在与俄国第4集团军作战的三天里为了自己的天主教皇帝英勇作战，俄国第4集团军没有等待它的预备役士兵到达就向前推进了。[33] 俄国总参谋部记载，在一开始，"第18师遭到猛烈的攻击，梁赞团（Riazan）和里阿斯克团（Riaysk）被迫撤退……而第5轻步兵团几乎被包围"[34]。情势越来越糟。到8月26日，俄军已经向着卢布林（Lublin，斯大林将于1945年在这里建立他的傀儡波兰政府）撤退了20英里。同一天，奥地利第4集团军在科马罗夫（Komarov）的布格河（Bug）畔遭遇了前进中的俄国第3集团军；俄军遭遇的奥地利军的种族构成再次对他们不利：奥地利第2军是由维也纳征召的团构成的，包括首都的高等日耳曼骑士团（Hoch und Deutschmeister），它的团长一直是皇帝本人，以表达对于王朝与条顿骑士团团长之间联系的敬意；第9军是从苏台德区（Sudetenland）日耳曼人中征召而来，而第16军则征召自匈牙利马扎尔人（Magyar）。在一个星期的战斗之后，奥地利人取得了胜利，它的胜利再也不可能拥有比这次更为坚实的帝国基础了。在战斗的尾声，俄国人几乎被包围。

此后，奥地利阵地在地理上的不安全性开始显现。在科马罗夫的东面，与俄军的战线陡然转向东南，向中立国罗马尼亚的边境延伸。表面看来，这一翼很容易防守，因为一系列河流，布格河、德涅斯特河及其支流、两条利帕河（Lipas）和沃瑞兹卡河（Wereszyca），以二三十英里的间隔在其后流淌；另外，布格河的源头受到伦贝格（利沃夫）巨大要塞的保护，在其后方不远的普热梅希尔甚至还有一座更大的要塞。在这样的地形中，因为在塞尔维亚的第2集团军正把属于巴尔干集团的各军派还给它，奥地利第3集团军理应有能力展示出对俄国人强有力的抵抗，而第3集团军的核心是著名的因斯布鲁克军，包括四个蒂罗尔山地猎兵团（Gebirgsjäger）及其相应的帝国步兵（Kaiserschützen）预备役营。这些矫健如鹰的山地神射手是精锐中的精锐，对于皇帝尤其忠诚，皇帝是全部四个团的名誉团长。

当第1、4集团军试图在加利西亚西部包围俄军侧翼，第3集团军受到康拉德的冷遇，成了负责"积极防御"的角色。结果，它被恰当地部署在奥地利国境以内，驻扎在格尼拉－利帕（Gnila Lipa）河畔，距离前线60英里。如果它待在原地，在那里应该是安全的。然而，在8月25日，其指挥官布鲁德曼（Brudermann）获悉"五六个俄国师"正从塔诺波尔（Tarnopol）向西前进。[35]另外，也在这一天，他的第14军被调往北方加入第2集团军。经过编制的重新划分和调动，他的集团军现在大部分由罗马尼亚人（第12军）、斯洛文尼亚人和意大利人（第3军）、讲罗塞尼亚语的乌克兰本地人（第11军）组成，他们比哈布斯堡帝国境内的其他民族都更亲近俄国人。[36]这个民族混合体几乎是弗朗茨·约瑟夫的军队中最不效忠皇帝的，第3集团军还发现自己在数量上远远地被将要迎战的俄国第3集团军压倒。当双方遭遇，不足100个由300门火炮支援的奥地利步兵营轻率地攻入由685门火炮支援的将近200个俄国营。[37]在两条利帕河之间残破乡村发生的三天战斗中，奥地利军先是在距离塔诺波尔（Tarnopol）25英里的兹沃特乔夫（Zlotchow）被击败，然后在混乱，有时是恐慌中被迫后撤；一些被击败的奥地利军逃跑远至伦贝格。

如果俄国人乘胜追击，奥地利虚弱的侧翼可能会被彻底压制。负责任的鲁斯基（Ruzski）将军并没有追击，布鲁德曼的第3集团军得以幸存。尽管在战争中并非空前绝后，这是一种古怪的情势。双方都错误地估计了自己所取得胜利的程度。鲁斯基相信他所赢得的不过是"一场不错的防御性胜利"，于是停顿下来重整部队。[38]康拉德相信自己在战争舞台的另一侧赢得了一场大胜，第3集团军前线的败退是局部和暂时性的，如果加强布鲁德曼的力量，他能够进一步推进双重包围，这是他的战争计划的基础所在。到 8 月 30 日，他把鲁斯基对面的奥地利力量加强到 150 个营，配备了 828 门火炮，主要是归还第 2 集团军建制的巴尔干集团的大部分。因为鲁斯基并没有向前推进，康拉德判断重新进攻的时机已经成熟，主要是由第 2 集团军在第 3 集团军的右侧进攻，两个集团军构成一个集团军群，由第 2 集团军成功的指挥官爱德华·冯·伯姆－埃莫利（Eduard von Böhm-Ermolli）指挥，他受命为行动注入活力。在康拉德的命令下，第 2 集团军 8 月 29 日在两条利帕河之间发起攻击，这一次比第一次的损失更大。俄军力量已经超过 350 个营，并得到 1304 门火炮的支援，在随后的大混乱中，2 万名奥地利士兵被俘，死伤更加惨重。

在这些证据面前，康拉德仍然相信他正在赢得胜利。他在左翼的局部胜利以及俄军在右翼的迟缓，使他相信可以允许第 3 和第 2 集团军继续向纵深撤退到伦贝格后面，引诱其后的俄军，然后命令第 4 集团军南下攻击敌军的侧翼。防御的主要战线是德涅斯特河在伦贝格和普热梅希尔之间向南流淌的支流沃瑞兹卡河。他走向这一命中注定的危险计划，部分是因为受到与兴登堡和鲁登道夫在东普鲁士，以及德国军队在西线取得的明显胜利竞争的欲望所刺激；在伦贝格展开行动的决定是在马恩河战役开始以前做出的。他也被同盟者因奥地利无法减缓其压力而不断减少的耐心所驱使。"我们在东普鲁士的少数部队，"德皇威廉 9 月初在总参谋部尖刻地对康拉德的代表评论道，"吸引了敌人 12 个军，摧毁了一半，牵制住另一半……再也不能要求更多了。"德国皇帝夸大了事实；但因为康拉德最多面对了 15 个军，这种嘲弄令人难堪。他下定决心驱使自己疲惫而又残损的部队赢得胜利。[39]

结果，计划几乎获得成功。俄国人对于奥地利军放弃伦贝格反应迟钝，直到 9 月 3 日才进入该城，因此给奥地利第 4 集团军留出了时间，尽管它因为伤亡而精疲力竭，人员不整，仍能穿过俄国第 3 集团军的战线向伦贝格前进。第 3 和第 2 集团军在沃瑞兹卡河阵地确实赢得了一些胜利，因而把俄军完成对于奥地利中部军队的合围延缓了几天，这一迫在眉睫的危险日趋明显。俄国人意识到了这一点；在 9 月 5 日，阿列克谢耶夫联络达维多夫（Davidov），"奥地利人突破我军部署[伦贝格以北]的活跃尝试可以被视为已经瘫痪。宣布反攻的时机即将到来"[40]。康拉德继续无视这一威胁。直到 9 月 6 日，第 4 集团军继续前进，它在伦贝格以北 30 英里的拉瓦鲁斯卡（Rava Russka）陷入与俄国第 3 集团军集结部队的激烈战斗而被阻止。

康拉德试图以弱势的力量击败正在试图挫败他的强势敌人，现在这种努力中存在着导致灾难性后果的危险。在他仍在北部与俄军战斗之中的第 1 集团军和在伦贝格背后陷入苦战的其他 3 个集团军之间出现了空隙。他自己已经没有预备队,而德国派出的一支三线预备役部队带来的只是争吵。包括正在华沙附近集结的第 9 集团军,俄国人每一天都在聚集力量,张开利口,准备好逼近奥地利第 4、3、2 集团军。现在,16 个俄国军面对着 11 个奥地利军,大部分奥军被挤压在一个狭窄的口袋里,而敌军在两侧都占据绝对优势。另外,尽管阿尔卑斯山区的第 14 军努力奋战,第 1 集团军正遭受以它孤立无援的情势无法抵抗的攻击,康拉德集结的部队正在被切成两段,第 14 军正作为连接奥地利战线两个部分的部队而奋战。他向德国人求援;德国皇帝回复说:"毫无疑问你不能再[向兴登堡和鲁登道夫]要求比他们已经做到的更多了。"[41] 他强迫第 2、3 集团军在沃瑞兹卡河投入一场新的进攻。当进攻挫败,而且俄国骑兵从空隙穿过他的防线进入奥地利后方,他没有求助,而是下令全面撤退,先是撤到桑河,然后到维斯图拉河的支流杜纳耶茨河(Dunajec),此地位于哈布斯堡波兰的首都克拉科夫以东仅 30 英里,它是维也纳和华沙之间天主教东欧最大的城市。保卫喀尔巴阡防线空隙的巨大要塞普热梅希尔被放弃,桑河和德涅斯特河在此流入波兰平原,15 万名守军被包围在俄军战线之后。纵深 150 英里的奥地利领土沦陷。哈布斯堡皇帝丧失了所动员的 180 万名士兵中的 40 万人,包括 30 万人被俘。[42] 伤亡最重的是第 14 蒂罗尔军,由弗朗茨·约瑟夫 4 个宝贵的皇家猎兵团(Kaiserjäger)及其相应的帝国步兵预备役、第 6 骑兵来复枪团、军所属山地炮兵连组成。[43] 至少 4 万人伤亡,这使奥地利军队丧失了它最精锐、最勇敢的元素,再未能复原。[44] 在战役的最高潮,它们一起在康拉德坚守前线的关键性努力中担任特遣部队,因而付出了代价。

东线的战争

东线这些规模巨大的战役的本质很难在个体的人或者某个人的层面上加以描述。俄军中的 80% 是农民,而俄国农民中的大部分没有受过教育,因而留下的文字记载无法与关于西线的记载相提并论。"个人的回忆非常罕见。没有人收集它们";没有文书的帮助,俄国的农民兵很难大声发出自己的声音。[45] 教育程度较高的奥地利士兵留下的回忆同样很少,可能是因为个人经历中的战争灾难被哈布斯堡帝国的崩溃这一更大的剧变所压倒。知识分子和艺术家——维特根斯坦(Wittgenstein)、里尔克(Rilke)、科科施卡(Kokoschka)——留下了信札和日记，以及至少一部经典的小说，哈谢克（Hasek）的《好兵帅克》(*The Good Soldier Svejk*)，但它不能作为所有哈布斯堡士兵看法的代表。这些都是个别的记录。在维也纳教堂中各团阴郁的碑石上，可以体会得到帝国军队的一些痛苦经历，这些碑石在团的纪念日仍会被绶带和花圈装点。然而，对大多数人来说，沙皇和奥地利皇帝的军队在1914年那些巨大战役中的经历已经从记忆中消失。它能否被重建？

照片可以提供帮助，即使是战前演习中的照片也是如此；罕见的战争中的照片更有价值。[46] 所有照片展示的都是人们排列在密集的人群中，经常是紧挨在一起。用德国的俗语来说，他们或许是在寻找"集体的感觉"（the feel of cloth），这是一种人在面对炮火时获得勇气的方法。长长的刺刀被固定在来复枪上，弹药袋和其他装备妨碍了士兵的行动，厚厚的衣着使身体显得臃肿，它们对于子弹没有任何防护能力。几个月内，大部分军队就将采用钢盔，这是盔甲在17世纪消失以来第一次重新出现。步兵作战方式认为，训练和纪律是面对投掷武器的最佳防御，无论经过多少改进，它的合理性日益减少，第一次世界大战开始时的几个月标志着两百年来这种方式的终结。这样的照片证实了对于战术条例的大规模违背——所有军队都主张分散的原则。在俄军中，1912年条例规定最低一级部队，50人组成的排，应该展开100步的距离，也就是说人与人之间相距1码。[47] 同时，它规定一个营的攻击宽度为500码，这意味着指挥官需要把它排列为四行，每行四个排。这样的话前面的士兵就会挡住后面士兵的火力，这一规定已经被无视是可以理解的，营的大部分士兵都会聚集在第一行。如果说这类实践没有遵守字面意思的话，它遵循了条例的精神，即需要进行攻击的步兵把交火线向前推进，建立起"优势火力"，而它的支援力量从大约100码的距离外突击敌人。奥地利军队也有类似的原则。[48] 1911年条例坚持，步兵"在没有其他部队支援的情况下，只要[他们]顽强勇敢，就能以少胜多，赢得胜利"。这对于大陆军队来说是很普遍的观点，德国、奥地利和俄国，还有"进攻精神"最为空想的鼓吹者法国，都接受了这一观点。这种观点并非仅仅是一种断言而已，而是建立在分析近期战斗，尤其是日俄战争的基础上。密集的火力导致高伤亡率，这一点被接受；人们也仍然相信接受惨重伤亡的决心将带来胜利。[49]

因此，我们必须想象在坦能堡和伦贝格，前进的步兵以密集队形对同样以密集队形坚守阵地的敌人发动进攻，如果守军驻守在简易防御工事之后，会有部署在交火线后面很近开阔地的野战炮，提供直接的支援。在俄国军队中，1912年条例"规定应该以近距离、迅猛的方式输出火力,同时野战炮的火力越过前进中的步兵的头顶"[50]。没有军队有程序,甚至装备来校正目标。电话很少(萨姆索诺夫全军只有25部电话),而电话线几乎在战斗一打响就会损坏;通讯依靠旗帜和手语,或者口传;对于炮火的校准最经常是通过人类的视线来实现。[51]

因此1914年东线的战役非常接近一百年前拿破仑的战争,而马恩河战役也确实如此,不同之处在于现在的士兵是匍匐而非站着射击,以及交战的前线比原来拓宽百倍。战役的持续时间也延长了,从一天变成一周或者更长。虽然如此,结果却可怕地相似:巨大的伤亡,不论绝对数量还是占参战人数的比例都是如此,以及戏剧性的结果。在1812年的博罗季诺战役——一场几乎前所未有的漫长和激烈的战役——之后,拿破仑前进了100英里到达莫斯科,在伦贝格之战后,康拉德撤退了150英里来到克拉科夫郊区。

华沙战役

奥地利人在喀尔巴阡山前线的崩溃促成了战争最初的重大战略危机之一。不仅仅是在山脉另一侧,帝国匈牙利的一半遭到被侵略的威胁——俄军将领甚至彼此洋洋得意地讨论占领匈牙利首都布达佩斯——而且德国心脏地带突然间暴露在俄国侵入西里西亚,向布雷斯劳(Breslau)和波森(Posen)进军的威胁之下。在战线的最南端,东普鲁士并未脱离危险,俄军最优秀的将领布鲁西洛夫(Brusilov)正威胁着喀尔巴阡山的隘口。甚至因"施里芬计划"显而易见的失败而精疲力竭的毛奇也从埃纳河战役中抽出时间,把注意力转向东线的事务。在他于9月15日被法金汉取代之前,担任德军总参谋长的最后一天,他致电鲁登道夫,下令组建一支新的"南方"集团军,称为"南方"是因为它将在东普鲁士以南集结,以填补凯旋的第8集团军和崩溃的奥地利人之间的空白。鲁登道夫和毛奇一样因日益恶化的局势而感到警觉,他建议这个新的集团军合并第8集团军的大部分,但毛奇缺乏走出这一步的活力。他的继任者没有迟疑。法金汉仪表堂堂,思维敏锐,在9月16日宣布第8集团军的大部将离开东普鲁士加入新的集团军,番号为第9集团军,鲁登道夫任总参谋长,兴登堡任司令;他们在坦能堡战役中的执行者霍夫曼将继续担任那一角色。9月18日,鲁登道夫驱车会见康拉德,就一项避免降临在奥德前线的危险的新计划达成共识。第9集团军会渡过维斯图拉河上游并向俄军在波兰前线行动的中心华沙前进,而不是坐等俄国人攻入西里西亚。[52]

然而，俄国人有自己的计划。事实上，在9月，他们的计划太多了，最高指挥部大本营有一个计划，而西北和西南前线各有其他计划。俄国总参谋部的报告记录"[它们]之间的意见不和，导致了不同的指示"[53]。按照鲁斯基的评估，因为德军在东普鲁士的胜利，现在由他指挥的西北前线，被危险地暴露出来，必须后撤很长距离，可能直到马祖里湖区以东100英里的涅曼河（Niemen）；如果需要，华沙本身必须被放弃。相比之下，东南前线想要向西朝着克拉科夫前进，乘胜追击奥地利军队。大本营则制订了激进的替代方案：东线俄军的大部分将脱离战斗，沿维斯图拉河逆流而上，在华沙以及伊万哥罗德（Ivangorod）的巨大要塞周边集结，然后协同一致向西里西亚进攻，以达到把战争推向德国境内的目的。

这些计划，尤其是鲁斯基和大本营的计划，显示出俄国独有的作战风格，即把空间而非兵力作为战术的媒介。没有法国将领会提议放弃祖国珍贵的领土以赢得军事上的优势；东普鲁士的德国将领把保卫边境视为一项神圣的职责。相比之下，对俄国人而言，他们所居住的帝国从波兰西部的耕地到白令海峡的雪原，延展将近6000英里，这里或那里的100英里土地不过是军事机动中微不足道的小事。在他们与土耳其人、瑞典人，尤其是与拿破仑的战争中，整个省份沦陷，直到距离和农民士兵的坚韧击败侵略者。1812年发生过的，1914年将再次出现；现在放弃土地意味着会在稍后收回，并且绝对不利于敌方。到9月23日，大本营明确得知德国第9集团军在西里西亚集结，并向华沙前进。现在控制着大本营的尼古拉斯大公（Grand Duke Nicholas）相应地决定把他的大部分军队撤出战斗，等待德国人的前进。同时，布鲁西洛夫留在原地以便威胁喀尔巴阡山东部，同时第10集团军被派遣发动对东普鲁士的新一轮进攻。当兴登堡和鲁登道夫的第9集团军出现在中部，俄国第4和第9集团军将从华沙出击，而大本营战略集结的剩余部分，第2、5和1集团军将突袭德军侧翼。

这场战役规模巨大，与西线作战军队的数量相当，在空间和运动幅度方面的规模则比在那个相对受到限制的舞台上发生的任何行动都大得多。俄国人开始得到遥远的西伯利亚军区来的重要增援，在9月底成功地把他们在喀尔巴阡山脉的部队转移到华沙地区，而没有引起敌人的注意；奥地利人觉察到自己前线的敌军减少，也随之调走部队，但这导致他们的最终劣势。奥地利人由此获得的一切不过是10月9日解除普热梅希尔守军的包围，但当他们因为与德国人一起参与了鲁登道夫对华沙思虑不周的进攻而付出代价后，那里很快再次被包围。大本营还满意地看到第10集团军重返东普鲁士边境的战斗。尽管在奥古斯图夫（Augustow）

战役中第10集团军的进攻被阻止,它的参战使兴登堡和鲁登道夫相当警觉。第8集团军因为坦能堡的荣耀而过分自信,并未挖掘战壕守卫阵地,在被遏制之前,俄国人轻而易举地取得了一些战术胜利。

到10月初,事实上在东线有四条前线:从北到南依次是东普鲁士东面边境上的德－俄前线、维斯图拉河上的奥－德－俄前线、桑河上的俄－奥前线,以及喀尔巴阡山东部的俄－奥前线。从波罗的海到罗马尼亚边境,战线总长度接近500英里,尽管在北面,华沙和东部普鲁士之间存在100英里的空隙,只有少量骑兵守卫。然而,奥斯特里茨之战以来前所未见的一场真正的运动战大戏,是在中央部分维斯图拉河从伊万哥罗德向北流向华沙的地方展开的。两场彼此迂回包抄的进攻正在进行:德国第9集团军正在维斯图拉河西岸向南进军,兴登堡和鲁登道夫相信华沙附近的俄军力量虚弱,可以从北面加以包围;俄国人正准备在伊万哥罗德以南从东面渡过维斯图拉河——奥地利人正鲁莽地向此地进军——并向华沙以北前进,在那里发起对兴登堡和鲁登道夫的迂回行动。

如果德军有比士兵和马匹的脚更好的机动工具,他们可能已经实现了其策略:二十五年以后,希特勒在东线的元帅们可能觉得环境对于一场装甲包围非常理想;但德国皇帝的将军并没有这些工具。更糟糕的是,俄军在数量上占据优势:他们从华沙到普热梅希尔部署了55个步兵师,与31个奥地利师和15个德国师作战。[54] 在10月18日,鲁登道夫评估认为,如果他把第9集团军向华沙推进,它

前往普热梅希尔路上的俄国运输队伍,1914年9月(ETA)

将面临着迫在眉睫的失败危险，他决定撤退。康拉德从普热梅希尔跟随俄国人的蓄意退却来到桑河，却不那么谨慎。在10月22日，他试图向伊万哥罗德攻击前进，在10月26日被击败，不得不撤退；普热梅希尔及其15万名守军第二次被包围，成为俄国海洋中的一座奥地利孤岛，而康拉德第1集团军有4万名士兵战死、负伤或是被俘。奥地利人退至克拉科夫附近，他们在8月的加利西亚战役后曾被驱赶至此，德国人则回到距离西里西亚的布雷斯劳仅50英里的地方，接近他们向华沙推进时的出发点。

加利西亚和喀尔巴阡山的冬季战役

华沙战役毫无疑问是一场俄国人的胜利。尽管它并未带来大本营试图达成的包围，但却证明俄国人在机动作战，甚至在欺骗战略上技高一筹。尽管德国人号称在无线电拦截方面占有优势，但鲁登道夫因为俄军沿维斯图拉河从伊万哥罗德到华沙的调动而感到意外，这些调动不但迅速，而且严守秘密。俄国人剩下的问题是：接下来做什么？大本营态度明确。它将会继续因为德国第9集团军向华沙突进而延缓进攻计划，并在11月2日发布了所需指令。[55] 从西伯利亚、中亚和高加索军区不断抵达的增援提供了所需的部队。部署一完成，由第2和第5集团军组成的中央集群就通过布雷斯劳和波森向柏林推进。同时南方各集团军也将重新进行在克拉科夫和普热梅希尔之间的进攻，目标是"彻底摧毁在加利西亚和喀尔巴阡山的奥地利军队"[56]。

这一计划面临两个阻碍，它们尤其影响到中央部分的进攻。一是俄国人以必要的速度，把军队运到与敌军遭遇点的能力值得怀疑。在10月娴熟地把大军调遣到伊万哥罗德和华沙的过程中，大本营能够利用波兰中部相对广大的铁路网络。然而，在波兰西部，作为一种防御手段，这里被有意识地剥夺了铁路建设；只有四条东西向的铁路和两条渡过维斯图拉河的铁路。[57] 另外，在上个月从华沙撤退的过程中，德国人破坏了身后100英里纵深的铁路网。第二个障碍源自敌人的主动，而非俄军的问题。鲁登道夫正计划重新发动进攻，这次进攻的基地将远比10月份时更靠近后方，但目标是相同的：在波兰西部的平原上进攻俄军的侧翼，并把它与在华沙的基地分割开。鲁登道夫利用连接西里西亚和托伦——矗立在维斯图拉河进入西普鲁士德国领土之处的古老堡垒城市——尚未被破坏的铁路，到11月10日，把整个第9集团军部署在托伦。第9集团军由11个师组成，包括在兴登堡的要求下从西线紧急调来的增援部队，在 11 月 1 日，兴登堡成为东部的总司令。[58]

第 9 集团军在 11 月 11 日发动进攻，以猛烈的炮火攻击第 5 西伯利亚军战线过长而且没有修筑工事的阵地。西伯利亚军和它所属的第 2 集团军其他部队之间很快被打开一个 30 英里长的缺口，该集团军已经向德国边境前进了一段距离。[59] 尽管这条战线上的德军 15 个师对 24 个师，在数量上被压倒，但他们占据优势并向前推进。直到他们进攻的第四天，大本营才意识到它面临着一场危机，这次进攻有时候被称作第二次华沙战役；幸运的是，大本营几乎是同时意识到只有迅速撤退才能挽回局势。它下令脱离战斗，并得到了高效的执行。在两天的强行军中，俄国第 2 集团军撤退到伟大的棉纺中心罗兹（Lodz），这里是堆满了补给品的铁路中心。现在轮到德国人犯错误了。俄国侧翼迂回的部队从南北两面出现，3 个德国预备师一度被包围。[60] 它们的解围历尽艰难；大本营如此自信能够将其围歼，向罗兹派出了火车以运载俘虏。

罗兹战役结束于 11 月 23 日，俄军没有战败，德军也没有获得胜利。鲁登道夫仍把它描述为一场胜利，并以此从法金汉那里榨取了 4 个军从西线调往东线，第 2 军、第 3 预备军、第 12 军和第 21 预备军，编组为第 10 集团军用于北部的行动；另一个军，第 24 预备军，从法国抵达南部与奥地利人并肩作战。部署在北部的增援被滥用了。在 12 月，他们被投入到一系列前沿进攻中，在 12 月 6 日取得了攻陷罗兹的胜利，但在其后向华沙西南维斯图拉河的小支流拉夫卡河（Rawka）和布楚拉河（Bzura）大约 30 英里的前进中消耗殆尽。那里的地形极其适宜进攻，遍布宽阔而没有障碍的耕地，波兰军队于 1939 年在这里赢得了对希特勒闪电战的唯一一场反击战胜利。[61] 如果军队挖掘战壕的话，这里也很适合防守，而俄国军队非常善于挖掘战壕。面对他们的战壕，德国人依样而为，于是，即将到来的冬天里东线的中央部分完全陷入僵局。直到夏天来临，它将保持冻结

奥地利 305 毫米榴弹炮，加利西亚，1915（RHPL）

的状态，无论军事上还是身体上都是如此。

在南部，德国增援部队的到来，尤其是第24预备军的第47预备师抵达战场，将会造成大不相同的结果。在11月，尽管早些时候被挫败并遭受了可怕的损失，奥地利人重整旗鼓，并在克拉科夫周围发动了一系列反攻。在德国第9集团军——现在由马肯森代替被提升的兴登堡担任指挥（兴登堡和鲁登道夫的战区指挥部被称为 Ober Ost）——右翼的协助下，并得到从喀尔巴阡山来的伯姆—埃莫利的第2集团军的加强，他们在一场混战中以巨大的代价占领了维斯图拉河以北，克拉科夫和琴斯托霍瓦（Czestochowa）之间的土地，后者是波兰人民心中神圣的城市。然而，俄国西南前线各集团军——第2、第5、第4、第9、第3和第11集团军——力量强大，并能够获得增援。在始于11月16日的十天战斗之后，康拉德不得不承认失败，并把部队撤退到靠近德国边境而非出发的阵地上。在克拉科夫以南，结果更加糟糕。因为喀尔巴阡山前线的部队被抽调参加克拉科夫—琴斯托霍瓦的进攻，穿越山脉的五个主要山口暴露在俄军的锋芒之下。布鲁西洛夫在11月20日占领了卢普科夫山口（Lupkow），到11月29日，他的奥地利对手博罗耶维奇（Boroevic）面临着敌人向布达佩斯发动进攻的可能。

这时奥地利人的命运非常出人意料地变好了，这是他们在一个物质条件尤其不利于敌人的时候正确地主动出击的结果。俄国最高指挥部总是优柔寡断，这进一步有利于奥地利人的主动行动。11月29日，尼古拉斯大公把两条战线的指挥官鲁斯基和伊万诺夫召集到大本营在谢德尔采（Siedlce）的指挥部，讨论未来的行动。意见出现了分歧，他们总是如此。鲁斯基因为在罗兹遭受损失，想把西北前线后撤到华沙。与此相比，伊万诺夫从他在克拉科夫－琴斯托霍瓦带给奥地利人的打击中嗅出了机会，想要重新集结部队继续进攻。"通往柏林的道路在于穿过奥匈帝国"，他论证道。[62] 他如愿以偿；但他行动的自由并非依赖于大公的许可，而依赖于获得补给和增援的可能性。增援很充足，多达140万名新兵在10月和11月间应征入伍，但他们并未受到训练，而且很多人没有武器。弹药严重缺乏。俄国工厂尚未达到1915年时它们将达成的产量，而且，随着白海封冻，而波罗的海和黑海被敌方的海军封锁，没有货物进口。每天每门火炮获得的炮弹配给是10发。

康拉德发起的进攻正当其时。他在克拉科夫以南的俄国第3集团军和喀尔巴阡山的布鲁西洛夫第8集团军结合部发现了一个薄弱点，在利马诺瓦（Limanowa）和拉帕诺夫（Lapanow）小镇之间出现了一个将近20英里宽的缺口。他在对面尽最大可能集结了部队——德国第 43 预备师和奥地利第 14 军。这个德国师是生力军，第 14 军则不是。数以千计的蒂罗尔来复枪兵死于伦贝格附近的交战，而且难以找到补充损失的预备役。虽然如此，特遣部队出其不意地在 12 月 3 日发起进攻。在四天的战斗中，俄军被击退了 40 英里。敌军的增援在 12 月 10 日出现了，康拉德的大规模进攻被阻止。尽管这样，它使博罗耶维奇得以在喀尔巴阡山发起进攻并在山前坡地上确保了稳固的新阵地。利马诺瓦－拉帕诺夫战役的结果不仅阻止了伊万诺夫经过克拉科夫攻击德国的计划，而且戳破了俄国向布达佩斯前进的梦想。因此，它实际上是一场双重胜利，使直接侵入德国领土和通过击败奥地利赢得对德国的间接胜利的战略失去效力。

然而，尽管利马诺瓦－拉帕诺夫战役是一场胜利，但它也是一种回光返照。帝国和皇家军队再也没有单方面发动一场决定性的行动，奥地利指挥官再也无法独自做出最终决定。从此以后，无论是在与俄国的冲突还是与意大利即将来到的战争中，它赢得的胜利——戈尔利采（Gorlice）、卡波雷托（Caporetto）——都只能是在德国的帮助以及监督下取得。事实上，这支军队在利马诺瓦取得的胜利很大程度上受益于德军的助力。从此以后，它总是作为德军的小兄弟和日益失败的搭档来作战。这在很大程度上是因为它以并不足以参与大规模战争的人数加入了战争，以及在其后承受了不成比例的损失。到 12 月，所有参战者都遭到了在 1914 年 7 月看起来不可想象的损失。俄国野战部队从动员时的 350 万人减少到 200 万；但它可能还有 1000 万尚未征召的士兵等待军旗的召唤。[63] 与之相比，奥匈帝国丧失了动员的 335 万人中的 126.8 万人，但潜在的补充兵员却不到三分之一；官方的数据是 191.6 万人。[64] 另外，其中许多是帝国并不情愿的仆人，而且随着战争迁延日久而更加不情愿。蒂罗尔和福拉尔贝格（Vorarlberg）勇敢的山地人在 1914 年年底以前就几乎用尽了全力；奥地利的日耳曼人伤亡惨重，匈牙利勇武好战的马扎尔人也是；皇帝治下的斯拉夫人日益变得不可靠。开始时在塞尔维亚的败退被归罪于第 7 军及其第 21 师的三心二意，尤其是他们几乎全部为捷克人。在与俄国的交战中，第 9 军的捷克人被怀疑大规模投奔敌方。军队的忠诚坚定受到开始时军官及长期服役的军士严重伤亡的进一步削弱。奥地利军正在向奥地利官方历史自己所说的"一支二线和民兵军队"转变。

当康拉德试图在东方更远处喀尔巴阡山重复胜利的时候，上述情况所预示的东西展示了出来。他与德国人协调行动，后者此时也在马祖里湖区准备进攻，以便一劳永逸地粉碎俄国对东普鲁士的威胁。他们借给康拉德三个德国师，第 3 近卫师、第48预备师和第5骑兵师。计划是攻入下贝斯基德山脉（Beskid），德国部队将在那里突破并转向两侧伸展，而奥地利师则在侧翼进行协助。环境不利于获得成功。贝斯基德山高达8000英尺，缺乏道路，并在冬季被厚厚的积雪覆盖。另外，德军缺乏山地行动所需的装备。1月23日开始的进攻没有取得什么进展，这并不令人惊讶。令人惊讶的是在最初，奥地利人成功地在科洛梅亚（Kolomea）战役中把俄军赶下喀尔巴阡山东坡，并到达奥－俄－罗马尼亚边境交汇的切尔诺维茨（Czernowitz）。然而，占领的领土纵深并不大，而且在2月27日重新发动的进攻很快被俄国的抵抗所遏制。奥地利人在这些行动中损失了9万人，并未有效地挫败俄国人。[65] 在3月，俄国人抓住一切条件进行反击，而他们的敌人已经因为自然环境的恶劣和自己的徒劳无功而精疲力竭。奥地利第10军的总参谋长冯·克拉洛维茨（von Kralowitz）将军报告称："人们已经溃不成军，毫无防卫……每天都有数以百计的人被冻死；无法移动的伤员只有一死……人们在冷漠无助中毫无慰藉。"[66]

随着冬季在喀尔巴阡山反攻的失败，从10月以来就再次陷入包围的普热梅希尔的庞大守军士气崩溃了。把它从包围中解救出来是1月份行动的主要目标。当这些行动以及在2月的重新尝试宣告失败，要塞的指挥官试图进行一种被英国派驻俄军的军官称之为"滑稽戏"的突围，其后，他们破坏了在俄军的炮火下幸存的全部要塞，炸毁了火炮和弹药，烧毁补给，并在3月22日投降。[67] 2500名军官和11.7万名士兵成为俄军的俘虏。[68] 因此，被英国观察员描述为"看起来健康而且营养充足"的军官们在最开始的时候待遇不坏；《伦敦新闻画报》（*Illustrated London News*）的美术师描绘他们在城里与征服者分享咖啡，就像按照18世纪的战争协约那样离开。[69]

在马祖里湖区，无论俄国人还是德国人都没有心情以礼行事。在那里，俄国第10集团军仍然占据在9月底的奥古斯图夫战役中夺取的东普鲁士带状领土，而德国人下定决心夺回它。然而他们不止于希望获得一场局部的胜利。它有两个更大的目标。首先是在马祖里湖区和奥古斯图夫的森林——欧洲最后的原始荒野之地——之间包围俄国第10集团军；其次是与在喀尔巴阡山发动进攻的奥地利军队协作，包围在波兰的整个俄军阵地。法金汉对二者都不感兴趣，因为二者都需要增援，他倾向于把这种增援节约下来用于在西线的继续努力，但他被兴登堡压倒，后者虽然是他的下属，却在坦能堡的胜利之后可以直接与德国皇帝接触。他们召集了所需军队，很大程度上是因为德国人在现存的结构中组建新部队方面技高一筹。当俄国人和奥地利人仅仅是尽最大努力使用未经训练的新兵弥补损失，德国人分割一线的师，提升二线的单队，并把预备役人员和征募到的新兵组织为新的师。在11月，他们用这种方法，从军区预备营中为东线组建了11个新的师，第75—82师；尽管它们只有9个步兵营，而非标准的12个，但这些新的师在火炮方面与旧的师同样强大。这种9个营的组织形式，将在后来的战争中成为全军的标准。[70]

马祖里的冬季战役在1915年2月9日开始，第75、76、78、79和80师担任前锋。两个集团军，赢得了坦能堡大捷的旧的第8集团军和新组建的第10集团军分别从北和南两个方向进攻，在恶劣的天气——雪、雾和严寒——中实施突破，并很快对俄国人形成包围。俄国步兵挖掘的战壕很原始，他们的训练一般，炮火支援很糟，比起为那些在前线的"牲口"提供支援，炮兵的指挥官更在意如何保存大炮。俄国步兵进行抵抗，但逐渐被包围。[71]俄国的情报很差，一直低估德军的力量；最高指挥部没给陷入孤立的第10集团军提供预备队，沾沾自喜地向它的指挥官西弗斯（Sievers）保证，在南边很远处的第12集团军将会解决它的难题。在暴风雪来临之前，西弗斯提出警告："没什么能阻止[我的部队]暴露在9月时[伦嫩坎普夫]相同的命运之下。"[72]他的上级并未在意，这样，到2月16日，发生另一次坦能堡之役的危险的的确确出现了。布尔加科夫（Bulgakov）的第20军发现自己被围困在奥古斯图夫森林日益缩小的区域中，攻击如此猛烈，以致杀死了许多欧洲大陆硕果仅存的野牛。[73]德军的两翼在2月21日合围，布尔加科夫率领1.2万人投降。德国声称俘获了9万人，但第10集团军未在战斗中伤亡的大部分士兵实际上穿过森林逃脱了。并未出现第二次坦能堡之役，但东普鲁士一劳永逸地免除了遭到俄国人侵的危险——至少在这次战争中是这样。

喀尔巴阡山的冬季战役却并未产生如此明确的结果。在那里，奥地利人和德国的增援部队继续12月在利马诺瓦和1月在贝斯基德山的努力，在2月重新发起了进攻，却发现俄国人的回应出乎意料地有力。奥地利总参谋长康拉德带着双重目标开始进攻：解救被包围的普热梅希尔守军，并赢得一场能够使意大利人打消加入同盟国一方念头的胜利，意大利人因为奥地利的挫败而胆量大增。喀尔巴阡山的地势和天气使康拉德的士兵备受挫折，吃尽苦头，他们在陡峭的山谷和森林中饥寒交迫。俄国军队——包括一个芬兰军，它可能是全欧洲最吃苦耐劳的部队——受到的影响较小。尽管有第4、第28预备师和第35预备师三个德国师赶到，俄军仍向前逼近，他们在3月底发动反击回应了康拉德的进攻。到4月初，俄国人压制了喀尔巴阡山前线，尽管自战争爆发以来的总损失接近200万人，他们再次考虑一旦天气好转，就越过山峰突入匈牙利平原，获得东线决定性的结果。奥地利军在1914年损失120万人外，在1915年的前三个月里又增加了80万人，已然奄奄一息。[74]如果没有德国的大规模援助——无论这种援助需要以政治依附和民族荣誉的方式付出多大代价——哈布斯堡帝国将面临最终的危机。

第六章

僵持

191　　到1915年春，1914年冬季所有参战军队的进攻力量消耗殆尽——在东线只比西线晚一点点——这给欧洲带来一条新的边境。这一边境的性质与战前那些老式、松散、往来自由的边境大为不同。战前，人们在寥寥无几的海关口岸通行，无需护照，或是在其他任何地方往来，也不需要正式手续。这种新的边境与罗马军团在边境的堡垒（limes）类似，是一种把巨大的军事帝国与外部世界分隔开来的土木工事构成的壁垒。确实，从罗马以来，欧洲从未有过类似的东西出现——查理大帝统治下没有，路易十四统治下没有，拿破仑统治下也没有——直到未来三十年后冷战爆发前也不会再次出现。

　　然而，不同于罗马边境的堡垒和铁幕，新的边境既不标志社会边界，也不标志意识形态边界。它只是防御工事而已，既是防御性的也是进攻性的，分开了交战各国。这样的防御工事此前曾经存在，尤其是在美国内战中的弗吉尼亚和马里兰；半岛战争中，威灵顿在葡萄牙修建过类似的工事；它也在巴尔干战争中伊斯坦布尔外面的恰塔尔贾（Chatalja）出现过；17世纪和18世纪，沙皇军队在西伯利亚草原也曾修建这样的工事（长砦，Cherta lines）。但1915年欧洲的新边境在长度、深度和布置上都是无与伦比的。从波罗的海的梅梅尔（Memel）到喀尔巴阡山的切尔诺维茨，从比利时的纽波特到弗赖贝格（Freiberg）附近的瑞士边境，土木工事形成的界限延展接近1300英里。1870年代美国牧场发明的铁丝网出现在这里，到春季，已在敌对双方的战壕之间排列成行。地下掩体也出现了，英国人称之为"防空壕"（dugouts）；此外还出现了通往后方的支援和后备堑壕。然而，在本质上，这条新的边界是壕沟，挖掘得足够深，能够保护人，足够窄，使炮弹难以击中，每间隔一

192　段距离后转弯，挖出横道，以便分散爆炸的冲击波、碎片或弹片，并防止进入战壕的敌人以火力控制太长的距离。在潮湿或是多石的地面，战壕很浅，而在前方设置较高的护墙，用泥土，常常是沙袋建造。土壤越是干燥和适于建造工事，就越不需要用木材或枝条编织物建造的"护墙"支撑战壕内壁，地下掩体也就越深；这些开始时只是作为最靠近敌方的战壕侧面上用来保护入口、避开飞进来的炮弹的"刮痕"，很快发展为很深的掩体、向下延伸的楼梯；德国人最终在阿图瓦和索姆的白垩

土中挖到了 30 英尺或是更深，在最凶猛的炮击中岿然不动。

但是并没有普遍适用的战壕体系。不同地方、不同战线上的样式各不相同，设计取决于地形的特点、部队相对于空间的比例——西部高，东部低——和战术准则，还取决于决定了战线停止在哪里的战斗过程。在 1915 年东线宽阔的无人区，分隔敌对双方前线的空间可能达到三四千码宽。在克拉科夫以南的戈尔利采和塔尔努夫（Tarnow）之间，即将来临的大规模奥德进攻将发生在这里，"只有一条狭窄、连接也不好的壕沟，前面有一两股铁丝网，而通往后方的交通线常常是在开阔地上……而且也常常没有预备阵地"[1]。相比之下，西线的无人区一般宽两三百码，常常更窄，有些地方只有 25 码宽。紧张的战壕战甚至导致双方修建了"跨国的"铁丝网障碍。尽管障碍带——先是串在木桩上，后来使用固定时不会发出喧闹锤击声的螺旋桩（screw pickets）——仍然很窄，到 1915 年春，铁丝网大量出现。50 码深的密集障碍带是稍后一些年发展出来的。在前沿阵地的后面，英国人尝试挖掘一条"支援堑壕"（support line），与第一条距离 200 码，更远的 400 码处常常还有一条"预备堑壕"（reserve line）。这些不同的堑壕由"交通壕"连接起来，后者同样也挖出横道，使救助和配给人员从后方接近前线时自始至终得到掩蔽。如果概略地表示，这种布局看起来很像 18 世纪攻城工程中由坑道连接的"平行堑壕"[2]。然而，当战壕遭遇洪水、暴露在敌人的视野下，或者在战斗中落入敌手，所有图表式的整洁都很快荡然无存。总有新的战壕被挖掘出来以"改善"战线或者弥补在战斗中的损失：旧的支援壕或交通壕成为新的前线；一次成功的推进可以把整个战壕体系抛诸身后，可能只有当局部优势转移到另一方时才会重新启用。而就如第一张航空照片不久揭示的那样，西线很快成为一个重复的场景和死胡同组成的迷宫，士兵们，有时候是整支部队很容易在其中迷路。当在前线的期限结束，一个营将接替另一个营的阵地时，熟知战壕地理的向导是换防时不可或缺的伙伴。指向较为结实的战壕和民居遗迹的布告板同样必不可少；在 1914—1915 年冬天的伊普尔突出部，至今仍有被英国士兵命名为电车小屋、巴特西农场、乞丐寮、苹果别墅、白马酒窖、堪萨斯路口、玩具屋的建筑的遗迹。[3]

英国人在 1914 年 10 月急匆匆赶到伊普尔，以填补西线出现的缺口，他们已经在那里尽自己最大可能地把工事挖掘到地下。一个人可以以三分钟一立方英尺泥土的速度挖掘避弹坑（shelter pit），它或许能够在半个小时内为一个士兵提供掩体，当它们被连接起来，就成了战壕。[4] 更常见的是，第一个掩体是一条原有的沟渠或者田间排水沟；当它们被挖深，或者遇到降雨，这些现成的隐蔽所会积满水，除非下大力气，否则根本就无法住人，就像第 2 皇家威尔士燧发枪团（2nd Royal Welch Fusiliers）1914 年 10 月在伊普尔南部遭遇的那样："公路和许多田地以很深的沟渠作为边界……土壤大多是黏土，或者沙子……连指挥官派出人手在 [防守面对德军的前沿阵地的] 掩护部队后面进行挖掘……C 和 D [连] 分段挖掘带有横道的普通战壕。A [连] 分不同的排进行挖掘……B [连] 挖掘一条辅助战壕……并留下一个排驻扎在那里。其他三个排去往酒窖农场后面柳树成行的干水渠……并用他们的挖掘工具进行修补。"[5] 12 月，在他们接管的邻近一个类似防区，"二十四个小时里一直是'雨，雨，雨！'冬汛来了，沟渠变成了流入河里的溪流；它是这个排水造出来的低地国家的主要排水道之一。胸墙东倒西歪；沟渠造成的战壕里水流湍急，在白天不得不放弃它"。在皇家工兵部队和从锯木厂来的木头的帮助下，战壕终于在水线以上重新建好。"在可以听到敌人声音的地方……在两英尺深的……水里工作的人们……不得不把 [木头] 强行插进流动的泥淖里……两个星期的艰苦劳动建造出一条地面高于正常水线的战壕……在 1917 年，它仍然是该防区最为干爽的战壕。"[6]

这条战壕长期存在，这并不寻常；尽管西线即将陷入僵持，没有多少前线从 1914 年到 1917 年一直持续保持它一开始时的状态。燧发枪团在 1915 年 1 月伊普尔以南利斯河附近一处阵地的经验解释了何以如此：

利斯河的水位还在上升，所以我们决定放弃战壕，建造一道临时胸墙。工程在今天 [1 月 25 日] 开始……在水层很浅的地方，经常很难找到结实的土壤来装满沙袋，所以在接下来的几个星期里，全营用黏稠的泥建造胸墙，非常困难。护墙木架的不同部分由 [皇家] 工兵分别制作。很大的树木枝桠做成的围栏、瓦楞铁板，以及数不清的沙袋，这些东西在夜间由辎重部队运送……在营前沿的左侧发现了一个缺口，通过这个缺口，那里的很多战壕可以排干积水，驻扎士兵……当胸墙和战壕正在建造时，架设铁丝网的连争分夺秒地工作着……很及时地，固定在木桩上、横跨数英尺的带刺铁丝网带延伸到整个前沿阵地。完成防线并没花费几周，从此以后它一直完好无损。连的前沿处于德军狙击手的攻击之下，他们造成了在这一年最初几个月里大部分的伤亡，因为这个，有些地方不得不以双倍的速度或是跳跃的方式通过。[7]

逐渐地，诸如第 2 威尔士皇家燧发枪团（the 2nd Royal Welch Fusiliers）各营的部队把英军驻守的前线变成了一条防御战线，而且多少可以居住。德国人决定从马恩河撤退到自己选择的阵地，这使他们得以避免潮湿、低洼、被敌人居高临下的区域，他们把这些地方留给了敌人。因而，他们的战壕建设得更加出色一些。从马恩河前进追击的法国军队逐一遇阻，它们的指挥官报告称，德国人的战壕是一种经过深思熟虑的战略手段。9 月 13 日，弗朗谢·德埃斯普雷在发给身在总指挥部的霞飞的晚间报告中说，第 5 集团军遇到一种新现象，一个有组织的战壕网从兰斯两侧延伸开来，他的先头部队既不能绕过，也没法渗透过去。在接下来的几天里，其他每个集团军的指挥官都发来类似情报。在 9 月 15 日，福煦从第 9 集团军报告说，他受阻于一条从第 5 集团军的侧翼向东延伸的战壕。在 9 月 16 日，萨拉伊（Sarrail）从第 3 集团军汇报称，他的部队正与"以一个战壕网包围了凡尔登"的敌人发生连续不断的接触，靠步兵的进攻无法赢得战斗。他右翼的德卡斯泰尔诺在同一天发现他的第 6 集团军正面对一条无法从侧翼包抄的战壕防线。而在 9 月 17 日，第 1 集团军的迪巴伊报告说，他的前线横亘着一条绵延不断的战壕防线，这是由德国人从当地居民中强征来的劳动力修建的。[8] 因此，从兰斯到瑞士边境，德军成功实现了毛奇在 9 月 10 日的命令，"挖掘战壕坚守"从马恩河撤退后到达的阵地。与此同时，当一系列短距离迂回逐次失败，从埃纳河向北到英吉利海峡，一条战壕组成的战线逐渐挖掘出来。就像第 2 皇家威尔士燧发枪团的军官们描述的那样，"奔向海洋的赛跑"的最后一个阶段结束对于壕沟的加深、平整、拼凑以及粗糙的野战木工活，这一切都是在敌人的火力下进行的，后者的战壕建立在更高、更干爽、从东面俯视伊普尔及其周围的山脊上。

英国人在南非学到了新鲜而且重要的东西，在那里，布尔人在莫德河和图盖拉河教会了他们把所有战壕体系复杂化。英国人在佛兰德斯挖掘二重或三重战壕来弥补被敌人居高临下的劣势，这样既能抵挡步兵的突然袭击，也能防御炮火。德国人最近在 1871 年的巴黎附近才开始挖掘工事，另外通过间接研究日俄战争获得了战壕战的知识，他们的信条不同。在 1915 年 1 月 7 日和 25 日发布的两个指示中，法金汉命令西线的部队以足够确保少量部队长时间抵挡优势敌军的标准修筑前线工事。[9] 法金汉在这一点上的坚持缘于他迫切需要从法国和比利时为东线的战役找到增援，马祖里湖区和维斯图拉河的战斗，以及在加利西亚支援奥地利军的需要，日益严重地抽干了他拥有的资源。他已经派遣了 13 个师到东线，而且，在度过东线的危机之前，除了就地征召部队，还会从西线派出 7 个师。这些被调走的部队属于最优秀的，包括第 3 近卫师和其他 6 个常备师以及 4 个一线预备役师，其中有第 1 近卫预备师。这是他西线部队的十分之一，普鲁士常备军的三分之一，防守能力最值得信赖。

东线的部队日益成为一支令人敬畏的攻击力量。此后西线的部队，尽管仍然剩下一些精锐，包括了不成比例的非普鲁士部队——巴伐利亚兵、萨克森兵和黑森兵（Hessians），包括了较弱的预备役和未经训练、战时征召的部队。在这种情况下，法金汉下达的防御准则颇为严苛也就毫不令人惊讶。被全力加固的前沿阵地是主要的防线，必须不惜代价进行坚守，一旦丢失，须立即发动反击夺回。挖掘二线阵地只是一种预防措施。包括统帅第 6 集团军在佛兰德斯与英军作战的鲁普雷希特王储在内的一些德国将领，甚至反对挖掘第二道防线，他们相信前线部队如果知道身后有退路，就不会顽强抵抗。直到 1915 年 5 月 6 日，总参谋部才下达强制命令，德军整个防线都修建第二条战壕防线来加固，这条防线设置在后方两三千英尺处。[10]然而，到那时，主要防线正在变成一座可怕的堡垒。在阿图瓦和索姆河的白垩岩，在埃纳河和默兹河的高地，德国步兵深深挖入地下，建造防弹掩体。他们在战壕后面建造了混凝土的机枪点，用木头和钢铁层层围护。胸墙又厚又高，战壕内部出现了木板搭建的通道。从军事上看，德军的前线每一周都比之前更加坚固。从内部看，工事甚至逐渐变得舒适。深一些的防空壕里出现了电灯，还有固定的床架、木质地板、嵌板墙壁、甚至地毯和装饰画。从地下指挥所向后方的支援炮兵连架设了电话线。德军做好了长期驻守的准备。

法国人则没有让自己过得这么舒服。收复敌军占领的法国领土是当务之急，北部省（Nord）、加来海峡省（Pas-de-Calais）、索姆省（Somme）、瓦兹省（Oise）、埃纳省（Aisne）、马恩省（Marne）、阿登省（Ardennes）、默兹省（Meuse）、默尔特－摩泽尔省（Meurthe-et-Moselle）以及孚日省（Vosges），在 1914 年 10 月部分或者全部处于敌人的控制之下。另外，对国土的占领比侵犯更为严重。它严重损害了法国的经济生活。没有被战争直接触及的八十个省大部分是农业省份。法国很多制造产业坐落在被德军占领的十个省，这里还有国家煤、铁矿藏的大部分。哪怕只是为了在战争中坚持下去，收复这些省份也很急迫。因此，霞飞反对建造一条德国式的严密封闭的防线，因为他希望把士兵占领的阵地作为发起穿越无人区的决定性进攻的基地。无论如何，在某种意义上，他与法金汉在节约使用兵力这一点上颇有相似之处。然而法金汉希望把整个西线变成消极的部分，以便把兵力投入东线的战斗中，与他的德国对手不同的是，霞飞想要把西线划分成消极和积极的部分，从前者为后者抽调攻击力量。地理因素决定了如何划分。潮湿多山的区域——北部的佛兰德斯、默兹地区的高地以及南面的孚日山脉——将会趋于消极。积极的区域将会介于中部，尤其是与德军在阿拉斯（Arras）的索姆河白垩土地上的巨大突出部对峙的那些地区，以及兰斯附近的香槟地区。

12月在这些地区发动的两次进攻被证明尚不成熟。12月14—24日的第一次阿图瓦战役没有任何战果。12月20日开始的香槟冬季战役旷日持久，中间发生了长时间的停顿，到次年3月17日结束，法军9万人伤亡，尺寸未进。在更南面凡尔登附近的阿戈讷（Argonne）、圣米耶勒（St Mihiel）突出部以及孚日山脉的哈特曼斯维勒科普夫（Hartmannsweilerkopf）附近，也发生了无果的局部战斗。这里是一处战略要地，双方都在此投入了特种山地部队，猎兵（Jäger）和山地团（Chasseurs Alpins），彼此徒劳无功地发动攻击；法国人称这里为"旧阿尔芒"（le vieil Armand），此地成了双方许多最优秀士兵的葬身之地。霞飞开始意识到法军至今为止的装备过于落后，而德军的战壕却过于牢固，因此不可能取得任何决定性的战果。他重新制订了自己的计划，在1月颁发了两条规定前线应该如何组织的指示。在第一条指示中，他命令积极作战区域应该由可以用火力覆盖前沿和侧翼的据点构成。穿插其中的消极作战区域只由警戒哨驻守，架设层层铁丝网，但由积极作战区域的火力加以守卫。在整个前线，无论积极区域还是消极区域，都将架设两条相隔20英尺左右、大约10英尺宽的铁丝网带，留出巡逻队可以穿过的空隙。在据点组成的战线后面，要设立带有供反击连队使用掩体的第二阵地。[11]对第8集团军的调查证实，霞飞要求的大部分工作此前已经完成了。因此，他在1月份的第二条指示中，规定以在后方2英里处挖掘与第一道防线类似的第二道防线来加强前线，以此预防局部被突破。这样的工作在凡尔登和兰斯地区已经完成了。霞飞在指导性的指示中加上，前沿阵地越薄越好，以便节约兵力、避免伤亡，而且局部地区的指挥官应该避免把前哨推进得过于接近敌方阵地，他认为这样做会导致无谓的损失。

英军的策略恰恰与之相反，他们通过反复挖掘更加靠近敌军阵地的战壕以"控制无人区"，并组织对战壕的不断攻击。第一次对战壕的进攻由印度军的第39杰拉瓦来复枪团（the 39th Garhwal Rifles）于1914年11月9日至10日夜间在伊普尔附近发起。[12]在夜色的掩护下迅猛插入敌军阵地是印度边境战斗的传统特征，而这一蓄意谋杀似的小规模行动代表了西方军队间的"文明"战争对于部落军事实践的学习。以此为先导，英军逐渐对此习以为常，而德军将会跟进。而法军，尽管他们在北非有着长期的部落战争经验，却从未对这些野蛮的贴身肉搏产生热情。法国各军配备了比英德更多的野战炮，在解决了1914至1915年冬季的短缺后，炮弹充裕，因此他们选择从远距离以炮火控制防御前沿。

在11月份，这三种守卫西线的不同方法把战线固定下来，在次年春天，西线对一个空中观察员来说，还不会显得太明显。从空中来看，外表单调乏味、千篇一律：一条大约4英里宽的带状坑洼的土地、残损的植被以及被摧毁的建筑物。稍后，当大炮的火力增强，优势在局部的步兵战斗中反复易手，被破坏的地区将会扩大。在接下来的二十七个月中不会有什么改变的是前线的长度，以及决定了它走向的地理特征。这些剩下的东西很显然不是任何一方军队的努力所能改变的，直到1917年3月，德军主动让出索姆河中部地区，退回到后方20英里处原来的预备战线，这条战线更短、更坚固。西线从北海到瑞士边境形成一个475英里长的反S形，月复一月地保持原样，几乎每一英尺都无法改变。它始于比利时的纽波特，在这里，伊瑟河在间隔30英尺宽的高大混凝土堤坝中间缓缓流入大海。东面的大堤由德国人占领，西面的由法国人控制——因为霞飞不愿意把这一战略要地交给比利时人，尽管他们是在保卫自己的土地。在纽波特的水闸系统之下、面对海岸沙丘的假日旅馆（这里在1914年很快空无一人，被炮火摧毁）构成的堡垒后面，前线沿着伊瑟河向南，穿过异常平整的甜菜地和灌溉渠——公路铺在堤道的上面——直达迪克斯迈德，佛兰德斯山脊延伸出来的台地山坡在这里伸向大海。在1914年11月以后，这里很多土地被水淹没，洪水泛滥阻碍了德国海军部队通过，他们在东侧据守建有胸墙工事的战壕。

迪克斯迈德以南，战线再次在略高于海平面的地上向伊普尔延伸，并以扁圆形环绕城市——"突出部"——从1914年11月到1918年10月，这里始终被位于更高的帕斯尚尔和根卢瓦特的德军俯视着。中世纪的羊毛贸易给伊普尔带来了财富，体现于一所华美的教堂和宏伟的纺织品交易大厅。到1915年春天，它们首先被摧毁，同时被毁的还有城镇背后17世纪的壁垒和19世纪的兵营，数以千计的英军士兵经过这里向南进军，沿着所认为躲避炮轰的最佳路线出入战壕。在伊普尔后面，地形向着"佛兰德斯瑞士"的方向逐渐升高，形成肯默尔（Kemmel）、卡塞尔（Cassel）和蒙特迪卡（Mont des Cats）高地，英军将领在此设立指挥部；从前线撤下来的部队在波珀灵厄（Poperinge, Pop）和巴约勒（Bailleul）进行休整。Pop对英国远征军变得具有多重吸引力：由胖神父克莱顿（Reverend Tubby

Clayton）管理的著名的塔尔博特屋（Talbot House,Toc H），服务于那些胸怀高尚、恪守教规的人，而且他坚持，一旦来到这里，就不再有官阶的区分；名声不佳的斯金德斯咖啡馆（Skindles）服务于那些想要吃顿好饭的军官和陪伴他们的放荡女郎。斯金德斯咖啡馆在今日已经无从辨认，但 Toc H 仍然幸存，它的顶楼小教堂，也就是"上层房间"，洋溢着那些一往无前坠入20世纪战争地狱的乡村志愿兵们心中对于英国国教的虔诚信仰。屋檐下昏暗质朴的小教堂至今仍是令所有西线朝圣者深深感动的驻足之所。

伊普尔以南，在欧贝（Aubers）和莫西内山脊以及朗斯（Lens）附近的煤矿地区，德军占有的地理优势更加明显。前者是英国军队多次攻击的目标，而后者的矿石堆给德军提供了有利于防守的地点和矿坑入口，直到被炮击摧毁。在附近的拉巴西，战线进入法国边境并开始向阿图瓦的白垩土山脊爬升。早期寻找深层地下水的水利工程师在这里发展出自流井——阿图瓦井，而这里的土壤为德军提供了整个西线最佳的防守条件。白垩土地带向南方延伸，穿过索姆到达香槟，但没有任何地方比维米岭（Vimy）能让德军在面对敌人时占据更大的优势，在这里，山脊的顺向坡突然剧烈向东下降，直达杜埃（Douai）平原，一直通往连接里尔（Lille）和梅斯（Metz）的重要的南北向战略铁路——火线铁路（ligne de rocade）。因为山地与平原之间的界限在维米岭如此明晰，这里是德军不得不固守的要点，直到1917年被史诗般的加拿大军夺取之前，它抵御了协约国军的多次进攻。

维米岭以南，战线在阿拉斯东面一点儿穿过，阿拉斯也是中世纪毛纺业财富的建筑宝库，在大战中被夷为平地。现在，这里从上方的地窖——这些地窖在战争中曾掩蔽了成千上万的协约国士兵——到索姆河边的丘陵地带都得到了重建。索姆河令人生畏，遍布沼泽、蜿蜒曲折，但它周边的乡村却使英国人油然而生亲切之感，地势开阔起伏，绿色的丘陵和盆地让人回忆起索尔兹伯里的原野或是苏塞克斯的城镇。英国人将会熟悉这里，因为到1916年，随着人数的增加，他们的战线逐渐向南延伸，几乎到达佩罗讷（Péronne）的索姆河山谷，这里是他们在剩余的战争岁月里与法国人的交界处。

法国人的战线总是更长些，甚至在他们把索姆河以北的部分移交给英国人以后也是如此。从索姆河南岸开始，战线穿过比河的北面人口更加稠密、树木更多的乡村，直到瓦兹河畔的努瓦永，这是通往巴黎最近的入口，距巴黎只有55英里；在战争的大部分时间里，伟大的激进政治家乔治·克里孟梭（Georges

Clemenceau）编辑的报纸报头会是"敌在努瓦永"（"Les allemands sont à Noyon"）。在这里，战线沿着埃纳河和艾莱特河（Ailette）之间的山脊斜坡急剧转而向东，这是马恩河战役之后德军最先战壕化的区域，因而是西线的最初的部分，这里的山脊在路易十五为自己的女儿在山顶修建了舒适的道路之后以"贵妇小道"而为人所知。

在贵妇小道的东面，战线沿着兰斯上方的高地前进，在战争的大部分时间，兰斯都处于德军的炮击范围内。1917年法军对贵妇小道失败的进攻引发了"兵变"。战壕继续向东，穿越干燥多岩石的"穷困的香槟"（champagne pouilleuse），这里是法军在和平时期最大的训练区，令人颇感讽刺。树木稀缺，障碍很少，使这里很适于大规模部队演习和炮兵的训练，但战前对西线将会出现的运动战的预演完全落空了。

在香槟靠近圣梅内乌尔德（Ste Menehould）的东部边缘，战线进入遍布野生森林、溪流和小山的阿戈讷森林地带，在这里，双方都无法发起重大行动，小规模的相互骚扰却持续不断。默兹高地在阿戈讷隆起，凡尔登要塞高居其上，德军的战壕从东面包围了凡尔登，然后进入沃尔夫（Woevre）平原。沃尔夫平原对德军而言至关重要，从这里可以便捷地通往己方在梅斯的巨大要塞，在1914年最初的战斗中，他们竭尽全力守住了这里。在9月底，他们获得优势，在默兹河对岸圣米耶勒建立了立足点，这一突出部为跨越西线最为重要的水体障碍提供了桥头堡，给法军造成了无穷无尽的麻烦。德国人一直固守这里，直到1918年9月被美军夺回。

在圣米耶勒以南，法军占据优势。在边境之战中，他们成功地保卫了南锡以及附近诸如阿尔萨斯山（Ballon d'Alsace）这样的制高点，对任何方向都居高临下。法国人控制了孚日山脉的高点以及穿越群山的默尔特河沿线，使他们确保了西线东端的安全。[13] 最后50多英里的前线大体上是在德国境内——尽管在1871年以前是法国的领土——通过孚日山脉的高山峻岭，穿越贝尔福（Belfort）隘口，在邦佛（Bonfol）附近抵达瑞士边境。在那里，瑞士的民兵部队从中立领土监视着敌对双方战壕的终点，他们已经因为战争而全面动员。[14]

西线的战争策略

现在,西线的战略地理已经一目了然,在战壕战开始时以及其后的年月里也很清楚,并且大体上主宰了双方的战争计划。许多地区都不适合双方所设想的大规模行动,在这样的行动中,炮火为大规模步兵的进攻扫清道路,随后是骑兵深入,袭击开阔的乡村地带。孚日山脉就是这样的地区,法德双方也都接受了这一事实,双方都以次要的师守卫此地,并以山地步兵加强。山地步兵偶尔会投入争夺制高点的战斗。实际上,在凡尔登以南,任何一方在 1914 年 9 月和 1918 年 9 月之间都没有做出太大的努力,这一 160 英里长的范围变成了"不活跃"的区域。其余的地区,阿戈讷也和佛兰德斯一样被证明不适于发起进攻,二者的原因不同:前者地形支离破碎、河水横流、林木阻塞,而后者洪水泛滥,都无法提供胜利需要的稳定、畅通无阻的前进道路。对阿戈讷地区的炮击把林地变成植被残损的丛林;佛兰德斯海平高度的湿地很快被炮击炸飞了土壤,变为沼泽。在中部,埃纳河和默兹河的高地尽管都经历了大规模的争夺,但都过于有利于防守,使进攻方很难取得战果。因此,只有在索姆河和香槟的白垩土地区发起进攻才有成功的希望。前者在潮湿的佛兰德斯乡村以南,后者在默尔特河和摩泽尔河的多山森林地带以北,彼此被埃纳河和默兹河的高地分隔,这些高地在前线构成了以二者为肩的突出部。因此,军事逻辑决定进攻方应该以两肩地区作为主要攻击方向,而防守方则最好在此做好防御攻击的准备。

哪方发动进攻,哪方进行防守?在 1914 年 8 月,是德军发起了进攻;施里芬的地图标示了"第三十一天的战线",与西线早期的情势可怕地吻合。在 9 月,法国发起反击;在沿着阿图瓦稳定下来的战线"奔向海洋的赛跑"中,在皮卡第(Picardy)和佛兰德斯地区的交火线同样精确。铁路网的分布解释了结果何以如此。在 1914 年的战役中,德国夺取了在其占领区内南北向的梅斯-里尔线。另一方面,法国仍然控制着与其对应的南锡-巴黎-阿拉斯线。后者比前者更加靠近交火线,这解释了为什么法国人能够比其对手更及时地把预备部队运往关键地点,赢得一次又一次的战斗。

因此,"奔向海洋的赛跑"最好被理解为就像沿着梯子的梯级发生的一系列胶着的战斗,而构成梯子两侧支撑杆的就是那些至关重要的平行铁路线。如铁路路线图所示,重要交火地点附近的亚眠、阿拉斯以及里尔都位于连接这两条重要南北铁路的跨国路线上。因为自然和人文地理在战争过程中都未发生变化,所以尽管选择了最终接触点的德国在战术方面占据上风,法国则拥有战略优势。[15]

既然战略地理是战略选择的重要决定因素,法国拥有的地理优势把它置于发起进攻的位置。然而,地理因素并非这一决定的唯一理由,同样也不是德国决定在西线采取守势的唯一理由。真正的原因大不相同。法国作为1914年8月德国进攻的受害者,以及战役中主要的领土丧失者,民族自豪感和国民经济需要它发起进攻。相反,德国因为两线作战中在东线经受的挫败,需要把部队从法国派往波兰,在那里发起进攻,因而必然采取守势。德国帝国已经危如累卵,它的奥地利盟友也是一样。哈布斯堡帝国的军队在加利西亚和喀尔巴阡山脉的战役中遭受了惨痛损失,它的民族平衡被打破,人力和物力储备几乎耗尽。俄军一旦重新发起攻击,可能会把它逼下悬崖。1914年的真正后果不是"施里芬计划"受挫,而是同盟国在东欧地位的崩溃。

在8月的最后一个星期,针对这一危险的预防措施已经零星展开,第3近卫师和第38师被从那慕尔运往东普鲁士,应对坦能堡出现的危机。其后在9月到12月之间,又有10个师开赴东线。毛奇已经不愿意投入更多,他的继任者法金汉对从西线调动任何一个师去东线都感到不满。他相信只有在西线投入主要力量才能赢得战争。在那里,法军已经从开战时的损失中恢复过来——新组建了33个师——而法国工业正开足马力投入一场物资生产的战争中。英国正在组建新的志愿军,同时训练和平时期的民兵本土防卫部队,使之投入现役;这样总共提供了将近60个师,除此之外,还有从加拿大和澳大利亚匆匆穿越大西洋和太平洋赶来支援祖国的部队。法金汉并不知道这些部队的具体数量,但他对于敌方正在聚集数量巨大的增援的印象非常准确。很快,德国在西线面临的敌军数量将会加倍,而他们自己已经接近了人力扩张的极限。通过减少每个师步兵人数的方式增加师的数量,依靠大炮和机关枪来弥补火力的削弱,这一手段是可行的,但无论如何,可获得部队的绝对数量的极限已经近在眼前。

在这种情况下,法金汉相信1915年必须在迫使俄国单独媾和的大政策下,在西线发起进攻而在东线进行防守。然而，他缺乏执行其计划所需的权威。尽管当他放弃陆军大臣的职务，作为最高司令官的皇帝以在1915年1月任命他为总参谋长的方式巩固了他的地位，但他心知肚明，政府的声望系于坦能堡的胜利者兴登堡及其德军东线最高指挥部的参谋鲁登道夫。他们所反对的，他就无法坚持下去；相反，他们想做的，他将逐渐被迫妥协。另外，鲁登道夫正在削弱他的权威，而总参谋长的权力在德国的体制中从来没有得到清晰的界定。相反，霞飞在军事区内榨干了政府的权力，基奇纳在战争爆发时被任命为国务大臣，同样也有力地履行了作为总司令的职责。法金汉不是最高指挥官，因为这一荣誉属于皇帝，也不是他的直接下属，因为在他和皇帝之间还有军事内阁（Military Cabinet），后者是一个没有执行权但影响力很大的机构。[16]鲁登道夫通过军事内阁施展他的诡计。他得到了总理贝特曼·霍尔维格的协助，后者最大程度上分享了德国人民对兴登堡的支持。在1915年1月，霍尔维格向军事内阁提议由兴登堡取代法金汉，以便在东线发起一场重要的进攻。当军事内阁的资深军官指出皇帝喜欢而且信任他青年时代的朋友法金汉，并不喜欢鲁登道夫，认为他野心过大时，总理退却了。然而其后不久，他在最高指挥部与鲁登道夫的代理人冯·黑夫滕（von Haeften）上校接触，后者建议他直接向皇帝提出建议。不仅如此，霍尔维格还争得了皇后和皇储的帮助，支持兴登堡和鲁登道夫的东线战略。法金汉展开反击，先是要求兴登堡辞职，尽管这在德国公众舆论下是不可能的，然后迫使鲁登道夫从东线指挥部迁往加利西亚的德奥军指挥部。

兴登堡请求皇帝让鲁登道夫返回，但他发现自己走得太远了。威廉二世断定这位英雄正在挑战最高指挥的权威。然而，他也不愿过于强硬。他被妻子、儿子、总理甚至已经卸任的冯·毛奇游说，他在支持法金汉的同时意识到必须保留兴登堡并满足其许多要求。结果是一种妥协。尽管遭受了公开的冒犯，法金汉与兴登堡达成了个人和解，决定不把对他的计划的阻挠变成一个辞职问题，并默许鲁登道夫返回东线总指挥部。兴登堡意识到法金汉无法取代，满足于已接收的从西线调往东线的部队得到认可，以及行动的自由，这保证他可以追求对俄国获得进一步胜利的机会。兴登堡本希望如果他能制订一个令人信服的、能削弱俄军并稳定仍不固定的东线的进攻计划，便能够榨取更多部队。这些希望中孕育了在克拉科夫以东发起新攻势的计划的萌芽，这一攻势在即将到来的5月会在戈尔利采－塔尔努夫带来重大突破。同时，德国的"西线论者"和"东线论者"之间的争吵会继续下去，悬而不决。[17]

在协约国一方，迄今仍未产生类似的意见分歧。尽管没有二战中成功协作指挥英美战略的参谋长联席委员会（Combined Chiefs of Staff Committee）那样的指挥机构，但英法总参谋部之间的非正式相互理解运作良好。俄国的意见也通过它在法国和英国指挥部的联络官得到传达。弗伦奇在任何情况下都与霞飞齐心协力。霞飞只有一个想法：把侵略者逐出祖国的土地。弗伦奇没有那么强烈的爱国情绪，但他比同僚们更具战略眼光，这与霞飞的想法相同。奇怪的是，他像兴登堡一样相信战争决定于东线。虽然如此，他确信"直到俄国人［能够］做完他们的事儿"，英国的正确政策是把所有可能的部队投入西线的行动中。[18] 英军的数量迅速增长。到1915年年初，英国远征军的规模达到可以划分为两个集团军，第1和第2集团军，本土防卫军大规模抵达法国，基奇纳"新军"的第一个志愿师也初具规模。很快，英军就能够从盟友处接管战线并自行发动攻势。

问题是，在哪里发动进攻？早期的计划是，在皇家海军的支援下由英国和比利时联军在比利时海岸发起一次大规模行动，海军部警告说它的轻型舰船无法承受德国的海岸炮火，而在如此狭窄的水面作战对于战舰来说风险过大，计划受挫。[19] 把部队用于对奥地利作战同样不现实。奥匈帝国在军事上孱弱，但地理因素决定海上力量几乎无法接近它。亚得里亚海（Adriatic）是奥地利的内湖，潜艇和新近建造的无畏舰阻挡了皇家海军和法国海军的进入。协约国只有通过尚未参战但却持敌对态度的保加利亚或者谨慎保持中立的希腊领土，才能支援英勇的塞尔维亚。意大利加入协约国的可能性看起来越来越大，这使奥地利面临更大的压力，但无法给塞尔维亚提供直接帮助，因为意大利的无畏舰基地位于地中海，所以它也无助于打开亚得里亚海的入口。罗马尼亚对协约国持友善态度，但除非在东线占得上风，俄国不会冒险参战。因此，西线之外，英国日益增长的力量唯一的用武之地是土耳其，它在10月31日作为德国和奥地利的盟友参战。然而，土耳其当前只在高加索（Caucasus）与俄军开战，但这里对于英军的任何聚集点都太远，无法纳入计划构想。另外，只要不会削弱在北海的优势，英国政府就考虑把海军力量投入部署，但它至今为止仍然不愿意把陆军调出法国。在1月，英国战争委员会（War Council）开始考虑对土耳其的达达尼尔（Dardanelles）进行海军远征，目标是打开通往俄国黑海港口的道路。然而，行动严格限制于海军；在任何意义上，英国对法国的承诺都保持了完整。[20]

西线不仅在军事方面，在地理方面也存在战略上的难题。首先是如何突破战壕构造的防线；其后是选择进军路线，以便迫使德军大规模撤退。在1月，位于巴黎附近著名赛马中心尚蒂伊（Chantilly）的法军总指挥部的行动参谋开始分析这一难题。问题在于野战中支撑德军的铁路交通。有三条穿越莱茵河后撤进入德国的铁路系统。最南面的很短，并易于防守。其余两条支撑着德军据守佛兰德斯和凡尔登之间的突出部。如果能够切断其中的一条，两条更好，德国在突出部的部队将被迫撤退，这很可能再次创造进行"野战"的条件，他们相信这足以提供赢得决定性胜利的机会。因此，尚蒂伊的法国人、圣奥梅尔（St Omer）英军统帅部的英国人在1月达成共识，1915年的正确策略是在突出部的"肩部"发动进攻，在北面进攻欧贝岭和维米岭，这里位于协约国和杜埃平原上的德国铁路之间，在南面进攻香槟高地，这里保卫着梅济耶尔－伊尔松（Mezières-Hirson）铁路线。理论上，进攻将会采用包夹，由此使巨大突出部的德军受到包围和被切断补给线的威胁。

这样，法国和英国达成了共识。它们将在春季发动进攻，在佛兰德斯和阿图瓦是英法联合进攻，在香槟则是法军单独行动。[21] 实际上，这第一次共识为整个战争期间协约国在西线的努力设定了模式。这一模式将在当年秋天、在1917年，以及1918年的最终胜利中不断重复。只有在1916年对德国突出部中央的进攻，即索姆河战役中，协约国尝试了一些不同的东西。

然而，这促成了1915年春季进攻的失败。在英法两国每一次新的进攻中，失败的原因将变得悲剧性地令人熟悉。实际上，在春季进攻开始之前就已经出现了失败的征兆，即3月英国在新沙佩勒（Neuve Chapelle）发起的较小规模预演的失败。使对战壕的进攻备受挫折的所有因素都出现了，包括功能性的因素和结构性的因素。功能性的因素随着时间的流逝将会好转，而结构性的因素一直持续了下去，甚至在1917年坦克出现并大规模部署之后也是如此。功能性的因素包括缺乏炮火支援、计划的刻板僵化、预备队的错误部署，以及指挥权授权方面的不足。结构性的因素则包括推进的步兵相对缺乏机动性和对于火力全然缺乏防御能力，以及前线和后方、步兵和炮兵、相邻的部队之间没有快速联络的手段。如同军事实验室一般，在新沙佩勒的行动展示了所有这些因素的作用。

1915年的西线战役

发起新沙佩勒之战部分是因为弗伦奇无法满足霞飞的要求，由英国远征军接管更多的法国战线，以此协助为即将到来的阿图瓦战役进行的准备工作；还有部分是因为弗伦奇急于重建他的部队因12月在法国人的眼前寸土未进而遭到损害的声誉。计划很简单。新沙佩勒是伊普尔以南20英里阿图瓦地区一处被摧毁的村庄,在冬季,英国人已经依靠新到达的有生力量把阵地扩展到这里。英国第7、8师和印度密鲁特师、拉合尔师将在3月10日对它发起进攻。攻击前沿差不多8000英尺宽,其后配备了主要是小口径的500门大炮,20万发炮弹,用于攻击敌军的战壕、保护战壕的铁丝网和后方的防守据点。[22] 进攻开始后,炮弹会在德军战壕后面组成平行于攻击面的"弹幕"(barrage)——这一术语来自法语,原意是水坝或者屏障——以阻止德军的增援部队接近遭受打击的友军。英军和印军向前推进后,会得到预备部队的增援,以向前夺取更多的目标;但命令只能由第1集团军的道格拉斯·黑格将军发出,经过下属的军、师、旅、营指挥所层层下达。

开始于上午7点的炮击让德国人大吃一惊。这一成就在以后很少能够达成;更大的成就是第1集团军在第一波攻击中召集了6000人,他们面前不到100英尺远的敌人完全没有发现,这一点从未再次发生。防守方的部队隶属于两个步兵团和一个猎兵营,它们被压制住,与攻击方的兵力对比是1∶7。大片铁丝网被割断,前线的战壕被摧毁。当英国步兵在8点05发起进攻,他们并未遭到抵抗,在二十分钟内,德军的防线被打开一个1600英尺长的缺口。进攻方赢得了局部但却重大的胜利。

然后,导致失败的功能性因素出现了。英军的命令规定,当突入德军的铁丝网200英尺这一初步目标完成后,步兵将停顿15分钟,以便炮火扫荡他们面前的新沙佩勒废墟。这样做是为了使那里的守军丧失战斗能力。事实上,那里根本没有守军。那些在最初的炮击中逃生的敌军正匆忙逃向后方的防守据点,这些据点的建立恰恰是为了遏制英军现在这样的突破。在这第二次炮击后,英军迅速跟进,深入炮击区后面的开阔乡村,他们嗅到了胜利的味道。然而,命令再次要求他们停下来等候。在中央部分属于第2来复枪旅的营指挥官向后方传递信息,请求不管命令,继续前进。令人惊讶的是,在这个前无线电时代,在没有电话线的情况下,后方接到了他的信息;更加令人惊讶的是,旅指挥部的回应快得足以影响局势,使情况变得更糟:向前推进的请求被拒绝。

现在大约是9点30,德军正逐渐从混乱中恢复。法金汉在1月25日的战术指令中要求,在敌军突破防区的情况下,德军将固守并加强突破口的两翼,而预备队将快速向前填补缺口。即将发生的事情正是如此。在英军左翼的德军阵地没有受到炮击的影响，两架机关枪由第 11 猎兵营投入战斗，杀死了第 2 苏格兰来复枪团和第 2 米德尔塞克斯团（Middlesex）数以百计的士兵；在右翼，攻击方迷失了道路，停下来确定方位，这在战壕区支离破碎的地形中经常发生。在耽搁的时间里，那里的德军迅速组织了该侧的防御。同时，根据计划，新投入的英国营拥入第一波进攻开辟的缺口。到 10 点钟，"大概有 9000 人 [拥挤] 在新沙佩勒和原来英军的工事之间，他们 [在那里] 无所作为地或躺或坐或站在泥水里，就像戈尔韦（Galway）桥下池塘的鲑鱼一样挤作一团"。幸运的是，射程内的德国炮兵连没有多少弹药。[23]

英国炮兵拥有充足的储备，但他们没法及时得到形势恶化的通知，这是导致失败的结构性因素之一。在没有无线电的情况下，通讯依赖于旗语和通信兵，前者常常难以辨认，后者既缓慢又容易遭受攻击。在 11 点半，英军对第 11 猎兵营的机枪阵地组织起一次炮击，1 名军官和 63 名士兵投降，他们已经杀死了 1000 名英军士兵。因为没有办法联络炮手，英军无法尝试对他们以及其他防守据点进行精确并及时的炮击。德军的局部指挥官，尽管级别较低，但意志坚定、训练充分，一直在催促预备队骑自行车或者步行赶往侧翼。与此相反，英军的下级军官正在按照计划的要求报告观察到的局部情况，以便通过层层传达获得授权，对定好的计划进行更改。在战斗区域后方，电话线提高了通讯速度，但仍然慢得令人痛苦，这甚至是致命的。"军的指挥官在距离战斗 5 英里或更远的某个房间里不得不依靠不可信，而且常常是错误的信息作出决定，而必要的命令不得不沿着同样的链条传递回去，在每一层级（师指挥部、旅指挥部、营指挥部）都被从细节上加以考虑和重新撰写，直到最后抵达前线的连队。"[24] 在这场特殊的战壕战真实而非计划的时间表上，这一切意味着从上午 9 点突破德军战线，一条不设防的前进道路就在眼前开始，到下午 2 点 50 分明确写下决定扩大战果的命令，几乎过了六个小时。等到这些写好的命令通过电话和通信兵慢慢下达，又丧失了三个小时。在战场上继续开始前进的时间是在下午 5 点 30 和 6 点之间。[25]

黑夜和德军的预备队一起逼近。突破口的侧翼在中午以前就已经得到加强。到夜幕降临时，德国生力军——从后方的支援各营匆匆赶来的部队正在填补缺口，扭转侧翼向前推进，以便与位于边缘、从未被占领的阵地衔接起来。第二天早上，英军重整攻势，但浓雾使炮火无法定位目标，进攻很快停止。这次轮到德国人发现结构性缺陷会搅乱一次计划完善的行动。在初次攻击的 3 月 10 日，一个新的师——第 6 巴伐利亚预备师（阿道夫·希特勒此时正作为一名营通信兵在此服役）

受命前进,在 3 月 11 日晨发动反击。然而,在漆黑的夜晚穿越农村的部队完全无法快速行动,以便到达计划好的出发阵地。因此,指挥第 6 集团军的鲁普雷希特王储亲自视察了情况之后下达命令,进攻推迟一天。新沙佩勒坐落于鲁普雷希特的指挥区域中。当 3 月 12 日上午进攻开始,进攻很快就因为德军损失惨重而停止。英军的前线指挥官利用此前一天浓雾造成的停顿加固了据点,并在制高点上部署了 12 挺机枪。

212　　结果,按照今日的说法,双方在新沙佩勒的伤亡"交换比"(exchange ratio)最终几乎是相等的:英军有 11652 人战死、负伤、失踪或是被俘,德军则是 8600 人。[26] 在整个战争的过程中,只要最初的进攻之后敌军发动反击,这种结果在大大小小的战壕对战壕的进攻中会很常见。回顾起来,原因很容易确认。在开始时,只要能够保持机密,优势在进攻方一侧。保持机密的可能性随着战事的延长和防御方认识到生存是何等有赖于监视情况和保持警觉而逐渐减小。然而,几乎一攻入敌军阵地,优势就很可能向熟悉地形,并且准备好后撤阵地、沿着幸运地保持完整的电话线向己方炮火支援后撤的防守方转移。进攻方进入了未知而且令人迷惑的环境中,发现自己的境地恰恰相反,而且随着阵地向前推进,电话线被破坏或是抛在后方,因此逐渐与支援炮火失去联系,越来越远。然后,随着防守方发动反击,优势逆转。进攻方熟悉了占领的阵地,按照对己方有利而使敌

英国维克斯机枪组(TRH)

军迷惑的方式组织起防守，并重建了与炮火的联系。在这样的跷跷板上，功能性和结构性的弱点先是不利于一方，然后是另一方，最终导致所有试图突破到开阔乡村，或是恢复到原有防线的努力遭受挫败。进攻和反击的物理产物是一条不断变厚和愈发令人迷惑的战壕线，就像一道一场不成功的外科手术缝线被撕开又发炎而留下的疤痕。

无论如何，只是因为新沙佩勒之战重建了他们在法国人眼中的名声，英国人就把这视为局部的胜利。如果英军的声誉曾经经受怀疑，这并不公平。需要讨论的并非英国士兵的斗志，而是其指挥官仍然持有的殖民地观点，他们期望付出相对较小的力量获得决定性的结果，而且会在伤亡面前退缩。法国将领则不同，他们预期巨大的伤亡，而士兵在爱国主义宿命论的影响下也准备好承受这样的伤亡。英国士兵，常备军、本土防卫军、战时志愿军，拥有相似的牺牲精神，而他们的领导者正在领会，在战壕战的新环境下，只有最为系统的准备才能使行动获得成功。一百年来在山地和沙漠曾带来胜利的勇猛和即兴发挥的才能在法国并不起作用。在这种新的更为严酷的情绪中唯一的异议者是印度士兵，新沙佩勒之战标志着他们在西线的天鹅之歌。他们在即将到来的费斯蒂贝尔（Festubert）和洛斯（Loos）战役中还会参战，但不再是攻击力量。损失削弱了许多营队，而英国军队中的印度士兵拥有与欧洲大不相同的勇士荣誉的传统，不能理解一个受伤的人无法免于重返战壕。"我们就像第二次被扔进锅里的谷粒，"一名锡克（Sikh）士兵在新沙佩勒之战后一个星期写信给父亲说，"没法活着出来。"一名受伤的拉其普特（Rajput）士兵在稍早些给家里写信："这不是战争，这是世界末日。"[27] 这一年的年底，两个印度步兵师被从法国派往美索不达米亚，参加一场针对土耳其人的战役，他们会发现那是更加熟悉的作战方式。

新沙佩勒之战的重要性还在于它以微缩的方式预见了阿图瓦春季攻势的特征和过程，它是后者的预演，对于阿图瓦和香槟攻势在秋季的重新开始也是如此。实际上，在新沙佩勒之战中，英国和印度军队的第一波攻势一度短暂地开启了通往欧贝岭山脊的道路，那里是阿图瓦进攻中英军负责部分的目标。然而，在阿图瓦攻势得以发动以前，英军在佛兰德斯经历了一次敌军的进攻，其后以第二次伊普尔之战而为人所知。在1914年12月份主要由法军进行的混乱而又无效的战斗中，年底确保了"突出部"的第一次伊普尔之战的成果逐渐消耗殆尽。无论如何，到4月初，法金汉决定重新对伊普尔突出部施加压力。这部分是为了掩盖因为即将到来的对戈尔利采－塔尔努夫的进攻而把军队调往东线，部分是为了试验新的毒气武器。因为法金汉明白，只要兴登堡和鲁登道夫能够有效地把战略预备队移往东线，自己在西线赢得决定性胜利的希望就将被迟滞，所以这次进攻是有限的；虽然如此，他仍然希望夺取阵地，并确保在海峡沿岸赢得更为优越的位置。

德军已经在东线使用了毒气武器。1月3日，在博利莫夫（Bolimov），德军对华沙以西拉夫卡河（Rawka）的俄军阵地使用了毒气弹。所使用的化学药剂是催泪而非致命的，德国人称之为T-Stoff（甲基溴化物）。它对俄国人似乎毫无作用；气温如此之低，导致这种化学品没有汽化，而是冻住了。[28] 然而，到4月，德国人以氯的形式大量获得了一种致命的化学药剂。它是一种"糜烂剂"，这种物质是法本化学工业公司（IG Farben）控制的染料工业的副产品，它通过刺激肺部产生超量液体而导致窒息。实际上，法本公司在此类产品方面居于世界垄断的地位。此前法本公司的领导者卡尔·杜伊斯贝格（Carl Duisberg）因为成功合成硝酸已经挽救了德国的战争努力，有组织地获取这种高爆炸药不可或缺元素的渠道处于协约国的控制之下。同时，他正与德国顶尖工业化学家、柏林威廉皇帝研究所（Kaiser Wilhelm Institute）的领导者弗里茨·哈伯（Fritz Haber）合作，设计对敌军战壕大量释放氯气的方法。氯气弹的实验失败了（不过，通过使用另一种填充方法，毒气炮弹稍后得到了大规模部署）。在上风向从加压的气筒中直接释放氯气的方法看起来更为有效。到4月22日，装载着160吨毒气的6000个气筒被部署在伊普尔以北朗厄玛克的对面，这里的战壕由法国地方自卫队第87师和第45师驻守，后者由来自阿尔及尔的白人佐阿夫团（Zouave regiment）、非洲轻步兵（白人惩戒营[punishment battalions]）和阿尔及尔本土来复枪手组成。挨着它们的是加拿大师，第一支抵达西线的英帝国师；伊普尔突出部的其他部分由第5、27、28三个英国常备师负责。

4月22日的下午阳光明媚，微风自东而西轻拂。5点钟，一场猛烈的炮击过后，灰绿色烟雾开始从德军飘向法军战壕。数以千计的佐阿夫士兵和阿尔及尔来复枪手奔向后方，扼住自己的喉咙，咳嗽，跌跌撞撞，面孔泛出蓝色。一个小时之内，前线被放弃，伊普尔防御被打开8000英尺宽的缺口。一些气体飘到加拿大军阵地，但他们守住了阵地，获得增援，阻止了德国步兵的前进。在很多地方，德国步兵并未向前推进，而是挖掘战壕。第二天，协约国一方找到了权宜之策。毒气的种类很快被确认，因为氯是可溶解的，第28师的弗格森（Ferguson）中校提议用浸水的衣物围住口鼻作为防护措施。德军在4月24日再次进攻加拿大军，但效果不如第一天，而且防守方获得了更多增援。法英双方都发动了反攻。

5月1日,在伊普尔以南英军称为60号高地(Hill 60)、垃圾场(Dump)和履带车(Caterpillar)的遍地狼藉的阵地上,发生了另一次毒气攻击。一条铁路在这里穿过基里贝克(Zillibeke)附近狭窄通道的废石堆。今天,即使在西线的残迹中,这块小战场上的坑洼和坟墓仍然散发出病态的凶险。在5月1日,多塞特(Dorset)团的士兵在毒气侵入喉咙,而德国士兵正在穿越无人区发动猛攻时,仍在战壕的射击台上坚守不退,那时的景象一定无比接近人间地狱。一位年轻军官挽救了局势,凯斯特尔-科尼什(Kestell-Cornish)少尉抓起步枪,和他那排40名士兵中仅剩的4个向毒气云中射击,牵制了德军的进攻。[29] 另一位全力救助中毒士兵的军官报告说:"我经手了200个人……一些人死在我身边,另一些就要死了……我不得不跟很多人争辩,说他们没死。"事实上,"90人因为中毒死在战壕里;[而且]在送到最近的[急救]站的207人中,46个几乎立刻就死了,12个受了很长的折磨"[30]。

无论如何,靠着多塞特团几乎超人般的尽忠职守,防线守住了。尽管伊普尔突出部被向后压制到距离城市仅两英里,但自此以后再也没有被削弱。各种形式的毒气,更加致命的窒息剂,以及糜烂性的芥子毒气,在战争的进程中将会持续应用,而5月份德军在华沙以西发动的进攻中,氯气将会杀死数以千计的俄国士兵。然而,它作为一种武器的内在缺陷——依赖于风向,以及高效防毒面具的快速发展,确保了这种武器永远不会是决定性的。如果第二次伊普尔战役中德军有大量预备队可供支配,以便充分利用最初达成的出其不意,或许能够做到这一点。

在1915年发起的西线进攻开始时,协约国没什么技术上的优势。英法两国的进攻都失败了,损失巨大,所获无几。5月,法军和英军在阿图瓦对德军居高临下的高地发动进攻。英军在5月9日进攻欧贝岭,法军在一个星期以后进攻维米岭。尽管法军拥有大量火炮和弹药——1200门火炮和20万发炮弹——而英军没有,但二者获得的成绩相差无几。黑格的第1集团军简单地被阻挡在途中。以贝当的第33军为箭头的法军占领了维米岭的最高峰,俯瞰敌人掌握的关键性铁路横穿而过的杜埃平原,不料却被先于到达的敌军预备队发起决定性的反击,法军的预备部队驻扎在后方6英里。这是结构性因素在战壕战中导致失败的又一例证,这些因素恰是战壕战本身造成的。[31]

当9月份进攻重新开始,这次是在香槟和阿图瓦,尽管两军都部署了比春天多得多的师,结果却没多大不同。法军是通过部队重组增加了师的数量,建立了另外 12 个师（番号 120—132*），英国则是因为进一步把本土防卫师调往法国，以及以"新军"或"基奇纳"战时志愿者师为番号的部队在那里首次露面。6 月 4 日，霞飞向弗伦奇提出进攻计划。进攻需要的准备工作是英军接管更多的法国战线，以便把现在由贝当指挥的法国第 2 集团军解放出来，投入在香槟地区的进攻。黑格在 5 月已经接管了法军在佛兰德斯的部分战线；现在，应霞飞的要求，新组建的英国第 3 集团军向南进军，到索姆解放贝当的部队。现在，从伊普尔到索姆的大部分防线由英军守卫，只在维米附近留下很短一段，一旦霞飞的计划准备完成，法国第 10 集团军将从这里发起进攻。

这需要时间。意愿是现成的——7 月 7 日，在尚蒂伊举行的战争中的第一次协约国会议上，法国人、英国人、比利时人、塞尔维亚人、俄国人和在 5 月加入协约国的意大利人，宣誓将共同行动——但手段却并不现成。在 6 月底，法国和英国的军需部长举行会晤，大卫·劳合·乔治（David Lloyd George）告诉他的同僚阿尔贝·托马（Albert Thomas），英国远征军的武器弹药不足以发动一次大规模行动。他希望把联合行动推迟到明年春天。霞飞表示反对；他希望立即行动，既是为了对德国人保持压力，也是为了阻止部队转移到别的舞台上。5 月 26 日，英国保守党与自由党组成联合政府，这个政府认定秋季攻势是一次对信心的检验，撤回了它的反对。然而，实际困难仍然存在。英军接管索姆需要时间；香槟战场的准备也需要时间。两位协约国成员都认识到，一场对战壕的大规模进攻不能立即开始；需要修建道路、存储物资、挖掘炮位。被称为第二次香槟战役的战斗开始的日期从 8 月底延迟到了 9 月 8 日，然后，因为贝当要求进行一次漫长的炮击，时间拖到了 9 月 25 日。

延期以及不加掩饰的、即将发起进攻的信号使德国人受益，他们加强了针对敌军正在准备进攻的防线。法金汉在 1 月的指示中规定，在第一道防线后面修建第二道防线，在二者之间建造混凝土机枪阵地。尽管需要巨大的人力，但这些阵地工程到秋天时已经完工，组成了一条纵深达 3 英里的防御带。[32] 经验已经证明，迎着敌军的火力向前运动 3 英里会使背负战斗装备的士兵达到体力极限，更不用说还有精神上的负担，西线的德军阵地变得坚不可摧，对计划在第一天突破敌军防线的进攻而言无疑是这样。对进攻方来说更糟的是，德军的防御信条要求第二阵地建造在所占领高地的背面坡上——因为在 1914 年的撤退中精心选择，德

---

* 原文如此。——译者注

军占领了高地——因而得以逃过协约国试图摧毁它们的炮火。相比之下，德军的炮火不是打击战壕，而是打击集结中的敌军步兵，一旦他们向前推进，便在无人区制造弹幕；那些穿过弹幕的敌军士兵则留给机枪手，经验证明，他们在200码或以内是足以阻止进攻的。[33]

德军的准备卓有成效，在1915年9月25日令进攻方痛苦不堪。在阿图瓦英国远征军发起进攻的洛斯，在法军对维米岭重新发动进攻的苏谢（Souchez）附近，在法军独自进攻的、遥远的香槟地区的皮托尔（Tahure）、拉弗里（la Folie）和拉马因德马西奇（la Main de Massige），都是如此。进攻方在这些地区发起进攻前都施放了氯气。在洛斯，毒气在无人区上方飘浮，甚至飘回英国的战壕，妨碍了前进。无论如何，参战的六个英国师——三个常备师，第1、2和7师；两个"新军"师，第9师和第15苏格兰师；一个本土防卫师，第47师——很快就被机关枪挡住了去路；当同样属于"新军"的两个预备师向前增援，它们的阵地距离前线太远，以致直到天黑也没能到达最初的英军前线。它们受命次日清晨继续前进，这打乱了进攻的队形。清晨，士兵们排成10条纵队，"每一条约有1000人，就像正在进行阅兵训练一样前进"。德国守军看到"整个前线都被敌人的步兵覆盖了"，大感吃惊。他们站起身，甚至有人站在护墙上，耀武扬威地向正穿越开阔草地的人群射击。机枪手在1500码的距离开火。"机枪手从没遇到过这么简单的活儿……枪管发烫，火舌飞窜，来回扫射敌人的队列；那个下午，只一挺机关枪就射出了12500发子弹。效果是毁灭性的。毫不夸张地说，敌人成百地倒下，但他们秩序良好，毫不停顿地继续前进"，直到抵达德军第二阵地未遭破坏的铁丝网："面对这一无法穿越的障碍，幸存者转过身开始撤退。"

幸存者勉强过半。在第21和24师的1.5万名步兵中，超过8000人战死或受伤。德国敌人因"洛斯屠场"的骇人景象而感到恶心，当英军开始撤退时停止了射击，"在这样一场胜利之后，怜悯和仁慈的感觉真的很棒"[34]。德军在洛斯赢得了胜利；尽管英军在其后三个星期里仍会持续进攻，但除了一个两英里深的突出部，他们一无所获，1.6万名士兵战死，将近2.5万人受伤。尽管第9和15师的苏格兰士兵似乎没遭到伤亡，并把撤退作为对重新开始进攻的激励，但对于新军的士兵来说，这次战役是一个糟糕而又令人沮丧的开端。苏格兰高地警卫团（Black Watch）的约翰·斯图尔特（John Stewart）少校在战后写信给妻子说："最主要的事情是杀死很多德国兵，而自己的伤亡越少越好；这是一场了不起的比赛，而我们的联盟很高杆。"[35]他不是唯一这样想的人。新的英国志愿兵渴望证明自己的士兵素质，而法国人的爱国热情仍然高涨。还需要一年或者更多些时间，双方军队的热情才会被毫无成效的巨大损失耗尽。

然而，从战略层面看，洛斯的进攻和贝当的第 2 集团军、德朗格勒的第 4 集团军同日在香槟发起的进攻一样毫无成效。在香槟，20 个师在 20 英里宽的前线上齐头并进，和洛斯一样升起毒气云之后，1000 门重炮进行支援。结果同样徒劳无功。一些团打起军旗，在前线战壕乐队的鼓舞下发动进攻。另外一些团在进攻不顺利的时候，发现资深军官正在督战。其中之一是著名的殖民地将军夏尔·芒然（Charles Mangin），他在组织进攻时被一颗子弹射穿胸膛，但十天后便重返岗位。他以及其他像他一样的那些人的努力，还有法国普通士兵从未衰竭的勇气，在香槟的攻击中不过赢得了 2 英里的阵地。尽管 143567 名法军士兵伤亡，但他们未能突破德军的第二防线，当 10 月 31 日战斗结束时，德军的阵地完整无损。[36]

1915 年对西线的同盟国而言是令人悲伤的一年，伤亡巨大而所获甚微，获胜的希望只能推迟到 1916 年。德国人证明，他们对于如何保护战壕阵地学到了许多，而协约国对于如何突破战壕却一无所获。法国人上了苦涩的一课，雪上加霜的是，在这场扩大了的战争中，盟友们决心在其他地方寻求解决之道，而让敌军主力继续待在他们的领土上。但通过法国以外的胜利打败敌人的前景并不比直插莱茵河更为可靠。在德军介入把奥地利军从崩溃的危险中解救出来的俄国，在 5 月开战的新的意大利前线，在巴尔干土耳其战场，事态的发展有利于敌军。只有在海上和德国遥远的殖民地，协约国建立了优势，但正如他们所知，无论是在海上还是在殖民地舞台的成功，都无法给他们带来胜利。

第七章

西线以外的战争

223　　到 1915 年年底，战争对于所有参战者来说都已经超出预料，失去控制。速战速决的希望已经破灭，新的敌人和新的战线出现了。法国总参谋部在和平时期对于战略应急计划的评估与战争实景最为接近：一场与德国在东北边境展开的战争。然而，时间表和代价却大相径庭，而且它出乎意料地卷入在巴尔干和东地中海发生的附属战役中，这是土耳其在 1914 年 11 月出乎意料地参战的结果。土耳其的参战同样也使俄国的计算落空，它本来预期只是不得不对付德国和奥地利，而现在却正在高加索进行一场残酷而又艰难的战役。德国期望分两步打一场一条战线的战争：先是与法国作战，同时用一支象征性的力量防守东部前线，然后是发动对俄国的战役并取得胜利。与此相反，它深深陷入了东西两面的战线，在东线的奥地利领土维持大量军队以支持它的哈布斯堡盟友。奥地利本以为战争会被限制在一场对塞尔维亚的惩罚性远征，却因愚蠢而自食其果，发现自己泥足深陷，卷入一场不只与俄国，而且还有意大利的战争。塞尔维亚则政权被毁灭，因毫不妥协而自作自受。英国最初只是承诺派遣远征军以便在佛兰德斯拓宽法军的左翼，结果发现自己承担了西线长得多的战线的责任，而且同时要为在加利波利、埃及和美索不达米亚与土耳其作战，为协助塞尔维亚人，为攻陷德属非洲殖民地的据点而征召人力；它还要阻止德国公海舰队进入北海，控制地中海，追击消灭敌军

224　　袭击商船的水面舰艇，保护商船免受 U 潜艇的攻击，承担这些任务的舰船人员也需要补充。已经被人们称为大战的这场战争正在变为一场世界性的战争，而它的边界随着每一个月的流逝都变得更为宽广。

德属殖民地的战争

　　在得以加入欧洲列强的帝国竞争之前，德国不得不自力更生成为一个帝国，第二帝国于 1871 年 1 月在凡尔赛宫的镜厅宣告成立。列强的广泛征服没给这个新生的国家留下多少不义之财。法国占领了北非，俄国占领了中亚和西伯利亚，英国占领了印度。德国民族主义思想家海因里希·冯·特赖奇克（Heinrich von

Treitschke)宣称"殖民地事关生死"。[1]尽管如此,德国对于获取殖民地并没有多少普遍的热情,这很可能是因为仍有可能开拓的位于非洲最没有吸引力的地区。商人提供了德国进入这片大陆的动力。在1884年和1914年之间,他们在喀麦隆、多哥、西海岸的西南非洲(纳米比亚),以及东海岸今日的坦桑尼亚建立了商业飞地,这些地方到此时已经接受了帝国政府的巩固。同时,(从西班牙)购买和帝国深思熟虑的努力确保了对南太平洋和中太平洋的巴布亚(Papua)、萨摩亚(Samoa)和加罗林(Caroline)、马绍尔(Marshall)、所罗门(Solomon)、马里亚纳(Mariana)和俾斯麦(Bismarck)群岛的控制。在1897年,德国又从中国夺取了胶州湾沿海地区以及青岛港。

战争爆发后,英国和法国立刻采取行动削弱德国殖民地的防卫;日本人同样也对青岛和中太平洋的岛屿采取行动,他们在8月23日加入战争,牵强的解释是为了履行1911年英日条约的义务,实际上则是为了以损害德国来改善自己在太平洋的战略地位。日本在10月占领了马里亚纳群岛、马绍尔群岛和加罗林群岛。这些地方在1918年后经托管由它占领,构成了二十五年后日本与美国的战争中的外围岛屿据点。萨摩亚群岛在8月29日落入一支新西兰军队手中。德属新几内亚(巴布亚)和所罗门群岛、俾斯麦群岛在9月17日无条件地向一支澳大利亚远征军投降。青岛的陷落经历了更长时间。这里堡垒坚固,并由3000名德国海军陆战队士兵守卫,成为对任何进攻者而言都令人生畏的障碍。日本人力求万全,派遣5万名士兵登陆,开始了一次精心谋划的围攻。稍后根据天津条约的英国部分,第2南威尔士边民团(South Wales Borderers)和第36锡克团加入围攻。[2]进攻方面对着三条防线,德军未加抵抗便放弃了前两条。日军针对第三条防线,按照常规的攻坚战方式挖掘了平行堑壕,并使用11英寸榴弹炮开始炮击,就像十年前击败附近的旅顺港俄国守军那样。9月6日、7日夜间,日本步兵发起攻击,次日上午,身为总督的海军军官迈尔·瓦尔德克(Meyer Waldeck)上校投降。他的陆战队员死亡200人,而1455名日本人丧生。如果说这只是一场象征性的抵抗,它很勇敢。

在非洲,多哥被夹在英属黄金海岸(今加纳)和法属达荷美(今贝宁)之间,很快就被西非来复枪部队(West African Rifles)和塞内加尔土著士兵部队(Tirailleurs Sénégalais)占领。喀麦隆大得多,它在面积上相当于德国和法国之和,更加难以征服。守军大约有1000名欧洲士兵和3000名非洲兵。协约国的部队包括由英国人负责指挥的尼日利亚、黄金海岸和塞拉利昂团,以及法国非洲步兵和一支来自刚果的比利时分遣队。包括成千上万的脚夫在内，这支部队最终达到2.5万人之多。脚夫对于在非洲丛林和灌木中的任何行动来说，都是不可或缺的支援力量。尽管在数量上占有优势，但距离、气候以及地形使它在一开始遭受挫折。8月底，英军分三路穿过尼日利亚边境，彼此之间相距难以通行的250英里。一支部队在乍得湖（Lake Chad）附近，沿着法军新近征服的、原来中非的奴隶贸易路线向莫拉（Mora）进军；第二支部队正在接近离海岸500英里的亚鲁阿（Yarua）；第三支部队靠近海岸，向恩萨那康（Nsanakang）前进。三支部队都遭到强烈抵抗，损失惨重，被迫撤退。法军的表现略好一些，占领了一处沿海桥头堡，并在乍得湖正南的库塞里（Kusseri）赢得一场小规模胜利。其后，英军的增援到达，使它占得优势，而且在4艘英法巡洋舰和一支小型船只舰队的协助下确保了海岸的安全。他们在9月27日占领了殖民地首府和无线电基地杜阿拉（Douala），并开始沿河流和两条短距离的殖民地铁路深入内陆。目标是内陆140英里的雅温得（Yaounda），敌人在那里有一处军火仓库。德国士兵熟练的抵抗在激流汹涌的雨季一直持续，直到1915年10月协约国的前进才得以停止；在此间隙，非洲士兵们栽种菜园，以补充他们断断续续的定量供给。[3] 最后，当旱季在11月开始的时候，协约国部队推进到中部的多山地区，并迫使大部分德军在西属圭亚那的中立飞地中寻找藏身之所。德国最后的要塞莫拉，战役十八个月以前在遥远的北方开始的地方，于1916年2月投降。[4]

在性质上，喀麦隆战役与早期征服中英法制服战士部落的那些战役所差无几。而1914年9月在德属西南非，即今日纳米比亚开始的战役却在总体上有不同的特性。那里幅员辽阔，是英格兰的6倍，干旱、贫瘠，非洲人口仅8万人。大部分是赫雷罗（Herero）部落成员，由3000名德国驻军和7000名德国男性居民严密控制，他们在1904年发动的反叛被总督无情地镇压，这位总督即后来的帝国元帅赫尔曼·戈林（Hermann Goering）的父亲。德国政府希望，就像在它别的非洲殖民地一样，在西南非避免发生冲突；它把希望寄托于一项模糊的战前相互承诺，即在非洲的殖民列强保持中立。然而，英国人的想法与此不同，尽管在战争爆发时从邻接的南非联邦撤走了守军，使他们只能依赖于南非的国防军——1899—1902年布尔战争中的对手在其中占了很大一部分——但他们立刻登船开始远征，从海陆两路攻击德国殖民地。英国大约有6万人可供调遣。其中一些属于南非常备军（South African Permanent Force），是正规军，他们全部忠于大不列颠，他们中的很多人来自那里。民兵中则出现分裂；其中一些部队如德班轻步

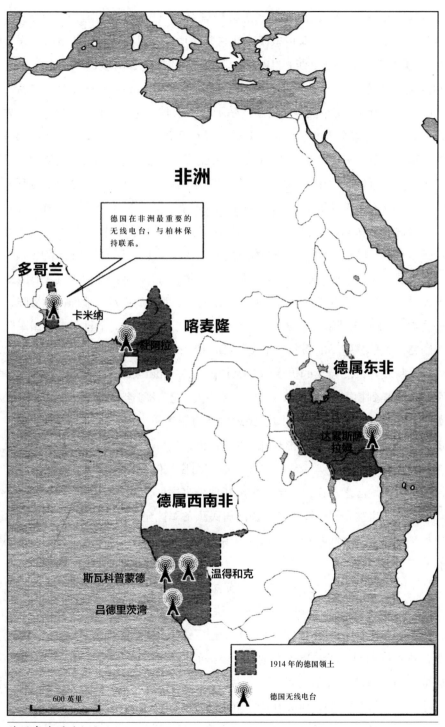

德国在非洲的领土

兵团（Durban Light Infantry）、帝国轻骑兵团（Imperial Light Horse），是盎格鲁－南非人，对女王保持忠诚，从东非来加入的罗德西亚人分遣队（未来的空军元帅"轰炸机"哈里斯["Bomber" Harris]就是其中一员）也是如此。其他的则更为敏感一些。现在已经为英国服务的前布尔战争领导者中，路易·博塔（Louis Botha）将军已经与英国言归于好，不会再发生动摇；他对扬·史末资（Jan Smuts）有着个人的承诺，后者曾是最有闯劲的布尔人将军，但现在却是联邦的总理。克里斯蒂安·德韦特（Christiaan de Wet）是布尔人的英雄，克里斯蒂安·拜尔斯（Chirstiaan Beyers）是国防军的司令，他们积极发动了叛乱。这样做的还有扬·肯普（Jan Kemp）将军和索罗曼·马里茨（Soloman Maritz）上校，前者辞去了军官的职位，后者则拒不执行命令。因此，从一开始，英国就发现自己卷入的不仅是一场针对德国的殖民地战役，而且也是一场布尔人的反叛。[5]

对英国人而言幸运的是，这场叛乱并未激化。1.1万名南非白人（Afrikaner）卷入其中，但遭到了包括布尔人和英国人在内的3万人的反对，他们被迫投降，另外一些在1915年1月逃入德属领土。于是与德国人的战争提上日程。英国军队被编为四路。大部分骑马的布尔"市民"（Burgher）从海岸、从奥伦治河（Orange River）、从联邦以北巨大的贝专纳兰保护国（Bechuanaland Protectorate，今博茨瓦纳）汇集到德国的抵抗中心，其中有些人曾在1881年的马朱巴山（Majuba）与英军作战。他们的目标是德国殖民地的首府温得和克（Windhoek），德军且战且退来到这里。双方彼此彬彬有礼，但到1915年5月12日此地被占领后，抵抗仍在继续。德军处于毫无希望的境地。他们面临数倍于己的敌军，并被迫在世界上最为孤立的地区之一作战，无法指望任何外来援助，最终在1915年7月无条件投降。德国军官被允许保留佩剑，德国居民预备军被允许携带武器弹药返回农场，以便保护自己、家庭和财产。[6]温得和克在今日是南半球唯一与众不同的德国特色的城市。

到1916年，德国在殖民帝国中对英法军的最后一个抵抗中心位于"德属东非"，即今日的坦桑尼亚。在这块几乎与法国一样大的殖民地，战争开始于8月8日，英国巡洋舰正义女神号（Astraea）炮击了达累斯萨拉姆港（Dar-es-Salaam）。然后，敌对行动消失了。当战火重燃，便一直持续到1918年11月欧洲停战，这是保罗·冯·莱托－福尔贝克（Paul von Lettow-Vorbeck）上校坚韧英勇的明证，他是当地防卫军（schutztruppe）的指挥官。莱托－福尔贝克在1914年时44岁，是一位久经沙场的帝国老兵；他此前曾在德国派往中国镇压义和团的派遣队以及德属西南非服役。他在东非的任命恰当其人;《走出非洲》(Out of Africa) 的作者卡伦·布里克森(Karen Blixen)男爵夫人曾和他一起乘船出行,她的印象中没有其他任何德国人曾给人"如此强烈的印象,说明了德意志帝国是什么,它为何存在"[7]。这一殖民地确实是第二帝国海外财富中的珍珠。多哥微不足道,喀麦隆是一片炎热的无人之地,"西南非"是一片美丽然而空旷的沙漠。德属东非北接英属乌干达和肯尼亚,西邻比属刚果和罗德西亚,南面则是英属尼亚萨兰和葡属莫桑比克,跨坐大陆最为罗曼蒂克和最具生产潜力的大湖地区。维多利亚湖(Victoria)、坦噶尼喀湖(Tanganyika)和尼亚萨湖(Nyasa)或是它边界的一部分,或穿过它的边界,乞力马扎罗山(Kilimanjaro)屹立于此。

最初,看起来列强之间使黑非洲免于战事的战前共识会得到落实。德国总督施内(Schnee)禁止进攻;英属肯尼亚总督宣称他的殖民地"对当前的战争没有兴趣"。另外,双方都没有部署从事战争的部队,都忽视了年轻人的好斗。莱托－福尔贝克干脆无视了施内,并开始召集军队,尽管他们人数不多,只有2500名非洲土著士兵和200名白人军官。此时好斗的居民和白人猎人也开始在肯尼亚首府内罗毕(Nairobi)聚集,全都携带武器,要求获得制服和任务。就像1861年4月支持美国南方邦联的那些血气方刚的年轻人和花花公子那样,他们以稀奇古怪的名称建立了自己的军事组织——鲍克骑兵部队(Bowker's Horse)、边民军团(Legion of Frontiersman)——并在莱托－福尔贝克迈出第一步的时候与之抗衡。9月,无论总督们的意愿如何,战争如箭在弦。

母国政府也希望战争。德国巡洋舰柯尼斯堡号在战争开始前正在非洲东岸航行,它击沉一艘英国战舰皇家海军珀伽索斯号(HMS Pegasus),开始了敌对行为。尽管珀伽索斯号很小,但此事使指挥南非基地的海军司令聚集起全部力量,以三艘巡洋舰与柯尼斯堡号作战。柯尼斯堡号被驱赶到鲁菲吉河(Rufiji)的沼泽水域,它的船长在那里导演了一场长达255天的精彩躲避战。直到海军部派出两艘小

莱托－福尔贝克(AKG)

230 型浅水炮舰,塞汶河号(Severn)和默西河号(Mersey)深入虎穴进行追击,它才被击沉。然而,即使作为一条废船,它仍对战争做出了贡献。一些船员登岸与莱托-福尔贝克的土著士兵一起服役,一些舰炮被拆下来作为野战炮使用。

至此,咄咄逼人的莱托使英国准备全力对他发动一场军事远征。他不仅进入乌干达和肯尼亚,在乞力马扎罗山下的英属土地上举起德国旗帜,而且还在大湖区进行了内陆水域行动;最终,不列颠派出预制炮船,以便夺回内陆水域的控制权。然而,最重要的增援是从印度来的两个英国、印度旅。印度各团是次等部队,但英国正规军理应弥补了这一点。事情并不是这样;1914年9月2日英印军在坦噶(Tanga)的首次登陆颜面扫地。印度士兵逃跑了,英国部队则迷了路;尽管英印军占有8∶1的数量优势,德军却轻而易举地把敌人赶回了海滩。11月5日,他们丢下了16挺机关枪、数以百计的来复枪和60万发子弹,在这里重新上船。

这些补给帮助了冯·莱托支撑1915年的战争,在这个较为宽松的时期,英国人在积蓄力量,而他学会了即将来临的战斗的精髓。更加精锐的英军抵达这里;莱托在杰辛(Jassin)赢得了一场小规模的胜利。损失的人力和弹药——他的土著士兵射出了20万发子弹——使莱托学会"我们不得不节省力量,以便在一场漫长的战争中坚持下去……很明显我必须把自己限制于一场游击战中"。从那以后,这成了他的战略。[8] 1916年3月,扬·史末资带着因征服了德属西南非而解放出来的部队从南非来到这里。他开始策划一次从肯尼亚、尼亚萨兰、比属刚果和葡属莫桑比克出击的合围,试图把莱托的小部队挤压在中间。莱托可不想被捉住,相反,他会尽其所能地激烈反抗,策划出乎意料的野蛮伏击,然后在敌人得以调集优势兵力之前迅速溜走,在撤退时摧毁一切有价值的东西。因为他的士兵能够靠土地为生,通过战利品补给弹药,他在这片丛林广大的空间里逃脱失败的能力几乎是无穷无尽的,就像他在1916、1917和1918年证明的那样。

巡洋舰之战

231 当莱托仍在指挥开放边境的小规模冲突,而尚未开始远征,深入无垠的非洲内陆时,德国帝国海军远洋舰队正在大西洋和太平洋深处发起一场更简短然而更加戏剧性的战役。为了"冒险"对抗英国海军的统治地位而建立的德国主力舰队被有意集中于德国在北海的港口。从这些地方,它可以靠突破到公海对皇家海军造成威胁,以及给后者带来在突然遭遇中因为机会和天气的变幻莫测而丧失数量优势的危险。然而，德国也在青岛以及太平洋上的岛屿附近保留了小规模力量。8月，沙恩霍斯特号（Scharnhorst）和格奈森瑙号（Gneisenau）巡洋舰在加罗林群岛，埃姆登号（Emden）在青岛，德累斯顿号（Dresden）和卡尔斯鲁厄号（Karlsruhe）在加勒比，莱比锡号（Leipzig）在墨西哥的太平洋沿岸，而纽伦堡号（Nurnberg）正在前往为它解围的路上；前面已经提到的柯尼斯堡号正在东非沿岸独自执行任务。这些都是新近建造的船，速度快，武器装备好，并由能干的军官担任指挥，尤其是指挥沙恩霍斯特号和格纳森瑙号舰队的马克西米利安·冯·施佩（Maximilian von Spee）海军上将，所以尽管数量不多，这八艘船对协约国的海运形成很大的威胁，尤其是对运送澳大利亚和新西兰士兵前往欧洲水域的护航船只威胁巨大。英国的海军计划中存在一个重要缺陷，它的巡洋舰队中的船只要么是老旧的所谓"装甲"船，速度太慢，无法追上德国对手，而且一旦处于不利情况，防护和火力都不足以对后者造成伤害；要么是轻型巡洋舰，虽然速度足以匹敌对手，但却缺乏作战火力。新式时髦的战列巡洋舰，更快、装甲更轻的无畏舰被认为能够填补这一技术空缺，但它们因高昂的造价而数量很少，而且占用了原本应该用于把传统巡洋舰队现代化的资金。在战争的前几个月里，这给皇家海军造成惨痛的人员和船只损失，并严重损害了它的声誉。

另外，英国海军缺乏协调行动的计划以应对德国咄咄逼人的巡航活动。加煤站网络的存在降低了制订为跨洋追击行动提供再补给计划的动力；相反，德国人拥有大量运煤船，并开始以夺取战利品作为煤、食物和水的来源。他们还从本国水域向攻击船只的集结地派出食物补给船，并让它们单独作为武装商船行动。如果说德国的计划中有什么弱点，就在于它只能通过无线电安排会合，而这种无线电的密码很快就被英国人破译了。

这些袭击者中有两个很快就被解决了。柯尼斯堡号的情况最为糟糕，在它被逼入鲁菲吉河三角洲之后就不再起什么作用。埃姆登号由一位精力充沛的船长卡尔·冯·米勒（Karl von Muller）指挥，尽管不仅遭到英国，还有法国、俄国和澳大利亚船只的追击，但它在太平洋和印度洋上造成一场浩劫。它最终于11月9日被一艘澳大利亚巡洋舰悉尼号（Sydney）在科科斯－基林群岛（Cocos and Keeling）的方向岛（Direction Island）截获并击沉。此前，当地的无线电台抢在德军登陆部队摧毁发报机之前发出了信号。悉尼号本来隶属于向地中海运送澳大利亚军队的巨大护卫舰队。这并不是埃姆登号非凡巡航的真正尾声。在方向岛登陆部队的指挥官逃脱了澳大利亚军，乘坐一艘偷到的纵帆船到达荷属东印度，又乘坐一艘德国轮船到达阿拉伯半岛的也门,在贝都因人(Dedouin)的攻击下脱身,抵达为朝圣者前往麦加而建造的汉志(Hejaz)铁路,终于在 1915 年 6 月到达君士坦丁堡,受到恰如其分的盛大欢迎。[9]

11 月 4 日卡尔斯鲁厄号在巴巴多斯(Barbados)毁于一场原因不明的内部爆炸,此前它已经摧毁了 16 艘商船。莱比锡号和德累斯顿号经历了各异的冒险后在 10 月份与冯・施佩海军上将在南美水域会合;纽伦堡号已经在早些时候归队。这五艘船从此成为北海之外协约国控制海洋的最大威胁。施佩尽展所长。在战争初期的几个月里,他因为日本舰队无所不至、咄咄逼人的巡航的威胁而延缓了在北太平洋的行动,日本夺走了德国占有的很多岛屿,并在 1941—1945 年中使其发挥了很大作用;其后施佩在塔希提群岛(Tahiti)和马克萨斯群岛(Marquesas)展开了对法国人的敌对行动,但他遭遇抵抗并发现煤炭的补给很困难。因此,他大胆地决定从太平洋转移到南大西洋,发信号要求德累斯顿号、莱比锡号和他的运煤船在复活节岛(Easter Island)附近与他会合,复活节岛是地球上最为遥远的有人居住的岛屿。[10]

他的通讯不够安全,信息被截获,这使英国指挥南美基地的海军司令克里斯托弗・克拉多克(Christopher Cradock)知悉他的意图。克拉多克带领他的

海鹰号从达累斯萨拉姆港启航前往德国,1914;前景中是一群防卫军。(AKG)

舰队穿越麦哲伦海峡（Straits of Magellan）到达智利水域。轻巡洋舰格拉斯哥号（Glasgow）在最前方；克拉多克与巡洋舰蒙茅斯号（Monmouth）、好望角号（Good Hope），以及战列舰老人星号（Canopus）跟随在后。建于1896年的老人星号又旧又慢，只能留下来为随行的运煤船护航。蒙茅斯号和好望角号差不多同样老旧，速度不快，武器也差。它们奋力追赶格拉斯哥号，后者已经进入智利小港科罗内尔（Coronel）。而后，施佩因为截获了情报而占得先机。他得到格拉斯哥号已经在科罗内尔的消息后，守在外面等候老旧的巡洋舰的出现。它们在11月1日到达，他直到夜幕降临才靠近，然后在暮色中开火。蒙茅斯号和好望角号很快被击沉，船上的1600名水手无一生还。格拉斯哥号脱离战斗向老人星号发出警告，使后者逃脱了相似的命运。

科罗内尔之战是一百年来不列颠第一次在海上遭遇失败，由此引发的巨大愤怒远远超过此后9月22日在荷兰海岸被U-9潜艇击沉其他三艘老式巡洋舰霍格号（Hogue）、克雷西号（Cressy）和阿布基尔号（Aboukir）。在10月31日成为第一海务大臣的约翰·费舍尔（Sir John Fisher）海军上将立即开启了兵力的跨洋重新部署，意图在各处拦截施佩。合恩角、南美和西非的基地都得到加强，而此时日本海军也重新部署，对施佩在印度洋、大西洋和太平洋的自由行动造成了威胁。[11] 对施佩来说最危险的是，费舍尔决定从主舰队中派出两艘最受珍视的战列巡洋舰不败号（Invincible）和不屈号（Inflexible）奔赴南大西洋。如果施佩把自己放逐在南半球无边无际的海洋中，依靠战利品或者从中立港口进行补给，而没有决定主动出击，进攻南大西洋的英属福克兰群岛（Falkland Islands，马尔维纳斯群岛）的话，或许在很长时间里仍能自由巡航。他在科罗内尔之战后离开太平洋，于12月8日到达斯坦利港（Port Stanley）。对德国人来说致命的是，指挥战列巡洋舰分遣队的多夫顿·斯特迪（Sir Doveton Sturdee）海军上将也决定造访斯坦利港，当德国舰队出现时，他的分遣舰队正在此处加煤。匆匆补给后，斯特迪出港加速追击五艘德国船只。没有一艘德国船堪当对手，因为英国的战列巡洋舰比德国船中最强大的沙恩霍斯特号和格奈森瑙号都快，火力更强大。施佩勇敢地命令这两艘船转过头掩护其他船只撤退，但它们被敌军从他的8.2英寸炮弹够不着的距离外齐射而来的12英寸炮弹压制。他的两艘轻型巡洋舰也被斯特迪的轻型巡洋舰追上。只有德累斯顿号得以逃脱，在合恩角附近的亚南极洲水湾潜伏长达三个月之久，直到1915年3月14日因走投无路而被炸毁。追击它的分遣舰队包括了科罗内尔之战的幸存者皇家海军格拉斯哥号。

福克兰之战的胜利终结了德国海军在外海的活动。其后一些德国武装商船将会穿过北海，进入大洋并袭击航线，但正规的德国海军再也没有继续这样的冒险。事实上，在福克兰之战后，大洋属于协约国，唯一继续下去的海面战斗——双方主力舰队即将来临的冲突——发生在陆地环绕的水域，即黑海、波罗的海和亚得里亚海。皇家海军和法国海军完全控制了地中海，意大利参战后进行了协助，对这里的控制直到1915年10月德国潜艇出现后才受到威胁。在亚得里亚海，奥地利海军被意大利人在奥特兰托海峡（Otranto）布下的水雷封锁在最里面，奥地利人发动了一场针锋相对的作战，唯一的战略要点是阻止协约国在巴尔干战区获得比在地中海沿岸更加容易地直接进行两栖登陆的通道。类似的战争也发生在波罗的海的德国轻型巡洋舰、前无畏舰和俄国波罗的海舰队之间。德军在那里布下了大量水雷，延阻了俄国无畏舰从芬兰的港口远来冒险，进行沿岸炮击，最终也延阻了英国一些大胆的潜艇行动。俄军美丽的英制留里克号（Rurik，建造于1906年），是英军本应留为己用的巡洋舰的典范，频繁又高效地参与到这些行动中，直到1916年11月被一颗水雷严重炸伤。[12] 从海军的观点来看，波罗的海战争中最值得注意的是并未在那里发生的事情。费舍尔足智多谋，但他的主意良莠不齐，他早在1908年就鼓吹一场大规模穿越波罗的海的行动。1914年，他说服了丘吉尔，后者和他一样好大喜功，并且弄到了为此次进攻建造三艘巨大的浅水战列舰的资金。幸运的是，更为理智的看法占了上风，这些可以比驱逐舰速度更快的巨兽逃脱了在波罗的海狭窄水域不可避免地被摧毁的命运，并在战后成为航空母舰。[13]

俄国把三支舰队中的第二支部署在黑海，彻底控制了那里。在太平洋的第三支舰队在夺取德国海外领土和摧毁袭击者方面扮演了微不足道的角色。在1914年宣战之后，土耳其海军在数量和质量上都不足以构成挑战，俄国在土耳其水域布满水雷，攻击其港口，来去自如，虽然这样的行动只是零星的，而且效率不高。然而，这些行动是次要的。土耳其并不依赖海上交通线来支持战争，而俄国也不能利用舰队投放军事力量；当困难变得显而易见后，一项在1916年派遣第5高加索军在君士坦丁堡附近登陆的计划被放弃。[14]

即便如此，虽然是间接的，但土耳其海军被证明是扩大世界危机最为有效的手段之一。1908年以来控制着奥斯曼政府的"青年土耳其党"（Young Turk）民族主义者，掌握了实现帝国制度现代化的权力已历数年。现代化是一项不断反复的事业。19世纪早期的现代化尝试导致苏丹被谋杀；1826年的第二次努力显然是成功的，但因为朝臣和宗教领袖强烈的保守主义而遭受挫折。所有和土耳其打交道的欧洲人——包括老毛奇在内的德国人尤其突出——记录下他们经受的挫折以及对于奥斯曼人看似不可救药的懒散的反思。虽然如此，德国人最终获得成功。包括很多巴尔干穆斯林在内的青年土耳其党人看起来不同于老一代，他们欢迎德国的军事建议和商业投资。土耳其铁路系统受益于德国的资金，奥斯曼军队重新装备了毛瑟步枪和克虏伯火炮。虽然如此，像那个时代所有充满活力的力量一样，青年土耳其党在1914年寻求英国的海军军备，并从英国船厂接收两艘宏伟的无畏舰，瑞萨迪赫号（Reshadieh）和苏丹奥斯曼号（Sultan Osman），后者装备了14门12英寸炮，是当时世界上火力最强的舰船。在对德战争爆发之际，英国强制购买了这两艘船。然而两天前，在8月2日，土耳其和德国针对它最古老的敌人俄国达成联盟，俄国是土耳其前巴尔干臣民的保护人，以及周围大片前奥斯曼领土的征服者。[15]德国立刻派出包括战列舰戈本号（Goeben）和轻型巡洋舰布雷斯劳号（Breslau）的地中海舰队前往土耳其水域，它们突破了英国的拦截。一到君士坦丁堡，就升起土耳其旗帜，改名为塞利姆苏丹号（Sultan Selim）和米蒂卢伊号（Midillui）：舰队指挥官祖雄（Souchon）成为一名土耳其舰队司令。英国反对者得到机敏的答复，这些船是作为被英国人没收的两艘无畏舰的替代品"购买"的，那两艘无畏舰现在被称为爱尔兰号（Erin）和阿金库尔号（Agincourt），隶属于联合舰队。

接下来的三个月中，戈本号和布雷斯劳号平静地停泊在君士坦丁堡的海港中。然而，它参战的条件已经成熟了。因为条约规定一旦德国不得不支援奥匈帝国对俄作战，土耳其应协助德国，而当条约签订时，这一外交环境已然形成。青年土耳其党的领导者和陆军部长恩维尔·帕夏（Enver Pasha）也正在完成其军事准备工作。他的资深德国军事顾问李曼·冯·桑德斯（Liman von Sanders）希望他以对俄属乌克兰的广大平原地区发动远征来开始敌对行动。恩维尔反而选择向高加索的群山发动进攻，他相信那里的地形和穆斯林人口的忠诚对土耳其有利。作为一场新的战争来临的公开信号，他派遣祖雄率领戈本号、布雷斯劳号和土耳其自己的一些拼凑起来的战舰在"任何能找到俄国舰队的地方"与之交战。[16]祖雄大胆地解释了他的命令，在10月29日分兵进攻俄国的港口敖德萨（Odessa）、塞瓦斯托波尔（Sebastopol）、新罗西斯克（Novorossisk）和费多西亚（Feodosia）。三天后俄国对土耳其宣战，到11月5日，土耳其与法国、英国也进入战争状态。

南部和东部的战争

　　土耳其的参战不仅仅是给同盟国增加了一个新的盟友，或是给协约国增加了另一个交战的敌人。它实际或者潜在地创造了一个新的战争舞台，带来若干新的维度，除了纯粹军事上的，还有宗教和叛乱方面的。土耳其是穆斯林哈里发的王座所在，穆罕默德的继承人苏丹穆罕默德五世（Mehmed V）在11月11日宣布开始"圣战"，号召英国、法国和俄国境内的穆斯林发动武装起义。结果微不足道。尽管没有多少人动摇，但英国担心印度部队中的穆斯林士兵发生动摇。印度西北边境主要是阿富汗人（Pathans）的部队，他们是天生的反叛者，他们要是"再在家乡部族里靠着养老金生活，一两年之内可能就会把枪口瞄准英国部队了……[他们]不向任何人效忠，生活在子弹和血亲复仇统治的无政府大堂里"。[17] 1915年2月在巴士拉（Basra）发动兵变的第15枪骑兵团的士兵是这些阿富汗人，1月份在仰光（Rangoon）兵变的第130俾路支团（Baluchis）的印度兵也是他们。这两次小插曲都可以用不愿到印度以外的地方服役来解释，这在印度部队中屡见不鲜。1915年2月15日第5轻步兵团在新加坡的兵变更加严重，因为叛乱者不是印度西北边境的阿富汗人，而是旁遮普（Punjabi）的穆斯林，他们是印度军队的脊梁。叛乱者不仅拒绝服从命令，而且杀死了32名欧洲人，并释放了一些被拘押的德国人，视他们为圣战中的战友。[18] 大部分德国人把肤色置于国家之上，拒绝接受释放，叛乱很快被平息。然而，该团保持忠诚的部分被认为不可靠，不能派往战争的主舞台，因而被派遣参加喀麦隆战役。[19] 其他四个例子中，英国人决定在与土耳其的战争中不冒险使用主要是穆斯林的营；然而，大量穆斯林对与苏丹哈里发的士兵交战毫无异议。法国军队中的大量穆斯林团在对德作战中，对于苏丹发起圣战的号召毫不在乎。

　　因此，穆罕默德五世的圣战惨遭失败。相比之下，他的帝国的参战却是具有重大意义的战略事件，因为它的领土在地理上如此广阔，其疆域在很多地方与敌人接壤，每一处都必然形成新的战线。在波斯湾，形式上没有这样，但实际效果是同样的，因为英国把海湾地区及其海岸线视为自己的内湖。从1853年起，阿拉伯海岸"休战的"酋长们根据条约把彼此间的纠纷呈交印度政府，条约还确定了后者保持和平并惩罚破坏者的权力。总督的政治官员在酋长的宫廷作为驻地代表，实际上是监督人，而从波斯一方来看，他们则是具有广泛执行权的顾问；从1907年起，波斯被分为北部的俄国势力范围和西南部的英国势力范围，软弱无力的波斯政府无从反抗这一安排。[20] 石油的发现进一步增强了英国对海湾的兴趣，到1914年，海湾最内侧的波斯阿巴丹岛（Abadan）上的英波石油公司（Anglo-Persian Oil Company）炼油厂已经是有实无名的帝国前哨。作为最新一代燃油无畏舰（君权级 [Royal Sovereign] 和伊丽莎白女王级 [Queen Elizabeth]）的主要供油者，该公司被视为至关重要的战略财产。1913年，在温斯顿·丘吉尔的鼓动下，大不列颠购买了公司控股权益。[21]

从1914年8月开始，土耳其不加掩饰地倾向德国，使英国决定以军事占领巩固其在海湾顶端的地位，那里是属于土耳其的领土。行动可资利用的部队理所当然来源于印度士兵，在9月，第6印度师的一部分乘船抵达巴士拉，这里在当时是酋长国最为重要的战略要地。当土耳其宣战时，英国政府不失时机地认可了科威特的独立主权，而护航舰队正运载部队驶向阿拉伯河（Shatt el-Arab）的河口，它由土属美索不达米亚的底格里斯河和幼发拉底河汇流而成；英军炮轰土耳其港口，并在11月7日登陆。其后远征军进入内陆，到12月9日，占领了美索不达米亚南部最重要的城市巴士拉，底格里斯河和幼发拉底河汇流于此。部队在这里停顿下来，以等候进一步部署的命令。这将会被证明是战争中最糟糕的判断之一。

与此同时，土耳其人在其庞大帝国的另一个角落开始了行动。埃及在法律上是它的一部分，但从1882年起，它处于一位拥有政府权力的英国"代理人"的行政管理之下。上层税务官员、警察和军队的高级军官都是英国人；英国陆军大臣基奇纳首先使自己成为埃及军队的总司令。穆罕默德五世号召的圣战寥寥无几的成果之一是使他在埃及的总督赫迪夫（Khedive）重申效忠。[22] 英国立即废除其职务并宣布埃及成为保护国。这招致埃及上层的怨恨，但在这样一个所有权力集于宗主国、大部分商业生活掌握在外来者——英国人，还有法国人、意大利人和希腊人——手中的国家里，他们的反对完全无效。另外，埃及的土地上士兵云集，包括前来代替被召往法国的原苏伊士运河（Suez Canal）守军的本土防卫队，以及从此地中转前往欧洲的印度兵、澳大利和新西兰士兵。到1915年1月，他们的数量已经达到7万之多。

土耳其在德国的怂恿下，恰恰选择了这一时刻进攻苏伊士运河。在战争开始

239 时，英国已经依法对交战国关闭了运河。计划很完美，因为运河是协约国战区中最为重要的战略交通线，不仅很多必需物资经此运输，此时它还是从印度和澳大利亚向欧洲护送"帝国"分遣队的必由之路。困难在于如何执行，因为在土耳其和运河之间横亘着百余英里干旱的西奈沙漠。虽然如此，土耳其人做出了切实的准备。在德国预制的浮桥经由亲德的保加利亚偷运到土耳其，然后经铁路穿越叙利亚运往巴勒斯坦。在11月，奥斯曼第4集团军在大马士革（Damascus）集结，由艾哈迈德·贾迈尔（Ahmed Cemal）将军指挥，德国军官弗朗茨·克雷斯·冯·克雷瑟恩斯坦（Franz Kress von Kressenstein）上校担任总参谋长。二

240 者都寄望于当进攻开始，埃及人会发动起义，甚至渴望会有"7万名阿拉伯游牧

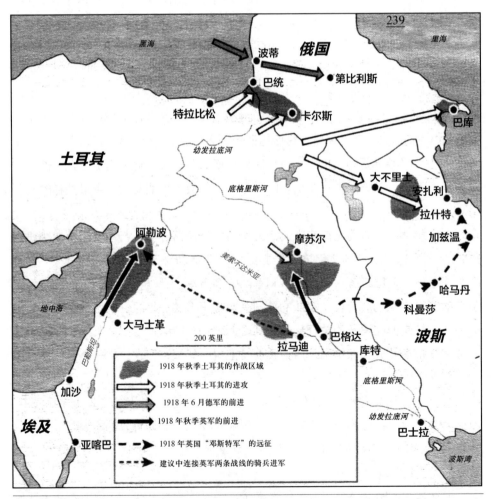

在中东的战争

民加入我们"[23]。他们直接穿过沙漠，而不是沿着传统的海岸路线前进，选择的路线看起来很有希望。虽然如此，尽管这是在空中侦察刚刚诞生不久的时期，一支大规模的部队不可能在毫无遮蔽的地形行军数天而不被发现。实际上，它在抵达运河之前就于2月3日在大苦湖（Great Bitter Lake）以北的伊斯梅利亚（Ismailia）被法国飞机发现了。英军准备充分，战斗持续了一周，只有一个土耳其排成功地把千辛万苦从中欧运来的浮筒放进运河的水中。贾迈尔因英军的抵抗和阿拉伯部族未能提供支援而灰心丧气，而且麦加的谢里夫侯赛因（Hussein, Sheriff of Mecca）已经发起了反叛，于是调转方向撤退了。

土耳其人唯一的成果是在1915年使埃及驻守了超过所需的英国守军。然而，克雷斯固守其职，并将在稍晚时给英国人制造麻烦；而且在那里也确实曾有阿拉伯人转瞬即逝的行动。在1911年意大利从土耳其攫取的利比亚，原教旨主义者塞努西教派（Senussi sect）开始了一场小规模的圣战，攻击埃及西部边境、意大利占领军、法属北非和英埃共管的苏丹达尔富尔省（Darfur）。一些戴面纱的图瓦格雷（Tuareg）战士部族加入其中。赛努西教派的领袖西迪·阿哈默德（Sidi Ahmad）在锡瓦绿洲（Siwa Oasis）找到了安全的基地，这里曾是公元前331年亚历山大在征服波斯之前参拜的古代神迹所在之地。如果他向哈里发展示自己的忠诚，就有可能取代反叛的侯赛因，赢得麦加的监护权，西迪似乎是受到这一希望的激励。结果，他的奥斯曼联络人贾法尔·帕夏（Jaafar Pasha）于1916年2月26日在阿卡契亚（Aqqaqia）被南非军队击伤并俘虏，其后向协约国投降，并在此后1916—1918年阿拉伯人对奥斯曼统治的成功反叛中成为侯赛因在北方的军队指挥官。

土耳其人参与战争的第三条前线是在高加索，它非常重要，在所促成的战斗规模和结果方面都是如此。奥斯曼对俄属高加索的进军使沙皇的最高指挥部如此警觉，它要求英国和法国提供牵制性的协助，并由此导致了加利波利战役，这是大战中最为可怕的战役，也是它唯一的史诗。

构想了这一计划的恩维尔选择此处作为舞台是出于多种原因。此地远离俄军在波兰驻守重兵的主要地区，因此不易得到增援，而此处的部队已经被调走与德奥作战。作为许多讲相似部族语言的穆斯林朋友的故乡，这里对土耳其人还具有感情上的重要性。恩维尔相信，它是反抗俄国统治的潜在中心，俄国的统治是在19世纪上半期通过残酷的军事行动强加的。对俄国人来说，高加索地区的战事是一段浪漫的传奇，在普希金（Pushkin）、莱蒙托夫（Lermontov）和年轻的托尔斯泰的作品中得到赞美，时势英雄们在骑士风范的战斗中与高贵的野蛮人首领交战；他们当中最著名的一个，沙米尔（Shamil），甚至赢得了敌人的钦慕。[24] 对山地居民来说，俄国的征服则是以屠杀和放逐为标志的最为严苛的压迫。"到1864年，"时人计算出，"45万名山地居民被迫迁徙……整个部落遭遇大屠杀和重新安置，以便保证俄国对于关键地区、道路和海岸的控制。"[25] 恩维尔寄望于对这些暴行的记忆使这些"境外土耳其人"加入土耳其一方。土耳其民族主义者喜欢以此来称呼所有居住在曾经或者潜在地属于奥斯曼领土的穆斯林。他的计划确实变得更为宏大，设想了一个可能在埃及、利比亚、苏丹、波斯、阿富汗和中亚激起反叛的双向扩展的进攻——一面朝向苏伊士运河，一面朝向高加索。

恩维尔的宏大构想在两方面存在不足。首先是奥斯曼帝国构成了苏丹臣民大部分的非土耳其人自己的民族主义已然觉醒；他们不仅包括人数远超土耳其人的阿拉伯人，还有穆斯林库尔德人（Kurds）等重要的少数民族。[26] 在向苏伊士运河进军的准备过程中，贾迈尔·帕夏已经找到机会聚集起一些叙利亚阿拉伯民族主义者，这些人是阿拉伯复兴运动最早的殉道者；而在过去的年月里被奥斯曼官员压迫的许多库尔德人抓住战争带来的机会，刚一动员就携带武器逃往俄国人一方。[27] 在这种情况下，不论与哈里发有什么样的历史联系，"境外的土耳其人"都不太可能响应他发起的圣战号召。第二个缺陷更为严重，是无法改变的地理状况。"高加索，"俄国将军维利亚米诺夫（Veliaminov）在1825年写道，"可以被比作强大的堡垒，被大自然建造得不可思议地强大……只有轻率的人才会试图攀登这样一座要塞。"

恩维尔做的比轻率更加糟糕。他决定在初冬进攻高加索，冬季气温即使在较低的山口也降到零下20度，这里有六个月积雪，他根本就是蛮干。他在数量上占优，第3集团军有15万人，对俄军的10万人，但因为在单线铁路之外，部队依靠数量很少而且积雪封闭的、无法承担必要交通重量的公路，他的补给线存在弱点。他的计划是吸引俄军前进，然后从后方攻击，切断其与基地的联系。计划的第一阶段成功了，因为俄军在11月向前挺进到埃尔泽莱姆（Erzerum）的巨大要塞和凡湖（Lake Van）。这里是奥斯曼的塞尔柱（Seljuk）祖先在1071年赢得对拜占庭的曼齐克特（Manzikert）大捷的地方，拜占庭从这"可怕的一天"开始衰落，直到1453年灭亡于君士坦丁堡。那时的土耳其人不受重型装备的拖累，是自由飞翔的骑马游牧者。奥斯曼第3集团军携带了271门火炮，步履蹒跚。天气也使前进减缓，并造成许多伤亡；一个师在四天的前进中因为冻伤丧失了8000名士兵中的4000名。1914年12月29日，俄军总司令米什莱夫斯基（Mishlaevski）

将军在卡尔斯（Kars）附近的萨勒卡默什（Sarikamis），凡湖和埃尔泽莱姆之间的铁路线上发起反击，并赢得胜利。他在1月2日获胜，整个土耳其第9军投降，而在月中，参战的9.5万名土耳其士兵中不足1.8万人幸存。据说有3万人死于寒冷，他们在冬季，在严酷的海拔6500英尺的地方作战，这一结果合情合理。胜利的大部分荣誉归属于米什莱夫斯基的总参谋长尼古拉·尤登尼奇（Nikolai Yudenich）将军，他此后获得了高加索地区的指挥权，直到俄国在这场战争中的角色走向终结。然而，这场胜利还有一个可悲的局部后果。俄国部署的部队中有一个基督教亚美尼亚（Armenian）师，其中许多人对奥斯曼臣民怀有不满，这些人借着俄国保护人提供的机会，在土耳其领土内进行了大屠杀。他们的参战以及1915年8月俄国控制的领土内一个民族主义者亚美尼亚临时政府宣布成立，潜在地促使奥斯曼政府对其亚美尼亚臣民悄悄进行了种族灭绝行动。从1915年6月到1917年年底，这导致了将近70万名男人、女人和儿童被强制行军进入沙漠，饥渴而死。

尽管起初在高加索经受了挫败——奥斯曼政府在国内小心地隐藏这一消息——但土耳其队战争的影响继续扩散。自1699年卡尔洛夫奇条约（Treaty of Carlowitz）开始，土耳其漫长的衰落过程一直持续到1913年第二次巴尔干战争结束，但土耳其在邻国，尤其是欧洲邻国的记忆中始终是一个威胁性的军事存在。从1354年奥斯曼土耳其人在加利波利建立大陆上第一个立足点开始，在过往六个世纪的大部分时间里，土耳其人不断进攻基督教欧洲。在巴尔干，他们被视为占领者和独裁者的观点根深蒂固。第一个从苏丹那里赢得全面独立的南欧国家希腊直到1832年才做到这一点。塞尔维亚、保加利亚、罗马尼亚和阿尔巴尼亚赢得独立更晚得多，而在其边境或国内的穆斯林少数族群则持续不断地使人想起从前奥斯曼封建君主的存在。意大利人的思想中也保留着奥斯曼力量强大的记忆。威尼斯在数个世纪中与土耳其作战，而沦于土耳其人之手的爱琴海岛屿帝国几乎与最近落入奥地利人手中、横跨亚得里亚海的港口一样使他们耿耿于怀。尽管土耳其已经衰弱，但它仍是地中海东部唯一的强权。它在青年土耳其党人领导下的复兴唤醒了南欧古老的恐惧，它在巴尔干战争中的失败并不足以使恐惧平息。它与德国和奥地利的结盟以及参加大战则使之进一步加强。

另外，土耳其人的好战之名从未减弱。他们变成了农民，可能不再是骑乘矮种马的骑士，但安纳托利亚（Anatolian）农民的坚韧，无惧于寒冷、炎热、贫困和显而易见的危险，为它所有邻居所熟知。奥斯曼的军队在青年土耳其党人的领导之下经历了现代化,有希望更好地利用士兵的优秀品质。土耳其的军队被编组为4个集团军,分别以伊斯坦布尔、巴格达、大马士革和埃尔津詹(Erzinjan)为基地,能够调动36个军投入野战。各师只有24—36门炮,在炮火方面弱于欧洲的同级单位,但在物资上却是现代化的,并配备了64个机枪连。[28]尽管李曼·冯·桑德斯将军领导的军事教官非常努力,部队的供给和行政管理仍然很拖拉,但部队中的土耳其成分——如果不是阿拉伯成分的话——能够依靠很少的供给维持生存,并毫无怨言地长距离行军,这种能力弥补了上述缺陷。奥斯曼人作战的风格在传统上也强调挖掘工事。就像在1877年的普列文(Plevna)一样,土耳其士兵在工事的掩护下作战时耐久坚韧。

然而,土耳其在高加索进攻俄国的决定、它进攻埃及的尝试以及抽调兵力应对向底格里斯河和幼发拉底河进攻的英国远征军的需要看起来在东地中海导致了军事真空,使那些对它的领土怀有野心的人有机会乘虚而入。希腊怀有这种野心,在伟大的民族主义领袖维尼泽洛斯(Venizelos)的领导下,它倾向于加入协约国。它的行动因自身的军事弱点以及与支持德国的保加利亚要坏而遭拖延。意大利的领土野心最初在奥地利,它在1866年的上一次奥意战争中试图"拯救"蒂罗尔(Tyrol)和斯洛文尼亚的意大利语地区,但遭到失败;同时它也对土耳其多的德卡尼斯群岛(Dodecanese islands,它自1912年起占领这里)和土耳其叙利亚的一部分抱有野心。意大利仍是1906年的三国同盟的一部分,这迫使它倾向德国和奥地利,但它通过在8月进行的狭义解释而摆脱了条约条款的束缚。意大利承认它还不够强大,无法在陆地与法国抗衡,在海上也不是英国和法国的对手。尽管意大利海军最近经历了现代化,但在火力上不及二者的地中海舰队。[29]另外,当奥地利不肯以割让领土的方式贿赂意大利,把它拉拢到自己一方,俄国人慷他人之慨,承诺如果意大利加入己方,就把奥地利领土割让给它;而一旦协约国取得胜利,他们就愿意改变边界的爽快引发了一种希望,即其他协约国也会这样做。意大利驻伦敦大使在3月与外交大臣爱德华·格雷爵士磋商,讨论如果加入协约国,意大利能够获得什么好处,会谈一直持续到8月。[30]当德国受困于法国和俄国的战争,奥地利因军事危机而苦苦挣扎,土耳其在其帝国亚洲边疆泥足深陷,意大利改换门庭不仅毫无危险,而且可能利润丰厚。

另外,英国已经在东地中海开始行动,确保了意大利不会在这一舞台上孤军作战。在对高加索进攻后,俄国在与土耳其的作战中得到协助的要求发挥了作用。2月16日,英国地中海舰队的一部分进入连接地中海和黑海之间的水路达达尼尔海峡的入口,并炮击了土耳其港口。在1911—1912年的对土战争中,意大利人曾有类似的做法,他们派遣轻装部队一直前进到海峡狭窄的部分才被击退。意大利那时的目的是通过扰乱俄国黑海诸省的经济生活,从俄国方面对土耳其施加压力,这些省份极其依赖达达尼尔海峡作为通往地中海和大西洋的道路。英国在1915年的目标则广泛得多:通过达达尼尔海峡开辟援助俄国的路线,并在这一过程中通过炮击伊斯坦布尔"把土耳其赶出战争"。英国对土耳其欧洲部分的海上敌对行动的一个间接效果是加强了意大利的决心,即保证维持塞尔维亚对奥地利的持续抵抗,从而削弱奥地利在奥意边境上部署军队的能力。英国还希望以此制止保加利亚的敌对行动,并最终把足以武装俄国数百万手无寸铁的士兵的大量武器和战争物资送往俄国,逆转东线的优势平衡。

在3月和4月,对领土的贪婪和战略考虑促使意大利走向宣战。德国大使伯恩哈德·比洛侯爵(Bernhard Bülow)吃力地反复权衡,甚至提出割让维也纳早先不情愿放弃的领土。大多数意大利人,人民和议会,对于这一危险的投机没什么热情。动力来自于总理萨兰德拉(Salandra)、外长松尼诺(Sonnino)和国王维托里奥·埃马努埃莱三世(Victor Emmanuel III),以及一些政治和文化革命家,包括那时的社会主义者墨索里尼(Musssoini)、诗人邓南遮(D'Annunzio)、未来主义的创始者艺术家马里内蒂(Marinetti)。[31] 尤其是最后一位,视战争为把一个落后的意大利拉到现在,甚至在违背其意愿的情况下使其现代化的手段。战争准备的最后阶段实际上是萨兰德拉、松尼诺之间的一次共谋。4月26日,意大利与英国、法国和俄国秘密签订伦敦条约:意大利有义务在一个月内参战(回报是它所要求的奥地利领土的大部分,以及东地中海的多德卡尼斯群岛)。5月23日,意大利对奥地利宣战,但仍未对德宣战。

正如对于意大利军队的情况和它将展开作战的地理形势的任何现实评估都将警示的,事情从一开始就很糟糕。意大利与奥地利接壤的整条边境都与欧洲最高峻山脉上的简易工事遥遥相对,从西边的蒂罗尔到东面的尤利安阿尔卑斯山脉(Julian Alps),横亘着一条长达375英里的险峻峭壁,敌军在沿线的所有地方都占据了山脊。在最西面的特伦蒂诺(Trentino),有九条进入山区的路线;在最东面,伊松佐河(Isonzo)切入山壁的地方有一条大道。然而,特伦蒂诺是奥地利领土的袋状飞地,所以并不是一个有利可图的目标;而过了伊松佐河河谷,地势上升,构成两片荒芜的高原,班奇扎(Bainsizza)和卡索(Carso),它们是"居高临下,高出周围地面至少2000英尺的巨大的天然堡垒"。前者被一系列陡峭的山脊切割得支离破碎，后者则被描绘为"锋利如刀的乱石构成的荒野"。[32]

地理情况会使最优秀的山地部队手足无措。意大利拥有这样的山地部队，他们招募自其阿尔卑斯山地区，但人数很少，只能组建两个使用自产山地炮的旅。[33] 军队大部分士兵来自小城镇和乡村，四分之一来自南部和西西里。南方人成为意大利王国的臣民还不足五十年，作为军人受到的评价很低，而且把美国，而不是寒冷遥远的北方作为摆脱穷困的乡村和过度开垦的土地的目标。军队整体上训练不足，没有可与法国和德国相提并论的专用的战术训练地区，缺乏现代化的火炮，只有 120 门重炮，而且在各方面基本都没能弥补 1911—1912 年在利比亚发生的土耳其战争中遭受的损失。尽管意大利在战争开始时能够把 25 个步兵师投入战场，但它自始至终将是整个战争中最弱小的主要参战者。

意大利军的主要力量是继承自萨伏伊王国（Kingdom of Savoy）的军官团，该王国凭借其军队在 1870 年统一了意大利。萨伏伊王国的军队是欧洲唯一一支犹太人可以自由入伍并升至高位的军队，北方的军官爱国、职业，并受过良好的教育，业务精通，并负有教授其他人的使命。总参谋长路易吉·卡多尔纳（Luigi Cadorna）执法严苛。战争开始后，他不仅坚持拥有宪法规定的独立于国王和总理对军队的最高指挥权，而且以一战将领中绝无仅有的无情行使这一权威。在这一过程中，他解除了 217 名将军的职务，毫无妥协地就地枪决撤退的军官。[34] 这种指挥不符合领导风格，但在最开始却对意大利军队发挥了效力。毫无希望的进攻能够继续，惨重的伤亡被克制地接受，意大利军就如索姆河的英国军队或是凡尔登的法国军队一样令人瞩目。确实，考虑到意大利军队受命攻击的前线坚不可摧，它最初的自我牺牲可能被认为是无与伦比的。意大利军在晚些时候付出了代价，在 1917 年 10 月，它在卡波雷托士气崩溃。

卡多尔纳开始时希望快速突破以避免损失。他选择伊松佐河作为进攻的前线，预期一旦突破了山地的障碍，可以通过德拉瓦河（Drava）和萨瓦河（Sava）切割出的通往克拉根福（Klagenfurt）和阿格拉姆（Agram[萨格勒布 Zagreb]）的河谷向前推进，从那里到达奥地利帝国的心脏地带。他的希望和俄国人的相似，后者早在 1915 年就相信一旦夺取喀尔巴阡山山脊，他们将顺势而下，到达匈牙利平原并夺取布达佩斯。卡多尔纳更是选错了地方。伊松佐河以远的土地并不是一个真正的平原，而尤利安阿尔卑斯山区也是比喀尔巴阡山更加难以征服的障碍。当意大利军队在 1915 年 6 月 23 日开始后来被称为第一次伊松佐河战役的战斗时，它的先头部队只不过是同敌军前沿发生了接触。参与者并未意识到，将有十二次战役在伊松佐河发生。敌军的前沿只挖掘了一条战壕，而且人力不足。奥地利军已经在波兰和塞尔维亚两线作战，在敌对行动开始前只以地方民兵营守卫与意大利接壤的边境。在2月，其中一些被组建为两个师。5月初，从塞尔维亚派来一个师，月末，又有三个师从波兰赶来。[35] 到5月23日意大利参战时，奥地利在伊松佐河地区的指挥官博罗耶维奇（Boroevic）将军东拼西凑把总共七个师组建为第6集团军，但奥军在数量上仍处于较大的劣势。假使在卡索和班奇扎的岩石上没有预先修建防爆掩体，假使意大利能够部署多于212门大炮，卡多尔纳或许多有希望快速突破。结果却是，意大利步兵以巨大的勇气和贫乏的战术技巧前进，被阻止在无人地带。将近2000人战死，1.2万人负伤。极高的负伤率成为战役中反复出现的特征，被炸飞的岩石碎片是经常造成伤害的次要抛射物，尤其是对头部和眼睛。

在1915年还有三次战役在伊松佐河发生，分别在7月、10月和11月，每一次都造成更严重的伤亡，分别有6287人、10733人、7498人战死，但却未夺取一寸土地。奥地利人的伤亡也很惨重，因为炮弹对在岩石上掘出战壕的守军与在开阔地上的进攻方具有同样的效果，到第四次伊松佐河战役的末尾，他们有12万人战死、负伤或是失踪。[36] 无论如何，他们坚守阵地，并开始获得增援，加强从第一个月就首当其冲、不堪重负的战壕守军。到1915年年底，伊松佐河的前线稳定下来，不再对同盟国的战略准备造成重大的威胁。

事实上，意大利选择了一个错误的时机加入战争。如果它更早一些参战，在令奥地利人绝望、使他们经受如此严峻考验的伦贝格之战期间；或者更晚一些，当英军发挥出全部战力，而俄军在军事上恢复过来，意大利的一次主动进攻或许能促成德奥总参谋部的真正危机。事情的结果是，第一次伊松佐河战役紧接着一次货真价实的德奥军队的胜利发生，它们突破了戈尔利采－塔尔努夫，摧毁了东线的俄军阵地，从崩溃的边缘挽救了奥地利军队，并使德国在两线战争中获得喘息之机，这使它得以在1916年发起对凡尔登的进攻。

戈尔利采－塔尔努夫之战是利马诺瓦－拉帕诺夫之战的重演，后者在1914年12月挽救了奥匈帝国的灾难，但此次战役规模更大，结果也更为戏剧化。戈尔利采之战与利马诺瓦之战一样发生在狭窄的前沿，位于维斯图拉河和喀尔巴阡山之间；与利马诺瓦之战不同的是，这次胜利属于德国人而非奥地利人，因为尽管康拉德·冯·赫岑多夫为进攻部队提供了相当可观的士兵，但担任刀锋和决定方向的都是德国人。虽然如此，这个计划在构想上属于奥地利人。康拉德清楚地意识到俄军尽管在数量上占优,却物资严重匮乏。在1月和4月之间,俄军在东线只有少量部署在高加索地区的师从工厂获得了200万发炮弹,此时,以数十万发炮弹进行炮火准备已经司空见惯;更严重的是,俄国军工厂无法给士兵提供足够的基本作战工具——单兵武器。[37] 为了装备新征召的士兵,每月需要20万支来复枪,但俄国只能生产出5万支。俄军步兵的预备队手无寸铁地等待继承死伤者的枪支,这不是天方夜谭,而是不折不扣的事实。[38] 不得不承认,炮弹短缺是1914—1915年所有军队的共同经历。尽管日俄战争中的经验是平均日消耗常常超出工厂的产量,但所有人都目光短浅地低估了激烈战斗中炮弹的消耗,结果就是产出至少低于使用量一个数量级。例如,在1915年4月,英国远征军的野战炮每天配给10发18磅炮弹,而此时在一分钟的炮火准备中就可以轻而易举地打光10发炮弹。[39] 英国努力使自己的野战炮炮弹产量从一开始的每月3000发增加到1915年4月的22.5万发,并通过从美国购买获取其他储备,但仍然被迫通过把每天的消耗限制在固定数额上调整需要供给的数量。尽管在1915年,工业动员引人注目地提高了产量,但法国和德国还是被迫做出类似限制。[40] 到1916年,如果还算不上充裕的话,俄国也将确保足够的炮弹供应,很多来自英国和美国。然而,在1915年,俄国的供给非常匮乏,而且其中还掺杂着物资分发效率低的问题。德军为了戈尔利采 - 塔尔诺夫攻势准备了100万发炮弹,俄国只有一些要塞化的区域能达到这一数量,如新格奥尔基耶夫斯克(Novogeorgievsk)和科夫诺(Kovno),那里的要塞指挥官对于大量储存的炮弹对总参谋部秘而不宣。[41]

因此,1915年4月间德奥人员、炮弹和大炮的秘密集结预示了一场胜利。前沿很短,只有30英里。在俄国一方,这里由拉德科 - 德米特里耶夫(Radko-Dmitriev)将军第3集团军的14个步兵师和5个骑兵师防守;在戈尔利采 - 塔尔努夫之间面对进攻的区域的前沿只有2个师防守,第9和第31师。德军相对地在此部署了一些最精锐的部队,包括第1和第2近卫师、第19和20(汉诺威)师。在整个进攻前沿,德国和奥地利在人数上的优势是3∶2,在大炮方面优势巨大,弹药充足;它们的全部炮兵力量是轻重火炮2228门。俄军的战壕很不完善,而把他们与敌人分隔开的无人区很宽,使德奥军队得以在进攻前几天把前哨部队向前推进,在靠近俄军铁丝网的地方挖掘新的阵地,而俄军一无所知。

进攻计划来自法金汉,他授权1914年东普鲁士战役的胜利者马肯森来执行。鲁登道夫和兴登堡将会从波罗的海和喀尔巴阡山前线对俄军进行两翼包抄,而非从中央进行突破;他们像施里芬那样,不赞成只会导致俄军向更远的东面战线撤退的"普通的胜利",而是力争通过包围的策略把敌人与沙皇帝国的广阔空间分割开。然而,尽管拥有东线的指挥权,但他们是法金汉的下级,后者害怕他们的包围计划需要从西线撤出太多部队,以致威胁那里德国前线的安全,因而压制了他们的意见。另外,鲁登道夫－兴登堡计划要依赖奥地利军队的参与,法金汉相信哈布斯堡军队在质量上的持续下降使这变得不现实。[42]

法金汉的行动命令强调快速、纵深突破以阻止俄军使用预备队来阻止进攻的重要性。"如果想要完成任务,第11集团军必须快速向前推进……只有快速才能避免敌军在后方阵地重新实施抵抗的危险……必需的手段有二:步兵的纵深突破以及炮火的迅速跟进。"[43] 这些命令预示了1918年对英军和法军取得的此类胜利中使用的战术。德军现在还没有足够的技巧使之在西线严密防守的战壕线上发挥作用。在波兰,这里的铁丝网障碍少,战壕浅,支援火炮缺少炮弹,这样的战术被证明是具有决定性的。5月1日晚间开始的炮火准备摧毁了俄军前线。5月2日上午,德国步兵如风暴般席卷向前,抵抗微不足道。很快,俄军丢弃了武器装备,狼狈退往后方,不仅放弃了第一道,而且放弃了第二道和第三道战壕。到5月4日,德国第11集团军到达开阔的乡村地带,并继续向前推进,此时14万名俄军俘虏排成长长的队列向后方行军。突破口的宽度变大后,深度也在拓展。到5月13日,德奥军的前沿抵达南面的普热梅希尔和波兰中部的罗兹外围。8月4日,德军进入华沙,8月17日和9月4日之间,俄国边境四座历史性的堡垒科夫诺、新格奥尔基耶夫斯克、布列斯特－立托夫斯克(Brest Litovsk)和格罗德诺(Grodno)向敌军投降。俄军的被俘人数上升到32.5万人,损失了3000门大炮。

德奥军队获得胜利的规模刺激鲁登道夫在6月迫切要求法金汉和皇帝重新考虑赞同他的双向进攻计划。6月3日在普莱斯(Pless),在皇帝主持的与法金汉、马肯森和康拉德的会议上,他要求得到增援,以便发动从波罗的海沿岸向南的大规模扫荡作战,从而在俄军向东退却的时候分割他们,他论证道,这将结束东线的战争。法金汉像他一直以来的那样担心西线的安全,要求把结余的师从波兰派回法国。康拉德因为意大利参战而感到紧张,希望派遣部队到伊松佐河前线。马肯森则主张继续他在中部业已明显成功的攻势。在法金汉的支持下,他占据上风。[44] 然而,随着前进的继续,鲁登道夫旧事重提。6月30日在波森再次与皇帝和法金汉会议,他构想出一项更加野心勃勃的计划,要求把从北起波罗的海沿岸涅曼河河口直到中部普利佩特河沼泽的德军投入作战,以期把俄军与其腹地分割开,并迫使其投降。尽管得到在波罗的海地区准备一次进攻的许可,但他又一次被压制，因为这次进攻作为马肯森继续向东推进的辅助行动，将采取前沿推进的形式。

鲁登道夫把所看到的事情视为最高指挥胆怯地拒绝一劳永逸地解决问题，因此火冒三丈，但法金汉比他更为准确地读解了战略形势。俄军在戈尔利采－塔尔努夫遭受重创，并放弃了比其他情况下更多的土地。然而，在7月底，军队的现状以及武器弹药的缺乏使他们除了撤退之外毫无他法。德军获得了一种大踏步向不设防的前线前进的印象，俄军却知道自己是在有意识地撤退，通过撤出波兰中部的巨大突出部来缩短前线，因此当德军穿过缺乏铁路和公路，尤其是缺乏全天候公路的乡村艰难地紧跟其后时，拉长了他们的交通线。德军补给队伍的重型交通工具在波兰农民小路车辙交错的表面上颠簸欲碎，部队只能依靠从农民那里征集来的吱嘎作响的马车前进。"俄军每天后撤大约3英里，建立起新的防线等候德军蹒跚来到近前……德军终于到了原始森林……以及普利佩特河的大沼泽。铁路在维斯图拉河[在德国人后方]就到了尽头；甚至轻便铁路也只到……纳雷夫（Narev）[河]，而补给只得缓慢又吃力地向前走完接下来的四五十英里。"[45]

到9月，通过放弃波兰突出部，俄军把自己的前线几乎缩短了一半，从1000英里长变成600英里长，空间上的缩小带来了力量上的节约，被解放出来的预备队在波罗的海沿岸和中部抵抗德军的前进，9月甚至在南部的卢茨克（Lutsk）对

德国皇帝颁发铁十字勋章，华沙，1915年9月（RHPL）

奥地利军发动了反攻。9月，鲁登道夫夺取俄属立陶宛的维尔纽斯（Vilnius），取得了自己的最终胜利，然而代价不菲。当秋天的泥泞季节到来，季雨使地表泥泞不堪，前进沿着从波罗的海里加湾（Gulf of Riga）到喀尔巴阡山脉切尔诺维茨一条几乎南北垂直的线停顿下来。俄属波兰的大部分被占领，但俄国的历史领土保持完整，沙皇军队的精华也是如此。俄军遭受了巨大损失，将近100万人战死、负伤或是失踪，75万人被俘虏。它在8月下旬不明智地守卫华沙以西的要塞新格奥尔基耶夫斯克，大量装备在那里落入德军手中，还丧失了维斯图拉河上的伊万哥罗德、布格河上的布列斯特－立托夫斯克、涅曼河上的格罗德诺和科夫诺等要塞，它们都守卫着河流的渡口，河流构成了毫无其他特色的波兰平原的传统防线。许多将领被撤职，其中一些因为面对敌人玩忽职守而被投入监狱。[46] 9月1日，沙皇走出了沉重的一步，自己担任实际的最高指挥官，阿列克谢耶夫任总参谋长，尼古拉斯大公被调往高加索。德军前进和俄军后撤的结果使俄国的军事形势恶化，或者威胁在未来可能恶化。然而，俄军没有被打败。俄国炮弹产量在上升——在9月达到22万发——而其后备人力资源仍然达到数千万。在1916—1917年间，400万人应征入伍，1100万人正在服役或者已经战死、受伤或被俘，但俄国实际的预备力量，按人口的10%为可服役人口计算，达到1800万。[47] 俄国有能力继续作战。

军队得到重组和重新装备后，它所需要的就是喘息空间。意大利没能吸引多少奥地利军队离开加利西亚和喀尔巴阡山脉地区，尽管奥地利军队的质量持续下降，但德国的协助使其能够继续作战。塞尔维亚在1914年出人意料的成功抵抗打乱了奥地利的动员，但它已经无法提供更多的帮助。法国和英国在西线发动大规模进攻的计划直到1916年才会实现。在整个1915年的极度痛苦中，俄国期盼着战略转折，这样的转折能够阻止土耳其发动进一步的进攻，或者可能摧毁其作战能力。这一希望开启了遥远的达达尼尔海峡战役，4月，英国和法国已经在此地开始了两栖作战，它们试图突破至伊斯坦布尔，控制达到黑海和俄国南方海港的直接通路。

加利波利

把欧洲和亚洲分割开的达达尼尔海峡是一条30英里长的通道，最狭窄处不及1英里宽，连接着地中海和被陆地包围的马尔马拉海（Marmara）。在它的东

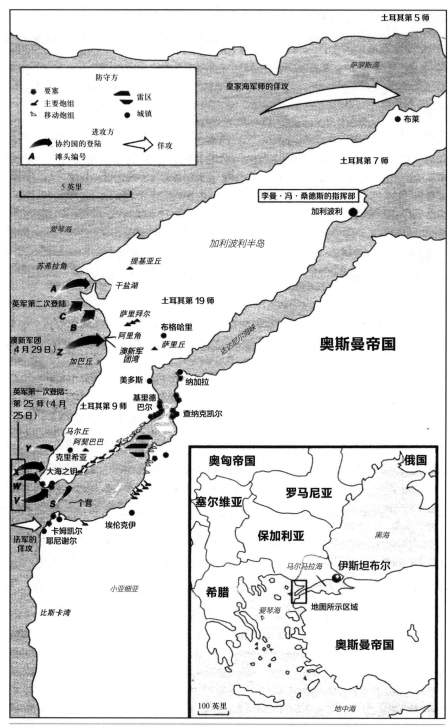

加利波利

北岸边，伊斯坦布尔，或称君士坦丁堡（曾是拜占庭的首都，在 1915 年，是奥斯曼的首都），守卫着博斯普鲁斯海峡（Bosphorus）的入口，这是一条通往黑海的水路，比达达尼尔海峡更加狭窄。1915 年，达达尼尔海峡、马尔马拉海、博斯普鲁斯海峡在欧洲一侧的海岸，是一条狭窄带状的土耳其领土。幅员辽阔的奥斯曼帝国从亚洲一侧的海岸向北、东和南扩展到高加索、波斯湾和红海。在历史上，达达尼尔海峡的战略位置无数次吸引陆海军来到这里。在其滨海腹地的阿德里安堡（Adrianople），曾发生过十五次有记载的战役；第一次是在公元 378 年，瓦伦斯皇帝（Emperor Valens）在此地被哥特人杀死，这是一场导致西罗马帝国崩溃的灾难；最近的一次是在 1913 年，土耳其人击退了保加利亚人对伊斯坦布尔的进攻。

沙皇长久以来抱有通过占领君士坦丁堡来完成数个世纪以来对奥斯曼的反攻的野心，希望以此使东正教取代伊斯兰教，恢复其地位，并获得通往暖水区域的永久性南向通道；这在沙皇当前的战略中占据很高的地位。法国并不情愿，英国更加如此，它们不希望俄国力量在南欧出现如此巨大的增长。然而，在 1914—1915 年的危机中，它们正考虑在那里开辟新战线，以便缓解盟友的压力，并作为打开西线僵局的手段。从海上、陆上，或者双管齐下对达达尼尔海峡发动进攻，看起来有希望获得这样一种主动权，这一计划在 1915 年春天得到了支持。

法国人最早提出这一建议。1914 年 11 月，司法部长阿里斯蒂德·白里安（Aristide Briand）提出派遣一支 40 万人的英法联合远征军到希腊萨洛尼卡港（Salonika），目的是为塞尔维亚人提供帮助，劝说邻国罗马尼亚和保加利亚加入协约国——它们是土耳其长久以来的敌人——并穿过巴尔干半岛对奥匈帝国发动进攻。霞飞作为总司令，拥有宪法上至高无上的权力，他拒绝容忍任何对他在西线获得胜利的努力的削弱。然而，此后他的一位下级弗朗谢·德埃斯普雷擅自向总统庞加莱提出了建议，总统和白里安、总理维维亚尼（Viviani）1915 年 1 月 7 日在爱丽舍宫举行的一次会议上再次向霞飞提出了这一计划。[48]

霞飞再次顽固地拒绝。然而，此时这个主意引起了英国人的注意。1 月 2 日，俄军总司令尼古拉斯大公向伦敦请求英军在别处发起牵制作战，以便为抵抗土耳其军队在高加索的进攻提供帮助。海军大臣温斯顿·丘吉尔和陆军大臣基奇纳讨论了他的电报。当天晚些时候，基奇纳致信丘吉尔："我们没有部队在任何地方登陆……集结唯一可能发生一些作用的地方将会是达达尼尔海峡。"[49] 基奇纳得到丘吉尔的共鸣。11 月 3 日，丘吉尔为了回应土耳其的宣战，而且也是主动地派遣英国爱琴海舰队炮击了达达尼尔海峡口的要塞。一座军火库爆炸,使土耳其在欧洲一侧的大部分重型火炮丧失作用。[50] 尽管军舰随后没有试图渗透更远,而是离开了,但这一成功使丘吉尔确信对达达尼尔海峡使用海军力量可以达成战略而非战术的效果。

他在 1914 年 11 月 25 日向新的战争委员会(War Council)——英国内阁的下属军事委员会——的第一次会议提交了这一建议,尽管它遭到拒绝,但并未被遗忘。法国和比利时的战壕线僵化,传统上通过机动来达成决定性战果所围绕的"侧翼"消失,这促使劳合·乔治、帝国防务委员会秘书、英国战时政府实际上的执行官莫里斯·汉基(Maurice Hankey)爵士以及丘吉尔相信,侧翼必须在西线以外寻找。他们得到了基奇纳的支持,基奇纳像他们一样对霞飞和约翰·弗伦奇坚持在法国进行前沿进攻的前景感到沮丧,而且他们很快就引起了第一海务大臣费舍尔海军上将的兴趣,他在 1 月 3 日力主对土耳其进行陆海军联合进攻,但规定必须立即行动,并且只能使用老旧的战舰。

如果战争委员会像费舍尔所劝说的那样立刻做出反应的话,他的计划可能会是有效的,因为土耳其人对达达尼尔海峡的修复和加强非常缓慢。但事情并非如此,英国人陷入对替代战略的考虑当中。丘吉尔自行其是。在确保费舍尔同意与指挥英国地中海舰队的卡登(Carden)海军上将就可行性进行磋商后,丘吉尔努力使费舍尔承认,"虽然对达达尼尔的突袭"是不可能的,"但使用大量船只的扩大行动可能会成功"。[51] 这样的鼓励对丘吉尔已经足够了。作为一个战略上的浪漫主义者,军事冒险——其中之一是他组织皇家海军师并把它投入安特卫普行动——上的狂热者,他进一步把费舍尔准备退役的老旧战舰组织成一支舰队,并指挥它向达达尼尔海峡前进,进行一场通过海军炮火削弱土耳其堡垒的扩大化攻击。

费舍尔带着"不情愿的责任感"接受了丘吉尔关于这一问题的强力灌输,并视之为一场"实验";他的头脑告诉他不应该从北海的对抗中转移注意力。[52] 然而,他给了丘吉尔所需要的继续达达尼尔计划的余地。参与进攻的不仅仅是一支旧船组成的舰队,法国人和英国人一样被召集起来;全新的伊丽莎白女王号,无畏舰的范本,也被从地中海舰队派来使用它的 15 英寸舰炮攻击达达尼尔海峡的堡垒,在希腊的利姆诺斯岛(Lemnos)为登陆部队准备了基地,以备如果使用正规军登陆。基奇纳还准备了帝国海外驻军正规军组成的第 29 师。丘吉尔命令皇家海军师待命,等待从埃及前往法国的澳新军团(Australian and New Zealand Army Corps, ANZAC)也已准备就绪。

是否投入这些部队取决于海军炮击成功与否。最初，人们期望战舰将取得压倒性的优势。土耳其的防御非常陈旧，在欧洲一侧的半岛顶端的赫勒斯角（Cape Helles）、对面亚洲海岸的卡姆凯尔（Kum Kale），以及在加利波利，海峡的防御是中世纪修建的，或者更加古老。机动的榴弹炮连已在那里出现，土耳其人还在达达尼尔海峡布下水雷。然而，英国人相信战舰有组织地前进，由扫雷艇在前方清出一条道路，能够压制土耳其的炮火，打开海峡并开辟一条通往马尔马拉海和伊斯坦布尔的道路。

海军行动在2月19日开始，带来了轰动性的政治而非军事效果。希腊派军参加了行动，保加利亚放弃了与德国的磋商，俄国表示出通过博斯普鲁斯海峡攻击伊斯坦布尔的意图，尚未参战的意大利忽然间看起来已经做好准备加入协约国一侧。所有那些判断对土耳其采取主动将会使南欧的形势有利于协约国的人似乎颇有先见之明。实际上，炮击没有发挥多大的作用，2月底皇家海军陆战队的登陆尽管没有受到土耳其人什么抵抗，但同样也没什么效果。2月25日，卡登海军上将重新组织了炮击，但仍未突破达达尼尔海峡入口。3月4日，一支海军陆战队在攻击卡姆凯尔的老旧要塞时遭受重大伤亡，狂热者们早期的乐观主义很明显是错误的。土耳其守军比想象中的更加坚定，它的大炮要么被保护得非常好，要么机动性很强，导致无法消灭它们；水雷太过密集，匆忙召集起来的拖网渔船组成的舰队漫无计划的清扫无法清除。"强行突破海峡"需要征召的所有船只仔细地协调前进，拖网渔船在战舰炮火的保护下工作，后者将在前进时压制岸上的火力。

大规模进军在3月18日开始，包括16艘战舰，12艘是英国的，4艘属于法国，大部分是前无畏舰，也包括了不屈号战列巡洋舰以及几乎无可取代的超级无畏舰伊丽莎白女王号，这些战舰排成三列齐头并进。它们前面是大群扫雷艇，随同前进的还有巡洋舰和驱逐舰组成的舰队。甚至在达达尼尔海峡漫长的海军历史上，也从未出现过如此规模的无敌舰队。最初，这只无敌舰队势不可挡。从上午11点30到下午2点，它前进了几乎一英里，压制了前进途中所有固定或移动的炮组。"到下午2点，形势变得很严峻，"土耳其总参谋部的记录中写道，"所有的电话线都被切断……一些大炮陷入瘫痪，其他的被掩埋起来……结果防御炮火相当程度地松懈下来。"[53] 战斗的形势忽然发生了逆转。老旧的法国战舰布维号（Bouvet）向后撤，以便让扫雷艇到前面去，它忽然内部爆炸，带着所有船员一起沉没。舰队指挥官德罗贝凯（de Robeck）似乎担心岸上的一个固定鱼雷发射管是造成这一沉没的原因。[54] 不久后知道，在3月7日晚上，一只小型土耳其蒸汽船布下了一行未被发现的与海岸平行的水雷。在随后的混乱中,由平民水手操作的扫雷艇开始穿过舰队向后方撤退,正当此时,老旧的无敌号(Irresistible)战舰也受创掉队。然后海洋号(Ocean)也发生了内爆,紧接着是法国的前无畏舰絮弗伦号(Suffren),它被高角度射来的炮弹严重损毁。因为现代化的不屈号和高卢人号(Gaulois)在早些时候已经受创,德罗贝凯发现自己的舰队已有三分之一退出行动。到这一天结束的时候,海洋号、无敌号与布维号沉没了。不屈号、絮弗伦号和高卢人号退出战斗,而阿尔比恩号(Albion)、阿伽门农号(Agamemnon)、纳尔逊勋爵号(Lord Nelson)和查理曼号(Charlemagne)遭到重创。当夜色降临,德罗贝凯撤出了他的舰队。横穿海峡的数十行总计 373 枚水雷未被清扫,大部分海岸炮组尽管打光了重型炮弹,却保住了大炮。[55]

到 3 月 22 日,当德罗贝凯海军上将在伊丽莎白女王号上与被任命为待命部队指挥官的伊恩·汉密尔顿(Ian Hamilton)爵士将军会面,讨论海军是否应该继续向海峡前进时,双方很快达成共识,在没有强大的登陆部队时,不应该继续前进。大量系留水雷和海岸重炮的结合是致命的。虽然土耳其体型较大的固定火炮可以被锁定,但移动炮组被定位后还可以改换位置,继续对脆弱的扫雷舰发起炮击,从而阻止清扫欧洲和亚洲海岸之间的水雷,因此战舰也就没有机会前进。解

正在战斗中操作克虏伯 77 毫米炮的土耳其炮手(RHPL)

决这一难题的唯一方法是派遣足以解决移动炮组并使之退出战斗的部队登陆，这样扫雷艇才能继续工作，战舰才能通过清除了水雷的水路。

包括指挥扫雷艇的罗杰·凯斯（Roger Keyes）准将在内的勇敢者们支持不计损失，继续前进。凯斯相信土耳其人士气低落而且用光了弹药。谨慎些的军官觉得更加冒险的行动必将导致更大的伤亡，后来披露的情报证明必然如此。无论如何，谨慎派占据了上风。到3月底，德罗贝凯和汉密尔顿独立于内阁做出了登陆的决定，剩下唯一有待解决的问题是在哪里登陆，以何种力量进行登陆。以皇家海军陆战队发起进攻并不足够。据汉密尔顿现在所知，地中海远征军的情报部门估算土耳其人可动用17万人。这是一个夸大的猜测；土耳其的德国指挥官李曼·冯·桑德斯以虚弱的6个师的8.4万人守卫着150英里的海岸线。然而，即使土耳其军比实际情况更弱，因为地中海远征军只有5个协约国师——第29师、皇家海军师、第1澳大利亚师和澳新师，以及法国派出的力量相当于师的东方远征军（Corps expéditionnaire d'Orient）——所有人都有必要用于确保滩头。实际上，从一开始就做出了投入所有师的决定。从在希腊利姆诺斯岛上的摩德洛斯湾（Mudros Bay）匆匆建立起来的基地出发，他们将会尽快登船，然后登岸。在3月22日的失败和4月25日的大规模进攻日之间的那个月里，上演了一次非凡的临时准备。摩德洛斯堆满了物资，一支运输舰队被召集在一起，一批船只和临时登陆艇聚集起来，以便把军队运送到海滩。

比一切都更加急就章的是计划。在缺乏关于土耳其部署情报的情况下，不得不在猜测的基础上决定在哪里登陆可能受到的抵抗最小，形势可能最为有利。亚洲海岸很有吸引力，因为那里的海岸平坦——特洛伊（Troy）多风的平原通往附近的内陆——但基奇纳向汉密尔顿否决了这一点，理由很充分，他的部队规模太小，很容易被土耳其腹地的广阔空间所吞噬。基奇纳决定欧洲大陆上被称为加利波利的半岛——因海峡边上的同名小镇而得名——成为唯一选择，但那里的地形造成了困难。距离赫勒斯角40英里的布莱（Bulair）所在的海峡腰部提供了地中海一侧的平坦地势，以及切断南面土耳其军队的机会。然而，土耳其军用看起来坚不可摧的铁丝网覆盖了布莱海岸。在其余面向大海的半岛海岸，陡峭的悬崖一直延伸到海里。只在一处具备可行性的海滩，被指定给澳新军团。另外唯一一处可能的地点就是赫勒斯角本身，那里虽然狭窄，但有一系列从岬角顶端坡度逐渐下降形成的小海滩。因为它可以被离岸舰队的炮火从各个角度覆盖，这里被指定为第29师的目标。皇家海军师没有立即登陆，而是在布莱进行集结，计划把土耳其的增援部队从赫勒斯角吸引开；法军在与第 29 军一起登陆之前，在亚洲海岸的特洛伊附近的卡姆凯尔执行类似的任务。赫勒斯角有五处海滩被选中，以字母命名为 Y、X、W、V 和 S，Y 距离地中海一侧的海岬 3 英里，S 位于达达尼尔海峡之内，而 X、W 和 V 就位于海角之下。

回顾地看，汉密尔顿的计划很可能不会奏效，就他所掌握的部队规模而言，任何计划都不会奏效。即使占领了雷区以南半岛的顶端，他们仍会处于土耳其的炮火覆盖之下。即使成功地在布莱以南的苏弗拉湾（Suvla Bay）登陆，这里和赫勒斯角之间的土耳其军队仍然完好无损，而且能够很容易地通过海峡获得补给和增援，此时在亚洲一侧登陆同样会被证明是无效的，而且暴露于炮火之下。唯一可以确保获得胜利的计划要求部署一支规模达到足以同时在布莱、赫勒斯角和亚洲海岸登陆并坚守阵地的部队。这样一支部队不但无处可寻，而且也不可能以赶得及为俄国提供急救的速度召集起来。无论如何，部队的一项重要义务来自于其行动的精神，即在不消耗西线力量的前提下获取较大战果。汉密尔顿被授予的这项任务本质上来说是牵制性的，他获得胜利的唯一希望在于土耳其人对登陆做出反应时犯下错误。没什么侥幸的可能。海军的进攻使土耳其人警觉到协约国对加利波利的兴趣，他们利用舰队撤退后的一个月时间里，在所有受到威胁的海滩上方挖掘了战壕。只有土耳其人无法很快反击，协约国才能确保有足够纵深的立足点，使土耳其人对加利波利半岛的控制受到威胁。

第 29 师和澳新军团的士兵尽管各不相同，但都对胜利满怀期待。第 29 师的士兵来自战前的正规军，是吉卜林（Kipling）所知的皮肤黝黑的英国兵（Tommy Atkinses），他们驻扎在海外，被召集到法国服役，但在那时被派往埃及，以备加利波利所需。以埃及为中转地的澳新军团是公民兵，是世界上最广泛的民兵系统的产物，这个系统把早期学龄以上的每个男性加以军役训练，并将他们征召安插到本地的团里。从战略上说，新西兰是世界上最不容易受到攻击的定居点，这里小规模的殖民群体也认真承担了与澳大利亚不相上下的军事义务。"在 1914 年作为新西兰人也就是被教导：'帝国希望你在需要的时候为它的利益而思考、劳作，不辞艰辛。'"[56] 更加实际的是，当召唤到来，"大学的教室空空如也……运动设施被废置一旁。被人落在后面是不可想象的。如果你的伙伴都要去，那么你也会莫名其妙地离开"[57]。新西兰有 50 万男性人口，可以提供 5 万名 25 岁以下受过训练的士兵。澳大利亚提供了相称的数量。澳大利亚的农村居民比新西兰的少，新西兰移民的独立性和使用来复枪、铁锹的技能将会在 20 世纪为他们赢得世界上最好的士兵的荣誉，但澳大利亚人的勇猛和个人主义，加上强烈的同志友情，将会创造一支令人敬畏的进攻部队，德国人在后来会知道这一点，而土耳其人将会很快体会到。

4月25日黎明之前，包括了从班轮到不定期货船在内各式各样的200艘商船在大部分执行炮击的舰队——它们在3月18日从海峡口返回——的支援下，向着澳新军团湾（ANZAC cove）和赫勒斯角行进。澳新军团湾作为澳大利亚和新西兰军的登陆地很快将被世人所知。伊丽莎白女王号担任旗舰和指挥部，尽管它的15英寸炮和老旧的战舰一起参加了炮火准备。然而，它们同时还是运兵船；登陆部队由"拖船"从它们和其他战舰上运往海滩，这些拖船也就是由蒸汽运输舰拖着的排成纵队的划艇，蒸汽运输舰由下级军官负责指挥，其中有两人是皇家海军学院13岁的一年级生。当到达海滩的斜坡，被牵引的船只解开缆绳，由水兵划回大海。只有一条专门的登陆舰，运煤船克莱德河号（River Clyde），它将在古老的拜占庭要塞"大海之钥"（Sedd el-Bahr）旁边的V海滩停泊。它的船头开了一个洞，以便皇家芒斯特燧发枪团（Royal Munster Fusiliers）和汉普郡团（Hampshire Regiment）的士兵通过，他们在前甲板上沙袋后面的机枪火力掩护下，经由跳板跳上被放置在船和海岸之间的驳船，进而踏上海滩。

炮击在5点左右开始，此时天色渐明，被拖行的船只很快向各个海滩靠近。前方会遭遇什么大部分不得而知，因为地中海远征军的情报部门不仅没有多少土耳其军力量和部署的信息，甚至缺乏进攻地区的地图。例如，据信赫勒斯角后面的地形是"始终如一的斜坡，而且[并非]凹凸不平"，事实上此处的地形因遍布沟渠而支离破碎。[58]澳新军团湾后面的地形被认为主要是山脊，但被选中的登陆地点在其南侧，从那里有道路通向位居中央的山峰，进攻方有意在那里建立观察哨，以便指示海军炮火打击位于海峡的炮组。

是否有此可能已不得而知。结果是，因为某种从未得到完满解释的原因，或许是因为人为失误，或许是在最后一分钟发生了没有充分交流的计划改变，澳新军团的48艘船抵达了最初选择的海滩以北1英里的地方。此处位于面朝一系列山脊的陡峭斜坡之下，这些山脊在海湾上方排成错综复杂的三级。南面和北面，高地延伸入海，所以澳新军团陷入一个三面被高地包围的小型竞技场——加利波利战场的狭小是留给来访者最为深刻的印象。除非澳大利亚和新西兰士兵能够在敌军之前到达山脊，他们包括海滩在内的所有阵地都将被居高临下，给接下来的行动造成灾难性的后果。

澳新军团的士兵知道快速到达高点的重要性,在几乎未遭抵抗登陆后,他们开始以最快的速度攀爬面前的山脊。然而,他们的登陆没有很快遭到抵抗的原因逐渐明晰起来。敌人很少是因为土耳其人没有考虑到进攻方在如此不利的地点登陆的可能性,而登陆部队很快发现地形与防守者一样与他们作对。一道山脊后面是另一道更高的山脊,沟壑是死胡同,因为找路困难,他们一次又一次地迷失了通往最高点的道路。建制被打乱,厚厚的矮树丛和陡峭的沟壑使各组士兵失去联系,妨碍了向山顶的协同前进。如果1.2万名上岸的士兵能够到达在澳新军团湾上方2.5英里的萨里拜尔(Sari Bair)山脊顶峰,他们就能够俯视海峡,胜利将唾手可得。[59]然而,到下午早些时候,他们最大的渗透纵深只有1.5英里,而且,他们在那一险峻的地点开始遭到集结起来的土耳其守军的反攻。迷失道路而又丧失领导的澳新军团士兵坚守山腰,当炎热的下午下起蒙蒙细雨,他们开始经历苦难。

在南面10英里的赫勒斯角,同样是猛烈的海军炮火打破了黎明,96艘拖船和挤满了士兵的克莱德河号在炮火的掩护下靠近海岸。在侧翼地中海的Y海滩和X海滩,以及达达尼尔海峡内部的S海滩,进攻受到微弱的抵抗,或者没有遭到抵抗,攻方很快在岸上立住脚跟。在海峡另一侧,亚洲海岸的凯尔卡姆,法军也发现自己登陆时没有受到抵抗,在最初的耽搁后,他们占领了古老的拜占庭堡垒、堡垒围墙下的村庄以及外围的墓地。附近的土耳其人组织混乱,指挥失当。在半岛的Y、X和S海滩,英国人的经历与此类似:敌人要么没有出现,要么已被阵地附近12英寸炮弹的爆炸打晕。登陆部队享受着阳光,准备茶点,从海滩上搬运物资,并在美丽的乡村徜徉,就好像战争远在数英里以外。就在南面海岸的W和V海滩,兰开夏郡燧发枪团、都柏林团、芒斯特团和汉普郡团的士兵正挣扎求存,成百上千地死去。这两处海滩正处于赫勒斯角的岬角两侧。在西面的W海滩——此后永远以兰开夏团登陆地为人所知——兰开夏燧发枪团的士兵遭到海岸上100码处冰雹般来复枪和机关枪火力的打击。然而,大部分靠岸的船只发现自己面对着海边的铁丝网,土耳其人从后面的战壕里对着从海面出现的每一个人射击。兰开夏燧发枪团的肖(Shaw)少校回忆起"身后的大海变得猩红,你能听到喋喋不休的步枪发出的呻吟声。一些士兵在射击。我发出信号让他们前进……然后我发现他们全都中弹了"。

在这些可怕的景象中,一些兰开夏燧发枪团的士兵挣扎着穿过铁丝网,并找到一条迂回的道路,重新组织起前进。在登陆的950人中,超过500人战死或受伤，但幸存者继续向内陆推进，追击面前的土耳其人，到晚上，他们建立起一处立足点。在岬角另一侧的Ⅴ海滩，情形更加糟糕。从拖船上岸的都柏林团一开始以为他们没有遭到抵抗，然后他们的船只搁浅，遭到猛烈的射击。克莱德河号靠岸停泊后，汉普郡团和芒斯特燧发枪团的士兵努力寻找离船到达跳板，以便上岸的通道，此时四挺土耳其机关枪开火了。它们已经对最早登岸的拖船进行过扫射。跳板上的队列，拥挤得犹如屠宰场里排队等待宰杀的牲口，彼此碰撞，碧血横流，坠入海滩，在那里要么立刻淹死，要么在浅滩中挣扎待死。然而仍有些人幸存，在海滩的边缘找到掩体，集结力量，把土耳其人从战壕中赶走。

在兰开夏团登陆地和Ⅴ海滩，很多人因那个上午获得了维多利亚十字勋章，这是大不列颠对英勇行为的最高奖赏。四枚被授予兰开夏燧发枪团的士兵，两枚被授予在海中努力使驳船保持平衡的水手，这些驳船在克莱德河号和海滩之间的空白处架设了桥梁。还有其他很多人没有被记录下来，他们的英雄壮举令生活在胆怯年代里的后来人无法理解。到晚上，在遍布尸体，海岸线仍旧猩红的海滩上，兰开夏团登陆地和Ⅹ、Ⅴ、Ｓ海滩连为一体，稳定了下来。在登陆的3万人中，有2000人在澳新军团湾伤亡，至少有2000人在赫勒斯角战死或受伤。土耳其人集结起来发动反击后，这个数字还在上升。以这样的代价夺取的滩头在次日能否坚守仍然是一个问题。

澳新军团伤员撤回，补充部队等待奔赴前线，加利波利战役中不断重复的场景（TRH）

对勇敢坚定的士兵造成伤亡的是如此寥寥无几的敌人,这本该引起英国指挥官——地中海远征军(MEF)的汉密尔顿、第29师的亨特-韦斯顿(Hunter-Weston)、澳新军团的伯德伍德(Birdwood)——的警觉。地中海远征军对土耳其投入达达尼尔海峡防守的兵力的估算显然夸张了。李曼·冯·桑德斯部署在加利波利半岛的军队只是他所指挥的兵力的一部分,其他兵力散布在布莱到凯姆卡尔,欧洲与亚洲之间。遭到攻击的地区只有区区一个师,第9师,它的步兵各连部署在从澳新军团湾到赫勒斯角及以远的海岸沿线。一些地方只由50个人组成的排,有些地方很少或者没有兵力:Y海滩没有兵力,在X海滩有12个人,在S海滩只有一个排。甚至在澳新军团登陆的地方也只有一个200人的连,而V和W海滩都只由一个排守卫着。[60]造成对兰开夏团、都柏林团、芒斯特团和汉普顿团的屠杀的,是不足100名绝望的士兵,他们是海军炮击的幸存者,为了活命而杀敌。

无论如何,一些土耳其人逃跑了;在4月26日撤退之前,他们在凯姆卡尔成百地向法军投降。如果不是因为预备队近在咫尺,以及得到一位具有杰出才能和决心的军官指挥,在半岛上会有更多人逃跑。穆斯塔法·凯末尔(Mustapha Kemal)是最早的青年土耳其党党员之一,但他并未追随该党领袖们的足迹。在1915年4月,他只是一名34岁的师指挥官。然而,在最紧急的关头,命运把他的第19师安置在最紧急的位置上。它聚集在正对着海峡的半岛上,距离澳新军团仅4英里,而且,尽管隔着高地,尽管登陆正在进行,但土耳其人可以通过强行军进行干预。凯末尔当即对海军的炮击声做出反应,自己带头开始强行军。到达澳新军团视之为目标的制胜点萨里拜尔山顶,"映入眼帘的是一副最为有趣的场景。我知道这是[战役的]生死关头"。他能够看到海边的战舰,近景中,第9师的一群土耳其士兵向他跑来。他们告诉他打光了弹药,凯末尔命令他们卧倒并上好刺刀。"同时,我派出传令官……到后方让正在[我后面]行军的[第57团]士兵跑步过来……士兵们上好刺刀卧

凯末尔在加利波利(RHPL)

倒在地,敌人也卧倒了……第 57 团开始进攻大概是在 10 点。"

澳大利亚人看到了山顶的凯末尔并徒劳无功地向他射击。他们没能打中他,也没能推进到山顶的这段时间确实可以被断定为"战争的生死关头",因为凯末尔一准备好部队,就开始对澳大利亚人的滩头阵地发起一系列反击,直到夜幕降临。一些当天早些时候夺取的制高点丢失了,澳新军团坚守的战线中没有一处占据优势。他们几乎在所有地方都被敌人居高临下,敌人的弹雨使送往后方海峡滩头的伤员川流不息,当他们一瘸一拐或是被抬着经过,一条略微宽阔一点儿的人流上来替代他们。这一前仆后继的景象在战役持续的每一天都会重复,成为每一个澳新军团士兵对这些险峻山坡的永久记忆。

到 5 月 4 日,澳新军团湾的双方都精疲力竭了。土耳其军减员 1.4 万人,澳新军团减员将近 1 万人。在 5 月 4 日的最后一次进攻以后,凯末尔认识到,敌军过于顽强,不可能把他们赶进大海,于是命令他的士兵挖掘战壕。战线完成以后,包围了一片纵深 1000 英尺的地区,周长 1.5 英里,在表面并非真的垂直的地方,整体上以 45 度角向上倾斜。这一景象使澳新军团的首席密码官想起"一个庞大繁荣的野蛮人部族的穴居住所,他们居住在长满灌木的砂石断崖的峭壁上"。

在赫勒斯角更低处的战场,第 29 师和法军从卡姆凯尔后撤,努力把滩头阵地

共用一个战壕的澳大利亚士兵和皇家海军师士兵(ETA)

连接起来,并把战线推向内陆,登陆后的几天充斥着野蛮的战斗。4月26日,"大海之钥"的堡垒和村庄被占领,次日下午,攻方发动了一次总攻,局部撤退的土耳其军因此而精疲力竭。总攻的目标是内陆4英里的克里希亚村（Krithia）。精心准备的进攻在4月28日开始,以第一次克里希亚战役而为人所知,另一次发生在5月6日。尽管从埃及来的一个印度旅和皇家海军师的部分兵力加入战斗,但两次进攻都未能到达克里希亚村。到5月8日,英军就在克里希亚附近,从Y海滩到S海滩以北一点的一条线上被阻止,距离赫勒斯角3英里。

经过一个无法忍受的酷夏、一个温和的秋天和一个严寒的初冬,战线一直停留在这里。尽管有来自法国和内部的反对,战争委员会派遣了更多的军队到埃及和利姆诺斯岛上的基地,第一次是一个师,然后是其他三个本土防卫师,再然后是三个基奇纳师。法国也颇为勉强地向远征军增加了兵力;在8月,第2澳大利亚师和第2骑兵师被派往利姆诺斯岛。为了打破僵局,伊恩·汉密尔顿爵士决定在澳新军团湾以北的苏弗拉湾发起一次新的两栖进攻。进攻开始于8月7日,很快就夺取了一座桥头堡。然而,现在受命指挥北部区域所有土耳其军的穆斯塔法·凯末尔很快出现在那里,以他三个月以前在澳新军团湾所展示出的同样的决心驱赶增援部队到高地上,阻止海边的协约国军。到8月9日,他获得了成功,英国增加的兵力——努力奋战的第29军从赫勒斯角由海路北上——无法夺取任何阵地。攻防双方挖掘战壕,苏弗拉湾只不过变成了协约国在加利波利半岛上控制的又一块静止的、被包围的土地。土耳其军现在在这里有14个师与协约国军作战,双方数量完全相等,后者越来越明显地付出巨大代价而无所获。战争委员会的达达尼尔委员会内部出现及早撤出的呼声。在11月,这种呼声占据了上风。在私人调查中来到此地的基奇纳被接替声名扫地的汉密尔顿的查尔斯·门罗（Charles Monro）爵士说服,撤退是不可避免的,而一场反常的暴风雨淹死了许多战壕里的士兵,毁坏了许多海滩上的装备,由此结束了这场争论。在12月28日和1916年1月8日之间,驻军悄悄撤走,土耳其人没有觉察到一场全面撤退正在进行,没有制造什么麻烦。到1月9日,澳新军团湾、苏弗拉湾和赫勒斯角空空如也。这场大冒险结束了。

土耳其人既不费心去埋葬死者,也不计算他们的死亡人数,可能有30万土耳其士兵战死、受伤或失踪。[61] 协约国减员26.5万人。第29师的伤亡人次是其兵力的2倍,8566名在半岛上服役的新西兰士兵有记载的伤亡人次达到14720人,包括两三次伤愈归队的士兵。[62] 然而所有前往加利波利的部队中,澳大利亚士兵的经历最为刻骨铭心，他们也最深刻地铭记它，事实上，对此的记忆持续至今日。澳大利亚在不久前的 1915 年才成为一个联邦国家，这些士兵作为六个国家的人民前往加利波利，像人们常说的那样，他们作为一个国家的成员回到故乡。澳新军团遭受的苦难于次年开始在故乡得到纪念。今天，4 月 25 日的黎明仪式成为一件神圣的事，不分年龄的澳大利亚人都会观礼，而澳新军团湾成为圣地。加利波利半岛今日被作为土耳其国家公园而保存，凯末尔作为帝制之后土耳其的总统在此树立了一座纪念碑，宽宏大量地纪念双方所遭受的苦难。这里已经返归自然，成为地中海沿岸一处美丽然而被遗弃的偏远之地。但它并未被澳大利亚人遗弃。很少有英国人来到这里；那些来到这里，来到孤松（Lone Pine）、拉塞尔顶（Russel's Top）和斯蒂尔哨所（Steele's Post）等澳新军团狭小而可怕的战场的英国人，不可能不被年轻的澳大利亚男女脸上的表情打动，他们长途跋涉穿过欧洲，来看一看他们的祖父、曾祖父战斗，并经常是战死的地方。参与大战的三分之二的澳大利亚人战死或受伤，而这个国家第一批大战英雄在澳新军团湾上方 2 平方英里的土地获得了他们的勋章。他们的孙子、曾孙经常在朝圣之旅中把这些勋章带到加利波利，就像在神圣的土地上重建澳新军团精神的象征，这个民族精神的象征。

无论如何，任何在这里奋战过的民族，其士兵的子孙都会因此地的一草一木而动情。中世纪堡垒城墙下的卡姆凯尔村已经消失了，但蔓生的穆斯林墓园却仍然标示出 4 月 25 日法军曾达到的最远界限。W 海滩的战争墓园葬满兰开夏团登陆的死者，而"大海之钥"则是都柏林团和芒斯特燧发枪团死者沉睡的地方，距离他们丧生的水边仅几码的距离。他们的同胞将在 1916 年的复活节以起义对抗他们为之献身的国家。在加利波利的纪念物中，最为生动的很可能是赫勒斯角海岬上的白色大理石柱，在 4 月晴朗的早上，从特洛伊的城墙上遥遥可见。特洛伊和加利波利标志着两首各自独立然而又彼此联系的史诗，就像地中海远征军中众多受过古典教育的志愿军官——帕特里克·肖-斯图尔特（Patrick Shaw-Stewart）、首相的儿子阿瑟·阿斯奎斯（Arthur Asquith）和诗人鲁伯特·布鲁克（Rupert Brooke）——认识并且记录下来的一样。很难讲荷马会认为二者中哪一个更加崇高。

塞尔维亚和萨洛尼卡

尽管加利波利战役成功地吸引了 14 个土耳其一线（Nizam）师，避免了它们被部署到美索不达米亚、埃及和高加索前线的潜在可能，但仍然是一场失败的军事行动。它没能打开经由黑海通往俄国南方港口的补给线。它也没能达成次要目标，缓解塞尔维亚的压力。那个遭受围攻的国家之所以能够艰难生存，一直是依赖于其敌人全神贯注于别处。它的生存因为加利波利战役的开始和意大利的参战而延长，它对达达尼尔登陆的催促加速了加利波利战役。然而，当加利波利退出视野，期望中附着于它的附属效果也消失了，包括促使希腊加入协约国，并阻止保加利亚加入同盟国。土耳其在 8 月阻止协约国军在苏弗拉湾的登陆，决定性地使希腊和保加利业的中立观点发生转变。保加利亚有强烈的地区利益与德国站在一起，因为它在 1913 年第二次巴尔干战争尾声失去的、曾短暂占有的马其顿地区归属了希腊和塞尔维亚。保加利亚认识到，协约国分别作为这两个国家的求爱者和保护人，不可能协助它夺回该地。而另一方面，德国会这样做。另外，德奥 5 月在戈尔利采－塔尔努夫取得的胜利使保加利亚印象深刻，一个月以后，它们开始了协商。[63] 协约国突然忘记了它们对塞尔维亚的承诺，终于在 8 月 3 日向保加利亚提供了它渴望的马其顿部分。然而，这一出价来得太晚了。在意大利和加利波利前线的双重僵局使保加利亚的国王和政治领袖相信，最大的利益在于与同盟国而非英国、法国和俄国结盟——尽管俄国在传统上热切地为保加利亚提供保护——并在 1915 年 9 月 6 日签订了四个条约。条款包括财政援助和在未来以塞尔维亚的代价割让领土；更加关键和即时的是，保加利亚保证在 30 天内对塞尔维亚开战。这一与德国和奥地利协同的战役目的是，"决定性地打败塞尔维亚军，并通过贝尔格莱德[塞尔维亚首都]和索菲亚（Sofia）[保加利亚首都]打通与伊斯坦布尔的联系"。法金汉立即向戈尔利采－塔尔努夫的胜利者马肯森传达了这一消息，后者继续召集军队。塞尔维亚在 9 月 22 日下令总动员。协约国对罗马尼亚也进行了无果的拉拢，但与保加利亚不同，它同情协约国一方。同时，亨奇（Hentsch）上校对塞尔维亚舞台进行了调查，作为起草侵略计划的准备。他关于马恩河战场的报道在一年前引发了西线的战壕化。

1914年12月奥地利军失败以来，塞尔维亚军队一直部署在北部和东部边境。马肯森的计划是把进攻前线大大向南扩展，保加利亚人可以在那里迫使他们分散保卫马其顿的军队。塞尔维亚只有11个弱小的师，在火炮方面尤其薄弱。他们面对的保加利亚可以部署6个师，奥地利可以部署7个师，德国可以部署10个师，总共有23个师。德国除了一个师以外，都是正规军，隶属于第十一集团军，是该集团军率先突破了戈尔利采－塔尔努夫，它将经由铁路前往多瑙河。指挥者是那慕尔行动的发起者冯·加尔维茨（von Gallwitz）。[64]

尽管塞尔维亚人将在不利于军事行动的本国作战，在边境上还有宽阔、没有桥梁的河流——萨瓦河、多瑙河，后者有一英里宽——可资凭借，他们居于极端不利的地位。普特尼克总督（Voivode Putnik）麾下有20万人，素质参差不齐，马肯森指挥着33万兵力，1200门火炮，塞尔维亚有120门炮。塞尔维亚改变平衡的唯一希望在于经由希腊的萨洛尼卡港引领协约国军队进入巴尔干。这一计划早在1914年11月就推荐给法国，并确实经过了协约国内部的讨论，结果是决定在加利波利登陆。[65] 协约国的干预使他们有可能在德国和奥地利在北部发起进攻前，在南方击败保加利亚——抱着这样的希望，塞尔维亚人请求协约国重新考虑这一动议。英国婉拒了这一提议，它仍然希望通过贿赂使保加利亚人按兵不动，力劝塞尔维亚人把保加利亚人垂涎的马其顿地区交给他们。尽管厄运当前，这一代价对于塞尔维亚人而言仍然太高了。执行萨洛尼卡计划的一个诱因现在从一个出乎意料的方向到来。在保加利亚动员的那天，希腊总理埃莱夫塞里奥斯·维尼泽洛斯（Eleutherios Venizelos）向英国和法国政府提议说，如果它们的15万士兵到萨洛尼卡，他有信心根据一项现存的塞尔维亚—希腊条约的条款把国家带到协约国一侧作战。

维尼泽洛斯，"克利特的狮子"，在1905年从土耳其手中赢得了国家的独立，他在任何国家都会是一个大人物，他绝对地统治着希腊小王国的政治。他是一个标准的拥有"雄心壮志"——以土耳其为代价实现希腊内地和爱琴海希腊语社区的民族再统一——的人，并像相信他们最终胜利的可能性一样相信达到这一目标需要协约国的帮助。因此，他把组织对塞尔维亚的援助视为既现实又必要。在他的劝说下，英国和法国同意立即向萨洛尼卡派遣军队，先是象征性的数量，稍后则是15万人，他对塞尔维亚－希腊条约的解释将会合法化地终结希腊的中立状态。然而，他过高地估计了自己在国内的地位。康斯坦丁国王（King Constantine）不仅是德国皇帝的妹婿，而且相信自己国家的最大利益在于保持中立。12月5日，

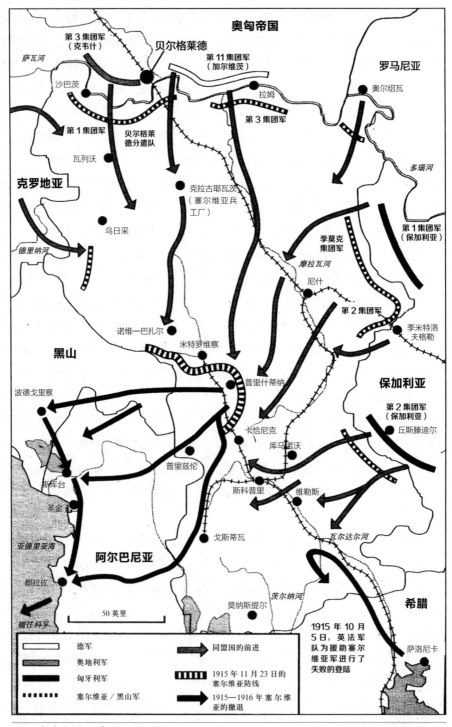

1915年塞尔维亚战役

他解除了维尼泽洛斯的职务。维尼泽洛斯将在 1916 年 12 月重返政坛，在萨洛尼卡组建政府，它被英国视为合法政府。而且，在 1917 年 6 月康斯坦丁退位后，他在公众的支持下继续担任总理。然而，在 1915 年的秋天，没有人有这样的远见。同时，协约国把事情掌握在自己的手中。作为中立国的希腊没有抵抗的手段，被迫默许了法英（俄国稍后也加入了）远征军的到达，远征军部分是由从加利波利撤退的军队组成的；默许了萨洛尼卡被转变为一个巨大的协约国基地；默许了在 12 月派遣协约国前卫部队前往塞尔维亚属马其顿。

协约国军来得太晚了，它们无法为塞尔维亚提供帮助。10 月 5 日，德军和奥军开始了对萨瓦河和多瑙河对岸的炮击，然后于 10 月 7 日在两条河上架设桥梁。恶劣的天气和塞尔维亚军的火力摧毁了一些浮桥，尽管如此，奥地利第 3 和德国第 11 集团军设法确保了一些立足点，并在 10 月 9 日进入贝尔格莱德。在夺取立足点后，马肯森计划把塞尔维亚军向南驱赶到其国土的中部进行包围。按照一个月以前达成的共识，在德奥军从北面推进时，10 月 11 日从东面跨过边境的保加利亚军同时派遣军队向南，与马其顿的英法军队作战。计划在纸面上很有道理，但没有充分考虑地形、即将到来的巴尔干冬季的天气和塞尔维亚人对于艰苦条件的承受能力。在 1915 年，巴尔干中部的居民在物质上是全欧洲最为落后的，已经习惯了季节性的困乏、没有道路的居住地和极端的气温；他们屈从于土耳其的漫长历史和对于世仇的诉求，在大雪和冬季的物资短缺之外又增添了激烈的部落同志情谊和对于危险的蔑视。德军和奥地利军在贝尔格莱德陷落后的追击非常艰难，他们发现任何障碍都无法把塞尔维亚人逼入死角。曾有三次，尤其是在科索沃（Kosovo），他们看起来成功了，1389 年土耳其人曾在此扼杀了塞尔维亚的独立，但尽管塞尔维亚人被成千上万的难民和他们坚持拖在身后、只有象征性作用的火炮队列拖累，然而他们脱离战斗并逃脱了，向塞尔维亚兄弟的黑山、阿尔巴尼亚王国和大海前进。老国王彼得身处向大海艰难前进的队列中央，而虚弱的普特尼克总督被忠诚的士兵用密闭的轿子抬着走过大雪封闭的道路和山间隘口。只有天生山地居民的军队才能在穿过黑山的通道时幸存，许多人没能活下来，他们掉队，在路边死于疾病、饥饿或者寒冷。然而，在出发的 20 万人中，不少于 14 万人活了下来，他们在 12 月初穿过了阿尔巴尼亚边境，来到气候温和的阿尔巴尼亚亚得里亚海港口。阿尔巴尼亚自 1913 年获得独立，此时仍然中立。幸存者和在撤退中被迫跟从的奥地利俘虏从那里乘船，主要是意大利船只，转移到科孚（Corfu）。当保加利亚人掉转头加入对协约国侵入马其顿的反击，醒悟过来的奥地利第3集团军占领了黑山。无论德国人还是奥地利人,都不希望保加利亚人在亚得里亚海立足。

保加利亚其他的军队已经挫败了法国和英国在马其顿为塞尔维亚缓解压力的努力,到12月12日,协约国在10月跨过塞尔维亚边境的两个师——法国第156师和英国第10师,都是从加利波利调来的——都退回到希腊的领土。英国政府正确地判断,萨洛尼卡计划在未来不会再发生什么作用,现在催促法国同意把协约国的军队一起撤出来。陷于国内危机的法国人提出异议。在10月取代维维安尼担任总理的白里安从一开始就支持萨洛尼卡计划,并把是否支持该计划视为对他自己及其政府是否支持的测试。另外,他通过激进社会党(Radical Socialist)得到了议会的支持,激进社会党在军事上的支持对象萨拉伊(Sarrail)指挥着萨洛尼卡计划的军队。从萨洛尼卡撤军将导致萨拉伊两手空空,而且他因为被霞飞恐惧和厌恶,也不太可能获得其他的指挥权。白里安因此再次提起了他最初对远征的辩护:它保证了罗马尼亚和希腊的中立,并在巴尔干对奥地利形成侧翼威胁,一旦其后条件许可,这种威胁将会扩大。他还加上,塞尔维亚军队尚未被摧毁,而且一旦被整编为作战力量,可以被用于巴尔干前线(它将会发挥这样的作用)。作为诱饵,他把霞飞提升为全部而非仅仅法国本土军队的指挥者;作为对激进社会

塞尔维亚司令部成员穿过阿尔巴尼亚塞兹尔(Sizir)大桥,1915年10月(RHPL)

党人的诱饵，他指出霞飞现在必须支持萨拉伊，因为他的竞争者现在成了他的下属。12月1日到6日之间，在加来、在尚蒂伊的总指挥部，以及在伦敦，英法政治、军事领袖快速连续地决定支持还是否定萨洛尼卡计划。英国人几乎占了压倒性优势。然而，最终因为害怕引起白里安政府的崩溃，加上俄国真诚地请求为东部舞台保持来自西方的压力，他们被说服了，终究还是把他们的军队留在了萨洛尼卡。[66]

不管从政治上还是军事上来说，这都是一个不同寻常的结果，英国和法国为希腊争取自由的努力是它在1832年从土耳其赢得独立的主要原因，而且英法在其后的每次一危机中都支持希腊的独立，现在为了自己的便利，它们好像把希腊的主权完全视为次要的。它们已经征用了希腊的利姆诺斯岛作为达达尼尔战役的基地，这是爱琴海北部最大的岛屿。它们在这个王国的第二大城市萨洛尼卡登陆时，连一声对不起都没说。英法决定留在希腊后，协约国继续把萨洛尼卡基地转变为一座超领土的军事定居点。康斯坦丁国王一度发出虚弱的抗议，"我不会被当做一个土著酋长一样对待"，但协约国依然这么干了。[67]希腊军队在这个定居点附近保持了名义上的存在。在这个200平方英里的区域内，法军驻扎了三个师，而英国驻扎了五个师，并一起囤积了大量的备用品和战争物资。在战略上，它的存在无论对德国还是保加利亚都没有施加任何压力，德国仅在边境上保留了一些拼凑起来的军队。它没能从西线吸引任何敌军部队，没给俄国任何帮助，也没对土耳其形成任何威胁。然而，在萨洛尼卡的军队吃尽苦头；疟疾是希腊北部的地方病，带来了10倍于敌军造成的伤亡，疟疾由蚊子传染，只要协约国军待在病区，就无处可逃。同时代的德国新闻记者把1915年的萨洛尼卡描述为"世界上最大的拘留营"，实际上更糟。当人数增加，疟疾肆虐，这里成了巨大的军事医院，病患有时超过一些部队现存力量的100%。[68]

就这样，1915年以一个未结束的音符落下帷幕。在战争的外围舞台，协约国占据上风。德国的殖民地被占领，它的殖民军大体上被击败，巡洋舰队被摧毁。它的同盟土耳其在加利波利赢得了局部，却巨大的胜利；但在英属埃及或者俄属高加索的牵制性前线的尝试都失败了，而且它自己受到英国在美索不达米亚渗透其阿拉伯领土的威胁。在南欧，塞尔维亚受到压制，保加利亚被拉到同盟国一方，但希腊被占用成为英法的基地，意大利被劝说在亚得里亚海的尽头开辟一条反奥的战线。在两条巨大的前线，西线和东线，胜利的平衡看起来偏向了同盟国。在法国，德国人击退了法国和英国突破战壕线的每一次尝试，并使其付出惨痛的代

276 价。在东线,他们赢得了一次辉煌的胜利,在戈尔利采-塔尔努夫迫使沙皇的军队后撤,在一些地方后退到老俄国的边境后面。波兰和波罗的海沿线落入他们手中,俄军避免了穿过喀尔巴阡山山脊入侵奥匈帝国的危险,这很显然是永久性的。在另一方面,俄军的作战力量并未被摧毁,法军保持了进取精神,而英军把自己只具有边缘性意义的海上探险力量转变为具有大陆攻击力量的工具。德国在开战以来十七个月中赢得的胜利已经开始变成不得不挺过在两线赢得胜利的计划的失败,挽救虚弱的奥地利盟友因战争的延长而崩溃,在巴尔干和近东赢得较为次要的盟友,以及营造从西面的埃纳河到东面的德里纳河、普利佩特河和德涅斯特河的中央战略地位,这里富于工业资源和原材料。然而,它没能在陆上击败任何重要的敌人,没有摧毁法英和俄国军队重返进攻的能力,也没能找到方法,突破它海洋环绕的行动基地周边逐渐收紧的海上要塞。参战的各方都意识到,在即将到来的1916年,在东西两面会带来陆地上的危机,在海上也是一样。这将是发生许多陆军和舰队的重大战役的一年。

第八章

大战之年

海上的战争

279 如果说欧洲的陆军对于1914年的战争还没做好准备,强大的欧洲海军却没有这个问题。就像最初的战争所证明的那样,在技术上,陆军已经为某些容易预见的难题做好准备,尤其是如何攻克现代要塞的防守,如何把海量士兵从基地运往前线,以及如何在他们交火时利用来复枪和大炮制造不可逾越的枪林弹雨。但他们没有办法对付没有预料到并且更加关键的难题,即如何在这样的枪林弹雨中保护士兵,如何保护他们通过战场,他们甚至不知道在铁路尽头以外,除了依靠步行,如何运送士兵,以及如何在指挥部与部队、部队与部队、步兵与炮兵、地面与空中——几乎完全偶然地,陆军在不久前获得了飞行器——之间快速、毫不含糊地传递信息。

陆军将领们在1914年的失败很大程度上在战前已经酿成。他们拥有采取现有的技术来达到目标的智慧,尤其是利用欧洲四通八达的铁路网络。但他们缺乏足够的智慧预见到新技术潜力的重要性,新的技术包括内燃机和无线电报,那时被称为广播(radio),这将会是最为重要的;他们确实也缺乏智慧,预见到这些手段所能够解决的难题。1914年以前的海军将领不会受到这样的指责。他们已经前瞻性地预见到这些发展中的、可能影响其部门的技术的重要性,并精确地把它们应用于实践。无论是老兵还是新手,海军将领们传统上都背负着没法看到比自己舰艇的舷墙看得更远的名声,没有欲望去改变自己身上的任何东西。19世纪的海军

280 将领通常被认为曾像陆军反对放弃猩红外套那样,激烈地反对把风帆换成蒸汽机。没有什么比这更偏离事实了。当皇家海军的将领们被说服风帆已经过时了,他们对于风帆角锥形的美展示出一种无情的决绝。在克里米亚战争之后,帆船几乎在一夜之间被放弃,使用蒸汽动力的炮艇在这场战争中毁灭了木制的军舰。1861年的勇士号(Warrior)是皇家海军的第一艘装甲舰,不是实验性的,而是一艘革命性的船,这一举跨越了海军设计中的几个中间阶段。[1] 帕默斯顿(Palmerston)

在朴次茅斯港口看到它停泊在沙场老将们当中，把它描述为"兔子群中的一条蛇"，而委托建造了这条船的海军将领的继承者们一旦断定老式船只已经沦落到兔子的境地，就会建造新的"蛇"。1860年和1914年之间的海军设计几乎以令人眼花缭乱的速度发生变化：舰炮炮塔的摆放位置从舷侧改到中央；防护区域从所有地方集中到"装甲区"，再转变为"装甲甲板"；合成装甲的质地从锻铁到表面淬火材料；动力从活塞发动机变成涡轮发动机；燃料从煤炭演进为石油。

　　随着海军将领们认识到民用工业创造的新技术的重要性，并被欧洲以外水域海军之间的战争——1898年的美西战争、1904年的俄日战争——中发生的技术碰撞所震撼，变化越来越快。1896年，皇家海军世界领先的吨位仍然为1.3万吨、装备了4门12英寸火炮、以煤炭为动力、使用活塞发动机，并能够以18节速度航行的战舰下水。到1913年，皇家海军最为现代化的伊丽莎白女王级战舰排水2.6万吨，装备了8门15英寸炮，并在石油蒸汽发动机的驱动下达到了25节的速度。[2]这两种设计之间关键的过渡是1906年的无畏舰，其后所有的"全重型火炮战舰"都获得了这一名称，之所以这样命名，是因为它们放弃了此前一系列次要的小口径武器，并把装甲集中在最容易导致船只受创的主军械，弹仓和涡轮式发动机。无畏舰是海军上将约翰·费舍尔爵士的创意，与勇士号一样是革命性的，建造它的决定也同样勇敢。因为像勇士号一样，它使所有同时代的战舰都过时了，包括皇家海军自己的战舰在内。只有像大不列颠这样财力有余，并致力于保持海上优势的国家才能够冒这样的风险。而且，只有像皇家海军这样具有技术适应性的海军才能够看到这样做的需要。灵感并非全部属于英国。意大利海军的建筑师在这一行里总是处于前沿，他们已经预见到全重型火炮战舰的概念，但没有鼓起勇气把概念付诸实践。无畏舰以及在它下水后类似和改进型的一系列姊妹舰迅速出现，迫使所有发达国家的海军——法国、意大利、奥地利、俄国、美国、日本、德国——也照本宣科。在1906年和1914年之间，无畏舰以不断增长的数量出现在世界的造船厂中，在所有大国升起旗帜，其中有许多国家此前从未追求在海上的地位。土耳其向英国发出了无畏舰的订单，在拉丁美洲的阿根廷、巴西和智利之间爆发了海军竞赛，它们缺乏自行建造大型船只的资源，在美国和英国的造船厂分发订单。这些年里的无畏舰成了一个国家国际地位的标志，无论它是否有助于一个客观的国家目标。

　　竞争——英国和美国的造船厂之间竞争激烈，后者在自由市场中运作，并在任何可能的时候把产品卖往国外——确保了战舰的设计符合最高的标准，并紧跟最新的发明。1914年在英国为外国海军建造的三艘船——为智利建造的海军上将拉托雷号（Almirante Latorre）、为土耳其建造的瑞萨迪赫号（Reshadieh）和为巴西建造的里约热内卢号（Rio de Janeiro）——都属于最为先进的舰船行列。海军部毫不犹豫地在1914年8月购买这三艘船为英国服役，马上作为加拿大号（Canada）、爱尔兰号（Erin）和阿金库尔号（Agincourt）加入了联合舰队。阿金库尔号装备了12门14英寸炮，是欧洲海军中火力最强大的船只。德国的无畏舰比英国对手得到了更好的保护，装甲更厚，内部被更加精细地分隔为小的水密舱，这减小了浸水的危险，但德国无畏舰的火炮口径更小。中立的美国无畏舰的最新型号，俄克拉荷马号（Oklahoma）和内华达号（Nevada）在速度、打击火力和保护方面达到了令人瞩目的兼得，而英国的两艘伊丽莎白女王级战舰（另外三艘正处于建造之中）很明显代表了速度更快、火力更强、装甲更厚的新一代战舰。

　　无畏舰之间设计上边缘性的差异在战斗中将会被证明是重大的，其程度经常令人吃惊，因为装甲上的一道裂缝也可能是致命的。现代海军的战斗是无情的。钢铁舰船不像木质军舰，在行动中无法被修复（微小的损伤除外），而它们在弹仓里承载大量不稳定的高爆炸药，如果遭受到深度打击，会带来使船只解体的危险。虽然如此，关于无畏舰惊人的是：第一，它们彼此之间的相似性；第二，它们基于"当前发展水平"的现代性。海军将领们支持海军建筑师为其舰船提供可获得的最新装备，从测距装备（德国的光学工业在这方面为公海舰队提供了显著的优势）到用于计算载重和火炮瞄准仰角的机械计算机。[3] 1914年的陆军可能还不是有效赢得战役胜利的组织；无畏舰队却达到了技术限制下的最高效率。

　　如果说舰队的装备中还存在什么重要的技术不足，那就是信号传递。[4] 海军热情地拥抱无线电报（广播）的新科技，而且它的引入极大地增强了他们在战略和战术层面的通讯能力。它提供了在非常远的距离改变舰队部署的可能性，通过无线电测向，打破无线电静默的敌军舰船的位置会被以很高的精确度确定下来。它也使跟随战斗舰队的较小战舰进行的侦察和搜索经历了革命。在无线电发明以前，侦察船之间、侦察船和舰队之间互发信号受制于视平线上桅杆的高度，以及它所确定半径之内的视觉条件，在实践中，互发信号的距离最多不过20英里。在引入无线电之后，侦察船可以在数百有时是数千英里的距离通讯，旗舰可以直接并且即时地与最低级的侦察船只进行联络，反之亦然。科罗内尔惨败之后唯一的幸存者轻型巡洋舰格拉斯哥号使后来赶到的老人星号免于被摧毁，正是通过它的无线电传输发动了跨越赤道的追击，这一追击最终导致施佩舰队在福克兰被击败。

然而，1914年的无线电报存在一个关键缺点。到那时为止，它还不是传输声音信号，而只是莫尔斯电报码。结果，存在"包括写出[信息]，把它传递到电报室，编码，发送信息，在接收的船上解码，写成文字，送往舰桥的一段时间"，根据联合舰队的指挥官杰利科（Jellicoe）海军上将的估计，这段时间长达"十到十五分钟"。[5] 当收发战略性信息的时候，流逝这样一段"现实时间"无关紧要。在密集排列的舰队需要在舰队司令的指挥下协调行动时，它却非常关键。因此，无线电报被认为是没有效率的战术信号手段，战术信号仍像纳尔逊时代一样以旗语来传递。一位希望舰队队列靠近或远离敌军的舰队司令将会指示随从参谋"挂出"正确的旗帜，他的下属船只舰桥上负责信号与战术联络的军士被设想用肉眼或者望远镜确认信号，并告知舰长。这一程序首先需要升起旗帜，可能由前线附近或者战线后面一艘"重复者"船只复制，然后挂起一面"执行"的旗帜，当它落下时，执行旗帜指定的调遣命令。这一系统在特拉法加的运转令人钦佩，那时，英军向法－西战线接近的速度是5节，而一个编队最前面和最后面的船只相距最远不过2英里。无畏舰舰队，在6英里长的编队中以20节的速度进行调动，当信号兵位于因烟囱和大炮的浓烟而模糊不清的1000码甚至更远的位置，努力辨认小小的彩色旗帜，使用升降旗帜的办法进行控制面临极大的困难。

回顾地看，有可能通过免除编码和把接收员安排在舰桥上，来简化在战术环境中使用的无线电报程序，因为必须发生在"真实时间"里，此时被窃听的危险将会最小化。之所以没有这样可能是因为，由浪费时间而"落后"在1914年的军队中如此典型，由此，信号旗的"文化"在舰队中牢牢扎根。浪费时间在所有海军中都司空见惯。对于皇家海军而言不幸的是，德国公海舰队通过简化调动系统，允许使用比联合舰队更少的信号旗达成大规模转向和列队，一定程度上克服了这一问题。这将在日德兰（Jutland）战役中被证明有巨大优势。

另外，在现代性与相似性上同样引人注目的技术条件中，只有一个缺陷是显著的，这影响了卷入战争关键对抗的双方，英国和德国的海军。二者都没有足够的侦察资源。传统上，舰队在现在所谓的"主力"部队——战略舰及其附属的轻型船只前面，部署了一排足够快速，能够发现敌人，而且足够强大，能够在遭受严重创伤前脱离战斗的中型船只。在第一次世界大战前的几十年里，它们获得了"巡洋舰"之名。无畏舰概念的发明人费舍尔海军上将的想法是，未来巡洋舰的功能最好是由像战列舰一样巨大，火力一样强大，但更快速的船只来承担，它通过放弃战列舰的很多装甲来实现速度的优势。到1916年，联合舰队包括了9艘这类"战列巡洋舰"，因为模仿了英国的创意，德国公海舰队有5艘。传统巡洋舰数量不多，正在服役的那些老旧、缓慢，而且火力和装甲都很弱。如果海军将领们把战列巡洋舰限制于侦查的角色，并阻止它们的指挥官把自己的船只暴露于建造时没有预想受到的打击，这本来没什么要紧。对双方而言都不太幸运的是下述信念逐渐浮现：战列巡洋舰应该在侦查功能之外，与找到的敌方战列舰交战，在自己的支援战列舰赶到前，使用它们的主要武器"咬住"敌军，在此期间利用优势的速度逃脱损失。费舍尔论证道："速度就是保护。"他的战列巡洋舰确实以最多10节的富余领先水面上的任何战列舰（英国战列巡洋舰玛丽女王级 [Queen Mary] 航速33节，德国战列舰恺撒级 [Kaiser] 航速23.6节）。然而，如战役将会证明的，速度无法防御现代海军的炮火，后者12英寸或更重的炮弹射程达到1.7万码。这种能够以速度获得保护的幻觉使各国海军把可以购买数打更小但是更高效巡洋舰的钱花在了少量战列巡洋舰身上，后者并不能很好地完成工作，而且甚至在舰队行动的前奏中也完全不适合对战列舰发起挑战。皇家海军在1916年参加日德兰海战时，只有少量传统巡洋舰，没有一艘能够胜任工作；大量轻型巡洋舰，即使只是在敌军的重型船只面前出现也显得过于脆弱；还有战列巡洋舰组成的前锋部队，它们将在参加主要行动之前遭受惨痛而毫无意义的损失。

舰队之间在日德兰半岛的交战发生于1916年5月31日及次日夜晚。此前在赫尔戈兰（Heligoland）和多格滩（Dogger Bank）附近曾有两次交火，时间分别是在1914年8月和1915年1月，但双方的主力舰队均未卷入其中。发生在德国北海海军基地入口处的赫尔戈兰湾战役，起因是哈维奇（Harwich）的驱逐舰和潜艇指挥官决心拦截并打击敌军的近海巡逻。哈维奇是距离德国基地最近的英国港口。指挥后来所谓哈维奇部队的蒂里特（Tyrwhitt）和指挥第8潜艇编队的凯斯（Keyes）是很有进取心的军官，他们渴望开战行动，并得到海军大臣丘吉尔的支持。而且，通过丘吉尔，他们得到承诺，如果出现胜机，海军上将大卫·比提（David Beatty）爵士的三艘战列巡洋舰将会加入行动。8月28日，赫尔戈兰湾浓雾弥漫，在日间一次混乱的遭遇中，英军最初仅成功击毁一艘驱逐舰。然而，当德军的增援出现，比提的战列巡洋舰挺身而出，击沉三艘敌军巡洋舰并安全脱离战斗。[6]

这次小规模行动极大地鼓舞了英国人，但它也促使德军使用水雷和包括潜艇在内的固定巡逻的轻重舰艇加强防御，而并未吓阻德军采取进一步行动。为了以牙还牙，德军派出快速船只在 12 月 3 日炮击了北海的港口雅茅斯（Yarmouth），在 12 月 6 日则炮击斯卡伯勒（Scarborough）、惠特比（Whitby）和哈特尔普尔（Hartlepool），在第二次行动中，德国公海舰队的大部分无畏舰跟随其后。联合舰队派出舰队进行拦截，但情报上的失败使双方未发生接触。这是很幸运的，因为联合舰队在数量上居于劣势。在战争期间的第二次早期海上遭遇中，在多格滩，皇家海军在情报上占据上风。它的拦截和解密部门——后者位于老海军部（40 号房间或 40 OB）——远比德军的优秀，而且在那里工作的人在战争开始时从三次异乎寻常的运气中受益。8 月，德国轻巡洋舰马格德堡号（Magdeburg）在俄国水域触礁，它带有当前密码的通信手册被修复并送往伦敦。10 月，从一艘在澳大利亚被扣留的蒸汽船上夺取的德国商船密码，也被送至伦敦。当月晚些时候，德国海上舰队指挥使用的第三份密码本偶然被英国渔船的拖网打捞上来，并被送往海军部。它是最近在荷兰海岸一场小规模行动中沉没的德国驱逐舰上的高级军官抛入海中的。[7] 这些文件为 40 OB 的军官揭示了大部分德国海军信号的秘密，使他们能够常常"即时"阅读敌军传输的信息，"即时"也就是说，在预期的接收者解码的同一时间。在这一第二次世界大战密码战历史的神秘预兆中，德国海军参谋们很快认识到敌军知道己方船只的行动，但却把这归因于间谍而非信号系统的不安全。他们的怀疑集中于在北海中部多格滩浅水区域拖网作业的荷兰渔船，他们认为这些船上是英国人，悬挂伪装的旗帜并通过无线电把观察到的情况发送给海军部。

德国海军的参谋们相信他们能够利用这些报告，为赫尔戈兰湾的失败复仇。他们决定把德国公海舰队的大部分战列巡洋舰开往多格滩，给对手设置一个陷阱。1 月 23 日，德军第 1 和第 2 侦察组出击，但次日拂晓接近多格滩时遭遇强大的反击，一无所获。比提的战列巡洋舰分遣队在 40 OB 的警告下严阵以待，当更弱、规模更小的德国编队进入视野，它们发现迎接自己的是穿甲弹的齐鸣。半战列巡洋舰布吕歇尔号（Blücher）被压制并沉没，塞得利茨号（Seydlitz）几乎发生致命的内爆，只是因为弹仓浸水才逃过一劫，两个侦察组以毫发之差逃离虎口。在狼狈逃回基地以后发现，在炮塔下的弹药处理室里，过多的主武器袋装发射药被取出防火的箱子，这不够安全，也没有必要。炮塔里的炸药因炮塔受损而被点燃，火焰沿着炮塔的主干引爆了下面散放的炸药，并使弹药舱旁边着火。这种糟糕做法的危险及时警告了德国海军，它在处理发射药方面开始了更为严格的程序，这种程序在任何情况下都比英国对手的更加可靠。比提的巡洋舰队，正如在多格滩之后立刻为人所知的，继续在弹仓和炮塔之间准备好大量松散的推进剂，这在

布吕歇尔号在多格滩战役中沉没，1915 年 1 月 24 日（TRH）

日德兰海战中被证明是灾难性的。[8]

1915 年 1 月以后，德国公海舰队在接下来的十八个月中停留在基地附近，反思其战略。舰队的潜艇行动可以获得回报，使用 U 潜艇或者水面舰艇部署水雷也是如此。全新的皇家海军无畏号（Audacious）无畏舰在 1914 年 10 月被一艘武装商船布下的水雷炸沉，这引发的痛苦更甚于老旧的巡洋舰阿布基尔号、霍格号、克雷西号 9 月在荷兰近海的"大十四寻"（Broad Fourteens）地区被鱼雷炸毁。然而，商业袭击的规则规定，进攻者在事前必须向商船发出警告，并准备好船员和乘客的逃生。据此，潜艇战无法对贸易造成什么干扰，而且会使 U 潜艇很快面临报复。另一方面，"无限制"潜艇战中，U 潜艇不需浮上水面进行鱼雷攻击，但因为非常容易错误判断中立者的身份，正如 1915 年 5 月 U-20 击沉卢西塔尼亚号（Lusitania）时发生的那样，这种方式导致外交事件，或者带来外交灾难。这艘英国巨轮的沉没以及包括 128 名美国人在内的 1201 名乘客的丧生，几乎使美国与德国断绝关系。外交斡旋缓和了这场灾难的回响，但德国海军参谋此后对潜艇行动施加了严格的限制。英国商船船队在 1915 年继续因潜艇的攻击每月损失 50 艘到 100 艘船，尽管如此，但它们能够保证母国的补给。[9] 同时，联合舰队及其下属舰队和巡洋舰、潜艇、驱逐舰编队维持了对德国的封锁，断绝了它与欧洲以外全世界的贸易，而且封锁因为英国、法国和意大利海军在地中海对奥地利和土耳其占有绝对优势而扩大。同盟国的"中心位置"被军事理论家奉为力量巨大的战略态势，现在却被一项全面包围的封锁削弱为一个不稳定、可能导致瘫痪的弱点。在 1915 年，德国的水手们绞尽脑汁思考出路。

在政治和王朝领袖的推波助澜和怂恿下，德国海军使自己陷入困境，前者本来应该更为清醒些。无论讲德语的土地以何种方式形成国家，它的地理状况对德国的海上力量说不。1914年的德意志帝国通往公海的道路局限在丹麦和荷兰之间的很短北海海岸线。从这里通往最近的大西洋的水路很容易被敌人遏制。向西，英吉利海峡的狭窄部分只有19英里宽，长期处于皇家海军封锁的威胁之下；在更近些的岁月里，尽管直到1916年英军在海峡布下水雷才变得密集，水雷封锁的威胁使得向西的水路有可能无法通过。从埃姆斯河（Ems）、亚德河（Jade）、威悉河（Weser）河口向北，德国公海舰队拥有可以畅通无阻到达北海的航线，出发的港口很容易得到保护，免受英国的近距离封锁。然而，一旦到达海上，在突破进入大洋之前，它面临着从北海北上，大不列颠和挪威之间600英里的路程，其后不得不穿过法罗群岛（Faroes）、冰岛和格陵兰岛之间的空隙，而这些地方处于英国轻型巡洋舰舰队轻而易举的监视之下。另外，在20世纪早些时候，皇家海军就计划把关键的部队从英格兰的港口调往苏格兰的港口——爱丁堡附近的罗塞斯（Rosyth）、奥克尼群岛的斯卡帕湾（Scapa Flow in the Orkney Islands）。因此，它把轻型巡洋舰、驱逐舰和潜艇部队留在赫尔戈兰湾海岸进行中间封锁，以便在德军出击时及早发出警报。所以，在北海航行的每一英里，德国公海舰队不被发现或攻击的可能性减小了。一旦发出警报，联合舰队将会快速航行，以便主力舰队有可能在敌军靠近能够突入大洋的水域之前较长时间加入行动。费舍尔海军上将在一份欢欣鼓舞的重要海事地理摘要中为乔治五世国王总结说："关于北面伟大的斯卡帕湾港口和南面多佛（Dover）海峡的狭窄隘口，毫无疑问，阁下，我们是上帝的选民。"[10]

德国人从未对自己所处位置内在的地理缺陷或是英国的力量熟视无睹。通过强迫邻居荷兰、丹麦和挪威提供基地，他们儿戏般地寻找拓宽北海通路的方法，甚至在战争开始之后继续考虑这样的手段；在1915年，德国海军参谋部的沃尔夫冈·韦格纳（Wolfgang Wegoner）中校撰写了一系列文件鼓吹占领丹麦，在挪

U潜艇的鱼雷室（ETA）

威建立保护国,以及在未来某一天在法国和葡萄牙夺取港口。[11]因为体型很小的U潜艇对战舰和武装商船取得胜利,潜艇作为水雷和鱼雷载体的价值也被人为放大了。然而,基本上,德国海军部坚持长久以来的战略政策,它很早就有一种看法,应该建造和运转的舰队最好服务于其海上目标。德国受制于保持庞大陆军的财政政策的限制,不可能在主力舰方面超过英国。因此,它应该把自己限制于以"冒险"(risk)与英国对抗。在这种"冒险"中,英国控制海洋的传统决心可能导致它在小规模行动中耗光优势力量,而且利用水雷和潜艇,如下危险性上升了:在难以预见的条件下,联合舰队在一次攻击性出击中可能发现自己在劣势下遭遇德国公海舰队。在关于"冒险"战略的很多争辩后,皇帝在1912年12月3日对德国海军下发了最终的战争指令,德国海军的"主要战争任务"应该是"通过大量和重复的日夜攻击,尽可能摧毁敌人的封锁力量,并在有利情况下使用所有可能的兵力作战"[12]。

1914年和1915年德军在本国海域的海军行动严格遵守1912年指令,并达到了一些目标。他们在赫尔戈兰湾和多格滩被击败,但确实摧毁了封锁的部队,因为老虎号(Tiger)和狮子号(Lion)在多格滩被击中,狮子号受损严重,不得不被拖回港口。击沉无畏号的代价不过是区区一颗水雷。舰队作战中U潜艇的潜力也被1915年1月1日U-24在海峡击沉前无畏舰恐怖号(Formidable)所证实。在1915年年初,联合舰队的指挥官约翰·杰利科(John Jellicoe)爵士非常担心德国小规模作战(Kleinkrieg)的成功,再加上把联合舰队的部队分散到次要舞台的需要,削减了它的优势。在11月,英国对德国主力舰之比降到了17∶15(在8月时是20∶13),战列巡洋舰是5∶4。[13]另外,德国仍在继续建造主力舰,尽管英国也是如此,但英国还有别的地方需要资源,尤其是在地中海,而德国没有这样的需要。

到1916年春季,战争的天平摆回到了英国一边。由于摧毁了德国执行袭击任务的巡洋舰,加利波利战役的结束以及意大利在地中海加入法国和英国舰队,遥远海域的局势不再对本土部队造成消耗。新级别的无畏舰,尤其是快速的伊丽莎白女王级巡洋舰开始服役,虽然德国公海舰队也增加了这样的船只,但联合舰队恢复了明显的优势。在1916年4月,它下辖31艘无畏舰和10艘战列巡洋舰,而德国公海舰队只有18艘无畏舰和5艘战列巡洋舰。英国在轻型巡洋舰和驱逐舰方面的优势也很巨大(113∶72),而且,虽然联合舰队仍然缺少有效的重型巡洋舰,它毫不惧怕前无畏舰,因为希望加重主战部队的吨位,德军继续把它们列为主力部队的一部分。[14]

因此,在纸面上,主动履行"冒险"战略的风险太大了,无法接受;谨慎的建议是保持消极并且回归传统的"存在舰队"(fleet in being)政策,据此,舰队仅仅通过迫使敌军看守其港口来证明自己的存在。德国海军的自尊心不允许这样的消极。德国海军不像在英国那样拥有较高地位,而是地位较低的部门,它的许多军官认为不论胜算几许,必须展开战斗,尤其是在德国陆军为了民族喷洒热血的时候。一位新的更具进取心的海军上将赖因哈德·舍尔(Reinhard Sheer)在1916年1月接管了公海舰队,一位舰长阿道夫·冯·特罗塔(Adolf von Trotha)写给他的备忘录中体现了军官群体的态度,他们两个人都属于这个群体,他写道:"对于一支经过战争却完好无损的舰队不会有信仰……我们当前正为自己的生存而战……在这一生死之战中,我无法理解怎么会有人允许任何武器在鞘内生锈而不是用来杀敌。"[15]

舍尔很快重新执行把舰队开往海上寻求行动的政策。他在1916年2月和3月两次出击,在4月和5月则出击四次;在4月份的出击中,他成功到达英国东海岸,并重复了1914年的袭击,炮击洛斯托夫特(Lowestoft)。这次示威选择与爱尔兰民族主义者的复活节起义同时,德国在事前知道这一起义,这次行动在英国造成了恐慌,但这也再一次突显,斯卡帕湾的联合舰队封锁了北海的出口后,德国公海舰队的行动必须被限制为对离本土足够近的目标发动进攻,以便在皇家海军的重型部队南来干预之前撤退。甚至现在位于爱丁堡诸港口之一罗塞斯的战列巡洋舰舰队也在北面停泊得太远,除非提前相当长的时间得到预警,否则无法追上德军袭击者。

然而,到5月底,战列巡洋舰舰队和杰利科的战列舰舰队得到了这样的预警。舍尔对另一次出击已经筹划一段时间了,出击的规模将足够庞大,出乎比提的战列巡洋舰意料之外,如果比提舰队南下足够远的话,会出现一场他意料不到的遭遇战。然而40号房间破译了信息,把他的行动告诉杰利科,这样,当舍尔离开赫尔戈兰湾,不仅比提的战列巡洋舰已经从罗塞斯出海并向南航行,斯卡帕湾的战列舰也已起航。5月31日上午,超过250艘英德战舰行驶在将要交汇于丹麦日德兰海岸一点的航线上,德军对此毫无所料。在构成双方主力的大量轻型巡洋舰、驱逐舰和潜艇中,是大吨位舰船的出现预示了结局。英国一方包括28艘无畏舰和9艘战列巡洋舰,德国一方则有16艘无畏舰和5艘战列巡洋舰。杰利科对舰队的安排是,属于伊丽莎白女王级的4艘最新式战列舰跟随比提舰队的6艘战列巡洋舰，部署在联合舰队的无畏舰前面，它们作为前卫的任务是引诱德军进入战斗。舍尔的舰队在5艘战列巡洋舰组成的第1侦察组后面50英里处前进，包括6艘德国级（Deutschland）前无畏舰，他把它们带在身边好像是出于感情而非军事原因。[16] 它们缺乏速度，比他的恺撒级战列舰慢5节，使它们在主火力发挥效力时快速接近和拉开距离的竞赛中成为一种累赘。

舍尔建立在相信英国人不会预知其行动的基础上，把整个公海舰队带往北海是前所未有的冒险。40号房间成功破译了他的信号，为一场大胜奠定了基础。这是因为杰利科和比提的舰队与之发生遭遇的可能地点距舍尔在白天能够寻求庇护的港口太远，他冒着面对优势对手，或者被优势敌人切断撤退路线的风险。然而，杰利科最初的优势在较早时遭到了削弱，原因是伦敦海军部的一项程序错误。负责的参谋军官不相信40号房间作出行动判断的能力，模糊地问了一个问题，并根据回答认定舍尔的舰队仍然停泊在港口中。他把这一错误信息告诉杰利科，后者据此，以及为了节省燃料，限制了向南行驶的速度，同时却允许比提和战列巡洋舰继续前进。40号房间告诉那名海军军官，舍尔的无线电呼叫信号仍在港内，这是正确的；然而，因为没有被问到，那名情报官并没有说明，舍尔舰队出海后放弃了港内呼叫信号，启用了另外一个。因此，在这场后来被证明是战争中最大规模海战的关键准备阶段，杰利科没有全速赶往交战地点，而他战列巡洋舰组成的侦察舰队却飞速前进，将会与优势敌军先期并且具有潜在灾难性地遭遇。

这场即将来临的战斗日后被称为日德兰海战（这是英国人的叫法；德国人有争议地把它叫做"斯卡格拉克湾[Skagerak]的胜利"），它不仅是大战中最大规模的海上遭遇战，也是到此时为止海军史上规模最大的。从没有海域见证过如此大规模的船只集结，或者说这么巨大、快速而且火力凶猛的船只的集结。德国公海舰队在5月31日早上离开赫尔戈兰湾，包括16艘无畏舰、6艘前无畏舰、5艘战列巡洋舰、11艘轻型巡洋舰以及61艘驱逐舰。联合舰队和战列巡洋舰舰队在前一天晚上离开斯卡帕湾和罗塞斯，包括了28无畏舰、9艘战列巡洋舰、8艘装甲巡洋舰、26艘轻型巡洋舰、78艘驱逐舰和1艘水上飞机母舰、1艘扫雷舰。[17] 双方在海上都有潜艇，希望可以幸运地打击对方。舍尔的计划甚至是以通过其战列巡洋舰在日德兰海岸出现，把英军吸引到U潜艇陷阱中的机会作为基础的。然而，这样的机会没有到来，海军相关的飞机或飞艇也没能发挥作用。[18] 结果，日德兰海战成了海军史上规模最大也是最后一次纯粹的主力舰队的水面遭遇战。它们所呈现出的壮观景象从未从参与者的记忆中消失：当舰队向前行驶，灰白色的

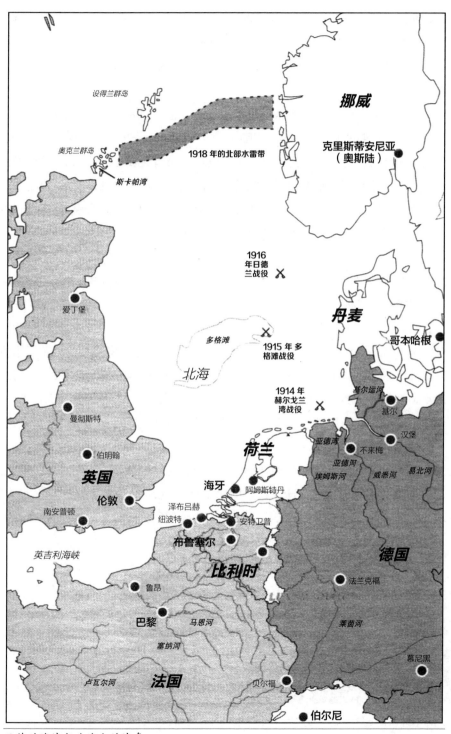

日德兰海战与北海上的战争

海面和北海的天空之间出现密集排列的灰白色战舰队列，从燃烧煤炭的锅炉中喷出灰白色的烟雾，速度更快的轻型巡洋舰和驱逐舰舰首泛起白色的闪光。急速向前的船只如此众多，远处的编队在地平线上变得模糊，或者在云雨的呼啸中从观察者的视野中消失。

294　　日德兰海战是海军史上被描写最多的战役，也是学者中争论最多的。每一个部分，几乎两支舰队交战的每一分钟都被官方或者非官方的历史学家描述、分析，对于发生了什么、为什么发生，以及是否发生却没有达成任何共识，甚至对胜利到底属于英国还是德国也无共识。它是英国的某种胜利，这并没有被否认。它不是一场决定性的胜利，也没有被否认。英国对于胜利的期望以及事实上获得的胜利之间的差异，引发了对于战事细节的详细分析以及一直持续到今日的争议。皇家海军自特拉法加以来从未在重大的舰队行动中失败，它在驶往日德兰时确信，舰队接触后，继之而来的将是另一次特拉法加海战。战事的非决定性从那时到现在始终困扰着皇家海军。

概括而言，日德兰海战一点也不复杂。它分为五个部分：首先是比提战列巡洋舰舰队在遭遇弱于自己的德国战列巡洋舰部队时"急速向南"；然后在遇到德国的无畏舰时"急速向北"，它后撤吸引对方到杰利科的联合舰队；无畏舰之间发生了两次遭遇战，当英军更强大的火力发挥作用，因德军"转身离开"而中断；最后，当德国无畏舰死里逃生，双方的轻型舰队在夜间展开行动，试图通过鱼雷攻击重创敌军。[19]

在第一阶段，比提的战列巡洋舰舰队毫无损伤地穿过了舍尔 U 潜艇的巡逻线，到达他的对手希佩尔（Hipper）的第 1 侦察组 50 英里的距离内，而没有被发现。然后双方彼此接近，听天由命。他们的轻型船只同时转向去检查一艘中立

因内部爆炸而断成两截的无畏号战列巡洋舰，日德兰海战，1916 年 5 月；驱逐舰獾号赶来，救起了 6 名幸存者。（TRH）

商船，发现了彼此，使两支战列巡洋舰舰队发生接触。双方交火，因为英军糟糕的通信系统，德军一方的火力更加凶猛。另外，坏运气也降临在装甲保护有缺陷和处理弹药不够谨慎的船只上。先是不懈号（Indefatigable），然后是玛丽女王号（Queen Mary）被击穿，它们在处理室堆积了太多本身不稳定的推进剂，以便送往炮塔，这引发了火灾。二者都爆炸沉没了。比提的数量优势立即化为乌有。

比提 4 艘支援的快速战列巡洋舰出现，逆转了局势，但它们和战列巡洋舰舰队的幸存船只发现，自己向南太远，遇到了德国无畏舰的主力。当它们转身向杰利科的联合舰队行驶，"急速向北"开始了。在此期间，快速战列巡洋舰的 15 英寸炮火对身后的德军造成严重损伤——不幸的塞德利茨号曾在多格滩遭到重创，再次被击中——所以当舍尔的无畏舰在当晚 6 点多一点不知不觉地遭到杰利科的攻击时，他的战线杂乱无序。它们将再次对英军形成打击，不败号（Invincible）因为与不懈号和玛丽女王号同样的原因爆炸了。然后英军集中起来的优势火力如此具有压倒性，以致舍尔匆忙下令撤退，消失在北海雾色的黑暗中。

这有可能为一次已然并不令人满意的遭遇战画上非决定性的句点。然而，舍尔其后决定转身回来，可能是为了帮助受创掉队的轻型巡洋舰威斯巴登号（Wiesbaden）；也可能是他判断杰利科的舰队继续向赫尔戈兰湾前进，他能够从它后面通过，穿过斯卡格拉克湾逃往波罗的海。然而，杰利科再一次减速，结果向东北行驶的德国无畏舰再次遭遇向东南行驶的英军，后者转变航向以便切断对方退路。在再次相遇的时刻，英军列成横队，德军排列为纵队，双方的相对位置即所谓"穿越敌军的 T 字形"，这对英军非常有利。他们比彼此前后遮挡排列的德军船只有更多大炮能够发挥作用，德国船只也更容易被击中。十分钟的射击中，德军 27 次被大口径炮弹击中，英军只有两次，这使舍尔再次撤往东方黑色的地平线，把战列巡洋舰和轻型船只留下在一场"死亡航行"中掩护他的撤退。它们使用鱼雷进行攻击的威胁使杰利科也撤退了——他后来因此受到指责——等他再次回到这里，舍尔已经使他的无畏舰与追击者拉开了 10 英里的距离。许多德国船只留下来掩护舍尔的航行，包括脆弱的前无畏舰舰队，它们在黄昏和夜晚的一系列战斗中遭受了损失。到 6 月 1 日上午，当舍尔回到基地，他已经损失了 1 艘战列巡洋舰、1 艘前无畏舰、4 艘轻型巡洋舰和 5 艘驱逐舰。杰利科尽管仍然控制着北海，也损失了 3 艘战列巡洋舰、4 艘装甲巡洋舰和 8 艘驱逐舰。6094 名英军士兵阵亡，德军则是 2551 人。

双方损失上的不对等使德国皇帝宣称获得了胜利。舍尔和他的船员毫无疑问

北海上的联合舰队,前景中是第4战斗队。(钢铁公爵号、皇家橡树号、杰出号和加拿大号)(ETA)

表现得很出色,同时这场战役揭示出英国船只设计和战术实践上的严重缺陷,尤其是船只之间和舰队之间的通讯。比提在遭遇战期间没能及时精确地进行报告,无畏舰交战时火炮也没能有效地校准。[20] 虽然如此,日德兰海战并非一场德国的胜利。尽管德国公海舰队比联合舰队损失的船只少,但它幸存的船只遭受的损伤更为严重,此后它在重型单位上的相对力量从16:28下降到10:24。在这种情况下,它不仅在几个月中无法冒险挑战联合舰队,而且当它重新离开港口航行,也不敢冒险离开沿海水域。[21] 与传统观念不同,日德兰海战并非德国舰队的最后一次出击,也不是它最后一次行动。1917年11月17日在赫尔戈兰湾附近,德国无畏舰和英国战列巡洋舰之间发生了遭遇,而德国公海舰队在1918年4月24日航行远达挪威南部。虽然如此,正如一位德国记者悲伤的总结,它是对监狱长的一次攻击,犯人紧接着又回到了监狱,这一结论为德国公海舰队所接受。[22] 消极和不满将最终导致舍尔水面舰船船员中的严重混乱,这开始于1917年8月,以战争最后一个11月的全面叛乱为顶峰。在1916年6月1日以后,德军在海上赢得决定性胜利的尝试成为潜艇武器的专利。

三条前沿上的进攻

1916年初夏,德国还未看出有必要改变其有限潜艇战的政策,协约国也还没有领会到这种改变将会带来的死亡威胁。他们的思绪集中于计划在东西两线联合发动的大规模进攻,他们相信这次进攻将在法国和比利时十八个月的僵持、波兰一年的失败以及意大利六个月的挫折之后带来决定性的胜利。1915年12月6日,协约国代表在尚蒂伊的法国指挥部举行会议。霞飞主持会议,但没有权力强加单一的战略,只能促进合作。在这方面,他成功了。次要的前线,萨洛尼卡、埃及和美索不达米亚(尽管那里的事态忽然恶化)将不会得到增援,这很容易做出决定。相反,在重要的前线,俄国、意大利、英国和法国确认自己有义务使用全部可能的兵力发动攻击,时间上则要求使同盟国无法在不同战场之间调动兵力。

协约国军与战壕战开始时相比已经有相当可观的成长。意大利从工业和人口来看是主要协约国中最弱小的一个,它在1916年年初成功地把步兵营从560个增加到693个,火炮从1788门增加到2068门;处于战区的部队力量从1915年的100万增加到150万。[23] 俄国尽管经受了1914—1915年可怕的死亡,以及戈尔利采－塔尔努夫战役之后大量士兵被俘,但已经能够以新征召的兵员填补空白,因此到1916年春,它在野战部队中拥有200万人。另外,归功于俄国工业惊人的扩张,几乎所有士兵都得到适当的装备。工厂产出在战前一年和1916年之间增长了4倍,炮弹填装不可缺少的化学产出翻了一番。结果,炮弹产量增长了2000%,火炮产量增加了1000%,来复枪产量增加了1100%。标准野战火

霞飞和黑格在尚蒂伊的法军总指挥部,1915年12月23日(RHPL)

炮炮弹的月产量从1915年1月的35.8万发增长到12月的151.2万发。俄国军队在未来将以每门炮1000发炮弹发起进攻,这一储备量与当前的德国和法国军队基本相当,而它的部队正在获得充足的其他装备——卡车、电话和飞机(多达每月222架)——这对现代军队而言是不可或缺的。[24]

在法国也发生了战争工业的革命。这部分归功于妇女进入工厂工作——金属工业雇佣的妇女数量从1914年的17731人增长到1916年7月的104641人——炮弹产量在1915年秋季达到每天10万发。1915年8月和12月间,野战炮的产量从每月300门上升到600门,而来复枪在12月的日产量为1500支;炸药产量从战争开始以来上升了6倍。[25]作战部队的数量没有出现可比的增长。因为与德国相比,法国人口基数小,而且和平时期征召及预备役的比例高达军役年龄人口的80%,法国缺乏扩张野战部队的能力,无法企及德国或俄国可能达到的程度,在后两者,战前只有不到一半的适龄人口参军。无论如何,通过熟练地把士兵从后方岗位组织和重新部署到前线,在1915年2月和1916年春季之间,法国新组建了25个师。1916年的法军规模比1914年大了超过25%。[26]

然而,协约国军作战力量最重要的增加来自英国。1914年8月7日,被任命为陆军大臣的基奇纳勋爵发出号召,要求10万人参军三年,或者直到战争结束。他相信战争将是长期的。对于"10万人"的进一步号召继之而来,这得到压倒性的热情回应,部分是因为政府承诺"一起参军的人在一起服役"。结果,来自同一地区、车间或行业的人成群结队前往征兵办公室,宣誓,然后前往同一部队受训并最终服役。[27]许多人自称"好朋友"(Chums)或者"伙伴"(Pals),其中规模最大的一群是有4个营的利物浦"伙伴",大部分来自该城市的船舶和经纪业。小一些的城市只提供一个营,比如阿克林顿伙伴(Accrington Pals)、格里姆斯比好朋友(Grimsby Chums)和奥尔德姆同志们(Oldham Comrades);其他的是按照职业征召的,如格拉斯哥电车营(Glasgow Tramways Battalion),或者按照民族征召;工业城市泰恩河畔纽卡斯尔(Newcastle-on-Tyne)提供了4个营,全部来自泰恩赛德(Tyneside)的苏格兰人和爱尔兰人。第一个"10万人"中包括了许多战前的失业者。接下来的"10万人"——总共将会有5个"10万人"——是由真诚的志愿者构成的,到1915年1月,其中包括了1万名熟练的工程师,超过10万人来自煤炭开采和建筑行业。基奇纳最终从这巨大的人力资源中组建了6个"新军"(或称"基奇纳军"),每一个军都有5个师,与陆军正规军的11个师和非全职的志愿本土防卫军的28个步兵师并肩作战。到1916年春,英国有70个师正在服役，自和平时期以来扩张了10倍，其中24个是新军，已经在西线或正在准备去往那里。[28]

正是英法在法国和比利时集结的进攻力量的巨大增长，使它们能够在尚蒂伊向盟友保证在1916年继续联手发动进攻。12月29日，霞飞和英国远征军的新任指挥官道格拉斯·黑格爵士将军达成共识，进攻将会以联合攻势的形式在西线中部发起。霞飞最初争论说应该继续消耗战政策，发起一系列预备攻势。黑格害怕这样的行动会浪费兵力，相反提出英军在佛兰德斯发动进攻，与之相呼应，法军在更南面发动进攻，就像在1915年尝试过的那样。作为妥协，霞飞保证沿着索姆河一线前进，英军将会把他们的战线扩展到那里。在部队换防使索姆河以北的法国部队能够重新加入霞飞向南的主力集结后，两军之间会有一条清晰划分的边界，霞飞争辩说，这条边界将是下一年大型攻势的中轴。黑格怀疑这一行动的军事逻辑，它最多不过是把1914年德军向巴黎进攻失败后遗留下来的巨大突出部拉平而已。他表示反对，但为了英法之间的和谐，最终同意了。

就像在1916年发生的那样，不为敌人的意图留出余地的计划很容易失败。当霞飞和黑格正在为索姆河战役进行部署，意大利正准备在伊松佐河高地的争夺中坚持下去，而俄国正冥思苦想为在波兰的损失复仇，康拉德·冯·赫岑多夫正在为从出乎意料的特伦蒂诺（Trentino）方向对可恨的意大利人发起一次奥地利的"惩罚性远征"进行准备，而法金汉错误地作出结论说从坦能堡到戈尔利采－塔尔努夫的一系列胜利已经使俄国屈服，正在策划在凡尔登对法国发起大规模的惩罚进攻。

法金汉在1915年圣诞那天写给德国皇帝的信中略述了自己的理由。他坚持说，德国的目标必须是使英国丧失信心，它的工业和海上力量是协约国所依赖的。因此，他赞成恢复无限制的潜艇战；同时，应该摧毁英国的大陆盟友——他或许，并且正确地推测他要求的潜艇进攻会被拒绝。意大利无关紧要，不值得对它发动重大攻势。另一方面，俄国牵制了本来能更好地用于他处的德国军队，也没有机会从它那里获得对战争具有决定性的胜利。他的评估如下："即使我们无法期待俄国发生一场大规模的革命，但我们有理由相信俄国的内部问题将迫使它在一个相对较短的时期内放弃。就此而论，或许可以认为在此期间俄国无法恢复其军事声誉。"甚至一个衰弱的俄国也难以被迫使退出战争，原因在于缺乏一个战略目标：占领圣彼得堡只具有象征性意义；向莫斯科进军将会进入亚洲内陆的旷野；而乌克兰，尽管它是具有重要价值的战利品，却只能通过罗马尼亚到达，侵犯罗马尼亚的中立对德国而言并不明智。剔除了卷入不相干的埃及、美索不达米亚和萨洛尼卡前线，以及承认西线的英军部分过于强大，坚不可摧，他作出结论：既然在某些地方发动进攻是必需的，"因为德国及其盟友无法无限期地支撑下去"，那么进攻必须针对法国。他写道："尽管它确实以非凡的忠诚承受重负，但法国的承受能力已经到了断裂点。如果我们成功地使它的人民张开双眼，认识到从军事意义上而言他们已经没有什么能期待的了，就将到达这一点，而英国就会丧失手中最锋利的剑。"他分析的解决方案是在关键一点上发动有限进攻，"迫使法国把每个人都投入其中。如果他们这样做了，法国军队将会流尽最后一滴血"[29]。

他已经在心里确定了这个"关键一点"——默兹河河曲处的凡尔登要塞。这里在 1914 年的行动之后就被孤立起来，从三个方向暴露在进攻之下，与法国后方的交通困难，但离德国境内一条重要的铁路尽头只有 12 英里。他很快获得皇帝的同意，发动他所说的"审判行动"（Operation Gericht）。他集结军队，考验法国人"忠诚"的极限。而此时，心怀不满的赫岑多夫正继续准备对意大利人的进攻。

1．凡尔登攻势

凡尔登战场 304 高地的法国第 6 师第 87 步兵团士兵，1916 年（ETA）

凡尔登在罗马时代已经是一处要塞，它的防御设施得到多次更新，在 17 世纪被沃邦（Vauban），被拿破仑三世，最近一次是在 1885 年，当时在距离这座小城中心 5 英里处原样复制了又一道环绕四周的独立式堡垒。随后新的堡垒被混凝土和装甲加固，但随着列日和那慕尔在 1914 年 8 月在德军的重炮面前崩溃，法国人对所有的防御工事丧失了信心，凡尔登要塞的大炮被拆下来送走，用于野战。1914 年的战役发生在它周围，但它作为轴心点的价值在此后被遗忘了。凡尔登变成了一处"平静的区域"，而它的守军被不断削减，到 1916 年 2 月，只包括第 30 军的

3个师,地区预备役第72师,从里尔来的也是预备役部队的第51师,以及从贝桑松(Besançon)来的正规军第14师;从阿尔及利亚来的第37师作为预备队。构成守军的各师中,最引人注目的是第56和59山地猎兵营(Chasseur à pied),因为它们肃清了凡尔登以北科尔林地(Bois des Caures)的德军,此后该部队一直留在那里;也因为其指挥官是埃米尔·德里昂(Emile Driant)中校,他是地方议会的成员,桀骜不驯的战士,以及大量关于未来战争的轰动著作的作者。他的著作中最为有名的是《明日之战》(The War of Tomorrow),其中预言了法国对德的一场伟大胜利,得到法兰西学院的嘉奖。德里昂在默兹河东岸的科尔林地指挥着凡尔登防御的最前沿。[30]

在他的阵地和邻近的阵地对面,法金汉在1916年1月和2月间为德国王储的第5集团军召集了10个师的增援部队,其中包括6个正规师,由大量集结起来的火炮支援。在542门重型火炮中,有13门420毫米榴弹炮,17门305毫米榴弹炮,正是它们在十八个月前摧毁了比利时的堡垒,它们和其他野战炮、中型火炮共配备了250万发炮弹的储备。整个宽8英里的法国防区前线——每英里部署一个德国师以及150门大炮——将会被准备炮火淹没,从而"没有前线不被炮击,没有供给可能不陷入麻烦,没有一处敌人可能觉得安全"。法金汉的计划简单粗

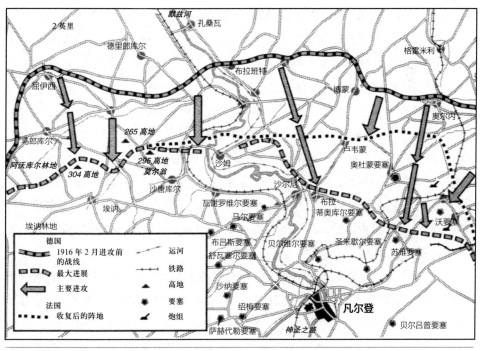

凡尔登战役

暴。法军被迫在西线一处关键然而狭小的角落作战，将被迫把增援投入消耗战中，在那里，物质环境有利于德军，法军的失败不可避免。如果法军放弃，他们将失去凡尔登；如果坚持，他们将丧失部队。

代号"审判行动"的进攻计划在2月10日开始。坏天气使它一次又一次延后，其间德军即将发动进攻的情报逐渐使守军准备得更充分些，不过仍然不够，没有得到大炮和人力方面的实质性增援来确保成功的抵抗。降雨在2月19日停止，次日，暖阳烘干了大地，2月21日早上，炮击开始了。炮火肆虐了整个上午，并一直持续到下午；在科尔林地这片500乘1000码的土地上，在德军步兵出现以前估计有8万发炮弹落下。只有德里昂对阵地一丝不苟的准备工作使一些士兵得以活下来进行战斗。[31]

如果德军的力量足够强大，他们一定会蔓延到8英里长的敌军被摧毁的整个前线阵地上，但他们没有那样的力量。这次行动的哲学是火炮将会摧毁法军的防御，然后由跟随炮火而上的步兵占领。德里昂和他的半数士兵直到第二天仍然幸存，此时更为强大的德军步兵浪潮淹没了他们。在科尔林地两侧都有同样的进攻。法军外围战壕被碾碎，守军在炮火和优势敌军面前开始向老旧的沃（Vaux）和杜奥蒙（Douanmont）堡垒撤退。在2月23日，第72师一位幸存的中尉向上级指挥官发报："指挥官和所有连指挥官都阵亡了。我的营只剩下差不多180人（原有600人）。我既没有弹药也没有食物。我该做什么？"[32] 在没有增援的情况下，什么也做不了。2月24日，整个外围战壕被占领，许多守军在恐慌中放弃阵地逃往后方。只有沃和杜奥蒙山两座堡垒作为默兹河畔高地前坡上的抵抗要点继续坚守，如果它们被占领，德军炮火观测员将得以校准对凡尔登本身以及支撑抵抗的默兹河桥梁进行直接打击。2月25日，杜奥蒙堡垒陷落了，被第24勃兰登堡团的一名中士孤身占领，他被一枚近距离炮弹的气浪推进堡垒的壕沟里，决定一窥虚实。他发现只有很少的法军驻守在这里，于是虚张声势迫使他们投降。堡垒被占领的消息在凡尔登的法军中造成了恐慌，甚至第一批加强前线的增援到来也无济于事。当默兹河上的桥梁被拆毁，撤退即将开始的说法传开，粮食储备被劫掠一空。凡尔登似乎即将陷落。

如果凡尔登被攻陷，可能对法国的战争表现有好处，因为它不折不扣是一个死亡陷阱。凡尔登后方的地形支离破碎、树木丛生，法国能够完美地保卫这里，并只需付出比接下来几个月在这座牺牲之城及其周围所付出的低得多的生命代价。然而，在2月25日上午，霞飞的代理人，指挥马恩河第2集团军的德卡斯泰尔诺到达凡尔登，评估了局势，决定必须坚守前方的阵地。他是一位"好战将军"，是浪漫、虔诚的天主教徒，而且是法国古老军事家族的一员。德卡斯泰尔诺把凡尔登之战视为对于国家坚持保卫领土的能力，并保住最终获胜希望的检验。他在2月25日做出的决定对法金汉来说或许正中下怀，而他选择来完成这一任务的战士或许也是法金汉自己会选择的对手，菲利普·贝当。贝当是一位绝不会放弃的人。他沉默寡言而且缺乏吸引力，对于进攻信条的怀疑使他在战前无法获得晋升。然而，当战争爆发，他从不因伤亡而踌躇，这使他大踏步前进，从第33团——夏尔·戴高乐（Charles de Gaulle）以中尉军衔在这个团服役——的一名上校，成为1916年第2集团军的指挥官。他一到凡尔登，就打电话给新近前来增援的第20军的指挥官说："我受命指挥。告诉你的部队，坚守阵地。"

贝当立刻鉴别出对于防守至关重要的两个要点：炮火的协同，他将亲自掌握；以及打开补给线。自此以后，是德国人——当他们坚守前沿或是通过默兹河另一侧狭窄的山谷前往战场时——头上被不断倾泻炮火。在凡尔登后面，通往50英里外的巴尔勒杜克（Bar-le-Duc）的唯一一条道路被设计为只能通行卡车的补给路线；3500人被召集向前方运送守军每日所需的2000吨物资，部队被命令从道路旁边的田野通行。任何抛锚的卡车都被推离道路，以免妨碍日夜川流的交通。一个地方自卫队师被用于维修道路，在法国全境寻找额外的运输工具。最终，1.2万辆卡车将在所谓的"神圣之路"（voie sacree）上行驶。

一场被神圣化的战争正是法金汉希望法国人去做的。但他没有料到法国人将会表现出来的热情。2月27日，德军的记录已经显示"没有任何进展"[33]。第20"铁"军已经进入前线，它的士兵正在坚守每一英尺土地的绝望努力中前仆后继；那一天第20军受伤并被俘的士兵中有一个是夏尔·戴高乐。德军试图通过把火炮推进到离前线更近的地方攻克法军的抵抗，穿过浸湿的土地移动每一门炮都需要更多的马匹。直接结果是造成炮队可怕的伤亡——据说一天有7000匹马死亡——然而，尽管炮击不断加剧，法军战线却毫不动摇。到2月27日，德军前进了4英里，离城市只有4英里，但不管再怎么努力，也无法继续向前推进了。

在2月的最后一天，法金汉和王储经过协商同意了一项新战略。既然默兹河东岸狭窄前线上的进攻没有获得成功，那么必须把攻势扩展到西岸，德军试图到达能够俯视凡尔登本身的阵地，在那里，莫尔翁（Mort Homme）和304号高地（Côte 304）后面隐藏着法国的火炮，对挣扎前进的德国步兵进行打击。西岸的地形与东岸不同，不是支离破碎、树木繁茂，而是开阔又崎岖。法金汉曾被建议把这里包括到他最初的进攻计划中，因为在这里很容易获得进展。3月6日，进攻的第一天确实如此，法国第67师崩溃了。然而，德军很快遭到反击，阵地被夺回，战线再一次陷入僵局。同时在东岸向杜奥蒙附近的沃堡垒发动的进攻也没有收到效果。废墟的沃村在3月份13次易手，但堡垒仍对德军可望而不可即。而且，堡垒本身防守坚固。法国人和德国人都认识到，列日和那慕尔的经验并不像看起来那样具有决定性。如果守军准备好熬过猛烈的炮火并等到没有保护的步兵进攻，甚至是非常古老的要塞，都能够经受密集、长时间的炮击，并为战壕提供支撑。比利时人因缺乏经验放弃了，他们后来被德国人称作任何阵地的顽强守卫者；到1916年，法国人开始发现，炮火实际上经常并不如听起来那么糟，他们鼓起勇气等待炮火过去，以致命的轻武器还击跟随其后的步兵。

到4月初，法金汉赢得消耗战的胜利，并使自己的部队免于遭受相应损失的信念受挫。在默兹河东岸狭窄前线上的第一次进攻在要塞外围被遏止。在西岸的第二次进攻在莫尔翁和304号高地的火力下畏缩了。在4月初，他决定放弃有限进攻的战略，在整个前线发动进攻，现在战线将近20英里长。行动在4月9日开始，持续了四天，直到瓢泼大雨阻止了这个月剩余时间里的一切行动。第一天，德军以为自己到达了莫尔翁的顶峰，却发现真正的顶峰仍遥不可及。然后战斗的性质转变为一场炮战。法国第146团的一名军官奥古斯丁·柯尚（Augustin Cochin）从4月9日到14日在莫尔翁的战壕中度过，没看到一个德国人，"最后的两天在结了冰的泥地中度过，在炮火下除了狭窄的战壕没有任何遮蔽……德国兵并没有进攻，这很自然，否则就太愚蠢了……结果是：我和175个人一起到了那里，和34个人一起回来……有几个人已经半疯了……我和他们说话时从不回答"[34]。

5月，恶劣的天气转好后，是莫尔翁使敌军徒劳无功。5月8日，法军丢失了真正的顶峰，但坚守邻近的斜坡，德军耗费了这个月剩下的日子在这里一点点清除敌军。当他们继续前进，贝当接掌指挥权的时候勾画出的最后一道防线被突破了，但他们的推进太慢，无法威胁到凡尔登阵地的整体性。他们的伤亡现在已经超过10万人，尽管法军遭受了同等程度的伤亡，但德军大部分的损失由同一批部队承受。法军各师通过凡尔登轮番上阵，而德军把各师留在前线，通过补充兵员来弥补伤亡。到4月底，有42个法国师曾穿过凡尔登地区，德国则只有30个师，这样的差异还将继续。[35] 在第一天发动进攻的德国第5师在前线一直待到2月底，在3月8日和15日之间返回前线，然后又从4月22日一直待到5月底。第25师从2月27日到3月16日、从4月10日到25日一直作战，然后又一直战斗到 5 月 19 日。3 月到 5 月间,第 25 师各步兵团的伤亡达到 8549 人,或者说超过了其兵力的 100%。

双方的高伤亡率是法军实行"主动防御"政策的结果,这一政策是在一切可能时机发动反击。一个机会出现在杜奥蒙,德军在这座夺取的堡垒中的弹药库无意间被引爆。巨大的爆炸促使法军在 5 月 22 日冒险尝试夺回此地,进攻方成功地扫荡了外垒并攀上外围,但第二天被击退。然而,主动权仍掌握在德军手中,他们在任何可能的地方继续进攻,并在 6 月初为决定性攻击纠集兵力。部队包括第 1 巴伐利亚军、第 10 预备军和第 15 军的各师,在 3 英里长的战线上肩并肩发起进攻,在每一英尺的前线上都有一名士兵,由 600 门大炮支援。目标是沃堡,在 6 月 1 日到 7 日之间,德军先是实施包围,切断守军与法军后方的联系,然后逐区实施爆破。最后,守军的指挥官,雷纳尔(Raynal)少校因缺水被迫投降。进攻者授予这个男人战争的荣誉,接受雷纳尔投降的德国王储赠给他一柄剑,以代替他留下的佩剑。[36]

凡尔登地区的直接指挥权从贝当转移到尼韦勒(Nivelle)手中。贝当对伤亡的无视甚至使霞飞也感到麻烦;尼韦勒是一位火炮专家,谈吐流畅而有说服力,因为精通英语以及善于与政治家打交道,他在战争开始后迅速晋升。他已经在着手改进法国对火炮的管理,它们已经开始对敌军的火炮赢得优势,并最终使优势偏向法国一边。然而,与此同时,德军持续进攻,在东岸占领孤立的小块阵地,并向幸存的法国堡垒苏维尔(Souville)和塔瓦纳(Tavannes)前进。从苏维尔"一路下坡通往凡尔登,距离不足 2.5 英里,一旦堡垒落入敌手,城市的沦陷不过是个时间问题"。沃堡陷落以后,德军继续毫不留情地施加压力,直到 6 月 22 日,一场新的进攻开始。进攻以向法军阵地施放"绿十字"毒气(Green Cross)——这是一种氯气的改进型——为前奏,这里包括了法军在凡尔登的 1800 门炮中的 600 门。法军被暂时剥夺了炮火掩护,在阿尔卑斯山地部队(Alpenkorp)的攻击下畏缩了,这是巴伐利亚近卫军和德国轻步兵中的精锐山地师;轻步兵军官中的一位是保卢斯(Paulus)中尉,未来斯大林格勒战场上第 6 集团军的指挥官。[38] 阿尔卑斯山地部队的一名士兵记录说,在炮击之后的成功推进中,他从苏维尔高地瞥见了凡尔登的屋顶。然而,他可能是搞错了。在下午,堡垒周围支离破碎的土地上德军的进攻逐渐减少,在夏日的酷热中,口渴袭击了所占领的最前方阵地上的士兵。没有水能够从后方运来,当夜幕降临,阿尔卑斯山地部队放弃了继续进攻。

那一天，6月23日，同时标志着凡尔登攻势的顶点和转折点。从2月21日以来，大约2000万发炮弹落入战区，景观被永久性地改变了，森林裂成碎片，村庄消失，地表因爆炸而坑坑点点，一个弹坑覆盖另一个弹坑，然后又被第三个覆盖。更为严重的是对人的生命的破坏。到6月底，双方都有超过20万人战死或负伤。法军遭受的伤亡更为惨重，因为战役开始时他们在数量上比德军少三分之一，但对两军来说，凡尔登都变成了一处无法取胜的恐怖与死亡之地。德军在7月11日做出了最后一次努力，他们到达苏维尔堡，但被击退。此后，德军停止了在凡尔登歼灭法军的尝试，再次转入防御。此地一度平静下来，直到10月法军行动起来收复失地。10月24日，收复奥杜蒙，12月15日，更大规模的进攻收复了战役开始以来在东岸丢失的大部分阵地。然而，到那时为止，另一场从7月1日爆发的战役完全把西线的关键从凡尔登转移到了索姆。

2. 索姆攻势

　　法金汉计划中的凡尔登战役是一次榨干法国军队每一滴血，并击落英国的利剑的行动。到6月，尽管战役还将进行六个月，但它的这两个目标都失败了，而且，随着它的失败，法金汉作为总参谋长的威信也被削弱了。尽管法金汉个性强硬，智力过人，英俊，直率，自信到了傲慢的程度，而且作为参谋军官和陆军大臣的能力都已经得到证明，但他的劣势在于，在大众的心目中，他与失败而非胜利联系在一起。[39]他对"施里芬计划"的失败——尽管它的失败内在于计划本身的缺陷中——以及西线的战壕化负有责任，更公允地说这两件事应该由毛奇承担责任。虽然如此，但作为毛奇的直接继任者，这些责任被加诸他的身上。东线坦能堡甚至戈尔利采-塔尔努夫的胜利看起来是兴登堡及其密友鲁登道夫的成就。法金汉与奥地利总参谋长康拉德·冯·赫岑多夫的同盟使他分担了奥匈军队对塞尔维亚军和俄军糟糕表现的责任，甚至意大利参战的罪责，因为意大利的动机完全是反奥地利的。唯一毫无疑问属于他自己的主动行动是凡尔登战役，如果取得胜利，他将得到人们的赞赏。到盛夏时节，凡尔登战役显而易见是一场可怕的失败。甚至英法军队在索姆河进攻之前的炮击尚未开始，法金汉对于最高指挥权的掌握就已经被削弱，向上爬升和全盛时期的将星已经转移到东方的巨人兴登堡身上，后者将在8月取代他的位置。

　　索姆河战役将是另一位运星照耀的将军的事业，道格拉斯·黑格。约翰·弗伦

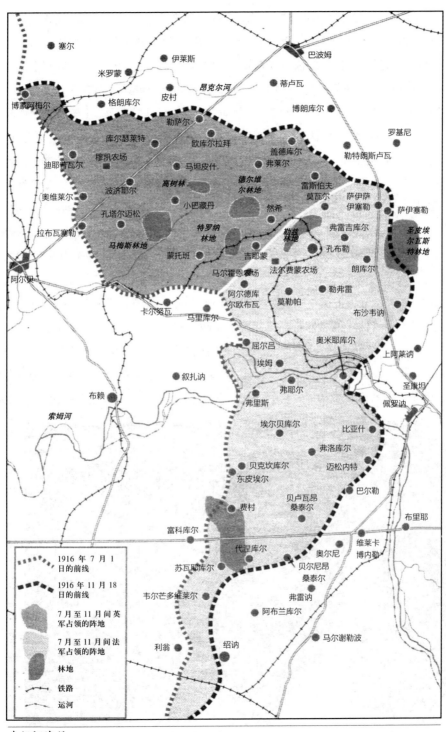

索姆河战役

奇,把英国远征军带到法国的"小元帅",因自己挚爱的正规军的消耗而感到精疲力竭。布尔战争光辉岁月里的老兵,他所成长的骑兵队里热情的年轻骑手,曾与他在南非草原和狩猎场上作伴的那一代有教养、守本分的少校、上校[40],他们中很多人战死,这使他感到痛苦。到1914年11月,最初的七个步兵师中有9万人伤亡,不少于动员力量的100%。而这种痛苦又因他不得不走访陆军医院并与伤者交谈而加重。"看到这些亲爱的家伙是多么善良、活泼、耐心,让人感到可怕的难过和悲伤……我如此憎恨这一切!……多么令人讨厌的悲哀和压抑!"[41]弗伦奇没有准备好应对现代战争或是民族冲突中的政治。他同情自己作为青年军官就已经熟知的、即将消失的封建秩序下的七年兵,但却没法同样同情成百上千来到前线的公民军人。他也不擅长内阁游戏,而他在陆军部的对手和年轻的下级对此却已经很娴熟。英国远征军第1集团军的黑格,与大人物,尤其是与宫廷有着不算光明正大的联系。他经过最简单的引介,很快就与一位宫廷侍女结婚,并在西线陷入僵持之后很快接受邀请,与乔治五世进行私人通信。到1915年年底,英国远征军上层的其他人也都相信弗伦奇没有能力继续履行最高指挥权,政府知道他们的看法。然而,图穷匕见的是黑格。10月底国王访问法国期间,他直接告诉国王,弗伦奇是"军队重大弱点的来源,再也没有人对他有信心了"。这是事实,但如果没有加上他自己已经准备好在任何职位上履行职责的话就更好了。"任何职位"显然意味着接替弗伦奇的职务。

索姆战场博蒙哈默交通壕中第1兰开夏燧发枪团的士兵,1916年6月下旬(TRH)

在国王、首相和仍然担任陆军大臣，但已经地位不稳的基奇纳进一步磋商后，黑格在 1915 年 12 月 16 日取代了弗伦奇。[42]

黑格同时代的人发现很难了解他，他在今天成了一个谜。在第一次世界大战中获得成功的将领，也就是那些没有彻底崩溃或是逐渐陷入悲观的人，往往命运多蹇，因为他们不得不与办公桌上不断累积的伤亡数字为伴。尽管如此，其中一些人成功地把精神上的坚忍不拔与某些突出的个性结合在一起：霞飞，沉着；兴登堡，严肃；福煦，热情；凯末尔，坚定。黑格的公开举止和私人日记中没有任何对于人类苦难的关心，没有任何常见的情感来补偿他的冷漠。他似乎是在一种诉说更高目标和个人天命的声音指引之下摆脱了第一次世界大战的恐惧。我们现在知道，并非仅仅如此。黑格是巫师行为和原教旨主义宗教的信奉者。[43]当他还是年轻军官时，被带领参加了降神会，灵媒让他接触到拿破仑；作为总司令，他受到长老会（Presbyterian）牧师的影响，牧师的布道使他确信，他直接受命于上帝，在世界的神圣计划中扮演重要的角色。他相信士兵们与他共享这种简单的宗教，后者因此被激励去承担危险和苦难，这是他们在他所指导的战争中的角色。[44]

尽管有点奇怪，但黑格是一位高效的军人，他在现代战争中的各个领域优于弗伦奇，这一点以及他的本领在索姆河战役的准备中得到了再好不过的体现。这片高旷的土地在战争最初几周之后就没有再发生战争。在敌人一方，德军因为 1914 年以后的平静而受益，修建了西线上最为坚固的阵地。坚硬、干燥的白垩土很容易挖掘，他们的掩体深达地下 30 码，足以防御炮火，储备了应对围攻的必需品，并通过埋在地下的电话线和很深的交通壕与后方联系。在地表，他们修建了由机枪阵地构成的防御网，覆盖所有穿过缺乏树木的低地接近的角度，而且在防火壕前面，放置了密集的铁丝网障碍物。他们有时间这样做。在守卫索姆地区的六个师中，第 52 师从 1915 年 4 月，第 12 师从 10 月，第 26 和 28 预备师从 1914 年 9 月起就驻守在那里。他们的防卫固若金汤。[45]

在无人区的另一侧，1914 年以来没有什么进展。直到 1915 年 8 月英国战线向南扩展前，占领这一区域的法国人视此地为"平静的前线"，以火炮和前线的少量步兵进行守卫。英国人更为积极些，但当黑格接管指挥权时，发动大规模进攻的基础设施仍未准备就绪。在他的指导下，从小集镇阿尔贝（Albert）到后方 25 英里的地区首府亚眠的索姆后方地区被转化为一座巨大的军营，一条条通往前线的道路通过此地。这里到处是炮弹的临时堆积处、炮兵阵地和将要发起进攻的部队的营房。作为一位军事技师，黑格毫无缺陷。他的战术才能则仍然需要证明。

聚集在索姆的军队对上级的指挥和自己都信心坚定。它由 20 个师组成,大部分被编入新组建的第 4 集团军,由亨利·罗林森(Henry Rawlinson)爵士将军指挥。这些师中的大部分也都是刚刚参战的。少量是老正规军部队,包括第 4、第 7、第 8 和第 29 师,它们都在英国远征军最初的痛苦经历和加利波利战役中发生了巨大变化。有 4 个师是本土防卫师,即第 46、56、48 和 49 师,它们自 1915 年春季以来就在法国。剩下的是基奇纳由平民志愿者组成的部队,其中许多是依照"好朋友"或"伙伴"的营组织起来的,索姆河战役将是它们的第一次战役。有 10 个基奇纳师,其中最资深的是第 9 苏格兰师,它在 1915 年 5 月到达法国,但第 34 师直到 1916 年 1 月才到达。[46] 或许最不寻常的是第 36(阿尔斯特,Ulster)师,爱尔兰新教徒组成的阿尔斯特志愿军是反对爱尔兰自治(Irish Home Rule)的卡其色象征,他们在战争爆发时集体志愿参军。阿尔斯特士兵与其他基奇纳士兵不同的地方只在于他们参加战前军事训练的经验。对于战役的真实情况,他们并不比其他人熟悉。他们的步兵营毫无经验;更加关键的是,他们提供支援的炮组也是新手,而即将到来的进攻的胜利依赖于这些炮火的准确射击和快速改变目标。

黑格为索姆河战役制定的目标很简单,在轮廓上类似法金汉的凡尔登计划,不同之处在于他希望突破敌军的战线,而非迫使其坚守并打一场消耗战。在进攻以前,黑格将发起一场长达一个星期、消耗 100 万发炮弹的大规模炮击。当炮击在进攻选定的时间——7 月 1 日停止,19 个英国师以及索姆河以南的 3 个法国师将会前进,穿过无人区,穿过被摧毁的障碍物,占领战壕,并进入后方的开阔乡村,英军预期幸存的敌军会因炮火打击而陷入瘫痪。当凡尔登战役战火正酣,这已经是全部能够节约出来的部队。黑格和他的大部分下属对于炮火产生的决定性效果如此有信心,以致他们决定不让缺乏经验的步兵以经过尝试和检验的"移动射击"的方法前进——使用这种方法时,一些人卧倒,以来复枪齐射掩护其他人的前进——而是要求他们以直线直接向前推进。在洛斯战役中,总参谋部的预防措施是"把部队掌握在手中",结果使预备队被留在前线后方过远,而且当他们被派往前方时,被部署在密集的队形中。[47] 索姆河战役前的预防措施则是防止部队进行掩护时,一旦卧倒就不再重新开始前进的危险。战役的战术指令"为进攻行动训练各师"(Training Divisions for Offensive Action,SS 109)以及由第 4 集团军颁发的相关指令"战术说明"(Tactical Notes),都规定部队以前后相继的波浪或横队前进,以及所有参战部队连续向前运动。"进攻部队必须成连续不断的横队以稳定速度向前推进,每横队都对前一队施加新的推动力。"[48]

总指挥黑格和指挥进攻部队的罗林森尽管对要采取的战术达成了共识，却对进攻的目标存在分歧。黑格希望实现突破，一直到达距离出发线 7 英里、位于索姆高地远端的小集镇巴波姆（Bapaume）。罗林森则预期一个更为有限的目标：在德军的战壕体系中突破一点，然后以进一步的点的突破占领更多土地。如事态发展将会证明的，罗林森更为实际。然而，在期望准备措施达到的成果方面，两位将军都同样不现实。将近 300 万发炮弹被堆积到前线用于炮火准备，以供 1000 门野战炮、180 门重炮和 245 门重型榴弹炮使用，密度达到每门野战炮负责 20 码的前线，每门重炮或是重型榴弹炮则为 58 码。[49] 炮火是在战役开始前计划使用，野战炮火集中摧毁敌方战壕前的铁丝网，而重型炮火则将以反炮兵火力攻击敌军的火炮和战略要点。进攻时，当英国步兵离开战壕，前进通过无人区，野战炮火将在最前面的士兵前方实施渐进弹幕射击，其意图是阻止德军防守者进驻对面的护墙，这样从理论上说，当英军到达时，德国战壕将空无一人。

黑格和罗林森对他们所准备的大规模炮击的一切期待几乎都没有实现。首先，德军阵地比英军的情报所估测的坚固很多。德国一线守军隐蔽在 30 码深的地下掩体中，英军能够射出的任何炮弹都几乎无法穿透它，他们的掩体直到进攻前的最后一天仍然保持完整。例如，6 月 26、27 日夜间对战壕的一次袭击显示，"地下掩体仍然完好。[德国人] 看起来一直留在这些掩体中，并得到非常好的掩蔽"。[50] 到进攻的那一天也是这样。更加不祥的是，炮击无法切断铁丝网。此后的战争中，一种更为敏感的"瞬发"引信将投入使用，即使只是碰到单独一股铁丝那样细的东西也会引爆炮弹。在 1916 年，炮弹只有在撞到地上以后才会被引爆，因此对障碍物的炮击只是把它们炸翻，制造了一道比原先敌军设置的更加密集的障碍。指挥英国第 8 军的将领亨特－韦斯顿（Hunter-Weston）曾在加利波利参战，本应知道铁丝网是多么牢固，他在 7 月 1 日报告说，他的前线上敌人的铁丝网已经被炸飞，而"部队可以进入"，但他的一位下级军官"能够看到它完好而牢固地树立着"。[51] 被坚守的战壕前方没有被切断的铁丝网对于进攻的步兵来说就是死亡，参谋人员这一沾沾自喜的错估简直是致命的。

最后，对于炮火设置渐进弹幕所显示出的信心是错误的。爆炸的炮弹恰好在前进的步兵前方移动，理论上应该是在步兵前方 50 码或更近些，这是一种新的技术，要求很高的炮兵技术。步兵营和炮兵营之间缺乏通讯手段——除了战术电台外别无他法，这是在未来发展出来的——火炮不得不按照时间表开火，步兵大概每分钟前进 50 码，时间表根据预期步兵的前进速度计算出来。大炮将在一处确定的战壕线上设置弹幕，然后当步兵被认为到达的时候"抬起"到下一道战壕。在实践中，因为炮兵担心炸到己方的步兵，每次"抬起"在距离上的间隔被设置得过长，在时间上则过短。结果，进攻部队频繁的经历是前方的弹幕移向远处，越过了仍然被敌军坚守的战壕，却没有任何办法把它召唤回来。一些军采用把弹幕拉回来然后再向前移动的校正方法，这同样也不起作用，因为它的后移使步兵感到害怕，他们寻找隐蔽，以防备"友军火力"的误伤，当弹幕再次移走而步兵没有得到警告，他们就失去了保护。炮火准备最糟糕的是，当步兵仍然处于无人区和经常是未被切断的铁丝网另一侧时，进攻之前弹幕从敌军的前线"抬走"得太快。一位在亨特—韦斯顿的第8军指挥重炮连的加利波利老兵，"当[军的指挥官]下令重炮在进攻开始前十分钟，而野战炮在进攻开始前两分钟离开敌军的前线战壕时，知道在他的防区……进攻注定失败"〔52〕。弹幕前移太快的不仅仅是他的防区。7月1日几乎在第4集团军前线的所有地方，炮火都在步兵的进攻时机尚未成熟时前移，步兵将要向着没有被彻底破坏或是根本没有被破坏的铁丝网，以及填满了为生存而战的德国兵的战壕前进。

在这样的情况下，步兵该做些什么？关于这一问题产生了大量的著作，其中很多就出现在最近。新一代的军事史家被吸引对英国远征军的战役复盘，他们的激情对于战壕战灾难的幸存者比对已故的学术分析者来说更加容易理解。一个潜在的主题是，早期进攻的经历如此可怕，它提供了一个学习过程，幸存者及其继承者由此赢得了1918年的最终胜利，认为敦刻尔克对于D-Day来说是一次有价值的两栖行动排演的想法与这一论证相似。在更加细节化的技术层面，新的西线史学家讨论了来复枪兵、轻机枪手和掷弹兵之间的正确关系，怎样才能最好地利用改进的步兵武器，以及什么才是最为理想的步兵队形，纵队、横队还是进行渗透的不固定队形，诸如此类的论题。〔53〕在本书的作者看来，在此类重新思考上花费的精力无论如何都是毫无意义的浪费。1914—1918年间战壕战的简单事实是：聚集在一起的大量步兵除了布制的制服外毫无保护，无论他们如何训练，如何装备，当他们与受到土木工事、铁丝网保护，使用速射武器的大量敌对士兵作战时，都必将遭受重大伤亡。无论战术和装备发生了何种变化——从1914年埃纳河战役的开头直到1918年桑布尔河战役和默兹河战役的结尾，确实曾发生了很多变化——情况就是如此。炮火助长了屠杀，当战斗在战壕的迷宫里变成近战时，刺刀和手榴弹也增加了伤亡。无论如何，基本而完全的事实是，1914—1918年的战争条件预定了屠杀的发生，只有一项全然不同的技术能避免这样的结果，它在一代人之后才成为可能。

索姆战场上的近卫掷弹兵团的一位战壕哨兵,1916年(ETA)

1916年7月1日,索姆河战役的第一天,是这一事实的可怕证明。对那些在靠近第36阿尔斯特师纪念碑的蒂耶普瓦尔重返索姆河战役中心,并从古老的前线向南北眺望的人来说,这一事实直至今日仍历然在目。北面的风景尤其令人心酸。从这里开始,战争墓园委员会(Commonwealth War Grave Commission)美丽的花园式墓地彼此相隔几百码,排列成行,在每个战役纪念日前后,因玫瑰和紫藤的绽放而焕发光彩,白色波特兰石制作的墓碑和纪念十字架在阳光下闪烁。在最远处,靠近博蒙哈默(Beaumont Hamel)的山脊上,是正规军第4师的墓地;在最近处,索姆河的小支流昂克尔河(Ancre)谷地中,埋葬着基奇纳第32师的牺牲者。有一些坟墓,比如阿尔斯特师的坟墓,比其他的向前突出一些,标示出它前进到达的最远处。大部分坟墓矗立在前线或者恰好位于德军铁丝网外的无人区中。战死在那里的士兵随后就被埋葬在他们倒下的地方。因此,墓地就是战役的地图。地图讲述了一个简单然而可怕的故事。第4集团军的士兵——大部分公民志愿兵是第一次参加行动——在零时冲出战壕,以稳固的阵形前进,在各处受阻于铁丝网,并被击倒。发动进攻的17个师中有5个进入了德军的阵地。其余的步兵被阻止在无人区。

对7月1日零时的描述充满了年轻士兵的长长队列,他们背负着60磅重的装备，辛苦地几乎肩并着肩前进，这些装备被认为对于支撑他们在德军战壕内的漫长争夺是必需的；充满了他们高涨的勇气和对于胜利的确信，就如有些营在最前方踢着一只足球；充满了个人蛮勇的展示；充满了穿越清晨薄雾的明亮阳光；充满了战场已经空无一人的幻想，想象因为炮击的威力以及 21 处炸药室的爆炸，战场上已经没有任何敌人。当进攻开始时，他们在德军前沿下方艰苦地发动大规模进攻。对于零时以后所发生事情的描述则是：发现没有被切断的铁丝网，当渐进弹幕移往远方，德军防守者填满了胸墙，向靠近的队伍疯狂地开火，进攻梯次之间出现空隙，在铁丝网障碍物中发生屠杀，前进被遏制、阻止并最终停下，准确地说，是终结。

德国士兵（那些奋战求生的人）已经数百次演练如何把机关枪从深深的战壕抬上台阶。卡塞尔（F. L. Cassell），一位德国幸存者，记起"哨兵的喊叫声'他们来了'……钢盔、皮带和来复枪，以及爬上台阶……在战壕里有一具无头的尸体。哨兵倒在最后一颗炮弹下……他们来了，穿卡其黄制服的英国兵，他们在战壕前方不到 20 米……他们全副武装，前进得很慢……机关枪火力在他们的队列中撕开了口子"[54]。机关枪火力在某些地方甚至深入英军前线之后，对那些还没有到达无人区的部队造成打击。第 3 泰恩赛德爱尔兰旅（Tyneside Irish）的一名中士回想起看到"我左面和右面的远处，士兵们排成长长的队伍。然后我听到远处机关枪嗒嗒的声音。等我向前走出另外 10 码的时候，似乎身边只剩下不多的一些人了；等我向前走出 20 码，好像只有我孤零零一个人。然后我自己被击中了"[55]。有 4 个营将近 3000 人的泰恩赛德爱尔兰旅，被阻止在英军战线以内，遭受了可怕的伤亡。有一个营有 500 人战死或受伤，另一个营是 600 人。从进攻的意义来看，这一前进一无所获。大部分是在前进开始之前在英军占领的土地上战死的。

可怕的是索姆河战役整条进攻前线上第一天的死亡结果。当 200 个发起进攻的营在接下来的日子里计算损失，结果是，10 万名进入无人区的士兵中，有 2 万人再也没有回来；另外 4 万名返回的则负了伤。概括而言，进攻部队的五分之一战死，有一些营，如第 1 纽芬兰团（Newfoundland Regiment）各营，自此不复存在。这场灾难——英国军事史上最大的损失——的重要程度，需要时间才能被完全理解。进攻开始后的日子中，黑格与罗林森和他的参谋人员在第 4 集团军的司令部交换了意见，他完全不清楚伤亡是何等惨重，并严肃地讨论了如何继续进攻，好像在次日或其后一天还存在这种可能似的。他相信，敌人"毫无疑问已经严重动摇，而且他们已经没有多少预备队可用"[56]。事实上，德军在日间已经调来了一些预备师,而他们在战线上遭受的损失——总共大概 6000 人——是英国的十分之一。例如,德国第 180 团在 7 月 1 日损失了 3000 人中的 180 人;对它发动进攻的英国第 4 师损失了 1.2 万人中的 5121 人。如果说德军发生了动摇,那是因为被"令人惊异的史无前例的勇气和不屈不挠的决心"所震惊,是因为终于对屠杀感到厌恶;在很多地方,当他们认识到自己的生命不再处于危险之中,就停止了射击。这样,受伤较轻的英国士兵可以后撤,最好的情况是能回到自己的防线。对于受伤较重的士兵,没有早期治疗。一些人直到 7 月 4 日才得到治疗,有些人最终也没有得到治疗。一位年轻的英国军官,杰拉尔德·布雷南(Gerald Brenan)在 7 月份的第四个星期穿过后来夺取的阵地,发现在 7 月 1 日受伤士兵的尸体,这些士兵"爬进弹坑,用防水被单裹住自己,拿出他们的《圣经》,就这样死去"。那天或其后还有数以千计与他们一样丧失生命的弹痕累累的尸体,或者是因为担架员没有到来,或者是仅仅因为在无人区的旷野中迷了路。野战医院无法应付不可计数的伤员,甚至在被找到并抬回来的士兵中,也有许多人在野战医院外等候治疗时死去。

如果说 7 月 1 日无可缓解的灾难性结果有任何例外,就在于与一线部队相反,德国最高指挥对于英军进攻的规模高度警觉,尤其是因为德军在横跨索姆河的一个地区丢失了阵地。很自然,黑格和罗林森并不知道,法金汉以专横的风格做出反应,把发生此事的区域的第 2 集团军参谋长解职,代之以自己的代理军官冯·洛斯伯格(von Lossberg)上校,他是西线德军防御手段的主要构建者。[57] 在接受任命时,洛斯伯格要求立即停止在凡尔登的进攻,但并未获准。法金汉违背了自己的承诺,凡尔登进攻一直继续到他在 8 月底被解职。然而,洛斯伯格的到来仍然很重要,因为他对索姆河前线的重组确保了第一天的战果将在战役接下来的阶段中维持下去。这一战果是英军过度乐观和德军严阵以待的结果。这次战役使缺少经验的英国士兵学会了一开始所缺乏的现实主义,但它也无情地挫折了德军的锋芒。洛斯伯格的干预促使守军放弃在前线防御中集中兵力的做法,而开始构建"纵深防御",不是以战壕,而是以英军的炮火造成的大量弹坑为基础。前沿地区只有少量守军,目的是减少伤亡,但丢失的阵地会很快通过坚守在后方的有组织预备队从容准备的反击来夺回。[58]

德军的这项技术使黑格利用诸如 7 月 1 日取得胜利的努力化为泡影。直到 7 月 14 日,英军在更有经验的法军协助下,在横跨索姆河的一处战区干脆利落地突入德军防线,才占领了更多的阵地。下属打消了黑格对于夜间进攻的怀疑,在一次昏暗中的进攻中，4个英国师向前推进，夺取了巴藏丹岭（Bazentin Ridge）、马梅斯森林（Mametz Wood）和孔塔尔迈松（Contalmaison）。从地图上看，进展令人印象深刻；在地面上就不是这样了，尽管英军的战果造成的氛围是他们可以对这一区域的小山谷形成威胁，并保持再次突入的压力，但来访者驾驶汽车几分钟就可以走完这段距离。英国远征军的一些骑兵在当天被派上前线，他们仍然是黑格的首选，但在高树林（High Wood）附近的一次小规模接触后，被迫后撤，那里是索姆战场最关键的地点之一。英帝国的军队，第1和第2澳大利亚师，加利波利的老兵，以及南非旅，在下半个月重新进攻，占领了波济耶尔（Pozières）和德尔维尔森林（Delville Wood），后者是南非士兵的史诗发生的地方，但再没有出现骑兵参战的机会。就像凡尔登一样，索姆河变成一座消耗战的竞技场，新的师千篇一律地不断投入战斗——在7月和8月，德军有42个师——但只不过是在小块阵地的血腥争夺中消耗能量，在吉耶蒙（Guillemont）、然希（Ginchy）、莫瓦尔（Morval）、弗莱尔（Flers）和马坦皮什（Martinpuich）莫不如此。到7月31日，德军在索姆河损失了16万人，英军和法军的损失超过20万人，而战线与7月1日相比移动了不超过3英里。昂克尔以北，或说最初前线的一半以上根本没有变化。

如果不是在9月中旬出现了一种新式武器——坦克，索姆攻势或许注定演变为一个令人沮丧的秋天和一个僵持的冬季。早在1914年12月，皇家工兵部队中一位有远见的年轻军官欧内斯特·斯温顿（Ernest Swinton）就已经认识到，只有通过一种革命性的手段才能打破西线由铁丝网和战壕造成的僵局，他提议建造一种越野交通工具，使用装甲抵挡子弹，能够把火力运送到进攻点。这个主意并不是全新的——曾经有人预见到它，如H.G.威尔斯（H.G. Wells）1903年的短篇小说《陆上装甲》（*The Land Ironclads*），达·芬奇也曾以一个不太精确的形式提到过——技术也不是全新的：一种可以适应所有地形、使用"履带"的交通工具，在1899年被发明，到1903年，履带式交通工具已经应用于农业生产。[59] 战争的危机把技术和视野整合在一起，斯温顿和他的合作者艾伯特·斯特恩（Albert Stern）、默里·休特（Murray Sueter）在温斯顿·丘吉尔的热情支持下，构想出坦克的原型——1915年12月的"小威利"（Little Willie）。丘吉尔的海军师在1914年的比利时利用装甲保护的汽车大出风头。1916年1月，一种更大、装备了火炮的改进型"妈妈"（Mother）问世，到9月，一支由49辆类似的马克I"水箱"（Tanks）组成的编队部署在法国并准备好投入战斗。[60] 之所这样命名，是为了迷惑敌军。

坦克被划分到机枪军重武器分部（Heavy Branch of the Machine Gun Corps），这是一支在战争中建立起来掌握英国远征军中型机枪的部队。经过8月的消耗战之后，一个突破索姆防线的新计划诞生，而坦克被指派隶属于第4和预备（未来的第5）集团军，担任在弗莱尔和库尔瑟莱特（Courcelette）村之间从阿尔贝到巴波姆的古罗马道路沿线发动进攻的先锋。有些坦克装备着机关枪，有些则装备了6磅加农炮。坦克的出现使驻守该地区的德国步兵备感惊恐，而这些装甲怪兽引导着英国步兵向前推进了3500英尺，直到机械故障和崎岖阵地上的沟渠阻止了它们的前进；有些坦克被炮火打击瘫痪。这一事件带来了至此为止西线代价最小、最为壮观的局部胜利，但它的努力立即因几乎所有穿过出发线的36辆坦克受损而遭受挫折。尽管步兵在坦克赢得的战果上坚持不懈，但德军一如既往地顽强，坚守每一个弹坑和后备战线，阻断了前进的道路，战斗重新陷入僵持。

10月和11月没有发生任何改变。英国和法国在蒂耶普瓦尔、特朗斯莱（Transloy）和昂克尔潮湿的谷地各自发动了进攻，天气日益潮湿，把索姆河战场的白垩土地表变成了黏湿的泥地。到1916年11月，当协约国军队的进攻正式停止，前进到达的最远点位于雷斯伯夫（Les Boeufs），只不过位于7月1日出发线前面7英里的地方。德国在保卫索姆河阵地的时候可能有超过60万人死伤。协约国的损失毫无疑问超过60万人，法国的伤亡数字是194451，英国是419654。对于法国，索姆河的大屠杀被归入凡尔登战役之内。对英国来说，它是，并将始终是20世纪最大的军事悲剧，实际上是整个国家军事史上的最大悲剧。一个参加战争的国家必须预料到它派往战场的年轻人的死亡，在索姆河战役之前和之中，有一种牺牲的意愿，这至少部分解释了它的恐怖。然而，献身的冲动并不能缓解它的后果。"好朋友"和"伙伴"组成的团被称作无辜者的军队，这是他们的第一次战争经历。他们毫不犹豫地献出生命，在志愿参军的兴奋日子里没有人预料到这样的情况，就此而言，他们确实是无辜的。无论基奇纳的志愿者对德国士兵造成了什么样的伤害，英国人的脑海中记住的是他们因此所承受的伤害，这是集体的记忆，也是每个没能回来的士兵的家人的记忆。在英国人的生命中，没有什么比拜访标志着1916年7月1日前线的蜿蜒的公墓群，看到一座又一座墓碑、新鲜的花圈、从一张模糊照片里土黄色哔叽领上方严肃回望的"朋友"和"兄弟"的面孔、罂粟花胸针和"一位父亲、一位祖父和一位曾祖父"的铭文更加令人心酸的事情了。索姆河战役标志着英国人生命中充满活力的乐观主义时代的结束，这种乐观主义一去不复返了。[61]

3. 更大范围内的战争和布鲁西洛夫攻势

当凡尔登和索姆河的战争大戏在法国上演，其他前线上的战争采取了一种非常不同的形式。布尔战争中英国杰出的游击战对手扬·史末资在1915年来到德属东非担任指挥，四路大军在1916年出发——两支英国部队，来自肯尼亚；一支葡萄牙部队，来自莫桑比克；一支比利时部队，来自刚果——向冯·莱托-福尔贝克的黑人军队集中，试图形成包围并结束这场战役。协约国作战部队的数量将近4万，莱托的部队大约1.6万人。莱托分兵作战，轻而易举地躲避史末资的主力部队并向南方且战且退，他从乞力马扎罗山向坦噶和达累斯萨拉姆前进，一路上与海岸线保持平行，缓慢地穿过农村的庄稼地向南攻击前进。他在不得已的情况下投入战斗，但总是在被击败前撤离，并摧毁身后的桥梁和铁路，躲过包围，保持队伍的完整。另外，不像包括许多欧洲人和印度人的敌军，他的非洲土著士兵能够抵抗在体内造成危害的大部分寄生虫病。极高的患病人数——非战斗减员与战斗减员的比例是31∶1——是他们无法捉住莱托的真正原因。在1916年年底，莱托的小部队就像战争开始时一样健康、能干，不可捉摸。[62]

最初被协约国严重削弱的土耳其军保住了在加利波利赢得的战果。尽管在一场规模有限的战役中，英军来到巴勒斯坦的西奈半岛边境，土耳其人恢复进攻苏伊士运河的努力被挫败；尽管他们在高加索的部队在俄军手中遭受进一步打击——俄军的环形防线在8月从凡湖推进到黑海沿岸的特拉比松（Trebizond）——但他们在美索不达米亚使一支1914年在阿拉伯河河口登陆的英印军遭到耻辱的失败。1915年，被称作D远征军的这支部队沿底格里斯河而上，部分从陆路，部分从水路向巴格达前进，到1915年11月，它的前锋到达泰西封（Ctesiphon）。英印军的进攻看起来前景大好，因为它在奥斯曼帝国的心脏地带站稳了脚跟。根据英国获得的情报，此时最近的土耳其预备部队位于距此地400英里的高加索或者350英里的叙利亚阿勒波（Aleppo）。然而，土耳其人以某种方法成功拼凑了足够的增援，派遣部队沿底格里斯河而下与远征军作战。尽管远征军的指挥汤曾德（Townshend）少将尚未被击败，但他认定自己过分扩张了，并据此下令向下游100英里的库特-阿尔-阿马拉（Kut al-Amara）撤退。远征军在底格里斯河的一个河湾挖掘战壕，等待增援和士兵从长途进军和撤退的辛劳中恢复过来。

汤曾德有两个月的给养和指挥防御战的个人经历；在1896年，他在印度西北前线吉德拉尔（Chitral）的一个小堡垒的攻城战中成功指挥了防御，这一胜利得到了整个帝国的欢呼。[63] 土耳其人是战壕战的大师，被证明是比吉德拉尔的部落战士危险得多的对手。他们用土木工事包围了汤曾德的营地，专心抵挡守军和救援军队的夹攻。救援军队在 1 月到 3 月之间四次试图突破他们的防线，没有一次获得成功，在被称作杜吉拉堡垒（Dujaila Redoubt）战役的最后一次进攻中，救援部队在战场上留下了 1000 具尸体。汤曾德的指挥部距离进攻到达的最远距离只有 7 英里远，但就在这次失败后，扎格罗斯山脉（Zagros Mountains）融雪造成的洪水涨满河道，淹没了美索不达米亚平原的地表。库特被彻底切断了与外部救援的联系，在 4 月 29 日投降。汤曾德和远征军的 1 万名幸存士兵被俘，这对于普通士兵来说很残酷，他们中有 4000 人在敌人手中死亡。直到这年年底，召集起来的将近 20 万名英国和印度军队及追随者对 1 万名土耳其军和少量德军发动进攻，才重新夺回库特。就像萨洛尼卡一样，美索不达米亚变成了资源的消耗，而非对敌军的威胁。在萨洛尼卡，协约国在整个 1916 年继续对处于极大劣势的敌军发动战役，但劳而无功。

在意大利前线，尽管那里的防守方在数量上同样严重处于下风，差距并没有这么大。意大利军队的力量在增长，几乎翻了一番，从和平时期的 36 个师变成 65 个师，而且在 1916 年，意大利人会把奥地利所动员的 65 个师中的 35 个吸引到他们的山区，由此削弱了奥地利军在东面承担相应负担的能力，这大大便于俄军在这一年成功恢复进攻。然而，尽管他们在数量上被压倒，奥地利军不仅挫败了意大利军经由伊松佐河突入奥匈帝国心脏地带的尝试，而且发动了直接指向波河平原富裕的工农业地区的反击。哈布斯堡的总参谋长康拉德对奥地利在三国同盟中的前盟友滋生了一种几乎是个人情感的敌意，并因他对意大利进行惩罚的决心与法金汉发生争吵，这一决心以牺牲维持对沙皇军队的奥德联合胜利为代价，这种胜利始于戈尔利采－塔尔努夫。在 1916 年 5 月 12 日，几乎是这场胜利的周年，康拉德从特伦蒂诺北面的山脉，在阿尔卑斯山美丽的度假胜地加尔达湖（Lake Garda）和通往威尼斯泻湖的布伦塔河（Brenta）的源头之间发动了自己的"惩罚性远征"（Strafexpeditioin）。事先的炮击威力强大，奥地利的 2000 门大炮对意大利的 850 门，但意大利军因奥地利军进行准备工作的证据得到预警，而且其后以英勇的个人牺牲使入侵者寸步难行。罗马旅在守卫皮亚扎（Piazza）时几乎被摧毁。结果，奥地利在任何地方都没能前进超过 10 英里，尽管他们的损失小于意大利军——8 万对 14.7 万——但惩罚进攻既没能形成突破的威胁，也没能使意大利总参谋长卡多尔纳放弃他对伊松佐河的不间断进攻。8 月开始的第六次伊松佐河战役确保了前线的戈里齐亚镇（Gorizia），9 月、10 月和 11 月紧接着发动了第七、八、九次战役。意军扩大了在戈里齐亚跨越伊松佐河的桥头堡，而且确保了在严酷的卡索高原的立足点。尽管意大利步兵承受了严重损失和进攻的不断挫折，但他们看起来仍然愿意重返进攻，甚至在卡多尔纳冷漠无情的指挥下也是这样。

1916 年在意大利的行动产生了一个积极的效果：通过吸引俄国南部前线的奥地利军队，它使得沙皇的军队能够成功地对被削弱了的敌军组织反击。1915 年 12 月在尚蒂伊的决议中，俄国人承诺发起这样一次进攻，而关于康拉德发起惩罚性远征的情报促使卡多尔纳要求俄国把它作为紧急事项来实施。其成果超过了所承诺或者期待的，尤其是考虑到，俄军大本营的计划是 1916 年在俄国北部前线继续对德国发动进攻，而不是在南方对奥地利发动进攻。德国前锋部队在北部的阵地威胁到俄国首都彼得堡（Petrograd），并占领了丰饶的波罗的海诸国，鲁登道夫在这里创造了全面的占领经济。希特勒在 1941 年步其后尘的尝试就想象力而言尚不及此：鲁登道夫把这一地区划分为六个行政区，由一位德国的军事总督来管理，以便压榨工农业资源，支持德国的战争。鲁登道夫的计划超出了纯粹的经济。"我决定在占领区继续使其开化的工作，德国人在此地辛劳致力于此已经许多世纪了。这里的人口由如此混杂的种族组成，却从未发展出自己的文化，如果放任自流，这里将会屈从于波兰人的统治。"鲁登道夫预期把波兰转变为"一个在德国主权之下或多或少不那么独立的国家"，到 1916 年春，他计划把德国人迁徙到波罗的海诸国的许多地区，他们将会获得从原著居民那里征用的土地。被征用者不包括犹太人，他们经常讲德语，被认为是占领政策的有用工具。[64]

鲁登道夫计划把沙皇在波兰和波罗的海诸国的领地德国化，这是大本营把在北方恢复进攻作为 1916 年主要战略的原因之一。为了回应法国缓解凡尔登压力的请求，它于 3 月 18 日开始在纳洛克湖（Lake Naroch）两侧以波兰东部的主要城镇维尔纽斯为目标发动进攻。多亏了俄国战争工业的动员和征召新的年龄组的士兵，俄国军队现在在数量上超过了对手，在北部是 30 万对 18 万，在中部是 70 万对 36 万；只有在布鲁西洛夫指挥的南部，数量保持平衡，双方大约都是 50 万人。在北部前线，俄国第一次拥有了大炮和炮弹储备上的巨大优势，有 5000 门大炮，每门炮配备了 1000 发炮弹，大大超过了德军在突破戈尔利采－塔尔努夫前线时的储备。[65]

然而，优势莫名其妙地丧失了。炮火准备和第 2 集团军发起的步兵攻击不协调，第 2 集团军在非常狭窄的前线上发起进攻，跑到了己方的炮火下，然后在占领的一处突出部遭受到三个方向的德军炮火的打击。他们在最初的八个小时中损失了三分之一的步兵，1.5 万人；如果前线更宽阔些，理论上还有 35 万人可以投入进攻。增援仅仅是增加了伤亡名单，在占领阵地方面一无所获。到 3 月 31 日进攻结束时，俄军总共损失了 10 万人，其中有 1.2 万人死于晚冬严酷的天气。德军在 4 月发起反攻，损失了 2 万人，收复了俄军占领的全部阵地。[66]

因为大本营又一次希望在北部，在把前线一分为二的普里佩特沼泽（Pripet Marshes）以北发动进攻，所以承诺在 6 月发起的全面进攻前景不妙。事实上，在纳洛克湖惨遭失败的集团军群指挥官埃弗特（Evert）根本就不想进攻。虽然如此，总参谋长阿列克谢耶夫坚持进攻，并在补充大量人力物力的前提下确保了埃弗特和北方战区另一位集团军群指挥官库罗帕特金（Kuropatkin）之间勉勉强强的合作。令 4 月 14 日的会议出席者感到惊讶的是，在 3 月份接替了伊万诺夫的阿列克谢·布鲁西洛夫（Alexei Brusilov）一点也不觉得勉强。他相信通过认真的准备，对被削弱的奥地利军发动进攻是可能赢得胜利的。因为他不要求增援，所以获得了进行尝试的许可。他在较低的指挥层级已经证明了自己的能力，并有时间思考如何解决对战壕阵地发动进攻的难题，这些阵地得到防御炮火的掩护，并在后方部署了预备队以阻止突破。他的办法是：在较宽的前线发动进攻，因此敌人没有机会在事先认定的关键点上集中预备兵力；利用深挖的战壕保护等待出击的进攻步兵；通过向前挖掘距离敌军战壕仅仅 75 码的坑道，尽可能使战线靠近奥地利军队。这些都是重大的改进。在过去，俄军经常留出 1 英里或更宽的无人区，因此进攻步兵在靠近时必然遭受重大伤亡，在进攻前还要在毫无保护的战壕中因敌军的炮击遭受同等严重的伤亡。

布鲁西洛夫的准备极其有效。尽管他在预定的 20 英里前线上，兵力只以 20 万人对 15 万人，大炮只以 904 门对 600 门占优，但当在 6 月 4 日进攻开始时，敌军大为震惊。俄国第 8 集团军压制了奥地利第 4 集团军，并向前推进，夺取了交通中心卢茨克，跨过出发线前进了 40 英里。惊恐万状的奥地利士兵对任何愿意接收

布鲁西洛夫（RHPL）

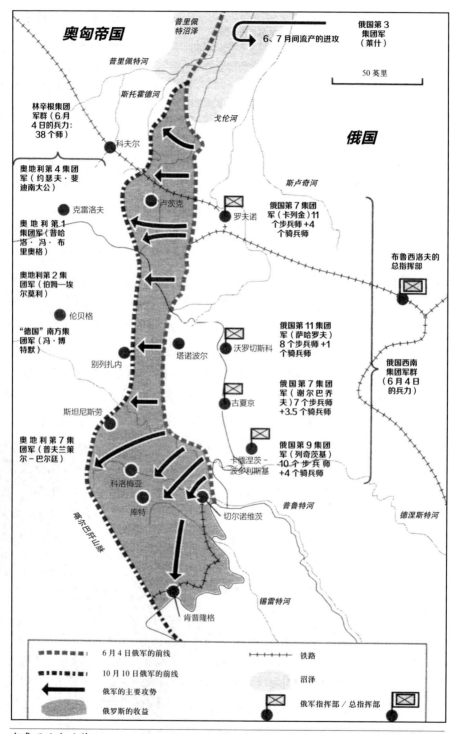

布鲁西洛夫攻势

俘虏的人投降，俄军抓获大量俘虏。第8集团军的友军也取得了进展，但最大的成功发生在南部，在德涅斯特河和喀尔巴阡山之间。在这里，奥地利第7集团军被一分为二，损失了10万人，其中大部分成为俘虏，到6月中旬该集团军已在全面撤退。

在7月初，得益于布鲁西洛夫的胜利以及奥德统帅部关于何处是部署仅有预备队的最佳地点的分歧，普里佩特沼泽以北的俄军也继续进攻，向着俄军指挥部原来所在的巴洛诺维奇镇（Baronovitchi）前进。埃弗特的进攻受到德军的抵抗，很快被阻止；但布鲁西洛夫的部队在整个7月、8月，直到9月都保持着对奥地利军队的胜利态势，到9月，它已经捉获40万奥地利俘虏，敌军的损失达60万。参与抵抗俄军前进的德国军队损失35万人，俄国从侵略者手中收复了60英里纵深的带状领土。如果布鲁西洛夫拥有取得胜利的后续手段，有办法把后备部队和供给快速运往前方，他或许能收复更多在1915年的大撤退中丢失的领土，甚至有可能再一次抵达伦贝格和普热梅希尔。可他没有这样的手段。铁路系统无论如何都有利于奥地利而非俄国，无法为俄军提供穿越战区的战术运输，而公路，即使在有足够汽车运输的情况下，也无法应付繁重的交通。虽然如此，以一战中徒步作战的尺度来衡量，布鲁西洛夫的进攻是两年前在埃纳河挖掘战壕以来任何前线上所见的最伟大的胜利。[67]

俄国的胜利，尽管以100万士兵的伤亡为代价，却决定了法金汉的命运，他总参谋长的职位因为凡尔登战役的悬而未决而遭到削弱。他的解职以及被兴登堡取代采用了受命指挥新的对罗马尼亚战役的委婉方式。罗马尼亚长期受到协约国和同盟国双方的诱惑，因此直到那时还谨慎地避免做出选择。它的邻居保加利亚于1915年10月在德国和奥地利一方下注，罗马尼亚在1913年第二次巴尔干战争末期获得了保加利亚的领土，继续保持中立。它主要的国家利益是把特兰西瓦尼亚并入领土，在那里，有300万罗马尼亚族人处于奥匈帝国的统治之下。当布鲁西洛夫继续向西推进，拓宽了俄国和罗马尼亚之间军事接触的共同边界，并显然预示着俄国将提供援助和奥地利行将崩溃，罗马尼亚政府不再踌躇。协约国一直提议在胜利后以奥地利的代价扩大罗马尼亚的领土，于是在此时，罗马尼亚不明智地尝试冒险。在8月17日，法国和俄国签署条约，约束双方在恢复和平后把特兰西瓦尼亚、加利西亚南部尾端的布科维纳（Bukovina），以及匈牙利的西南角奖赏给罗马尼亚；此前，两强秘密协定，当时机到来时，它们将不会履行约定。罗马尼亚不知道这一条约是不诚实的，这一点无法为它投入战争开脱。如果有良好的判断力，罗马尼亚人会认识到，它的战略情势——被束缚于南面抱有敌意的保加利亚和西面、北面抱有敌意的奥地利之间——过于危险，无法以俄国军队假定的援助来弥补，俄军刚刚迟缓地重返进攻。是布鲁西洛夫的胜利促使罗马尼亚人冒险从中立走向战争，但他的胜利还不够在德军进行干预或者奥地利重新部署力量的情况下确保侧翼的安全；对于保加利亚的进攻，俄军根本无法提供任何援助。

不过，罗马尼亚人在8月27日以对于自己23个师显而易见的高度信心投入战争，这些师由缺乏热情的农民组成。他们相信罗马尼亚在普里佩特沼泽北面向科韦尔（Kovel）的进攻将阻止德国把预备队运往匈牙利，而布鲁西洛夫的继续进攻将把奥地利军钉在原地。他们对于保加利亚或者行将发生的土耳其进行干预的可能性似乎没有留出什么余地，而且他们高估了本国武装部队的军事潜力。这支部队装备很差，因为在第二次巴尔干战争中的胜利而获得作战方面的声望，那时，保加利亚还受到塞尔维亚、希腊和土耳其人的严重压迫。俄军总司令阿列克谢耶夫以难得的现实主义积极地贬低罗马尼亚作为盟友的价值，正确地评价他们将会消耗而非增加俄国的后备力量。他当然没给他们提供什么帮助。在萨洛尼卡的法国人和英国人也没有，他们发起牵制性进攻的保证是促使罗马尼亚宣战的重要考虑。保加利亚先发制人，他们觉察到协约国进行进攻准备的证据，在德国和土耳其师的协助下，在8月17日出其不意地击败位于弗洛里纳（Florina）的塞尔维亚流亡部队，并成功地把主要的法英进攻拖延到9月中。

罗马尼亚人在日渐恶劣的环境下仍然发动进攻，但并不是像萨洛尼卡的指挥官们所期待的那样进攻保加利亚，而是通过特兰西瓦尼亚阿尔卑斯山的隘口攻入匈牙利。如果攻入保加利亚，他们将会得到萨洛尼卡驻军的支援，同时也能自力更生。惩罚很快到来。奥地利人迅速把地方守备部队组建为第1集团军，由阿尔茨·冯·施特劳森贝格（Arz von Straussenberg）将军指挥，而德国召集包括一些保加利亚士兵在内的部队，在特兰西瓦尼亚和保加利亚组建为两个集团军——前总参谋长法金汉指挥的第9集团军和东线作战的老手马肯森指挥的第11集团军。罗马尼亚人在占领东特兰西瓦尼亚后再无作为，敌人却做好了准备并发动进攻。在9月2日，保加利亚军侵入多瑙河三角洲南面的罗马尼亚多布罗加省（Dobruja）。9月25日，法金汉挥师进入特兰西瓦尼亚，并迫使罗马尼亚军队通过隘口退向中部平原和首都布加勒斯特（Bucharest），布加勒斯特于12月5日沦陷。法金汉的部队中包括令人生畏的阿尔卑斯山地部队（Alpenkorps），年轻的隆美尔在这支部队中服役。到此时，马肯森的部队也已跨过多瑙河，正在向布加勒斯特前进。土耳其人也已经派遣第 15、25 师从海上来到多布罗加（Dobruja），罗马尼亚从三个方向受到四个敌人的攻击，陷入向遥远的东部省份摩尔达维亚（Moldavia）的全面退却，此处位于锡雷特河（Sereth）和俄国边境之间。在那里，当冬季降临，在俄国第 4 和第 6 集团军的援助下，他们在锡雷特河建立起战壕防线，熬过严酷的冬天。

　　参战的决定是灾难性的。罗马尼亚损失了 31 万人，几乎一半沦为俘虏，而且丧失了几乎全部的国土。他们最重要的物质财富，当时黑海以西欧洲唯一重要的原油来源普洛耶什蒂（Ploesti）油田在弃于敌手之前被英国爆破组全面破坏。协约国诱使罗马尼亚加入战争的决定也缺乏判断力。次要国家——葡萄牙（1916 年 3 月成为交战国）、罗马尼亚甚至意大利——对名义上的作战力量的增加并未加强协约国的力量，一旦它们遭到不可避免的失败，反而需要分散资源来支持，成了累赘。就像阿列克谢耶夫预见的那样，罗马尼亚的失败不仅使俄军必须履行从全面崩溃中挽救它的义务，而且还在接下来的十八个月中，把 100 万吨石油、200 万吨谷物交到德国人手中。这些资源，"使战争有可能……持续到 1918 年"[68]。希腊加入协约国一方，是因为维尼泽洛斯出乎意料的行动，但却是由协约国策划，同样也没带来什么好处。由于极端的民族主义和反土耳其在雅典的政府中生根发芽，导致希腊因为"伟大的理想"（Great Idea）——在东方恢复希腊帝国——而动员，这在战争结束后的岁月里使协约国重建和平的努力变得复杂。

第九章

军队的动摇

335　战壕如同关闭的百叶窗,把欧洲一分为二,1917年年初战争的面貌与它在1915年年初展示给全世界的相差无几。在东面,战壕形成的轨迹移动了300英里,南面现在位于黑海,而不再是喀尔巴阡山,但在北面仍然与波罗的海相连。在意大利与奥地利、希腊与保加利亚的边境上出现了一条新的战壕构筑的前线,而在加利波利、库特,战壕出现而又消失。在高加索,黑海和波斯北部之间遍布前哨和据点;在西奈,一条不稳定的无人区分开了苏伊士运河的英国守军和巴勒斯坦的土耳其驻军。在法国,没有一点儿变化。1914年令交战部队耗尽最后精力的地理形势——伊瑟河、佛兰德斯的低海拔、维米岭、索姆的白垩土山地、埃纳河和贵妇小道、凡尔登的默兹河、阿戈讷的森林、阿尔萨斯的群山——仍然是战壕线的支撑,甚至其中最狭窄的地方,现在也因为挖掘战壕、架设铁丝网和挖设防炮洞而被大大加强了。很多战壕和铁丝网的建设是深思熟虑的,尤其是在希望通过完善阵地来防御进攻的德军一侧。到1917年,战壕常常多达三重,而且由混凝土碉堡来加固;但也有很多挖掘是急就章式的,目的是把夺取的战壕和已经有的连成一个整体。

　　战壕挖掘得越密,就越不可能通过哪怕是最有力的进攻改变它的轨迹。两年时间的炮击和穿过无人区的战壕战制造了漫长的废墟,在北海和瑞士之间蔓延400英里。但战壕线宽度并不大:只出现在无人区两侧一两英里;稍远一两英里

336　内的建筑被严重破坏;更远处的破坏则是零散的。在凡尔登、索姆和伊普尔突出部,整座村庄消失,被炸得底朝天的土壤中布满砖瓦的灰烬和成堆的碎石,一片狼藉。易攻难守的伊普尔和阿尔贝成为废墟,阿拉斯和努瓦永被严重破坏,兰斯城严重受损,战线南北的村庄也都如此。但在重型火炮的射程之外,也就是最多1万码之外,城镇和乡村安然无恙。

　　从平淡生活到置身死地的转变非常突然,因为繁荣主导了"后方",令人感触尤深;军队带来了财富,商店、咖啡馆和饭馆繁荣起来,至少在协约国一方是这样的。在德国占领区,军政府厉行节约的经济管理体制,驱使煤矿、纺织和冶铁工业全速运转,为土地和工业征集劳动力,征收农产品出口到帝国。北方的妇女,失去了在

战线另一侧作战的丈夫或者儿子，只得自力更生，战争给她们带来了艰难的岁月。[1]在只有几英里远的地方，在法国"军队区"（Zone of Armies）里，一种战争经济蓬勃发展起来。在遭受破坏的地带以外，道路熙熙攘攘，长长的马队和机械运输工具来来回回，在田野里，农夫一直耕作到炮弹落下的地方，帐篷和临时营房组成的城镇如雨后春笋般出现，以便容纳从战壕来回的数百万人，这些人来来去去，就像轮流上工一样。他们四天上前线，四天负责支援，四天休息；在休假的日子里，年轻的军官，如约翰·格拉布（John Glubb），可能会找一匹马，"当满眼看去都是令人头晕的浅绿色，悄悄拾起骑马的老玩意儿。地上铺满银莲花和驴蹄草，山毛榉的坚果在脚下嘎吱作响。在森林中央勒紧马缰，静静地坐在马上，除了我自己的马嚼子的叮当声和树木的喃喃低语，万籁俱寂"。[2]

尽管前线没有发生变化，尽管它的轨迹、例行公事或是日常生活与非常态的奇异混合都没有变化，但是在战争最初整整两年时间中，战争管理方面发生了巨大的改变。1917年以英军、法军和德军高层的新指挥者履任开始。在很快将会被革命震撼的俄国，威望，如果还不是权威的话，已经从大本营转移到布鲁西洛夫身上，他是沙皇唯一获得胜利的将军。英军指挥权的变化由战争中的一场事故引发。1916年6月5日，陆军大臣基奇纳在前往俄国的一次正式访问中因巡洋舰汉普郡号在苏格兰北面触雷而死。接替他的是劳合·乔治，他在12月7日成为首相，任命德贝勋爵（Lord Derby）接替其职务。在法国，霞飞长期的指挥也走到尽头，他被尼韦勒取代，尼韦勒是新战术的熟练展示者；法国元帅的尊称被重新使用，以挽回霞飞的颜面。从1916年8月开始，德军已经处于兴登堡—鲁登道夫的控制之下，这一组合已经在东线大获成功。他们的名声因为遭到布鲁西洛夫攻势的挫败而黯淡，他们，或者尤其是鲁登道夫作为高效的行动指挥官，将会给最高指挥带来真正全新的战略：西线的合理化，以节约部队用于其他地方的行动，为全面战争而动员德国经济；以及尽管在政治上有争议，但通过无限制潜艇进攻对敌人实施封锁的决心。

然而，指挥方面的变化是否能改变什么东西呢？指挥的才干是一战编年史中争议最多的话题。对战争的叙述中充斥着优秀将领和差劲将领，一战史家中这个或者那个将军的批评者和拥护者同样比比皆是。在当时，几乎所有战争的主要指挥官都被看做了不起的人物——泰然自若的霞飞、激情似火的福煦、泰坦巨人般的兴登堡、超然威严的黑格。在两次大战之间，主要是因为传记和小说作者——萨松（Sassoon）、雷马克（Remarque）、巴比斯（Barbusse）——对"自下而上"战争实况的描写无情地削弱了那些高高在上进行统治的人的根基。在二战后，大众和学术的历史学家对这些人名誉的攻击仍在继续，尤其是在英国，人们持续不断地把英军将领们描绘成"领导狮群的驴"，描绘他们在佛兰德斯的旷野中铁石心肠地使一代年轻人流血致死，或者认为他们心理不健全。[3] 也有人为了维护他们的名誉而进行反击，尤其是为了挽救黑格的名誉。他成了剧作家、电影导演和电视纪录片作者的众矢之的，他们坚信第一次世界大战暴露了英国阶级结构的压迫性。然而，这种反击没有夺回多少阵地。[4] 到世纪末，在对他们的名望和业绩齐心协力的攻击下，曾经在大战中高高在上的将军们看起来无可挽回地落入尘埃。

今天，很难不与这些谴责共鸣，不管它们对一战中的将军们是否有足够的了解。他们的外表、态度、口头声明、书面遗产，都绝不能使自己契合现代的观点或感情。从当时的照片里望着我们的冷漠表情中，看不出因为麾下士兵遭受屠杀而感到不安的良心或是情感，他们选择居住的环境也是这样：远离战场的城堡、优雅的随员、光闪闪的汽车、骑马的护卫、日常惯例、丰盛的晚餐、不许打扰的睡眠时间。霞飞两个小时的午餐、兴登堡十个钟头的睡眠、黑格每天沿着道路骑马放松——道路为了防止马匹打滑而铺满沙子、大本营充斥香槟和皇室流言蜚语的聚餐，所有这些表里如一地远离士兵的世界。士兵们的世界至少在冬天是这样的：冰冷的口粮、潮乎乎的靴子、湿透的制服、积水的战壕、残损的营房和虱子的折磨。劳合·乔治是公认的激进分子，而且毫无疑问对于最高指挥的位置并不热衷，他似乎因为鲜明的对比而震惊，他写道："身居高位的大部分将领（也有高贵的例外）对于避免自身危险的焦虑是现代战争值得争议的创新之一。"[5]

劳合·乔治，扩而言之，所有一战将领的批评者在三个方面所持的立场可能是不公正的。首先，许多将军确确实实把自己暴露在危险之中，这些危险并非必需，甚至对于其责任而言并不合适。在英国将军中，有34人死于炮火，22人死于轻武器；在二战中相应的数字是有21人在行动中战死。[6] 其次，尽管在战线后面建立指挥部的做法确实是战争中的一项"创新"——威灵顿在滑铁卢战役中驰上前线，全天处于敌人的视野中，在美国内战中数以百计的将军战死——但这样做理由充分，因为战线在广度和深度方面的巨大扩展使他们有必要这样做，这种扩展使得行动的整体画面超出了任何一位指挥官的视野；事实上，一位将领离前线越近，就越处于不利于收集信息和发布命令的位置上。只有在电话线的连接点才有希望收集情报，对行动给予深思熟虑的反馈，而电话的连接点必须建立在战线的后方。再次，然而在最需要的时候，在行动的高潮，通讯系统本身却无法实现信息传递的快速性，更无法实现瞬时性。现代战争中最为重要的创新是"实时"的监测、瞄准和相互联络的发展，也就是说这一切发生在事件展开的同时。由于雷达、电视以及其他传感形式，尤其是无线电，20世纪最近的大多数大规模战争（如海湾战争）中的指挥官都与前线保持着瞬时联络，以人对人的电话交谈收到口头信息、发出口头指示，同时通过类似的快速手段为其部队指挥炮火援助，打击在"虚拟现实"中能够观察到的目标。

一战中的指挥官绝对没有获得上述任何一种手段，包括无线电。一旦构筑起战壕线，他代之以依靠固定而不可改变的电话线，电话线穿过中间各级指挥部——营、旅、师、军、集团军——导向后方，达到最高指挥部。在远离前线的地方，电话线可以架在地面上；在有炮弹落下的"被打击区"，电话线不得不埋起来。经验证明，埋藏深度不足6英尺的电话线将毁于炮击，所以需要花很大的力气来挖掘壕沟以提供必要的保护。到1916年，英军已经在每一个中级指挥层面发展起成熟的分支系统，这样司令部能够从一个交换机上与前、后、平行三个方向联络。[7]

在战斗开始以前，一切都很好。然后通讯系统几乎会例行公事般在最关键的一点坏掉，也就是在前线。在防守时，电话线的连接点在炮火下被毁，而关键的前进炮火观察员在执行任务时战死。在进攻时，当部队从电话线的尽头向前推进，他们自动丧失与后方的接触。未被损坏的电话线理所当然地坏掉，而权宜之计——信号灯、信鸽——并不可靠。这两种情况下任何一种难以令人满意的结果都有大量和重复出现的例证。例如，1916年在索姆，德军总参谋部的战术技师冯·洛斯伯格上校发现，信息从师级指挥部到达前线平均需要八到十个小时，反方向的传递也是一样。[8] 在进攻中，就像1916年7月1日索姆战役所揭示的那样，在六个层级——营、旅、师、军、集团军和总指挥部——的报告中，通讯可能完全瘫痪。

一份来自与敌军确实发生接触的第11东兰开夏团的一个营的报告以指挥官在上午7点20写下"第一波部队已经进入无人区"为开头。7点42，他"派通讯员[注意，没有电话]报告己方面临难以形容的密集炮火"。在7点50，"我派麦卡尔平（Macalpine）中尉去建立电话联络……[他]回来告诉我所有的通讯都被切断了……一整天都没法恢复"。在上午8点20，"我的部队没有任何消息"；上午9点，"看不到任何第3和第4波部队的信号"；上午10点01，"我的部队没有报告回来"；上午11点25，"我的部队没有消息"；上午11点50，"除了伤员的陈述，我的部队没有报告反馈"；下午 3 点 10，"[友邻部队]和他们的各梯次没有任何联系"；下午 3 点 50，"急需更多的人手"；晚上 9 点 20，"我没有照明弹了……或是任何信号枪（Verey Lights）[这是紧急情况下与支援炮火的唯一联络方式]"；在晚上 9 点 40，这位指挥官自己"被炮弹炸昏了"。

在指挥层级的上一级，第 94 旅的指挥官目睹各营前进，但丧失了与它们的联系："前线通往指挥部的电话线始终运行良好，但从指挥部通往前线的电话线被切断了，尽管它们被埋在地下 6 英尺深。"他报告说从一个营来的通讯员在回来的路上"被埋起来三次，但仍然成功地传达了他的信息"，如果不是唯一的，这也会是该旅这一天收到的不多的几条信息之一。接受这个旅汇报情况的第 31 师指挥部记录他在上午 8 点 40"打电话说他的前线已经越过德军战壕，但很难看清发生了什么，他没有任何明确的信息"；在下午 6 点，进攻开始后将近十一个小时，师的指挥官向上级第 8 军汇报，"我已经派出我的传令兵们尝试[与部队]建立联系，但根本得不到任何信号"。无论如何，在第 8 军之上的第 4 集团军指挥部，总参谋长在当晚满怀信心地写下次日的行动命令，以如下语句作为开头："德军预备队的很大一部分已经被吸引投入战斗，最重要的是保持压力，耗尽敌人的防守。"几乎同时，道格拉斯·黑格记录第 8 集团军"说他们开了个好头，但当天随后他们的部队被迫后撤……我倾向于相信未来的报告会说明没有多少第 8 军的士兵离开他们的战壕！"两个小时之后，第 31 师的战事日记记载，第 11 东兰开夏团负伤的指挥官看到"我的士兵"出发进入无人区，并在上午 8 点以前进入敌军的阵地，"今晚总共有 30 个士兵来守卫前线"。稍后，全部的伤亡数字返回，他们会弄清楚，第 11 东兰开夏团，"阿克林顿伙伴"，在当天有 234 人丧生，其中有 131 人在"无名坟墓"中被发现，有 360 人负伤，只有 135 人幸存。[9]

很难不对黑格日记条目里显而易见的铁石心肠发出谴责，他在自己博尔派尔（Beaurepaire）舒适的城堡里写下这些日记，此前在他蒙特勒伊（Montreuil）的司令部或者安全的战场后方乘车度过了整齐有序、例行公事的一天。当 2 万名士兵战死，或者因负伤而在不堪重负的医院中、因落单而在弹坑中等待死亡，他们的最高指挥官在办公桌前工作、进午餐、访问下属、吃晚饭，并准备一张舒服的床。看起来对比鲜明，令人震惊，尤其是当人们记起，威灵顿在滑铁卢战役度过与士兵们同生共死的一天之后，骑着一匹疲倦的马回到临时营房，在那里把自己的床让给一位负伤的军官兄弟。

然而这种对比是不公正的。威灵顿亲眼目睹了战役的每个情节，并精确地指挥它的各个阶段。黑格甚至不是一个目击者。除了远方炮火的咆哮和弹幕，他什么也没看到，什么也没听到，而且什么也没做。他没有什么可做的，可做的事情并不比他能看到的事情更多；甚至他的一位最低级的下级指挥官，里克曼（Rickman）中校，一旦他的阿克林顿伙伴进入德国战壕，就只能看到"他们身上三角形的闪光"，这是作为辨认标志固定在他们背包上的金属板反射出的光芒。战争的铁幕同样在所有低级和高级指挥官与他们的士兵之间落下，切断二者之间的联系，使他们仿佛身处两个大陆。当然，高级指挥官拥有填补这一缺口的物质资源，即部署在战线后面的大量火炮。他们缺乏的是指引炮火打击正在杀死其士兵的德国阵地的方法。在此前的战争中，炮手可以裸眼看到目标；在以后的战争中，装备了无线电并随步兵前进的炮火观察员将使用口令和地图点位指挥大炮的火力。在一战中，尽管前线的地图带有最为精细的细节，几乎每天都会更新，但在关键时刻"实时"呼叫炮火的无线电并不存在。"战壕装备"已经有所发展，但它是需要12个人抬着设备的巨大的重炮组，而且，虽然空中观测员能够通过无线电校正炮火落点，他们无法与唯一能够指出哪里真正需要火力的步兵联系。[10] 因为在坦克出现以前，唯一快速通过战壕系统的方法是通过持续不断的近距离步兵攻击和炮火支援的协同，毫不奇怪，索姆河战役并没有能够像一场军事行动那样运转。此前的战役和此后的绝大部分战役与之类似。

因此，对于一战将领的大部分指责——最主要是能力不足和缺乏理解力——可能是错位的。将军们，在那些能力不足的、缺乏理解力的和身体或是感情上有缺陷的被解职——在战争开始时已经这样做了——后，基本上都理解了战争的本质并以可能手段允许的最大理性应对它。因为一旦投入战斗就会丧失联系的能力，他们始终以更为详尽的预先准备和意向，试图克服随着战役展开不可避免地出现的障碍和事故。拟好的计划写下了步兵每一分钟的调动，以及几乎是炮火每一码的集中打击，试图与其说是决定，不如说是预定结果。当然，这种尝试是徒劳的。人世间没有什么是可以预先决定的，更不用说如同一场战役这样的变动不居、充满活力的能量交换。当改变战役的资源——可靠的装甲、越野交通工具，便携式的双向无线电——远在他们的理解之外（它们充满诱惑地躺在仅仅以数年为单位的发展之外），将领们被技术的铁锁束缚着，现存的这些技术对于生命的大规模毁灭而言绰绰有余，但远远不足以使他们获得足够的灵活性来控制战斗，从而把死亡保持在可以承受的范围之内。

参战方的情绪

343 生命的损失永远是可以忍受的吗？到 1917 年年初，这个问题在每个参战国中都潜而不露。前线的士兵服从命令、靠着战斗中的同志情谊团结在一起，有自己的方法抵抗无情的磨损。另外，尽管微薄，但他们得到薪酬，得到补给，常常很充足。在战线后方，战争苦难以一种不同的方式折磨着人们的心智和情感——焦虑和剥夺。士兵自己知道，每天，常常是每一分钟，自己是否处于危险当中。但留在后方的那些人——尤其是妻子和母亲——却背上了不确定他是否安全的负担。陆军部用电报向家庭传达前线的每一位亲人受伤或者死亡的信息，到 1917 年等待这种电报成为意识中不可或缺的元素。这样的电报来得太过频繁了。到 1914 年年末，30 万名法国人战死，60 万人负伤，而总数继续增加；到战争结束时，动员人口的 17% 战死，其中包括将近四分之一的步兵，主要来源于农村，他们承担了战争损失的三分之一。到 1918 年，在法国有 63 万名战争寡妇，多数正当盛年，而且再也没有结婚的希望。[11]

法国承受的最糟糕损失发生在 1914—1916 年，这些年里，一种新发明，即把现金津贴直接发给士兵家属减轻了焦虑的情绪；这种津贴被一种官方支持者描述为"国内和平和公众平静的主要原因"[12]。紧急的战争工业提供的优厚薪金也有助于压制反战的情感，忽然成为一家之长的妻子，以及儿子上前线的爷爷承担起耕种土地责任的满足感也发挥了作用。1914 年，法国仍然压倒性地是一个农业国家。任何地方都不乏习惯了缺乏年轻人和食物的社区。无论如何，在 1917 年，不断积累的压力对于那些负有监督公共情绪之责的市长、县长和检查员来说开始变得明显：在许多男性工人豁免服役或实际上被从服役召回到工厂工作的市镇中，士气令人满意；但是，"农村的士气显著低落，这里最初时显露的那种勇气和决心**344**不那么明显了"。[13] 1917 年 6 月，当接到这份报告的时候，勇气和决心的丧失在法国军队中已经扩散开来。

在德国，军队和民众的决心仍然很坚定。尽管到 1916 年年底，已经有超过 100 万士兵战死——1914 年有 24.1 万，1915 年有 43.4 万，1916 年有 34 万——但在前方取得的胜利，占领了比利时、法国北部和俄属波兰，加上击败塞尔维亚和罗马尼亚，这一切带来了牺牲精神的反弹。然而，发动一场看起来成功的战争的经济代价正在变得难以承受。例如，在1916年妇女的死亡数与战前相比上升了11.5%，1917年上升了30.4%，原因是营养不良。[14] 法国依靠国内充足的生产供给，而英国直到1917年年中一直保持了和平时期水平的食品进口，此时德国潜艇开始加紧攻击；德国，还有奥地利，自1916年以后感觉到因封锁而带来的贫困。在1917年，鱼类和蛋类的消费减半，糖也是这样，同时土豆、黄油和蔬菜的供应急剧下降。1916、1917年之间的冬季变成"萝卜的冬天"，这种味道淡薄、营养不足的根茎植物成了大部分膳食的替代或补充。奢侈品，尤其是咖啡这种德国人的必需品，只有富人才能享受得到，而且真正的必需品，比如肥皂和燃料，实行严格的配给。"到1916年年末，大部分居民……的生活……变成了餐桌上总是没有够吃的东西，家里没法取暖，穿着无从换洗的衣服和破旧的鞋子走路。这意味着在一天的开始和结束的时候没有任何代用品。"[15] 在哈布斯堡帝国最大的城市维也纳，生活甚至更加困难。真实工资在1916年减半，在1917年再次减半，比较贫困的那部分人口开始饿肚子。更糟糕的是，处于养家糊口年龄的男人中有60%在前线，家庭依靠国家津贴过日子，这无论如何无法替代一位父亲的收入；到战争末期，**津贴每天只能买不到两块面包**。[16]

另外，哈布斯堡帝国臣民的情绪因弗朗茨·约瑟夫的去世而发生了变化，他在1848年成为皇帝，于1916年11月去世。甚至在对帝国最离心离德的属民——捷克人和塞尔维亚人中，也保持了对他个人的尊重。那些效忠皇帝的克罗地亚人、德意志人、匈牙利人视他为皇帝，他是他们日益摇摇欲坠的国家稳定性的象征。他的去世松解了原本维系奥、匈十个主要语言集团——德意志人、马扎尔人、塞尔维亚-克罗地亚人、斯洛文尼亚人、捷克人、斯洛伐克人、波兰人、罗塞尼亚人（Ruthenian）、意大利人和罗马尼亚人——的纽带。尽管他的继承人卡尔一世（Karl I）使王位恢复青春，但在战争的环境下，他无法建立强大的帝国权威。确实，和他的外交部长切尔宁伯爵（Count Czernin）一样，他唯一的本能是获得和平，而他继位后的第一个行动是宣布将会迫切地追求和平。1917年3月，他通过妻子的兄弟，波旁皇族的西斯笃亲王（Prince Sixtus of Bourbon）与法国政府开始间接磋商，以确认以何种条件可以获得全面的解决。然而，因为他的主要动机是保持帝国的完整，而且他准备以大量德国领土，而几乎没有奥地利领土为筹码来达到目标，他在外交方面的主动很快受挫。除了激怒德国以外，"西斯笃交涉"（Sixtus affair）只不过是向协约国暴露了奥地利对于战争的厌倦，丝毫没有缓和它们为赢得最终胜利而战的政策。

此外，它们已经拒绝了美国总统伍德罗·威尔逊在1916年12月18日进行调停的无私尝试，在这次调停中，作为准备，威尔逊要求双方开列保护其未来安全所需的必要条款。德国预先做出答复，拒绝做出任何让步，并强调它对于即将到来的胜利的信心；这种论调受到德军最近占领布加勒斯特和罗马尼亚军队崩溃的影响。协约国的反应同样毫不妥协，但更加细致。它要求同盟国撤出比利时、塞尔维亚和黑山，以及在法国、俄国和罗马尼亚占领区，德意志帝国和奥地利帝国的意大利、罗马尼亚、捷克斯洛伐克和其他斯拉夫属民获得独立，终结奥斯曼在南欧的统治，使其他土耳其臣民获得解放。简而言之，这是一项使构成同盟国绝大部分的三大帝国解体的计划。[17]

在长达二十八个月的可怕的战争中，只有政治上高度团结的国家才能对结束敌对状态的呼声做出如此信心十足的反应。尽管经历了激进的政府人事变革，但这样的团结在法国和英国都占据主流。当战争爆发时，法国国民议会宣布组建一个超越党派利益的神圣同盟（Union sacrée），以献身于民族的生存和最终的胜利。尽管经历了内阁的变化，但这个同盟被保存下来。维维亚尼政府在1915年10月辞职，但新总理白里安曾在旧政府中任职，并维持了联盟。英国国会中的政党也在1915年5月开始了联合，此前对于自由党政府确保法国前线弹药供应能力的不足曾存在批评，但阿斯奎斯留任首相，并在次年成功地维持了对外的团结。然而他的同僚军需部长劳合·乔治对他死气沉沉的领导方式严厉而且正确地感到不满意。1916年12月，阿斯奎斯发现自己在重新规划战争方向的更高层次上被耍了。他最初同意自己被排除在战争委员会之外，这一委员会拥有德拉古式*的权力，后来，他拒绝接受这一新的安排，并迫使乔治辞职。在一片喧嚣中，他提出辞职，误以为会在国会中遭到多数否决。他居于领导地位的同僚，无论是自由党还是保守党，都认识到乔治在国难时期更能胜任，克服了对于他的自负和不够坦率的性格的厌恶，同意在一个新的联合政府中服务，一个几乎拥有不受限制权力的战争委员会位居其上。乔治政府一直持续到战争的末期。

如果说在政治变迁中，英法两国都维持了联合，它们却没能解决令人不满维维安尼和阿斯奎斯政府的最根本困难：它们与最高指挥权之间的关系。在德国，皇帝的一句话就能改变指挥权的归属，他是军队的总司令，所有的军事职务都是

---

* 德拉古，古希腊立法者，他于公元前621年整理的雅典法典极其残酷，后人使用"德拉古式"一词形容严酷无情的统治。——译者注

他的馈赠。到1916年年底，他已经解除了毛奇和法金汉的职务。在英国，理论上来说指挥权的变动只需要相关权威的决定，尽管这种权威在于政府而非王权。然而，在实际上，因为害怕影响公众信心，这种变动很困难。一个明证是，在内阁很清楚弗伦奇不适合指挥在法国的行动之后很久，仍然难以解除他的职务。在法国，情况更加复杂和困难。霞飞作为总司令，拥有军事区内宪法规定的权力。没有他的允许，甚至国会的代表也无权进入军事区。同时，他不仅拥有对于法国本土军队的权力，还被授予"外部行动舞台"上的类似权力。结果，法国和英国的指挥官享有安全的任期，既不会因为伤亡的数字，也不会因为在前线很少取得胜利而地位动摇。意大利的情况也是这样。

在英国，尽管劳合·乔治对黑格丧失信心，到了1917年年底，几乎信心全无，但黑格在最高指挥的位子上一直待到战争的结束。在法国，从凡尔登战役开始后，对霞飞的信心不断丧失，导致他在1916年12月被提升到一个有名无实的荣誉职位。然而，关于政治和军事权威之间的关系，没有发明什么令人满意的调整——摩洛哥总督利奥泰（Lyautey）将军在霞飞离职时被任命为陆军部长，被授予扩大了的行政权力，但没有在法国的指挥权——也没能为霞飞找到令人满意的替代者。政治家们所选择的尼韦勒聪明而且善于说服别人，并改变了凡尔登的局势。德军停止进攻后，他夺回杜奥蒙要塞，以胜利为两年以来始于上校军衔的快速升迁加冕。然而，事情的发展很快会证明，他过于夸大了自己的能力和信心，而政府对他的信心也是判断有误。事后的检讨是多么容易，身在其间要接受政府和总参谋部的错误又是多么困难。所有国家对于体制和个人不满的基本事实是，寻找任何更好的东西或者个人的努力都是徒劳的。在一战的环境下指挥权的难题是无解的。将军们就像是瞎子、聋子、哑巴，看不到自己开启的行动进程，听不到关于它们发展的报告，一旦开战，也没法和那些最初接受命令的人说话。战争已经使参战的人力不从心。

在德国、在英国、甚至在法国，在保家卫国中生命的丧失如此令人伤痛，然而民意仍然坚定。"坚持到底"（Durchhalten）成了德国人的口号。尽管这个民族的遭遇如此可怕，但他们仍然不想接受无法令人满意的结果。[18] 赢得辉煌胜利的信念或许已经消失了，但让步仍像失败一样不可想象。在只有1916年遭受了大量死亡的英国，坚持到底的决心甚至更加强烈。1916年，自愿冲动出现了减弱，这种冲动使数以百万计的人参军入伍，在英国历史上第一次通过了强制平民参军的征兵法。无论如何，正如《年度登记》（Annual Register）非常精确地记录下来的，"奉献……的希望……在鼓舞继续战争以赢得胜利的国民决心方面似乎无力得多了"[19]。在法国，"神圣同盟"这一理念一直持续到1916年年底，这一理念基于"法国成为侵略的目标，因此必须保护它"，不仅是政治家之间，而且是各阶层、各部门之间的纽带。[20] 不合逻辑的是，战争将很快以德国的崩溃或法国的辉煌胜利而结束的信念也仍然持续。法国获得胜利的希望将很快被残暴地打碎。

法国的兵变

1916年12月，在法军总司令部所在的尚蒂伊召开的协约国军事代表会议计划在1917年进行大规模进攻，这是对于前一年12月尚蒂伊会议的重复，那次会议导致了索姆河战役和布鲁西洛夫攻势。和以前一样，意大利军继续在伊松佐河对奥地利发动进攻，俄国也承诺在春季发起进攻；尽管因为俄国的战争工业现在已经全面动员，并制造了大量武器弹药，人们对俄军进攻的潜力信心高涨，但它在细节上并不清楚。[21] 无论如何，法国和英国主要会在西线中部的索姆战场做出努力，然后在佛兰德斯发动进攻，目标是"肃清"比利时海岸并重新夺取德国潜艇的基地，因为德国潜艇针对协约国船只的行动越来越有效。

随后发生的两件事推翻了这些计划。首先是霞飞被尼韦勒取代，后者的行动哲学与在索姆战场上重新开战的计划难以契合。索姆已经被降级为一处消耗战的战场，伤痕累累，到处是残破的道路、大段受损的地面、凌乱的森林、浸湿的谷底，还有废弃战壕、掩体和阵地组成的迷宫。索姆地区没有适于突然突破的地形，而尼韦勒在突然突破这一点上自以为独得其秘。尼韦勒是一位炮兵军官，直到1917年，大炮是战壕战的首要武器，他相信，新的火炮战术将带来"突破"（rupture），在他的控制下，大量大炮以"穿透整个敌军阵地的"炮火浸透德军的防守，摧毁战壕，使守军陷入瘫痪。这样，进攻方将在持续不断的弹幕掩护下，绕过残存的孤立地区的防御，在全无抵抗的情况下进入开阔的乡村和敌人的后方。[22] 因为索姆不适合这样的战术，尼韦勒反对重返这一地区和1915年的计划。他将从索姆的两侧，在德军巨大突出部的"肩部"发动进攻。法军将从南面的埃纳河地区，从贵妇小道进攻，而根据协约国内部的协议，英军将在索姆突出部的北面肩部重新开始进攻，在阿拉斯进攻维米岭。

即使尼韦勒没有改变1917年的计划，德国的一项决定无论如何也会使协约国重启索姆攻势的意图落空。3月15日，协约国已经发现德军开始从阿拉斯到埃纳河的全部前线上撤出阵地。这是在 11 月霞飞召开尚蒂伊会议时无法预测的第二个可能性。战争中的计划很少能够与实际情况吻合。当协约国同意在曾经战斗过的土地上重启进攻,德国人正在为全部放弃那片阵地而做必要的准备。1916 年 9 月,在索姆战场后面建设"最终"阵地的工作已经在进行中,目标是缩短供给路线和节约使用部队,德军节约出十个师用于其他地方。[23] 到 1 月,新的战线完成了,到 3 月 18 日,已经驻满了军队。战线各段以传说中的英雄命名,沃坦(Wotan)、齐格弗里德(Siegfried)、洪丁(Hunding)和米歇尔(Michel),而整条防线被称为兴登堡防线。英国人和法国人一旦意识到面前的乡村是空的,就穿过一片废墟跟随其后,到 4 月初,与有史以来遇到的最强大的防守面面相对,着手挖掘己方的战壕。

对尼韦勒的计划来说幸运的是,兴登堡防线正好没有达到贵妇小道,他计划在此发动进攻,同样,它也没有达到阿拉斯－维米地区,英军和加拿大军将会稍早在此发动进攻;兴登堡防线正好把二者之间的突出部底部一分为二。对法国人来说不幸的是,自从三年前的 1914 年 9 月德军从马恩河撤退时第一次战壕化以来,贵妇小道的防御,就属于整个西线最为牢固的防御之列,德军从山脊可以看到法国后方很远的地方。德军炮兵观察员俯视法国步兵准备发动进攻的阵地,以及支援炮火的阵地。另外,作为尼韦勒 1916 年 12 月在凡尔登夺回阵地取得胜利的结果,德军引入了一条防御原则,确保只以最小兵力防守前线,但在敌军炮火射程之外驻守用于反击(Eingreif,或"介入")的师,能够在第一波进攻的敌军步兵"失去"了己方的炮火支持时立即将其"包围"(lock in,这是 Eingreif 的另一个意思)。[24] 尼韦勒预测了一场不超过四十八小时的"艰难"和"野蛮"的进攻,在此期间整个德军阵地将在连续三次深入 2000—3000 码的前进中被压制,因此步兵和炮兵的密切合作将是获得胜利必需的。[25] 然而,尼韦勒的计划没有为法国炮兵的快速推进制定任何预案,战场上陡峭残破的地形,以及很可能将要出现的情势,都使这完全不可能。

法国第 6、第 10 和第 9 集团军一起组成了预备集团军群,其中包括了陆军中一些成功最为显赫的部队,第 1、第 20 和第 2 殖民地军驻守在前线,等待进攻的日子,这一天最后确定为 4 月 16 日。而此时英国远征军则为自己预定提前一个星期的支援进攻进行准备。它的目标是维米岭山顶,由加拿大军进攻,从这里可以通向杜埃平原,进攻方寄望于其后能够进入没有战壕设防的德军后方。一旦尼韦勒的部队肃清了南面数英里远贵妇小道的埃纳高地,英国骑兵将会穿越此地快速前进,和他的前锋部队建立联系。协约国军囤积了大量火炮和弹药储备——2879

门炮,每9码长的前线就有一门炮,以及268.7万发炮弹——以进行比去年7月索姆河战役前持续时间短,但火力加倍的攻击。他们还召集了40辆坦克,而承担主攻任务的第3集团军第6军能够在阿拉斯巨大的地下采石场进行隐蔽,他们将在集团军坑道连挖掘的坑道的掩护下到达前线。向着维米岭也为加拿大军挖掘了类似的坑道,加拿大军有四个师,它们将承担西线第一次大规模的自治领部队的进攻行动。

4月,恶劣的天气肆虐,雨、雪、雹交加,气温很低;潮湿和炮击把进攻地区的白垩土地表变得一片泥泞,使人泥足深陷,直到脚踝,有些地方甚至更深些。然而,仅此一次,漫长的准备期没有激起德军激烈的反制措施。占领维米—阿拉斯战区的第6集团军的指挥官冯·法尔肯豪森(von Falkenhausen)把反击部队保留在前线之后15英里,很显然他相信在前线的七个师——第16巴伐利亚师、第79预备师、第1巴伐利亚师、第14巴伐利亚师、第11预备师、第17预备师和第18预备师——有足够的力量抵抗进攻。[26] 这是一个错误。指挥第3和第1集团军的艾伦比(Allenby)和霍恩(Horne)有18个攻击师,以及巨大的炮火优势,而局部地区的德国指挥官得知法尔肯豪森把战略预备队放在远处,也把他们的战术预备队部署在后方,意图只在前线被突破的时候把它们投入战斗。

后续的发展证明这些错误的部署对德军来说是灾难性的。他们倒霉的步兵被

阿拉斯战役前曼彻斯特团开赴前线的一队工兵,塞尔(Serre),1917年3月(ETA)

英军猛烈的炮火钉在深深的掩体中,炮火也把他们用作障碍的铁丝网炸成了碎片。尽管哨兵在进攻开始之前两个小时觉察到它即将开始的蛛丝马迹,但他们的电话线被切断,也就无法和己方的炮火联系——他们的炮火无论如何也会被英军的反炮兵火力压制。[27] 当英加军队出现,守军在渐进弹幕后面拖着沉重的步子前进,要么战死了,要么在地下工事被活捉,如果他们走运,还有时间逃到后方去。维米岭南端第 3 巴伐利亚预备役团的米夏埃尔·福尔克海默(Michael Volkheimer)看到前进的浪潮几乎就在他的战壕上面,对着一位同志喊道:"出来!英国人来了!"然后跑去向团指挥官报警,"除非能从侧面得到有力的增援,整个团都会被敌人俘虏……没法得到这样的增援,所以整个山岭……落入敌人手中,我们的团[有 3000 人]只有 200 人成功逃了出来"[28]。

　　阿拉斯战役的第一天是英国人赢得了胜利。在几个小时内,英军没有多少伤亡,他们深入德军前线 1—3 英里,捉获 9000 名俘虏,打开了通往开阔乡村的坦途。加拿大军队的成功轰动一时。他们一举拿下维米岭可怕地荒凉、残破的山坡,1915 年成千上万的法国士兵在这里流尽最后一滴血。加军占领了顶峰,从东面陡峭的反向坡放眼望去,整个杜埃平原尽收眼底,这里挤满了德军的大炮和预备队。"我们能看见德军的炮手操纵武器,向上攀登,而后后撤。运输的货车从维米岭装载着数以百计的溃兵全速后撤。似乎没有任何东西能阻止我们的突破了,"一位加拿大中尉如是写道,"除了天气。"[29] 事实上,不是天气,而是一如既往地缺乏弹性的计划阻止了向前推进。在夺取目标后,据判断先头部队出现了两个小时的停顿。此时,天色渐晚,士气回落。4 月 10 日,第一支德军预备队开始出现,填补缺口,在 4 月 11 日有一次进攻方在右翼的比勒库尔(Bullecourt)发动进攻以扩大突破口的尝试,一个澳大利亚师遇到没有被破坏的铁丝网,少量随行的坦克无法突破它。然后协约国军下令暂休,以便替换伤员,休整部队。到那时,协约国军的全部伤亡接近 2 万人,是索姆战役第一天人数的三分之一,但参战各师已经精疲力竭。当 4 月 23 日战斗继续,德军已经重新组织并得到增援,在所有战区做好发动反击的准备。结果是阿拉斯战役变成消耗战,互相拉锯了一个月,进攻方另外有 13 万人伤亡,而没有占领任何有价值的阵地。德军的伤亡与此相当,但他们在维米岭的耻辱性失败之后,迅速重建了阵地,避免了在阿拉斯战场上遭受进一步失败的危险。

　　同时,德军使法军遭受到灾难性的失败。德军在维米岭的失败有两个原因:第一,是本以为英军的炮击应该比实际发生的更长,结果派上前线的反击师没有足够的时间介入；第二，是维米－阿拉斯地区部队的绝对数量不足。法国在贵妇小道感受到对这一点的补偿，此地的德军在前线的 21 个师后面有 15 个反击师。如果说德军在维米－阿拉斯战场大吃一惊，那么在埃纳就是另一回事了，攻方为大型进攻所做的准备已经让德军对尼韦勒将军的意图感到警觉。[30] 然后，还有保密方面的失败。协约国军的文件被截获，而且在后方还有不够谨慎的谈话。尼韦勒的母亲是英国人，他能讲流利的英语，早在 1917 年 1 月访问伦敦时，他就"以最为迷人的方式，隔着餐桌向那些对他着迷狂喜的女士们解释他那一套，她们急不可耐地向朋友们讲述自己能听懂的一切"[31]。

不管怎么样，德国人关于尼韦勒的"突破"（rupture）得到了足够的警告。他们也出台了自己的"纵深防御"构想，这是由冯·洛斯伯格上校设计的：除了观察员，前线几乎空空如也，而其后的"中间区"由散布在要点或者经过改进的弹坑阵地里的机枪手防守。同时，支援火力不是部署为直线，而是在后方以不规则的方式分布，而真正的防御力量是部署在与前线距离 1 万和 2 万码、炮火射程之外的预备队。这一安排使尼韦勒的计划遭受灭顶之灾，他的计划要求法国步兵在三小时内穿过贵妇小道前线的最初 3000 码，这里地形陡峭、树木丛生，天然的洞穴星罗棋布；接下来的三个小时法国步兵要穿过反向坡，而己方的支援炮火无法

英国皇家工兵部队的观察哨，讷维尔维塔斯（Neuville-Vitasse），阿拉斯战役，1917 年 4 月 29 日（TRH）

到达这里；然后在两个小时内通过最后 2000 码。与在这 8000 码的斗争中将要遭遇的困难——最初的德军抵抗、铁丝网障碍、侧面的机枪、局部反击——背离的是，尼维勒计划的内在弱点在于，开始阶段的能量将会消耗在距离真正的德军防守还有 2000 码的区域。因此，无论法军的进攻有多成功——这是很不确定的——进攻者都将很快面对新生力量，在他们精疲力竭的情况下，将陷入艰难的抵抗。

无论如何，尼韦勒对于"突破"的信心在某种程度上感染了他的士兵。一位英军联络官斯皮尔斯将军（E. L. Spears）这样描述 4 月 16 日黎明时前线上的场景，"部队中弥漫着某种像是喜悦似的紧张感，某种兴奋乐观的期待。我被眼中闪着光的、咧着嘴笑的面孔包围着。当看到我的制服，一些士兵热情地来到我身边。'德国人守不住这里……就像在阿拉斯在你们面前一样。他们落荒而逃，对吗？'成千上万钢盔上闪烁的光芒使那欢乐的声音愈发令人感动"。当零时临近，待命的步兵陷入沉默，而炮火将会以大尺度跃进，引领步兵前进，投入战斗。斯皮尔斯想："开头看起来不错。""德国人的弹幕给人的印象是微不足道而且没有规律。敌军战线上升起数百处金色的火焰。他们看到了法军的进攻浪潮并召唤炮火的援救……几乎立刻地，或者看起来如此，视野中密集的部队开始前进。细长的纵队向着埃纳河蜂拥而去。一些 75 毫米野战炮突然间不知道从哪里冒了出来，快速向前推进，马匹奋力向前，车夫看起来好像在冲刺。'德国人逃跑了，大炮在向前推进。'步兵们兴高采烈地欢呼。然后开始下雨了，没法再说出进攻进展得怎么样。"[32]

不仅仅是雨水，还有冰雹、雪和雾，天气就像阿拉斯战役的第一天一样糟糕而寒冷——使人们没法描绘出进攻的进展。当德军的防守突然活跃起来，战线变得支离破碎。"一往无前的前进在任何地方都没有维持多久。"可以感觉到前进的速度逐渐慢了下来，其后从零时起稳定前压的支援部队普遍停顿下来。当部队吃力地攀爬破碎凌乱的山坡，分散在弹坑里、集中在掩体里，或是突然出现在地下工事、洞穴出口处的德国机关枪造成了可怕的伤亡。[33]

弹幕前移得过快，把步兵甩到了身后，它们本应为步兵提供保护。"到处的故事都是一样的。在大多数地方进攻都得手了，然后慢下来，没法跟上弹幕的移动，它们以三分钟 100 码的速度前进，在很多时候很快消失在视野中。一旦步兵和弹幕失去联系，德国的机关枪……开火，很多时候同时从前面和侧面，还有时候是后面……在埃纳河陡峭坡地上的部队即使没有遭到抵抗，也只能以很慢的速度前进。地面被炮弹炸翻，泥泞湿滑，只有很少甚至没有立足点。士兵们拽住树干前进，被各种能想象得到的铁丝网障碍物纠缠。同时，支援部队在进攻战壕里聚集起来，每一刻钟就有一个新到的营。当最前面的部队被挡住——有一些情况下它们只前进了几百码，很少超过八分之三英里——这导致了部队的拥塞……如果德军的大炮像他们的机关枪一样活跃，正在前线进行的屠杀也将会降临在拥挤的战壕里，以及通往后方道路上无助的士兵身上。"[34]

屠杀的规模已经足够了。指挥进攻维米岭最左翼的第6集团军的是冷酷的殖民地战士芒然，当他听说部队——包括他自己的殖民地士兵和第20"铁军"的老兵——受阻，下令"在任何地方，如果炮火没能切断铁丝网，步兵就要切断它们。必须夺取阵地"。这种命令毫无意义。坦克或许可以切断铁丝网，但128辆轻型雷诺（Renault）双人坦克没有任何一辆到达德军前沿，这是法军在战役中使用的第一批坦克，几乎所有坦克都陷在泥泞的道路上。孤立无援的步兵只能挣命向前。第一天，他们突破了不足600码；第三天到达穿越维米岭的贵妇小道；第五天，有13万人伤亡，进攻实际上被放弃了。进攻得到了补偿性的成果，包括28815名俘虏，并且在6英里长的前线上突破了4英里深，但德国的纵深防御保持完整。没有实现突破，没有实现尼韦勒关于"突破"的承诺。4月29日，他被解职，由贝当代替。但法国的损失，包括2.9万人战死，是无法代替的。[35]

法国军队战斗精神的损失也是无法弥补的，至少在一段时间内如此。长官们所承认的"集体无纪律行为"和历史学家们所说的"1917年兵变"，几乎在4月16日进攻失败之后立刻就出现了。这两种说法都没法精确地定义这一崩溃的本质，它更合适被视为一种军事罢工。"无纪律"暗指秩序的崩溃。"兵变"常常引发对上级的暴力。然而在更宽泛的意义上说，秩序仍然保持完好，而且"兵变者"也没有做出针对长官的暴力行为。相反，"兵变"中，士兵个人和军官阶层之间的关系以一种奇特的相互尊重为特征。好像双方把彼此视为一场可怕折磨的共同受害者，只是最底层的那些人再也无法忍受下去而已。士兵们住得比军官更差，吃得更糟，假期也更少。然而，他们知道军官们与自己同甘共苦，而且实际上伤亡率更高。甚至在那些出现直接对抗的部队，比如第74步兵团，"兵变"者很清楚地表示，他们"不想伤害"他们的军官。他们只是简单地拒绝"重新回到战壕里去"[36]。这是异议的极端表达。参与者的总体情绪——包括了54个师的士兵，几乎是全部军队的半数——如果说不是拒绝，那么就是一种勉强，他们不愿参加新的进攻，但仍然带着爱国主义心甘情愿地去保卫战线，防御敌军的进攻。也有具体的要求：更多的假期、更好的食物、士兵家属更好的待遇，结束"不公正"和"杀戮"，以及"和平"。这些要求经常与那些家人参加平民罢工的士兵有关，在1917年兴起了此类罢工的浪潮，原因是高昂的物价、对从战争中获利者的憎恨，以及和平预期的日渐削弱。[37] 平民抗议者当然绝非以任何代价要求和平，更不必说让德国获胜，但他们抱怨"当人们不得不拼死拼活地挣扎着维持生活，老板和工业巨头却愈发飞黄腾达"[38]。

平民的不满滋生了军队的不满，而士兵们对于家庭的忧虑因为妻子和父母对前线的丈夫、儿子的担心而增强。1917年法国的危机是全国性的。因此，政府严肃地对待这一问题，任命贝当取代尼韦勒。尽管外表看起来鲁莽，但是贝当理解自己的乡村士兵。当危机加深——可分为四个阶段，从4月份的分散爆发到5月的大规模集会，还有6月份的敌对冲突，接着是这一年剩下时间里异议的减弱——他出台了一系列措施，以控制事态，恢复军队的士气。他承诺更充足、更频繁的假期。他也暗示式地承诺结束进攻，至少暂时停止，这方面说的不多，否则的话将会葬送法国作为战争平衡力量的地位，但他强调部队将会得到休整。[39] 因为休整会使部队离开前线，他还引入新的信条，类似在另一方的德军已经实施的"纵深防御"。他在6月4日颁发的指令是，避免"在前线集结步兵的倾向，这种倾向只会增加伤亡"。取而代之，第一线将会以仅够牵制敌军和提供炮火观察的力量进行防守。[40] 大部分步兵将被留在第二线，并在第三线留驻预备队以发动反击。这些指令就其目的而言是严格用于防守的。当前线因这些新的战术而被重组，军官们在贝当的支持下试图以说理和鼓励重新赢得士兵的服从。"并非必须采取严厉措施，"第5步兵师的指挥官写道，"我们必须全力通过劝说、镇定和士兵们熟知的军官的威望缓和这场运动，最重要的是通过影响好兵使罢工者恢复好心情。"他的下属指挥官表示同意："我们无法想象通过严厉来缓和运动，那样毫无疑问会带来不可挽回的结果。"[41]

无论如何，这场"运动"——无纪律、罢工或是兵变——是在求助于暴力的情况下偃旗息鼓的。最高指挥部和政府深信存在一场由平民反战煽动分子制造的"颠覆"行为，花了很大力气寻找罪魁祸首，对他们进行审判、处罚。有3427场军法审判，554名士兵被宣判死刑，49人被执行枪决。[42] 数以百计的人被处以缓刑，被判处终身监禁。这些法律程序的特征是，这些被交付审判的人是由自己的军官和军士们选择的，并得到普通士兵毫无含糊的赞同。

表面看来，法军内部的秩序相对快速地得到重建。到8月，贝当觉得对它的士气有足够的信心，在凡尔登反动了一场有限的行动，重建了那里的战线，使之恢复到1916年2月德军进攻前的位置，10月在埃纳河的另外一场行动把德军赶回艾莱特河,这是尼韦勒倒霉的进攻第一天的目标。然而,总体上说,兵变的目标达到了。1917年6月和1918年7月之间,法军再也没有进攻西线的任何地方,它守卫着这条战线的三分之二,在自己的防区里再也没有进行任何"积极"防御。德军难以置信地对无人区另外一侧的纪律危机毫无觉察,满足于接受对手的消极,在其他地方忙于自己的事情——在俄国、意大利,还有和英国人的战争。

在第一次世界大战和任何其他战争中,敌对双方的和平共处都不是全新的现象。它在克里米亚战争、1864—1865年美国内战中的彼得堡和里士满(Richmond)之间的战壕里都曾盛行,在布尔战争中围攻马弗京(Mafeking)时,双方也在每周的周六停战,1915—1916年间东线的广大地区也是如此。除非受到军官的催逼,士兵们总是很容易陷入静态阵地上的互谅互让之中,常常相互交换谣言和小的必需品,甚至安排局部休战。在佛兰德斯,1914年圣诞节时英军和德军之间曾出现了一次著名的停战,1915年以较小的规模再次出现,而俄国人迟至1916年还组织了复活节和圣诞节的停战。更广泛地,双方在西线一旦恰当地挖掘好战壕,就在那些不适于大规模进攻的地方——包括佛兰德斯的泛滥区、比利时煤矿区、阿尔贡森林、孚日山脉——满足于非进攻性的例行公事。在一些地方,敌人近在咫尺,除了和平共处,别无他途;传奇故事描述了在"跨国铁丝网"地区,防御战壕如此接近,以致双方同意对方去修理分开彼此的障碍物。甚至在那些无人区很宽的地方,对抗的部队也可能心照不宣地不去打破和平。英军最高指挥部激烈反对"和平共处",并通过许多办法——下令攻击战壕、向特殊地区派遣战壕迫击炮、组织短暂的炮击——来保持战区的活跃,从而获得了实质性的效果。[43]德军发现与英国部队面对面的战壕任务令人不安,后者始终接受战壕战中每月几十人的伤亡。比较起来,法军不像英军对于袭击战壕那么热心,给予那些参加"巡逻"的士兵休假的奖励(而英军把发动袭击视为正常职责),一般来说把人力保留下来用于正式进攻。在尼韦勒进攻之后,尽管那些受到无纪律行为影响的师在组织袭击方面遇到麻烦,并向上级指挥部报告了它们的行动,它们实际上大部分恢复了防守。[44]赢得战争的代价——1914年有30.6万人战死,1915年是33.4万人,1916年是21.7万人,1917年是12.1万人,其中大部分死于兵变以前,2000万男性人口中总计有100万战死——熄灭了法国的战斗欲望。法国士兵将会保卫祖国,但却不会发动进攻。他们的士气在将近一年的时间里没什么改观。

俄国的叛乱

　　1917年，在不断增加的战争代价面前退缩的不只有法国军队。俄军从没能像法军那样紧密团结或是成为"民族的"军队，甚至在最高指挥部开始组织其代表于1916年12月的盟军尚蒂伊会议上承诺的春季攻势之前，俄军就已在摇摇欲坠。[45]它的抱怨映照出尼韦勒攻势之后法军中曾出现的那些：糟糕的食物、不规则的假期、对家人福利的担心、对获利的地主和"逃兵"的仇视，后者逃避了征募，并因此获得高薪，更加不祥的是，士兵们不信任毫无作用的进攻。[46]军邮检查曾精确地警告法国政府士兵们已经多么不满，而在1916年年末俄国截获的证据，反映出俄军士兵"不管结果如何也要获得和平的压倒性渴望。"[47]对俄国最高指挥部来说幸运的是，1916—1917年的冬天格外严酷，使德军不可能发动任何大规模进攻，在沙皇军队中弥漫的情绪下，这种进攻可能获得决定性的战果。

　　然而，法国和俄国的情况不可同日而语。甚至在它最糟糕的麻烦中，无论在1917年的前线还是后方，法国持续作为一个国家和经济体运转下去。在俄国，经济崩溃，并因此威胁到国家的生存。然而，经济上的问题不像在德国或奥地利，是一种因为封锁和战争生产挪用资源的直接短缺。相反，俄国的难题是一种失控的膨胀。在大规模扩张票据信用和放弃由黄金平衡预算的金融手段支持下，俄国的工业动员制造出对于劳动力的不间断需求，这种需求利用从军队中释放的有技能的工人——因此带来农民士兵的严重不满，他们没有资格返回平民生活——以及征募从农村迁往城市的免役农民来满足，这些人因而能够尽到家庭义务，而城市中赚到的现金比在农场上通过物物交换得到的多得多。迁徙的农民也在矿业找到工作，这一行业的雇佣量在1914和1917年间翻了一番，此外还有铁路、油田、建筑行业，尤其是工厂；国家工厂的劳动力在战争期间增至原来的3倍还多。[48]

　　高工资和纸币带来了快速的通货膨胀，这在一个国库和银行系统不成熟的国家里是不可避免的，而通胀对于农业产量尤其具有破坏性效果。大土地所有者撂荒土地，因为他们付不起3倍增长的薪水，而农民要么不愿意，要么付不起交易品的高昂价格，退出谷物市场，转而自给自足。同一时期，尽管在1917年雇佣了120万人，而在1914年只有70万人，通过铁路运往城市的产品变少了，部分是因为军队的需求，部分是因为不熟练劳动力的蜂拥而入导致维修标准下降。[49] 1917年年初，格外低的气温带来了需求的上升，城市的燃料和食物供给几乎崩溃了。3月，首都彼得堡的仓库中只有几天的供给谷物。

正是食物的短缺激起了后来所谓的"二月革命"（俄国采用旧儒略历，计算日期比西方使用的格列高利历晚十三天）。二月革命从起源和走向上都不是政治性的。它最初是对于物质短缺的抗议，只是因为彼得堡驻军反对加入对示威者的镇压，并在其后选择站在宪兵和哥萨克的对面，才转变为一场革命。宪兵和哥萨克是该国警察行动的传统代理人。革命以一系列罢工为起始，第一阶段是纪念1月9日的"流血星期日"（Bloody Sunday），哥萨克曾在这一天扑灭了1905年的起义，在2月（3月）扩大为大规模的、反复不断的对"面包"的要求。示威规模因气温的忽然上升而扩大，气温使心怀不满的人们走出家门，他们来到冬日的暖阳下，先是寻找食物，然后加入大街上的激进分子。2月25日，20万工人聚集在彼得堡中心，砸毁商店，殴打数量被压倒、士气低落的警察。[50]

沙皇政府对于骚乱已然司空见惯，而且此前总是有办法扑灭它们。就像在1905年一样，它最后的手段是召唤军队对人群射击。1917年2月，政府手头军事力量充足，首都有18万士兵，周边还有15.2万人。另外，这些军队属于沙皇最值得信赖的军团，近卫军——普列奥布拉仁斯基近卫团（Preobrazhensky）、谢苗诺夫斯基近卫团（Semenovsky）、伊斯麦洛夫斯基近卫团（Ismailovsky）和帕夫洛斯基近卫团（Pavlosky）等总共14个团——中最资深的部队由彼得大帝组建，从那时起就服务于这个王朝。普列奥布拉仁斯基近卫团的士兵在与瑞典的查理十二（Charles XII）的作战中头戴斜方帽，沙皇的长子传统上会进入这支部队服役，成为年轻军官。他们是近卫中的近卫。沙皇亲自在每年招募的新兵中为这支部队选择士兵，用粉笔在选中的士兵衣服上写下"P"，他指望这支部队誓死为他效忠。

然而，到1917年，近卫步兵已经更换了几茬。驻扎在彼得堡的那些隶属于预备营，要么是新招募的士兵，要么是受过伤的老兵，"非常不情愿重返岗位"[51]。他们的长官大部分是生涩的青年人，军官学校最近的毕业生，而一些士兵是在和平时期备受冷落的那类人，受过教育的城镇男子。[52] 他们中的一个，费奥多尔·林德（Fedor Linde），记下了自己在塔夫利达宫（Tauride Palace）附近第一次对示威者进行镇压的企图中的反应。"我看到一个年轻女孩试图躲避一个哥萨克军官飞驰的马匹。她太慢了。在头上的重重一击把她打倒在马蹄下。她尖叫起来。正是她不似人声，穿透耳膜的尖叫声让我体内某种东西爆发了。[我]愤怒地叫了起来：'魔鬼！魔鬼！革命万岁。准备战斗！准备战斗！他们正在屠杀无辜的人民，我们的兄弟姐妹！'"林德是芬兰近卫军的一位军士，住在普列奥布拉仁斯基近卫团的军营中，尽管这个近卫团的士兵不知道他是谁，但他们响应他的召唤，占领了街道，开始与宪兵、哥萨克交战，军官们和诸如伊斯麦洛夫斯基近卫团和来复枪近卫军（Rifle Guards）的部队仍然保持忠诚，但没有开火。[53]

　　最重要的暴力示威发生在2月27日。到28日，罢工者和整个彼得堡驻军联合起来，革命全面展开。被隔离在莫吉廖夫（Mogilev）的司令部的沙皇尼古拉一如既往地漠不关心。看起来他就像1789年的路易十六一样，相信威胁其王位的不过是下层的一场叛乱而已。他没有意识到，其权威的主要支柱，也就是首都的驻军就像1789年巴黎的法国近卫军（Gardes Françaises）一样，对他的统治发起了反抗，而政界紧随其后。俄国的议会杜马（Duma），正在塔夫利达宫讨论决议，而普通民众的委员会不仅在工厂和作坊，而且在军队中建立起来，它们正在举行会议，有时几乎是不间断地通过决议、任命代表监督甚至取代现存权威机构。在彼得堡，最重要的是苏维埃任命了一个执行委员会（Ispolkom）作为所有政党的代表机构，其中包括孟什维克、布尔什维克，同样也包括温和派。2月27日，杜马建立了一个临时委员会，以期建立新政府。在前线，总参谋部的军官认识到事态的严重性。3月1日，在前往沙皇村（Tsarskoe Selo）的行宫途中，沙皇在普斯科夫（Pskov）与其军事顾问磋商后，拒绝了向彼得堡派出一支由伊万诺夫将军指挥的惩罚性远征部队的提议。他还在那里让步，允许杜马成立内阁。最终，他于3月2日在此地同意退位。那两天里对他发挥了决定性影响的是总参谋长阿列克谢耶夫的建议，阿列克谢耶夫在3月1日使用如下言辞向他发送电报：

　　　　在俄国的革命……将意味着战争不体面的终结……军队与后方的生活紧密联系在一起。没有多少疑问，后方的混乱将在武装部队中造成同样的结果。在后方发生革命的过程中，要求军队平静地发动战争是不可能的。当前部队及其军官的年轻化，其中很大部分由预备役和服役的大学生组成，使得军队毫无疑问将对俄国国内的事态做出反应。[54]

　　因为他提名的继承人米哈伊尔大公（Grand Duke Michael）拒绝继任，而杜马拒绝接受皇储，沙皇的退位使国家失去了首脑。3月3日，根据杜马内阁和彼得堡苏维埃委员会之间的一项协议，所有作为行政权力代理人的省长被免职，而作为其行使权威工具的警察和宪兵被解散，因此，革命也短暂地使俄国丧失了政府机构。首都之外的地方只剩下地方自治会（zemstva），它由知名人士组成，却没什么办法执行临时政府的命令。无论如何，临时政府的权力臣服于苏维埃委员会的否决权，后者把军事、外交和大部分经济事务的责任据为己有，政府除了通过立法保证居民的权利和自由之外没什么能做的。[55]

然而二者至少在一件事上达成共识：战争必须继续。它们这么做的动机不同，临时政府完全是出于民族主义的理由，而委员会及其代表的苏维埃则是为了保卫革命。苏维埃一方面继续谴责战争是"帝国主义的"和"荒谬的"，另一方面却害怕被德国击败将导致反革命。因此，它在3月15日"呼吁全世界人民"，号召他们与俄国一起加入寻求"和平"的行动，反抗统治阶级，但同时，它通过士兵苏维埃敦促军队继续与"征服者的刺刀"和"外国的军事强权"战斗。[56]

在1916年冬天似乎丧失了全部热情的士兵为了保卫一场大众的革命，重新热情高涨。"[二月革命的]最初几个星期，聚集在彼得堡的士兵不仅不会倾听关于和平的讲话，甚至不允许这种话被说出口来"；递交给临时政府和彼得堡苏维埃的请愿书表明，他们"很可能把建议立即实现和平的人视为德国皇帝的支持者"。[57]委员会中所有社会主义团体中仅有的立即和平的支持者——布尔什维克党人小心翼翼地避免提出这种要求，而它的所有领导人——托洛茨基（Trotsky）、布哈林（Bukharin）和列宁（Lenin）——目前都在流放中，也无力这样做。

战争需要领袖才能够重新开始，然而，无论委员会还是首次出现的临时政府都缺乏能够激励众人的领导人物。委员会的成员都是社会主义知识分子，政府总理李沃夫公爵（Prince Lvov）是一位仁慈的民粹派。社会主义者沉迷于抽象的政治构想，不切实际，他们对实际情况也不关心。李沃夫道德高尚，但却对于人民自己决定未来方向的能力抱有毫无希望的、不真实的信念。布尔什维克党人知道自己想要什么，却被人民重燃的好战情绪所排斥。在这种情况下，人们希望领导权传递到一个充满活力的人手中。这个人是亚历山大·克伦斯基（Alexander Kerensky），他对于获取权力有着非社会主义者的本能，但作为一位社会主义者又有着无可指摘的履历，这使他能够身兼委员会和临时政府的职位，并得到苏维埃普通成员的强烈支持。他最初被任命为司法部长，在5月（儒略历4月，临时政府放弃了这种历法）成为陆军部长，立即开始清洗他认为是失败主义者的最高指挥人员。军队中最为成功的将领布鲁西洛夫成为总参谋长，而克伦斯基自己的代表被派往前线，任务是鼓舞普通士兵的进攻精神。

彼得堡驻军在二月革命的余波中可能有坚强的战争信念。在明知不会付出生命危险的情况下，他们请愿，有时候示威——"为了自由而战，直到胜利"；委员会通过评价不佳的 1 号命令中的八点里面的第七点撤销了省长和警察，保证"参加革命的部队……将不会再被送上前线"。尽管在克伦斯基视察的过程中，前线部队把他视为广受欢迎的偶像，但对于后来被称为"克伦斯基攻势"的东西他热情寥寥。克伦斯基攻势发起于 1917 年 6 月 18 日，目的是击败"外国军事强权"，后方对此表现出巨大的口头上的热情。指挥第 5 集团军的德拉格米罗夫（Dragomirov）将军报告了这样的警讯："在准备中，各团宣称准备好继续作战，直到胜利，但在被要求进入战壕时却犹豫不前。"[58] 虽然如此，在两天的炮火准备之后，克伦斯基攻势在 6 月 18 日开始，目标还是南面的奥地利军，再一次指向 1914—1915 年间战斗的枢纽伦贝格，这也是去年夏天布鲁西洛夫攻势的目标；辅助进攻在中部和北部展开。战斗头两天进展顺利，占领了若干英里的阵地。然后先头部队觉得自己已经干完了分内的活儿，拒绝继续进攻，后方的部队也拒绝接替他们。士兵开始开小差，愈演愈烈。数以千计从前线逃亡的士兵在后方奸淫掳掠。德军事先得到了警报，依靠从西线调来的师发起反攻，他们和奥地利军一起轻而易举地收复失地，并另有所获，把俄军一直赶到罗马尼亚边境的兹布鲁赤河（Zbrucz）一线。罗马尼亚人试图从多瑙河以北残存的飞地上加入俄军的进攻，也被击败了。

当灾难在前线压倒了革命的力量，革命本身在后方也遭到攻击。在俄国的政治术语中，推翻君主制的那些人并非极端主义者。极端主义者这一头衔属于社会民主党人中的多数派（布尔什维克），其领袖——列宁、布哈林——在 2 月要么不在彼得堡，要么流亡国外。列宁在苏黎世，布哈林和托洛茨基在纽约，托洛茨基还不是布尔什维克中的一员。然而，到 4 月，他们全数返回国内。德国政府感到这是一个机会，希望通过在派系纷争的俄国首都扶植和平运动领袖，来削弱俄国多少已经动摇的继续战争的决心。列宁在德国政府的斡旋下，和他的随员一起在瑞士登上开往瑞典的著名的"密封列车"。这群人从斯德哥尔摩继续前往彼得堡，在那里，他们不仅得到当地布尔什维克，还有委员会和彼得堡苏维埃代表的欢迎。抵达后，列宁立即在布尔什维克会议上发表讲话，概述了他的计划：不与临时政府合作；银行和包括土地在内的财产国有化；废除军队，建立人民义勇军；结束战争；以及"一切权力归苏维埃"，他已经有计划把苏维埃置于布尔什维克的控制之下。[59]

"四月提纲"（April Theses）甚至在布尔什维克同志当中也没有得到支持，在他们看来，这样的机会还不成熟，而他把"提纲"付诸实践的第一次尝试证明了他们的顾虑。在7月，当彼得堡驻军中一些不满情绪更强烈的部队在布尔什维克的默许下占领街道，抗议上前线的命令，一项把他们驱逐出首都的命令被签发，克伦斯基也能够找到足够多忠诚的军队扑灭他们的反叛。"七月事件"让列宁大为惊恐，尤其是因为在余波中揭露出他得到德国政府的财政支持。然而，时间站在他这边，不是因为他正努力的"二次革命""不可避免"，而是因为前线野战部队日益增长的厌战情绪。甚至那些抵抗住日渐容易的开小差机会诱惑的士兵，也因克伦斯基攻势的崩溃而士气消沉。他们的厌战导致德军在8月成功地在北部前线发动进攻夺取里加（Riga），这里是波罗的海沿岸最为重要的港口城市。在军事上，里加攻势之所以重要是因为它向德军证明了一种新突破战术的价值。这种战术的设计者是炮兵专家布鲁赫米勒（Bruchmüller），德军正在完善这种战术，希望把它用于西线。[60]在政治上则更为重要，因为它促成了一场本希望加强临时政府权威，但却很快导致它崩溃的军事介入。

七月事件导致政府唯一的实际领袖克伦斯基取代李沃夫成为总理，同时他仍然担任陆军和海军部长。作为总理，尽管他已经任命布鲁西洛夫为总司令，但还是决定以一位直言不讳的反德政策支持者科尔尼洛夫（Kornilov）将军取而代之。科尔尼洛夫出身平民，是一位西伯利亚哥萨克的儿子。因此，科尔尼洛夫相信他将会在一场先是与失败主义的布尔什维克，然后与祖国敌人的个人奋战中得到甚至厌战士兵的追随。8月25日，他命令可靠的士兵占领彼得堡，进一步命令解散苏维埃，把布尔什维克有可能控制的部队缴械。布尔什维克看起来想要夺取这些部队的控制权，而他们也确实有这样的企图。甚至在里加沦陷之前，科尔尼洛夫已经向克伦斯基提出改革的要求：结束士兵苏维埃，解散已经政治化的部队。[61]在军事上，他的计划非常明智。它是继续进行战争的唯一基础，也是在失败主义的汪洋大海中解救支持战争的政策的唯一基础。然而在政治上，科尔尼洛夫的计划挑战了克伦斯基的权威，因为它的构想会不可避免地带来与苏维埃、与厌战的彼得堡驻军和布尔什维克的冲突，临时政府在与它们摇摇欲坠的平衡中求生。随着科尔尼洛夫的威信在中间派中日益增长，克伦斯基的权威减退，直到挑战不可避免。克伦斯基不可能在科尔尼洛夫身上下注，因为他怀疑这位将军是否掌握了足以压倒极端分子的力量。他的怀疑是正确的。同样，他也不能转向极端分子，因为这样做将会把临时政府的权力奉送到他们手中，毫无疑问最激进的布尔什维克将攫取权力。他只得等待事态的发展。如果科尔尼洛夫胜利了，临时政府将幸存下去。如果他失败了，克伦斯基能够继续在彼得堡进行政治斗争，寄望于挑起各派的纷争。结果，科尔尼洛夫落入圈套，被迫准备一次计划之外的政变，因为士兵们拒绝加入而失败，他被剥夺了指挥权。

他的失败终结了一切俄国仍在进行战争的谎言。因为克伦斯基解除了科尔尼洛夫的职务，他失去了在中间派和下层军官中仅存的支持，却没有赢得左派力量的任何支持，此后，临时政府丧失了残存的权威。实际上，布尔什维克决定发动"二次革命"，而列宁现在建立起对党的绝对领导，只是在寻找一个借口。9月，德军在里加扩大了自己的胜利，在波罗的海北部夺取阵地，直接威胁彼得堡，这给他提供了所需要的东西。临时政府提议把首都迁往莫斯科来应对危机。[62] 布尔什维克把这一提议描绘为一场把人民的权位交给德国皇帝的反革命行为，获得广泛的支持并创建了一个防卫委员会，它拥有使用一切手段保卫彼得堡的权威。因为布尔什维克现在拥有纪律严明的军队赤卫军（Red Guards），而且能够依靠自己的力量引导彼得堡驻军的情绪转向有利于己的方向，剩下的不过是选择发起革命的日子。克伦斯基很清楚革命即将发生，在10月24日他采取措施来保卫政府，但措施不够坚决。军官们已经不再忠诚于他，对于他的命令执行不力，这促使列宁做出了决定。10月24、25日之间的夜里，他的赤卫军占领了彼得堡最为重要的地方，邮局、电话局、车站、桥梁和银行，这样，第二天早上，布尔什维克掌权了。临时政府进行了无力的抵抗，很快被压倒。10月26日，列宁宣布组成新政府，人民委员会（Council of People's Commissars），最初的行动是宣布土地收归国有，以三个月的休战期为开端，呼吁和平。

三个月的休战实际上结束了俄国在第一次世界大战中的历程。军队立刻开始溃散，前线的士兵返回到他们认为会免费奉送的村庄土地上。德国和奥地利最初对与革命者打交道感到紧张，革命者同时号召所有国家中的工人起来反抗统治阶级，以此作为结束所有地方战争的手段，因此对于列宁10月26日的《和平法案》（Peace Decree）反应迟缓。当布尔什维克惊讶地发现并未发生世界革命，而他们在11月15日再次呼吁和平时，德国人决定作出回应。12月3日，德国、奥地利、土耳其和保加利亚的代表与苏维埃代表在布格河畔的波兰堡垒城镇布列斯特-立托夫斯克（Brest-Litovsk）举行会谈。讨论一拖再拖，直到1918年。德国人心照不宣地接受了三个月的休战，休战很快过去，而毫无筹码的布尔什维克继续拒绝敌人的要求。它的要求是波兰以及东面的大片附属领土脱离俄国。列宁拖延谈判,部分是因为他觉得如果签订和平协议,德国及其敌人将会联合起来进攻苏维埃政府,以便消灭他仍然相信将会爆发的西欧大革命。[63] 结果,德国人失去耐心,宣布除非俄国接受条件,他们将终止休战,并从俄国夺取他们要求的东西。2月17日,侵略开始了。他们在一个星期之内前进了150英里,没有遭受任何抵抗,看起来将会继续前进。苏维埃政府惊慌失措,下令在布列斯特-立托夫斯克的代表在德国的命令上签字。条约把75万平方公里的土地割让给敌人,这是德国领土的3倍大,而且包括了俄国人口和工业资源的四分之一,农业土地的三分之一。

德国已经把最精锐的部队调到西线,为计划中对英法进攻而赢得战争胜利

1917—1918年的东线

做准备，只留下最基本的部队占领、剥削在乌克兰建立的新帝国。俄国军队消失了，它的士兵正如列宁令人难忘的描述，"用脚为和平投票"。甚至在十月革命以前就有成百上千的士兵逃离战争，成为敌军的俘虏；"1915 年，从加利西亚撤退的时候，大约有 100 万俄国士兵成为战俘，其中四分之三是自愿的"[64]。到 1917 年年底，有将近 400 万俄国人落入德军或奥地利军之手，以致整个古老帝国的战俘损失最终以 3∶1 超过了战场上的伤亡；最近对于战死的俄军数量的估算是 130 万，或者与法军一样多，而后者被俘的数量是微不足道的。[65] 俄国的农民兵缺乏那种把德国、法国和英国士兵与同志、部队和民族大业束缚在一起的感情。他"发现职业士兵的心理状态难以捉摸，把新的职责 [视为] 暂时的、毫无意义的"[66]。战败很快导致士气低落，甚至那些因勇敢而被授勋的士兵在向敌军投降时也不会感到羞耻，敌军至少保证提供食物和安全。一战中俄国的对手承担起照料无数俘虏的责任，值得赞颂；而在二战中却全然不同，那时的 500 万苏联战俘中有 300 万人死于饥饿、疾病和虐待。或许是因为被俘的日子并不难过，俄军甚至在后方崩溃以前就开始解体了。一旦布尔什维克开始寻求和平，军队的解体达到极点。

到 1918 年春天，当德军占领乌克兰以后，革命政府发现无力保卫名义上夺取的权力。他们唯一纪律严明的部队是一群拉脱维亚志愿者，与布尔什维克意识形态相比，他们更忠诚于拉脱维亚的民族独立事业。农民大众已经返回土地，部队里只剩下无所寄托、横行不法和被遗弃之徒，他们愿意追随任何能够提供食物和烈酒的领袖的旗帜。这样的领袖中有一些是前沙俄军官，他们作为布尔什维主义的对手，将会举起"白"旗，而其他苏俄人民委员希望建立赤卫军，但双方都缺乏人力，以及武装他们的武器、养活他们的资金。俄国的内战近在眼前。

意大利前线的骚动

1917 年，继法国和俄国之后，意大利的军队也将出现动摇，原因并非一次失败的进攻或是社会革命，而是一次惨败。10 月，在伊松佐河上一处很小的前线城镇卡波雷托，德军及其奥地利盟友将会激动人心地突破意大利人在此前三个月历尽艰苦赢得的阵地，把他们的残兵败将赶往平原。

卡波雷托的惨败使意大利军声名扫地，在二战中也未能恢复。对意大利军普遍的轻率嘲讽自此随处可见。这并不公平；文艺复兴城邦国家的意大利士兵曾享有盛誉，威尼斯人的大帆船和堡垒挡了奥斯曼土耳其人三百年。萨伏伊王国为了独立和统一与哈布斯堡强权勇敢奋战，而且在克里米亚战争中是法国和英国平等的伙伴。意大利的军事麻烦直到统一后才开始。萨伏伊的军队本是从意大利阿尔卑斯山区的山民、北部平原勤勉的农民和市镇居民中招募而来的，并在这一吃苦耐劳的血统之上嫁接了南部教皇国和波旁王朝的残余部队，这些中看不中用的部队对于其王朝统治者没有忠诚可言，也缺乏任何军事素养。"无论让他们穿红色、蓝色或者绿色，"那不勒斯懒惰的"轰炸王"（King "Bomba"）*在一场关于新制服的争论中对他的军事顾问评论说，"他们一样会逃跑。"他是一位现实主义者。他知道，在一个国家中，如果提供军官的土地所有者主要关注的东西是从穷困或无地农民中榨取最后一点租金或劳力，就不可能会有人愿意牺牲。这些农民正是普通士兵的来源。

萨伏伊军队中的专业人员尽了最大努力把新旧元素整合进国家的军队当中，并且很有智慧：萨伏伊军官团的特征之一是，它允许犹太人凭借天分开始军事生涯，这在欧洲是独一无二的。萨伏伊军队因炮兵操作和堡垒工程方面的技巧而享有盛名，这些技巧大部分是义艺复兴时的意大利人发明的。南方招募的士兵在素质上的差异很大程度上挫败了他们的努力。现在关于南方士兵是否在战争中明显比北方士兵更加糟糕存在争议。[67]一些南方部队确实表现出色。无论如何，看起来无争议的是，来自北方工业城市教育程度更高、技巧更熟练的士兵进入炮兵和工程兵部队，而步兵不成比例地来自南方的农业地区。"王国中的南北之分因战争期间的这些发展而被永久化了"，贫困的南方人承担了战争人力损失中不公平的份额，而这场战争由王国北部的统治者发起，由北方的将领严厉不近人情地进行指挥。[68]

在这种情况下，意大利军队在奥地利边境山地上 11 次代价高昂而战果寥寥的进攻中坚持下来，这非常值得称赞。1915 年 5 月和 1917 年 8 月之间每三个月一次的进攻频率高于西线的英法军队，而在这里意外也更容易发生：每发炮弹在岩石地形比在法国和比利时松软的土地上多造成 70% 的伤亡。[69]意大利军队的纪律也更加严格。或许正如意大利军总司令路易吉·卡多尔纳将军所相信的，他的军队社会性的脆弱需要对于违反职责的行为以德军或是英国远征军从未听闻的力度加以处罚：就地正法和抽签选择处决者。[70]虽然如此，英国人和德国人不太可能支持这样的"杀鸡儆猴"，它只适用于意大利非常麻烦又麻木不仁的农民步兵。[71]

---

* 两西西里王国费尔迪南多·卡洛（Ferdinando Carlo），他在围攻墨西拿时，在守军投降后仍进行了长达 8 小时的野蛮炮击，故得此诨名。——译者注

然而，所有军队都有一个临界点。当战斗部队的士兵开始精确或是大概地计算死亡的几率，认为这一几率越过了有可能和很可能之间的界限，越过了偶然死亡和统计学上显然的可能性之间的界限时，可能就到达了这一点。法国在1917年年初跨过了这一界限，此前死亡的数量已经等于前线各师的步兵数量：100多万战死的士兵超过了部队中135个师的人数。一个幸存者可能因此计算出概率——随机因子——已经不利于他了，按照英国兵的说法，他"死期到了"。到1917年秋天，意大利军有65个步兵师，或者说在作战部队中有60万人，这支部队在战争中已经承受了57.1万名士兵的伤亡，而这种"死期到了"的感觉可能已经是集体性的。"无法置信的，8月19日到12月12日在班奇扎高原开始的第11次伊松佐河战役前夕，意大利军的士气仍然高涨。之所以如此的基本原因很不吉利，所有人都盼望这是战争中最后一次、决定性的战役。"[72]然而，结果非常令人沮丧。"军队损失了10万名士兵，结果却使意大利前线比从前更加脆弱了。51个师……被投入这次大规模的进攻当中，但到9月份的第二个星期，战争的结束看起来仍然遥不可及。"

对奥地利人来说并非如此。正如在1915年春天，当俄国在加利西亚的胜利导

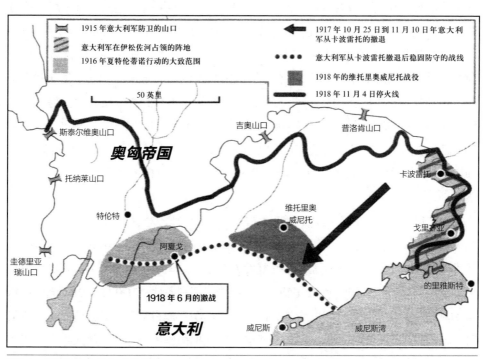

1915—1918年在意大利的战争

奥地利山地机枪部队，意大利，1917（TRH）

致普热梅希尔和伦贝格陷落时，奥地利向德国请求援助那样，现在意大利发起第十一次伊松佐河战役的压力促成了一次类似的请求。8月25日，卡尔皇帝致德国皇帝的信中有如下词句："我们在第十一次战役中获得的经验让我相信，我们将在第12次中举步维艰。我的指挥官和勇敢的部队决定，应该以一次进攻来应对这样不幸的情势。我们既没有相应的部队，也没有必需的手段。"他的请求是德军接替东线的奥地利军，这样解放出来的各师将会被派到伊松佐河。然而，他最终被说服，德国替代者最好直接与意大利作战，这一判断得到了鲁登道夫的认可。在一项在蒂罗尔发动牵制性进攻的计划经过考虑被拒绝后，他决定把7个德国师和6个奥地利师一起组成新的第14集团军，投入在伊松佐河的直接反击中。德国各师经过了特别的选择。包括第117师，它拥有长时间在喀尔巴阡山作战的经验，第200师，包括雪地部队，以及著名的阿尔卑斯山地部队，它是一支巴伐利亚山地师，年轻的埃尔温·隆美尔（Erwin Rommel）作为连指挥官服役于其中的乌腾堡山地营。[73]

为"第十二次战役"组建的德奥联军共计35个师，对意大利的34个师，2430门大炮对2485门大炮。这明显不足以实现突破，按照传统的计算方式，甚至根本不够发动进攻。然而，因为意大利军反复发动进攻，总司令卡多尔纳不仅忽略了敌军发动反击的可能性，同时也为敌军的成功创造了便利条件。在夺取了由河流在山脉中切割出来的伊松佐河河谷的大部分以后，他不明智地在自己的后方造成了一个陷阱：他推进到河的对岸，但又推进得不够远，他把两座桥头堡留在敌人手中，使其有可能在河谷中上下移动，并在意大利第2集团军背后会合。

这就是奥地利和德国的计划。尽管 10 月份就有清楚的信号表明敌军的进攻即将到来,卡多尔纳做了很多有利于其实现的事情,比如在容易被切断的前线布满军队,以及把后备部队部署在过于靠后的地方(他们很难在情况危急的时候从那里赶到前线)[74],中间线几乎就没有部队驻守;诸如此类。然而卡多尔纳却无法清楚地确认进攻将在哪里发生,而且因为他的参谋人员惧怕他盛气凌人的个性,他没有得到任何在最脆弱的地区谨慎部署部队的建议。他的观点是必须全力固守在第十一次进攻中占领的阵地,唯一不同意他的下属是第 2 集团军的一位军指挥官卡佩洛(Capello)将军——他实际上想要重新发动进攻。

客观地说,根本不存在重返进攻的问题。敌军已经得到增援,异常强大。经过几个晚上,在夜幕的掩护下,在伊松佐河对岸,德奥进攻部队毫无困难地躲开意大利军的空中巡逻,于 10 月 23 日傍晚到达进攻阵地。[75] 次日一大早,炮击就开始了,进攻方首先对意大利炮兵阵地释放了毒气。未来的英国财政大臣,此时的年轻炮兵军官休·多尔顿(Hugh Dalton)记录道,意大利的防毒面具毫无作用。多尔顿所属的炮兵连此时被借调到意大利前线。然后是猛烈的轰炸。到 7 点,意大利战壕被摧毁,进攻开始了。

尖刀部队是从斯洛文尼亚征召而来的奥地利第 22 师,第 8 "雪绒花"(Edelweiss,山地部队)师紧随其后,这支部队大部分是由精锐的蒂罗尔皇家猎兵组成。他们从弗里奇(Flitsch)顺流而下开始进攻,沿着伊松佐河河谷向卡波雷托(奥地利人称之为 Karfreit)前进,在那里与另外一支尖刀部队,从托尔米诺(Tolmino,Tolmein)逆流而上的阿尔卑斯山地部队会合。阿尔卑斯山地部队的前锋由巴伐利亚近卫部队(Leibregiment)充当,乌腾堡山地营负责支援。隆美尔指挥着乌腾堡山地营的几个连,作为一个担任辅助角色的中尉,他与 1940 年闪击战中的装甲元帅一样冲劲儿十足。他很快发现自己与近卫部队失去联系,脱离了前线。没有敌人的迹象,也没有抵抗。"于是我不得不决定是应该迫使敌军阵地向中央收缩,还是向哈夫尼克峰(Hevnik)[意大利后方的关键高地]的方向进行突破。我选择了后者。一旦占领了这座山峰,清除意大利人的阵地就水到渠成了。我们突破敌军阵地越深,守军对我们的到达就越没有准备,战斗也就越是容易。我一点也不担心与左右两翼的联络。"[76] 隆美尔实际上是在实施渗透战术,以步兵实施他将在二战中以坦克重复的战术动作:在敌军的战线上突破深入、狭长的走廊,目标是以物质和精神上的双重震骇同时摧毁敌军的抵抗手段和意志。

隆美尔在他狭小却关键的战区达成的战果将在别处重复出现。德奥军队突破了伊松佐河河谷陡峭的隘路，绕过意大利军固守的阵地，袭击高地，在意大利前线撕开了一个 15 英里宽的巨大缺口，把四个意大利师甩在身后，分割包围，迫其投降。另外，奥德第 14 集团军突破越深，他们对北面和南面集结的更多意大利军的侧翼造成的威胁就越大，使卡多尔纳的整个东部前线面临后方崩溃的危险。上层指挥人员合理的警觉因士兵们的恐慌而加强。敌军突破的谣言削弱了普通士兵抵抗的意志，就像二十三年以后当隆美尔的坦克畅通无阻地穿过默兹河对岸士气低落的法军时发生的事情一样。隆美尔中尉开始捉到越来越多的俘虏，先是几十人，然后是几百人；有一个 1500 人的团对于是否要向独自一人挥舞白手绢示意招降的军官——隆美尔总是一个个人主义者，他独自上前——投降踌躇不决，最后忽然扔掉武器，跑上前把他抬上肩膀，爆发出"德国万岁"的欢呼声。[77]

这个团，萨勒诺旅（Salerno Brigade）第 1 团的投降发生在卡波雷托战役的第三天。到此时，整个意大利伊松佐河前线崩溃，军队不再服从指挥，甚至主动尝试违背命令，成百上千的士兵下山来到平原。还有更糟的："来到前线准备履行职责的预备部队被报之以'工贼'的喊叫声。[奥地利] 军队遇到一支意大利部队，排着队成为俘虏，喊着'奥地利万岁'。"[78] 10 月 26 日，彻夜难眠的卡多尔纳认识到向伊松佐河以西的另一条大河塔利亚门托河（Tagliamento）撤退已经难以避免。疯狂推进的敌军使他在那里也无法立足。尽管意大利军炸毁了桥梁，但追击者仍能渡过河流，到 11 月 3 日，意军被迫后退到皮亚韦河（Piave），除非志得意满的胜利者精心准备进攻，这条河是一个无法逾越的巨大障碍，但他们已经超出了自己的补给线，因而不可能发动这样的进攻。无论如何，德奥军的胜利是非凡的。在十一天中，他们前进了 8 英里，把威尼斯置于自己的攻击距离之内，迫使意大利人从蒂罗尔和海上要点之间的整个山地防线撤退，俘获 27.5 万名俘虏；就一战的标准来看，意大利的伤亡人数相对较少，1 万人战死。

卡多尔纳实施残酷无情而又独具特色的措施，草率处决开小差的士兵，尽最大可能地增加了死亡人数。欧内斯特·海明威（Ernest Hemingway）在意大利军中担任急救队志愿者，在《永别了，武器》（*A Farewell to Arms*）一书中描述了这一令人难忘的插曲；他当时并不在现场，但这丝毫无损于其描述的真实性，这是对于军事灾难最伟大的再现之一。卡多尔纳野蛮的执法并未能改变战事的进程，也未能使他自己得到豁免。他从未信任自己的乡下人同僚；作为回应，他们也从未从心底喜欢他，甚至也不尊敬他，除非是出于恐惧。当他在卡波雷托战役之后试图把军队崩溃的责任推卸到后方的失败主义时——后方在 8 月爆发了罢工，而且零星出现了对于"列宁""革命"的热情——政府不再支持他。11月3日，为了呼应法军在尼韦勒攻势之后表达的那种情绪，他把卡波雷托战役称为"一种军事罢工"。五天之后，他被解除军事指挥权，由阿曼多·迪亚兹（Armando Diaz）将军取而代之，后者就像尼韦勒军事灾难之后的贝当那样，向普通士兵们提供更加宽容的休假制度和享乐，以诱使他们坚持作战。[79]

事实上，意大利军队就像法军一样，在下一年来临之前再也不会重新发动进攻。当它再次进攻的时候，将会有主要是英军的外国派遣军协同作战，这支部队将比1918年派遣到法国进行支援的任何军队都更加强大。卡波雷托战役是一战中为数不多的干脆利落的胜利之一，是对德国的鼓舞，证明了它摇摇欲坠的盟友奥地利军队的军事素质，也是协约国在年末的一次惨败，这一年里它们的事业经受了难以修复的挫折。如果说它还有什么积极影响，那就是迫使英国和法国认识到，如果想要在战争中赢得有利的结局，它们通过非正式联络官和时断时续召集会议建立起来的、缺乏计划的战争指挥系统已经难以为继。11月5日，协约国内部在意大利拉帕洛（Rapallo）召开会议，会上决定在凡尔赛建立永久的最高战争委员会（Supreme War Council），其责任是协调协约国的战略，该委员会将得到英国首相、法国和意大利总理，以及美国总统的支持。

美国、潜艇和帕斯尚尔战役

伍德罗·威尔逊总统说美国"骄傲得不屑于去战斗"，这句话反映出他自己对于战争的憎恶。他为人宽宏大量、理想主义、学者风度，他抱有一种观念，认为各国在公开外交下公平交易是避免冲突的秘诀。在1916年，他通过自己的密使爱德华·豪斯（Edward House）上校，竭尽全力在他认为对所有人都公平的条件下把交战各方拉到谈判桌上，并因为计划的失败而感到沮丧。然而，他对于国际事务中武力的位置却并没有不切实际的看法，在需要使用武力时也不会犹豫不决。1915年，通过威胁使用美国海军力量保证海上自由，他把德国的无限制潜艇战逼入死胡同，而且他授权豪斯上校向协约国承诺，如果它们接受其和平条件而德国拒绝，美国将会进行军事干预。虽然如此，迟至1917年，他仍然无意把国家拖入战争，他的同胞也无此热情。美国的德国后裔中有很大部分通过德裔美国人同盟（German-American Bund）进行反对活动。

两件事改变了美国的观点。第一件事是德国拙劣地接近墨西哥，提议与之结盟，诱饵是如果美国参加对德作战，田纳西、亚利桑那和新墨西哥将归还墨西哥；这一"齐默尔曼电报"（Zimmermann Telegram）被英国海军情报机构转交美国政府，而且，美国国务院也独立截获了它。当齐默尔曼电报在1917年3月1日被公之于众，这激起了美国人的愤怒。第二件事是德国决定重新开始无限制潜艇战：在国际水域不加警告地击沉商业船只。[80] 重新执行1915年的政策从1916年8月起就在德国国内引起争论。破坏海洋法及其可能引发的反应很清楚。通行的法则要求，无论水面舰艇还是潜艇对商船进行攻击时，在击沉船只前需要迫使其停下，允许全体人员登上小艇，为他们提供食物和水，并协助其前往最近的登陆点。无限制潜艇战的政策则允许德国潜艇舰长以炮火或鱼雷任意摧毁商船。这一政策的支持者是亨宁·冯·霍尔岑多夫（Henning von Holtzendorff）海军上将，德国海军总参谋长，他的论据是只有对英国的海上补给进行毫无保留的攻击，才能在海上封锁和陆上消耗战耗尽德国继续战争的能力之前，赢得战争的有利结果。他通过数据计算证明，以每个月击沉协约国但主要是英国的60万吨船舶的速度，五个月之内，将会使英国达到饥饿的边缘，同时也会使法国和意大利丧失运转其经济的至关重要的煤炭供应。当德国在第二次世界大战中从一开始就策划无限制击沉政策时，运用了类似的论据。1917年春天，德国海军拥有大约100艘潜艇可供用于北海、大西洋、波罗的海和地中海的行动，这些潜艇受命开始对英国赖以为生的2000万吨航运船只进行无限制进攻，而全世界范围内的航运船舶总吨位是3000万吨。[81]

尽管受到总理贝特曼·霍尔维格的反对，但是兴登堡和鲁登道夫对霍尔岑多夫1916年12月22日敦促实施无限制击沉策略的备忘录反应热烈，结果是在1917年1月9日的一次帝国会议上决定接受风险，霍尔岑多夫争辩道：（对于与美国）"关系破裂的恐惧，不得妨碍我们使用将会带来胜利的武器。"[82] 英伦诸岛周围、法国西海岸和地中海的行动在2月1日开始。行动在美国引发的政治效应立竿见影，而美国反应的严重性远

美国武装商船卡温顿号（Covington）在布列斯特附近沉没，它被U-86潜艇的鱼雷击中。（TRH）

远超过德国的预期。2月26日，两名美国妇女因丘纳德（Cunard）轮船公司的拉科尼亚号（Laconia）被德国潜艇击沉而死亡，同一天，威尔逊总统要求国会允许美国商船装备武器。3月15日，德国潜艇对美国商船进行了直接攻击，3艘商船沉没。这是对美国作为主权国家尊严的直接挑战，威尔逊总统不情愿地断定无法忽视这一行为。4月2日，在国会的一次特别会议前，他回顾了德国潜艇行动的发展，断言这是"对所有国家的战争"，并要求国会"接受被强加的交战状态"。四天以后，国会决议美国正式对德宣战。紧接着是对奥匈帝国、土耳其和保加利亚的宣战，以及颁布选择性征兵法令（1917年5月18日），而美国军事力量立即准备在欧洲开始行动。

美国海军拥有仅次于英国海军的第二大的现代化战列舰舰队，它的动员立即使大西洋和北海上海军力量的平衡向有利于协约国的方向倾斜；1916年12月以后，当5艘美国无畏舰加入联合舰队，德国公海舰队立即以15对35的数量被压倒，毫无在战斗中进行抵抗的希望。[83] 相比之下，美国陆军在1917年4月仅有10.8万名士兵，不具备投入战场的条件；13万名国民警卫队的联邦化并未使它有多大起色。美国最精锐的部队属于海军陆战队，但仅有1.5万人。无论如何，美国决定立即派遣一支由1个师和2个海军旅组成的远征军到法国。同时，美国将通过征兵组织第一支100万人的分遣队，其后还有另外100万人。这200万人预期将在1918年间抵达法国。

美国正在集结的200万人的幽灵使德国利用潜艇行动造成饥饿，以便迫使其欧洲敌人退出战争的企图更加急迫。无限制击沉的第一个月显示它可能会获得成功。1915年，德国潜艇击沉了227艘英国船只（总共855721吨），占了第一次无限制潜艇战成果的大部分。1916年上半年击沉各国船只61万吨，但在1916年5月德国海军部转而更为严格地遵守海洋法之后，击沉数量急剧下降。到1917年年初，当加速建造计划使德国潜艇数量上升到148艘，击沉数量成比例地上升，达到195艘（328391吨）。[84] 从2月开始无限制击沉策略后，击沉总数逐月上升到可怕的水平：2月是520412吨，3月是564497吨，4月是860334吨。这超过了霍尔岑多夫需要每月击沉60万吨以赢得战争的目标，造成继续上升并使协约国遭受失败的危险。

海军部对于躲避灾难束手无策。当德国潜艇出现并以鱼雷攻击时，给商船提供武器毫无意义。在德国潜艇基地的出口布设水雷也没有效果，因为英国水雷并不可靠，而潜艇的基地太多、无法靠近，因而难以封锁它们。尽管曾经尝试追击德国潜艇，但追击行动犹如大海捞针，甚至在航线上也是一样。以看起来无害的诱饵诱捕德国潜艇换回的不过是一枚鱼雷，著名的伪装成小型商船但却装备重型武器的Q船在一些场合发挥了作用，直到德国舰长们变得更加狡猾。从确认存在危险的区域转移船只，只有当德国潜艇在其他地方行动的时候才能减少损失。同时显然无法遏止持续不断的损失。德国潜艇的损失则是微不足道的：1916年10月到12月损失了10艘，1917年2月到4月仅损失了9艘，其中2艘是被德国的水雷炸沉。除非能够找到U潜艇，否则协约国唯一的反潜艇武器深水炸弹毫无用处，而唯一的侦察装备水中听音器在几百码外就失去了作用。

有一种可行的解决方法——护航，但被海军部拒绝。成群结队航行的船只，甚至在有护航的情况下，看起来也只不过是提供了更大的目标。正如海军作战部在1917年1月写下的："很明显，构成护航船队的船只数量越多，被潜艇成功攻击的机会也就越大。"文件的结论论证，"单独"航行是更加安全的方法。[85]这种分析当然是错的。在空旷的海上，一队船比单独一艘船明显不了多少，而且如果不被发现，它们将会全数安全逃过攻击。相比之下，连续行驶的单个船只对于德国潜艇来说是更加容易瞄准的目标，因此也更加容易被击沉。另外，海军部被另一个数学方面的错觉迷惑了。在尝试估算如果采取护航需要多少护航船只时，它把所有航运船只囊括在内，计算出每周有2500艘船从英国港口出发，因此作出结论说没有足够的战舰。直到新任航运部长（Minister of Shipping）诺曼·莱斯利（Norman Leslie）和一位低级海军军官亨德森（R. G. A. Henderson）中校更精确地进行了分析，这才揭示了一幅操作性更强的图景，那些支撑战争的船只每周只有120—140艘，很容易为它们找到护航船只。[86]

到4月27日，高级海军将领们确信了采用护航的必要，显然并非像经常所说的那样由劳合·乔治促成。4月28日，首次护航开始了，该船队在5月10日毫发无损地到达不列颠。此后，护航逐步被引入所有跨洋航运中，而损失开始下降。尽管在8月，仍遭受了511730吨的损失，晚至10月份的损失仍有399110吨。直到1918年第二季度，每月的损失才会下降到30万吨，到此时，全世界3000万吨航运船舶中的400万吨在一年多一点的时间里已然沉没。护航扭转了这一致命的趋势；但正如1939—1943年间的第二次潜艇战一样，德国潜艇的失败并非任何单一措施的结果。重要的辅助措施包括系统布设水雷障碍（在苏格兰和挪威之间的北方屏障中布设了7万枚），大量飞机和飞艇恪尽职守地投入狭窄水域的反潜巡逻（685架飞机，103艘飞艇），以及护航舰船数量的增加（1918年4月有195艘）。[87]

护航行动一个重要的间接效果是把德国潜艇吸引到海岸附近追击没有护航的小型船只,在那里,空中巡逻、水中听音器和深水炸弹能够更加容易地找到它们,而水雷也能发挥作用。德国建造的390艘潜艇中有178艘在战争中沉没,41艘是因为水雷,只有30艘是因为被深水炸弹击中。对德国潜艇基地的直接攻击,比如1918年4月23日对泽布吕赫(Zeebrugge)的著名攻击,根本没能给潜艇行动造成什么麻烦。无论如何,不管对于反潜艇的行动是多么迟疑犹豫,霍尔岑多夫赢得战争所需的总击沉数量从未达到。如果说英国没有真正赢得潜艇战,德国则正在输掉它。

虽然如此,无限制行动产生了一定效果,它迫使英国进行了最为臭名昭著的陆地战役——第三次伊普尔战役,或称帕斯尚尔战役,这一名称来自进攻过程中被摧毁,成为最终进攻目标的村庄。1914年10月到11月的第一次伊普尔战役中,老英国远征军成功地弥合了法军张开的侧翼和佛兰德斯海岸之间的空隙,因而完善了西线。在1915年4月的第二次伊普尔战役中,英国远征军在西线顶住了战争中的第一次毒气攻击,坚守战线。1917年,英军战区内的军事情态是全新的。尽管对法国和罗马尼亚取得胜利,而且俄军日益衰弱,但德军不再有能力像凡尔登战役那年一样发动进攻了。他们的战线过长,兴登堡和鲁登道夫正等待战略平衡的动摇,这可能来自德国潜艇的胜利,可能是因为俄国的最终崩溃,然后才可能重新部署军队,发动新的、决定性的进攻。与此同时,由于尼韦勒夭折的进攻,

在圣埃卢瓦(St Eloi)陷入沼泽的一辆水车(ETA)

英军承担了在西线作战的负担,他们正在考虑自己的战略姿态。

第一次战役的英雄、第二次战役中伊普尔的保卫者道格拉斯·黑格,长期以来酝酿计划把伊普尔突出部作为反击的起始点,这次反击将突破德军战线,而两栖进攻将会清除海岸,使德国人丧失在布兰肯贝尔赫(Blankenberghe)和奥斯坦德(Ostend)的基地,希望以此对德国潜艇施以致命一击。黑格在替代弗伦奇担任英国远征军司令后不久,于1916年1月7日首次提出这个计划。11月,他在尚蒂伊会议上重新修订了这一计划供会议考虑,但结果是目睹它给尼韦勒在贵妇小道进行突破的计划让路。当尼韦勒的计划失败,黑格的佛兰德斯计划具有了某种不可避免性。它在5月4日至5日的英法巴黎会议上得到讨论,尼韦勒的继任者贝当保证法国将以多达四次的进攻进行支援。到6月,法国人无法再向英国盟友隐瞒,他们根本无法发动这样的进攻。6月7日,黑格和贝当在伊普尔附近的卡塞尔(Cassel)举行会议,被告知"两个法国师拒绝上前线替换另外两个师";真实的数字是超过50个师拒绝上前线,而贝当的保证"目前法军中的形势很严峻,但现在更加令人满意了",完全是欺骗性的。[88]劳合·乔治在巴黎挑衅地问贝当"因为这样或那样的原因,你们不会去打仗"时,他猜中了实情。[89]贝当那时候只是微笑,什么也没说。到6月,法国的兵变再也没法隐瞒,很清楚,英军只好独自奋战。当务之急是找一个这样做的正当理由。

黑格固执地认为,他们应该发动战役,而且相信将会胜利,这是进行这场战役的最佳理由。6月,伊普尔突出部南面局部情势的发展为他提供了佐证。6月7日,也就是贝当首次承认法军遭到麻烦的那一天,普卢默(Plumer)的第2集团军发起已经长期准备的对莫西内岭(Messines Ridge)的进攻,大获成功。莫西内岭自伊普尔以东的佛兰德斯高地延绵而来,在1914年10月的第一次伊普尔战役以来一直为德军据守,南面面对把比利时平原与法国平原分割开来的利斯河谷。这里的坡度平缓,以致在漫不经心的游客眼中,看不到任何居高临下的地貌。更加仔细的观察会发现,德军占领的地方从所有方向俯瞰英军阵地,直到佛兰德斯唯一货真价实的高地,肯默尔山和蒙特迪卡山,而英军却无从观察德军位于伊普尔和里尔之间的后方。伊普尔突出部的英国指挥官长期以来抱有夺取莫西内山脊的野心,1917年,挖掘隧道的部队挖出了19条地道,以储存了100万磅爆炸物的炸药室为终点。就在1917年7月7日黎明前,炸药室被引爆,随着在英格兰也能听到的爆炸声,9个师向前推进,其中包括第3澳大利亚师、新西兰师,以及从索姆河战役第一天就参战的老兵,第16爱尔兰和第36阿尔斯特师。进攻前英军进行了将近三个星期的炮击，消耗了350万发炮弹。当攻击队伍到达莫西内山脊，这里已经被破坏得永久改变了地貌，他们发现幸存的守军无法进行抵抗，便以微不足道的伤亡占领了剩余的德国战壕。英军一举把敌人赶出伊普尔突出部的南翼。黑格对于突入中部并从那里向佛兰德斯海岸前进的野心因此大大加强了。

发动继前一年的索姆河战役之后西线第二大进攻的障碍仍然是首相的犹豫不决。劳合·乔治因为英军伤亡的不断上升和这种牺牲的军事回报微不足道而备感压力，已有25万名英国士兵战死。他寻求替代方案，比如在意大利与奥地利作战，甚至在中东与土耳其作战，这就是后来所谓对德国的中央军事阵地"断其四肢"的政策。没有其他人毛遂自荐，而黑格不断要求获准在佛兰德斯发动大规模进攻的请求获得支持。黑格对于前景的信心并没有得到劳合·乔治最主要的军事顾问威廉·罗伯特森（William Robertson）爵士的认同，这位前骑兵战士因与生俱来的智能和坚强的个性而晋升到英国军队的最高职位。然而尽管抱有疑虑，与首相在政治上的逃避相比，他情愿选择黑格在军事上的执著，而且，当需要做出选择的时候，他支持了黑格。

6月，劳合·乔治在内阁建立了另一个委员会，以接替达达尼尔委员会和战争委员会，继续对战争的高层指挥。这一战争政策委员会（Committee on War Policy）的成员包括了上院的寇松（Curzon）、米尔纳（Milner），以及南非的扬·史末资，在6月11日首次召开会议。然而，它最重要的议程发生在6月19—21日，黑格在此期间概述了他的计划，并要求得到支持。劳合·乔治对此进行了毫不留情的质问和批评。他对黑格对于克伦斯基攻势重要性的信任表达了再准确不过的怀疑，质询了夺取德国潜艇港口的可能性，而且询问如何在没有什么优势的情况下使进攻获得成功。进攻方最多不过步兵略占优势，而火炮方面打成平手。黑格在两天的争论中毫不动摇。尽管劳合·乔治害怕伤亡，这一问题又因为难以从平民中找到兵员来补充损失而更加复杂，但黑格坚持说："我们有必要与敌军主动交战……而且他对于达成第一项目标信心十足。"这一目标是到达伊普尔山岭的山脊处。[90]

这就是分歧的要点所在：黑格想要打仗，而劳合·乔治不想。首相避免一场战役的理由充分：它将为微不足道的物质收获损失大量士兵，它无法赢得战争——尽管黑格几次谈到"今年的伟大结果"；法国和俄国都帮不上什么忙，美国人即将到来，因此最好的战略是发动一系列小规模进攻（"贝当战术"）而不是重复索姆河战役。劳合·乔治因为呼吁以帮助意大利人作为把奥地利逐出战争的手段而削弱了自己的论证，但他最主要的失败是，一个如此轻而易举地掌控他的党派及议会同僚的人竟然出乎意料地缺乏说服黑格和他忠实的支持者罗伯特森的意愿。结果，作为一名文职首相，他觉得无法"把我的战略观点强加于我的军事顾问之上"，因为不得不接受他们的观点。[91]

结果是惨痛的。德国人所说的"佛兰德斯阵地"从地理和军事上看都是西线最为牢固的阵地之一。从帕斯尚尔（Passchendacle）、布鲁塞德和根卢瓦特低矮的高地上，德国人可以俯瞰一片几乎只有海平面高度的平原，三年来持续不断的炮击清除了一切植被的痕迹；炮击也摧毁了数个世纪以来建设的排水系统，所以一下雨，战场的地表将会很快被淹没，变为沼泽，这在海岸地区很常见。除了沼泽地形和缺乏隐蔽所，德国加大了战壕系统和铁丝网障碍物的纵深度，修建了混凝土碉堡和地堡，这进一步给英国远征军增加了困难。德军的碉堡和地堡常常修建在毁坏的建筑物里，一方面给施工队提供了掩护，另一方面也给完成的工事提供了伪装。[92] 修筑完成的佛兰德斯阵地实际上有九层深：在前线，一道建立在弹坑里的听音哨掩护着三道由矮防护墙或者战壕组成的防线，防守师的前线营隐蔽其中；然后是由一道碉堡防线支援的机枪阵地组成的作战区；最后是在后方的作战区，师的反击部队隐蔽在散布于支援炮兵连之间的混凝土地堡中。[93] 与物理上的防御布局同等重要的是部队编制上的：到战争的第四个夏天，德军已经认识到防御阵地需要两支分开的部队，并相应地重新组织了他们的部队。预计承受最初攻击的战壕守军被稀释，只由前线师的连、营组成。在其后的后方战区部署反击师，任务是一旦敌人的进攻被前线部队的固定防御和局部反击遏制，立刻向前移动。[94]

1917年7月，佛兰德斯阵地的守军隶属于10个师，包括了第3近卫师和第111师这样坚定不移、久经考验的部队，恩斯特·荣格尔（Ernst Jünger）服役于第111师的第73汉诺威燧发枪团。在防御的主战线，7英里长的前线部署了1556门野战炮和重型火炮，这里是英国第5集团军的进攻目标。英军集中了2299门大炮，每5码长的前线部署一门，其密度是十四个月以前索姆战场上的10倍。第5集团军由冲动的骑兵军官休伯特·高夫（Hubert Gough）指挥，在每英里的前线部署了超过一个师；这些部队包括近卫师、第15苏格兰师和高地师，一字排开部署在佩尔凯姆（Pilckem）和避难森林（Sanctuary Wood）的残枝断叶之间。英德两国的近卫师在佩尔凯姆正面相抗，而伊普尔城南的避难森林则是1914年最初的英国远征军寻求庇护的地方。

第5集团军配备了作战区域全部508架飞机中的180架；它们的角色是在纵

深 5 英里的前线上空夺取空中优势，德军的侦察气球从那里开始部署。[95] 在良好的条件下，系留气球上的视野可以达到 60 英里，使观察员可以通过拴在气球缆绳上的电话线以相当精确、快速的程度校正炮火射击的落点。尽管因为双向传声在技术上还不可能，所以很费力气，但无线电技术的发展也提供了以双座侦察机校正炮火的可能性。1918 年，空战将给地面进攻和远距离战略轰炸带来戏剧性的进步，但在 1917 年，它仍主要停留在炮火观察、"气球爆破"和为夺取或保持空中优势而缠斗的水平。

法国的空军部门，尽管是陆军的一个分支机构，但却没有受到 1917 年使地面部队陷入瘫痪的混乱的影响。4 月和 5 月，它富有效率地对抗德国在埃纳省的空袭，并在第三次伊普尔战役中向英国陆军航空队（Royal Flying Corps）提供支援。它最出色的飞机斯帕德（Spad）12 和 13 型在年初优于德国的大部分飞机，并培养出一系列王牌飞行员，乔治·吉内梅（Georges Guynemer）和勒内·丰克（René Fonck）是其中最有名的，拥有致命的空中技巧。当吉内梅在 9 月 11 日死于第三次伊普尔之战，法国参议院把这位击落 53 架敌机的胜利者奉入先贤祠。[96] 然而，这一年同样将会见证最为著名的德国王牌的出现，包括维尔纳·福斯（Werner Voss，击落 48 架）和传奇的"红色男爵"，曼弗雷德·冯·里希特霍芬（Manfred von Richthofen，最终击落 80 架）。他们的战果不仅归功于其驾驶技术和进取心，同样与德国空军使用了新型号的飞机有关，尤其是操纵灵活的福克

福克式三翼机；德国的王牌里希特霍芬驾驶这种飞机赢得了多次胜利。（TRH）

三翼飞机（Fokker Triplane），这种飞机在与英法空军的战斗中展示出明显的优势。一战期间，航空科技的发展使优势在双方之间迅速交替。飞机发展的"领先时间"现在是以十年为单位来衡量，然后仅持续几个月，有时候只持续几个星期；稍微强劲些的发动机——那时的功率输出最大只在200和300马力之间——或是机身的轻微改善，都能带来令人惊讶的优势。1917年，英国陆军航空队接收了三种迅速发展的先进机型，单座的索普威斯骆驼式（Sopwith Camel）、S.E.5和双座的布里斯托尔战斗机（Bristol Fighter），这使其成员——其中许多验不足——在与德军的老手们交手时占据上风。[97]它也开始培养足以与法国、德国空军王牌相提并论的飞行员，最为著名的是爱德华·曼诺克（Edward Mannock）、詹姆斯·麦卡顿（James McCudden）和艾伯特·鲍尔（Albert Ball）。麦卡顿曾是一位陆军列兵，曼诺克确定无疑是一位社会主义者，他们与以艾伯特·鲍尔为代表的、出身公立学校的大部分飞行员背景迥异，但他们都是冷酷无情的空中缠斗专家。[98]然而，不管来自哪个阶级或国家，所有在反复无情的空战压力下获得成功的参战者最终都展示出同样的典型特征："骨瘦如柴的双手，尖鼻子，收紧的颧骨，咧嘴笑时裸露的牙齿，以及面对恐惧努力镇定时眯眼凝视。"[99]

然而，第三次伊普尔战役的结果将由地面而非空中来决定。就像在凡尔登和索姆一样，战役开始时的关键问题是：炮火准备是否能足够迅速、彻底地摧毁敌人的防守以及守军，以便进攻方占领敌军防线内发起反击的阵地，使它们无法击退自己。进攻将不会尝试实施尼韦勒在埃纳河渴望实现的那种快速突破。取而代之，第一批目标被确定在距离英军出击线6000码的地方，这是支援的野战炮火可以达到的范围。一旦夺取了这些目标，大炮将会前移，再重复这一过程，直到德

索普威斯骆驼式飞机，埃斯科河畔努瓦耶尔（Noyelles-sur-l'Escaut），1918年10月8日；这是一种操作灵活的战斗机，旋缸发动机使它在起飞和着陆时难以控制。（TRH）

军的防守被蚕食殆尽,预备队被摧毁,通往毫无防备的后方的道路被打开。第一阶段要夺取的关键点是伊普尔东南距离英军前线 2 英里的"根卢瓦特高地",这里相对于周围的低地轻微抬升,可以为监视四周提供重要的优势。

提前十五天开始的炮击耗费了超过 400 万发炮弹——索姆战役之前是 100 万发——在 7 月 31 日早上 4 点前达到高潮。第 2 和第 5 集团军的进攻部队在 136 辆坦克的协同下在 3 点 50 开始向前推进,部分借调来的法军位于左侧。尽管地面因数年来的炮击而遍布坑洼,但地表干爽,只有两辆坦克陷入泥泞——后来有更多陷到了沟里——而步兵的前进也很稳定。左翼向佩尔凯姆岭顶峰前进地很快,向根卢瓦特的前进则慢些。另外,上午晚些时候,步兵和炮兵之间司空见惯的联络中断又出现了;所有的电话线都被切断,低矮的云层阻碍了空中侦察,"有些鸽子能够通过,但进攻部队的唯一消息来自通信兵,如果他们能回来的话,他们有时要花费几个小时才能回来"[100]。然后在下午 2 点,德国开始了反击。密集的炮火降落在第 18、19 军士兵的头上,他们正向根卢瓦特艰难前进。炮火如此猛烈,一些先头部队被击溃了。除了德军的枪林弹雨外,还有倾盆大雨,它们很快就把残破的战场变得泥泞不堪。当英国步兵重新发动进攻,而他们的大炮则被拖到前方新的阵地提供炮火支援时,雨水在接下来的三天持续不停。8 月 4 日,一位英国

一个装备了 SE 5a 的空军中队,这是空战最后阶段最为成功的英国战斗机。(TRH)

炮兵指挥官，未来的贝尔哈文勋爵（Lord Belhaven）写道："[泥泞]简直太可怕了，我想比冬天还糟糕。地面被翻起了10英尺深，成了一锅粥……弹坑的中心如此泥泞，一个人可能完全没进去……一定有数以百计的德军埋葬在这里，现在他们自己的炮弹把这里深耕一边，把他们翻到地面上来了。"[101]

雨和缺乏进展促使道格拉斯·黑格在8月4日下令停止进攻，巩固阵地。然而，他坚持对伦敦的战争内阁说，进攻"非常令人满意，损失很小"。与进攻第一天就损失了2万人的索姆战役相比，损失似乎是可以承受的：7月31日和8月3日之间第5集团军报告死亡、失踪的有7800人，第2集团军不少于1000人。包括受伤在内的总伤亡，连法国第1集团军计算在内，约为3.5万人，德军的伤亡与此类似。[102] 然而，德军仍然控制着关键的阵地，而且没有投入任何一个反击师。鲁普雷希特王储在7月31日晚上在日记中记下，他"对结果非常满意"。

但是战斗才刚刚开始。鲁普雷希特无法预料到黑格无论损失多么巨大、战场变得多么潮湿都要坚持下去的决心。8月16日，黑格把第5集团军投入对郎厄玛克的进攻，它占领了500码的阵地，这里是1914年10月英国远征军遭遇德国志愿师的战场；他还命令加拿大军在朗斯附近的煤田发起牵制性进攻，那个冬天和1915年春天，英国远征军在这片可怕的废弃村庄与矿山废石堆的不毛之地遭受了毫无意义的损失。他还继续进行了对根卢瓦特高地的一系列毫无结果的进攻，德军从这里对低地上的一切行动占据上风。黑格没占领多少阵地，损失的兵力却很多。

8月24日，在对根卢瓦特的第三次进攻失败后，黑格决定把进攻伊普尔的主要责任从高夫的第5集团军转移到普卢默的第2集团军。以一战老人统治的标准来看，高夫是一位年轻的将领，他以一位骑兵同道者的身份向黑格毛遂自荐，以他对障碍的"冲劲"和不耐烦而著称。他的部队已经得到过教训，对他的将才不像他的上级那样有信心。相比之下，普卢默不但比高夫年长，而且看起来比实际年龄更加老成，他对下级持有一种老年人式的谨慎和关心。他指挥伊普尔战区已经两年，知晓这里一切危险的角落，在一战将领能够做到的最大范围内关心士兵的福利，因而受到他们的爱戴。他现在决定必须停下来，以便为下一阶段进行认真准备，下个阶段将采取连续突入德军防线的形式，突入的距离将比高夫曾经尝试过的更短。

在暂停之前将有最后一次行动，即在8月27日试图夺取两道长条形的森林遗迹——葛兰考斯（Glencorse Wood）和因弗内斯（Inverness Copse），二者正好位于根卢瓦特村废墟的北面。官方历史承认，地面"因为雨水而如此湿滑，因为积水的弹坑而如此残破,以致进展缓慢,渐进弹幕的掩护很快就不见踪影",士兵们在夜里开始前进,等待了十个小时战斗才开始。当战斗在下午2点前开始,前进很快就因无法通过的地形和猛烈的德军炮火而停止。第1/8沃里克团(Warwickshire Regiment)的军官埃德温·沃恩(Edwin Vaughan)这样描述他的部队前进的努力:

> 我们艰难地向上前进,炮弹在周围爆炸。有个人在我前面死死站住,我恼怒地咒骂他,用膝盖撞他。他轻轻地说,"我的眼睛瞎了,长官",而且转过来让我看他的眼睛和被弹片削掉的鼻子。"天啊!对不起,孩子,"我说,"在硬路上继续走。"然后把他留在黑暗里,他在后面蹒跚而行……一辆坦克跟在手持斯普林菲尔德(Springfield)来复枪的士兵后面,在泥泞里慢慢前进,开火;过了一会,我再看它,只剩下一堆废铁,它被一枚很大的炮弹击中了。现在几乎全黑了,没有敌人向我们开火;穿过最后一段泥路,我看到手榴弹在碉堡周围爆炸,一队英国士兵从另外一侧冲了进去。当我们走近,德国守军举着手跑了出来……我们派16名俘虏穿过开阔地到后面去,但他们才走了100码,就被德国机关枪打倒了。

沃恩在碉堡里面找到一位受伤的德国军官。一队担架员抬着一位受伤的英国军官走了过来,"他高兴地向我致意。'你被打中哪儿了?'我问。'后背上,靠近脊柱的地方。你能把我下面的防毒面具挪一下吗?'我切断那个背包,把它拽了出来;然后他向我要烟。邓纳姆(Dunham)拿出一支,把它放到他嘴里;我划着了一根火柴递过去,但烟已经掉在他的胸口,他死了"。在碉堡外面,他碰到一队非常愿意投降的德国人。

> 俘虏们在我身边围成一团,全身湿透而且很伤心,告诉我他们经历的可怕时刻,"没有吃的,没有水喝",总是,炮弹,炮弹,炮弹……我没法分出人手送他们到后面去,于是我把他们和我的人安排在弹坑里,我的人对他们嘘寒问暖,把自己仅有的配给分给他们。
> 从各个方向黑暗中的其他弹坑里传来伤员的呻吟哀嚎;低微、悠长、非常痛苦的啜泣哽咽,还有绝望的尖叫声。真是太可怕了,几十名伤势严重的人一定是为了安全,爬进了新的弹坑里,而现在水位正在上升,他们没有力

气移动，被慢慢地淹死。可怕的景象随着残废士兵的哭喊声来到我面前，他们相信伙伴们能够找到自己，而现在却在漆黑的夜里躺在尸体中间渐渐死去。我们无能为力；邓纳姆在我身边静静地哭泣，所有人都被那可怜的哭泣声感染了。

这差不多就是沃恩中尉在8月27日经历的结尾了，就在午夜之前，他的部队由另一支部队接替，他带领自己幸存的士兵回到8月25日的出发点。

当我们走在下坡路上，伤员的哭喊声小多了。原因太明显了，因为水已经漫过了弹坑……我几乎认不出［指挥部的碉堡］，因为它被一发又一发炮弹击中，而入口是长长的尸堆。［士兵的］人群跑到那里寻求掩护，但是全被弹片击倒了。我不得不爬过他们才能进入指挥部，当我这样做的时候，一只手抓住了我的装备，我惊骇地从尸体中拽出了一位幸存者。

第二天早晨，当他起来点名，

我最可怕的恐惧成真了。炊事员旁边站着四组衣衫褴褛、胡子拉碴的人，

木板道上的澳大利亚士兵，伊普尔城堡森林，1917年10月29日（ETA）

军需士官正向他们收集信息,以确定他们目睹的战死或受伤的伙伴。这是一份可怕的名单……我们快乐的90个人中,只剩下15个人。[103]

沃恩的经历对第三次伊普尔战役来说很典型。尽管在相应阶段的损失比索姆战役小,此战中有1.8万人战死和失踪(失踪者中有很多在弹坑中溺死),自7月31日以来有5万人负伤,战斗对那些卷入其中的人呈现出无情的险恶特征:在少有建筑和植被的地貌上持续暴露于敌人的视野中,被雨水淋透,身处实际上被水覆盖的旷野中,精确瞄准的炮火几乎不加停顿地倾泻在他们头上,而且一旦试图对目标发动进攻,就会受到致命炮火的集中打击。随着一次又一次失败,这些距离并不遥远的目标变得似乎遥不可及。12月4日,黑格被召到伦敦,为继续进攻——即使是采取更加谨慎的普卢默提议的有限形式——进行辩护。劳合·乔治回顾了整个战争形势,争辩道,在俄国不再参战而法国几乎不参战的情况下,明智的战略是节约使用英国的资源,直到美国人在1918年大批到达为止。黑格在罗伯特森的支持下坚持说,正是因为协约国其他成员的脆弱,第三次伊普尔战役必须继续下去。他的论辩无力——鲁登道夫实际上已经从西线撤出军队去协助奥地利人——但是因为劳合·乔治自己的论辩更为糟糕,尤其是因为需要赢得对土耳其人和在意大利前线对奥地利人的决定性胜利,黑格占到了上风。被取而代之的总参谋部二号人物和狂热的"西线主义者"亨利·威尔逊以他典型的冷嘲热讽在日记中评论道,劳合·乔治的计划是放纵黑格,直到他自食其果。他认为首相希望撤免他主要的军事下属,但在他因无法掩饰的失败而名誉扫地前却不敢这样做,这种评价或许是很准确的。[104] 然而,英军没有能够替代黑格的人,无论他的战略有多么大的判断失误,或者该战略对他备受折磨的军队多么有害,它都会因为缺乏更好的人选或是计划而继续下去。

普卢默的"蚕食"计划以9月份的停顿为准备期,分为三个阶段。在每个阶段中,在漫长的炮击之后,进攻方短距离前进1500码。进攻部队是分布在1000码前沿上的10个师,或者说每一码有10名步兵。在三个星期的炮击后,第1、2澳大利亚师与第23、42英国师沿伊普尔东面的梅嫩公路而上。渐进弹幕深达1000码,在毁灭性炮火的打击下,德国人后撤了。同样的结果出现在9月26日的帕拉冈森林(Polygon Wood)、10月4日的布鲁塞德。普卢默的"蚕食与坚守"战术获得了成功。根卢瓦特高原终于被攻占,伊普尔最前线的区域终于脱离了德军的监视(然而,部队继续从被摧毁的伊普尔镇西面的尽头出击,迂回前往战场,它在1915年前后突出部形势趋紧以来就一直这样做了,目的是躲避落在唯一高出水面的路上的远距离炮火)。问题是下一阶段的"蚕食与坚守"能否成功。前三次进攻,尤其是在布鲁塞德的进攻,给敌人造成了沉重打击。普卢默的集中火力在10月4日抓住了过于突前的德军反击部队,造成了大量伤亡,尤其是对第4近卫师。[105] 结果,德军决定再次修正前线的防御体系。在布鲁塞德战役之前,他们把反击部队提前,部署在战区里面,以便迎击脱离保护弹幕的英军步兵。结果是把自己暴露在英军炮火更沉重、更深入的打击之下,鲁登道夫现在下令执行相反的策略:前线再次被稀释,反击部队部署在更远的后方,直到在猛烈的炮击和弹幕的支援下能够组织起从容的反击才从阵地出击。[106]

本质上说,英德双方好像商量好了一样,它们在可怕、残损、破败、快被淹没的伊普尔战场上的战术现在变得一丝不苟地模仿对方。进攻方以野蛮的炮火击溃对方,占领被炮击的一窄条阵地。然后防守方从反方向重复一遍,希望夺回失去的阵地。如果以获取决定性的胜利为目标的话,这完全是徒劳无功的。根据几乎每天都提出质疑的事态发展的证据,黑格或许应该拒绝加入与敌军延长双方痛苦的竞争之中。

即使最为乐观的一战技术史家,也会同意黑格在布鲁塞德战役之后应该停止进攻,这些史家随时乐于强调野战炮弹熔铸或是战壕迫击炮射程中一项改进被忽视的重要性。[107] 他顽固地决定反其道而行之。在布鲁塞德战役之前,他告诉部队指挥官们:"敌军已经动摇了,而且……决定性的一击能够带来决定性的结果。"[108] 随即,当劳合·乔治暗中限制派往法国弥补伊普尔损失的增援数量时,黑格致信帝国总参谋长罗伯特森:"英军足以独立发动一次大规模进攻,[所以]无需争论,应该不择手段……使进攻力量越强大越好。"[109]

因此,伊普尔泥泞中的这场战役继续进行。它后来以帕斯尚尔战役之名为人所知,断壁残砖是这座作为最终目标的小村留下的唯一遗迹。然而,打头阵的并非英国士兵。英国远征军中最优秀的师、近卫师、老常备军之一的第8师、第15苏格兰师、第16爱尔兰师、第38威尔士师、第56伦敦师,在8月和9月初的战斗中消耗殆尽。黑格唯一可信赖的进攻部队属于澳新军团和加拿大军,二者都幸免于战役最初阶段和一年前索姆河战役最艰苦的阶段。在所谓的"第一次帕斯尚尔战役"中,新西兰师和第3澳大利亚师在10月12日进攻伊普尔东面最高点这个残迹的村庄。这里高于海平面150英尺,德军由战壕和碉堡构筑的第二佛兰德斯阵地标志着英国远征军和敌军之间最后的障碍。"我们几乎通过了敌军的防御,"黑格在一次战地记者的会议上如是说,"敌军只能以血肉之躯和我们对抗。"在这种环境下，血肉之躯已经够了。受制于前面和侧翼的机关枪火力，澳新军团最终撤退到这个阴寒天气里的出发阵地。地面潮湿，支援炮火的炮弹扎进泥里，而没有爆炸，光是澳新军团在试图穿过未被切断的铁丝网时就伤亡近3000人。

在使第2澳新军遭受了毫无意义的伤亡之后，黑格转向加拿大人。指挥加拿大军的阿瑟·柯里（Arthur Currie）将军从1915年以来就熟知伊普尔突出部；他再也不想在那里损失士兵了，而他中学校长般精确的头脑预测黑格要求的进攻将会造成"1.6万人的伤亡"。尽管他能够求助于本国政府，而且可能提出过婉拒，但无论如何，他在抗议之后服从了黑格的命令。初冬阴雨连绵，只有两条狭窄的堤道通往山岭之上，被沼泽和溪流所环绕。[110] 10月26日，帕斯尚尔战役的第一天，加拿大军突破了第一佛兰德斯阵地，他们前进了约500码，代价不菲。守卫这一区域的第11巴伐利亚师同样伤亡惨重，被赶出战线。10月30日，战役继续，加拿大军占领的阵地稍多一点，第3和第4加拿大师的3名士兵获得了维多利亚十字勋章。第1和第2加拿大师接管前线，准备在11月6日发起新的进攻，这次进攻夺取了帕斯尚尔村的剩余部分，最后的进攻发起于11月10日，战线得到巩固。第二次帕斯尚尔战役造成了加拿大军4个师15634人的死伤，几乎与柯里在10月的预测毫厘不爽。[111]

以帕斯尚尔战役闻名的第三次伊普尔战役的意义很难理解。它或许在兵变的余波中减轻了法国人身上的压力，尽管没有任何证据表明兴登堡和鲁登道夫甚至知晓贝当的麻烦，从中获利。他们要支撑奥地利盟友、解决俄国前线的混乱、发动另一次凡尔登攻势自己已经有太多麻烦了；另外，到1917年秋季，贝当的复原计划初见成效，法军准备在贵妇小道附近发动进攻，这次进攻在7英里长的前线上重新夺取了3英里纵深的阵地。在四天内，法军获得了在伊普尔以巨大努力和损失在九十九天中获得的战果。英国官方历史学家埃德蒙兹（Edmonds）维护黑格在帕斯尚尔战役中连续不断的进攻，理由是它吸引了敌军88个师到伊普尔前线，而"协约国投入的总兵力只有6个法国师、43个英国和自治领［澳大利亚、新西兰和加拿大］师"。[112] 他的判断需要在大背景下客观地看待：88个师只是德军部队的三分之一，而黑格的43个师却超过了他所有部队的一半。无可争议的是将近7万名士兵在伊普尔战场的污泥中战死，超过17万人受伤。德军的损失可能更为惨重——统计数据上的争议使这一论辩徒劳无功——但是，当英军已经竭尽全力，兴登堡和鲁登道夫在俄国还有另一支部队，他们用这支部队使西线的战争全部推倒重来。英国已经没有别的部队。尽管英国采取征兵制较晚，而且是作为战争中的紧急事件而非国家基本政策，但到1917年年底，它已经像法国一样把每个能够从农场和工厂中节约出来的男人征召入伍，并开始强迫那些"新军"在其强盛时期一眼就会淘汰的人入伍：塌胸者、圆肩者、个头不足者、近视者、超龄者。他们的身体缺陷是英国急切需求士兵而黑格肆意挥霍人力的明证。在索姆河，他使英国年轻的花朵凋零残破；在帕斯尚尔，他又把幸存者送入绝境。

康布雷战役

还有一种进攻德军的方式因佛兰德斯的泥泞而未能施展：机械化战争。坦克军的主要预备队在1917年逐步建立起来，因此保持完整。其指挥官埃利斯（H. Elles）准将夏天一直在寻求机会以一种有利可图的方式使用这支部队。他构想，坦克不会陷入泥沼的干燥白垩土地面，在第3集团军的朱利安·宾（Julian Byng）将军的前线使用坦克发起出人意料的进攻。这引发了后者的兴趣。宾的炮兵军官之一，第9苏格兰师的图德（H. H. Tudor）准将同时自行设计了以出其不意的炮火支援坦克，使敌军无法预见进攻的计划。宾在8月同时接受了埃利斯和图德的计划，而黑格的司令部在10月13日表示赞同，至少是在原则上赞同。到11月初，帕斯尚尔的战斗已经变得徒劳无功，黑格急切地寻找任何补偿性的成功，11月10日，在宾的催促下，他同意了埃利斯-图德计划。

进攻将在可能的最早时间点在康布雷开始，使用超过300辆坦克。8个步兵师紧随其后，由1000门火炮进攻支援。炮兵计划的性质对于成功至关重要。传统上，炮击和弹幕只有在各炮组"报备"之后才会开始，"报备"的意思是通过观察射击落点建立精确的炮火射击模式，这一过程很长，总是使敌军警觉到将要发生什么，并使他们有可能召唤预备队到受威胁的区域。图德设计了一种通过计算每门炮与电子手段建立的基准之间的偏差来进行炮兵报备的方法；当这些偏差以数学形式传递到一个全面的地图网格，炮兵指挥官就能够使其炮组在不进行任何先期报备的情况下击中目标，迄今为止的先期报备总是泄露进攻计划。[113]

坦克集中在1万码的前线上，将会以密集队形前进，步兵紧随其后，以便捕获俘虏、大炮，并巩固占领的阵地。兴登堡在康布雷设立的阵地有数百码纵深的铁丝网，坦克将碾过这些铁丝网，确保通往敌军阵地的道路，也会通过填充灌木制成的"柴捆"架设通过战壕的桥梁。德军有三道连续的战线，纵深达7000码，将近 4 英里,进攻方试图在第一天突破全部这三道战线。因为康布雷前线很长时间平静无波,只有两个德国师守卫这里,第 20 乡土防卫师和第 54 预备师,支援炮火不超过 150 门。[114] 第 20 乡土防卫师被协约国情报机构列为"第四等级"。不幸的是,稍强一些的第 54 预备师由冯·瓦尔特(von Walter)将军指挥,他是一位炮兵拥趸,是德国军人中罕见考虑到坦克潜力的人,他训练己方的炮手从掩蔽阵地打击移动目标。[115]

瓦尔特对于坦克行动的兴趣将对这次战役的结果发挥最大的影响,此时德军还没有坦克。同样发挥影响的还有哈珀(G. M. Harper)将军方面没能理解坦克的潜能。哈珀指挥着第 51 高地师,这个步兵师位于进攻前线的中央。哈珀勇敢但却守旧,不喜欢坦克,热爱自己的高地士兵。他认为,坦克会把敌军的炮火吸引到他的步兵身上,因此,他下令步兵跟随坦克,与之保留 150—200 码的距离,而非坚持让他们紧随其后。[116] 由此而来的分隔在战役的关键时刻给英军带来了灭顶之灾。

开始时一切顺利。11 月 20 日上午 6 点 20,疾风暴雨般的炮火降临到康布雷战区的德军阵地,密集的协约国坦克纵队隆隆前进,步兵紧随其后,而不幸的德国军队此毫无准备。不到四个小时,进攻方在许多地方前进达 4 英里,几乎没有什么伤亡:在第 20 轻装师,第 2 达勒姆(Durham)轻步兵团有 4 人阵亡,第 14 达勒姆轻步兵团只有 7 人受伤。[117]

中央部分的情况与此不同。第 51 高地师的士兵小心翼翼地在数百码之外跟在坦克后面,进入了德国第 54 预备师的防区。该师由瓦尔特将军训练的炮手在没有步兵支援的坦克一出现时,就越过弗莱斯基埃村(Flesquieres)附近的小岭开始射击,使一辆又一辆坦克陷入瘫痪。[118] 很快,11 辆坦克被摧毁,5 辆是由一名德国中士库尔特·克鲁格(Kurt Kruger)独力摧毁的。他在第 51 师的步兵终于赶上坦克部队之后死于一位高地士兵之手。然而,那时已经太晚了,第 51 师已经不可能到达给它设定的当日目标。因此,在康布雷战场的左右两翼,整个德军阵地已经被破坏,而在中央遗留了一个朝向英军战线的突出部,这使宾将军因支持埃利斯和图德革命性的计划本应达成的干脆利落的突破落空了。

在英格兰,自战争开始以来第一次敲响了胜利的钟声。他们庆祝得太早了。宾的骑兵在 11 月 20 日黄昏谨慎地跟随坦克穿过战场,他们被坦克未能切断的铁丝网所阻,被迫返回。步兵在 11 月 21 日和 22 日向前推进,然后,在 11 月 30 日,德军再一次证明了他们令人生畏的反击能力。自进攻发起以来的十天中,地区指挥官鲁普雷希特王储调集了 20 个师，在一次早晨的进攻中，德军不仅夺回了在 11 月 20 日丢给坦克的大部分阵地，而且夺取了英军此前占领的一部分阵地。本该在德军前线撕开一个大口子的康布雷战役，以沿着"德罗库尔－凯昂开关"（Drocourt-Quéant Switch）划定前线的一笔糊涂账告终，这一蜿蜒的双向突出部使英德双方都夺取了对方长期占领的一些土地。它恰是 1917 年年底西线危险的力量平衡的象征。

第十章

美国与大决战

401 "他们不会来的，"海军大臣卡佩勒（Capelle）海军上将在1917年1月31日向德国国会预算委员会保证说，"我们的潜艇会使他们沉入大海。因此从军事观点考虑再三，美国无足轻重。"[1] 在1917年年初，也就是站在协约国一方参战四个月之前，美国的陆军——与其庞大、现代化的海军相比——确实不值一提。[2] 自从五十一年前的阿波马托克斯（Appomattox）停火之后，它没有任何大规模行动的经验，最重型的装备是中型机关枪。它的预备队——国民警备队尽管规模较大，有13.2万名士兵，但却是隶属于48个独立州的半职业民兵，即使在最富裕的州里也没受到过像样的训练，而且联邦对他们的管理极其粗略。美国唯一第一流的军队是拥有15500人的海军陆战队，分散在美国的海外领地和干涉范围内，包括一些中美洲共和国，美国在1898年的美西战争后决定充当那里的警察。

然而，到1917年6月，美国远征军的指挥官约翰·J.潘兴（John J. Pershing）将军已经抵达法国，美国独立日7月4日，他的第1师在巴黎进行了阅兵。接下来的一个月中，新的部队不断抵达。因为美国师的规模是法国、英国或德国师的两倍，这支部队按计划将达到80个师近300万人的规模。到1918年3月，31.8万美国人到达法国，他们是要在8月部署的130万人的先头部队，而且并未在跨洋运输中因敌军的行动而遭受损失。[3]

402 在一场大规模战争中，参战一方的命运因为不平衡的增援突然出现而改变，这样的情形并不多。拿破仑敌人的命运在1813年经历了这样的转变，拿破仑进攻莫斯科的失败使俄国站到了英国和奥地利一方。在与南部邦联的战争中，美国联邦政府的命运在1863年也这样改变过，它在这一年采取了征兵制，使北方拥有数百万人与南方的数万人作战。孤立的不列颠和几乎已经战败的苏联在1945年也经历了这样的情形，希特勒在这一年鲁莽地对美国宣战，把这个世界上最强大的国家推向纳粹德国和日本帝国主义的对立面。到1918年，威尔逊总统决定向德国及其盟友宣战，使协约国获得了类似的外来支援。卡佩勒所说的"他们不会来的"

在六个月内戏剧性地败给美国人说的"拉菲特，我来了"*。

美国并不想加入战争。美国总统伍德罗·威尔逊说，美国"骄傲得不屑于去战斗"，而且承受了一系列外交上的侮辱而没有以物质手段加以回应，这些侮辱包括了从卢西塔尼亚号（Lusitania）和它运载的美国乘客一起被击沉，到德国试图在墨西哥煽动对美国的牵制性战争。不过一旦进入敌对状态，美国的能量就充溢于卓越的工业生产和人力组织。它从一开始就决定通过由地方平民登记委员会监督的征兵来召集派往法国的军队。1917到1918年，有2400万人登记应征，而那些被认为最为合适的——没有家眷的年轻未婚男性——构成了由281万应征入伍者组成的第一分遣队。国民警卫队、海军陆战队，再加上已经征召的常备军，到战争结束时，美国建立起一支将近400万人的地面部队。

很多美国人已经参战了。有些是以个人身份，加入英国或是加拿大军队。另外一些人则加入法国外籍军团。很多美国飞行员已经在法国空军服役，他们建立的拉菲特飞行队（Lafayette Escadrille）是西线最出色的空军部队。这些老兵会给横渡大西洋的美国远征军航空队提供无可估量的经验。尽管不得不使用外国装备——美国的工业没能为远征军提供坦克、火炮和飞机，这些装备的供给不得不主要依赖法国（3100门野战炮、1200门榴弹炮、4800架飞机）——但美国飞行员很快因为自己的技术和勇猛声名远扬。埃迪·里肯巴克（Eddie Rickenbacker）是美军的王牌，在法国和祖国都被视为英雄。

美国动员中的一个偏见拖延了它对黑人人口报效祖国的愿望做出回应。20世纪早期最为重要的美国黑人支持者杜布瓦（W. E. B. Dubois）论证道："如果这是我们的国家，这也就是我们的战争。"美国白人，尤其是军事部门的白人当权者，继续相信黑人缺乏军事精神，只适合作为劳工或服务性部队使用。这一观点无视了下述事实："野牛战士"，也就是4个黑人步兵和骑兵组成的正规团在印第安前线一直表现出色，而内战中的黑人部队作战顽强。美国勉勉强强地建立了一个黑人士兵师——第92师，有一些黑人军官指挥着基层部队，但没有人军衔超过上尉。这支部队表现不佳。它的失败——"可怜的黑人，他们毫无希望地低人一等"，第92师所属军的指挥官这样写道——在整个军队中被归因于种族上的无能。看起来没有美国职业军官注意到法国人对于黑人分遣队塞内加尔狙击兵

---

* 美国独立战争中，法国贵族拉菲特（Lafayette）加入美国大陆军，成为华盛顿麾下的重要将领，并为促使法国派遣远征军与英军作战做出贡献。参加一战的美国士兵以这一口号向拉菲特致意。——译者注

（Tirailleurs sénégalais）的依赖，这支部队在1917年下半年表现出本土法国白人至少已暂时丧失的战斗意愿。种族上傲慢自大的美国远征军军官没能预见20世纪晚些时候黑人作战部队的杰出表现，这情有可原。虽然如此，美国黑人部队1918年在西线可怜的表现是典型的自我实现的预言：希望越小，回报越少。

协约国军队中的普通士兵，英国人或法国人，并不清楚这一完全是美国国内问题的种族难题。对这些1914—1917年间持续攻防、疲惫不堪的军队来说，在战争最后一年，美国的征兵广为人知，美国大兵的出现带来的只有重燃的希望。所有人都注意到美国兵个人受到的欢迎。美国人活泼、快乐、热情，不把困难放在眼里。"我们很快就能搞定这个"，这是美国大兵的态度。法国和英国的专业人员警觉到美国远征军缺乏军事技能，尤其是在使用炮兵和部队内部的协同方面，于是宣扬美国人只适合用作补充兵员或是下属部队。潘兴拒绝这种建议，坚持只有在美国人指挥下团结在一起的美国军队才是对他的国家参战的公平对待。美国远征军为胜利做出的贡献证明，他所坚持的原则是正确的。

拉菲特远征军在1781年美国独立战争危急时刻的到来使英国敌人更换了对手，遭遇到他们无法匹敌的军队。1917年美军的到来并未造成如此不可改变的不平衡。到这一年年底，德军渡过了一场危机。1915—1916年，因为需要支撑奥地利盟友，加上凡尔登战役和索姆战役造成的损失，还有俄国在1916年出乎意料的恢复，德军战线过长。俄国在政治上的崩溃从东线解放了50个德国步兵师，这些部队可以被运往西线，尝试发动赢得胜利的最后进攻。这些师颇具重要性；俄国军事力量在1917年年底的全面崩溃使德国最高指挥部可以在东面只留下维持秩序和在德占区搜集产品的部队，其中大部分是老化的乡土防卫队和骨干骑兵部队。决定了克伦斯基军队命运的突击部队——近卫军师和近卫军预备师、战前现役部队的普鲁士和德国北部师——在冬天逐次脱离东线并由铁路运往西线，与其他已经在西部前线的部队一起组成60个师的攻击集群。[4]

德国最高指挥部长期以来一直被迫在西线采取防守战略，在完善进攻手段方面费尽心思，这支进攻部队是他们有希望集结的最后一支预备队。[5] 德军没有坦克，这是个很严重的缺陷。一种笨拙的坦克原型正在发展当中，1917年俘获的英国坦克被急匆匆地投入现役，但德军手里却没有像英法那样的坦克集群。在没有坦克的情况下，兴登堡和鲁登道夫指望一种改善过的大炮和步兵战术来弥补德军在技术层面的劣势。这种战术在俄国战役的最后阶段得到了实践。如果不说完全不是对手的话，步兵大规模装备了精简机关枪（08/15轻机枪），勉强可以应对英法军的刘易斯轻机枪（Lewis）和绍沙轻机枪（Chauchat）。步兵也接受"渗透"敌军阵地的训练：当遇到在正前方阻挡的敌人，就绕过抵抗的中心，而不是停下来战斗。这些战术是闪电战的雏形，德军在后来一场战争的机械化行动中成功地实施了这种战术。另外，每个进攻师都被命令组织特别的轻装步兵"暴风雨"营，使用手榴弹和卡宾枪，在敌军阵地的外壳上打开狭长的通道，把它分割为孤立的部分，由后面跟随的慢速前进的传统步兵攻克。

然而，德军计划的重点在于速度。尼韦勒在前一年曾经不切实际地希望在几个小时里攻克德军在贵妇小道的阵地。他缺乏训练有素的部队和足够的火力来使希望成真。现在鲁登道夫既有必需的军队、大炮，也有现实的计划。敌军会在50英里宽的宽阔前线上遭到纵深攻击，纵深攻击集中大量火力在短、中、长距离进行短暂然而粉碎性的猛烈炮击，持续五小时。鲁登道夫的炮火打击力量集中了6437门野战炮、中型炮和重炮，以及3532门各种口径的迫击炮，准备了100万发炮弹。[6] 包括许多从东线运来的大炮在内的所有火炮都事先在特别建造的靶场进行了报备，建立了每门炮与理论标准的误差数据，无论战壕还是炮兵阵地，这些数据与气压、风速、方向等详细的气象修正结合起来，就能在人类力所能及的范围内击中预定目标。爆炸弹中还混合了各种毒气抛射物，包括催泪气体和窒息性的光气，试图巧胜敌军的防毒面具所能提供的保护。催泪气体意在使敌军步兵为了吸口气而摘下防毒面具，此时光气就会使他们丧失战斗能力。

这些手段中的一部分曾于1917年9月在里加对俄国人的进攻中一起施展，当时德国炮兵在没有对俄军阵地进行事先报备的情况下开火，并创造了突破的条件。[7] 鲁登道夫的最高炮兵指挥官布鲁赫米勒由是令他满意地证明，在前沿后方提前报备，因而不必在进攻时刻到来前因为瞄准目标而暴露阵地的大炮的火力，能够为胜利的步兵进攻创造条件。[8]

头脑中想着布鲁赫米勒已得到验证的实验，兴登堡1917年11月11日在蒙斯决定次年在西线发动一场孤注一掷的进攻。[9] 这场进攻被赋予厚望。鲁登道夫1918年1月7日写给兴登堡的信中如是表达了最高指挥部门的想法："所提议的新进攻，应该……带来我们希望的决定性成功……[然后]我们将会处于有利位置，为保障战后我方边界、经济利益和国际关系的安全与西方列强设定和平条件。"[10] 德军最终的胜利可能在西面带来回报，尤其是控制比利时的工业经济，把法国的煤铁产区隆维-布里埃（Longwy-Briey）合并到更广义上的德国鲁尔工业区。[11] 比利时的佛兰德语地区传统上对说法语的瓦隆地区（Wallonia）抱有敌意，在德国的诱惑下三心二意。1917年2月，一个处于德国军政府庇护之下的佛兰德斯议会在布鲁塞尔建立，3月，它开始就自身在德国庇护下的自治讨价还价。然而，佛兰德斯人希望从自治中得到的东西却不是德国希望给予的。他们希望得到民主和真正的独立，德国则希望其从属。因此，在比利时人的控制下，该议会的对外政策在1918年因为人民根深柢固的自由主义而举步维艰，这些人民的泛条顿情感没有深厚到愿意牺牲自己民族权利的程度。[12]

战争在东线的继续

德国军事上的当务之急在于准备西线即将到来的进攻，它在政治上对于未来的关切集中在东部，那里的民族情感不那么强烈，民族独立身份也更弱。德国正确地估算了它把从属关系强加于这些刚刚逃脱旧俄国统治的人民的机会，这里的机会更大些。波罗的海诸民族——立陶宛人、拉脱维亚人、爱沙尼亚人——保留着几个世纪以来与德语地区的情感联系；大部分土地所有者从起源上说是德国人。尽管芬兰在沙皇俄国享有一定程度上的自治，但它急于赢得全面独立，并乐于为此接受德国的帮助。列宁早期的政策是允许帝国中的非俄罗斯民族自主脱离，同时鼓励当地的左翼人士在留下的俄国士兵的帮助下支持苏维埃的革命。在因为1916—1917年间德军的胜利而已经处于德国占领下的波罗的海地区，革命很快就被扑灭，并建立起支持德国的半独立政权。在立陶宛曾出现为寻求全面独立而进行的反抗，但很快失败。[13] 在芬兰，权力由议会控制，这是旧沙皇体制下的一个机构，其中左派和右派平分秋色，应该与德国建立什么样的关系的问题引发了内战。在整个欧洲冲突的过程中右派都支持德国，全部由芬兰人组成的志愿军——第27猎兵营，自1916年以来就在波罗的海前线与德军并肩作战。1917年12月，在宣布独立后，右派与德国建立盟友关系的意愿促使左派建立自己的民兵组织；1918年1月爆发了武装冲突，左派占领了首都赫尔辛基（Helsinki），右派则退往北方各省。德国人给右派送来武器，7万支来复枪，150挺机关枪和12门野战炮，这些都来自俄国；从俄国来的还有领导右翼军队的指挥官古斯塔夫·曼纳海姆（Gustav Mannerheim），一位波罗的海贵族和前沙俄军官，拥有令人敬畏的身份和军事能力。

曼纳海姆曾任职于沙皇骑兵团中最重要的骑兵近卫军（Chevalier guards），并在布鲁西洛夫手下的模范骑兵队中服役；履历证明了他杰出的能力。他在战争中升任第 6 骑兵军的指挥官，在克伦斯基攻势的失败浪潮中，当其他帝国部队土崩瓦解，他成功地保持了部队的完整。[14] 然而，在十月革命后，他决定转而效忠祖国；他回到芬兰，成为反布尔什维克的军队的总司令。在德国的压力下，彼得堡苏维埃于 1918 年 12 月 31 日承认了芬兰的独立；但在四天以后，斯大林劝说彼得堡苏维埃更改了给予独立的条件，然后向芬兰社会主义者们提供帮助以建立"社会主义力量"。它的基础已经以尚未遣返的俄国部队的形式出现在芬兰的土地上，而且也存在于芬兰赤卫军中。当曼纳海姆在博滕区（Ostrobothnia）的西部巩固了他的基础，左派掌握了工业城镇。

1918 年 1 月和 2 月间，双方都在准备进攻。红军有 9 万人可以调遣，曼纳海姆只有 4 万人。[15] 然而，他的部队由职业军官指挥，并且由第 27 猎兵营的干部加强。红军的部队缺乏训练有素的领导。另外，德军准备派遣一支有经验的远征部队为芬兰人提供帮助，这支部队主要由冯·德·戈尔茨（von der Goltz）将军的波罗的海师组成，列宁对于采取将会引发德国在革命中心彼得堡临近地区登陆的任何行动越来越感到紧张，他在那里可以调遣的军队仅够保卫布尔什维克的领导地位，根本谈不上抵抗一次有组织的外国远征军。在签订正式终结俄国和德国之间战争的布列斯特－立托夫斯克条约之后，苏维埃确实开始撤回它留在芬兰的军队，尽管继续偷偷摸摸地支持当地的红军，却并未向他们提供给养。

曼纳海姆抓住机会大步前进。芬兰民族主义者中的领袖斯温胡武德（Svinhufvud）对他来说太过亲近德国了，斯温胡武德准备默许德国的计划，把他的国家变成德帝国的经济政治附庸，以寻求安慰。而他，就像他很快宣称的，想要的不是"另外一个帝国的一部分，而是……一个伟大、自由、独立的芬兰"[16]。3 月初，曼纳海姆在博腾控制地区的红军消耗殆尽，他开始走向进攻。敌人尽管控制着首都，但却受到后方另外一支活动在波罗的海和拉多加湖（Lake Ladoga）之间的卡累利阿（Karelia）地峡的民族主义军队的威胁，红军通向彼得堡的交通线通过这里。曼纳海姆计划组织一次中央突破，切断这些交通线并对红军两面夹击。

在他能够完成自己的计划之前，冯·德·戈尔茨被冰雪滞留在波罗的海南岸的波罗的海师出现在前沙俄海军的前进基地汉科港（Hangö），并向赫尔辛基前进，于 4 月 13 日进入赫尔辛基。无论如何，曼纳海姆在 4 月 6 日占领了红军在南部的要地坦佩雷（Tampere），这次胜利使他能够向东南的卡累利阿转移军队。因为他的到来，剩余的红军匆忙穿过边境退往俄国，5 月 2 日，对曼纳海姆军队的所有抵抗都结束了。芬兰从外来帝国主义和继之而来的意识形态下获得了自由。然而，它尚未获得独立。德国为自己的支持和干预索取高价。3月2日两国签署的条约给予德国对芬兰的单方面自由贸易权，芬兰在没有德国同意的前提下不得与别国结为盟友。[17] 斯温胡武德政府满足于接受外交和经济附庸的地位，如果可以保护芬兰免遭卷土重来的社会革命或是俄国入侵的威胁的话，甚至接受由一位德国亲王作为重建的大公国摄政。[18] 曼纳海姆却不这样。他狂热的民族主义和从军队胜利中得来的自豪感使他不向任何外国权威屈服的决心坚定起来；另外，他对于德国无法赢得大战的坚定信念使他拒绝任何认同芬兰为德国战略利益的策略。他在5月30日辞职并退居瑞典，在战争末期，他将从那里回国，谋求体面解决他的国家与胜利者之间的争执。

尽管芬兰受累于与德国的同盟，但它迅速而且较少痛苦地从俄国崩溃的混乱中抽身而出。战争中的总伤亡为3万人，尽管这对于300万的人口来说是一个巨大的数字，但不论绝对还是相对地说，与俄国本身正在向全国蔓延的内战中可怕的总伤亡相比，就相形见绌了。[19] 俄国内战会一直持续到1921年，直接或间接死于这场战争的至少有700万人，可能达到1000万，是1914—1917年间死于交战的人数的5倍。[20]

如果布尔什维克没有丧失革命的最初几个月中获得的优势，并不一定会有内战。这些优势因为外交上的处置失当，以及对于革命冲动从底层削弱"资本主义"国家力量的毫无希望、不切实际的信心而丧失。1917年11月和1918年3月之间，布尔什维克在沙皇俄国划分的75个省和地区中的大部分赢得了伟大的内部胜利。在所谓的"铁路"（eshelonaia）战争中，精选出来的武装革命者沿着帝国铁路从彼得堡分散出发，与在俄国城镇中取代了官方机构的900个苏维埃取得联系，并镇压了抵抗十月革命的组织。在这段简短然而辉煌的革命时期，俄国的铁路系统站在列宁一边，发挥了1914年未能为毛奇发挥的作用。发挥决定作用的部队在千钧一发之时被运往关键地点，取得一系列关键的局部胜利，这些胜利汇总在一起，带来革命的胜利。

控制俄国后，布尔什维克对与德国实现和平的条款支吾其词，这些条款本应已确保了德国的胜利。布列斯特-立托夫斯克条约是一种严苛的和平。它要求布尔什维克接受俄属波兰和波罗的海大部分地区不再属于俄国，俄国军队撤出芬兰和外高加索（Transcaucasia），并与宣布独立的乌克兰民族主义者实现和平。[21] 因为波兰和波罗的海地区已经不再属于俄国，芬兰即将落入曼纳海姆民族主义者之手，而且布尔什维克的力量在乌克兰和外高加索所有地方都很脆弱，甚至在一些地方根本不存在，所以布列斯特－立托夫斯克条约的严苛更多是在纸面上而非实际上。布尔什维克有可能在无害于其客观环境的条件下签署条约，内心却保留着放弃的土地可以在德国运气衰退而俄国形势好转时重新合并回来的想法。无论如何，布尔什维克保留着幻想，世界革命威胁着所有"帝国主义"列强，他们已经在自己的国家把革命变为现实。而且，通过挑衅使德国人不择手段，他们将激励德国工人团结在布尔什维克事业中，反抗统治者。

他们的幻想得到了支持，1918年1月28日100万工人卷入爆发的罢工风潮，领导者呼吁"无条件的和平"，这是布尔什维克政策的核心，在一些市镇还建立起工人委员会。[22] 然而，罢工很快被镇压；另外，和1917年法国爆发的类似罢工一样，动力不仅来自于革命热情，也来自于对战争及其带来的艰难时世的厌倦，是物质上的，也是精神上的。然而，它们对于布尔什维克领导阶层却带来灾难性的后果。当列宁以他惯有的脚踏实地敦促要谨慎，实际上是争辩说通过接受德国的条件获得的时间必须被用于加强国内外的对敌手段，时任外交人民委员（Commissar for Foreign Affairs）的托洛茨基（Trotsky）却被一种浪漫的意识形态冲动所支配，并受到布尔什维克中央委员会的多数支持。为了刺激德国人不择手段，以便引发帝国主义者头上世界革命的雷霆——先是在德国本身，然后是在其他资本主义国家——他将会采取"不战不和"的策略。[23] 俄国既不会签署条约，也不会开战。在这一离奇决定引发的热情中，俄国为了从精神上吞没革命的敌人而放弃了物质力量，1月29日他宣布俄军实行全面复原。[24] 在布列斯特－立托夫斯克，托洛茨基继续搪塞了德国人十天时间。2月9日，德国与乌克兰单独媾和，同时向俄国发出最后通牒，要求他们在次日签订和约或者默认终止去年12月开始的战火，默认德军和奥地利、土耳其分遣队占领布列斯特－立托夫斯克条约规定从旧俄国分离的地区。

其后的十一天中，德军横行无阻，抵达最后通牒所说的"预定线"。[25]"击倒"（Faustschlag）行动中，德军在白俄罗斯、西乌克兰、克里米亚和顿涅茨（Donetz）盆地工业区势不可当地击败布尔什维克军队，最终于5月8日抵达顿河（Don）。不到两个月，13万平方英里领土，相当于两个法国，包括俄国最富饶的农业、原料产地和大部分工业地区沦陷。"这是我见过最为滑稽的战争，"在坦能堡曾担任兴登堡的总参谋长的马克斯·霍夫曼将军写道，"我们把带着机关枪和一门炮的一小群士兵送上火车，让他们冲到下一个火车站；他们占领这个车站，抓到布尔什维克俘虏，纠集稍多一点儿的部队继续前进。这个过程新颖得让人着迷。"这是施里芬梦想的闪电般获胜的新鲜感，自开战以来德军第一次尝到了。

经验证明，快速的胜利蕴藏着不幸的结果，常常是胜利者的不幸。雷霆行动（Operation Thunderbolt）带来了不幸，但它与俄国革命造成的很多不公平一起，落到了战败的布尔什维克而非德国人身上。战败带来三个方面的后果。第一，一些俄国少数民族抓住机会，摆脱了彼得堡的控制，建立起自己的政府。第二，布尔什维克抵抗德国入侵的失败，以及其后迅速同意签订一项蛮横的条约，使西方盟友——法国和英国，还有美国和日本——下决心试探性地在俄国领土建立军事存在，目的是把德国占领军置于持续的军事威胁之下。最后，布尔什维克军队的崩溃，事实上给俄国内部反对革命的人提供了准备反革命行动的环境，反革命行动很快演变为一场内战。

芬兰是争取独立的"民族"中的第一个。比萨拉比亚（Bessarabia）和摩尔达维亚（Moldavia）省的罗马尼亚族人紧随其后；他们与罗马尼亚军队的剩余部分联系紧密，在1918年1月宣布成立摩尔达维亚人民共和国，在4月成为罗马尼亚的一部分。尽管当地居住着相当多的俄罗斯族，但它在1940年以前一直是罗马尼亚的一部分。在19世纪才落入沙皇俄国控制之下的外高加索，俄罗斯族更少，大部分是城市居民、铁路工人、政府官员或士兵。[26]占优势地位的民族——信仰基督教的格鲁吉亚人和亚美尼亚人，信仰伊斯兰教、说突厥语的阿塞拜疆人在1917年11月被彼得堡的布尔什维克授予自主建立自治政府的权力，并在1918年4月宣布成为联邦民主共和国。[27]

这个联邦只存在了一个月，然后因为三个种族之间历史冲突的复发而告终结。然而，亚美尼亚和阿塞拜疆的独立会持续到1920年，该年布尔什维克决定收回关于政治自由的让步，亚美尼亚的独立持续到1921年。其间，所有三个独立民族都在主要参战斗方的干预下直接或间接地卷入大战的高潮阶段。

如果外高加索和它东南方的特兰斯卡斯皮亚（Transcaspia）*没有极具战略价值的资源，以及可以把它们运出来的铁路，这里可能仍会是死水一潭。这里的资源包括高加索的原油，在里海沿岸的巴库（Baku）港加以提炼，以及特兰斯卡斯皮亚土耳其斯坦的棉花作物。在布列斯特－立托夫斯克条约的规定下，布尔什维克俄国被迫把二者按照一定比例提供给德国。当然，布尔什维克自身也需要这些。

---

* 历史名词，大致指今土库曼斯坦和哈萨克斯坦西北地区。——译者注

土耳其也是如此，它一直抱有把说突厥语的特兰斯卡斯皮亚人并入奥斯曼帝国的野心。1918年春，雷霆行动中在东乌克兰和顿涅兹盆地建立了阵地的德军开始列队向东朝着巴库港前进；土耳其人也越过了高加索边境。同时，英军从印度的基地和1907年通过与沙皇俄国的强权协定在波斯南部建立的势力范围出发，进入这一地区。[28]

在大战早期，英印军队创建了所谓的东波斯警戒线（East Persian Cordon），加强了自己在这一地区的存在，目的是阻止德国、奥地利及其土耳其代理人通过阿富汗在印度帝国的西北边境制造麻烦。印度第28骑兵团被调动到这里，以承担东波斯警戒线更广泛的职责[29]，同时建立了一支地方部队——南波斯来复枪部队（South Persian Rifles），在印属俾路支（Indian Baluchistan）和波斯帝国的边境上巡逻。[30] 1918年春，一听说德土部队向外高加索和特兰斯卡斯皮亚进军，英国立刻加强了自己的存在感。1月，邓斯特维尔（Dunsterville）将军指挥的英国装甲汽车部队（Dunseterforce）以巴库为目标，从美索不达米亚向外高加索进军。其后，一支由马勒森（Malleson）将军指挥的印度部队紧随而至，穿过西北边境在里海南岸的波斯城市麦什德（Meshed）建立基地，以期阻止德国或是土耳其对波斯中亚的渗透。

这些部队在广大地域中不过是杯水车薪，但是19世纪早期以来英国和俄国关于中亚影响力的"大博弈"（Great Game）中，双方参与的人数一向很少。随着1880年代中亚汗国和酋长国并入俄罗斯帝国，英国玩弄部族政治的机会受到了限制。到1907年签订"确定了双方与阿富汗、波斯和西藏关系中各自利益"的英俄条约时，双方的这种机会都彻底消失了。[31] 革命使大博弈死灰复燃，而且使博弈者成倍增加。地方部族领袖得到了多达3.5万人的德国和奥匈帝国战俘，各方都希望他们能为己所用，尽管其中那些仍然愿意作战的倾向于与布尔什维克为敌。这些地方领袖在列宁的鼓励下建立起自治政府机构，并组织了一个中里海地区理事会（Central Caspian Directorate）。列宁随后为自己的鼓励感到后悔。其他各方包括布尔什维克本身，以里海顶端的阿斯特拉罕（Astrakhan）和中亚铁路的塔什干（Tashkent）为基地，还有德国和土耳其的军队，他们从东乌克兰和高加索各自的基地向巴库和更远的地方派出军队和外交使节。最后是英国人，邓斯特维尔——鲁德亚德·吉卜林（Rudyard Kipling）的同学和"斯托基故事"（Stalky stories）的主人公——的基本关切是阻止德国和土耳其获得巴库的石油，并协助马勒森切断土耳其与中亚的突厥语民族的联系，防止它利用中亚铁路，并控制它在阿富汗印度西北边境煽动麻烦的欲望。

中亚舞台上的战争戏剧尽管具有耸人听闻的潜力，但有着一个骤然沉寂的结局。邓斯特维尔在9月被土耳其从巴库赶走，这引发了阿塞拜疆敌人对巴库的亚美尼亚人的屠杀。马勒森对中亚的渗透很快被击退，但他在撤走以前，杀害了26名布尔什维克人民委员，他们是在9月被他的突厥语盟友从巴库绑架的。这在俄国共产主义存在期间一直为苏维埃政府把英国谴责为中亚的"帝国主义分子"提供口实。[32] 无论德国还是土耳其对里海地区的干涉都没能维持长久；德国的干涉因为在西线的失败而结束，土耳其的干涉则是因为1918年10月31日停战后其帝国系统的崩溃而结束。

从长期来看，中亚的胜利属于布尔什维克，尽管他们再三考虑后对高加索人民发动的战争会一直持续到1921年，而且他们与中亚突厥语的巴斯玛奇（Basmachi）叛乱者的斗争在此后又延续了许多年。青年土耳其党的恩维尔·帕夏在奥斯曼战败后在其中充当了短暂然而悲剧性的点火人。[33] 不过，中亚的插曲有其意义，英国的试验是外国干涉苏维埃事务的更广泛计划的元素之一，除了对未来数十年中西方与苏维埃政府的关系造成恶劣影响，同时也引人瞩目地阐明了大战收官阶段的外交。

415　　西方协约国——法国、英国，但也包括美国和日本——在1918年全都向俄国派遣了军队。然而，不管苏联历史学家在此后构建的版本如何阐释，没有任何一支军队最初的目标是推翻十月革命的成果。实际上，1918年3月4日，俄国最终签订布列斯特-立托夫斯克条约的次日，第一支在摩尔曼斯克（Murmansk）北部俄国领土登陆的170名英国海军陆战队受到了托洛茨基的鼓励。托洛茨基在两天前致电摩尔曼斯克苏维埃，指示说要接受来自协约国的"任何协助"。[34] 托洛茨基和英国有共同的利益。摩尔曼斯克在1914—1917年间发展为英国战争援助进入俄国的主要港口，这里武器弹药堆积如山。随着反布尔什维克的芬兰人在内战中获得胜利，托洛茨基和英国人都担心芬兰人和他们的德国盟友可能前来夺取物资。芬兰白军也对这一地区怀有野心，很热衷于这么做；正是因为曼纳海姆不赞成如此公然不智的反协约国行为，加上其他理由，导致他放弃指挥权，退居瑞典。托洛茨基尤为担心一旦芬兰人重新武装起来，将会在德国人的协助下进军彼得堡，而英国担心德国人把摩尔曼斯克变成水雷障碍以北的海军基地，德国潜艇有可能从这里出发漫游北大西洋。[35]

托洛茨基也想为他自己的红军获得这些物资，这支部队随着1918年1月29

日旧俄国军队的解散，非常有效地在 2 月 3 日的一项关于创建红军最高指挥的命令下组建起来；很快还将有一项征兵法令出台。[36] 红军是在与真正敌人的对抗中保卫革命，托洛茨基在 1918 年 4 月对中央委员会的一次演讲中把真正的敌人定义为"不是我们可怜的国内阶级敌人"，而是"强大的外部敌人，他们利用庞大的集权机器进行大规模屠杀和灭绝"。[37] 他说的"外部"敌人意味着英国、法国和美国的敌人，也就是说德国人、奥地利人和土耳其人。他们不仅在俄国领土上立足，而且正在加强对乌克兰、顿涅兹和高加索俄国最富庶农业地区和资源产地的控制。因此，迟至 1918 年 4 月，尽管布列斯特－立托夫斯克条约的签订在布尔什维克和俄国的敌人之间实现了理论上的和平，尽管布尔什维克与英国、法国和美国所代表的资本主义体系之间存在意识形态上的敌对，但二者之间仍然存在着共同利益——打败同盟国。

对共同利益的追求在 1917 年 11 月发生了变化，布尔什维克宣布停战并呼吁协约国开始与德国、奥地利和土耳其进行和平磋商。[38] 这一呼吁在 12 月被严肃地拒绝，此时法国和英国因为俄国内部出现了反布尔什维克的抵抗而受到鼓舞，它们向反革命方派遣代表，寄望于他们能够继续列宁和托洛茨基似乎决定要结束的战争。[39] 对共同利益的追求在 1 月份重新开始，结果是布尔什维克于 2 月在布列斯特－立托夫斯克把协约国提供的协助当做从德国取得较优惠条款的工具。在德国强加了条约之后，列宁艰难地在 3 月 15 日使其在第四次全俄苏维埃非常代表大会上获得批准，这使共同利益的追求似乎不可避免地面临终结的命运。[40] 然而，因为德国在乌克兰和更远处沉重的高压占领政策，如果不是随后发生了偶然和不可预见的事件，把布尔什维克和西方置于不可挽回的争执当中的话，这种追求可能仍会一息尚存。

在 1918 年夏天，西方协约国与布尔什维克俄国的敌人纠缠在一起，难以摆脱。这并非协约国的本意。尽管十月革命对它们的事业是灾难性的，而且布尔什维克的计划与其政府不相容，但在现实主义政策制定中占据上风，使它们不会在与控制俄国首都和残余行政系统的政权之间制造不可修复的裂痕，尽管这种行政系统采取了一种陌生的形式。布尔什维克在国内的敌人尽管爱国反德，是传统秩序的支持者，但缺乏组织，彼此不和，并分散在俄国心脏地带的边缘。其中最为重要的一群被称为志愿军（Volunteer Army），这支队伍诞生于 1917 年 11 月，当时沙皇最重要的两位将领，总参谋长阿列克谢耶夫和在 8 月试图重建沙皇权威运动的领导者科尔尼洛夫（Kornilov），从以前最高司令部所在地莫吉廖夫（Mogilev）附近的贝科夫（Bykhov）疏于防备的监狱逃脱，向俄国南部遥远的顿河地区且战且退。[41] 顿河之所以被选择为终点是因为这里是哥萨克部队中绝大部分将士的家乡，哥萨克对沙皇抱有强烈的个人忠诚，使他们看起来最有可能成为举兵反抗彼得堡苏维埃革命的同盟者。然而，志愿军的领袖很快发现，无论顿河还是更远的库班草原上的那些哥萨克军队，要么数量不足，要么组织不佳，都没法对苏维埃力量构成真正的威胁。顿河哥萨克军队的抵抗在1918年2月苏维埃反击的重压之下崩溃，当科尔尼洛夫把规模很小的志愿军撤过库班草原，灾难随之而至。科尔尼洛夫死于流弹，尽管精力充沛的邓尼金（Denikin）接替了他的位置，但这位新领袖发现无法给自己逃难的部队找到基地。[42] 这支部队只有4000人，在4月似乎注定会因为布尔什维克的压力和俄罗斯广阔空间的冷酷无情而四分五裂。

改变了俄国内部即将展开的权力斗争的是11月停火中在乌克兰被释放的捷克斯洛伐克战俘群体，无论是布尔什维克、布尔什维克的俄国敌人还是他们的西方协约国盟友都没有把这支力量的重要性列入考虑。4月，他们开始离开俄国，前往西线加入协约国军。乌克兰在1918年充斥着战俘——德国人和奥匈帝国人，当德国人等待着高歌猛进的德军的解放，两个最大的奥匈帝国战俘群体——波兰人和捷克人，不愿被遣送回国。他们希望通过改变阵营使故乡从帝国的统治下赢得解放。波兰人错误地把赌注下在乌克兰分离主义分子一边，当乌克兰民族委员会拉达（Rada）在布列斯特-立托夫斯克自行与德国签订和约，他们在2月被德国人制服。更加谨慎的捷克人不信任拉达，坚持要求获准通过西伯利亚铁路离俄赴法，他们在3月获得布尔什维克的同意，到5月已经在路上了。[43] 无论英国还是法国，都不会为他们的旅程而感到高兴，前者希望捷克人北上协助保卫摩尔曼斯克，后者则希望他们留在乌克兰与德军作战。捷克人与他们落脚在外国的临时政府领袖马萨里克（Masaryk）和贝奈斯（Benes）保持着直接联系，坚持已见。他们希望到达西伯利亚铁路在太平洋的终点海参崴，从那里坐船去法国。他们决心已定，誓不回头。

虽然如此，1918年5月14日，在西西伯利亚的车里雅宾斯克（Cheliabinsk），在向东行进的捷克人和一些向西返回哈布斯堡军队的匈牙利战俘之间发生了一场争执。[44] 两种爱国主义纠结在一起：捷克人的爱国主义是为了争取一个独立的捷克斯洛伐克，匈牙利人的爱国主义是为了他们在哈布斯堡体系中的特权地位。一名捷克人受伤，袭击他的匈牙利人被处以私刑。当当地的布尔什维克涉入其中恢复秩序，捷克人拿起武器把他们打倒，宣称自己拥有西伯利亚铁路的专用权。因为他们有4万人之多，在从伏尔加到海参崴的整条铁路上有组织地成群结队，怀疑布尔什维克想解除他们的武器，解散他们的组织——这种怀疑是正确的——而且身处一位咄咄逼人的反布尔什维克军官鲁道夫·盖达（Rudolph Gajda）的影响之下，因此他们有能力拒绝其他任何人使用铁路，而且很快在情绪上也想这么做。[45] 失去西伯利亚铁路对于布尔什维克来说是一个严重的挫折，因为他们夺取和保持政权都是基于铁路的。祸不单行，最初在布尔什维克及其国内敌人之间保持中立的捷克人，着手沿着铁路向东发动一系列激烈的局部行动，间接地推翻了西伯利亚的苏维埃政权；"到1918年仲夏，布尔什维克丧失了西伯利亚和乌拉尔（Urals）[就领土而言是俄国的大部分]"[46]。

同时，西方的协约国同盟者热切希望吸收捷克军团到西线服役，开始以资金、武器和鼓励的形式向捷克人提供直接援助，捷克人忽然焕发了在离开俄国前对布尔什维克施以致命一击的热情。同时，俄国的反布尔什维克分子，包括自称为最高统治者的高尔察克（Kolchak）海军上将在西伯利亚的部队、南西伯利亚最初的叛乱旗手邓尼金的志愿军，还有顿河和库班的哥萨克军队，都因为捷克人的成功而受到鼓舞，他们带着重振的信心返回战场。他们与捷克人之间在事业上明显的共性使他们也有权获得协约国的帮助。最初，协约国并非想与布尔什维克为敌，反而有充足的理由不这样做，布尔什维克对于德国、奥地利和土耳其抱有真实的敌意，后者都在俄国的历史领土上作为征服者或是怀有野心的猎食者而存在。然而，到1918年夏末，协约国发现自己实际上与莫斯科的布尔什维克政府处于战争中，它们支持南部和西伯利亚的反革命行动，英国在俄国北部、法国在乌克兰、日本和美国在太平洋沿岸，维持着自己进行干涉的军队。

一场完全附属于大战的战争随之开始了。在俄国北部，一支由令人敬畏、身材高大的英国将领艾恩赛德（Ironside）指挥的法英美混合军队与地方反布尔什维克社会革命党并肩作战，并建立了200英里的防御半径，直到白海的南部。艾恩赛德后来成为帝国总参谋长，据说是约翰·巴肯（John Buchan）极受欢迎的探险小说的主人公理查德·汉内（Richard Hannay）的原型；这支部队在德维纳河（Dvina）的图尔加斯（Tulgas）度过了1918—1919年的冬天，而此时布尔什维克正在组织对抗它的力量。[47] 其间艾恩赛德建立了一支由英国军官指挥的俄国本地部队，这支斯拉夫-不列颠军团得到意大利军的加强，接受了主要兴趣在于吞并俄国领土——这一目标不得不发生转变——的芬兰派遣军的协助，并与波罗的海地区的英国干涉力量的军官通力合作。这些军官包括派往拉脱维亚、爱沙尼亚的波罗的海－德国义勇军——后来的亚历山大陆军元帅说，这是他曾指挥过的最英勇的士兵——和新出现的国家，立陶宛、拉脱维亚和爱沙尼亚的军队，还有沃尔特·考恩（Walter Cowan）海军少将的波罗的海海军军事代表团。[48]考恩的鱼雷艇将在1919年的夏天在喀琅施塔得港（Kronstadt）击沉两艘俄国战舰，这是新生的苏维埃国家海军中留下的最重要的部队。[49]同时，1918年12月，在黑海港口敖德萨（Odessa）和塞瓦斯托波尔（Sevastopol）登陆的法国部队，包括希腊和波兰分遣队，试图建立法国军官指挥之下的俄国本地军团，与白军建立起争吵不断的关系，并陷入与红军不成功的战斗之中。[50]在远东，日本和美国军队都在1918年8月登陆海参崴，加强捷克军团撤离的桥头堡。然后一名法国最高指挥官雅南（Janin）将军抵达这里，对行动进行监督，而英国通过水运给高尔察克的反布尔什维克军队送来了大量军事物资。日军向贝加尔湖（Lake Baikal）前进，美军留在原地。当它们希望协助的捷克人终于在1920年9月从俄国艰难脱身，两支部队都踏上归程。[51]协约国对俄国远东的干涉除了使苏维埃确信西方基本的反布尔什维克政策外，一无所得。

协约国的政策实际上恰与之相反。1918年7月22日，英国首相劳合·乔治告诉战争内阁：" '俄国建立何种政府，无论是共和国、布尔什维克政权还是君主制，都与英国无关。'有迹象表明威尔逊总统的意见与此相同。"[52]法国也一度持有这样的观点；直到4月，法国总参谋部占优势的一派反对向布尔什维克的反对者提供帮助，因为"所谓的爱国群体"因阶级因素支持德国占领军，而"曾经被同盟国欺骗的"布尔什维克"[现在]可能认识到了自己的错误"，至少承诺会继续战斗下去。[53]法国后来成为协约国中反对布尔什维克最为坚决的一个，将会批判这一立场。然而，1918年春，它和英国、美国一样希望布尔什维克重组东线，东线的行动将会减轻协约国在西面可能会失败的压力。但它们也寄望于捷克人重启东面的进攻，使自己逐步陷入与白军的复杂关系中，让问题复杂化，列宁和斯大林其后把这解释为协约国从一开始就对革命抱有彻底的敌意。实际上，协约国极度渴望在法国的进攻高潮中分散德国精力的一切行动，直到1918年仲夏才坚定地反对布尔什维克，而原因是那时迹象明确地显示，布尔什维克偏离了最初的反德政策，转而接受一项使德国放任其生存的政策。

直到仲夏，德国人和协约国一样对如何为了自己的利益在俄国交战双方中取舍而迷惑。军队害怕红军在家乡和前线的影响，要求"清除"布尔什维克。[54]与此相反，尽管和军队一样希望削弱俄国，并最终使之解体，外交部争辩说是布尔什维克接受了"爱国群体"拒绝的布列斯特－立托夫斯克条约，这对德国有利，因此，以牺牲后者为代价支持前者。6月28日，德国皇帝应请求在支持和反对布尔什维克的政策之间做出选择，他接受了外交部的建议，向布尔什维克政府保证无论波罗的海诸国的德国军队还是其芬兰盟友都不会向彼得堡进攻，他们所处的位置能够轻而易举地夺取这里。这项保证使列宁和托洛茨基得以把唯一起作用的军队拉脱维亚来复枪部队沿着西伯利亚铁路在西部的延伸运往乌拉尔。在那里，他们7月底在喀山（Kazan）向捷克军团发动进攻，由此开始了反攻，最终打通铁路，把捷克人向东驱赶向海参崴，把补给和增援带给在南俄和西伯利亚与高尔察克和邓尼金白军作战的红军。[55] 这一反攻导致了布尔什维克在内战中的胜利，这场胜利并未受到协约国最终倒向布尔什维克敌人的影响，而是德国决定允许布尔什维克主义生存下去的积极决定的结果。

西线的战争危机

当一无所知的军队在东方广阔的原野上肆意冲突，西线狭窄阵地的守军正在向战役迫近。沙皇军队的崩溃重新创造出施里芬制定其速胜法国计划时预设的战略条件：不存在俄国威胁的战略间隙，德国能够在通往巴黎的进攻轴线上施加部队数量占优的压力。优势相当可观。德国在东方留下40个次等步兵师和3个骑兵师，守卫布尔什维克在布列斯特－立托夫斯克割让的大片土地。鲁登道夫在西线可以部署192个师，对协约国178个师。[56] 这些部队中包括大部分最初的精锐，近卫军、猎兵部队、普鲁士兵、斯瓦比亚兵（Swabians）和最优秀的巴伐利亚兵。例如，第14军包括第4近卫师、由一些小王国的近卫团组成的第25师、来自普鲁士的第25师，以及一个战时师——第228预备师，这个师由来自勃兰登堡和普鲁士中心地区的团组成。[57] 到战争的第四年，所有部队都经历了很高比例的、一茬又一茬的人员替换；1914年参加战争的骨干伤亡殆尽，一些步兵团遭受超过100%的伤亡。无论如何，作为整体，它们保留了团队精神，得到在东方赢得的一连串胜利的加强。德军只有在西线还没有打倒敌人；1918年春天，皇帝的士兵获得承诺，即将到来的进攻会使胜利的记录最终完成。

德国士兵无法得知的是，尽管他们可能猜到了，他们构成了国家最后的人力储备。英国和法国的情况好不了多少，二者都把步兵师从前一年的12个营缩减到

9个营,而且都缺乏填补行伍空缺的人力资源。然而,他们拥有更为优越的物资储备——英法与德国拥有的飞机数量比是4500∶3670,大炮是18500∶14000,坦克是800∶10——而且,最为重要的是他们可以指望数以百万计的美国人来弥补损失。相反,德国已经把所有平民生活必须占用的劳力之外的、未经训练的适龄男子编入队伍,到1918年7月只能指望征召1900年年龄组;而这些年轻人要到秋天才符合征召条件。因此,1918年3月的兴登堡、鲁登道夫和他们的士兵面临双重压力:必须在新世界的美国人到来之前重整旧世界的秩序,也要在德国成年男子在最后进攻的炼狱中消耗殆尽之前赢得胜利。

最后的进攻可以选择的发起地点有限,长期以来对双方来说一直如此,这是因为西线的行动舞台已经在1914年运动战的结束阶段遍布战壕。法军1915年在阿图瓦和香槟两次尝试突破,1917年在香槟又试了一次。英军则是1916年在索姆河和1917年在佛兰德斯尝试突破。德军只是1916年在凡尔登试图进攻,而那时的目标受到限制。对他们来说,有限目标的时期结束了。如果想要赢得胜利,他们必须摧毁一支敌军,要么是英军,要么是法军。这就只能在再次在凡尔登作出努力和对英军发动进攻之间进行选择。1917年11月德军在蒙斯至关重要的会议上对这两个选项进行了检视。德国王储下辖集团军群的总参谋长冯・德・舒伦贝格(von der Schulenberg)上校在那里提议再一次在自己的前线——包括凡尔登在内——发动进攻。在这片土地上,无论英军遭受多么严重的失败,都无法阻止英国继续战争。然而,如果法军被击溃,西线的形势将会发生转变,而凡尔登前线是最有可能实现这一任务的地点。总参谋部作战部的领导者韦策尔(Wetzell)中校表示赞同,并进一步详述了舒伦贝格的分析:他说,凡尔登就是赢得胜利的合适地点,这场胜利将彻底击溃法军的士气,防止法军在美国的帮助下发动进攻,并且使英国暴露在德国的攻击之下。

鲁登道夫没有采纳上述任何建议。在听完下属的建议后,他宣称德国的力量只能发动一次大规模进攻,并为进攻规定了三个条件:德国必须尽快发动进攻,"赶在美国的强大力量发挥决定性作用之前",这意味着时间是2月末、3月初。目标必须是"击败英国"。他调查了发动这样一次进攻的前线各区,排除了佛兰德斯,宣布进攻"靠近圣康坦看起来有把握"。[58] 这一地区正是去年春天撤往新建立的兴登堡防线的大规模战略开始的地方。在它的前方,是英国人所说的1916年"老索姆战场",遍布弹坑和废弃的战壕。鲁登道夫提议说,德军通过进攻此地,进攻各师能够溯索姆河而上,直逼大海,并迫使英军收缩前线。这一行动代号为

"米夏埃尔"(Michael)。事情就此搁置。后来还有许多关于替代计划的会议和纸面讨论，包括在佛兰德斯发起代号"乔治"(George)、在阿拉斯发动代号"马尔斯"(Mars)和在巴黎附近发动代号"大天使"(Archangel)的进攻。但在1918年1月21日，鲁登道夫在最后一次视察军队后签署了"米夏埃尔"进攻的命令。德国皇帝在当天得到报告。初步的行动指令在1月24日和2月8日下发。3月10日，以兴登堡的名义发布了详细计划："'米夏埃尔'进攻将开始于3月21日。上午9点40突入敌人的第一道防线。"

许多战术指导与战略指令相伴而生。一名巴伐利亚军官赫尔曼·盖尔(Hermann Geyer)上尉在其1918年1月撰写的手册《阵地战中的进攻》(*The Attack in Position Warfare*)中强化了军队关于新的"渗透"(infiltration)概念的想法——尽管德军使用的并非这个词汇——并指出了其中明显存在的困难。"米夏埃尔"行动中德军将使用这一战术。它强调快速前进，而忽略侧翼的安全。[59]"战术突破本身并不是目的，它的目的是制造施展最强大进攻形式的机会，最强大的进攻形式是包围……左顾右盼的步兵很快就会停止前进……必须是最快，而不是最慢的部队决定进攻节奏……必须警告步兵，不能过于依赖渐进弹幕。"[60]引领进攻梯队的专门突击队首要的任务是"推进"。鲁登道夫总结"米夏埃尔"进攻的目标说，不存在一个固定的战略目标。"我们突破一点……剩下的随机应变。我们在俄国就是这么做的。"[61]

进攻部队足够多，他们曾在俄国服役，在对沙皇、克伦斯基和列宁军队的一系列胜利中建立了信心，并把这种信心带到法国。然而，英军与俄军不一样。他们装备更好，训练更加充分，而且到目前为止在西线从未被打败，他们不太可能仅仅因为前线被突破一点而崩溃。不管怎样，鲁登道夫把索姆作为他的主要进攻区域，无意中做出了较好的选择。驻守这里的是第5集团军，从数量上看是黑格的四个集团军中最为弱小的一个，它在帕斯尚尔战役中损失惨重，仍未完全恢复过来。这里的指挥将领休伯特·高夫的指挥技艺声誉不佳，而该集团军守卫的区域是整个英国防区中最易攻难守的。

高夫是一位骑兵将领，是同道中人黑格的爱将，在帕斯尚尔进攻中打头阵，而他的部队承受了伤亡中的很大部分。他麾下的军官认为，他无法协调炮火支援和步兵的进攻，无法把目标限制在可能的范围内，无法终止明显已经失败的战斗，无法在非战斗方面达到像邻近的第2集团军的普卢默一样的标准，正是这些导致了他组织的战役中士兵的伤亡。劳合·乔治在1917年冬天曾试图免去高夫的职务，但黑格的保护使他免遭罢黜。他现在不得不应付两个超出其能力范围的难题。

二者都不是他自己造成的。第一个难题涉及军队的一项重要的重组。在1918年初，英国接受了1915年的德国和1917年的法国认识到的一种必要性，开始把各师的营从12个削减到9个。就提高各师炮火对步兵的比例而言，这种改编部分满足了这一潮流的需要，因此有其合理性。随着战争日益成为大炮而非人员的战争，这种改编认可了重火力支援日益增长的重要性。然而，根本的原因只不过是人力的短缺。战时内阁计算出英国远征军在1918年仅弥补损失就需要61.5万名士兵，尽管实行了征兵制度，但在本土只能征集10万人。[62]除把一些骑兵部队改编为步兵，所采取的权宜之计还有解散145个营，把它们的人员作为增援，补充到剩余的各营中。这使得将近四分之一的营不得不离开服役多年的师，适应不熟悉的指挥官、支援炮组和工兵连，以及新的友邻营。尤其不幸的是，解散和转移的多数营属于高夫的第5集团军，这支部队是最晚建立的，包括了最多的战时组建的资历较浅的部队，改编就落在它们的身上。尽管重组开始于1月，但直到3月初还没有完成，而高夫在非战斗方面的失败导致那时仍有许多整合的工作尚未完成。

高夫还不得不把自己的部队部署在非但易攻难守，而且陌生的战场上。在1917年法国的许多部队崩溃后，为了提供支援，黑格同意接管一部分防线，这里恰好是鲁登道夫为他的春季大攻势选择的区域。高夫因此不得不把防区扩展到索姆河对岸，进入因失于维护而臭名昭著的法国战壕系统，同时试图巩固一年前到达兴登堡防线后英军在旧索姆战场前线临时挖掘的防御工事。他的任务繁重。不仅前线后方的战壕修建得潦草粗率，而且他缺乏改进防区的劳动力。在法国的战争是一场热战，同样也是一场挖掘战，而在他被削减了的部队各步兵营缺少人手的同时，征召来补充步兵工作的专业志愿劳动力也很匮乏。2月，第5集团军的劳动力只有1.8万人；通过无情地从其他地方强征，以及征召中国和意大利工人，工人总数在3月初达到4万人；但主要的挖掘工被用于修筑公路，[63]只有五分之一的可用人手修筑防御工事，结果是：第5集团军的三条防线中，第一条，即"前沿"（Forward）完工了；主要防线"战区"（Battle Zone），很好地建立了据点和炮兵阵地；而作为防御方最后凭借的第三条防线，或者叫"褐线"，只不过刚刚挖开一个"唾沫坑"，意思是说地上只挖开了一脚深，只建立起零星的铁丝网带，只竖立起标明机枪阵地的指示牌。[64]

暴风雨在3月21日早上降临这些潦草的防御。76个一流的德国师组成的密集

1918年德国的进攻

集团对 28 个质量无法相提并论的英国师发起进攻。德国士兵跟随炮火打击向前推进，炮火出其不意，覆盖了 50 英里的前沿。这个早晨的雾气因为使用了毒气——氯气、光气，以及催泪弹而更加浓重。毒气是致命的，而催泪弹是为了刺激英国兵，使他们摘下防毒面具。"浓雾弥漫，到处都是爆炸和刺眼的闪光，外面几码远的地方就看不见了。人们忍受着呼啸的弹雨，等着它过去，但它却永无止息。"皇家陆军医疗队的列兵弗林特（A．H．Flindt）如是写道。[65] 混合着糜烂性芥子气的弹幕持续了五个小时，从上午 4 点 40 直到 9 点 40，直到德国突击队像兴登堡 3 月 10 日的行动命令所规定的那样冲出战壕，通过己方铁丝网的空隙，穿过无人区，开始突破惊呆了的防守方阵地。

"大炮是了不起的平衡力量。"第 1 西约克郡团的列兵雅各布斯（T．Jacobs）写道，他所在的这支部队自一开始就在法国。"没有人能在炮火下坚持三小时而不感觉困倦和麻木。在你被敲打了三个小时后，就等着他来干掉你了。这有点像被麻醉了；你没法做出什么抵抗……我曾经在另外一处前线，我们在那儿奋力抵抗。德国人一开火，我们的大炮就还击，把他们打到哑火，但这次没有以牙还牙。他们对我们为所欲为。"[66]

虽然如此，还是有足够多的英国守军和支援炮火熬过了德军的炮击，在敌军前进时分散抵抗。德国炮手大体上依靠"普尔科夫斯基"（Pulkowski）法——这种方法依赖气象观测——进行盲射，漏掉或是越过了一些关键目标。当德国兵出现在无人区，英军的大炮和机枪阵地活跃起来，而残存的战壕守军冲上胸墙。"我冲上阵地，把德国人看得清清楚楚，"属于基奇纳新军第 9 诺福克郡团的列兵乔利（J．Jolly）写道，"大概二三百码处有一大群过来。他们已经夺走了我们的前沿阵地 [在第 6 师的防区]。我们开火，好像有几百名德国兵从河滩那边过来，但他们可能都被打死了。他们的进攻毫无疑问被阻止了。"[67] 在向北一点儿的诺福克郡团阵地，一名德国军士

> 顶着无力的抵抗继续向前，但是雾气消散，一处机枪阵地向我们射击。有几颗子弹打穿了我的上衣，但没有伤到我。我们都寻找掩蔽所……来自另外一个连的一个排加入我们一起行动，我们打死了六七个人，这是那处阵地的所有人了。我损失了五六个人……我看到右边有向后走的英国俘虏……大约有 120 人——可能是一个连。他们猫着腰，走得很快，以免被打到。我想这些英国人的阵地是由我们刚刚消灭的机枪阵地掩护的，而这群多得多的敌人觉得

最好是投降。[68]

另一处阵地上的英国机枪手运气好得多。"我想我们把他们遏制住了,"列兵帕金森（J. Parkinson）回忆道：

> 我感觉到有什么东西顶着我的后背。我转过身，后面站着一位拿着左轮手枪的德国军官。"过来，汤米。你干得够多了。"我当时转过身，说"非常感谢，先生"。我知道如果是我手里拿着那只左轮枪制住了一名机枪手，自己会干什么，我会要了他的命。他绝对是一位真正的绅士。这时候是10点20。我看了表，所以知道准确的时间。[69]

到这时，德国步兵离开战壕发动进攻仅仅一个小时之后，第5集团军12英里宽的"前沿"防线的几乎所有阵地都被击溃了；只在圣康坦小镇废墟的障碍后面仍有一段防线得到坚守。当德军继续向主战区或者说红线推进，这一段防线也很快陷落。红线的守军更为强大，它在大约中午遭到攻击，有些地方更早些，这里的抵抗更加顽强。德国使用炮火对它进行了打击，然后是渐进弹幕，当德国步兵进入己方的打击区域，炮火支援很自然地落在远处。尽管遭到两翼包围，英军炮兵坚持守住了一些阵地，也对抵抗进攻方发挥了作用。一名德国下士报告了这样一次遭遇：

> 突然，一个炮组从近距离使用开花弹向我们射击，我们不得不卧倒。大家挤作一团，在一处低洼的铁路路堤旁找到掩蔽……我们在鸡叫时已经前进了7到8英里，现在被中口径大炮的直接射击压制。大炮和爆炸的轰鸣声不绝于耳。对这个炮组的一次正面进攻毫无作用……就像炮击忽然开始一样，它忽然悄无声息；我们又能喘口气了。这些炮的炮管仍然发烫。我们看到一些炮手逃跑了。[70]

这个下午，英军丢掉了红线的很大部分，要么是因为守军逃跑，要么是因为进攻的力量过于强大，无法抵抗。阵地最严重的损失出现在圣康坦以南，英军与法国第6集团军交界的地方，这里守卫着瓦兹河和埃纳河的交汇处。因为高夫防区最南面的英国师，第36（阿尔斯特）、第14、第18和第58师放弃了阵地，法军也被迫后撤，再次让出了通往巴黎的道路。在高夫防区的北部，弗莱斯基埃突出部，德军实现了包围，威胁到英国第 3 集团军的安全，有可能切断英军在佛兰德斯的立足点。这里在去年 11 月的康布雷战役后凸向德军防线。因为"米夏埃尔"行动是迫使英国远征军向英吉利海峡的海岸收缩，它现在有望达成目标。事实上，德军在弗莱斯基埃突出部两侧的进攻都是为了将其切断，而非直接占领，因此抓到了更多的俘虏，并在关键的第 5 和第 3 集团军的结合部凿开了一个突破口，由此可以发动向西北方的强大突击。

当 3 月 21 日的夜幕降临，英国远征军遭到了自三年半以前战壕战开始以来第一场真正的失败。19 英里长的前线中，除了由南非旅和三个莱斯特团的营组成的旅英雄般坚守的两处之外，其余前沿阵地全部丢失，很多主阵地也被突破。大炮成批丢失，整支部队投降或是逃往后方，而奋战到底的部队伤亡惨重。总计有 7000 名英国士兵战死，但是有 2.1 万名士兵被俘。这一天发生的事情与 1916 年 7 月 1 日形成对比，当时有 2 万名英国士兵战死，但几乎没有人被俘虏，最高指挥部和新闻界同样宣称获得了胜利。

德国的总死亡人数超过 1 万，多于英国，而受伤人数也更多，有将近 2.9 万人，英国则有 1 万人。尽管如此，"米夏埃尔"行动的这一天毫无疑问是一场德国人的胜利。尽管一些英国营竭尽全力，比如第 7 舍伍德森林居民团有 171 人战死，包括其指挥官，但它们是例外。有 10 名中校战死，这是一些部队决死奋战的明证；但这也是组织涣散的证据，因为这说明指挥官需要把自己置于前线做出最大的牺牲，以便对罢工的士兵以身作则。组织良好的部队即使是在敌人旋风般的进攻中也不会损失如此众多的资深军官，除非下层出现了士气的崩溃或是高层无法提供支援。这两种情况在 3 月 22 日的第 5 集团军中都出现了。许多部队在 1917 年的消耗战中精疲力竭，状态低迷，无法守卫前线。前线的防守支离破碎，而第 5 集团军司令部没有形成合适的计划来应对崩溃。"我必须坦白，"一位老兵在回顾时写道，"1918 年 3 月 21 日德军的突破本不该发生。指挥没有凝聚力，他们没有决心，没有作战的意愿，连和连、营和营之间也不团结。"问题是这场毫无疑问的崩溃，是否与 1917 年春季法军、克伦斯基进攻后俄军和卡波雷托战役后意大利军的崩溃属于同一精神状态的事件。如果把英军包括在内，四支军队都在步兵补充方面，遭到了相对参战人数而言超过 100% 的伤亡，崩溃可能只是因为超过了血肉之躯能够承受的极限。

如果能够感觉到什么差别的话，那就是精神创伤的程度和它被限制的范围。

法军在超过一半的作战部队中出现了崩溃的迹象，花费了一年时间才恢复。意大利军，尽管主要是在伊松佐河前线的部队失控，但经历了一场普遍的危机，始终没有真正恢复过来，不得不由大量英法军队增援。一连串失败、两次革命和国家机构解体之下的俄军全面崩溃并最终解体。英国第5集团军的危机趋势不同，规模更小。它的溃败在性质上毫无疑问更多是精神而非物质上的，从这一意义上来说更像卡波雷托的溃败，但并没有影响到其他三个英国集团军——第3、第2和第1集团军；确实，这场危机很快就被限制在第5集团军内部，仅仅在德军进攻开始一个星期之后，第5集团军就开始恢复并反击。它丢掉了很多阵地，得到了其他英军、法军和一些美国军队的极大补充，但它从来没有停止作为一个组织而运作，同时它的许多部队维持着抵抗、坚守阵地甚至发动反击的意愿。

对于英军，也对于协约国军全体来说，德国进攻中最危急的日子是第三、第四和第五天，即3月24—26日。这几天中，英军与法军被分割，以及整个英军战线被迫向西北，向海峡推移的危险不断增加，这正是鲁登道夫为"米夏埃尔"行动所设计的迫使英军收缩的目标。就像在马恩河战役中一样，前线被突破的幽灵笼罩着法国最高指挥部；但在1914年，霞飞用尽一切办法与英国远征军保持联系，而现在指挥北部法军的贝当服从于自己的恐惧。3月24日上午11点，他在

贝当，在他身后是霞飞、福煦、黑格和潘兴。（ETA）

司令部拜访了黑格，说他担心自己在凡尔登以北遭到攻击，因此无法提供更多的帮助，而且他现在最基本的关注点是保卫巴黎。当黑格问道，拒绝提供进一步帮助的可能后果就是两支军队被分割，贝当是否理解和接受这一点，后者默默地点头。[71] 黑格立即意识到，自己面对着一场协约国内部的危机。不管怎么样，鉴于1914年类似的情势中，是英国陆军部采取措施坚定了约翰·弗伦奇爵士的决心，黑格打电话给陆军部，请求他们使贝当坚定决心。两天后，在亚眠附近正对德军的进攻轴线的杜朗（Doullens），召开了一次没有经过事先准备的英法会议，法国总统庞加莱担任主席，出席的包括法国总理克里蒙梭、英国陆军大臣米尔纳勋爵（Lord Milner），还有贝当、黑格和法军总参谋长福煦。

会议开始时并不顺利。黑格概述了第5集团军的情况，说他已经把以前负责防卫的索姆河以南部分移交给贝当，但现在在此区域无能为力。贝当否认第5集团军已经"被击溃"，而且不够圆滑地把高夫的军队比作卡波雷托的意大利军。在他和帝国总参谋长亨利·威尔森之间发生了争执，最终贝当明言他已经全力以赴提供帮助，现在的目标必须是保卫亚眠。亚眠距离德军到达的最远点只有20英里。一提到这个，始终脾气火爆的福煦爆发了，"我们必须在亚眠前面战斗，我们必须就地战斗……我们绝不能后退一寸"。他的干预恢复了局面。在一些私下里仓促的讨论后，各方突然达成一致，黑格将听命于福煦，后者"负责……协调英军和法军的行动"[72]。这一安排使包括黑格在内的各方都感到满意，自从1915年12月受命指挥英国远征军以来，黑格抗拒对他的绝对独立领导权的任何削弱。福煦的权限在4月3日将会扩大到涵盖"战略行动的方向"，这实际上使他成为协约国军的总司令。

他的任命来得正当其时。到4月5日，德国人在50英里宽的前线上前进了20英里，距离亚眠仅5英里，只有一些包括工兵、铁道兵和一些美国人在内的临时拼凑起来的步兵部队守卫此地。在这样一种危机中，任命一位拥有绝对权限的司令官至关重要，他有权分派法国和英国的预备队到最为紧急的地方去。然而，这一进攻阶段中的德国人也处于危机当中。不仅前进步伐减慢了，他们的前进方向也出现了偏差。

不过，他们没有意识到危机。德国皇帝因为向前的进展而兴高采烈，在3月23日给德国的小学生放假一天庆祝胜利，并授予兴登堡星芒大铁十字勋章，上一枚这样的勋章因击败拿破仑在1815年授予布吕歇尔。然而，一场正在形成的危机已经在地图上展示出来，而且随着时间的流逝日益明显。因为开始阶段最大的胜利是在英军战线的最右侧、在索姆以南英军与法军的结合部获得的，德国最高统帅部现在决定以第 2 和第 8 集团军在这里全力以赴。其目标是切断英法两军的联系，而第 17 集团军将会在两个先头集团军后方和侧翼跟随，第 6 集团军则准备向西北方、向大海推进。[73] 这一命令标志着德军放弃单向、大规模穿插的战略，转而采取三路并进的策略，但三个方向都没有足够的力量实现突破。正如在 1914 年进军巴黎途中，德军的方向根据抵抗最弱的战线随机而变，而非取决于对战果的争取和判断。

军事地理上的偶然因素也开始对德军产生不利影响。越是接近亚眠，他们就越深地陷入老索姆战场的障碍当中，废弃的战壕、残损的公路、遍布弹坑的田野，这是一年前战线的摆动遗留下来的荒野。索姆河战役在 1916 年没能为英国人赢得战争，但它留下的障碍有助于确保英国人在 1918 年不会输掉它。另外，英军的后方堆满了补给物资，一次又一次诱惑前进的德军停住脚步，抢夺战利品满足自己。英国没有受到封锁，而在德国封锁的岁月把最简单的生活必需品变成了稀罕昂贵的商品。阿尔布雷希特·冯·特尔（Albrecht von Thaer）上校记录道，"整个师纵饮饕餮"，以致无法"向前推进，发动至关重要的进攻"。[74]

废墟和抢夺战利品的诱惑可能是与敌军的抵抗一样致命的敌人。然而，在 4 月 4 日，英军在亚眠外围以澳大利亚军发动反击，使德国人雪上加霜。次日，德国最高统帅部认识到"米夏埃尔"行动走到了尽头。"总参谋部不得不做出艰难的决定，永久性放弃对亚眠的攻击……敌军的抵抗超过了我们的力量。"德国估计其有 25 万人伤亡，与英法之和相当，但对那些被挑选来发动"赢得战争"的"皇帝战役"（Kaiser Battles）的师产生的影响却远远超过数字所能计算的代价。"超过 90 个德国师……精疲力竭，士气低落……很多师下降到 2000 人。"[75] 协约国的损失包括了各个种类的部队，从作战步兵到通讯部队，而德国的伤亡发生在无可替代的精锐中。另外，后来在二战中担任希特勒一个集团军指挥官的威廉·冯·莱布（Wilhelm von Leeb）反省道，失败的原因在于，"总参谋部改变了进攻方向。他们根据占领土地的多少而非行动的目标来做出决定"。

鲁登道夫的青年参谋们，包括莱布和特尔，在总参谋部同僚的许可下批评鲁登道夫在"米夏埃尔"行动中犯下的错误。"你们这样喋喋不休是为了什么？"鲁登道夫反唇相讥。"你们想要我怎么做？我现在要不惜一切代价媾和吗？"[76] 对这些问题的思考已经为时不远，但在"米夏埃尔"行动接近尾声时，鲁登道夫拒绝承认受挫，立即着手一项次要的计划，在佛兰德斯对英国发起"乔治"行动。这次行动的目标是伊普尔背后的海峡海岸，这比"米夏埃尔"行动的目标更加容易一些，因为大海距离进攻发起点仅仅60英里；但是英国远征军自从1914年10月就下工夫加固伊普尔前线的防御，这里可能比西线的任何部分都更加坚固，而且英军熟悉战壕的每一个角落和缝隙。

浓雾在4月9日掩盖了他们在准备阶段的调动，再一次帮了德国人的忙，同时他们在重型炮火方面也占据优势，布鲁赫米勒的攻城炮列从南面的索姆战场赶来进行炮火准备。猛烈的炮火在开局时赢得了优势。黑格大为惊恐，以致他在4月11日向第2、第1集团军签发了著名的"无路可退"命令。这一命令写道："我们已经无路可退，我们要相信自己事业的正义性，每个人都必须战斗到最后一刻……每一处阵地都必须坚持到最后一人。绝不允许后撤。"尽管如此，但后撤在所难免。这部分是因为现在掌握分配预备队全权的福煦，严苛然而正确地认为英军可以在没有法军帮助的情况下生存下来，而且必须依靠自己的预备部队作战。大无畏的比利时军接管了一部分英军防线，皇家飞行队不顾恶劣的飞行天气，活跃地提供近距离支援，而英国机枪手发现了大量可以射杀的目标，德国步兵几乎是以1914年的风格坚持进攻。4月24日，在伊普尔以南，德军成功地发动了大战中为数不多的几次坦克攻击中的一次，但数量和质量上都占优势的英军坦克很快遏制了他们的前进并将其击退。4月25日，德军成功占领了佛兰德斯的一个制高点，肯默尔山；在4月29日则占领了另一个制高点舍尔彭贝格（Scherpenberg）。但这些成功标志着他们前进的极限。4月29日，鲁登道夫接受现实，就像在一个月以前的索姆一样，他已经用尽全力，不得不停下来。德国官方的历史记载道："进攻没有突破至决定性的卡塞尔高地和蒙特迪卡，德军如果能够占领这里，就能够迫使[英军]撤出伊普尔突出部和伊瑟河阵地。不可能再采取什么大规模战略行动，没能到达海峡的港口。第二次大规模进攻没能带来期望的结果。"[77]

德国的第二次进攻中最引人瞩目的事件是"红色男爵"曼弗雷德·冯·里希特霍芬在4月21日的行动中战死，他是空中部队的领袖，80次赢得空战的胜利，高踞大战中所有国家空中战士的榜首。然而，空中行动对于战事胜败的影响是微不足道的，虽然在1918年，对于空中力量的投入在国家军事资源的分配中开始变得非常醒目。因此，"皇帝战役"真正的人文内涵更好地反映在4月份德军医疗报告的平衡表中，它反映了从3月21日到4月10日之间的情况。三个主攻集团军"损失了最初力量的五分之一，或者说303450人"。更糟糕的还在后面。4月份在佛兰德斯对英军发动的进攻最终损失了第4、第6集团军全部80万人中的12万

交通壕中的德国步兵，第三次德国进攻，1918 年 5 月（AKG）

人。4 月中旬第 6 集团军的一份报告警告说："部队不会遵守命令发动进攻。进攻必须停止。"[78]

在北部受挫后，鲁登道夫决定把目标转移到法军。从 3 月取得的巨大进展造成的伊普尔突出部的前端，他可以选择像最初的计划预期的那样向西北，或者是西南方向进攻。军事逻辑本身倾向于前者，这将会威胁到英军的后方和海峡港口。然而，向西南进攻能够获得乡村的谷物，这里也提供了沿着瓦兹河谷向前推进的进攻轴线，还有占领巴黎的诱惑，它坐落在仅仅 70 英里之外。在巴黎和德军之间横亘着贵妇小道岭，去年 5 月，尼韦勒攻势在这里触礁。但尼韦勒的进攻是老式的，在准备炮火之后步兵成梯队发动进攻。鲁登道夫相信自己的新式进攻能够击破法军的防守。另外，他也希望如果能够吸引足够的敌军预备队到巴黎前线，会在北部创造出恢复进攻的机会。一种被协约国称为"胖妇人"（Big Bertha）的长射程大炮投入部署，把巴黎置于德军的直接攻击之下。这种大炮的射程达到 75 英里，炮弹落入巴黎市内，带来了不是客观上，就是精神上相当可观的效果。

为了这第三次进攻，前线集结到目前为止数量最多的炮火，6000 门大炮，200 万发炮弹。[79] 5 月 27 日上午，所有炮弹在四个小时多一点的时间里倾泻在 16 个协约国师的头上，其中包括 3 个在 3 月和 4 月的战役中精疲力竭、撤到贵妇小道休整的英国师。炮击一停止，德国第 6 集团军的 15 个师和 25 个后继师趟过一系列河流，到达山脊，翻过山岭并继续沿着反面的斜坡抵达山背后的平原。按照计划,当到达开阔的农村,德军应该停止前进,为在北面恢复进攻做准备,但机会太过诱人,无法抗拒。鲁登道夫决定充分利用前两天的战果,在接下来的五天里把部队一直推进到苏瓦松(Soissons)和蒂耶里堡(Chateau-Thierry),直到他的前哨距离法国首都仅15英里。协约国竭力拖延使用预备队,避免与德军进行殊死决战,尽管如此,还是不得不在5月28日投入3个师,29日投入5个师,30日投入8个师,31日投入4个师,6月1日投入5个师,6月3日投入另外2个师。这些部队包括第3和第2美国师,后者包括美国海军陆战队的一个旅,这是美国步兵中最为精锐的部分。在6月4日的贝洛森林(Belleau Wood)之战和其后的日子里,海军陆战队顽强地阻挡德军接近通往兰斯的道路,赢得了不屈不挠的名声。如果占领了兰斯,德军将会使支持进攻的铁路运载能力增加不止一倍。在该战役的早期阶段,穿过美军阵地的法国军队建议一位海军陆战队军官,他们也应该撤退。"撤退?"劳埃德·威廉姆斯(Lloyd Williams)上尉回答道,"见鬼,我们才刚刚到这儿。"这句话成了海军陆战队神话的一部分。[80]

海军陆战队在贝洛森林的反击为法军、英军以及美军对敌军威胁巴黎而做出的全面反击做出了贡献,但也只是它的一部分。协约国所不知道的是,面对不断增强的抵抗,德国人在6月3日已经决定停止第三次进攻,这也是再一次因为先头部队已经把补给车队甩在身后,补给车队远远落后于前进的步兵及其支援炮兵。德军也损失了成百上千的士兵,虽然法国、英国和美国的损失与之相当,但协约国保持着弥补伤亡的能力,而他们已经没有余力了。法国经过一年事实上的休战之后,得以在一个新的年度组别中征召士兵。英国步兵的力量在持续不断的战斗中耗损,处于绝对下降当中(从1917年7月的75.4万下降到1918年6月的54.3万),但在法国的美军每月接收25万名新兵,在战区或是后方有25个组织好的师。[81]在美国本土正在组建另外55个师。

6月9日,鲁登道夫重启攻势,对瓦兹河的一条支流麦兹河(Matz)发动进攻,试图诱使法军预备部队向南移动,但也是为了拓宽现在巴黎和佛兰德斯之间向西凸起的突出部。他现在仍未下定决心是按照最初的意图攻击英军的后方,使进攻部队向突出部的北面边缘推进,还是向南进攻,向法国首都推进。麦兹河战役无论如何都是一场有限的进攻,当法军在美军的协助下发动反击并遏制了德军最初的推进后,战役很快就停止了。德军无法持续施压也是因为受到所谓"西班牙流感"的第一次爆发的妨碍。实际上,这是一种起源于非洲南部的世界性流行病,在秋天会再次爆发,给欧洲带来毁灭性的灾难。在6月,流感击倒了将近50

万名德国士兵，他们的抵抗力因为糟糕的饮食而低下，远远不及另一侧战壕中营养充足的协约国军队。

因为麾下部队的力量下降到没法再指望集结优势力量发动进攻，鲁登道夫现在不得不做出决定性的选择，要么在佛兰德斯向英军发动进攻，重要但难度更高，要么向巴黎推进，比较容易但重要性较为有限。他耗费了将近一个月来下定决心，在这一个月里，德国领导层在斯帕召开会议，评估战争的进程和国家的战争目的。国内已经极其困乏，但仍有一场引进"全面战时经济"的讨论。尽管前线的情况几近绝望，皇帝、政府和统帅部在7月3日一致认为，全面占有东线获得的领土，合并卢森堡和法国洛林的铁、煤产地是结束西线战争的必要和最低条件。7月13日，帝国国会为了表示对战略方向和进展的信心，第十二次表决通过了战时信贷。[82] 外交部长在7月8日被迫去职，他曾警告说现在战争已经无法"仅仅通过军事结果"来结束。[83]

鲁登道夫坚持军事的决定作用，并在7月15日把剩下的所有部队，52个师投入对法军的进攻。巴黎的诱惑不可抗拒。进攻最初进展顺利。然而，法国得到了情报和观察专家的预警，激情似火的芒然将军指挥着第一线的18个师，于7月18日在维莱科特雷（Villers-Cottêrets）发动猛烈反击。鲁登道夫在这一天赶赴蒙斯，去讨论把部队转移到佛兰德斯，对英军发动推迟已久的进攻。他因为法军的进攻匆匆返回，但已经无能为力。法国军队的战列中包括5个庞大的美国师，每师达2.8万人之多，而且这些新来的部队以开战以来西线罕见的不计伤亡的方式战斗。7月18/19日夜，三天以前越过马恩河的德国先头部队撤回对岸，而且在接下来的日子里一直撤退。被法国人称为第二次马恩河战役的德军第五次进攻一蹶不振，再也没有死灰复燃的可能。针对英军佛兰德斯的进攻也不可能实施。德国统帅部计算仅补充到目前为止进攻中的损失就需要每月20万人，但即使征召下一年度的18岁年龄组，也只能征集30万人。唯一的其他来源是医院，每个月提供7万名康复士兵，这些人的健康和战斗意志都不可靠。在六个月里，士兵人数从510万下降到420万，即使每一后备部队都被仔细梳理，部队的作战力量仍然无法增加。实际上，师的数量减少了，较弱的师被解散以补充较强的。[84]

军队对于指挥的不满逐渐显露。尽管兴登堡仍然是不容指摘的名义领袖，但鲁登道夫缺乏创造性和重复的前沿进攻战略现在引起了总参谋部内部的批评。作为对第二次马恩河战役的失败的回应，伟大的战术专家洛斯伯格论证说军队应该撤退到1917年的齐格菲防线，而尼曼（Niemann）少校在7月20日散发文件，

进行A7V坦克训练的德国步兵，1918年4月15日（RHPL）

倡议立即开始与协约国媾和。鲁登道夫戏剧性地提交辞呈，但当协约国没有在马恩乘胜追击，他恢复了镇定。他说，洛斯伯格撤退的要求毫无根据，没有迹象表明协约国能够突破德国的防线。[85]

如果战争的物质环境还像前几年那样，鲁登道夫的分析或许会被证明是正确的，但世易时移，一支无法弥补损失的德军现在面对的新敌人，是有400万新鲜血液正在行动或训练的美军。更加迫在眉睫的是，它的老对头英军和法军现在有了使用新技术的部队、坦克部队。这改变了交战的形式。德军没能匹敌协约国在坦克方面的发展，必须被视为他们在战争中最为糟糕的军事失算之一。他们自己的计划实施得太晚，也缺乏想象力，其产物是畸形的A7V，乘员12人，由轻工兵操纵引擎，步兵操纵机关枪，炮兵操纵火炮。另外，工业上的迟滞限制了A7V的产量，只有几十辆，所以德国坦克部队主要依赖从法军和英军缴获的170辆坦克。[86]相比之下，英法两国在1918年8月各自拥有数百辆坦克。法国坦克部队中包括了13吨重的施耐德－克勒索（Schneider-Creusot）型，配备75毫米火炮，而英军除了一些轻型快速坦克，拥有500辆马克Ⅳ和马克Ⅴ型坦克的庞大集群，这种坦克在平地上的速度可达每小时5英里，并对可行目标发动加农炮和机枪的集中火力打击。

鲁登道夫在7月相信自己仍有权力选择对英军还是法军发动进攻，但这只是一个坏到无从想象的错觉。当他精疲力竭的步兵和马拉火炮在马恩残破不堪的战场上艰难前行,福煦和黑格在亚眠前方集中了强大的装甲力量,包括 530 辆英国坦克和 70 辆法国坦克,意图击破德军在 3 月份前进时急就章般建立的防线,重返原来的索姆战场,并侵入德军后方。进攻在 8 月 8 日开始,加拿大和澳大利亚军为坦克进攻提供步兵支援。黑格现在对使用这两支殖民地部队作为行动箭头的依赖日益增长,他们未曾经历 1916 年的大规模流血牺牲。四天之内,大部分旧索姆战场被夺回,到 8 月底,协约国军一直抵达兴登堡防线的外垒,他们在 3 月的德军进攻中被迫从此地后撤。一些进展得益于德军的有意后撤,他们既缺乏力量,也没有信心在 1917 年准备就绪的阵地之外进行坚守。实际上,洛斯伯格在 9 月 6 日建议鲁登道夫,除非撤退到近 50 英里后的默兹河防线,情况才可能好转。然而,他的建议被拒绝,9 月份剩余的时间里,德军在兴登堡防线内外巩固阵地。

同时,日益强大的美国军队在行动中发挥了越来越重要的作用。8 月 30 日,约翰·潘兴将军终于达成建立美国第 1 集团军的心愿。此前,尽管他抱着把美国军队集中在一起,作为一个具有赢得战争潜力的独立整体的心愿,但还是勉强同意零散地出借部队,甚至是单独的分队。美国第 1 集团军立即被部署在凡尔登南,对面就是地形复杂、潦水横溢的圣米耶勒突出部,这里自 1914 年以来就处于德国人的控制之下。12 月 12 日,战争以来第一次全部由美国人发动的进攻开始了。对面的德军在退守兴登堡防线的命令下正准备放弃这个突出部,但在出其不意的打击下遭受惨败。在仅一天的战斗中,美国第 1 和第 4 军在 2900 门大炮的掩护下,

前进中的美国步兵,1918 年秋季 (AKG)

突破兴登堡防线：前进中的英国步兵，1918年9月29日（AKG）

把德军赶出阵地，缴获了466门炮，俘获了13251名俘虏。法军在对美国人的"高昂士气"表示敬意的同时，不礼貌地把他们的胜利归因于与他们交手的是正在撤退的德军。许多德国士兵确实非常乐于投降，虽然如此，潘兴的军队赢得了一场毫无疑问的胜利。[87]

鲁登道夫向美军给予了法国人拒绝给予的敬意。他把军中不断增长的心神不宁和困扰它的"失败的阴影"归因于"前线每天都在到来的美国人的绝对数量"。确实，美国兵打得是不是漂亮并不重要。尽管老练的法国和英国军官关于他们的热情超过效率的评价是正确的，但关键的是他们的到来对于敌军产生的影响，敌人为此深感沮丧。在四年的战争中，德军摧毁了沙皇的军队，痛击意大利和罗马尼亚军，使法国人士气低落，至少使英军没能干脆利落地取得胜利，但现在却面临一支敌军，它的士兵数量如雨后春笋，难以计数，仿佛播种在土里的龙牙。过去，德国对于胜利的希望基于可以计算出的力量对比，美国军队的干预使这种计算失去了意义。德国的剩余资源中找不到足够的力量反击数以百万计横渡大西洋而来的美国兵，未来的努力毫无意义，这种随之而来的感觉腐蚀了普通德国士兵履行职责的决心。

正是在这种情绪中，在9月，西线的德军撤回最后的防线，即兴登堡防线。这条防线的大部分沿着1914年的战斗划定的最初的西线，在其后的几年中得到极大的巩固，尤其是1917年春季德军从索姆撤退后要塞化的中央部分。9月26日，为了回应福煦"所有人都去战斗"的号召,英军、法军、比利时军和美军以 123 个师(另外 57 个师作为预备队)对 197 个德国师发起进攻;按照协约国的情报,这些德国师中,只有 51 个具有完全的作战能力。

8月8日,英法的无敌坦克部队碾压亚眠前线,鲁登道夫称之为"德国陆军的黑暗之日"。9月28日则是他自己的黑暗之日。在平静无波的面孔和魁伟坚实的身躯之下,鲁登道夫是一个情绪易于波动的人。"你不了解鲁登道夫,"德国总理霍尔维格在战争早些时候告诉海军内阁的首脑,"他只有在春风得意时才很了不起。如果事情变遭了,他就会丧失勇气。"[88]这种判断并不完全公允。鲁登道夫在 1914 年 8 月的关键时日里保持镇定,做出了决定性的努力。然而,现在他丧失了一切勇气,代之以"对于皇帝、国会、海军和大后方妄想狂般的愤怒"[89]。参谋们关上他办公室的门,掩盖他的咆哮声,直到他恢复了一种精疲力竭的镇定。6 点钟,他来到楼下兴登堡的房间。他在那里告诉年迈的陆军元帅,除了寻求停战,别无他法。西线的阵地被突破,军队拒绝继续作战,平民丧失信心,政治家们要求和平。兴登堡沉默地用双手握住他的右手,然后分开,"就像人们埋葬了自己最宝贵的希望"[90]。

国内的后果紧随而至。9 月 29 日,德国的盟友保加利亚开始与英法协商在萨洛尼卡停火,在这一天,德军统帅部在斯帕接待了皇帝、首相冯·赫特林(von

突破兴登堡防线:前进中的英国马克 IV 型坦克,1918 年 9 月 29 日(AKG)

Hertling)、外交部长冯·欣策（von Hintze），他们建议现在必须制订自己的和平条款。1918年1月8日，美国总统威尔逊向国会提交了十四点计划，希望以此为基础为交战各方达成体面的和平，建立未来的世界和平。德国领导人现在正是试图以十四点计划为基础接近协约国。欣策提出，考虑到德国内部国会各党派之间的混乱，任何成功的协商结果都需要要么是独裁，要么是全面民主的建立。会议认为只有民主化才能说服协约国让步，使它们同意领袖们仍然抱有希望的条件——包括保留部分阿尔萨斯－洛林和一个德属波兰——并据此接受了首相赫特林的辞职。10月3日，皇帝任命温和的巴登的马克斯亲王（Prince Max of Baden）接替他的职务，马克斯是一位众所周知的协商和平提倡者和德国红十字会的重要人物。他也是鲁登道夫的对手，第一个行动就是确保兴登堡书面承认，"再没有机会以武力使敌人接受和平"[91]。他这么做是深谋远虑的，因为在10月初，鲁登道夫开始恢复镇定。当马克斯说服广泛的政党加入他的政府，包括多数社会党（Majority Socialists），当他确保国会拥有那些总是被君主制用来否定它的权力，包括任命陆军大臣和宣战、媾和，鲁登道夫开始谈论继续抵抗和拒绝威尔逊的条件。马克斯的这些措施在10月16日以一种似乎要求废弃君主制的术语得到重申，因为那些"独裁权力"之一威胁到"世界的和平"，美国总统宣布它是自己无法调和的敌人。

在9月底短暂的士气崩溃之后，前线的军队确实恢复了些许旧的精神，并抵抗协约国军向德国防线的推进。9月底，从战壕返回的士兵嘲讽那些走向前线的士兵，称之为"工贼"。在水体障碍很多的佛兰德斯，法国军队被阻止了一段时间，令福煦大为光火。在这种情况下，鲁登道夫在10月24日向部队发表公告，事实上否定了首相的权威，并拒绝威尔逊的和平提议。他认为威尔逊计划的本质是"一项无条件投降的要求。因此对我们战士来说是不可接受的。它证实了敌人摧毁我们的欲望，这种欲望在1914年挑起了战争，至今仍然存在。因此对我们战士来说，[它]除了继续全力抵抗的挑战之外，什么也不是"[92]。

总参谋部的一位军官试图在这份公告发表之前压下它。然而，有一份公告错误地发到了东线的指挥部，那里的电报员是一位独立社会主义党人，他把它转送给柏林的党组织。公告在中午被刊发出来，使国会一片喧嚣。马克斯因为这种桀骜不驯——鲁登道夫典型地试图反悔——而火冒三丈，当面与皇帝对质，要求他在鲁登道夫与自己之间做出选择。当鲁登道夫和兴登堡在10月25日抵达柏林——他们离开司令部都违反了首相的明确指令——鲁登道夫被告知到皇帝居住的夏洛滕堡宫（Schloss Bellevue）报到，并于10月26日在那里被迫递交辞呈。辞呈被以最简短的词汇接受，而且没有感谢之辞。兴登堡也提交辞呈，但被拒绝。当这两位战士离开皇宫，鲁登道夫拒绝登上兴登堡的汽车，独自回到妻子下榻的旅馆。他跌坐在椅子里，沉默半晌，然后唤醒自己，预测道："你会看到，在两个星期内，我们就不会再有帝国了，也不会有皇帝。"[93]

帝国的崩塌

鲁登道夫的预测毫厘不爽。然而，等德国皇帝威廉二世在11月9日宣布退位的时候，另外两个帝国，奥斯曼帝国和哈布斯堡帝国也已经在寻求和平。土耳其即将来临的崩溃变得众目昭彰已经有一段时间了。在加利波利和库特的胜利之后，土耳其军队的生命力逐渐消退。在高加索与俄军持续不断的战斗损耗了它的力量，而行政能力的长期低下使其无法获得补充。尽管师的数量在战争中翻倍，从36个师增长为70个师，但同时存在的师从未超过40个，而且到1918年，各师都很虚弱，有一些还不及英国的旅强大。另外，在麦加的谢里夫·侯赛因起义之后，阿拉伯部队的忠诚受到怀疑，这使1916年的反叛规模升级。侯赛因的阿拉伯军队在后来名声大噪的联络官劳伦斯（T. E. Laurence）上校指导下，在阿拉伯半岛和巴勒斯坦对土耳其人的侧翼展开行动，从主要的战役前线吸引了数量可观的军队。然而，最重要的战斗仍由主要是印度士兵的部队在美索不达米亚展开；在巴勒斯坦作战的则是以埃及为基地的英国军队，其后将有大量澳大利亚和新西兰骑兵加入其中。

土耳其行政中心巴格达以南的美索不达米亚在1917年被英军占领，1918年下半年，他们前进到石油中心摩苏尔（Mosul）。然而，对土耳其进攻的焦点是在巴勒斯坦，在那里，英军于1917年在西奈沙漠另一侧的加沙建立了立足点。英军对土耳其加沙防线的几次进攻使土耳其人撤出阵地，12月9日，耶路撒冷沦陷。1918年，英军指挥官艾伦比（Allenby）重新组织了部队，进入巴勒斯坦北部，在那里，到9月，他们与土耳其人在美吉多（Megiddo）对峙，此地是历史上有记载的第一场战役发生的地方。艾伦比在9月19—21日的突破导致土耳其抵抗的崩溃。10月30日，也就是鲁登道夫去职五天之后，土耳其政府在爱琴海利姆诺斯岛的摩德洛斯签订停战协议，四十二个月前，加利波利远征就是在这里开始的。

如果说不是全部对手的话，奥地利的强硬对手是大地，而非令人轻视的敌人意大利。卡波雷托的胜利把意大利人驱赶到波河平原，甚至威尼斯也一度受到威胁，其后哈布斯堡帝国的能量逐渐耗尽。冷酷无情的独裁者卡多尔纳被撤职，意大利军得到重组，重拾信心。然而，真正保卫这个国家的变成了英军和法军，二者在卡波雷托惨败之后立即派遣数量可观的分遣队前往意大利前线，而且尽管英法军1918年撤回西线应付危机，但它们成功地在那里维持了大量军队。6月24日，在俄国崩溃后得以扩充军队数量的奥地利军试图从北部山区和皮亚韦河两路出击，这里是卡波雷托战役后意大利军停止后撤的防线。两路攻击都很快被遏制，在皮亚韦河的进攻受到不合时令的洪水影响，洪水冲垮了奥地利军的浮桥。奥地利统帅部拒绝接受以大自然的干预为失败的借口。康拉德·冯·赫岑多夫被解除指挥权，年轻的卡尔一世皇帝开始寻求以政治而非军事手段保全自己的帝国。10月16日，也就是他向威尔逊总统表示愿意参与停火之后两个星期，他向人民发布声明，实际上把国家变成一个民族联邦。

这个声明来得太晚了。10月6日，他的塞尔维亚、克罗地亚、斯洛文尼亚臣民已经组成了南斯拉夫临时政府。10月7日，哈布斯堡波兰人与以前被德国、俄国统治的民族兄弟宣布成立自由独立的波兰。10月28日，捷克斯洛伐克共和国在布拉格宣布成立。10月30日，卡尔一世皇帝的德意志臣民，其统治的最终支柱在国民代表大会上宣布拥有为一个新的德奥国家决定外交政策的自由。匈牙利在宪法上是一个独立的王国，在11月1日宣布了同样内容。帝国的其他民族，罗塞尼亚人和罗马尼亚人也正在为自己的未来做出安排。他们所有穿制服的代表都已经开始放弃抵抗，在一些情况下，他们扔掉武器，穿过帝国分裂而成的新国家的领土返回家乡。[94] 在这种情况下，意大利总司令迪亚兹在10月24日发动了所谓的维托里奥威尼托（Vittorio Veneto）战役。在英法两军的大范围帮助下，意大利军再次成功渡过皮亚韦河，向前推进，战役在一周之后结束于奥地利的领土上。奥地利人艰难地于11月1日在战场上开始了停战协商，在11月3日达成停火。意大利人直到第二天才认可停火，在这个间隙中，30万奥地利士兵沦为俘虏。[95]

因此，到11月的第一个星期，德国成为同盟国中硕果仅存的交战者。随着战争穿过1914年的战场，向比利时和德国边境靠近，法国、英国、美国和比利时人对压力之下的德军的抵抗变得强硬。在河流和运河处战斗激烈，伤亡增多——最后的牺牲者中包括了英国诗人威尔弗雷德·欧文（Wilfred Owen），11月4日，他在渡过桑布尔河时战死——对于在前线交战中的协约国士兵来说，战争看起来存在延长的威胁。然而，在德国后方，抵抗正在崩溃。10月30日，受命为了荣誉最后一次出击的德国公海舰队水兵发动兵变，拒绝点燃锅炉。因镇压违纪者导致叛乱士兵冲进弹药室，抢夺武器走上街头。[96]到11月3日，也就是奥地利接受停战的那天，基尔港（Kiel）落入号召革命的叛乱者手中，第二天，港口司令普鲁士的亨利亲王（Prince Henry of Prussia），皇帝的兄弟，不得不化装逃出城市。

皇帝已经在10月29日离开柏林，前往位于比利时斯帕的统帅部，以求靠近军队，并避开不断增加的退位压力，他相信自己仍然可以依赖军队的忠诚。他离开柏林是很明智的，因为在11月第二个星期初，首都的权力很快不可挽回地从旧的帝国机构转移到革命力量手中。马克斯作为首相的最后成就是确保任命温和的威廉·格勒纳（Wilhelm Groener）将军作为鲁登道夫职务的继承者，并坚持组织包括平民和军队的代表团与敌方协商谈判。因此，他保证了停战协议既是军事的，也是政治的行动，因而军人也就无法通过反对其政治条款而置身其外。这是他为德国的未来做出的最后贡献。11月9日，柏林一片动荡，温和的政治家受到跟随德国布尔什维克领袖卡尔·李卜克内西（Karl Liebknecht）和罗莎·卢森堡（Rosa Luxemburg）的街头大众的恐吓，马克斯把首相之职移交给社会民主党人弗里德里希·艾伯特。[97]

同一天，在斯帕的皇帝面临自身权力的废黜。他一如既往地不切实际，把此前在统帅部的十天用于幻想使用军队对抗人民，而忘了现在他的士兵唯一想要的是结束战争，他们甚至就在斯帕与革命者联合。社会民主党的领袖艾伯特是一位爱国者，甚至是一位君权主义者，他反对革命。然而，到11月7日，他意识到除非接受不断增加的街头革命的要求，否则他的党将永远名声扫地。这些要求中包括皇帝退位。当晚，他警告马克斯，"皇帝必须退位，否则将出现革命"。马克斯在打给斯帕的电话中向皇帝重复了这一警告，好像是为了婉转些，他对皇帝说话时既是首相，也是亲人："你的退位对于从内战中挽救德国来说是必要的。"[98]皇帝拒绝聆听，又一次威胁使用军队对付民众，以拒绝考虑马克斯辞任首相结束了谈话，而马克斯自己知道这是无法避免的一步。"你提出了停战，"威廉二世说，"那么就必须由你接受那些条件。"然后挂掉了电话。

德国停战代表团已经穿过了敌军的防线，在巴黎城外贡比涅森林的雷通德（Rethondes）与法国代表会面。然而，代表们无法取得进展，除非退位问题和首相的职位问题得到解决。停战条款已经由福煦交给德国代表，这些条款很严苛。条款要求德国撤出所有占领的土地，包括1871年以来归属德国的阿尔萨斯－洛林，所有军事力量撤出莱茵河西岸和在东岸美因茨（Mainz）、科布伦茨（Coblenz）和

448 科隆（Cologne）的三个桥头堡；交出数量巨大的军事装备，公海舰队的所有潜艇和主力舰由协约国扣押；废除布列斯特－立托夫斯克条约和布加勒斯特条约，德国根据这两个条约占领了东方的领土；支付战争赔偿；而且，最关键的是，继续接受协约国的封锁。[99] 随着事态的发展，封锁的继续最终确保德国遵守比凡尔赛会议上的停火条款更加严苛的和平条款。

当身在雷通德的代表们等待将会是德国的哪种力量给予他们在停战文件上签字的权力，柏林和斯帕的事态各自独立地展开。在柏林，11月9日，巴登的马克斯把首相职权交给艾伯特，此时已经没有其他可移交权力的人选了。街头充斥着革命的暴徒，其中许多是身着制服的士兵，而社会民主党的政治敌人，卡尔·李卜克内西和罗莎·卢森堡已经宣告成立一个"自由的社会主义共和国"，也就是一个布尔什维克国家。马克斯和艾伯特之间的最后一次会议很简短。"艾伯特先生，"这位皇帝的姻兄弟宣布，"我把德意志帝国交给你守护。"新首相回答道："我已经为了这个帝国失去了两个儿子。"[100] 德国的许多父母都可能会说同样的话。

11月9日，在斯帕，皇帝会晤了军队的领袖，军队是霍亨索伦王朝赖以获取权力的机构，它也总是指望军队来维持尊严和权威。威廉二世仍然相信，无论柏林政治家的交易是何等不忠，无论对于命令的藐视怎样扰乱了街头，他穿制服的臣民对于军事服从的誓言仍然会保持忠诚。甚至在11月9日，他仍然在哄骗自己可以用军队来对抗人民，通过德国人的自相残杀可以保存皇室。[101] 他的将军们知道并非如此。兴登堡，面无表情的巨人，沉默地听完他的话。格罗纳（Groener），一位平淡无奇的运输军官、中士的儿子、鲁登道夫的继任者，找到了说点什么的感觉。他从周围50名团级指挥官那里知道，士兵们现在想要的"只有一件事——尽早停战"。对于霍亨索伦皇室来说，停战的代价就是皇帝的退位。皇帝越听越觉得无法相信。那么，他问道，入伍宣誓（Fahneneide）呢？这些誓言写在团旗上，使德国士兵宁愿死也不会拒绝执行命令。格罗纳说出了那些说不出口的话："在今
449 天，那些宣誓不过是说说而已。"[102]

霍亨索伦王室的倒台很快成为定局。因为与作为德国路德教会首领的地位相抵触，威廉二世拒绝了在战壕中寻求一死的建议，在11月10日坐火车前往荷兰。他抵达多尔恩（Doorn）城堡时，要求"一杯英国好茶"。他在那里度过了许多年的放逐生活，直到德国占领尼德兰后，希特勒在大门口为他提供了仪仗队。11月28日，他签署退位法案。他的六个儿子都发誓不再继承，霍亨索伦王朝由此切断

了与德国国家领导地位,甚至是普鲁士王冠的联系。

此时,实际上德国已经是一个共和国了,共和国在11月9日宣布成立,尽管直到1919年2月才由弗里德里希·艾伯特就任总统。但这个共和国有名无实,缺乏任何政治实体必需的组成成分,也没有保卫自己的军事力量。旧帝国军队最后一次遵守命令的行为是穿过德国与法国、比利时的边界返回国内。一旦回到故土,士兵们就丢弃军服、武器,回到家中。但这没有使武装分子从德国共和国消失。正如在中东欧面貌大变的政治地理中的其他地方——在新的波兰、芬兰、爱沙尼亚、拉脱维亚和立陶宛,在名义上君主制的匈牙利,在德国和奥地利——到处充斥着忠于新旧正统或是革命意识形态的士兵群体。民族主义正统观将在多民族的南斯拉夫、捷克斯洛伐克和波兰流行起来,尽管这些新生的共和国还要不时因为边界在西面与德国战斗,在东面绝望地对抗布尔什维克。在芬兰,在波罗的海诸国,在匈牙利和德国本身,武装分子发起红色革命。在东方,他们被以内乱为代价镇压下去。在德国,红色革命一度将会不战而胜,因为宪政共和国找不到任何武装力量进行镇压。然而,它从旧帝国军队的残骸中拼凑起足够的部队,这些部队的士兵除了当兵别无所长,近卫骑兵防卫师、志愿乡土猎兵部队、乡土防卫军、许尔森志愿军之类的名字,充斥于柏林、哥达、哈雷、德累斯顿、慕尼黑和其他许多德国城市,他们以残暴的手段镇压布尔什维克的街头战役,并使新生的共和国政府背上了对拼凑起军队的将领们永久的感情债。这些军

一个黑森团在科布伦茨越过莱茵河返回,1918年11月,打着公爵领地而非帝国的旗帜(RHPL)

一位在解放区受到欢迎的法国士兵（RHPL）

队中的团构成了1919年凡尔赛和平会议上允许德国拥有的全部"10万陆军"的核心。[103]

德国的政治前途以首都和各省内战的方式得到解决，协约国的军队继续前进，以占领西部莱茵兰诸省和根据停火条款移交的渡过莱茵河的三个桥头堡——美因茨、科布伦茨和科隆。法国希望占领军的士兵会亲善当地居民。敌意很快被友谊所掩盖，当军队的配给从野战厨房进入家庭厨房，友谊更加容易获得。民众仍然依赖协约国持续封锁所强加的匮乏的饮食维生。饥饿比全面入侵的威胁手段更能使德意志共和国最终在1919年6月23日签署和平条约。两天前，船员使被扣押在英国斯卡帕湾锚地的德国公海舰队沉没，这是对严苛的条约条款最后的抗议。

皇帝的海军军官为他宏伟的战舰选择了一个英国港口作为海上坟场，这是一个历史的讽刺。如果他没有踏上与不列颠海军力量的较量，两个国家之间致命的敌意本可避免，而这种较量并不是必需的；十有八九，孕育了第一次世界大战的怀疑和不安的神经过敏也是可以避免的。德国公海舰队舰队在英伦列岛最遥远岛屿的无名墓地，守卫着它为了赢得蓝水地位不得不突破的狭隘海洋的出口，至今仍然是自私和毫无意义的军事野心的纪念碑。

这是大战留下的许多坟场之一，它们是大战最主要的遗产。一战的战役编年史可谓军事史中最为沉闷的文献；其中从未响起纪念在毫无特色的皮卡第平原和波兰跋涉致死的、了无生气的数百万人的号声；也从未有人为哄骗他们遭到屠杀的领袖者唱起连祷。战争的政治后果很少得到深思：作为世界文明中心的欧洲遭到毁灭，基督教王国经由战败转变为无神论政权。这一切在以大战为开头的那个世纪中更加严重：按省蓄意饿死人民中的农民敌对分子，灭绝种族流亡者，对意识形态所厌恶的知识分子和文化人的迫害，对少数民族的大屠杀，对弱小民族政权的灭绝，对议会的破坏，以及政治官员、地方官、军阀掌握大权，凌驾于沉默的民众之上，这一切都可以在过去的混乱中找到根源。谢天谢地，在世纪末，它们已然所剩无几。如同1900年一样，欧洲再一次变得繁荣、和平，成为一支追寻世界福祉的力量。

但坟墓留存至今。许多在战斗中死去的人永远无法安息。他们的身体被炮弹炸成碎片，无法辨别。许多人的遗体在战斗中没法得到安葬，然后就再也没法找到，被埋葬在残破的弹坑、倒塌的战壕中，或是在战后残破的泥土中腐烂分解。很少有俄国或是土耳其士兵得到体面的安葬，不稳定的东线战场上战死的德国和奥地利士兵就那么归于尘土。在西线固定的战场上，交战各方尽力保持体面。从一开始就组织修建了墓地，墓地登记官记下地点，当条件许可，牧师和死者的战友一起举行庄严的仪式。即便如此，事实上，到战争末尾，仍有将近一半的遗体无法找到。在不列颠帝国的100万死者——大部分战死于法国和比利时——的遗体中，有超过50万永远失踪，即使找到，也无从辨认身份。[104]法国的170万死

一个埋葬小组在蒙希勒普勒（Monchy-le-Preux）的温德梅尔（Windmill）墓地开始掩埋在阿拉斯战役中战死的士兵，1917年4月（TRH）

者中的比例差不多也是如此。法国用许多种方法安葬或重新安葬死者，比如在凡尔登，有时候修建单独的墓地，有时候集体安葬。德军在异乡的土地上作战，不得不修建紧凑不起眼的墓地，经常在其中挖掘大量坟墓；在比利时弗拉德斯洛（Vladslo）的一处，以一个埋葬着超过2万名年轻人残骸的墓穴为中心，安葬着1914年死于伊普尔"对无辜者的大屠杀"（Kindermord bei Ypern）中的大部分志愿兵的遗体。[105]

英国人选择了一种完全不同和绝对够规格的方式来荣耀死者。每一具遗体都有一个单独的坟墓，记载着名字、年龄、军阶、部队和战死的时间、地点；如果已经无法辨认，墓碑上会镌刻吉卜林撰写的诗句："大战中的一位战士，上帝知晓他的名字"，他自己就是一位丧子的父亲。尸体无法寻获者的名字被镌刻在纪念碑上，最大的一座在蒂耶普瓦尔，记载着在索姆战役中失踪的7万人的名字。英国人还决定无论大小，这些墓地都会修建围墙，像传统的英国乡村公园一样种植花木，在墓碑之间铺满修剪过的草坪，在墓碑脚下种植玫瑰和草本植物。除了最小的，公墓都会树立起救赎十字架作为中心点，在较大的公墓，还有象征性的祭坛——纪念石碑，上面同样也镌刻着吉卜林的诗句"他们的名字永垂不朽"。英国人最终建立了超过600座公墓，招募了超过1000名园丁永远地照料它们，由帝国

今天帕斯尚尔的泰恩科特公墓（Tyne Cot Cemetery）。这是最大的联邦战争公墓，有1.2万名在第三次伊普尔战役中战死的士兵的尸体埋葬在这里，同时也纪念着3.5万名从未找到尸体的死者。（TRH）

战争公墓委员会在一条把这些地点规定为永久性公墓（sépulture perpétuelle）的法国法律下照管。所有公墓都留存至今，仍然由委员会的园丁们真诚地照顾。如那些令人心酸的纪念卡片所示，有时候到访的许多英国人是死者的重孙辈，但同样也有许多好奇的别国人。到访者无不为这些公墓的美丽而动容。八十年的修枝剪草达到了最初的目标，使它的外表成为"一座小小的公园或是花园"，而时光的流逝又使它富于不老的成熟魅力。在春季，当百花盛开，公墓中生机盎然，充满希望；在秋天，当黄叶飘零，则充满了沉思与怀念。

连串的英国墓园从北海一直延伸到索姆河以及更远的地方，成为献给那些消失在大战的战场上，但却从未得到祭奠的人的理想化纪念碑。在100万大英帝国和170万法国牺牲者之外，我们还必须加上未能生还的150万哈布斯堡帝国士兵、200万德国士兵、46万意大利士兵、170万俄国士兵和成千上万土耳其人，他们的数量从未得到统计。[106] 就牺牲者占志愿参军或被征召总数的比例而言，伤亡总数似乎并非不可接受。就德国来说，牺牲比例为服役总数的3.5%。但如果计算牺牲者占最年轻、最健全人群的比例，数字就远远超出了感情可以承受的范围。男性死亡率远超正常预期，1914—1918年间，在英国是正常情况的7—8倍，法国是10倍，在法国，服役者的17%战死。德国最年轻年龄组的损失比例与之类似。"在1870—1899年间，出生了1600万男孩；大部分都曾在军中服役，约13%战死。"[107] 在英国和法国，如果计算最适宜服役的年龄组，损失更加难以承受。"1892—1895年龄组，也就是在战争爆发时19到22岁之间的男性，减少了35—37%。"

三分之一。毫不奇怪战后的世界会说起"失去的一代"，他们的父母有着同样的悲伤，而幸存者带着难以言喻的感觉走过余生，这种感觉中常常混杂着罪恶感，有时混杂着愤怒和复仇的渴望。英法两国老兵的想法与此不同，他们唯一希望的是战壕的恐怖在自己和儿女的生活中再也不会出现。但它在许多德国人的心中发酵，首先就是在"前线斗士"阿道夫·希特勒的脑海中，他在1922年9月的慕尼黑威胁将要复仇，种下了二战的种子。

第二次世界大战是一战的延续，如果不考虑前一次冲突遗留下来的仇恨和不稳定，二战就无法得到解释。尽管德国拥有巨大的经济成功和遍布全世界的学者所获得的智识声望，但皇帝统治下的德国怨声载道，尤其是因为其工业和军事力量与它在诸王国、共和国中所处地位的不平衡，最重要的比较对象是英国和法国，它们是无名而有实的帝国。与凡尔赛条约后的不满相比，它在战前的不满相形见绌。被迫退还1870—1871年间吞并的阿尔萨斯－洛林，被迫把德意志民族在西里西亚和西普鲁士的历史定居地割让给独立的波兰，因强制裁军，把军队削减为弱小的宪兵队而遭受羞辱，解散全部舰队，取消空军，在封锁造成持续饥饿的勒索下签署屈辱性的和平条约，这一切使共和的德国开始孕育出不满，比1914年之前扭曲了它的国际关系和国内政治的不满更加强烈。在安抚这种不满方面，高尚的魏玛共和民主政府无所作为；魏玛政府在经济上的失误摧毁了德国中产阶级，而其对法国和英国的占领和赔偿政策的服从削弱了民族的自豪感，在这些年中，正是它在政治和外交上的温和培养了极端主义的力量，这种力量恰恰是它的原则的对立面。整个20世纪20年代，德国的自由民主漂浮于反对浪潮——马克思主义和国家社会主义——的动荡之上，并最终将被它们淹没。

东欧人民从德语王朝——霍亨索伦王朝、哈布斯堡王朝——帝国统治下获得解放，同样也没有给建立起来的后继国家带来多少安宁，波兰、捷克斯洛伐克、塞尔维亚王国、克罗地亚和斯洛文尼亚，或者1929年之后的南斯拉夫，它们在独立时都没有足够的同质性来建立稳定的政治生活。从独立开始，波兰就在有历史根据的范围的极东端确立其边界，因此命中注定是妥协性的。在此后与苏联的战争中，它的军队在千钧一发间逃脱战败的命运。尽管是一次明显的民族胜利，但它最终在背负着大量少数民族的前提下支撑起一个新生的国家，少数族主要是乌克兰人，使波兰人占人口的总数缩减为仅60%。另外，它在西面合并了历史上的德国领土，把东普鲁士包围其中，这里是德国武士阶层的摇篮，这提供了1939年希特勒重复1914年入侵的借口。捷克斯洛伐克从哈布斯堡帝国继承了苏台德区（Sudetenland）的另外一支德意志少数族，同样也使这个新的国家丧失了民族上的平衡，在1938年给其完整性带来了致命的后果。如果秉持善意，南斯拉夫不平等的种族构成或许可以建立平衡，但事实证明，东正教的塞尔维亚人施加统治，尤其是统治天主教克罗地亚人的决心很早就削弱了它的凝聚力。国际上的反感使它丧失了曾在1914年抵抗意大利和德国进攻的力量。

两个地区性的失败者，匈牙利和保加利亚，免于丧失领土导致的类似纷争。然而，匈牙利的损失如此严重，以致它带着对从边界变更中获得好处的邻居的强烈不满进入战后世界。罗马尼亚是主要的获益者，它因为在1916年站在协约国一方所做的灾难性的军事干预而得到过于慷慨的报偿。于是，它获得了超过总人口四分之一的少数民族而继承了与匈牙利永久性不和的根源——这也是潜在性的与苏联不和的根源。

希腊也获得了人口，但却是以一场针对垂死的土耳其灾难性的、判断错误的帝国远征为代价。1919年6月，因为被说服"伟大的理想"终于到来，希腊入侵小亚细亚。这一"伟大的理想"意图重新统一历史上希腊化的殖民地，这是自1832年达成独立以来希腊民族主义的指导原则。在一次成功的进军中，直到加利波利的胜利者凯末尔在1922年9月成功地发动反击，击败了战线过长的希腊军队，希腊军队几乎抵达安卡拉，这里是未来的土耳其共和国的首都。在1923年结束战争的《洛桑条约》(*Treaty of Lausanne*)中，战败的希腊和胜利者土耳其同意交换彼此土地上的少数族，这一进程使爱琴海东岸沿海城市的希腊因素消失殆尽，希腊人在荷马时代以前就已经居住在这里，而且把超过100万难民带到本土的400万同胞当中；难民中的许多人使用土耳其语，与希腊文化的源泉已经分离很久。他们所面临的贫穷及其带来的不幸点燃了阶级间的憎恨，在1944—1947年间以内战的形式爆发出来。

引发世界大战的一个巴尔干难题在大战的余波中融解到新的难题中，它们将一直持续到二战爆发，实际上，一直存在到今天。任何一个典型的、悲观消极的哈布斯堡帝国主义官员，如果能转生到今天的话，都有可能会问，有什么发生了变化？当然，在第一次世界大战萌芽的东欧，有许多东西改变了，尽管主要是1945年红军胜利前夕斯大林无情的领土和种族重组的结果。帝国最终成为历史，苏俄是最后的帝国，尤其是在波兰和现在成为捷克共和国和斯洛伐克的土地上，许多少数族消失了。然而仍有许多少数族保存下来，尤其是在斯大林没有展开工作的国家，罗马尼亚、匈牙利和前南斯拉夫。外来权威要求塞尔维亚惩罚它的政治犯，就像哈布斯堡帝国在1914年要求的那样。就像他们在1915年做的一样，外国军队在萨瓦河和德里纳河河谷行动。一切如此不可思议。

第一次世界大战是一个谜。它的起源和过程同样令人难以索解。为什么一个繁荣的大陆，在它作为全球财富和权力的源泉和代理人，身处成功的顶点以及知识和文化成就的高峰时，选择把自己获得的和它提供给世界的所有一切孤注一掷，投入一场错误、局部的、两败俱伤的冲突？为什么当战争爆发的最初几个月内，迅速、决定性地结束冲突的希望无所不在，然而交战者却决定坚持军事努力，为全面战争而进行动员，并最终把全部年轻人投入本质上毫无意义的互相残杀中？或许是因为神圣义务的原则面临危险；但是使英国加入危机的国际条约的神圣性原则并不值得最终为保卫它而付出代价。保卫民族国家领土也是原因之一，法国以其民族的福祉几乎无法承受的损失为这一原则而战。对共同安全协议原则的保卫是德国和俄国宣战的基础，对这一原则的追求到了这样一个程度——在国家结构的解体中安全丧失了全部意义。单纯的国家利益是奥地利参战的动力，也是发动战争最古老的原因，但当哈布斯堡帝国主义的支柱倒塌，所有利益都不存在了。

当然，没有人能够预料结果。相比之下，人们很容易把经验投射于未来。1914—1918年间的勇士所经历的事情——在肮脏与悲惨的环境中负伤与战死的几率——很快就被认为是不可避免的。这方面也存在一个谜。数以百万计面目模糊的无名士兵，被无从区别地剥夺了所有荣誉，而传统上恰是荣誉使从军生涯变得可以忍受，他们是如何下定决心坚持到底，并坚信战争的目标？他们所做的正是大战中无需怀疑的事情之一。同袍情谊在东西两线纵横交错的战壕中兴旺起来，使陌生人结下最为亲密的兄弟关系，把临时团队的内在情感中建立起来的忠诚提升为同生共死的血的纽带。被战壕塑造出亲密关系的男人缔结下相互依赖和自我牺牲的契约，比任何和平和较好的年代中的友谊都更加牢固。这是第一次世界大战中最深奥的秘密。如果能理解大战中的仇恨，还有它的爱，我们将会更加接近理解人类生活的奥秘。

注释

第一章

1. A. Bullock, *Hitler*, London, 1952, p. 79
2. M. Gilbert, *The Holocaust*, London, 1987, p. 17
3. Personal Visits
4. J. Winter, *Sites of Memory, Sites of Mourning*, Cambridge, 1995, pp. 92–3
5. G. Ward and E. Gibson, *Courage Remembered*, London, 1989, pp. 89–90
6. R. Whalen, *Bitter Wounds*, German Victims of the Great War, Ithaca, 1984, p. 33
7. V. Ackermann, 'La vision allemande du soldat inconnu', in J-J Becker et al, *Guerres et cultures*, 1914–18, Paris, 1994, pp. 390–1
8. F. Thébaud, 'La guerre et le deuil chez les femmes françaises', in Becker, *Guerres*, pp. 114–15
9. Whalen, p. 41
10. B. Jelavich, *History of the Balkans*, 2, Cambridge, 1985, p. 121
11. M. Brock in R. Evans and H.P. von Strandmann, *The Coming of the First World War*, Oxford, 1988, p. 169
12. K. Baedeker, *Austria*, Leipzig, 1900, pp. 432–4
13. G. Best, *Humanity in Warfare*, London, 1980, p. 140
14. see M. Howard, 'Men Against Fire', in P. Paret, *Makers of Modern Strategy*, Princeton, 1986, pp. 510–26
15. see German, French and Russian military district maps, *Times History of the War*, I, London, 1914
16. J. Lucas, *Fighting Troops of the Austro-Hungarian Empire*, N.Y., 1987, p. 84
17. A. Gordon, *The Rules of the Game*, London, 1996, pp. 354–5

第二章

1. J. Keegan, *The Mask of Command*, London, 1987, pp. 40–2
2. see especially G. Parker, Chapter 5, in W. Murray, M. Knox and A. Bernstein, *The Making of Strategy*, Cambridge, 1994
3. P. Contamine, *War in the Middle Ages*, Oxford, 1984, p. 26
4. J. Thompson, *The Lifeblood of War*, London, 1991, Chapter 2.
5. M. Howard, *The Franco-Prussian War,* London, 1981, pp. 26–7
6. J. Hittle, *The Military Staff*, Harrisburg, 1961, Chapter 2
7. C. Hibbert, *The Destruction of Lord Raglan*, London, 1984, pp. 15–16
8. D. Porch, *The March to the Marne*, Cambridge, 1981, p. 331
9. H. Nicolson, *The Evolution of Diplomatic Method*, London, 1954, p. 75
10. S. Kern, *The Culture of Time and Space*, Cambridge, Mass., 1983, pp. 270–3
11. B. Sullivan, 'The Strategy of the Decisive Weight: Italy, 1882–1922' in Murray, Knox and Bernstein, p. 332
12. N. Stone, 'Moltke and Conrad' in P. Kennedy, *The War Plans of the Great Powers*, London, 1979, p. 234
13. J. McDermot, 'The Revolution in British Military Thinking from the Boer War to the Moroccan Crisis' in Kennedy, p. 105
14. L. Turner, 'The Significance of the Schlieffen Plan' in Kennedy, p. 200
15. A. J. P. Taylor, *The Struggle for Mastery in Europe*, Oxford, 1954, p. 317
16. G. Ritter, *The Schlieffen Plan*, London, 1958, p. 71
17. Ritter, pp. 22–5, 27–48, Maps 1, 2, 3, 6
18. G. Craig, *The Politics of the Prussian Army*, Princeton, 1955, pp. 278–9
19. H. Herwig, 'Strategic Uncertainties of a nation state: Prussia-Germany, 1871–1918', in Murray, Knox and Bernstein, p. 259
20. Herwig in Murray, Knox and Bernstein, p. 260
21. Ritter, p. 173
22. Ritter, p. 180
23. Ritter, p. 139
24. Ritter, p. 141
25. Ritter, p. 142
26. Ritter, p. 174
27. Ritter, p. 144

28. Ritter, p. 145
29. Ritter, p. 143
30. J. Edmonds, *Military Operations, France and Belgium, 1914*, I, London, 1928, Appendix 31
31. Edmonds, *1914*, I, Sketch 5
32. Ritter, pp. 141, 178
33. A. Bucholz, *Moltke, Schlieffen and Prussian War Planning*, N.Y., 1991, p. 267
34. A. Gat, *The Development of Military Thought*, 2, Oxford, 1992, pp. 153–7
35. Etat-major de L'armée, *Les armées françaises dans la grande guerre*, Paris, 1922, 1, i, annexes, p. 21
36. S. Williamson, 'Joffre Reshapes French Strategy' in Kennedy, p. 145
37. Gat, p. 155
38. Williamson in Kennedy, p. 147
39. Williamson in Kennedy, p. 147
40. Williamson in Kennedy, p. 135
41. L. Sayder, *The Ideology of the Offensive*, Ithaca, 1984, p. 182
42. B. Menning, *Bayonets Before Bullets: The Russian Imperial Army, 1861–1914*, Bloomington, 1992, p. 245
43. Menning, pp. 247–8
44. quoted N. Stone in Kennedy, p. 224
45. Stone in Kennedy, p. 228
46. Stone in Kennedy, p. 223
47. G. Tunstall, *Planning For War Against Russia and Serbia: Austro-Hungarian and German Military Strategies, 1871–1914*, N.Y., 1993, p. 138
48. D. Herrmann, *The Arming of Europe and the Making of the First World War*, Princeton, 1996, p. 156
49. J. Gooch, 'Italy During the First World War' in A. Millett and W. Murray, *Military Effectiveness*, I, Boston, 1988, p. 294
50. Herrmann, p. 176
51. Bucholz, p. 309
52. Bucholz, p. 285

第三章

1. C. Macartney, *The Habsburg Empire 1790–1918*, London, 1968, p. 806

2. V. Dedijer, *The Road to Sarajevo*, N.Y., 1996, pp. 374–5
3. Macartney p. 806
4. B. Jelavich, *History of the Balkans*, II, Cambridge, 1983, pp. 111–12
5. Macartney, p. 807
6. W. Jannon, *The Lions of July*, Novato, 1995, pp. 18–19
7. Jannon, p. 31
8. *The Annual Register, 1914,* London, 1915, p. 312
9. B. Tuchman, *August 1914*, London, 1962, p. 115
10. L. Albertini, *The Origins of the War of 1914*, II, London, 1953, p. 456
11. G. Tunstall, *Planning for War Against Russia and Serbia: Austro-Hungarian and German Military Strategies, 1871–1914*, N.Y., 1993, p. 83
12. Tunstall, p. 122
13. Albertini, II, p. 308
14. Turner in Kennedy, pp. 263–4
15. Turner in Kennedy, p. 264
16. Albertini, II, p. 538
17. Turner in Kennedy, p. 264
18. Turner in Kennedy, p. 265
19. J. Edmonds, *A Short History of World War One*, Oxford, 1951, pp. 130–3
20. Albertini, II, p. 491
21. Albertini, II, p. 555
22. Albertini, II, p. 557
23. Jannon, p. 220
24. Albertini, II, p. 674
25. Jannon, p. 239
26. Albertini, II, p. 572
27. Albertini, III, p. 31
28. Albertini, III, p. 40
29. Albertini, III, pp. 73–4
30. Albertini, III, pp. 69–70
31. Albertini, III, p. 183

第四章

1. M. Paléologue, *An Ambassador's Memoirs*, I, London, 1923, p. 52

2. Bullock, *Hitler*, p. 45
3. L. Moyer, *Victory Must Be Ours*, London, 1995, pp. 72–3
4. A. Grasser, *Vingt jours de guerre aux temps héroïques*, Paris, 1918, pp. 35–6
5. R. Cobb, 'France and the Coming of War' in Evans and Strandmann, p. 133
6. F. Nagel, *Fritz*, Huntington, 1981, pp. 15–19
7. Bucholz, p. 163
8. Bucholz, p. 278
9. Cobb in Evans and Strandmann, p. 136
10. P. Vansittart, *Voices from the Great War*, London, 1981, p. 25
11. L. Macdonald, *1914: The Days of Hope*, London, 1987, p. 54
12. Macdonald, p. 55
13. E. Spears, *Liaison 1914*, London, 1968, p. 14
14. *Je serais soldat*, Paris, 1900
15. W. Bloem, *The Advance from Mons*, London, 1930, p. 56
16. E. Rommel, *Infantry Attacks*, London, 1990, p. 11
17. P. Haythornthwaite, *The World War One Sourcebook*, London, 1996, pp. 100–1
18. B. Tuchman, *August 1914*, London, 1962, pp. 166–7
19. R. Keyes, *Outrageous Fortune*, London, 1984, p. 7
20. S. Williamson, 'Joffre Reshapes French Strategy, 1911–13' in P. Kennedy, *The War Plans of the Great Powers*, 1880–1914, London, 1979, p. 137
21. Williamson in Kennedy, pp. 143–4
22. Albertini, III, p. 462
23. Albertini, III, p. 469
24. Tuchman, p. 105
25. M. Howard et al, *The Laws of War*, New Haven, 1994, p. 10
26. H. Gibson, *A Journal from Our Legation in Belgium*, N.Y.,1917, p. 91
27. Haythornthwaite, p. 150.
28. quoted Tuchman, p. 173
29. Intelligence Staff, American Expeditionary Force, *Histories of Two Hundred and Fifty-One German Divisions Which Participated in the War, 1914–18*, Washington, 1920, p. 23
30. M. Derez, 'The Flames of Louvain', in H. Cecil and P. Liddle, *Facing Armageddon*, London, 1996, pp. 619–20
31. M. Eksteins, *Rites of Spring: The Great War and the Birth of the Modern Age*, London, 1989, p. 93

32. Derez in Cecil and Liddle, p. 622
33. Derez in Cecil and Liddle, p. 622
34. *251 Divisions*, pp. 280–290
35. S. Tyng, *The Campaign of the Marne*, Oxford, 1935, p. 53
36. Quoted Tuchman, p. 173
37. Tyng, p. 54
38. D. Goodspeed, *Ludendorff*, London, 1966, p. 45
39. C. Duffy, in *Purnell's History of the First World War*, I, London, 1970, p. 137
40. quoted Duffy, *Purnell's*, p. 138
41. Duffy, *Purnell's*, p. 138
42. Goodspeed, p. 47
43. C. Duffy, *Frederick the Great*, London, 1985, p. 154
44. Etat-major de l'armée, *Les armées françaises dans la grande guerre*, Paris, 1922–39, I, i, annexes, 8
45. D. Johnson, *Battlefields of the World War*, N.Y., 1921, pp. 425–9
46. D. Porch, *The March to the Marne*, Cambridge, 1981, p. 178
47. *Les armées*, 10, ii, passim.
48. Porch, *March*, p. 177
49. *Les armées*, I, i, pp. 156–7
50. Tyng, pp. 68–9
51. Tyng, pp. 72–3
52. Tyng, p. 79
53. *Les armées*, I, i, p. 357
54. Reichsarchiv, *Der Weltkrieg*, Berlin, 1925–39, I, p. 310
55. *Weltkrieg*, I, pp. 303–4
56. *Weltkrieg*, I, p. 314
57. Tyng, p. 86
58. *Les armées*, 1, i, p. 425
59. Tyng, p. 101
60. Tyng, p. 102–3
61. see A. Horne, *To Lose a Battle*, London, 1969, p. 57
62. Tyng, p. 108
63. H. Contamine, *La revanche, 1871–1914*, Paris, 1957, p. 261
64. Tyng, p. 117
65. Edmonds, *Military Operations, France and Belgium 1914*, I, London, 1928, pp. 65–6
66. J. Terraine, *Mons*, London, 1960, p. 90
67. R. Kipling, 'On Greenhow Hill' in *Life's Handicap*, London, 1987, pp. 79–96

68. Bloem, p. 56
69. Bloem, p. 80
70. Bloem, p. 58
71. *Weltkrieg*, I, p. 500
72. Tyng, p. 117
73. Spears, *Liaison*, p. 192
74. quoted Spears, *Liaison*, pp. 526–7
75. Bloem, p. 110
76. Edmonds, *1914*, I, p. 494
77. Tyng, pp. 144–5
78. Edmonds, *1914*, I, p. 163
79. Spears, *Liaison*, pp. 228–32
80. Tyng, p. 156
81. Ritter, p. 141
82. D. Showalter, *Tannenberg*, Hamden, 1991, pp. 294–5
83. Tyng, p. 172
84. General von Kuhl, *Der Marnefeldzug*, Berlin, 1921, p. 121
85. R. Van Emden, *Tickled to Death to Go*, Staplehurst, 1996, pp. 59–60
86. Van Emden, pp. 60–61
87. Tuchman, p. 375
88. Tyng, p. 172
89. Contamine, *Revanche*, p. 261
90. *Les armées*, 10, ii, pp. 608 ff
91. Tuchman, pp. 339–43
92. Edmonds, *1914*, I, pp. 473–7
93. Spears, *Liaison*, pp. 366–7
94. *Weltkrieg* II, p. 279
95. Ritter, p. 189; Bucholz, p. 210
96. quoted Tyng, pp. 381–3
97. Tyng, p. 219
98. Tyng, p. 239
99. R. Holmes, *The Little Field Marshal*, London, 1981, p. 230
100. Holmes, p. 229
101. Spears, *Liaison*, p. 415
102. Tyng, p. 241
103. Edmonds, *1914*, I, p. 272
104. G. Aston, *Foch*, London, 1929, p. 122
105. W. Müller, *Die Sendung von Oberstleutnants Hentsch*, Berlin, 1922, p. 13

106. Müller, p. 14
107. Müller, p. 19
108. Müller, p. 22
109. Müller, p. 21
110. Tyng, p. 327
111. Porch, *March*, p. 202
112. Herrmann, p. 90
113. Terraine, *Mons*, p. 217
114. Johnson, pp. 292–3
115. Edmonds, *1914*, I, p. 326
116. Edmonds, *1914*, I, p. 378
117. quoted D. Mason, *Purnell's*, I, p. 296
118. Duffy, *Purnell's*, I, pp. 377–8
119. Edmonds, *1914*, I, p. 404
120. Duffy, *Purnell's*, I, pp. 380–1
121. Duffy, *Purnell's*, I, p. 380
122. Edmonds, *1914*, I, p. 380
123. L. Sellers, *The Hood Battalion*, London, 1995, pp. 24–5
124. C. Cruttwell, *A. History of the Great War*, Oxford, 1936, p. 100
125. S. Menezes, *Fidelity and Honour*, New Delhi, 1993, p. 247
126. Edmonds, *1914*, II, p. 268
127. M. Geyer, *Deutsche Rüstungspolitik*, Frankfurt, 1984, pp. 83 ff
128. T. Nevin, *Ernst Jünger and Germany*, London, 1997, p. 43
129. Bullock, p. 48
130. Edmonds, *1914*, II, p. 124
131. Edmonds, *1914*, II, p. 259
132. Reichsarchiv, *Ypern*, Oldenburg, 1922, p. 133
133. Several personal visits
134. Nevin, p. 44
135. Macdonald, p. 418
136. *Ypern*, p. 204
137. *Ypern*, p. 206
138. Edmonds, *1914*, II, p. 324
139. *Ypern*, p. 216
140. J. Edmonds, *A Short History of World War I*, London, 1951, p. 75; G. Petrocini, *Histoire Militaire de la France*, III, Paris, 1991, p. 289; R. Wall and J. Winter, *The Upheaval of War*, London, 1988, pp. 16–18
141. Wall and Winter, p. 27
142. Wall and Winter, p. 25

43. Edmonds, *1914*, II, p. 223
44. P. Mason, *A Matter of Honour*, London, 1974, p. 417
45. Edmonds, *1914*, II, p. 406

第五章

1. Wellington's *Despatches*, 30th June 1800
2. see Tunstall, Chapter 4; Bucholz, pp. 167, 176
3. Edmonds, *Short History*, map 2
4. N. Stone, *The Eastern Front 1914–17*, London, 1975, p. 48
5. Showalter, p. 536
6. Stone, p. 49
7. Stone, p. 44
8. D. Jones, 'Imperial Russia's Forces at War' in A. Millett and W. Murray, *Military Effectiveness*, I, Boston, 1988, p. 275
9. V. Buldakov et al, 'A Nation at War: the Russian Experience' in Cecil and Liddle, p. 542
10. Menning, p. 228
11. Jones in Millet and Murray, p. 273
12. Stone, p. 55
13. Stone, pp. 58–9
14. Stone, p. 59
15. Showalter, p. 147
16. Jones in Millett and Murray, p. 261; Showalter, p. 170
17. Showalter, p. 153
18. R. Asprey, *The German High Command at War*, London, 1991, p. 63
19. Stone, p. 62
20. Showalter, p. 170
21. Showalter, p. 230
22. Showalter, p. 289
23. Showalter, p. 324
24. Personal visit
25. Asprey, p. 80
26. Tunstall, pp. 95–6
27. J. Clinton Adams, *Flight in the Winter*, Princeton, 1942, pp. 13–14
28. Adams, p. 19
29. Adams, p. 27
30. G. Wawro, 'Morale in the Austro-Hungarian Army', in Cecil and Liddle, p. 400

31. Lucas, passim
32. Menning, p. 230
33. E. Glaise-Horstenau, *Österreich-Ungarns Letzter Krieg 1914–18*, Vienna, 1930, I, p. 74
34. Relation de l'état-major russe, *La Grande Guerre*, Paris, 1926, (tr. E. Chapouilly), p. 139
35. *Letzter Krieg*, I, Beilage 10.
36. *Letzter Krieg*, I, pp. 71–3
37. Stone, p. 88
38. Stone, p. 88
39. M. von Piettrich, *1914*, Vienna, 1934, p. 208
40. Relation de l'état-major russe (cited as *Relation*), p. 249
41. Stone, p. 90
42. G. Rothenburg, *The Army of Franz Joseph*, West Lafayette, 1976, p. 176
43. *Letzter Krieg*, I, p. 74
44. Stone, p. 90
45. Buldakov in Cecil and Liddle, p. 540
46. H. Dollinger, *Der Erste Weltkrieg*, Munich, 1924, pp. 98–9
47. Menning, pp. 228, 260
48. Rothenburg, p. 143
49. M. Howard, 'Men Against Fire', in Paret, p. 519
50. Menning, pp. 264–5
51. Menning, p. 250
52. Goodspeed, p. 99–102
53. *Relation*, 290
54. *Letzter Krieg*, I, Beilage 15
55. *Relation*, 436
56. *Relation*, 446–7
57. *Relation*, 462
58. *Relation*, 463
59. Stone, 104
60. Stone, 107
61. Personal visit, 1989
62. *Letzter Krieg*, I, 595–8
63. Jones in Millett and Murray, pp. 278–9
64. *Letzter Krieg*, I, Beilage 1
65. Rothenburg, p. 84
66. *Letzter Krieg*, I, pp. 141–2
67. Stone, p. 114

68. Rothenburg, p. 185
69. *Illustrated London News,* April 21, 1915
70. *251 Divisions,* p. 541 ff
71. Stone, p. 118
72. Stone, p. 117
73. S. Schama, *Landscape and Memory,* N.Y., 1996, pp. 65–6
74. *Letzter Krieg,* II, pp. 270–1

第六章

1. Stone, p. 135
2. C. Duffy, *The Fortress in the Age of Vauban,* London, 1985, p. 42
3. J. Keegan, *The Face of Battle,* London, 1976, p. 208
4. E. Solano, *Field Entrenchments,* London, 1915, p. 209
5. J. Dunn, *The War the Infantry Knew,* London, 1987, p. 77
6. Dunn, pp. 97–8
7. Dunn, pp. 111–12
8. Keegan, *Purnell's,* II, London, 1970, p. 579
9. G. C. Wynne, *If Germany Attacks,* London, 1940, p. 15
10. Wynne, p. 17
11. Keegan, *Purnell's,* II, p. 584
12. C. Messenger, *Trench Fighting,* London, 1972, p. 37
13. Johnson, p. 470
14. Keegan, *Purnell's,* II, pp. 576–87
15. Keegan, *Purnell's,* II, p. 583
16. Bucholz, pp. 285–6
17. Asprey, pp. 151–5
18. Holmes, p. 264
19. Edmonds, *1915,* I, p. 15
20. Edmonds, *1915,* I, pp. 59–65
21. Edmonds, *1915,* I, pp. 68–9
22. Edmonds, *1915,* I, p. 74
23. Wynne, p. 29
24. Wynne, p. 28
25. Wynne, pp. 30–31
26. Wynne, p. 40
27. D. Omissi, *The Sepoy and the Raj,* London, 1994, pp. 117–18
28. I. Hogg, *Purnell's,* II, pp. 609–11
29. W. Aggett, *The Bloody Eleventh,* III, London, 1995, p. 121

30. Edmonds, *1915,* I, p. 289
31. A. Bristow, *A Serious Disappointment*, 1995, p. 163
32. Wynne, p. 63
33. Wynne, p. 64
34. F. Forstner, *Das Reserve Infanterie Regiment 15*, Berlin, 1929, pp. 226–32
35. E. Spiers, 'The Scottish Soldier at War', in Cecil and Liddle, p. 326
36. Edmonds, *1915,* I, p. 143

第七章

1. G. Craig, *Germany 1866–1945*, Oxford, 1981, p. 119
2. T. Wise, *Purnell's*, I, pp. 321–9
3. L. Gann and P. Duignan, *The Rulers of German Africa*, London, 1977, p. 217
4. B. Farwell, *The Great War in Africa*, London, 1987, p. 71
5. Farwell, pp. 81–4
6. Farwell, p. 102
7. Gann and Duignan, p. 105
8. Farwell, p. 204
9. P. Halpern, *A Naval History of World War I*, Annapolis, 1994, p. 76
10. Halpern, p. 91
11. Halpern, pp. 94–5
12. J. Moore (ed), *Jane's Fighting Ships of World War I*, London, 1990, p. 237
13. R. Hough, *The Great War at Sea*, London, 1983, pp. 147–8
14. Halpern, p. 230
15. Jelavich, 2, p. 127
16. Halpern, p. 63
17. P. Mason, *A Matter of Honour*, London, 1974, p. 425
18. Omissi, p. 148
19. Menezes, p. 278
20. *Imperial Gazetteer of India*, IV, Oxford, 1907, pp. 109–11
21. M. Gilbert, *Winston Churchill*, II, London, 1967, p. 611
22. A. Palmer, *The Decline and Fall of the Ottoman Empire*, London, 1992, p. 226
23. Palmer, *Decline*, p. 230

24. M. Broxup (ed.), *The North Caucasus Barrier*, London, 1992, pp. 45 ff
25. B. Menning, 'The Army and Frontier in Russia' in *Transformations in Russian and Soviet Military History*, Colorado Springs, 1986, p. 34
26. K. Ahmed, *Kurdistan in the First World War*, London, 1994, pp. 88–9
27. Ahmed, p. 91
28. D. Muhlis, *Ottoman Military Organisation*, Istanbul, 1986, pp. 11–15
29. Halpern, p. 29
30. Taylor, *Struggle*, p. 532
31. J. Whittam, *The Politics of the Italian Army*, London, 1977, pp. 186–9
32. J. Edmonds, *Military Operations, Italy*, London, 1949, pp. 11–12
33. Ministerio della Guerra, *L'Escercito Italiano nella Grande Guerra*, I, Rome, 1927, pp. 168–70
34. Whittam, p. 194
35. Edmonds, *Italy*, p. 12
36. Edmonds, *Italy*, pp. 13–14
37. Stone, p. 145
38. Stone, p. 317, n.5
39. Edmonds, *France and Belgium, 1915*, I, p. 56
40. S. Bidwell and D. Graham, *Fire-Power*, London, 1982, p. 96
41. Stone, p. 145
42. Asprey, pp. 184–5
43. D. von Kalm, *Gorlice*, Berlin, 1930, p. 33
44. Goodspeed, pp. 132–3
45. Stone, p. 188
46. Stone, p. 187
47. Jones in Millett and Murray, pp. 278–9
48. G. Cassar, *The French and the Dardanelles*, London, 1971, pp. 35–40
49. *First Report of the Dardanelles Committee*, p. 15
50. R. Rhodes James, *Gallipoli*, London, 1965, p. 13
51. Rhodes James, p. 28
52. Rhodes James, p. 38
53. Rhodes James, p. 53
54. Cassar, p. 114

55. Rhodes James, p. 64
56. C. Pugsley, *Gallipoli. The New Zealand Story*, London, 1984, p. 30
57. Pugsley, p. 34
58. C. Aspinall-Oglander, *Gallipoli*, 2, London, 1929, p. 114
59. A. Livesey, *An Atlas of World War I*, London, 1994, p. 61
60. Aspinall-Oglander, Sketch 5A
61. Rhodes James, p. 61
62. Pugsley, p. 360
63. Adams, pp. 42–4
64. Adams, pp. 45–6
65. Cassar, p. 35
66. Cassar, pp. 226–35
67. A. Palmer, *The Gardeners of Salonika*, London, 1965, p. 55
68. Palmer, *Gardeners*, p. 62

第八章

1. M. Lewis, *The Navy of Britain*, London, 1948, pp. 112–39
2. J. Moore (ed.), *Jane's Fighting Ships of World War I*, London, 1990, pp. 35–49
3. A. Marder, *From the Dreadnought to Scapa Flow*, II, Oxford, 1965, pp. 238–9
4. Gordon, 355
5. Gordon, 355 and n.69, p. 664
6. P. Halpern, *A Naval History of World War I*, Annapolis, 1994, pp. 30–2
7. Halpern, pp. 36–7
8. J. Campbell, *Jutland*, London, 1986, pp. 373–4
9. Halpern, p. 299
10. Gordon, p. 21
11. Halpern, pp. 289–90
12. P. Kennedy, 'The Development of the German Naval Operations Plans against England, 1896–1914', in Kennedy, p. 171
13. Halpern, p. 38
14. Marder, II, p. 437
15. Halpern, p. 288
16. Halpern, p. 315
17. Halpern, p. 316

18. Marder, II, 445
19. J. Keegan, *Battle at Sea*, London, 1993, p. 129
20. Marder, III, pp. 175–6
21. Halpern, p. 327
22. Halpern, pp. 419–20
23. G. Rochet and G. Massobrio, *Breve Storia dell'Esercito Italiano, 1861–1943,* Turin, 1978, pp. 184–5
24. Stone, pp. 209–11
25. J. J. Becker, *The Great War and the French People*, London, 1985, pp. 22–3
26. *Les armées*, X, i, passim
27. C. Hughes, 'The New Armies', in I. Beckett and K. Simpson, *A Nation in Arms*, London, 1990, p. 105
28. Beckett and Simpson, appendix I, pp. 235–6
29. Asprey, pp. 218–19
30. I. Clarke, *Rumours of War*, Oxford, 1996, pp. 117–18
31. A. Horne, *The Price of Victory*, London, 1993, p. 43
32. Horne, *Price*, p. 97
33. Horne, *Price*, p. 149
34. Horne, *Price*, pp. 168–9
35. Cruttwell, p. 249
36. Horne, *Price*, pp. 252–66
37. Horne, *Price*, p. 284
38. *251 Divisions*, pp. 8–11
39. Asprey, pp. 111–12
40. Holmes, p. 256
41. Holmes, p. 314
42. Holmes, p. 308
43. G. De Groot, *Douglas Haig*, London, 1988, pp. 117–18
44. De Groot, p. 44
45. *251 Divisions*, passim
46. Beckett and Simpson, pp. 235–6
47. P. Griffith, *Battle Tactics of the Western Front*, London, 1994, p. 56
48. T. Travers, *The Killing Ground*, London, 1987, p. 144
49. M. Farndale, *A History of the Royal Artillery: The Western Front, 1914–18*, London, 1986, p. 144
50. Travers, p. 140
51. Travers, p. 140
52. Travers, p. 139

53. see, for example, the bibliographical references to T. Travers, P. Griffith and G. Sheffield in Cecil and Liddle, pp. 413 ff.
54. M. Browne, *The Imperial War Museum Book of the Somme*, London, 1996, p. 67
55. Keegan, *Face*, p. 245
56. Fourth Army Records, Public Record Office, WO158/233–6, July 2.
57. Wynne, p. 118
58. Wynne, p. 120
59. Clarke, p. 93
60. K. Macksey and J. Batchelor, *Tank*, London, 1971, pp. 14–25
61. Personal visit 1996; *The Daily Telegraph*, 29/6/96
62. Farwell, p. 293
63. see G. Robertson, *Chitral, The Story of a Minor Siege*, London, 1897
64. Asprey, pp. 207–8
65. Stone, pp. 229–30
66. Stone, p. 231
67. Asprey, p. 67
68. Stone, p. 68

第九章

1. R. Cobb, *French and Germans, Germans and French*, Oxford, 1983, pp. 3–35
2. J. Glubb, *Into Battle*, London, 1978, p. 153
3. see, passim, A. Clark, *The Donkeys*, London, 1961; L. Wolff, *In Flanders Fields*, London, 1958; N. Dixon, *On the Psychology of Military Incompetence*, London, 1976
4. J. Terraine, *Haig, The Educated Soldier*, London, 1963
5. quoted F. Davies and G. Maddocks, *Bloody Red Tabs*, London, 1995, p. 26
6. Davies and Maddocks, p. 23
7. P. Griffith, *Battle Tactics of the Western Front*, London, 1994, p. 171
8. Wynne, p. 125
9. Public Records Office, WO95/2366, 95/820, 153, 167/256/11
10. S. Bidwell and T. Graham, *Fire-Power*, London, 1982, pp. 141–3
11. Thébaud in J. J. Becker, *Guerres et Cultures*, p. 113

12. J. J. Becker, *The Great War and the French People*, Leamington Spa, 1985, p. 21
13. Becker, *Great War*, p. 227
14. R. Wall and J. Winter, *The Upheaval of War*, Cambridge, 1988, p. 30
15. L. Moyer, *Victory Must Be Ours*, London, 1995, p. 164
16. Wall and Winter, p. 117
17. Cruttwell, pp. 363–4
18. Moyer, pp. 165–71
19. T. Wilson, *The Myriad Faces of War*, London, 1986, p. 407
20. Becker, *Great War*, p. 324
21. Stone, p. 282
22. E. Spears, *Prelude to Victory*, London, 1939, p. 42
23. Wynne, p. 134
24. Wynne, pp. 166–7
25. Spears, *Prelude*, pp. 40–1
26. Wynne, p. 180
27. Wynne, p. 174
28. A. McKee, *Vimy Ridge*, London, 1966, p. 102
29. McKee, p. 116
30. Spears, *Prelude*, p. 331
31. Spears, *Prelude*, p. 41
32. Spears, *Prelude*, pp. 489–90
33. Spears, *Prelude*, p. 492
34. Spears, *Prelude*, p. 493
35. Spears, *Prelude*, p. 509
36. L. Smith, *Between Mutiny and Obedience: The Case of the French Fifth Infantry Division during World War I*, Princeton, 1994, p. 185
37. Becker, *Great War*, pp. 217–22
38. Becker, *Great War*, p. 219
39. M. Pedrocini, *Les mutineries de 1917*, Paris, 1967, Chapter 4
40. Smith, pp. 218–19
41. Smith, p. 197
42. Smith, p. 206–7
43. T. Ashworth, *Trench Warfare 1914–18: The Live and Let Live System*, London, 1980, pp. 15–16
44. Smith, pp. 225–6
45. Stone, p. 282
46. Becker, *Great War*, pp. 220–1

47. A. Wildman, *The End of the Russian Imperial Army*, N.Y., 1980, p. 109
48. Stone, pp. 284–5
49. Stone, pp. 299–300
50. O. Figes, *A People's Tragedy*, London, 1996, p. 378
51. Wildman, p. 128
52. Wildman, p. 149
53. quoted Figes, p. 315
54. R. Pipes, *The Russian Revolution*, London, 1990, p. 258
55. Pipes, pp. 321–2
56. Pipes, p. 329
57. Pipes, p. 328
58. Wildman, p. 335
59. Pipes, p. 393
60. Wynne, p. 294
61. Figes, p. 445
62. Pipes, p. 477
63. Pipes, p. 583
64. Buldakov in Cecil and Liddle, p. 542
65. Pipes, pp. 418–19
66. Buldakov in Cecil and Liddle, p. 542
67. J. Gooch, 'Italy During the First World War' in Millett and Williamson, p. 181
68. Whittam, p. 197
69. J. Gooch, 'Morale and Discipline in the Italian Army 1915–18' in Cecil and Liddle, p. 437
70. Gooch in Cecil and Liddle, p. 440
71. J. Keegan, 'An Army Downs Tools' (review of L. Smith, *Between Mutiny and Obedience*), *The Times Literary Supplement*, May 13 1994, pp. 3–4
72. Rochet and Massobrio, p. 185
73. C. Falls, *Caporetto*, London, 1966, p. 26
74. Falls, pp. 36–7
75. Falls, p. 40
76. Rommel, p. 177
77. Rommel, p. 221
78. Falls, p. 49
79. Gooch in Cecil and Liddle, p. 442
80. J. Pratt, *A History of United States Foreign Policy*, N.Y., 1959, pp. 477–82

81. Halpern, pp. 337–9
82. Asprey, p. 293
83. Halpern, p. 404
84. Halpern, p. 84
85. J. Terraine, *Business in Great Waters*, London, 1989, pp. 52–3
86. Terraine, *Great Waters*, p. 54
87. Terraine, *Great Waters*, p. 148
88. R. Blake, *The Private Papers of Douglas Haig*, London, 1952, p. 236
89. Woolf, p. 77
90. J. Terraine, *The Road to Passchendaele*, London, 1977, p. 156
91. Terraine, *Passchendaele*, p. 166
92. P. Oldham, *Pillboxes on the Western Front*, London, 1995, Chapter 6.
93. Wynne, pp. 288–9
94. Wynne, pp. 295–6
95. J. Edmonds, *Military Operations, France and Belgium, 1917*, II, London, 1948, p. 134
96. J. Morrow, *The Great War in the Air*, London, 1993, p. 202
97. Morrow, pp. 186–7
98. N. Steel and P. Hart, *Tumult in the Clouds*, London, 1997, pp. 25, 214
99. A. Kernan, *Crossing the Line*, N.Y., 1994, p. 108
100. Farndale, p. 203
101. Farndale, p. 204
102. Edmonds, *1917*, II, p. 148
103. E. Vaughan, *Some Desperate Glory*, London, 1981, pp. 219–32
104. Woolf, pp. 165–7
105. Wynne, pp. 307–8
106. Wynne, pp. 303–10
107. P. Griffith, *The British Army's Art of Attack 1916–18*, London, 1994, p. 89
108. De Groot, p. 341
109. De Groot, p. 343
110. D. Morton, *A Military History of Canada*, Toronto, 1992, p. 149
111. D. Morton, *When Your Number's Up*, London, 1993, p. 171
112. Edmonds, *Short History*, p. 252
113. Farndale, pp. 216–17
114. *251 Divisions*, p. 224
115. Farndale, p. 224

116. Travers, p. 22
117. Farndale, p. 223
118. Farndale, p. 224

第十章

1. M. Kitchen, *The Silent Dictatorship*, London, 1976, p. 123
2. M. E. S. Harries, *The Last Days of Innocence*, London, 1997, p. 89
3. Harries, p. 324
4. *251 Divisions*, p. 97
5. M. Middlebrook, *The Kaiser's Battle*, London, 1978, pp. 380–4
6. Middlebrook, *Kaiser*, p. 52
7. Middlebrook, *Kaiser*, p. 53
8. C. Falls, *The Great War*, London, 1959, p. 285
9. F. Fischer, *Germany's Aims in the First World War*, N.Y., 1967, p. 609
10. Fischer, p. 610
11. Kitchen, p. 248
12. Fischer, p. 450
13. Fischer, pp. 460–9
14. R. Luckett, *The White Generals*, N.Y., 1971, pp. 126–30
15. Luckett, p. 142
16. G. Mannerheim, *Memoirs*, N.Y., 1953, p. 176
17. Kitchen, p. 220
18. Fischer, p. 515
19. E. Mawdsley, *The Russian Civil War*, N.Y., 1989, p. 27
20. Mawdsley, pp. 286–7
21. Pipes, *Revolution*, p. 581
22. Pipes, *Revolution*, p. 581
23. Pipes, *Revolution*, p. 584
24. Mawdsley, p. 34
25. Pipes, *Revolution*, p. 584
26. Mawdsley, p. 26
27. Mawdsley, pp. 225–9
28. C. Ellis, *The British Intervention in Transcaspia, 1918–19*, London, 1963, p. 12
29. G. Uloth, *Riding to War*, privately printed, 1993, pp. 8–9
30. G. Bayliss, *Operations in Persia, 1914–19*, London, 1987, pp. 210–11

31. Ellis, p. 12
32. Ellis, pp. 57–65
33. Ellis, p. 12
34. Luckett, p. 196
35. Luckett, p. 197
36. Pipes, *Revolution*, p. 610
37. Mawdsley, p. 59
38. J. Bradley, *Allied Intervention in Russia*, London, 1968, p. 2
39. Bradley, pp. 11–14
40. Bradley, p. 181
41. Mawdsley, p. 20
42. Mawdsley, p. 21
43. Bradley, p. 18
44. Luckett, p. 163
45. Bradley, pp. 94–5
46. Mawdsley, p. 97
47. Luckett, pp. 198–208
48. N. Nicolson, *Alex*, London, 1963, pp. 57–66
49. G. Bennet, *Cowan's War*, London, 1964, p. 157
50. P. Kencz, *Civil War in South Russia*, N.Y., 1977, pp. 182–91
51. Bradley, pp. 106–31
52. Pipes, *Revolution*, p. 657
53. M. Carley, *Revolution and Intervention*, N.Y., 1983, p. 38
54. Pipes, *Revolution*, p. 657
55. Pipes, *Revolution*, p. 634
56. H. Herwig, *The First World War*, N.Y., 1997, pp. 400–1
57. Middlebrook, *Kaiser*, p. 382
58. J. Edmonds, *Military Operations, France and Belgium, 1918*, I, London, 1935, p. 139
59. Herwig, pp. 399–400
60. Edmonds, *1918*, I, p. 156
61. Herwig, p. 302
62. Edmonds, *1918*, I, p. 51
63. Edmonds, *1918*, I, p. 99
64. Edmonds, *1918*, I, p. 123
65. Middlebrook, *Kaiser*, p. 152
66. Middlebrook, *Kaiser*, p. 162
67. Middlebrook, *Kaiser*, p. 189
68. Middlebrook, *Kaiser*, pp. 191–2
69. Middlebrook, *Kaiser*, p. 192

70. Middlebrook, *Kaiser*, p. 238
71. Edmonds, *Short History*, p. 286
72. Edmonds, *Short History*, p. 542
73. Herwig, pp. 406–7
74. Herwig, p. 410
75. Herwig, p. 408
76. Hewig, p. 409
77. Edmonds, *Short History*, p. 305
78. Herwig, p. 404
79. Herwig, p. 415
80. Harries, p. 251
81. Edmonds, *Short History*, p. 323
82. Fischer, p. 622
83. Herwig, p. 416
84. Herwig, pp. 421–2
85. Kitchen, pp. 247–9
86. Herwig, p. 421
87. Harries, p. 345
88. Goodspeed, p. 208
89. Goodspeed, p. 211
90. Goodspeed, p. 211
91. R. Watt, *The Kings Depart*, London, 1968, p. 149
92. Goodspeed, p. 215
93. Goodspeed, pp. 216–17
94. Macartney, pp. 829–33
95. Macartney, p. 833
96. Watt, pp. 164–5
97. Watt, p. 195
98. Watt, p. 187
99. Cruttwell, pp. 595–6
100. Watt, p. 199
101. F. Carsten, *The Reichswehr and Politics, 1918–33,* Oxford, 1966, p. 8
102. Watt, p. 191
103. N. Jones, *Hitler's Heralds*, London, 1987, Appendix 4.
104. Ward and Gibson, p. 281
105. Winter, *Sites of Memory*, p. 108
106. Herwig, p. 439; Whalen, p. 40
107. J. Winter, *Upheaval*, pp. 16–27
108. Whalen, p. 41

参考书目

官方历史

  俄国和土耳其都没出版关于一战的官方历史著述，这两个帝国的国家结构都在大战和其后的内战中被摧毁。尽管美国政府针对战争的特定方面编纂了一系列文卷，但美国也没有官方编纂的叙述性历史著述。最重要的官方文件来自英国、法国、德国、奥地利和澳大利亚。法国编纂的官方历史文件详细，却枯燥乏味；最有用的是第十卷，分为两部分，包括战役命令、行动记录和各师及更高级部队命令的变化。奥地利官方历史文件也包括了很有价值的战役命令，并包含叙述的内容，在中立性上不及法国的。德国关于陆军行动的16卷官方历史文件以一种毫无感情的总参谋部的风格写成，是德国军队行动不可或缺的记录；一系列非正式的战役叙述手册（例如，Reichsarchiv, *Ypern*, *Gorlice*）也很有用。英国的官方文件涵盖了所有战场上陆军行动的扩展叙述、一部海军和空军的历史著述、一些技术方面的文卷（医药、交通），以及一套次要并极端详细的战役命令，对于理解英国在战争中的角色绝对是不可或缺的。澳大利亚官方历史学家C. W. Bean收集了许多参与者的回忆录。结果，他的著作具有其他官方档案所缺乏的人的维度，并预示了美国关于二战的规模宏大的官方历史著作所成功采纳的方法。这些官方历史著作如下所示：

  J. Edmonds, *Military Operations, France and Belgium, 1914–1918*, London, 1925–1948, 以及其他作者关于意大利、马其顿、埃及、巴勒斯坦、达达尼尔海峡、波斯和东西非洲的姊妹篇。海军史 *Naval Operations*, London, 1920–1931, 由 J. Corbett 和 H. Newbolt 撰写。空军篇的作者则是 W. Raleigh 和 H. Jones, *The War in the Air*, Oxford, 1922–1937.

Etat-major de L'armée, *Les Armées françaises dans la grande guerre*, Paris, 1922–1939.

Reichsarchiv, *Der Weltkrieg*, Berlin, 1925–1939.

Bundesministerium für Landesverterdigung, *Österreich–Ungarns Letzter Krieg, 1914–1918*, Vienna, 1930–1938.

C. E. W. Bean, *Australia in the War of 1914–1918*, Sydney, 1921–1943.

通史

或许是因为它所遗留的悲惨回忆和仇恨，很少有令人满意的大战通史著述。战败者选择遗忘，甚至胜利者也没有什么热情回忆起那些使其人口大规模死亡的事件。英国是列强中损失比例最小的国家，出现了最成功的通史著作。英国的和其他国家的通史著作包括：

J. Edmonds. *A Short History of World War I*, Oxford, 1951, 一部对作战行动简洁但面面俱到的纵览著述。

C. Falls, *The First World War*, London, 1960, 深入而简洁。

M. Ferro, *The Great War 1914–1918*, London, 1973, 第一部具有哲学和文化维度的大战通史著述。

A.J.P.Taylor, *The First World War: An Illustrated History*, London, 1962, 典型的简洁作品。

H. Herwig, *The First World War: Germany and Austria 1914–1918*, London, 1997, 其内容比起题目所示更为广泛，并对许多代学术研究进行了审视。

Hew Strachan 教授的牛津一战史即将出版（两卷），有望替代 C. M. R. F. Cruttwell, *A History of the Great War*, Oxford, 1934, 后者虽然陈旧，但文笔精彩。

起源

欧洲在1914年仲夏几个星期里从显而易见的完全和平向暴力的全面战争遽然

转变，仍然难以得到解释。在放弃了区分战争罪责的努力之后，历史学家第一次转向对原因的讨论，这注定聚讼纷纭，最终转向对于环境的分析。

讨论的基石仍然是 L. Albertini 的 *The Origins of the War of 1914* (3 volumes), Oxford, 1952–1957, 此书提供了关于危机的详细编年史，以及对于最重要的文件所做的摘录。对于一战的环境更晚近而且更加平衡的分析是 J. Joll, *1914: The Unknown Assumptions*, London, 1984。关于各主要交战国中的危机发展的重要著作是：I. Geiss, *Juli 1914*, Munich, 1965；J Gooch, *Army, State and Society in Italy, 1870–1915*, N. Y., 1989；J. Keiger, *France and the Origins of the First World War*, N. Y., 1983；S. Williamson, *Austria-Hungary and the Origins of the First World War*, N. Y., 1991；and Z. Steiner, *Britain and the Origins of the First World War*, N. Y. 1977, 本书尤其关注英国官方的外交。F. Fischer 的 *Griff nach der Weltmacht* (Düsseldorf, 1961) 和 *Krieg der Illusionen* (Düsseldorf, 1969), 有争议地再次提出德国的战争罪责的话题。尽管二者在出版时都在德国激起愤慨，但仍然是重要的文献。

关于战前欧洲气氛的两部著作至关重要：M. Eksteins, *Rites of Spring*, Boston, 1989, and R. Wohl, *The Generation of 1914*, Cambridge, Mass., 1979。

战争计划

G. Ritter 在 *The Schlieffen Plan* (N.Y., 1959) 中讨论了这位德军总参谋长施里芬撰写的文件，德军在他去世的次年根据这些文件投入灾难性的战役中；此书在关于第一次世界大战的出版著作中具有独一无二的重要性。G. Tunstall 的 *Planning for War against Tussia and Serbia* (N.Y., 1993), A. Bucholz 的 *Moltke, Schlieffen and Prussian War Planning* (N.Y., 1991), D. Herrmann 的 *The Arming of Europe and the Making of the First World War* (Princeton, 1996) 和 P. Kennedy 的 *The War Plans of the Great Powers* (London, 1979) 的论文补充了有价值的评论。

战争的进行

战争中的战略与战争计划不同,没有引发太多学术讨论。另一方面,一战的战术总是激起探讨,或许是因为一种成功的战术解决方案被认为是基本的战略需要,尤其是在西线。近年来,新一代英国、澳大利亚和加拿大学者重新对此进行考察。最优秀的三位作者是:T. Travers,著有 *The Killing Ground* (London,1987) 和 *How the War Was Won* (London,1992);P. Griffith,著有 *Battle Tactics of the Western Front* (London, 1992) 及 *Forward into Battle* (Rambsbury, 1990);以及 H. Herwig,著有 *The First World War: Germany and Austria–Hungary 1914–18* (London, 1997)。但他们都未能达到前英国官方史学家 G. C. Wynne 的深度,后者在 *If Germany Attacks* (London, 1940) 中分析了英军和法军在攻击战壕阵地的手段方面所发生的改变,以及德军对此的反应,至今仍未被超越。T. Ashworth 在 *Trench Warfare: The Live and Let Live System* (London, 1980) 中提供了关于"不活跃"区域战壕战本质的有价值的洞见。关于大战中的指挥艺术,尤其重视战略方面的三部重要著作是:R. Asprey, *The German High Command at War*, N.Y., 1991, Mitchen;*The Silent Dictatorship: The Politics of the German High Command under Hindenburg and Ludendorff*, London, 1976; and C. Barnett, *The Swordbearers*, London, 1963。

军队

关于第一次世界大战中的军队研究产生了丰富的著作,尤其是关于英国军队。其中最优秀的包括:P. Simkins, *Kitchener's Army*, Manchester, 1986,是关于一战中规模最大的志愿军所做的趣味盎然的学术研究;以及 I. Beckett and K. Simpson, *A Nation in Arms*, Manchester, 1985。关于法国军队的优秀著作包括 D. Porch, *The March to the Marne*, Cambridge, 1981;L. Smith, *Between Mutiny and Obedience*, Princeton, 1994; and R. Challener, *The French Theory of the Nation in Arms*, N.Y., 1995;E. Weber 的 *Peasants into Frenchmen* (London, 1997) 阐明了战争前夕法国农民接受征兵制的细节。G. Pedroncini 的 *Les Mutineries de 1917* (Paris, 1967) 仍是权威著作。

B. Menningr 的 *Bayonets Before Bullets: The Imperial Russian Army, 1861-1914* (Bloomington, 1994) 是一部杰出著作,它得到了 A. Wildman 的 *The End of the Russian Imperial Army* (Princeton, 1980) 的补充。G. Rothenberg 的 *The Army of Franz Joseph* (West Lafayette, 1976) 是英语世界中关于奥匈帝国军队研究最优秀的著作,但 J.Lucas 的 *Fighting Troops of the Austro-Hungarian Army* (Speldhurst, 1987) 充满了有用的细节。关于德国军队尚未有优秀的英语著作。A. Millett 和 W. Williamson 所著的 *Military Effectiveness Army* (I, Boston, 1988) 有关于各国军队的精彩章节。J. Gooch, *Army, State and Society in Italy*, 1870-1915, N.Y., 1989, 是一部优秀著作。D. Omissi 的 *The Sepoy and the Raj*, London, 1994, 是关于印度军队的杰作。英语世界中还没有关于 1914—1918 年间奥斯曼军队的综合性著作。

关于德国海军出现了一些出众的研究,包括: J. Steinberg, *Yesterday's Deterrent*, London, 1965; H. Herwig, *Luxury Fleet*, London, 1980, and *The German Naval Officer Corps*, Oxford, 1973。关于皇家海军,A. Marder 的 *From the Dreadnought to Scapa Flow* (5vols, London, 1961-1970),仍然是经典的权威著作。M. Vego, *Austro-Hungarian Naval Policy 1904-1914*, London, 1996, 是关于亚得里亚海的奥匈－意大利海战初步阶段的有趣研究。

关于空战的技术文献数量可观,但关于空军却没有多少有价值的著作。一项有意思的研究是: D. Winter, *The First of the Few: Fighter Pilots of the First World War*, London, 1982。

会战与战役

较早的一部关于一战战役历史的著作是: S. Tyng, *The Campaign of the Marne*, Oxford, 1935, 该书很大程度上已被遗忘,但仍然非常有价值。关于东线同期会战最优秀的著作是: D. Showalter, *Tannenberg*, Hamden, 1991。N. Stone, *The Eastern Front 1914-1917*, N.Y., 1975, 该书是无法取代的。关于西线会战的重要著作是: E. Spears, *Liaison, 1914: A Narrative of the Great Retreat* 和 *Prelude to Victory*, London, 1939, 以尼韦勒攻势为主题; M. Middlebrook, *The First Day on the Somme*, London, 1971 和 *Kaiser's Battle*, London, 1978, 关注 1918 年德国进攻的初期; A. Horne, *The Price of Victory*, London, 1962, 是关于凡尔登战役的经典叙述；A. Mckee, *Vimy Ridge*, London, 1962；而 L. Wolff, *In Flanders Fields*, London, 1958, 对于帕斯尚尔战役的描述令人印象深刻。C. Falls, *Caporetto*, London, 1966 和 A. Palmer, *The Gardeners of Salonika*, London, 1965, 是英语世界有关意大利和马其顿前线最好的研究著作。关于加利波利战役产生了大量文献，大多质量颇高。优秀的通史书籍是：R. Rhodes James, *Gallipoli*, London, 1965；G. Cassar, *The French and the Dardanelles*, London, 1971 和 A. Moorehead, *Gallipoli*, London, 1956, 有些陈旧但非常具有可读性。关于其他战场的有用的书籍是：C. Falls, *Armageddon*, 1918, London, 1964（巴勒斯坦）；A. Barker, *The Neglected War: Mesopotamia 1914–1918*, London, 1967；以及 B. Farwell, *The Great War in Africa*, London, 1987。由 Purnell 分批出版、B. Pitt 和 P. Young 编辑的一战简编史书籍 *History of the First World War* (London, 1969–1971) 共分为八卷，包括对于战争所有阶段的叙述，其中一些由顶尖学者完成。它是非常有用的资料来源，尤其是对诸如青岛、高加索等所知甚少的战役来说。C. Ellis, *The Transcaspian Episode*, London, 1963, 是关于 1918 年英国对于俄罗斯南部所做干预的精彩专论。协约国对于俄国的干涉和俄国革命、内战的军事方面见于 J. Wheeler Bennett, *Brest–Litovsk: The Forgotten Peace*, London, 1966；E. Mawdsley, *The Russian Civil War*, N.Y., 1989；R. Luckett, *The White Generals*, N.Y., 1971；J. Bradley, *Allied Intervention in Russia*, London, 1968；P. Kencz, *Civil War in South Russia*, N.Y., 1977 和 M. Carley, *Revolution and Intervention*, N.Y., 1983。

海战的特定方面在下述著作中得到了极佳的描述：J. Goldrick, *The King's Ships Were at Sea: The War in the North Sea, August, 1914–February 1915*, Annapolis, 1984；P. Halpern, *The Naval War in the Mediterranean, 1914–1918*, London, 1987；G. Bennet, *Coronel and the Falklands*, N.Y., 1962 和 *Cowan's War: The Story of British Naval Operation in the Baltic, 1918–1920*, London, 1964；以及 J. Terraine, *Business in the Great Waters*, London, 1989, 这是对于 U 潜艇最好的综合叙述。在关于日德兰海战及其后战事的大量著作中，尤其值得注意的是 N. Campbell, *Jutland: An Analysis of the Fighting*, London, 1986 和 A. Gordon, *The Rules of the Game*, London, 1996。

政治与经济

由学者撰写的、关于大战中的政治与经济值得注意的书籍是：V. Berghahn, *Germany and the Approach of the War in 1914*, N.Y., 1973；G. Feldman, *Arms, Industry and Labor in Germany, 1914–1918*, Princeton, 1966；G. French, *British Strategy and War Aims*, London, 1986；J. Galantai, *Hungary in the First World War*, Budapest, 1989；M. Geyer, *Deutsche Rüstungspolitik*, Frankfurt, 1984；P. Guinn, *British Strategy and Politics, 1914–1918*, Oxford, 1965；以及 Z. Zeman, *The Break-up of the Habsburg Empire*, London, 1961。近来，法国学者对于大战时期的社会与文化史做出了显著的贡献，包括：J.-J. Becker and S. Audouin-Rouzeau, *Les sociétés européennes et la guerre de 1914–1918*, Paris, 1990；J.-J. Becker 等, *La France en guerre*, 1914–1918, Paris, 1988；以及 J.-J. Becker, *The Great War and the French People*, Leamington Spa, 1985。Becker 的英语合作者 J. Winter 与 W. Wall 一起编辑了 *The Upheaval of War: Family, Work and Welfare in Europe, 1914–1918*, Cambridge, 1988。他的 *Sites of Memory, Sites of Mourning: The Great War in European Cultural History*（Cambridge, 1995）是一系列感人至深的随笔，反映了士兵和平民群体为了承受、平复和纪念大战造成的伤痛所做出的努力。更加文学化、现在也更有名的关于大战的书籍是 Paul Fussell, *The Great War and Modern Memory*, Oxford, 1975, 以英语文献为研究对象, 尤其是小说和回忆录。法语撰写的同类作品是 J. NortonCru, *Témoins*, 更早但仍有价值，此书的新版本在 1993 年于 Nancy 出版。关于德国人的经历的两本重要书籍是 L. Moyer, *Victory Must Be Ours*, London, 1995, 以及 R. Whalen, *Bitter Wounds: German Victims of the Great War*, Ithaca, 1984。Trevor Wilson 在 *The Myriad Facesitting of War*（Cambridge, 1986）中对英国的战争经历进行了多方面的描述。有趣的美国视角见于 E. Leed, *No Man's Land: Combat and Identity in World War I*, Cambridge, 1979。

传记

在回溯中,第一次世界大战的军事将领很少得到后人的仰慕,这看起来越来越不公平。他们面临着几乎无法解决的难题——如何依靠弱小,实际上根本不够的手段突破要塞化的前线——而且彼此不相上下。Correlli Barnett 在 *The Swordbearers* (London, 1963) 中呈现了一幅趣味盎然的群像。他的研究对象包括小毛奇、联合舰队的指挥官约翰·杰利科海军上将、贝当和鲁登道夫。Basil Liddell Hart 充满同情的人物传记 *Foch: Man of Orleans* (1931),经受了时间的检验。J. Wheeler-Bennett 撰写的人物生平著述 *Hindenburg: the Wooden Titan* (London, 1936) 也是如此。D. Goodspeed 的 *Ludendorff* (1996) 是一部出色的著作。黑格仍然让人难以捉摸,他是一位缺少人类情感的高效的军事技术专家。John Terraine 在 *Haig: The Educated Soldier* (London, 1963) 中展示了对其成就的盲目推崇;一部持怀疑观点的传记是 G. De Groot, *Douglas Haig* (London, 1988),强调了黑格性格中非理性的一面;另外也值得注意的是 D. Winter 的 *Haig's Command* (London, 1991)。R. Blake 编的 *The Private Papers of Douglas Haig* (1952),不可或缺。Philip Magnus 的 *Kitchener* 也是如此。D. Smythe, *Pershing*, Bloomington, 1986,提供了美国将军的最好的传记。R. Holmes 撰写了出色的约翰·弗伦奇爵士的传记 *The Little Field Marshal* (London, 1981)。英国海军将领的出色传记是 R. Mackay, *Fisher of Kilverstone* (Oxford, 1973), A. Temple Patterson, *Jellicoe* (London, 1969),以及 S. Roskill, *Earl Beatty* (London, 1980)。

索 引

舰船名称见各国海军条目

A

Aachen 亚琛 87
Admiralty Old Building 旧海军部大楼 见 Room 40 号房间
Adriatic Sea 亚得里亚海 206−7, 234, 243
AEF 见 American Expeditionary Force 美国远征军
Afghanistan 阿富汗 413, 414
Africa 非洲 见 German East Africa 德属东非；German South West Africa 德属西南非
air aces 空军王牌 386−7, 435
aircraft 飞机
    American Air Corps 美国空军 402−3
    British anti-submarine patrols 英国反潜巡逻 381
    French 法国的 240, 386
    German 德国的 103, 157, 386
    Russian 俄国的
Aisne, River/region 埃纳河/地区 136, 196, 202, 335, 429
    Battle(1914) 1914 年的战役 133, 136−8, 147 又见 Chemin des Dames 贵妇小道
Albania 阿尔巴尼亚 243, 273
Albert, France 阿尔贝，法国 312, 320, 336
Albert I, King of the Belgians 比利时国王阿尔贝一世 88−9, 90−1, 95, 137, 138, 140
Albertini, L. 阿尔贝蒂尼 69, 90

Alexander the Great 亚历山大大帝 27, 28
Alexander, Field Marshal Sir Harold 哈罗德·亚历山大陆军元帅 419
Alexeyev, General Mikhail 米哈伊尔·阿列克谢耶夫将军 168, 173, 253, 326, 329, 331, 362, 416
Algerian divisions 阿尔及利亚师 85, 120, 122, 128, 214
Allenby, General Sir Edmund 埃德蒙·艾伦比将军 351, 444, 445
Allenstein 阿伦施泰因 153
Alsace, Army of 阿尔萨斯集团军 101
Alsace-Lorraine 阿尔萨斯−洛林 32, 40, 97−8, 137, 335, 442, 447, 453
    Frontier Battles(1914) 1914 年的边境战役 100−4, 147
Amade, General d' 德阿马德将军 113
American Army 美军 见 United States Army
American Civil War 美国内战 27, 191, 338, 357, 402
American Expeditionary Force (AEF) 美国远征军 401, 403−4
    Air Corps 空军 402−3
    92nd division (black) 第 92 师（黑人师）
American War of Independence 美国独立战争 404
Amiens 亚眠 104, 111, 203, 312, 432, 433−4, 440, 442
Ancre valley 昂克尔河谷 321
    cemetery 公墓 316
Andenne 昂代恩 92

Angell, Norman 诺曼·安吉尔 11-12
　　The Great Illusion《大幻想》
Angerapp, River 安格拉普河 155, 164
Anglo-Japanese Treaty (1911) 1911年英日条约 224
Anglo-Persian Oil Company 英波石油公司 237-7
Anglo-Russian Convention(1907) 1907年英俄协约 413
anti-slavery legislation 反奴隶制立法 13
Antwerp 安特卫普 90, 95, 104, 116, 137, 138-9, 141
ANZAC 见 Australian and New Zealand Army Corps 澳大利亚和新西兰军团
ANZAC cove, Gallipoli 加利波利的澳新军团湾 262-3, 265-6, 268
'Apis' (Colonel Dragutin Dimitrijevic) "神牛"（德拉古廷·迪米特里耶维奇上校）56, 57
Arabs 阿拉伯人 239, 240, 241
　　Arab Revolt(1916-18) 1916—1918年的阿拉伯起义 240, 444
Ardennes, the 阿登高地 102, 104
Argonne forest 阿戈讷森林 197, 201, 202, 335
Armenia/Armenians 亚美尼亚/亚美尼亚人 8, 242-3, 412, 414
armistice terms 停战条款 447-8, 450
Arnim, General Sixt von 西克斯特·冯·阿尼姆将军 130
Arras 8, 9, 197, 200, 203, 336, 349, 350, 351-2
artillery 火炮：
　　British 英国的 109, 143
　　German 德国的 87, 88, 94, 96, 97, 139, 302, 404, 405, 427-8, 434, 436
　　Russian 俄国的 153, 183, 248-9, 297
　　technique 技术 314-5, 341-2
Artois 阿图瓦 192, 196, 197, 200, 203, 208, 209, 213, 215-6
Arz von Straussenberg, General Arthur 阿瑟·阿尔茨·冯·施特劳森贝格将军 330
Asquith Arthur 阿瑟·阿斯奎斯 269

Aubers Ridge 欧贝岭 200, 207, 213, 216
Augustow 奥古斯图夫 178, 185, 186
Australian and New Zealand Army Corps 澳大利亚和新西兰军团 204, 231, 319, 352, 383, 392, 393, 433
　　at Gallipoli 在加利波利 257, 259-60, 261-3, 265-6, 267-8
Australian Navy 澳大利亚海军：
　　Sydney 悉尼号 232
Austria-Hungary 奥匈帝国 10, 18
　　and assassination of Franz Ferdinand 与弗朗茨·斐迪南遇刺 55-8, 64, 73-4
　　and death of Franz Josef 与弗朗茨·约瑟夫之死 344-5
　　declares war on Serbia 对塞尔维亚宣战
　　declares war on Russia 对俄国宣战
　　and Italy 与意大利 77, 244
　　peace negotiation 媾和 345, 446
　　pre-war negotiation with Germany 战前与德国的磋商 45-7, 57-8, 59-61
　　'note' to Serbians 给塞尔维亚人的"照会" 61-5
　　Slav problem 斯拉夫问题 18, 57
　　又见 Austro-Hungarian Army 奥匈帝国陆军
Austro-Hungarian Army 奥匈帝国陆军 16, 20, 21, 83, 85, 86, 152-3, 155, 164-5, 169-70, 174-5, 183-4, 203-4, 253, 323-4
　　casualties 伤亡 见 casualties, Austro-Hungarian 伤亡，奥匈帝国
　　Armies 集团军：
　　First 第1集团军 170, 171, 173, 178, 179, 330
　　Second 第2集团军 166-7, 171, 172, 173-4, 182, 328
　　Third 第3集团军 170, 171-2, 173-4, 273, 274
　　Fourth 第4集团军 170, 171, 172, 173, 326
　　Fifth 第5集团军 166-7, 247-8
　　Sixth 第6集团军 166-7
　　Seventh 第7集团军 328

Fourteenth(Austro-German) 第14集团军（奥－德联军）372-5
Corps 军：
II 第2军 170-1
III 第3军 171
VII 第7军 184
IX 第9军 170-1, 184
X 第10军 185
XI 第11军 171
XII 第12军 171
XIV 第14军 171, 173, 174, 183-4
XVI 第16军 170-1
Divisions 师：
8th 'Edelweiss' 第8"雪绒花"师 374
21st 第21师 184
22nd 第22师 374
又见 casualties, Austrian 伤亡，奥地利
Austro-Hungarian Navy 奥匈帝国海军 69-70, 206
Auvelais 欧韦勒 106
Azerbaijan 阿塞拜疆 412
Azeri, the 阿塞拜疆人 412, 414

B

Baghdad 巴格达 243, 322, 444
Bahrein 巴林岛 238
Bailleul 巴约勒 199
Bainsizza Plateau 班奇扎高原 246, 247, 372
Baku 巴库 412, 413, 414
Balkan Wars 巴尔干战争：
    First 第一次 19, 55, 166, 191
    Second 第二次 19, 20, 29, 55, 166, 191, 243, 269, 328
Ball, Captain Albert 艾伯特·鲍尔上尉 386
balloons, observation 热气球侦察 385
Baltic Sea 波罗的海 234
Baltic States 波罗的海诸国 252, 324-5, 367,369, 407, 410, 419, 449
Bapaume 巴波姆 313, 320
Barchon, Fort 巴雄要塞 94, 96
barrages, creeping 渐进弹幕 314-5
Basra 巴士拉 238
Bataille, Genenral 巴塔伊将军 99
Battice 白蒂斯村 92
Bazentin Ridge, Somme 巴藏丹岭 319
Beatty, Admiral Sir David 大卫·比提海军上将 285, 286, 291, 292, 294, 296
Beaumont Hamel cemetery 博蒙哈默公墓 316
Belfort 贝尔福 87, 202
Belgian Army 比利时陆军 89-90, 94, 95, 137-8, 140, 435, 441
    casualties 伤亡 140, 146
Belgium 比利时 8, 11
    and Anglo-French negotiations 与英法的协商 42-3
    forts 要塞 87-8
    German invasion 德国的侵略 33-4, 37, 77, 88-94
    又见 Belgian Army 比利时陆军
Belgrade 贝尔格莱德 63-4, 69-70, 167
Belhaven, Lord 贝尔哈文勋爵 388
Belleau Wood 贝洛森林 437
Below, General Otto von 奥拓·冯·贝洛将军 158
Benes, Eduard 爱德华·贝奈斯 417
Berchtold, Count 贝希托尔德伯爵 57-8, 59, 60, 61-2, 63, 67, 72
Berlin 柏林 81, 152, 153, 447, 448
Berry-au-Bac 贝里欧巴克 136
Berthelot, General Henri 亨利·贝特洛将军 136
Beseler, General Hans von 汉斯·冯·贝泽勒将军 138-9, 141, 142
Bessarabia 比萨拉比亚 412
Bethmann Hollweg, Theobald von 西奥博尔德·冯·贝特曼·霍尔维格 31, 60, 65, 70, 71, 73, 205, 378, 442

Beyers, Christiaan 克里斯蒂安·拜尔斯 228
'Big Bertha' "胖妇人"大炮 436
Birdwood, General Sir William 威廉·伯德伍德将军 265
Bismarck, Otto, Prince von 奥拓·冯·俾斯麦公爵 14, 32–3, 45
Bismarck Islands 俾斯麦群岛 224
Black Hand(organization) 黑手会（组织）
Black Sea 黑海 234–5, 245, 419
Blankenberghe 布兰肯贝尔赫 382
Blixen, Baroness Karen 卡伦·布里克森男爵 229
Bloem, Captain Walter 瓦尔特·布勒姆上尉 83, 86, 109, 112, 117
Boe, General 博埃将军 99
Boer rebellion(1914) 1914 年布尔人的反叛 228
Boer War 布尔战争 20, 85, 86, 108, 109, 133, 195, 226, 357
Bohm-Ermoli, General Eduard von 爱德华·冯·伯姆－埃莫利 172, 182
Bois des Caures 科尔林地 301, 302–3
Bolgert, General 博尔杰将军 99
Bolimov, use of gas at 在博利莫夫使用毒气 213–4
Bolsheviks 布尔什维克 361, 363, 364–5, 366–7, 407–8, 409–11, 449
    Allies at war with 与战时协约国的关系 416–21
    and Brest-Litovsk Treaty 布列斯特－立托夫斯克条约 367–8, 408, 410, 411, 413, 415–16, 420
Boncelle, Fort 波恩赛勒斯要塞 96
Bonfol 邦佛 202
Bonneau, General 博诺将军 98
Bordeaux 波尔多 121
Borodino, battle of (1812) 1812 年波罗底诺战役 154, 176
Boroevic, Field Marshal Svetozar 斯韦托扎尔·博罗耶维奇陆军元帅 182, 183, 247
Bosnia 波斯尼亚 16, 56, 57, 86, 167
Botha, General Louis 路易·博塔将军 226

Boulogne 布伦 87
Brenan, Gerald 杰拉尔德·布雷南 318
Brest-Litovsk 布列斯特－立托夫斯克 251, 252
    German-Russian negotiations and treaty (1917–18) 1917—1918 年的德－俄交涉和条约 367–8, 408, 410, 411, 413, 415–16, 418, 420, 449
Brialmont, General Henri 亨利·布里亚蒙特将军 87
Briand, Aristide 阿里斯蒂德·白里安 255, 274, 346
Brinckman, Captain 布林克曼上尉 94
Bristol Fighters 布里斯托尔战斗机 386
Britain 英国 18, 19
    coalition government 联合政府 346
    declaration of war 宣战 76–7
    pre-war Anglo-French negotiations 战前英法磋商 42–3, 47–9
    pre-war diplomacy 63, 66–7, 71, 76
    又见 British Army 英国陆军；British Navy 英国海军
British Army 英国陆军 83, 84–5, 86
    artillery 火炮 109, 143
    casualties 伤亡 见 casualties, British 伤亡，英国
    cavalry 骑兵 83, 85, 118, 141, 142
    trenches 战壕 见 trench systems 战壕系统
    uniforms 制服 85
    Armies 集团军
    British Expeditionary Force (BEF) 英国远征军 42–3, 48, 49, 87, 95, 105, 107–12, 111, 113–14, 117, 120–1, 122–8, 130, 136, 140–6, 206, 310, 315, 350, 429–30
    First 第 1 集团军 206, 209–13, 216, 310, 351, 434
    Second 第 2 集团军 206, 387–8, 434
    Third 第 3 集团军 216, 351, 395, 429
    Fourth 第 4 集团军 312, 316
    Fifth 第 5 集团军 385, 387–8, 424, 426–30, 431, 432

Kinchener's 'New' Army 基奇纳新军 206, 216, 218−9, 267, 298, 312, 316, 321, 428

Corps 军：

I 第 1 军 108, 112, 142

II 第 2 军 108, 112−13, 142

III 第 3 军 142, 315

IV 第 4 军 142

VI 第 6 军 350

VIII 第 8 军 314, 340−1

XVIII 第 18 军 387

XIX 第 19 军 387

Divisions 师：

1st 第 1 师 218

2nd 第 2 师 218

4th 第 4 师 312, 316

5th 第 5 师 214−5

6th Indian 第 6 印度师 238

7th 第 7 师 140, 142, 209−13, 312

8th 第 8 师 141, 209−13, 312

9th Scottish 第 9 苏格兰师 218, 312

10th 第 10 师 274

14th 第 14 师 429

15th Scottish 第 15 苏格兰师 218, 393

16th Irish 第 16 爱尔兰师 383, 393

18th 第 18 师 429

20th Light 第 20 轻装师 397

21st 第 21 师 218−19

23rd 第 23 师 392

24th 第 24 师 218−19

27th 第 27 师 214−15

28th 第 28 师 214−15

29th 第 29 师 257, 260, 263−5, 266−9

31st 第 31 师 340

32nd 第 32 师 316

34th 第 34 师 312

36th Ulster 第 36 阿尔斯特师 312, 316, 383, 429

38th Welsh 第 38 威尔士师 393

41st 第 41 师 392

51st Highland 第 51 高地师 396, 397

58th 第 58 师 429

3rd Cavalry 第 3 骑兵师 142

Expeditionary Force D D 远征军 322−3

Guards 近卫军 393

Royal Marines 皇家海军陆战队 257−8

Royal Navy 皇家海军 139, 140, 257, 259, 260, 267

Territorial 本土防卫军 204, 206, 216, 298

46th 第 46 师 312

47th 第 47 师 218

48th 第 48 师 312

49th 第 49 师 312

56th London 第 56 伦敦师 312, 393

Brigades 旅：

1 Cavalry 第 1 骑兵旅 117

11 Infantry 第 11 步兵旅

94 第 94 旅 340

Tyneside Irish 泰恩赛德爱尔兰旅 298, 317

Tyneside Scottish 泰恩赛德苏格兰旅 298

Regiments and Battalions 团和营：

1st Dorset 第 1 多塞特团 215

4th Dragoon Guards 第 4 龙骑近卫团 118

Dublin Fusiliers 都柏林燧发枪团 264−5, 268−9

2nd Durham Light Infantry 第 2 达勒姆轻步兵团 397

14th Durham Light Infantry 第 14 达勒姆轻步兵团 397

11st East Lancashire 第 11 东兰开夏团 340, 341

1st Gloucester 第 1 格洛斯特团 39, 112

Hampshire 汉普郡团 262, 264, 265

48th and 108th Heavy Batteries, Royal Garrison Artillery 109 皇家卫戍炮兵第 48 和 108 重炮连 109

King's Royal Rifle Corps 国王皇家来复枪队 110

L Battery, Royal Horse Artillery 皇家骑炮兵 L 炮兵连 117

Lancashire Fusilier 兰开夏燧发枪团

Leicestershire 莱斯特团 430
'Liverpool Pals' "利物浦伙伴" 298
2nd Middlesex 第 2 米德尔塞克斯团 210
9th Norfolks 第 9 诺福克团 428
2nd Oxfordshire and Buckinghamshire Light Infantry 第 2 牛津和白金汉轻步兵团 145
1st Queen's Own Royal West Kent Regiment 第 1 王后私人皇家西肯特团 109
1st Rifle Brigade 第 1 燧发枪旅 84
Royal Engineers 皇家工兵部队 145, 193
Royal Munster Fusiliers 皇家芒斯特燧发枪团 262, 264, 265, 268−9
Royal Scots 皇家苏格兰团 110
2nd Royal Welch Fusiliers 第 2 皇家威尔士燧发枪团 193, 194
2nd Scottish Rifles 第 2 苏格兰来复枪团 210
7th Sherwood Foresters 第 7 舍伍德森林居民团 430
2nd South Wales Borderers 第 2 南威尔士边民团 193, 194
1st/8th Warwickshire 第 1/8 沃里克团 389−91
1st West Yorkshire 第 1 西约克团 427
又见：Australia and New Zealand 澳大利亚和新西兰；Canadian 加拿大；India 印度；South Africa 南非
British Expeditionary Force 英国远征军 见 British Army 英军
British Foreign Office 英国外交部 29
British Navy 英国海军 19, 31, 50, 206, 207, 231, 234, 245, 279−80, 282−3, 284, 287−8, 290
Aegean Squadron 爱琴海舰队 256
Aboukir 阿布基尔号 233, 287
Agamemnon 阿伽门农号 259
Agincourt 阿金库尔号 235, 236, 281
Astraea 正义女神号 228
Audacious 无畏号 287, 289
Canada 加拿大号 281
Canopus 老人星号 233, 282
Cressy 克雷西号 233, 287
Dreadnought 无畏舰 280−2, 289−90
Erin 爱尔兰号 235, 236, 281
Formidable 恐怖号 289
Glasgow 格拉斯哥号 233, 234, 282
Good Hoop 好望角号 233
Hampshire 汉普郡号 337
Hogue 霍格号 233, 287
Indefatigable 不懈号 294
Inflexible 不屈号 233, 258, 259
Invincible 不败号 233, 295
Irresistible 无敌号 258
Lion 狮子号 289
Lord Nelson 纳尔逊勋爵号 259
Monitor 浅水炮舰 229
Monmouth 蒙茅斯号 233
Ocean 海洋号 258
Pegasus 珀尔索斯号 229
Queen Elizabeth 伊丽莎白女王号 257, 258, 259, 262
Queen Elizabeth class 伊丽莎白女王级 237−8, 280, 281, 290
Queen Mary 玛丽女王号 284, 294
River Clyde 克莱德河号 262, 263, 264−5
Royal Naval Division 皇家海军师 139, 254, 257−60
Royal Sovereign class 君权级 238
Severn 塞汶河号 229
Tiger 老虎号 289
Warrior (1861) 1861 年的勇士号 280
British War Council 英国战争委员会 207, 267
Broodseinde 布鲁塞德 142, 384, 392, 393
Brooke, Rupert 鲁伯特·布鲁克 269
Bruchmuller, Colonel Georg von 格奥尔格·冯·布鲁赫米勒上校 365, 406, 434
Brudermann, General Rudolf von 鲁道夫·冯·布鲁德曼将军 171, 172
Brusilov, General Alexei 阿列克谢·布鲁西洛夫将军 175, 178, 182, 183, 325, 326, 328, 329, 337, 363, 364, 365, 407

Buchan, John 约翰·巴肯 419
Buchanan, Sir George 乔治·布坎南爵士
Bucharest 布加勒斯特 345
　　treaty of 条约 448
Budapest 布达佩斯 176, 182
Bug, River 布格河 170, 171, 252
Bukharin 布哈林 363, 364
Bulair, Gallipoli 加利波利的布莱 260, 261, 265
Bulgakov, General 布尔加科夫将军 186
Bulgaria 保加利亚 58, 206–7, 239, 243, 244, 245, 257, 269–70, 328, 442, 454
Bulgaria army 保加利亚军队 255, 272, 273, 274, 329–30
Bullecourt 比勒库尔 352
Bülow, Prince Bernhard 伯恩哈德·比洛侯爵 245
Bülow, General Karl von 卡尔·冯·比洛将军 96, 105, 114, 115–6, 117, 118, 122, 128, 129, 130, 131, 132, 133, 136, 138
Byng, General Sir Julian 朱利安·宾将军 395, 397
Bzura, River 布楚拉河 9

C

Cadorna, General Luigi 路易吉·卡多尔纳将军 246–8, 324, 371, 373
Cambon, Jules 朱尔·康邦 66
Cambon, Paul 保罗·康邦 76
Cambrai, Battle of 康布雷战役 112, 395–7, 429
Cameroon 喀麦隆 见 Kamerun 喀麦隆
Canadian troops 加拿大军 200, 204, 214–15, 316, 350, 351, 352, 388, 393–4, 440
　　casualties 伤亡 316, 394
Cannae, battle of (216BC) 坎尼战役 35
Cape Helles, Gallipoli 加利波利的赫勒斯角 257, 260–1, 262, 263–5, 266–7, 268, 269
Capelle, Admiral Eduard von 爱德华·冯·卡佩勒海军上将 401, 420
Capello, General Luigi 路易吉·卡佩洛将军 373

Caporetto, battle of 卡波雷托战役 370, 372–6, 430, 445
Carden, Admiral Sackville 卡登·萨克维尔 256, 257–8
Caroline Islands 加罗林群岛 224, 231
Carpathian Mountains 喀尔巴阡山脉 151–2, 164, 168, 170, 174, 176, 178, 179, 180, 182, 184–5, 186–7
Carso Plateau 卡索高原 246, 247, 324
Cassel 卡塞尔 199, 435
Cassell, F. L. F. L. 卡塞尔 317
Castelnau, General Noël de 诺埃尔·德卡斯泰尔诺将军 100, 101, 137, 195, 303
Casualties 伤亡：
　　ANZAC 澳新军团 265, 266
　　Austro-Hungarian 奥匈帝国 168, 174, 179, 184, 248, 324, 328, 452
　　Belgian 比利时 140, 146
　　British 英国 110, 113, 143, 146, 212, 218, 265, 268, 275, 310, 317–8, 321, 323, 352, 388, 394, 430, 451
　　Canadian 加拿大 316, 394
　　Finnish 芬兰 409
　　French 法国 6–7, 103–4, 107, 146, 219, 306, 308, 321, 343, 355, 358, 372, 451, 452
　　German 德国 7, 110, 143–4, 146, 212, 306, 308, 321, 326, 344, 430, 434, 437, 451, 452, 453
　　Indian 印度 146–7
　　Italian 意大利 248, 324, 372, 375, 452
　　naval 海军 297
　　New Zealand 新西兰 268 又见 ANZAC 澳新军团
　　Romanian 罗马尼亚 330
　　Russian 俄国 7, 184, 252, 325, 369, 452
　　Serbian 塞尔维亚 7, 167
　　Turkish 土耳其 7, 242, 266, 268, 452
Catholic Church 天主教会 13, 17
Caucasian campaigns 高加索战役 207, 223, 236,

240–3, 244–5, 255, 322, 413, 414, 444
Calvary 骑兵：
    Austrian 奥地利的 83, 85
    Belgian 比利时的 90
    British 英国的 83, 85, 118, 141, 142
    German 德国的 83, 86–7
    Russian 俄国的 154
Cemal, General Ahmed 艾哈迈德·贾迈尔将军 239, 240, 241
cemeteries 战争公墓 143–4, 316, 450, 451–2
Champagne, the 香槟地区 202
    First Battle 第一次香槟战役 197, 201
    Second Battle 第二次香槟战役 4, 208, 213, 216, 217–18, 219
Chantilly 尚蒂伊 207
    Conferences 尚蒂伊会议 216–17, 296–7, 299, 324, 348, 349, 359, 382
Charlemagne, Emperor 查理大帝 28
Château-Salins 萨兰堡 101
Château-Thierry 蒂耶里堡 416
Châtillon-sur-Seine 赛纳河畔沙蒂永 111
Chaudfontaine, Fort 绍丰泰恩要塞 96
Cheliabinsk 车里雅宾斯克 418
Chemin des Dames 贵妇小道 136, 137, 201, 335, 349–50, 352–5, 394, 405, 436
China Inland Mission 中国内地会 13
chlorine gas, use of 氯毒气的使用 214–15, 218, 427
Churchill, Winston, First Lord of the Admiralty 海军大臣温斯顿·丘吉尔 9, 139, 234, 238, 255, 256–7, 285, 320
CID 见 Committee of Imperial Defence 帝国防务委员会
Clayton, Reverend Tubby 胖神父克莱顿 199
Clemenceau, George 乔治·克里蒙梭 201, 432
Clouting, Ben 本·克劳汀 118
Cobb, Richard 理查德·科布 82
Coblenz 科布伦茨 115, 116, 450
Cochin, Augustin 奥古斯丁·柯尚 305–6

Cologne 科隆 450
commerce, pre-war 战前商业 10–12
Committee of Imperial Defencee 帝国防务委员会 31, 48, 50, 256
Committee on War Policy 战争政策委员会 383–4
Commonwealth War Graves Commission 战争公墓委员会 316
communication and technology 通讯与技术 12, 22–3, 50–1, 160–1, 176, 210–11, 279, 338–41
Compiègne 贡比涅 118
Conneau, General 卡诺将军 101
Conrad von Hötzendorf, Field Marshal Franz 弗朗茨·康拉德·冯·赫岑多夫陆军元帅：
    desire for war 对战争的渴望 46–7, 59–60, 61, 67, 70, 165
    and Falkenhayn 和法金汉 308, 324
    Italian offensive 意大利的进攻 251, 299, 300, 323–4, 445
    and Moltke 和毛奇 46–7, 71, 72
    Russian campaigns 俄国战役 168, 170, 171, 172, 173–4, 176, 177, 179, 182, 183, 184, 187, 248–9
    Serbian campaigns 塞尔维亚战役 165, 166, 167
Constantine, King of Greece 希腊国王康斯坦丁 272, 275
Contalmaison 孔塔尔迈松 319
convoys 护航 380
Corfu 科孚 273
Coronel, battle of 科罗内尔战役 233, 234, 282
Cossacks 哥萨克 22, 154, 350, 366, 417, 418
Cowan, Rear Admiral Sir Walter 沃尔特·考恩海军少将 419
Croatia 克罗地亚 57
Currie, General Sir Arthur 阿瑟·柯里将军 393–4
Curzon, Lord 寇松爵士 383
Czechoslovakia 捷克斯洛伐克 445, 449, 454
Czechs 捷克人 57
    in Austro-Hungarian Army 在奥匈帝国军中

169, 184, 417–18, 419, 420, 421
又见 Czechoslovakia 捷克斯洛伐克
Czernin, Count Ottokar 奥托卡·切尔宁伯爵 345
Czernowitz 切尔诺维茨 184
Czestochowa 琴斯托霍瓦 182

D

Dalton, Hugh 休·多尔顿 374
Damascus 大马士革 239, 243
Danilov, General 达尼索夫将军 168, 173
D'Annunzio, Gabriele 加布里埃莱·邓南遮 245
Danzig 但泽 153
Dardanelles, the 达达尼尔海峡 207, 245, 253, 255–7
  又见 Gallipoli 加利波利
Dar-es-Salaam 达累斯萨拉姆港 228
Davidov, General 达维多夫将军 173
Deguise, General 德吉兹将军 139
Deligny, General 德利尼将军 99
Delmensingen, General Konrad Kraff von 克拉夫特·冯·德尔门辛根将军 101, 102
Delville Wood 德尔维尔森林 319
Denikin, General Anton 安东·邓尼金 417, 418, 421
depth charges 深水炸弹 380, 381
Derby, Lord 德贝勋爵 319
Diaz, General Armando 阿曼多·迪亚兹将军 376, 446
Dieuze 迪约兹 101
Dimitrijevic, Colonle Dragutin 德拉古廷·迪米特里耶维奇上校 见 'Apis' "神牛"
Dinant 迪南 92
Diplomacy, pre-war 战前外交 29–30, 50, 55, 66
Direction Island 方向岛 232
disease 疾病：
  malaria 疟疾 275
  of malnutrition 营养不良 344

'Spanish' influenza 西班牙流感 437–8
Dixmude 迪克斯迈德 140, 199
Dniester, River 德涅斯特河 168, 171, 174
Dobruja, the 多布罗加省 330
Dodecanese Islands 多德卡尼斯群岛 244, 245
Dogger Bank, battle of 多格滩战役 284, 285–6, 289
Don, the 顿河 416–7
Douala 杜阿拉 225
Douaumont, Fort 杜奥蒙要塞 303, 306, 308, 347
Doullens: Anglo-French conference 在杜朗召开的英法会议 432
Dragomirov, General M.I. 德拉格米罗夫将军 364
Dreadnoughts 无畏舰 280–2, 283, 289–90
  见 British Navy 英国海军
Driant, Lieutenant Colonel Emile 埃米尔·德里昂陆军中校 301–2
Dubail, General Auguste 奥古斯特·迪巴伊将军 100, 101, 102, 195
DuBois, W. E. B. 杜布瓦 403
Duisberg, Carl 卡尔·杜伊斯贝格 214
Dujaila Redoubt, battle of the 杜吉拉堡垒战役 323
Duma, Russian 俄国杜马 361–2
Dunsterville, General L. C. ('Dunsterforce') 邓斯特维尔将军（"邓斯特军"）413, 414

E

Easter Rising, Irish 爱尔兰复活节起义 290
Ebert, Friedrich 弗里德里希·艾伯特 6, 447, 448, 449
economies, pre-war 战前经济 10–12
Edmonds, J. J. 埃德蒙兹 394
Egypt 埃及 238, 240, 244
Eitel Friedrich, Prince 艾特尔·弗里德里希亲王 114
Elles, Brigadier General H. 埃利斯陆军准将 395, 397

Embourg, Fort 恩堡要塞 96
Emmich, General Otto von 奥托·冯·埃米希将军 88, 91, 92, 94, 96, 97
English Channel 英吉利海峡 287–8
Enver Pasha 恩维尔·帕夏 236, 240–2, 414
Erzerum, fortress of 埃尔泽莱姆要塞 242
Estonia 爱沙尼亚 407, 419, 449
　　又见 Baltic States 波罗的海诸国
Evangelical Alliance 福音同盟会 13
Evegnée, Fort 依伏葛涅要塞 96
Evert, General Alexei 阿列克谢·埃弗特将军 326, 328

F

Falkenhausen, General L. von L. 冯·法尔肯豪森将军 351
Falkenhayn, General Erich von 埃里希·冯·法金汉将军：
　　character 性格 177, 308
　　as Chief of Staff 作为总参谋长 133, 176–7, 204
　　and Conrad von Hötzendorf 与康拉德·冯·赫岑多夫 324
　　and Eastern Front 与东线 185, 250, 251–2, 270, 328
　　and Hindenburg 与兴登堡 185, 204, 205, 310
　　and Ludendorff 与鲁登道夫 181, 204–5, 251–2
　　and the Kaiser 与德国皇帝 204, 205, 346
　　as Minister of War 作为陆军大臣 60, 71
　　replaced by Hindenburg 被兴登堡取代 308, 310, 328
　　Romanian campaign 罗马尼亚战役 328, 330
　　and Verdun offensive 与凡尔登攻势 299–300, 302, 304–5, 308, 318, 319
　　and Western Front 与西线 137, 138, 139, 141, 144, 177, 195–6, 213, 217

Falkland Islands 福克兰群岛 233–4, 282
Ferguson, Lt Colonel 弗格森中校 215
Festubert 费斯蒂贝尔 213
Finland 芬兰 407–9, 412, 449
　　casualties 伤亡 409
　　又见 Finnish Corps 芬兰军
Finnish corps 芬兰军：
　　in German army 在德国军队中 407
　　in Russian army 在俄国军队中 187
Fisher, Admiral Sir John 约翰·费舍尔海军上将 233, 234, 256–7, 280, 284, 288
Flanders, Council of 佛兰德斯议会 406
'Flanders Position' "佛兰德斯阵地" 384–5
Flémelle, Fort 夫莱马尔要塞 97
Fléron, Fort 弗莱龙要塞 97
Flers 弗莱尔 319, 320
Flesquières 弗莱斯基埃 429
Flindt, Private A. H. 列兵 A. H. 弗林特 427
Florina 弗洛里纳 330
Foch, Marshal Ferdinand 费迪南·福煦陆军元帅：
　　character 性格 311, 337
　　presents terms of armistice 递交停战条款 447
　　service on Western Front 在西线的服役 101, 102, 111, 121, 122, 123, 129, 130, 139, 141, 142, 195
　　and unification of Allied command 与协约国指挥权的统一 432, 435, 440, 441`
Fokker Triplane 福克三翼飞机 386
Fonck, Renè 勒内·丰克 386
fortification/fortresses 要塞化／要塞 32, 35, 87–8, 97, 111, 305
'40 OB' / 'Room 40' 40 号房间 285–6, 291–2
'Fourteen Points', Wilson's 威尔逊的"十四点计划" 442, 443
France 法国 11, 18
　　Plan XVII 第 17 号计划 40, 41–3, 97–8, 104
　　pre-war Anglo-French negotiations 战前的英法磋商 42–3, 47–9

and Russia 与俄国 43-4, 44-5, 68, 74-5

and Serbia 与塞尔维亚 58-9

Union Sacrée 神圣同盟 345-6, 348

Zone of the Armies 军队区 336, 346

又见 French Army 法国陆军; French Navy 法国海军

Franchet d'Esperey, General Louis 路易·弗朗谢·德埃斯普莱将军 114, 115, 121, 127, 128, 130, 194, 255

Franco-Prussian War(1870-71) 1870—1871 年的普法战争 20, 28, 30, 98, 100, 147-8, 195

François, General Herman von 赫尔曼·冯·弗朗索瓦将军 157-8, 159, 160, 162, 163

franc-tireurs, Belgian 比利时的游击队员 91, 92, 93-4

Franz Ferdinand, Archduke 弗朗茨·斐迪南大公 16, 55-8, 167

Franz Josef, Emperor 弗朗茨·约瑟夫皇帝 16, 55, 60, 61, 72, 84, 169, 170, 174, 344

French, Field Marshal Sir John 约翰·弗伦奇陆军元帅 108, 110, 113-14, 120-1, 126-7, 128, 137, 140-1, 145, 206, 208-9, 216, 310, 346

French air service 法国空军部门 386

French Army 法国陆军 19, 21, 41, 42, 50, 75-6, 84, 204, 297-8, 343-4, 431

casualties 伤亡 见 casualties, French

cavalry 骑兵 20, 98, 99, 101, 122, 130 又见 Sordet's and Conneau's Calvary Corps 索尔代和卡诺的骑兵军团

mutinies(1917) 1917 年的叛乱 201, 355-6, 382

trenches 战壕 见 trench system 战壕系统

uniform 制服 85

Armies 集团军:

First 第 1 集团军 98, 100, 101, 102, 119, 136, 137, 195, 387, 388

Second 第 2 集团军 98, 101-2, 136, 137, 216, 219, 304

Third 第 3 集团军 98, 100, 102, 103, 104, 119, 120, 122, 195

Fourth 第 4 集团军 98, 100, 102, 103, 104, 111, 120, 122, 219

Fifth 第 5 集团军 98, 100, 103, 104, 105-7, 108, 110, 111, 114, 117, 119, 121, 123, 127, 128, 129, 136, 194, 195, 350

Sixth 第 6 集团军 104, 111, 120, 122, 123, 125, 127-8, 129, 136, 137, 195, 350, 355

Ninth 第 9 集团军 111, 121, 122, 123, 125, 129, 130, 195

Tenth 第 10 集团军 138, 139, 350

Armée d'Afrique 非洲军 85

Corps 军:

I 第 1 军 114-15, 350

III 第 3 军 106-7, 114-15

IV 第 4 军 119, 122

V 第 5 军 104

VII 第 7 军 98, 119, 122

VIII 第 8 军 101

IX 第 9 军 122

X 第 10 军 106-7, 114-15

XI 第 11 军 122

XV 第 15 军 101

XVI 第 16 军 101, 138

XVIII 第 18 军 114, 115

XX 'Iron' 第 20 "铁军" 101, 304, 350, 355

XXI 第 21 军 139

XXX 第 30 军 301

XXXIII 第 33 军 216

Colonial 殖民地军 103-4

II Colonial 第 2 殖民地军 350

Conneau's Cavalry 卡诺的骑兵军 101

Corps Expeditionnaire d'Orient 东方远征军 260

Sordet's Cavalry 索尔代的骑兵军 95, 102, 107, 112-13, 122

Divisions 师:

1st Cavalry 第 1 骑兵师 130

3rd Cavalry 第 3 骑兵师 99, 130

8th Calvary 第 8 骑兵师 98

9th Calvary 第 9 骑兵师 122

3rd Colonial 第 3 殖民地师 99, 103—4

18th 第 18 师 122

20th 第 20 师 99

37th(Algerian) 第 37（阿尔及利亚）师 301

41st 第 41 师 99

42nd 第 42 师 122, 129

45th(Algerian) 第 45（阿尔及利亚）师 120, 122, 128, 214

51st 第 51 师 301

52nd Reserve 第 52 预备师 122

55th Reserve 第 55 预备师 119—20, 122, 125

56th Reserve 第 56 预备师 119—20, 122, 125

60th Reserve 第 60 预备师 122

61st Reserve 第 61 预备师 119—20, 130

62nd Reserve 第 62 预备师 119—20

67th Reserve 第 67 预备师 305

72nd Reserve 第 72 预备师 301, 303

83rd Territorial 第 83 本土防卫师 120

85th Territorial 第 85 本土防卫师 120

86th Territorial 第 86 本土防卫师 120

87th Territorial 第 87 本土防卫师 214

92nd Territorial 第 92 本土防卫师 120

156th 第 156 师 274

Brigades 旅：

Moroccan 摩洛哥旅 125, 129

Regiments, Battalions and other units 团、营和其他部队：

African Light Infantry 非洲轻步兵营 214

56th and 59th *Chasseurs à pied* 第 56 和 59 山地猎兵营 301

74th 第 74 团 356

146th 第 146 团 305—6

French Navy 法国海军 140, 234

Bouvet 布维号 259

Charlemagne 查理曼号 259

Gaulois 高卢人号 258, 259

Suffren 絮弗伦号 258, 259

G

Gajda, Rudolph 鲁道夫·盖达 418

Garlicia 加利西亚 164, 165, 167, 168, 171, 180, 195, 253

Gallieni, General Joseph 约瑟夫·加列尼将军 120, 121

Gallipoli Peninsula 加利波利半岛 253, 260—9

Gallwitz, General Max von 马克斯·冯·加尔维茨 270

Gamelin, General Maurice 莫里斯·甘末林 9

gas, use of 毒气的使用 213—5, 218, 307, 381, 405, 427

Gaulle, Charles de 夏尔·戴高乐 304

Gaza 加沙 444

generals, First World War 第一次世界大战的将领 279, 337—8, 341, 342, 347

Geneva Convention(1864) 1864 年日内瓦条约 17

George V, King 乔治五世国王 16, 288, 310

Georgia 格鲁吉亚 412

German air service 德国空军 103, 157, 386

German Army 德国陆军 19, 20—1, 31, 38, 41, 42, 185—6, 404—5, 421—2, 432—3, 449—50

artillery 火炮 见 artillery, German

casualties 伤亡 见 casualties, German

cavalry 骑兵 20, 83, 94, 117, 128, 139, 153, 184, 187

OHL 德军总参谋部 115—6, 117, 196

trench 战壕 见 trench syetems

uniforms 制服 82—3, 85

Armies 集团军：

First 第 1 集团军 87, 105, 108—10, 115, 116—17, 118—19, 122, 123, 125, 127—9, 130, 131, 132

Second 第 2 集团军 88, 105, 106, 114, 115, 116, 117, 118—19, 122, 123, 126, 128, 129, 130, 132, 433

Third 第 3 集团军 105, 115, 116, 122, 123, 129—30, 131, 132

Fourth 第4集团军 102, 103, 116, 122, 123, 131, 132, 133, 136, 302

Fifth 第5集团军 102, 103, 116, 122, 123, 131, 132, 133, 136, 302

Sixth 第6集团军 100, 101, 103, 116, 123, 132, 136, 138, 139, 141, 142, 196, 211, 351, 433, 435, 436

Seventh 第7集团军 100, 101, 116, 123, 137

Eighth 第8集团军 116, 153, 155, 157−60, 163, 165, 177, 178, 186

Ninth 第9集团军 177, 178, 179, 180−1, 182, 330

Tenth 第10集团军 163, 181, 186

Eleventh 第11集团军 250−1, 270, 273, 330

Seventeenth 第17集团军 433

Eighteenth 第18集团军 433

Corps 军：

I Bavarian 第1巴伐利亚军 153, 157−8, 160, 161−2, 306

I Bavarian Reserve 第1巴伐利亚预备军 138, 153, 158

II 第2军 113, 126, 181

III 第3军 126, 130

III Reserve 第3预备军 116, 137−8, 141, 142, 181

IV 第4军 126, 138

IV Reserve 第4预备军 116, 125

VII 第7军 142

VII Reserve 第7预备军 116

IX 第9军 126, 128, 130, 163

X 第10军 114

X Reserve 第10预备军 306

XI 第11军 116

XII 第12军 181

XIII 第13军 142

XIV 第14军 142, 143

XV 第15军 306

XVII 第17军 153, 158, 160, 161, 162

XIX 第19军 142

XX 第20军 153, 159, 161

XXI Reserve 第21预备军 181

XXII Reserve 第22预备军 141−2

XXIII Reserve 第23预备军 141−2

XXIV Reserve 第24预备军 141−2, 181, 182

XXV Reserve 第25预备军 141−2

XXVI Reserve 第26预备军 141−2

XXVII Reserve 第27预备军 141−2

Guard 近卫军 114, 138

Guard Reserve 近卫预备军 163

Divisions 师：

1st Bavarian 第1巴伐利亚师 351

2nd 第2师 158

3rd Bavarian 第3巴伐利亚师 351

4th 第4师 145, 187

5th 第5师 306

6th Bavarian Reserve 第6巴伐利亚预备师 142, 211

11th Bavarian 第11巴伐利亚师 394

11th Reserve 第11预备师 351

12th 第12师 311

14th Bavarian 第14巴伐利亚师 351

16th Bavarian 第16巴伐利亚师 351

17th Reserve 第17预备师 93, 351

18th Reserve 第18预备师 93, 351

19th Hanoverian 第19汉诺威师 106, 250

20th Hanoverian 第20汉诺威师 250

23rd Saxon Reserve 第23萨克森师 129−30

25th 第25师 306

26th Reserve 第26师预备师 311

28th Reserve 第28预备师 187, 311

32nd Saxon Reserve 第32萨克森预备师 129−30

35th Reserve 第35预备师 187

38th 第38师 204

43rd 第43师 183−4

44th Reserve 第44预备师 141

48th Reserve 第48预备师 184, 187

52nd 第52师 311

54th Reserve 第54预备师 396, 397

75th 第75师 186

76th 第 76 师 186
77th 第 77 师 186
78th 第 78 师 186
79th 第 79 师 186
79th Reserve 第 79 预备师 351
80th 第 80 师 186
81st 第 81 师 186
82nd 第 82 师 186
111th 第 111 师 385
117th 第 117 师 373
200th 第 200 师 373
1st Calvary 第 1 骑兵师 153
2nd Calvary 第 2 骑兵师 94, 128
4th Calvary 第 4 骑兵师 94, 117
5th Calvary 第 5 骑兵师 184, 187
9th Calvary 第 9 骑兵师 94, 128
1st Guard 第 1 近卫师 153
1st Guard Reserve 第 1 近卫预备师 196
2nd Guard 第 2 近卫师 106, 129–30, 250
3rd Guard 第 3 近卫师 184, 187, 196, 204, 385
4th Guard 第 4 近卫师 392
Alpenkorps 阿尔卑斯山地部队 307, 330, 373, 374
Landwehr 乡土防卫队 38, 153, 396
Naval 海军 137–8
Brigades 旅：
11th 第 11 旅 94–5
14th 第 14 旅 94–5, 96
24th 第 24 旅 94
28th 第 28 旅 94
34th 第 34 旅 94
38th 第 38 旅 94
43rd 第 43 旅 94
Regiments and Battalions 团和营：
24th Brandenberg Regiment 第 24 勃兰登堡团
12th Brandenberg Grenadiers 第 12 勃兰登堡掷弹兵团 83, 109, 112, 117
75th Bremen 第 75 不来梅团 110
Group Fabeck 法贝克集群 144–5
Foot Guard 步兵近卫团 92

1st 第 1 团 145
3rd 第 3 团 145
33rd Fusiliers 第 33 燧发枪团 159
1st, 3rd and 4th Grenadiers 第 1、3、4 掷弹兵团 158
180th 第 180 团 318
Jäger battalions 猎兵营 94
 11th 第 11 团 209, 210
 27th 第 27 团 407
Württemberg Mountain Battalions 乌腾堡山地营 373, 374–5
German East Africa 德属东非 224, 228–30, 321–2
German Navy(High Sea Fleet) 德国海军（公海舰队）19, 31, 33, 223, 231, 283–4, 287–90, 446, 450
Blücher 布吕歇尔号 286
Breslau 布雷斯劳号 235–6
Dresden 德累斯顿号 231, 232–4
Emden 埃姆登号 231, 232
Gneisenau 格奈森瑙号 231, 233
Goeben 戈本号 235–6
Kaiser 皇帝号 284
Karlsruhe 卡尔斯鲁厄号 231, 232
Königsberg 柯尼斯堡号 229–30, 231, 232
Leipzig 莱比锡号 231, 232
Magdeburg 马格德堡号 285
Nürnberg 纽伦堡号 231, 232
Scharnhorst 沙恩霍斯特号 231, 233
Seydlitz 塞德利茨号 286, 295
U-boats U 型潜艇 223, 287, 288, 289, 296, 299, 344, 377–8, 379–81
German South-West Africa 德属西南非 224, 226, 299, 234
Germany 德国 10, 11, 18
 and Austria 与奥地利 45–7, 57–8, 59
 and colonies 与殖民地 见 German East Africa 德属东非；German South West Africa 德属西南非
 declares war on Russia 对俄宣战 77

invasion of Belgium 入侵比利时 33—4, 37, 77, 88—94

and the Kaiser 与皇帝 50—1

and Russian mobilization 与俄国动员 65—6, 67, 71—2

staff colleges 参谋学院 28, 29

ultimatum to Belgium 对比利时的最后通牒 77

war plan 战争计划 见 Schlieffen Plan "施里芬计划"

in wartime 战时 287—8, 344, 347

又见 German air service 德国空军；German Army 德国陆军；German Navy 德国海军

Geyer, Captain Hermann 赫尔曼·盖尔上尉 423

Gheluvelt 根卢瓦特 142, 145, 199, 384, 387, 388, 389, 392

Ginchy, Somme 索姆的然希 319

Glencorse Wood, Ypres 伊普尔的葛兰考斯森林 389

Glubb, John 约翰·格拉布 336

Goltz, General Colmar von der 科尔玛·冯·德·戈尔茨 408—9

Gorlice-Tarnow 戈尔利采-塔尔努夫 192, 206, 213, 248—51, 269, 270, 297, 308

Gough, General Sir Hubert 休伯特·高夫将军 385, 388, 424, 426, 429

Graudenz 格鲁琼兹 152

"Great Memorandum" "大备忘录" 见 "Schlieffen Plan" "施里芬计划"

Greece 希腊 207, 243, 244, 257, 272, 274—5, 331, 355

又见 Salonika 萨洛尼卡

Greek army 希腊军 275

"Green Cross" gas "绿十字" 毒气 307

Grey, Sir Edward 爱德华·格雷爵士 29, 49, 63, 64, 66—7, 244

Grodno, fortress of 格罗德诺要塞 251, 252

Groener, General Wilhelm 威廉·格勒纳将军 446, 448—9

Gronau, General Hans von 汉斯·冯·格罗瑙将军 125—6

Guillemont 吉耶蒙 319

Guise 吉斯 114—15

Gumbinnen, battle of 贡宾嫩战役 157—8, 159

guns 炮 见 artillery 火炮

Gurkhas, the 廓尔喀人 141

Guynemer, George 乔治·吉内梅 386

H

Haber, Fritz 弗里茨·哈伯 214

Hache, General 阿什将军 99

Haeften, Major Hans von 汉斯·冯·黑夫腾少校 205

Hague Conference(1899) 1899 年海牙会议 17—18, 19—20, 70

Haig, Field Marshal Sir Douglas 道格拉斯·黑格陆军元帅：

character and reputation 性格和声誉 310, 311, 337, 338, 341

become BEF commander 成为英国远征军司令 310—11, 347

as Corps commander 作为军指挥官 108, 142

as First Army commander 作为第一集团军指挥官 209, 216

and Gough 与高夫 424, 426

and Lloyd George 与劳合·乔治 347, 384

meeting with Pétain 与贝当的会议 431—2

and Somme offensive 与索姆攻势 299, 311—14, 318, 319, 440

and Ypres 与伊普尔 381—4, 388, 391, 393—5, 434—5

Hamilton, General Sir Ian 伊恩·汉密尔顿将军 259, 260, 261, 265, 267

Hangö 汉科 408

Hankey, Sir Maurice 莫里斯·汉基爵士 256

Hannibal 汉尼拔 27, 35

Harnack, Professor von 冯·哈纳克教授 93

Harper, General G.M. G.M. 哈珀将军 396

Harris, Air Marshal "Bomber" "轰炸机" 哈里斯空军中将 226

Hartlepool, naval bombardment of 海军对哈特尔普尔的炮击 285

Hartmannweilerkopf 哈特曼斯维勒科普夫 197

Hasek, Jaroslav: *The Good Soldier Svejk* 雅罗斯拉夫·哈谢克：《好兵帅克》174

Hausen, General Baron Max von 马克斯·冯·豪森男爵将军 105, 116, 129—30, 132, 133

Heeringen, General Josias von 100, 101 约西亚斯·冯·黑林根将军

Heligoland: last German naval sortie 赫尔戈兰：德国海军的最后一次出击 296

Heligoland Bight, battle of 赫尔戈兰湾战役 284—5, 289

Helsinki 赫尔辛基 407, 409

Hemingway, Ernest: *A Farewell to Arms* 欧内斯特·海明威：《永别了，武器》376

Henderson, Commander R.G.A. R.G.A. 亨德森中校 380

Henning von Holtzendorff, Admiral 亨宁·冯·霍尔岑多夫海军上将 377—8, 379

Henry, Prince, of Prussia 普鲁士的亨利亲王 446

Hentsch, Colonel Richard 里夏德·亨奇上校 131—2, 270

Herero tribesmen 赫雷罗部落 226

Hertling, Count Georg von 格奥尔格·冯·赫特林伯爵 442

Herwig, Holger 霍尔格·赫维希 35

High Wood, Somme 索姆的高树林 319

Hill(Côte) 山丘（高地）304, 305

Hindenburg, Field Marshal Paul von Beneckendorf und 保罗·冯·贝内肯道夫－兴登堡陆军元帅 159

    burial 葬礼 162—3

    character 性格 311, 337, 338

    becomes Chief of Staff 成为总参谋长 310, 328

    and the Eastern Front 与东线 161, 162, 163, 177, 178, 179, 181, 182, 185, 205—6, 213, 250, 308

    and Falkenhayn 与法金汉 204—5, 213, 308, 310

    and the Kaiser 与皇帝 185, 204, 205, 433, 444, 448

    and Ludendorff 与鲁登道夫 159, 337, 442, 444

    and U-boat campaign 与U型潜艇行动 378, 381

    and Western Front 与西线 394, 404, 406, 433, 439, 443

Hindenburg Line 兴登堡防线 349, 423, 440, 441

Hintze 欣策 442

Hipper, Admiral Franz von 弗朗茨·冯·希佩尔海军上将 294

Hitler, Adolf 阿道夫·希特勒 3, 6, 9, 36, 81, 141—2, 159, 211, 402, 449, 453, 454

Hoffmann, General Max 马克斯·霍夫曼将军 158—9, 160, 177, 411

Holbrook, Corporal William 威廉·霍尔布鲁克下士 144

Hollogne, Fort 奥洛涅要塞 97

Hooge Château, nr Ypres 伊普尔附近的荷格城堡 145

Horne, General Sir Henry 亨利·霍恩将军 351

House, Colonel Edward 爱德华·豪斯上校 377

howitzers, Krupp 克虏伯榴弹炮 88, 96—7

Hoyos, Count 霍约斯伯爵 58

Humbert, General 安贝尔将军 99

Hungarian regiments 匈牙利团 86, 170, 184

Hungary 匈牙利 60, 445, 454

    见 Austria-Hungary 奥匈帝国

Hunter-Weston, General Sir Aylmer 艾尔默·亨特－韦斯顿将军 265, 314, 315

Hussein, Sherif of Mecca 麦加的谢里夫·侯赛因 240, 444

I

IG Farben 法本化学工业公司 214

Imperial War Graves Commission 帝国战争公墓委员会 452
Indian Army/divisions 印度陆军/师 141, 142, 146-7, 198, 225
 in the Caucasus 在高加索 413
 at Gallipoli 在加利波利 267
 and Mehmed V's 'holy war' 和穆罕默德五世的"圣战" 236-7
 in Mesopotamia 在美索不达米亚 444
 at Neuve Chapelle 在新沙佩勒 209, 213
 in Persian Gulf 在波斯湾 238
 in South Africa 在南非 230
influenza 'Spanish' 西班牙流感 437-8
intelligence services 情报部门：
 British 英国的 285-6, 291-2
 French 法国的 42
 German 德国的 157
International Meteorological Organisation 国际气象组织 12
internationalism, pre-war 战前的国际主义 10-14, 16-17
Inverness Copse, Ypres 因弗内斯森林 389
Ironside, General Sir Edmund 埃德蒙·艾恩赛德爵士将军 419
Isonzo, battles of the 伊松佐河战役 246, 247-8, 323-4, 370, 372-6, 431
Ispolkom（苏维埃）执行委员会 361, 362, 363
Istanbul 伊斯坦布尔 243, 253, 255, 257
Italian Army 意大利陆军 246, 297, 370-1, 431
 and battles of Isonzo 和伊松佐河战役 246, 247-8, 323-4, 370, 372-6, 431, 445
 casualties 伤亡 248, 324, 372, 375, 452
Italian Navy 意大利海军 31, 207, 234, 244
Italy 意大利 58, 77, 207, 240, 243, 244-5
 又见 Italian Army 意大利陆军；Italian Navy 意大利海军
Ivangorod, Fortress of 伊万哥罗德要塞 177, 179, 252
Ivanov, General Nikolai 尼古拉·伊万诺夫将军 164, 182, 183, 326, 362

J

Jaafar Pasha 贾法尔·帕夏 240
Jacobs, Private T. 列兵雅各布斯 427
Jagow, Gottlieb von 戈特利布·冯·雅戈 67
Janin, General 雅南将军 419
Janushkevich, General N. N. 亚努什科维奇将军 69, 70, 72-3, 75
Japanese 日本人 224-5, 232, 419
 又见 Russo-Japanese War 日俄战争
Jellicoe, Admiral Sir John 约翰·杰利科海军上将 282-3, 289, 291-2, 294-6
Jerusalem, fall of 耶路撒冷的陷落 444
Joffre, Marshal Joseph 约瑟夫·霞飞元帅：
 age 年龄 120
 at Chantilly conference 在尚蒂伊会议 296-7
 character 性格 75, 99, 120, 311, 338
 and Dardanelles 与达达尼尔 255, 274
 and Sir John French 与约翰·弗伦奇爵士 127
 and the battle of Marne 与马恩河战役 122, 126, 128, 129
 and Neuve Chapelle 与新沙佩勒 208
 offensives in Artois and Champagne 在阿图瓦和香槟的进攻 147, 197-8, 216
 and Pétain 与贝当 307
 plans and strategies 计划与战略 30, 41, 42, 43, 44, 48, 68, 70, 75-6, 95, 98, 100, 102, 104-5, 110, 111, 115, 119-20, 137, 199
 powers within Zone of Armies 在军事区内的权力 346
 replace by Nivelle 被尼韦勒取代 337, 347, 348
 sacks generals 撤换将领 98-9, 121
 at St. Quentin conference 在圣康坦会议 113-14
 and Somme offensive 与索姆攻势 299
Jolly, Private J. 列兵乔利 428

Julian Alps 尤利安阿尔卑斯山脉 246
Jünger, Ernst 恩斯特·荣格尔 141
Jutland, battle of 日德兰战役 284, 291−2, 294−6

K

Kamerun campaign 喀麦隆战役 224, 225−6, 229, 237
Karelia 卡累利阿 408, 409
Karfreit 见 Caporetto 卡波雷托
Karl I, Emperor 卡尔一世皇帝 345, 372, 445
Kazan 喀山 421
Kemal Ataturk, Mustapah 穆斯塔法·凯末尔·阿塔图尔克 265−6, 267, 268, 311, 455
Kemmel, Mount 肯默尔山 199, 382, 435
Kemp, General Jan 扬·肯普将军 228
Kerensky, Alexander 亚历山大·克伦斯基 363, 364, 365, 366, 367, 383, 407, 430
Kestell-Cornish, Second-Lieutenant 凯斯特尔·科尼什少尉 215
Keyes, Commodore Roger 罗杰·凯斯海军准将 259, 285
Kipling, Rudyard 鲁德亚德·吉卜林 414, 452
Kitchener, Field Marshal Lord 基奇纳爵士陆军元帅 121, 127, 205, 238, 255−6, 257, 260, 267, 310, 337
Kitchener's New Armies 基奇纳新军 见 British Army 英国陆军
Kluck, General Alexander von 亚历山大·冯·卢克将军 39, 87, 105, 108, 110, 116−17, 118−19, 122, 125, 126, 127−8, 129, 130, 132, 136
Kochip, Captain 科霍普上尉 131
Kokoschka, Oskar 奥斯卡·科科施卡 174
Kolchak, Admiral Alexander 亚历山大·高尔察克海军上将 418, 419, 412
Kollwitz, Käthe: Langemarck sculptures 凯绥·珂勒惠支：郎厄玛克的雕塑 143−4

Kolomea, battle of 科洛梅亚战役 184
Komarov, battle of 科马罗夫战役 170
Königsberg 柯尼斯堡 153, 157, 160, 162
Köppen, Captain 克彭上尉 131
Kornilov, General Lavr 拉夫尔·科尔尼洛夫将军 365−6, 416, 417
Kosovo 科索沃 273
Kovno, fortress of 科夫诺要塞 249, 251, 252
Kralowitz, General von 冯·克拉洛维茨将军 185
Krasnik, battle of 克拉斯尼克战役 170
Kress von Kressenstein, Colonel Franz 弗朗茨·克雷斯·冯·克雷瑟恩斯坦上校 239, 240
Krithia, battles of 克里希亚村战役
Kronstadt 喀琅施塔得 419
Kruger, Sergeant Kurt 库尔特·克鲁格中士 397
Krupp howitzers 克虏伯榴弹炮 88, 96−7
Kum Kale 卡姆凯尔 257, 258, 260, 264, 265, 267, 268
Kurds 库尔德人 241
Kuropatkin, General Alexei 阿列克谢·库罗帕特金将军 326
Kusseri 库塞里 225
Kut al-Amara 库特·阿尔－阿马拉 322−3
Kuwait 科威特 238

L

La Bassée/canal 拉巴西运河 140−1, 143, 200
labour welfare, pre-war 战前的工人福利 14
Laconia, sinking of the 拉科尼亚号的沉没 378
La Folie 拉弗里 217
La Main de Massige 拉马因德马西奇 217
Landrecies 朗德勒西 112
Langemarck 郎厄玛克 140, 142, 214, 388
cemetery 公墓 143−4
Langle de Cary, General Fernand de 费尔南·德朗格勒·德卡里将军 102, 104, 219
Lanrezac, General Charles 夏尔·朗勒扎克将军

1031, 104, 105, 106–7, 110, 113–14, 115, 116, 119, 120, 121, 127
Latvia 拉脱维亚 369, 407, 419, 449
　又见 Baltic States 波罗的海诸国
Lausanne, Treaty of(1923) 1923 年洛桑条约 455
Lautin, Fort 兰丁要塞 96–7
Lawrence, T. E. 阿拉伯的劳伦斯 444
Lawson, W. R. 劳森 12
Le Câteau, battle of 勒卡托战役 112–13, 117, 120, 127
Leeb, Major Wilhelm von 威廉·冯·莱布少校 434
Leman, General Gerard 热拉尔·勒曼将军 91, 94, 95, 97
Lemberg(Lvov) 伦贝格（利沃夫）97, 152, 164, 171
　battles 战役 97, 168–74, 175–6, 183, 248, 364
Lemnos, island of 利姆诺斯岛 257, 260, 267, 275, 445
Lenin, V. I. 列宁 363, 364–5, 366–8, 369, 408, 410, 411, 413–14, 416, 420, 421
Lens 朗斯 200, 388
Leopold II, King of the Belgians 比利时国王利奥波德二世 89
Leslie, Norman 诺曼·莱斯利 380
Lettow-Vorbeck, Colonel Paul von 保罗·冯·莱托·福尔贝克 228–30, 322
Libya 利比亚 240
Lichnowsky, Prince 利希诺夫斯基亲王 64
Liebknech, Karl 卡尔·李卜克内西 447, 448
Liège 列日 87, 88, 90, 91, 94, 95–6, 104
Liers, Fort 利尔丝要塞 96
Ligne, Prince de 利涅亲王 97
Lille 里尔 200, 203, 301
Liman von Sanders, General Otto 奥拓·李曼·冯·桑德斯 236, 244, 259, 265
Limanowa-Lapanow, battle of 利马诺瓦－拉帕诺夫战役 183
Linde, Fedor 费奥多尔·林德 361

Lipa rivers 利帕河 171, 172
Lithuania 立陶宛 252, 407, 419, 449
　又见 Baltic States 波罗的海诸国
Lloyd George, David 大卫·劳合·乔治 216, 256, 337, 338, 346, 347, 380, 382, 383–4, 391, 393, 420, 424
Lodz 罗兹 181, 182, 251
Loncin, Fort 隆辛要塞 97
Longwy, Fort of 隆维要塞 102
Loos 洛斯 213, 217, 218–9, 313
Lorraine 洛林 100, 104, 111, 438
　又见 Alsace-Lorraine 阿尔萨斯－洛林
Lossberg, Colonel von 冯·洛斯伯格上校 318–19, 339, 353, 439, 440
Lötzen 勒岑 155, 163
Louvain 鲁汶 8, 92–3
Lublin 卢布林 170
Ludendorff, General Erich 埃里希·鲁登道夫将军：
　character 性格 95–6, 142
　and Eastern Front 与东线 159, 160, 161–2, 177, 179, 180–1, 182, 213, 250, 251, 252
　as Eighth Army Chief of Staff 作为第 8 集团军总参谋长 116
　and Falkenhayn 与法金汉 204, 205
　and Hindenburg 与兴登堡 159, 337, 381, 442, 444
　and Isonzo campaign 与伊松佐河战役 372
　and Liège offensive 与列日攻势 94–6
　as Ninth Army Chief of Staff 作为第 9 集团军参谋长 177
　occupies Baltic States 占领波罗的海诸国
　"Operation Michael" "米夏埃尔" 行动 423–4, 426, 434
　pays tribute to Americans 对美国人的赞扬 441
　resignation 辞职 443–4
　at the Sambre 在桑布尔河 106
　and U-boat campaign 与 U 潜艇战役 378, 381
　and Western Front offensive 与西线的进攻

381, 391, 392, 404−5, 406, 421, 423−4, 426, 434, 435−6, 437, 438−9, 440, 442
Lusitania, sinking of 卢西塔尼亚号的沉没 287
Lutsk 卢茨克 252, 326
Luxembourg 卢森堡 88, 115, 123, 438
Luxembourg, Rosa 罗莎·卢森堡 447, 448
Lvov 利沃夫 见 Lemberg 伦贝格
Lvov, Prince George 乔治·李沃夫公爵 363, 365
Lyautey, General Louis 路易·利奥泰将军 347
Lys, River 利斯河 140, 194, 382

M

McCudden, James 詹姆斯·麦卡顿 386
Macedonia 马其顿 269−70, 272−4
Mackensen, General August von 奥古斯特·冯·马肯森将军 158, 160, 161, 162, 182, 250, 251, 270, 273, 330
Mainz 美因茨 450
malaria 疟疾 275
Malleson, General W. 马勒森将军 413, 414
Mametz Wood, Somme 319 索姆的马梅斯森林 319
Mangin, General Charles 夏尔·芒然将军 107, 219, 355, 438
Mannerheim, General Gustav 古斯塔夫·曼纳海姆将军 407, 408, 409, 415
Mannock, Edward 爱德华·诺曼克 386
Mariana Islands 马里亚纳群岛 224
Marienburg 马林堡 152, 159
Marinetti, Filippo 菲利波·马里内蒂 245
Maritz, Colonel Soloman 索罗曼·马里茨上校 228
Marlborough, Duke of 马尔伯勒公爵 27
Marne, battles of the 马恩河战役：119, 122
　　First 第一次 119, 122, 123−33
　　Second 第二次 438, 439
Maroilles 马鲁瓦耶 112

Marshall Islands 马绍尔群岛 224
Martinpuich, Somme 索姆的马坦皮什 319
Marx, Karl 卡尔·马克思 14
Mas Latrie, General de 德玛斯·拉特里将军 115
Masaryk, Thomas 托马斯·马萨里克 417
Masuria/Masurian Lake 马祖里/马祖里湖 152, 153, 162, 163−4, 184, 185−6, 195
Matz, River 麦兹河 437
Maubeuge 莫伯日 97, 116, 136−7
Maud'huy, General de 德莫海德将军 138
Maunoury, General Michel 米歇尔·莫努里将军 104, 111, 120, 125, 126, 128
Max, Prince, of Baden 巴登的马克斯亲王 442−3, 446−7, 448
Mediterranean Expeditionary Force(MEF): at Gallipoli 地中海远征军：在加利波利 259−6
Megiddo 美吉多 445
Mehmed V, Sultan 默罕穆德五世苏丹 236, 237, 238
memorials, war 战争纪念物 4−6
　　又见 cemeteries 公墓
Mensdorff, Count 门斯道夫伯爵 64
Meshed 麦什德 413
Messimy, Minister of War 梅希米陆军部长 68, 75, 110, 111, 120
Messines 莫西内 142, 200, 382−3
Metz 梅茨 40, 200, 201
Meurthe, River 默尔特河 101, 102, 136, 201, 202
Meuse, River 默兹河 9, 34, 87, 88, 91, 94, 116, 302, 335,
　　Meuse heights 默兹高地 98, 196, 201, 202, 303, 304−5
Mexico 墨西哥 377, 402
Michael, Grand Duke 米哈伊尔大公 362
Michel, General Victor 维克多·米歇尔 41−2, 120
Millerand 米勒兰 120
Milner, Lord 米尔纳勋爵 383, 432
minefields 雷区 234, 287, 378, 379, 380, 381
Mishlaevski, General 米什莱夫斯基将军 242

Moldavia 摩尔达维亚 330, 412

Moltke, Helmuth von(the Elder) 赫尔穆特·冯·毛奇（老毛奇）129, 32, 33, 36, 119, 235

Moltke, Helmuth von(the Younger) 赫尔穆特·冯·毛奇（小毛奇）120
  pre-war negotiation 战前的协商 46–7, 70, 71, 73, 75
  on 'rape of Belgium' 关于"比利时的强暴" 92
  replaced by Falkenhayn 被法金汉取代 133, 176–7, 346
  and Ludendorff 与鲁登道夫 205
  and Russian advance 与俄军的前进 151, 158, 159, 176–7
  and Schlieffen Plan 与"施里芬计划" 39–40, 76, 151
  and Western Front 与西线 102, 105, 115–16, 117, 118–19, 120, 122, 123, 126, 131, 132–3, 195, 308

Monro, General Sir Charles 查尔斯·门罗爵士将军 267

Mons, battle of 蒙斯战役 105, 107–10, 112, 120, 127

Mons-Condé Canal 蒙斯-孔代运河 107, 108–9

Mont des Cats 蒙特迪卡 199, 382, 435

Montenegro 黑山 273–4

Montmédy 蒙梅迪 87, 103

Mora 莫拉 225, 226

Morins, Grand and Petit 大小莫兰河 125, 129

Mort Homme 莫尔翁 304, 305–6

Morval, Somme 索姆的诺瓦尔 319

Moscow 莫斯科 367, 419

Moselle, River 摩泽尔河 116, 123, 202

Mudros Bay, Lemnos 利姆诺斯岛的摩德洛斯湾 260, 445

Mulhouse 牟罗兹 98, 101

Müller, Captain Karl von 卡尔·冯·米勒上尉 232

Murmansk 摩尔曼斯克 415, 417

Muslims 穆斯林 236–7, 241, 243

"mustard" gas, use of 芥子气的使用 215, 427

N

Nairobi 内罗毕 229

Namibia 纳米比亚 见 German South-West Africa 德属西南非洲

Namur 那慕尔 87, 88, 90, 97, 104, 116

Nancy 南锡 87, 201

Napoleon Bonaparte 拿破仑·波拿巴 17, 27, 28, 32, 91, 151, 176, 178, 402, 433

Napoleon III 拿破仑三世 27, 100, 301

Naroch, Lake 纳洛克湖 325–6

Narodna Odbrana(Organisation) 民族自卫组织 56

Néry, battle of 内利战役 117

Neuve Chapelle, battle of 新沙佩勒战役 208–13

New Zealand troops 新西兰军 224, 231, 261–2 又见 Australia and New Zealand Army Corps 澳新军团

Nicholas II, Tsar 尼古拉二世沙皇 17, 19, 44, 65, 69, 70–1, 72, 76, 81, 253, 360, 361, 362

Nicholas, Grand Duke 尼古拉斯大公 178, 182, 253, 255

Nicolson, Harold 哈罗德·尼科松 29–30

Niemann, Major 尼曼少校 439

Nieuport 纽波特 140, 199

Nivelle, General Robert 罗贝·尼韦勒将军 128, 307, 337, 347, 348–9, 350, 353, 355, 381, 382, 405, 436

Novogeorgievsk, fortress of 新格奥尔基耶夫斯克要塞 249, 251, 252

Noyon 努瓦永 200–1, 336

Nsanakang 恩萨那康 225

Nun's Wood, Ypres 伊普尔的修女森林 145

O

Oberste Heeresleitung(OHL) 德军最高指挥部（即总参谋部）115–16, 117, 196

oil resources 石油资源 237–8, 330, 331, 412,

414, 444

Oise, River 瓦兹河 119, 200, 429, 436

"Operation George" "乔治行动" 423, 434

"Operation Judgment" (Gericht) 审判行动 300, 302

"Operation Michael" "米夏埃尔"行动 423-4, 429, 430, 431, 432-4

Opium Conference(1912) 鸦片会议 14

Ostend 奥斯坦德 382

Ourcq, River 乌尔克河 123, 125, 128, 130

Owen, Wilfred 威尔弗雷德·欧文 446

P

Paléologue, Maurice 莫里斯·帕莱奥洛格 69, 72, 73, 81

Palestine 巴勒斯坦 335, 444-5

Palmerston, Lord 帕默斯顿 280

Papua 巴布亚 224

Paris 巴黎 16, 81-2, 117, 119, 120, 121-2, 123, 127, 436, 438

Parkinson, Private J. 帕金森列兵 428

Pašić, Nicholas 尼古拉斯·帕希奇 63, 65

Passchendaele 帕斯尚尔 140, 142, 199, 381, 384, 393-4, 424

Paulus, Lieutenant Friedrich 弗里德里希·保卢斯中尉 307

Pershing, General John J. 约翰·J. 潘兴将军 401, 404, 440-1

Persian Gulf 波斯湾 237-8

Pétain, General Henri 亨利·贝当将军 99, 216, 217, 219, 303-4, 306, 307, 355, 356-7, 382, 394, 431-2

Peter, King of Serbia 塞尔维亚的彼得国王 167-8, 273

Petrograd(St Petersburg) 彼得格勒（圣彼得堡） 324

    Bolsheviks 布尔什维克 407-8, 412

February Revolution 二月革命 360, 361-2, 363

    garrison 守军 360, 361, 363-4, 365, 366

Philip II, King of Spain 西班牙菲利普二世国王 27

phosgene gas, use of 215, 光气的使用 405, 427

Piave, River 皮亚韦河 375, 445, 446

Pius X, Pope 庇护十世教皇 13

"Plan XVII" (French war plan) "第十七号计划"（法国的战争计划）40, 41-3, 97-8, 104

Planck, Max 马克斯·普朗克 93

Plattenburg, General 普拉滕贝格将军 114

Ploesti oilfields 普洛耶什蒂油田 330

Plumer, General Sir Herbert 赫伯特·普卢默爵士将军 382, 388-9, 391-2, 424

Poincaré, Raymond, French President 法国雷蒙·庞加莱总统 62, 63, 65, 74, 255, 432

Poland/Poles 波兰/波兰人 32, 57, 151-2, 177, 180, 252, 325, 367, 410, 417, 442, 445, 449, 453, 454

Polygon Wood, Ypres 伊普尔的帕拉冈森林 145, 392

Pontisse, Fort 旁蒂赛要塞 96

Poperinge 波珀灵厄 199-200

Portugal 葡萄牙 330

Posen 波森 251

Potiorek, General Oskar 奥斯卡·波蒂奥雷克将军 167

Pourtalès, Count Friedrich von 弗里德里希·冯·普塔莱斯伯爵 73, 76

Princip, Gavrilo 加夫里若·普林西普 56, 167

Pripet Marshes 普里佩特沼泽 152, 251, 252, 326, 328

Prittwitz and Gaffron, General Max von 马克斯·冯·普里特维茨－加弗龙 153, 157, 158, 159-60

Putnik, Field Marshal Radomir 拉多米尔·普特尼克陆军元帅 166, 168, 270, 278

Q

"Q" ships Q 船 379
Quast, General Ferdinand von 费迪南德·冯·夸斯特将军 130
Queue-de-Bois 奎德布瓦 94

R

"Race for the Sea" 奔向海洋的赛跑 138, 195, 203
radio communication 无线电通讯见 wireless telegraphy 无线电报
Radko-Dmitriev, Genenral 拉德科－德米特里耶夫将军 249
Raffenet, General 拉费尼将军 99
railway networks 铁路网络 10, 12, 27, 28
　　French 法国的 83–4, 200, 203, 207–8
　　German 德国的 83
　　Polish 波兰的 180
　　Russian 俄国的 10, 12, 252, 328, 360, 410, 417–18
Rapallo: inter-allied meeting(1917) 1917 年拉帕洛协约国会议 376
Rastenburg 拉斯腾堡 159
Rava Russka 拉瓦鲁斯卡 173
Rawlinson, General Sir Henry 亨利·罗林森爵士将军 312, 313, 314, 318
Raynal, Major 雷纳尔少校 306–7
Redl, Colonel Alfred 阿尔弗雷德·雷德尔上校 45
religious movements, pre-war 13 战前的宗教运动 13
Remarque, Erich Maria 埃里希·玛利亚·雷马克 337
Rennenkampf, General Pavel 帕维尔·伦嫩坎普夫 153, 155, 157, 160, 161, 163–4, 186
Rethondes: signing of armistice 雷通德：签订停战 447, 448
Rheims 兰斯 123, 137, 198, 201, 336, 437

Richard I, King of England 英格兰的理查一世 28
Richthofen, Manfred von("Red Baron") 曼弗雷德·冯·里希特霍芬（"红色男爵"）386, 435
Rickenbacker, Captain Edward V. 爱德华·V. 里肯巴克上尉 403
Rickman, Lieutenant Colonel 里克曼中校 341
Riga 里加 365, 405–6
Rilke, Rainer Maria 莱纳·玛利亚·里尔克 174
rivers, defence of 河流的防御 105–6
Robeck, Admiral John de 约翰·德罗贝凯将军 258–9
Robertson, General Sir William 威廉·罗伯特森爵士将军 383, 384, 391, 393
Romania 罗马尼亚 45, 46, 207, 243, 255, 270, 274, 328, 330–1, 446, 454–5
　　又见 Romanian Army 罗马尼亚陆军
Romanian Army 罗马尼亚陆军 329–30, 345, 364, 412
　　casualties 伤亡 330
Rommel, Lieutenant Erwin 埃尔温·隆美尔中尉 86, 330, 373, 374, 375
Röntgen, Wilhelm 威廉·伦琴 93
"Room 40" / "40 OB" 40 号房间 285–6, 291–2
Rosyth, nr Edinburg 爱丁堡附近的罗塞斯 288, 290
Rouen 鲁昂 8
Royal Flying Corps 英国陆军航空队 386, 435
Rozoy, encounter action at 罗祖瓦的遭遇战 128
Ruffey, General Pierre 皮埃尔·吕费将军 102
Rupprecht, Prince, of Bavaria 巴伐利亚王储鲁普雷希特 100, 101, 102, 196, 211, 388, 397
Russia 俄国 18
　　February Revolution(1917) 1917 年二月革命 359–62, 363
　　German occupation 德国的占领 368–9
　　pre-war negotiations and plans 战前协商和计划 43–5, 67, 68–71, 72–5, 76
　　railways 铁路 10, 12, 252, 328, 360, 410, 417–18

and Serbia 与塞尔维亚 46, 58, 59, 60, 64, 65
又见 Bolsheviks 布尔什维克；Russian Army 俄国陆军；Russian Navy 俄国海军

Russian air service 俄国空军部门 157

Russian Army 俄国陆军 65, 68—9, 152, 153—5, 358—9, 369

 artillery 火炮 153, 183, 248—9, 297

 casualties 伤亡 7, 184, 252, 325, 369, 452

 cavalry 骑兵 154

 Stavka (high command) 大本营（最高指挥）155, 164, 177, 178, 180, 181, 182, 326, 336, 338

 trenches 战壕 181, 326

 uniforms 制服 85

 Armies 集团军：

  First 第 1 集团军 153, 155, 157, 159, 160, 163—4

  Second 第 2 集团军 153, 155, 157, 159, 160, 178, 180, 181, 182, 325

  Third 第 3 集团军 164, 170, 173, 182, 183, 249

  Fourth 第 4 集团军 164, 170, 178, 182, 330

  Fifth 第 5 集团军 164, 170, 178, 180, 182, 330

  Sixth 第 6 集团军 330

  Eighth 第 8 集团军 164, 170, 182, 183, 326, 328—9

  Ninth 第 9 集团军 173, 178, 182

  Tenth 第 10 集团军 164, 178, 185—6

  Eleventh 第 11 集团军 182

 Corps 军：

  V Siberian 第 5 西伯利亚军 181

  VI Calvary 第 6 骑兵军 407

  XX 第 20 军 186

  Cossacks 哥萨克军 22, 154, 350, 366, 417, 418

 Divisions 师：

  cavalry 骑兵师 20, 83

  Imperial Guard 帝国近卫师 153

  3rd Guard 第 3 近卫师 154

  9th 第 9 师 249

  16th 第 16 师 154

  31st 第 31 师 249

 Regiment 团：

  Ismailovsky 伊斯麦洛夫斯基近卫团 360

  Finland 芬兰团 361

  Pavlovsky 帕夫洛斯基近卫团 360

  Preobrazhensky 普列奥布拉仁斯基近卫团 360, 361

  Semenovsky 谢苗诺夫斯基近卫团 360

Russian Navy 俄国海军 234—5

 Rurik 留里克号 234

Russo-Japanese War (1904—5) 1904—1905 年的日俄战争 20, 38, 44, 108, 133, 153, 175, 225, 249

Ruthenes 罗塞尼亚人 446

Ruzski, General N. V. 鲁斯基将军 172, 177, 182

Ryckel, General de 德里克尔将军 90

S

St Gond marshes 圣贡德沼泽 125, 129

St Mihiel 圣米耶勒 197, 201, 440—1

St Omer: British GHQ 圣奥梅尔：英军统帅部 207

St Petersburg 圣彼得堡
 见 Petrograd 彼得格勒

St Petersburg Declaration(1868) 1868 年圣彼得堡宣言 17

St Quentin 圣康坦 113, 114—15, 423, 428

Salandra, Antonio 安东尼奥·萨兰德拉 245

Salonika, Allied base at 协约国在萨洛尼卡的基地 255, 270, 272, 274, 275, 329—30

Sambre, River 桑布尔河 91, 116, 446

 battle 战役 104—7

Samoa 萨摩亚 224

Samsonov, General Alexander 亚历山大·萨姆索诺夫将军 153, 155, 157, 159, 160, 161, 163, 167

San, River 桑河 168, 170, 174, 180

Sanctuary Wood, Ypres 伊普尔的避难森林 385
Sarajevo 萨拉热窝 16
    assassination of Franz Ferdinand 对弗朗茨·斐迪南的刺杀
Sarikamis 萨勒卡默什 242
Sarrail, General Maurice 莫里斯·萨拉伊将军 195, 274
Sarrebourg 萨尔堡 101
Sassoon, Siegfried 齐格弗里德·萨松 337、
Sava, River 萨瓦河 166, 167
Savoy, Kingdom of: army 萨伏伊王国：军队 246–7, 370, 371
Sawyer, Bandsman H. V. 军乐手 H.V. 索耶 84
Sazonov, Sergei 谢尔盖·萨佐诺夫 65, 69, 70, 72, 76
Scapa Flow 斯卡帕湾 288, 290, 291, 450
Scarborough, naval bombardment of 对斯卡伯勒的海军炮击 285
Scheer, Admiral Reinhard 赖因哈德·舍尔海军上将 290–2, 294–6
Schleswig-Holstein 石勒苏益格－荷尔斯泰因 93
Schlieffen, Field Marshal Alfred von 阿尔弗雷德·冯·施里芬陆军元帅 32–3, 34–5, 40, 46, 47, 108, 151
"Schlieffen Plan" "施里芬计划" 31–2, 33–4, 35–40, 44, 46, 47–8, 49, 50–1, 76, 88, 108, 115, 116, 119, 120, 122, 123, 131, 160, 203, 308
Schnee, Dr Albert 阿尔伯特·施内博士 229
Schoen, Wilhelm Freiherr 威廉·舍恩男爵 75
Scholtz, General von 冯·朔尔茨将军 159, 161
Schulenberg, Colonel von der 冯·德·舒伦贝格上校 422, 423
Sedan 色当 87
Sedd el-Bahr, Gallipoli 加利波利的"大海之钥" 262, 268–9
Seilles 塞维利亚 92
Seine, River 塞纳河 111
Selliers, General Antonin de 安托南·德塞利耶将军 90
Senussi(Arab) sect 阿拉伯的赛努西教派 240
Serbian Army 塞尔维亚陆军 65, 67, 70, 152, 164–8, 270, 272–4
    casualties 伤亡 7, 167
Serbia/Serb 塞尔维亚/塞尔维亚人 8, 184, 207–7, 223, 243, 253, 269, 270, 454
    assassination of Franz Ferdinand 对弗朗茨·斐迪南的刺杀 55–8
    and Austrian antagonism 与奥地利的对抗 45–7, 55, 57
    rejects Austrian "note" 拒绝奥地利的照会 61–5, 68
    and Russia 与俄国 46, 58, 59, 60, 64, 65
    又见 Serbian Army 塞尔维亚陆军
Shatt el-Arab 阿拉伯河 238, 322
Shaw, Bandsman 军乐手肖 85
Shaw, Major 肖少校 264
Shaw-Stuart, Patrick 帕特里克·肖－斯图尔特 269
Shrewsbury Wood 什鲁斯伯里森林 145
Sidi Ahmed 西迪·阿哈默德 240
Sievers, General 西弗斯将军 186
Silesia 西里西亚 152, 155, 162, 176, 178, 453
Siwa Oasis 锡瓦绿洲 240
Sixtus, Prince, of Bourbon 波旁皇族的西斯笃亲王 345
Skindles 斯金德斯咖啡馆 199–200
Skoda guns 斯柯达大炮 88, 92
Slavo-British Legion 斯拉夫－不列颠军团 419
Slavs, Austro-Hungarian 奥匈帝国的斯拉夫人 18, 57, 169, 184
    又见 Czech 捷克人；Serbs 塞尔维亚人
Smith-Dorrien, General Sir Horace 霍勒斯·史密斯－多里恩将军 112
Smuts, General Jan 扬·史末资将军 226, 228, 230, 231–2, 383\
Soissons 苏瓦松 436
Solomon Islands 所罗门群岛 224

Solzhenitsyn, Alexander: *August 1914* 索尔仁尼琴：《1914年8月》154

Somme, River/region 索姆河/索姆地区 34, 111, 116, 119, 123, 196, 200, 202, 335, 348–9, 423–4, 433

    battle (1916) 1916年索姆河战役 208, 299, 310–21

Sonnino, Baron Giorgio 乔治·松尼诺男爵 245

Sopwith Camel 索普威斯骆驼式战斗机 386

Sordet, General: Cavalry Corps 索尔代将军：骑兵军 95, 102, 107, 112–13, 122

Souchez 苏谢 217

Souchon, Admiral Wilhelm 威廉·祖雄海军上将 235–6

South African Brigade 南非旅 319, 430

Souvelle, Fort 苏维尼要塞 307, 308

Spa 斯帕 115, 447, 448

Spears, General Edward 爱德华·斯皮尔斯将军 85, 110, 353–4

Spee, Admiral Maximilian von 马克西米利安·冯·施佩海军上将 231, 232–4, 282

staff colleges 参谋学校 28–9, 30

Stalin, Joseph 约瑟夫·斯大林 170, 407–8, 420, 455

Stallupönen 斯塔鲁普仑 157

Stavka (Russian high command) 大本营（俄国最高统帅部）155, 164, 177, 178, 180, 181, 182, 326, 336, 338

Stern, Albert 艾伯特·斯特恩 320

Stewart, Major John 约翰·斯图尔特少校 218–9

Strassburg 斯特拉斯堡 40

Sturdee, Admiral Sir Doveton 多夫顿·斯特迪爵士海军上将 233–4

Sudetenland, the 苏台德地区 170, 454

Sueter, Murray 默里·休特 320

Suez Canal 苏伊士运河 238–40, 241, 322, 335

Sukhomlinov, General Vladimir 弗拉基米尔·苏霍米利诺夫将军 44, 45, 72

Superbie, General 叙佩比将军 99

Suvla Bay, Gallipoli 加利波利的苏弗拉湾 261, 267, 278, 269

Svinhufvud, Pehr 佩尔·斯温胡武德 408, 409

Swinton, Ernest 欧内斯特·斯温顿 320

T

Tahure 皮托儿 217

Tamines 塔明斯 92

Tampere 坦佩雷 409

Tanks, use of 坦克的使用 112, 320–1, 350, 352, 395–7, 404, 435, 439–40, 442

Tannengberg campaign 坦能堡战役 160–1, 162, 163, 175–6, 177, 185, 186, 308, 411

Tanzania 坦桑尼亚 见 German East Africa 德属东非

Tarnow 塔尔努夫 见 Gorlice-Tarnow 戈尔利采－塔尔努夫

Tatistchev, General 塔季特谢夫将军 72

Tavannes, Fort 塔瓦那要塞 307

Taylor, A. J. P 泰勒 30

tear gas, use of 催泪毒气的使用 214, 405, 427

technology 技术 见 communication and technology 通讯与技术

Tergné 泰尔尼 106

Thaer, Colonel Albrecht von 阿尔布雷希特·冯·特尔上校 433, 434

Theresienstadt 特莱西恩施塔特 167

Thiepval 蒂耶普瓦尔 316, 321

Thionville 蒂永维尔 40

Thomas, Albert 阿尔贝·托马 216

Thorn 托伦 152, 180

Tirpitz, Admiral Alfred von 阿尔弗雷德·冯·蒂尔皮茨海军上将 71

Tisza de Boros-Jëno, Count Istvan 伊斯特凡·蒂萨·德博罗什－朱诺伯爵 60, 61, 62

Toc H (Talbot House) 塔尔博特屋 199, 200

Togo 多哥 224, 225, 229

Tolstoy, Count Leo 列夫·托尔斯泰伯爵 15, 154, 241
totalitarianism 极权主义 8–9
Toul 图尔 87
tourism, pre-war 战前的旅游业 15–16
Townshend, General Sir Charles 查尔斯·汤曾德爵士将军 322–3
Trans-Siberian Railway 西伯利亚铁路 328, 329, 330
Transcaspia 特兰斯卡斯皮亚 412–3
Transloy 特朗斯莱 321
Transylania 特兰西瓦尼亚 328, 329, 330
Treitschke, Heinrich von 海因里希·冯·特赖奇克 224
trench system/trench warfare 战壕系统/战壕战 147, 191–2, 212, 314–16, 335–6
    British 英国的 143, 146, 192, 193–4, 195, 358
    French 法国的 146, 196–8, 426
    German 德国的 133, 135, 194–5, 196, 199, 314, 318–19, 335, 358, 384–5
    Russian 俄国的 181, 326
Trentino, the 特伦蒂诺 246, 299, 324
Triple Alliance 三国同盟 58, 59, 244
Trotha, Captain Adolf von 阿道夫·冯·特罗塔上尉 290
Trotsky Leon 列夫·托洛茨基 363, 364, 411, 415, 416, 421
Trouée de Charmes 沙尔姆的突破口 98
truces 停战 357–8
Tsingtao 青岛 224–5, 231
Tudor, General H. H. 图德将军 395, 396, 397
Turkey (Ottoman Empire) 土耳其（奥斯曼帝国） 235, 243, 414
    entry into war 参战 207, 223, 236
    genocide against Armenians 对亚美尼亚人的种族灭绝 8, 242–3
    and Greek minorities 与希腊少数民族 14, 455
    and Serbia 与塞尔维亚 55–6, 57
    and signing of armistice 签署停战 414, 415
    见 Turkish Army 土耳其陆军；Turkish Navy 土耳其海军；"Young Turks" 青年土耳其党
Turkish Army 土耳其陆军 235, 243–4
    casualties 伤亡 7, 242, 266, 268, 452
    in the Caucasus 在高加索 240–3, 244–5, 255, 322, 413, 414, 444
    in the Dobruja 在多布罗加 330
    at Gallipoli 在加利波利 253, 255–68
    at Kut al-Amara 在卡塔-阿尔-阿马拉 322–3
    defeat at Megiddo 在美吉多的战败 444–5
    attack on Suez Canal 对苏伊士运河的进攻 238–40, 322
Turkish Navy 土耳其海军 235–6
Tyrwhitt, Admiral Sir Reginald 雷金纳德·蒂里特海军上将 285

U

U-boats U 潜艇 见 German Navy 德国海军
Ukraine, the 乌克兰 369, 410, 413, 415, 416, 417, 419
uniforms, army 军队的制服 82–3, 85–6
United States 美国 93
    declares war 宣战 377–8, 402
    and "rape of Belgium" 与"比利时的强暴" 92, 93
    and sinking of *Lusitania* 与卢西塔尼亚号的沉没 287
    又见 United States Army 美国陆军；Wilson, Woodrow 伍德罗·威尔逊
United States Army 美国陆军 378, 379, 401, 402, 436–7, 438, 439, 440–1
    Marine Corps 海军陆战队 437
    又见 American Expeditionary Force 美国远征军
United States Navy 美国海军 378–9
    Nevada 内华达号 281
    Oklahoma 俄克拉荷马号 281

V

Van, Lake 凡湖 242

Vardar, River 瓦尔达尔河 166

Vaughan, Lieutenant Edwin 埃德温·沃恩中尉 389—91

Vaux 沃 303, 305, 306—7

Veliaminov, General 维利亚米诺夫将军 241—2

Venice 威尼斯 16, 243, 370

Venizel 韦尼泽 136

Venizelos, Eleutherios 埃莱夫塞里奥斯·维尼泽洛斯 244, 272, 331

Verdun 凡尔登 8, 9, 97, 111, 136, 195, 198, 201, 336, 357, 422, 423

    1916 offensives 1916 年的进攻 300—8, 347, 350

Versailles, Treaty of 凡尔赛条约 450

Victor Emmanuel III, King of Italy 意大利维托里奥·埃马努埃莱三世国王 245

Vienna 维也纳 6, 334

Villers-Cotterêts 维莱科特雷 438

Vilna 维尔纳 252, 325

Vimy Ridge 维米岭 200, 207—8, 216, 217, 335, 349, 350, 351—2

Vistula, River 维斯图拉河 152, 160, 168, 177, 179, 180, 195, 252

Vitry-le-François 维特里-勒弗朗索瓦 100—1, 104, 111

Vittorio Veneto, battle of 维托里奥威尼托战役 446

Viviani, Réne 勒内·维维亚尼 65, 255, 274, 346

Vladivostok 海参崴 417, 419

Vladslo cemetery, Belgium 比利时弗拉德斯洛公墓 451

Volkheimer, Michael 米夏埃尔·福尔克海默 351

Vosges Mountains 孚日山脉 98, 111, 136, 197, 201, 202

Voss, Lieutenant Werner 维尔纳·福斯中尉 386

W

Waldeck, Captain Meyer 迈尔·瓦尔德上尉 225

Waldersee, Count Alfred von 阿尔弗雷德·冯·瓦德西伯爵 32, 33

Waldersee, Major von 冯·瓦德西少校 158—9

Walter, General von 冯·瓦尔特将军 396

Warsage 沃斯奇村 92

Warsaw 华沙 152, 176—9, 180, 181, 251

Wegoner, Commander Wolfgang 沃尔夫冈·韦格纳中校 288

Weimar Republic 魏玛共和国 6, 453—4

Wellington, Duke of 威灵顿公爵 151, 191, 338, 341

Wells, H. G.: *The Land Ironclads* 威尔斯:《陆上装甲》320

Wereszyca, River/region 沃瑞兹卡河/地区 *171, 172*, 173, 174

Westphalia, Treaty of (1648) 1648 年的威斯特伐利亚条约 17

Wet, General Christian de 克里斯蒂安·德韦特将军 228

Wetzell, Lieutenant Colonel Georg 格奥尔格·韦策尔中校 423

Whitby, naval bombardment of 对惠特比的海军炮击 285

"white slavery", legislation against 禁止"白人奴隶"的立法 13—14

Wilhelm II, Kaiser 德国威廉二世皇帝 16

    abdication 退位 446, 447, 448—9

    addresses Berlin crowd 对柏林群众发表演讲 81

    appeal to Belgium king 对比利时国王的请求 90—1

    appoints Prince Max of Baden 对巴登的马克斯亲王的任命 442

    claims victory at Jutland 宣称获得日德兰海战的胜利 296

    and Falkenhayn 与法金汉 204, 205, 299—300

and German Navy 与德国海军 44, 289

impatience with Austria 对奥地利丧失耐心 172—3

and Ludendorff 与鲁登道夫 205, 251, 443—4

negotiations with Bolsheviks 与布尔什维克的协商 421

and Operation Michael 与米夏埃尔行动 423, 433

pre-war negotiation and policy-making 战前协商与政策制定 31, 33, 50—1, 60—1, 65, 66, 70, 71, 76

as supreme commander 作为最高指挥官 346

Wilhelm, Imperial Crown Prince 帝国皇储威廉 102, 103, 129, 133, 205, 302, 304, 307, 422

Willenberg 威伦堡 162

Williams, Captain Lloyd 劳埃德·威廉姆斯上尉 437

Wilson, Woodrow, US President 美国伍德罗·威尔逊总统 345, 376—7, 378, 402, 420, 445

"Fourteen Points" 十四点计划 442, 443

Windhoek 温得和克 228

wireless telegraphy (radio) 无线电报（广播）22—3, 279, 282—3

Wittgenstein, Ludwig 路德维希·维特根斯坦 174

Woevre region 沃尔夫 201

World War, Second 第二次世界大战 3—4, 5, 6, 9, 179, 181, 369, 374, 375, 402, 405, 434, 453

Wüttemberg, General Albrecht, Duke of 乌腾堡公爵阿尔布雷希特将军 102

Y

Yaounda 雅温得 226

Yarmouth, naval bombardment of 对雅茅斯的海军炮击 285

Yarua 亚鲁阿 225

"Young Turks" 青年土耳其党 235, 236, 243

Ypres 伊普尔 8, 145, 199, 336

First Battle 第一次伊普尔战役 139—46, 193, 198, 213, 381

Second Battle 第二次伊普尔战役 213—15, 381

Third Battle 第三次伊普尔战役 381—95, 424

Yser, River 伊瑟河 139, 140, 143, 199, 335

Yudenich, General Nikolai 尼古拉·尤登尼奇将军 242

Yugoslavia 南斯拉夫 445, 449, 454

Z

Zeebrugge 泽布吕赫 381

Zhilinsky, General Yakov 雅科夫·芝林斯基 44, 155, 160

"Zimmermann telegram" "齐默尔曼电报" 377

Zlotchow, battle of 兹沃特乔夫战役 171

Zouave regiment 佐阿夫团 85, 241

插图来源缩写：
AKG—AKG, London
ETA—E. Archive, London.
Novosti—Novosti Press Agenoy, London
RHPL—Robert Hunt Picture Library, London
TRH—TRH Pictures, London